“十三五”国家重点出版物出版规划项目
现代机械工程系列精品教材
普通高等教育汽车类系列教材

汽车制造工艺学

主　编　贺曙新
副主编　文少波
参　编　谢继鹏　胡　淳

机 械 工 业 出 版 社

本书是“十三五”国家重点出版物出版规划项目之一。

本书系统地讲述了汽车设计与制造类专业所需的工艺基本理论和知识，内容包括汽车制造工艺过程的基本概念、金属切削机床与表面加工方法、工件的定位和机床夹具、工件的机械加工质量、机械加工工艺规程的制订、尺寸链原理与应用、结构工艺性、汽车典型零件的制造工艺、汽车车身制造工艺、汽车总装工艺简介和汽车发动机再制造工艺简介。各章后附有适量的复习思考题。

本书在对汽车制造工艺等相关知识介绍的基础上，结合具体典型零件，从本质上进行分析介绍，使读者理解并掌握加工工艺的实质。本书内容精炼，深入浅出，并注重相关知识间的联系与结合，便于自学。

本书可作为高等院校车辆（汽车）工程专业的教材，也可作为汽车服务工程、农业机械化工程、运载工具运用工程和机械设计制造及其自动化等专业的教材和教学参考书，还可作为汽车、拖拉机、农业机械、内燃机制造企业和从事机械设计和制造的广大科研、工程技术人员自学参考读物。

本书配有 PPT 课件，可免费赠送给采用本书作为教材的教师，可登录 www. cmpedu. com 下载，或联系编辑（tian. lee9913@ 163. com）索取。

图书在版编目（CIP）数据

汽车制造工艺学/贺曙新主编. —北京：机械工业出版社，2018. 6（2025. 1 重印）
“十三五”国家重点出版物出版规划项目 现代机械工程系列精品教材 普通高等教育汽车类系列教材
ISBN 978-7-111-59997-5

Ⅰ. ①汽… Ⅱ. ①贺… Ⅲ. ①汽车-生产工艺-高等学校-教材 Ⅳ. ①U466

中国版本图书馆 CIP 数据核字（2018）第 105705 号

机械工业出版社（北京市百万庄大街 22 号 邮政编码 100037）
策划编辑：宋学敏 责任编辑：宋学敏 章承林 刘丽敏
责任校对：陈 越 封面设计：张 静
责任印制：单爱军
北京华宇信诺印刷有限公司印刷
2025 年 1 月第 1 版第 10 次印刷
184mm×260mm · 19. 5 印张 · 476 千字
标准书号：ISBN 978-7-111-59997-5
定价：48. 00 元

电话服务	网络服务
客服电话：010-88361066	机 工 官 网：www. cmpbook. com
010-88379833	机 工 官 博：weibo. com/cmp1952
010-68326294	金 书 网：www. golden-book. com
封底无防伪标均为盗版	机工教育服务网：www. cmpedu. com

前　言

我国已成为世界汽车制造和销售第一大国，对汽车设计与制造专业人才的需求量也十分巨大。“汽车制造工艺学”作为车辆（汽车）工程专业的一门主干专业课程，其配套教材的编写遵循“强调工艺基础理论，突出汽车制造特点，反映时代新的要求，注重学生能力培养”的指导思想，以汽车制造工艺全过程为主线，以发动机零部件的制造及其装配工艺为重点，并介绍了汽车制造的“四大工艺”（即汽车车身冲压工艺、汽车车身焊装工艺、汽车车身涂装工艺和汽车总装工艺），使教材全面反映汽车制造较为完整的工艺过程。

随着汽车保有量的不断增加，发动机再制造业逐渐兴起，也得到国家政策的大力扶持，因此，再制造零部件产业有着非常广阔的市场前景。为此，本书增加了汽车发动机再制造工艺的概念和基本知识，使学生能了解汽车行业的最新发展，为今后的学习和工作打下基础。

针对在教学实践中车辆（汽车）工程专业学生对加工设备知识普遍缺乏，而任何加工工艺又以加工设备为基础，要通过加工设备来实现其工艺的特点，本书讲述了金属切削机床的基本知识，同时在教学过程中把工艺知识同设备的具体特点有机结合进行了讲解。

本书注重实践性、启发性、科学性，做到基本概念清晰，内容重点突出、简明扼要。本书对基本理论部分以必要和够用为原则，努力做到理论与实际相结合、深入浅出、通俗易懂，讲解面向生产实际。每章后都有帮助读者消化、巩固、深化学习的复习思考题。

本书由南京工程学院贺曙新任主编，文少波任副主编。其中，第 2 章、第 4 章、第 5 章、第 7 章、第 9 章和第 10 章由贺曙新编写，第 1 章、第 3 章和第 8 章由文少波编写，第 6 章由南京理工大学紫金学院谢继鹏编写，第 11 章由江苏理工学院胡淳编写，全书由贺曙新统稿定稿。上海汽车集团技术中心（南京）工程技术部研究员级高级工程师王钦凤先生对书稿进行了详细的审校并提出了许多宝贵意见，在此表示衷心的感谢。

限于编者水平和经验，书中难免有疏漏和不妥之处，恳请读者批评指正。

编者

目 录

前 言

第 1 章 汽车制造工艺过程的基本概念 …… 1

1.1 汽车的生产过程和工艺过程 …… 1

1.2 汽车零件尺寸及形状的获得方法 …… 4

1.3 汽车制造企业的生产纲领、生产类型及其工艺特征 …… 7

复习思考题 …… 10

第 2 章 金属切削机床与表面加工方法 …… 11

2.1 概述 …… 11

2.2 金属切削机床及其加工范围 …… 11

2.3 磨床与砂轮 …… 26

2.4 螺纹加工 …… 31

2.5 齿轮加工 …… 34

复习思考题 …… 38

第 3 章 工件的定位和机床夹具 …… 40

3.1 基准的概念和工件的安装 …… 40

3.2 机床夹具的组成及其分类 …… 43

3.3 工件在机床夹具中的定位 …… 48

3.4 常用机床夹具定位元件 …… 52

3.5 定位误差 …… 65

3.6 工件的夹紧和夹紧装置 …… 72

3.7 典型的专用机床夹具 …… 88

复习思考题 …… 101

第 4 章 工件的机械加工质量 …… 105

4.1 机械加工质量的基本概念 …… 105

4.2 影响机械加工精度的主要因素 …… 106

4.3 提高机械加工精度的工艺途径 …… 125

4.4 表面质量的形成及影响因素 …… 128

4.5 表面质量对机器零件使用性能的影响 …… 136

4.6 提高表面质量的工艺途径 …… 138

4.7 机械加工过程中的振动 …… 144

复习思考题 …… 148

第 5 章 机械加工工艺规程的制订 …… 151

5.1 概述 …… 151

5.2 机械加工工艺路线的制订 …… 155

5.3 工序具体内容的确定 …… 164

5.4 工艺方案的经济评价 …… 169

5.5 提高机械加工生产率的工艺途径 …… 171

复习思考题 …… 173

第 6 章 尺寸链原理与应用 …… 176

6.1 尺寸链的基本概念 …… 176

6.2 尺寸链计算的基本公式 …… 178

6.3 工艺尺寸链的计算 …… 181

6.4 装配尺寸链的建立 …… 188

6.5 保证装配精度的方法和装配尺寸链的解算 …… 188

复习思考题 …… 198

第 7 章 结构工艺性 …… 202

7.1 零件机械加工的结构工艺性 …… 202

7.2 产品结构的装配工艺性 …… 213

复习思考题 …… 219

第 8 章 汽车典型零件的制造工艺 …… 220

8.1 箱体制造工艺 …… 220

8.2 曲轴制造工艺 …… 229

8.3 连杆制造工艺 …… 238

8.4 齿轮制造工艺 …… 243

复习思考题 …… 252

第 9 章 汽车车身制造工艺 …… 253

9.1 汽车车身冲压工艺 …… 253

9.2 汽车车身焊装工艺 …… 266

9.3 汽车车身涂装工艺 …… 277

复习思考题 …… 282

第 10 章 汽车总装工艺简介 …… 283

10.1 汽车装配线输送系统 …… 284

10.2 汽车装配线工艺流程 …… 290

复习思考题 …………………………………… 294

第 11 章　汽车发动机再制造工艺简介 ……………………………… 295

11.1　发动机再制造概述 …………………… 295

11.2　发动机再制造的工艺过程 …………… 297

11.3　发动机的修复技术 …………………… 298

复习思考题 …………………………………… 302

参考文献 ……………………………………… 303

第1章

汽车制造工艺过程的基本概念

1.1 汽车的生产过程和工艺过程

1.1.1 汽车的生产过程

汽车的生产过程是指将原材料转变为汽车产品的全过程。汽车的生产过程包括毛坯制造、机械加工、热处理、装配等。

一辆汽车由上万个零件组成，汽车生产涉及许多行业，如机械制造业、玻璃制造业、橡胶塑料制造业、电子器件行业、化学工业等。一个企业不可能承担全部汽车零件的生产，一般只完成汽车主要零部件的生产，如发动机、变速器、驱动桥、车架、车身等主要零件的制造和总成的装配，其余一些零部件或附件则由其他的专业厂家协作生产。汽车生产过程框图如图 1-1 所示，主要内容包括下料、铸造、锻造、机械加工、热处理、冲压、焊接、涂装、电镀与装配等。

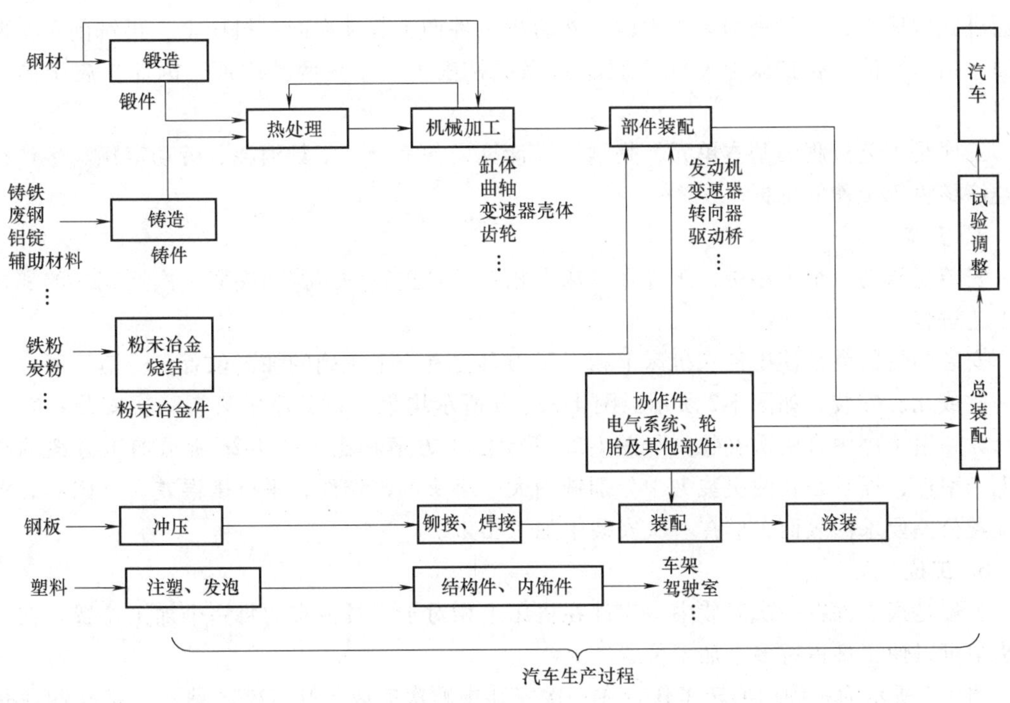

图 1-1 汽车生产过程框图

汽车的生产过程如下：

1）生产准备过程：汽车在投入正式生产前所进行的各项技术工作和设备购置等准备工作过程。

2）基本生产过程：汽车由原材料经过各种工艺过程后转变为成品的过程。

3）辅助生产过程：为保证基本生产过程能正常运行所必需的辅助和维护生产的过程。

4）生产服务过程：为基本生产和辅助生产过程相配套的各项生产服务的过程。

1.1.2 汽车的工艺过程

工艺过程是指在生产过程中，改变生产对象的形状、尺寸、相对位置和性质等，使其成为成品或半成品的过程。

汽车的工艺过程包括毛坯制造工艺过程、机械加工工艺过程、热处理工艺过程、汽车装配工艺过程等。在机床设备上利用切削刀具或其他工具利用机械力将毛坯或工件加工成零件的过程称为机械加工工艺过程。

1. 工序

工序是指一个（或一组）工人在一个工作地点（或一台设备），对一个（或同时对几个）工件所连续完成的那一部分工艺过程。划分工序的标志是操作者、工作地点和加工对象是否变动。

例如，图 1-2 所示为铣削汽车变速器第一轴毛坯大、小头两端端面简图。图 1-2a 所示为在专用铣削轴端面机床上使用两把面铣刀同时铣削大、小头两端端面的过程，是在一道工序中平行完成两端端面加工。图 1-2b 所示为采用普通卧式铣床，依次在两台铣床上分别铣削大、小头两端端面，是在两道工序中完成铣削大、小头两端端面的。图 1-2c 所示为在一台普通卧式铣床上，首先铣削大头端面，然后将工件调头装夹在同一机床上，再铣削小头两端端面，由于在同一台铣床上连续（顺序）完成铣削大、小头两端端面，因此，属于同一道工序。

工序是工艺过程的基本单元，是制订和计算设备负荷、工具消耗、劳动定额、生产计划和经济核算等工作的依据。

2. 安装

安装是指在一个工序中，工件在机床上相对刀具进行的定位和夹紧一次所完成的那一部分工艺过程。

安装的目的就是使工件在机床上相对于刀具占有一个正确的加工位置。一道工序中可以有一次或几次安装。如图 1-2 所示，图 1-2a、b 所示均为一道工序中只有一次安装；图 1-2c 所示为一道工序中有两次安装。与图 1-2a 所示加工方案相比，图 1-2c 所示加工方案的缺点是生产率低，而且是在两次装夹中分别铣削大、小头两端端面，平行度误差大。因此，对于有位置公差要求的表面，应在一次安装中加工出来。

3. 工位

工位是指工件在一次安装中，工件在机床上相对于刀具占有的每一个加工位置。在一次安装中可以使工件占有多个加工位置。

图 1-3 所示为一利用回转工作台在一次安装中顺次完成装卸工件、钻孔、扩孔和铰孔四工位加工的例子。

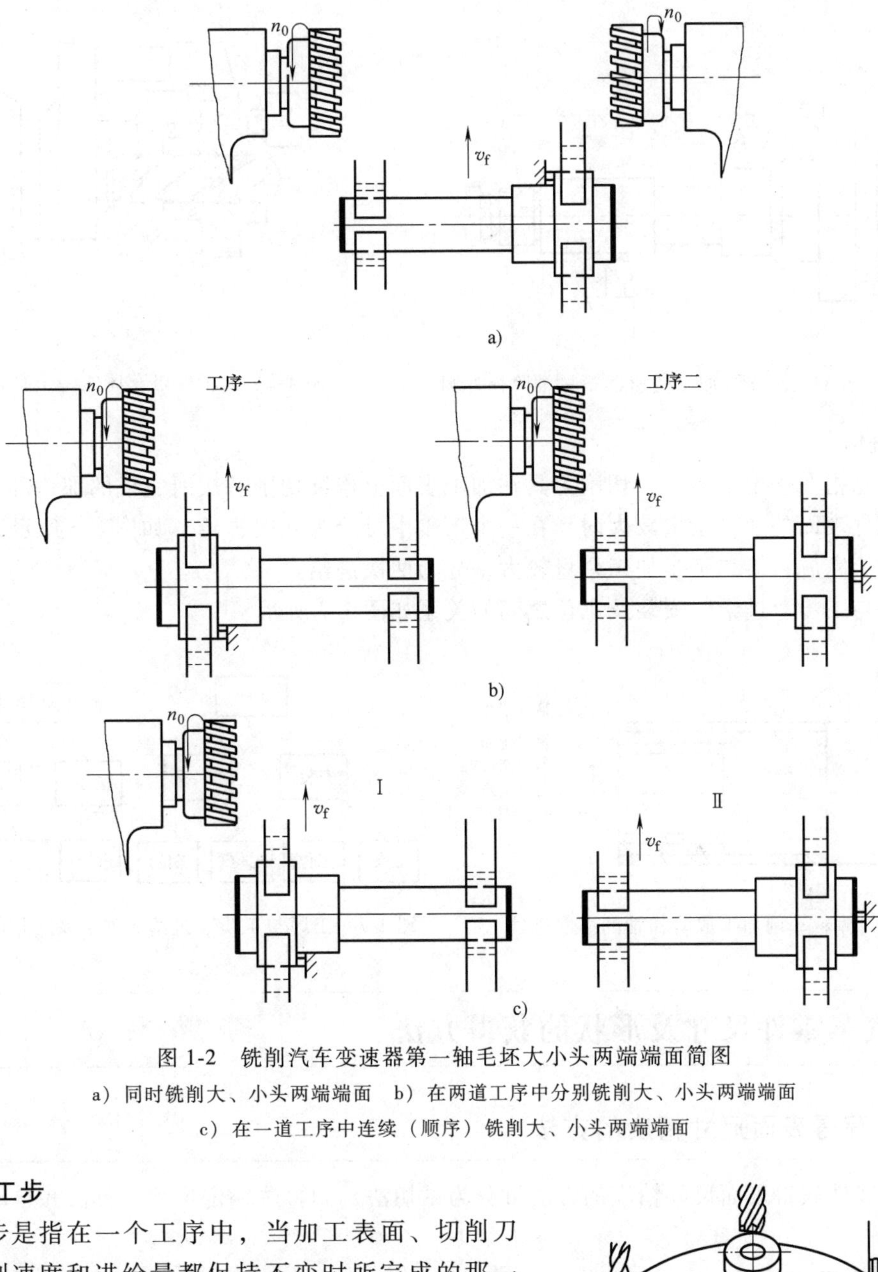

a)

工序一　　工序二

b)

Ⅰ　　Ⅱ

c)

图 1-2　铣削汽车变速器第一轴毛坯大小头两端端面简图

a）同时铣削大、小头两端端面　b）在两道工序中分别铣削大、小头两端端面

c）在一道工序中连续（顺序）铣削大、小头两端端面

4. 工步

工步是指在一个工序中，当加工表面、切削刀具、切削速度和进给量都保持不变时所完成的那一部分工艺过程。划分工步的标志是上述四个因素均不变。例如，图 1-4 所示为五个工步连续加工变速器第一轴阶梯外圆。

为了提高生产效率，很多时候采用复合工步，就是采用多把刀具同时加工工件的几个表面。如图 1-5 所示，在立轴转塔车床上用多把调整好的刀具，采用一个复合工步来完成钻孔及多个外圆和端面的加工。

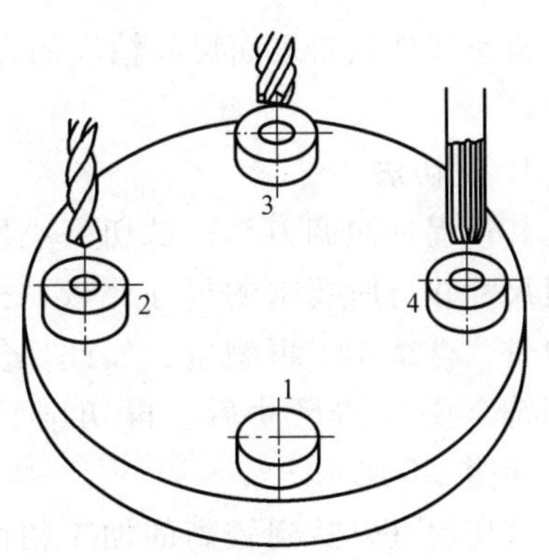

图 1-3　四工位回转工作台

1—装卸工件　2—钻孔　3—扩孔　4—铰孔

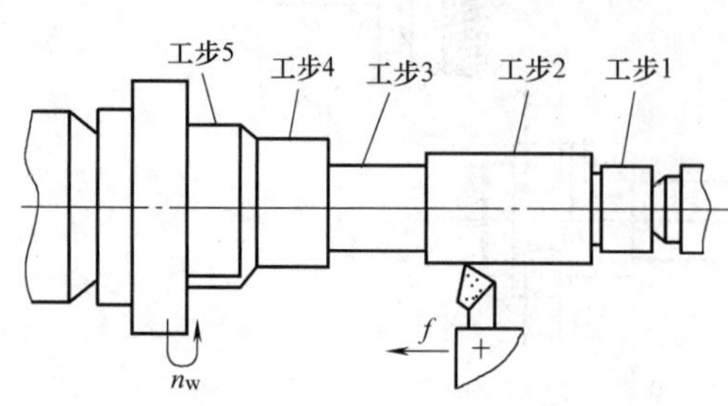

图 1-4　五个工步连续加工变速器第一轴阶梯外圆

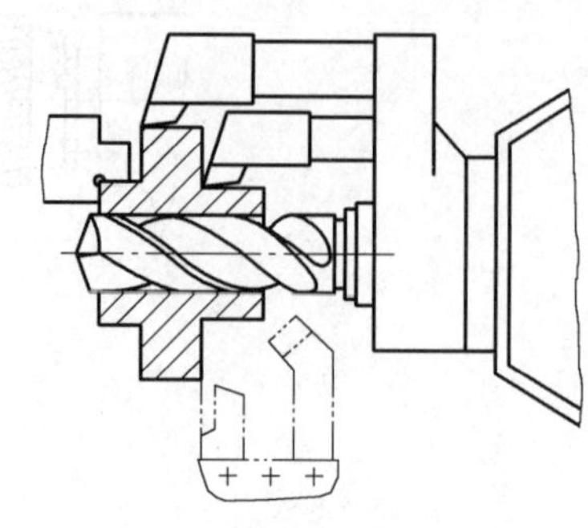

图 1-5　立轴转塔车床的一个复合工步

5. 进给

进给是指在一个工步中，切削刀具在加工表面上连续切削一次所完成的那一部分工艺过程。当工件表面的加工余量较大时，在一个工步中可分为几次进给，如图 1-6 所示，第一工步一次进给完成；第二工步加工余量较大，分为两次进给。

工序与工步、进给、安装及工位之间的关系如图 1-7 所示。

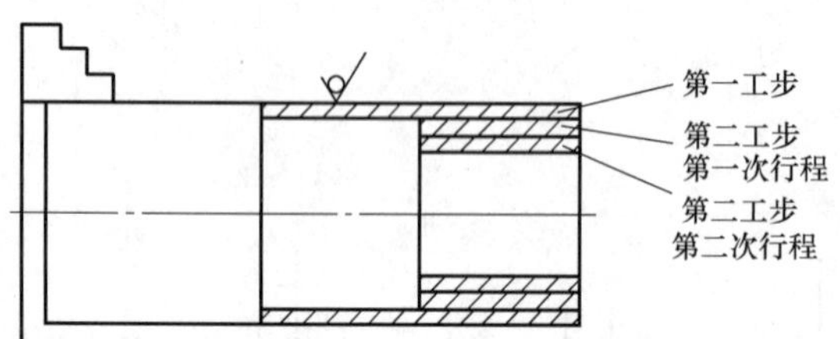

图 1-6　棒料车削加工成阶梯轴的多次进给

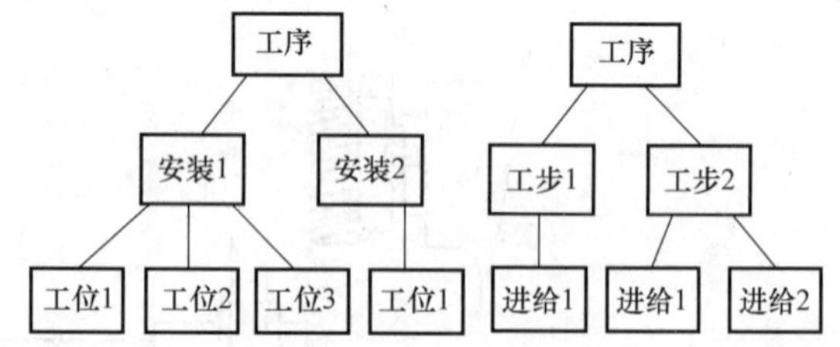

图 1-7　工序与工步、进给、安装及工位间的关系

1.2　汽车零件尺寸及形状的获得方法

1.2.1　获得表面尺寸精度的方法

汽车零件获得表面尺寸精度的方法可分为试切法、调整法、定尺寸刀具法和自动控制法四种。

1. 试切法

其过程是初调刀具，试切一小段，测量试切所得尺寸并与所要求的尺寸比较，按其差值再调整刀具，再试切、再测量，如此反复数次，直至达到符合要求的尺寸后，再切削整个待加工表面，如图 1-8 所示。

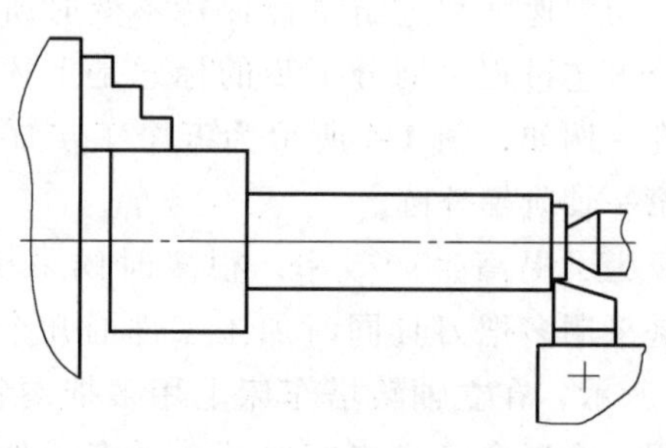

图 1-8　试切法

试切法可以达到较高的加工精度，但要求工人有较高的技术水平，而且加工效率很低，一般只用于单件小批生产。

2. 调整法

调整法是通过对刀（调整）使刀具与工件处于理想的相对位置，然后连续加工一批工件的方法。例如，图 1-9a 所示为镗刀调整示意图，图 1-9b 所示为镗刀调整后加工示意图。

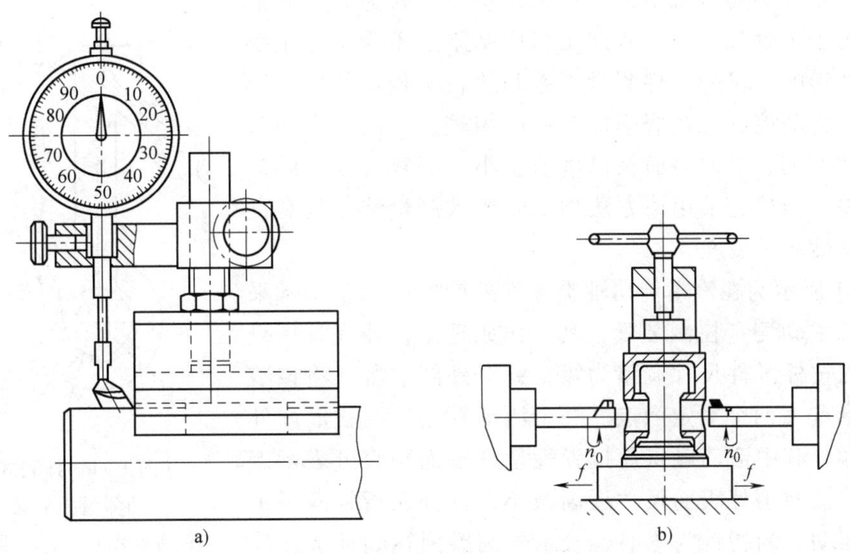

图 1-9　用调整法获得镗孔尺寸示意图

a）镗刀径向伸长尺寸调整　b）镗活塞销孔

在加工前使刀具获得正确位置的操作称为对刀，其方法可分为两类：用样件或对刀块对刀的静对刀法；试切工件的动对刀法。

静对刀法就是在机床不切削时用样件或对刀块和塞尺来找正刀具位置。它又分为线内对刀和线外对刀两种。线外对刀在线外调控刀具、刀架等装置，装到机床后马上可以加工，这样可减少停机时间。

动对刀法就是试切一个或数个工件，在工件的尺寸位于要求尺寸的公差带合适位置时，作为刀具的正确位置。

调整法因能节省辅助时间，故生产效率比试切法高，又排除了试切法加工中可能存在的人为因素，从而使加工的工件尺寸在无其他误差时呈正态分布，因而在汽车零件的大量生产中获得了普遍的应用。

3. 定尺寸刀具法

定尺寸刀具法是以刀具的相应尺寸来保证加工表面的尺寸精度。如用铰刀或钻头加工孔，用拉刀或铣刀加工一定尺寸的凹槽等，其工件尺寸都主要取决于刀具的相关尺寸。定尺寸刀具法操作简单，生产率高，加工误差也比较稳定，在各种生产类型的机械加工中均可应用，但在保证孔的位置精度方面不如镗孔加工，也不宜于特大孔的加工。例如，

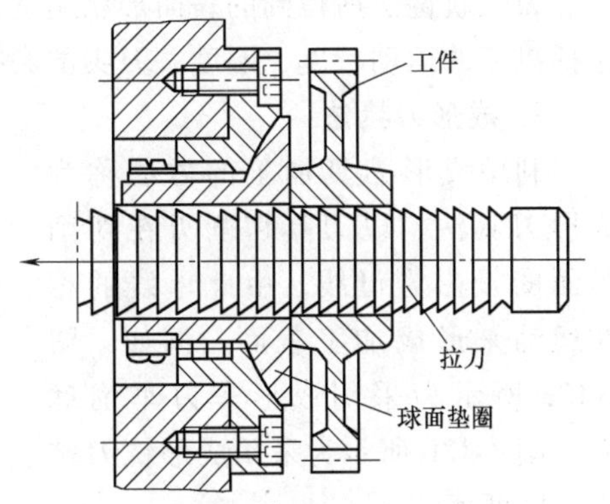

图 1-10　拉刀拉削圆孔加工图

图 1-10 所示为拉刀拉削圆孔加工图。

4. 自动控制法

自动控制法是将测量、调整和切削加工等机构综合为一个相互联系、相互协调的自动化系统进行加工的方法。

自动控制法的实质就是试切法的自动化。因为其控制信号直接来源于工件尺寸，因此加工精度基本上不受工艺系统原始误差的影响，仅受工件测量误差和执行机构灵敏度的影响。目前，自动控制法在磨削加工中应用较多，因为磨削时余量小、切屑细、工件表面粗糙度值也小，不致有较大的动态测量误差。当然，采用该方法加工时要求测量装置具有良好的动态特性和灵敏度。

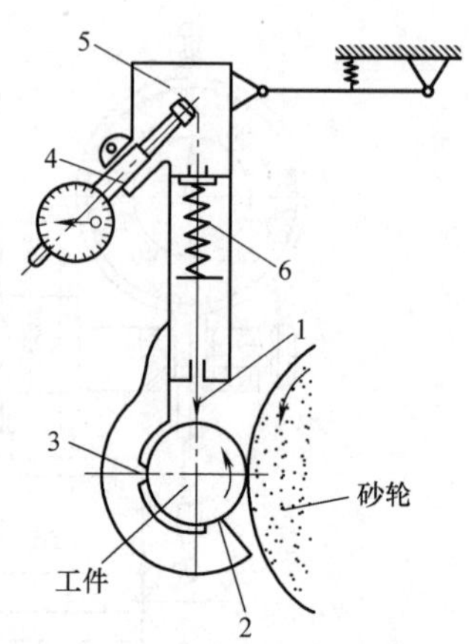

图 1-11 挂表式主动测量控制装置

1—活动触点 2、3—固定触点 4—百分表 5—量杆 6—弹簧

图 1-11 所示为在汽车传动轴类零件外圆磨削加工中常采用的挂表式主动测量控制装置，其工作原理是，挂表是一只百分表，先按标准件尺寸调整为零；针对外圆磨削，将该装置的三个触点（两个固定触点、一个活动触点）与被磨削外表面相接触，其中活动触点通过弹性量杆端面与百分表触点接触；随着被磨削外表面尺寸逐渐减小，百分表指针向一个方向不断摆动；当指针为零时，表示外圆磨削达到标准样件尺寸，然后退出砂轮，完成外圆磨削工序。

1.2.2 获得表面几何形状精度的方法

获得表面几何形状精度的方法可分为刀尖轨迹法、成形刀具法和展成法三种。

1. 刀尖轨迹法

靠刀尖（点）的运动轨迹来获得所要求的表面几何形状称为刀尖轨迹法。刀尖轨迹取决于刀具与工件的相对成形运动。如普通车削是工件旋转形成母线和刀具移动形成导线。刀尖的合成轨迹是紧密相连的螺旋线。又如内、外圆磨削，是工件旋转与移动构成成形运动，由若干个刀尖（磨粒）形成的轨迹而形成。刨削的成形运动是刀尖与工件在两个相互垂直方向上的移动。

刀尖轨迹法所得到的表面形状精度取决于成形运动的精度，即母线和导线的形成精度，包括机床的运动精度、刚度、刀尖的磨损等。

2. 成形刀具法

利用成形刀具加工的方法称为成形刀具法。以刀具切削刃在切削基面的投影为母线，由此母线的相对运动来形成加工表面。例如，图 1-12a 所示为采用成形车刀车削球面，图 1-12b 所示为采用成形铣刀铣削凸圆弧面。

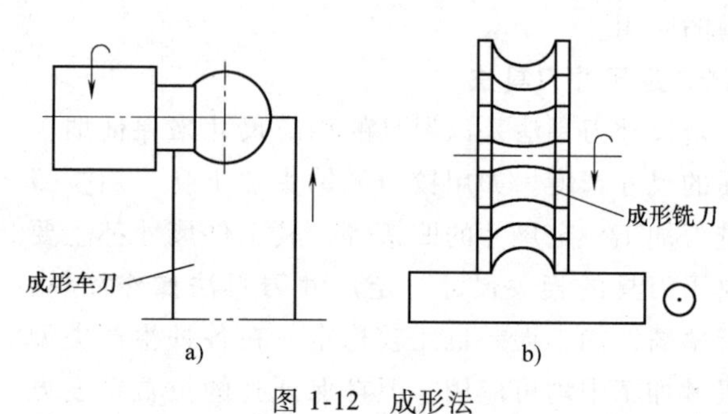

图 1-12 成形法

a）车削球面 b）铣削凸圆弧面

用成形刀具法加工的表面几何

形状精度取决于刃口的形状精度。

3. 展成法

展成法是以一定形状的切削刃与工件按一定速比关系做展成运动，被加工表面是切削刃在展成运动中形成的与光滑曲面逼近的包络面。切削刃必须是被加工表面轮廓曲线的共轭曲线。常用的滚齿、插齿等轮齿齿形加工均属于展成法。其加工表面的形状精度取决于机床传动链的传动精度和切削刃的形状精度。

图 1-13 所示的手工锉削外圆弧面和插齿是展成法加工的典型实例。

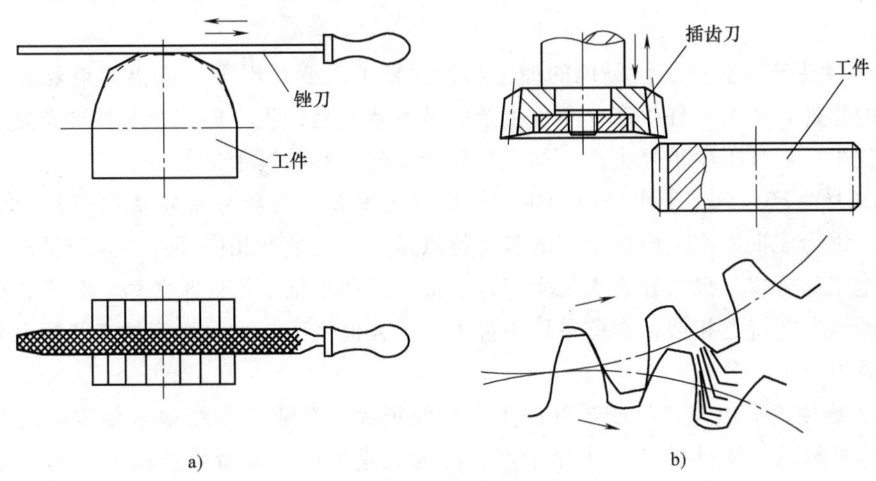

图 1-13 展成法加工的典型实例

a）手工锉削外圆弧面 b）插齿

1.3 汽车制造企业的生产纲领、生产类型及其工艺特征

1.3.1 生产纲领

生产纲领指企业在一年的计划期内应当生产的产品产量（包括备品和废品在内的产品产量）。

汽车零件的生产纲领是指包括备品和废品在内的年产量，可按下式计算：

$$N=Qn(1+a+b)$$

式中 N——零件的生产纲领（件/年）；

Q——产品的生产纲领（台/年）；

n——每台产品中含该零件的数量（件/台）；

a——零件备品率，指用于维修的备件数占装车件数的比例，通常备品率为 5%；

b——零件废品率，指废品件数占投入生产件数的比例，通常废品率为 2%。

生产纲领的大小对生产组织形式和零件加工过程起着重要的作用，它决定了生产的规划及工序的专业化和自动化程度，决定了所应选用的工艺方法和工艺装备。工艺规程的详细程度与生产类型有关，不同的生产类型由产品的年生产纲领区别。

1.3.2 生产类型

汽车产品的销售、汽车企业的生产能力等多种因素决定了汽车零件的年生产纲领，从而决定了汽车零件的不同生产类型（即生产规模）。汽车零件的生产类型不同，相应的制造工艺方法、工艺特征、工艺装备及生产的组织形式也不同。

划分生产类型的主要标志是指企业以最经济的方法生产产品时，其大多数工作地点上所加工零件的品种及变更的频繁程度。生产类型分为单件生产、成批生产和大量生产三种类型。

(1) 单件生产 企业工作场地的加工品种频繁地改变、不重复或很少重复加工相同结构、尺寸的零件，称为单件生产。单件生产的基本特点是，生产的汽车零件种类繁多，每种产品产量很少，而且很少重复生产，如汽车新产品的试制就属于单件生产。

(2) 成批生产 汽车工作场地的生产周期性地重复，常年分批轮番生产若干种不同的汽车零件，称为成批生产。成批生产的基本特点是，分批生产相同零件，生产呈周期性地重复。成批生产又可按其批量分为大批生产、中批生产和小批生产三种类型。其中，小批生产与单件生产的工艺特点相似，合称单件小批生产；大批生产与大量生产的工艺特点类似，合称大批大量生产。

(3) 大量生产 汽车产品或零件的生产纲领很大，企业工作场地常年按一定的时间定额，重复地进行某一零件的某一工序生产，称为大量生产。大量生产的基本特点是，产量大、品种单一，企业工作场地长期重复地进行某一零件的某一工序生产。例如，一般轿车的正常制造都属于大量生产。

生产类型的划分一方面要考虑生产纲领；另一方面还必须考虑产品或零件尺寸的大小和结构的复杂性，以及零件的标准化、通用化和系列化程度。汽车制造企业生产类型与产量之间的关系见表1-1。产品或零件的生产纲领越大，则生产专业化程度越高。

表1-1 汽车制造企业生产类型与产量之间的关系

生产类型		零件的年生产量/件		
		重型零件（零件质量>50kg）	中型零件（零件质量为15~50kg）	轻型零件（零件质量<15kg）
单件生产		<5	<10	<100
成批生产	小批量	5~100	10~200	100~500
	中批量	100~300	200~500	500~5000
	大批量	300~1000	500~5000	5000~50000
大量生产		>1000	>5000	>50000

1.3.3 不同生产类型的工艺特征

为了提高企业生产效益，不同生产类型的企业，采取不同的工艺过程，即不同的生产组织形式、不同的生产设备、不同的工艺装备等。各种生产类型的工艺特点见表1-2。

表 1-2　各种生产类型的工艺特点

工艺特点	生产类型		
	单件生产	批量生产	大量生产
毛坯情况	锻件自由锻造,铸件木模手工造型,毛坯精度低	锻件部分采用模锻,铸件部分用金属模,毛坯精度中等	广泛采用模锻,金属机器模造型等高效方法生产毛坯,毛坯精度高
机床设备及其布置形式	通用机床,机群式布置,也可用数控机床	部分通用机床,部分专用机床,机床按零件类别分工段布置	广泛采用自动机床,专用机床,按流水线、自动线排列设备
工艺装置	通用刀具、量具和夹具,或组合夹具,找正后装夹工件	广泛采用夹具,部分靠找正装夹工件,较多采用专用量具和刀具	高效专用夹具,多用专用刀具,专用量具及自动检测装置
对工人的技术要求	需要技术熟练	中等	对调整工人的技术水平要求高,对操作工人技术水平要求低
工艺文件	仅要工艺过程卡	工艺过程卡,关键零件有工序卡	详细的工艺文件,工艺过程卡、工序卡、调整卡等
生产率	较低	中等	高
加工成本	较高	中等	低

如图 1-14 所示的阶梯轴，分别采用单件小批生产和大批大量生产时，工艺过程有很大不同，各自的工艺过程见表 1-3 和表 1-4。

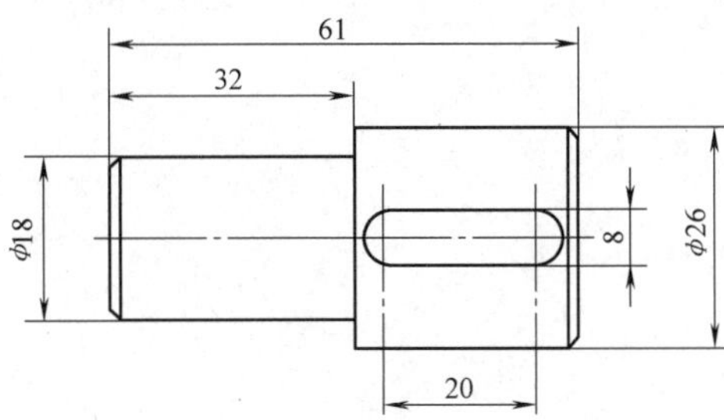

图 1-14　阶梯轴

表 1-3　阶梯轴单件小批生产的工艺过程

序 号	工序名称	工 序 内 容	设　备
1	车	车一端外圆与端面、钻中心孔并倒角,径向尺寸至 φ26mm;掉头车另一端外圆及端面并倒角,径向尺寸至 φ18mm,轴向尺寸至 32mm,轴向总长至 61mm	车床
2	铣	铣键槽	铣床
3	钳	去毛刺	钳工台

表 1-4　阶梯轴大批大量生产的工艺过程

序号	工序名称	工序内容	设备
1	铣	铣端面、钻中心孔，轴向尺寸至 61mm	铣床，钻床，夹具 SJ-1802
2	车 1	车大端外圆并倒角，径向尺寸至 ϕ26mm	CA6140
3	车 2	车小端外圆并倒角，径向尺寸至 ϕ18mm，轴向尺寸至 32mm	CA6140(另一台)
4	铣	铣键槽	X6132
5	钳	去毛刺	钳工台

复习思考题

1-1　用框图描述汽车的生产过程。

1-2　什么是生产纲领？什么是生产类型？它们之间有什么联系？

1-3　汽车的生产类型有哪几种形式？各有何特点？

第2章

金属切削机床与表面加工方法

2.1　概述

金属切削机床是用切削方法加工金属零件的工作机械。它是制造机器的机器，因此又称工作母机或工具机，通常简称为机床。

除采用切削加工方法制造机器零件外，还可以采用铸造、锻造、焊接、冲压、挤压等方法制造，根据零件的不同形状和不同的技术要求，选用上述不同的制造方法。但是，精度要求高、表面粗糙度值较小的零件，一般都要在机床上用切削加工的方法经过几道甚至几十道工艺才能制成。因此，在一般机械制造工厂中，机床所担负的加工工作量占机器制造工作量的40%～60%。由此可见，机床在机械制造工业中占有极其重要的地位。

机床的品种规格繁多，为了便于区别、使用及管理，必须对其进行分类并编制型号。按机床的加工方式及用途，机床可分为11类，即车床、钻床、镗床、磨床、齿轮加工机床、螺纹加工机床、铣床、刨插床、拉床、锯床和其他机床。

2.2　金属切削机床及其加工范围

2.2.1　车床和车削加工

车床是机械加工中使用最为广泛的机床，是加工回转表面和回转体端面的基本方法，在一般机械工厂中，车削占切削加工工作总量的20%～35%。

车削加工的刀具主要为车刀，但也可以使用钻头、扩孔钻、铰刀、丝锥、板牙等孔及螺纹加工刀具进行加工。车削加工的主运动一般为工件的旋转运动，而进给运动则为刀具的直线移动。

1. 卧式车床的组成及其加工范围

卧式车床由主轴箱、进给箱、溜板箱、刀架溜板、尾座和床身等部件组成，如图2-1所示。

车床的种类很多，其中以卧式车床应用最广泛。其工艺范围广，可车削内外圆柱面、圆锥面、回转体成形面及环形槽、车削端面及螺纹，还可以钻孔、扩孔、铰孔、攻螺纹、套螺纹和滚花等。图2-2所示为卧式车床典型的加工范围。

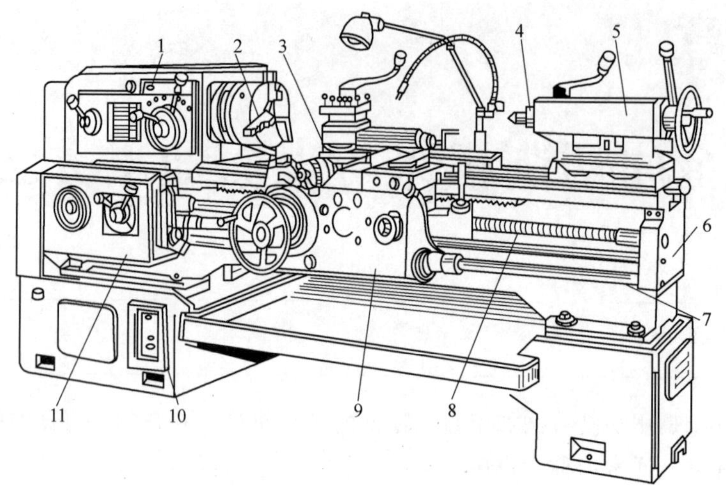

图 2-1　卧式车床

1—主轴箱　2—卡盘　3—刀架　4—后顶尖　5—尾座　6—床身
7—光杠　8—丝杠　9—床鞍　10—底座　11—进给箱

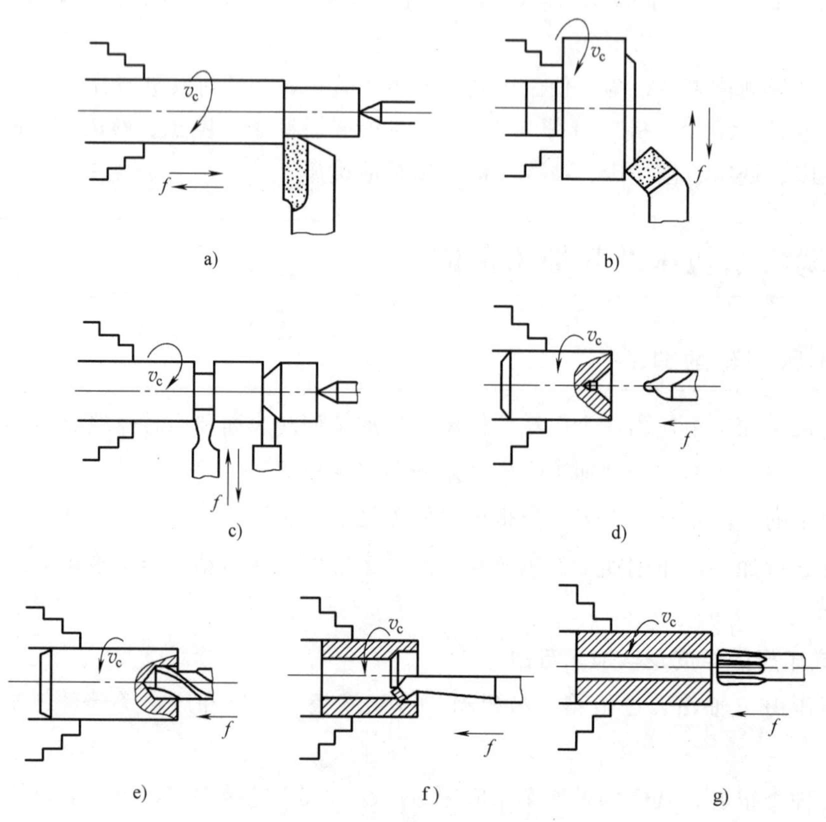

图 2-2　卧式车床典型的加工范围

a）车外圆　b）车端面　c）切槽和切断　d）钻中心孔　e）钻孔　f）车内孔　g）铰孔

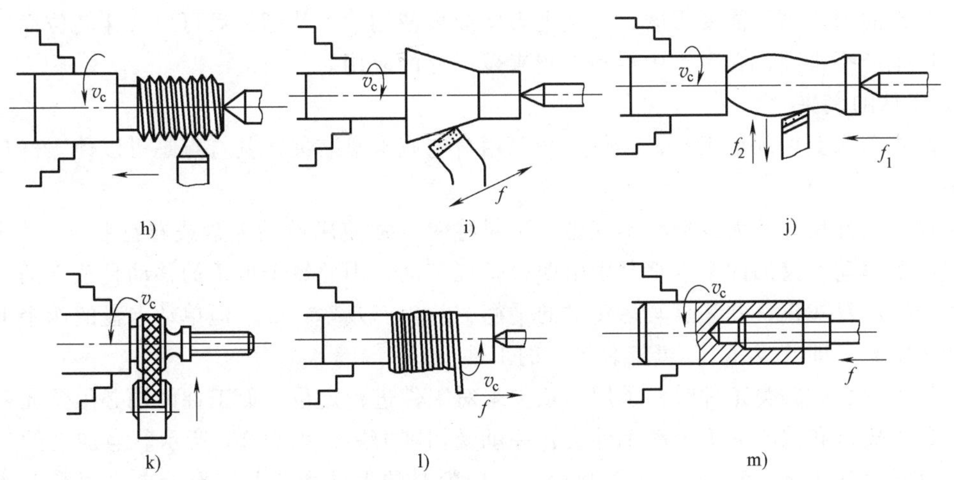

图 2-2　卧式车床典型的加工范围（续）

h）车螺纹　i）车圆锥面　j）车成形面　k）滚花　l）绕弹簧　m）攻螺纹

2. 车刀

车刀是车床上使用最广泛的刀具。车刀的类型很多，按被加工表面的形式可分为外圆车刀、内孔车刀、端面车刀、成形车刀、切槽车刀、螺纹车刀等，如图 2-3 所示。按车刀的结构可分为整体式、焊接式、机夹式三类，而机夹式车刀又可分为机夹重磨车刀和机夹可转位车刀，如图 2-4 所示。整体式车刀一般由高速钢制成，其切削速度较低，因此生产效率较低，使用较少。焊接式车刀是在普通材料的刀体上焊接硬质合金刀片，使用很广泛，但在焊接时易产生应力及裂纹。机夹式车刀可有效地避免焊接式车刀的弊端，机夹重磨车刀的刀片可集中刃磨或由专门工厂生产，而机夹

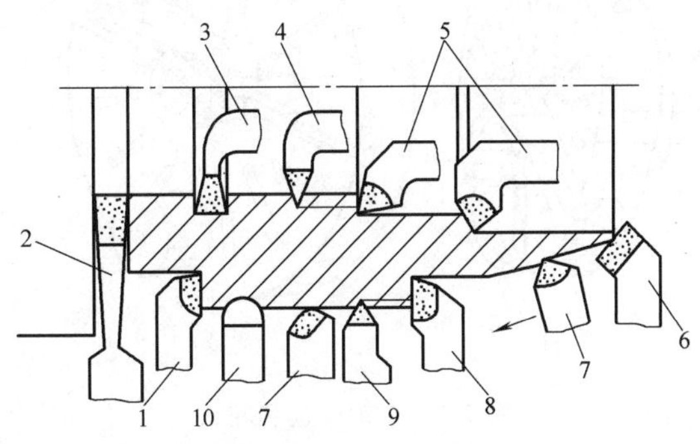

图 2-3　车刀的类型

1—左偏车刀　2—切外槽车刀　3—切内槽车刀　4—内螺纹车刀　5—镗孔车刀　6—弯头外圆车刀　7—外圆车刀　8—右偏车刀　9—外螺纹车刀　10—成形车刀

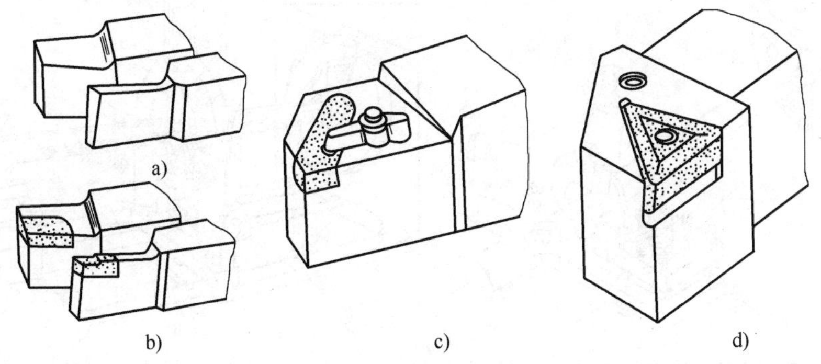

图 2-4　车刀的结构形式

a）整体式车刀　b）焊接式车刀　c）机夹重磨车刀　d）机夹可转位车刀

可转位车刀的刀片则不需要刃磨，它夹上刀体即可使用，刀片磨钝后可以快速转位而继续使用，所以生产率很高，在生产中得到了越来越广泛的应用。

3. 工件的装夹

在卧式车床上切削加工时，工件一般采用自定心卡盘装夹，其特点是可以使工件自动定心，装夹十分方便。

当加工工件尺寸较大或形状不规则、不对称时，常使用单动卡盘或花盘装夹，如图 2-5 所示。由于单动卡盘的四个卡爪分别由四根丝杠带动，因此每个卡爪的移动是独立的，安装工件时需要反复找正，并注意其运转时的平衡，故生产效率较低。但单动卡盘的四个卡爪可各自调头安装，即“反爪”，可安装较大的工件。

当加工较长的轴类工件时，采用双顶尖来对工件进行定位，而工件两端必须预先钻有中心孔，通过拨盘和鸡心夹头带动工件旋转并承受切削力矩，如图 2-6 所示。当加工的工件为细长轴（长径比 L/d>15）时，为了减少工件切削时的振动和弯曲变形，应采用跟刀架或中心架对工件进行辅助支承，以提高工件的刚性，如图 2-7 和图 2-8 所示。

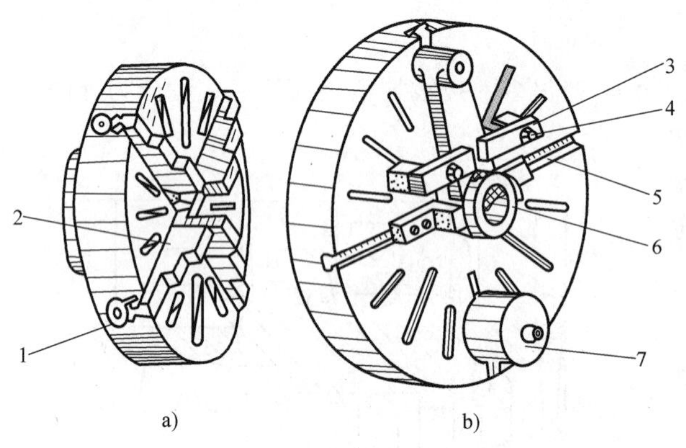

图 2-5　单动卡盘和花盘

a）单动卡盘　　b）花盘

1—调整螺钉　2—卡爪　3—压板　4—螺栓

5—T 形槽　6—工件　7—平衡块

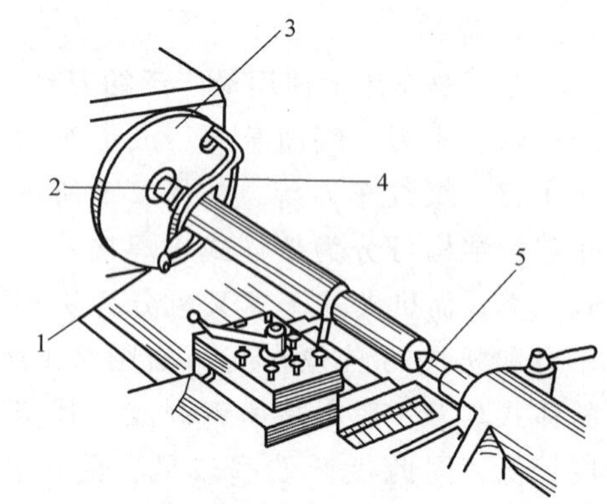

图 2-6　用双顶尖装夹工件

1—螺钉　2—前顶尖　3—拨盘

4—鸡心夹头　5—后顶尖

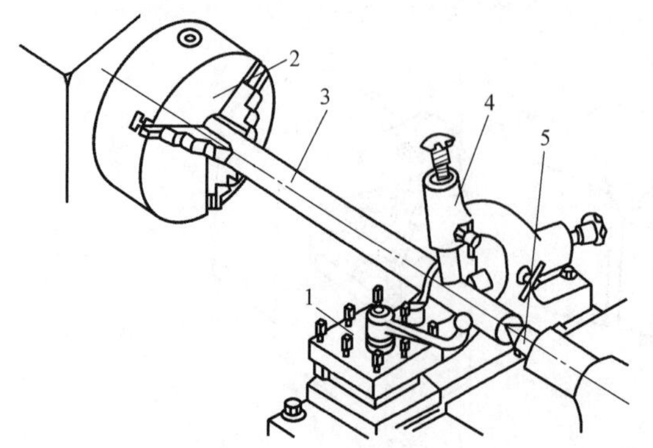

图 2-7　用跟刀架车削工件

1—刀架　2—自定心卡盘　3—工件

4—跟刀架　5—后顶尖

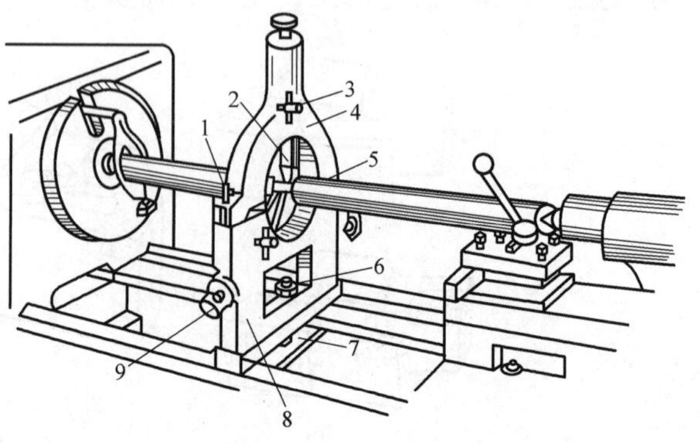

图 2-8　用中心架车削工件

1—螺栓　2—支爪　3—固定螺钉　4—中心架上部

5—铰链　6—螺栓　7—压板　8—中心架下部　9—调整螺钉

当加工盘类工件时，可采用心轴装夹，它容易保证被加工工件的位置精度，如图 2-9 所示。

4. 立式车床

立式车床主要用于加工径向尺寸大而相对轴向尺寸较小、形状复杂的大型或重型工件。它是重型电机、矿山及冶金机械、水轮机、汽轮机等重型机械制造厂不可缺少的加工设备，它也是一般机械加工工厂的常用设备。它在机床结构布局上的主要特点是，主轴是垂直布置的，并有一个直径很大的圆形工作台。由于该工作台台面水平设置，因此大型工件装夹和找正比较方便。在结构设计上，工件及工作台的质量由床身或推力轴承承受，大大减小了主轴及其轴承的载荷，因此对保证工件的加工精度极为有利。

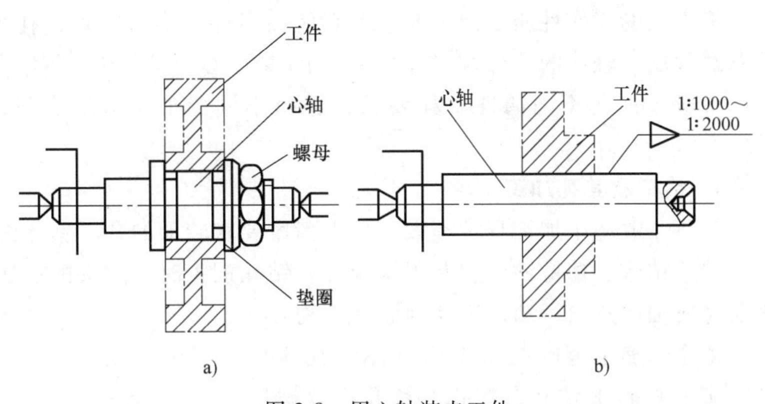

图 2-9　用心轴装夹工件

a）圆柱心轴　b）圆锥心轴

立式车床可分为单柱式立式车床和双柱式立式车床两种，如图 2-10 和图 2-11 所示。前者的加工直径一般小于 1600mm，后者的加工直径一般大于 2000mm，重型立式车床的加工直径可以超过 2500mm。

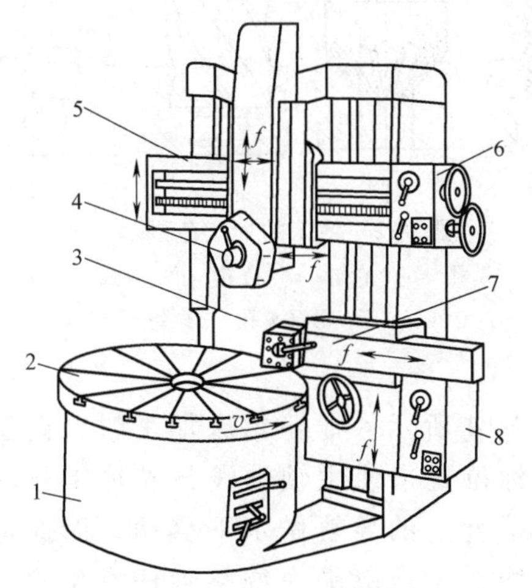

图 2-10　单柱式立式车床

1—底座　2—工作台　3—立柱　4—垂直刀架　5—横梁　6—垂直刀架进给箱　7—侧刀架　8—侧刀架进给箱

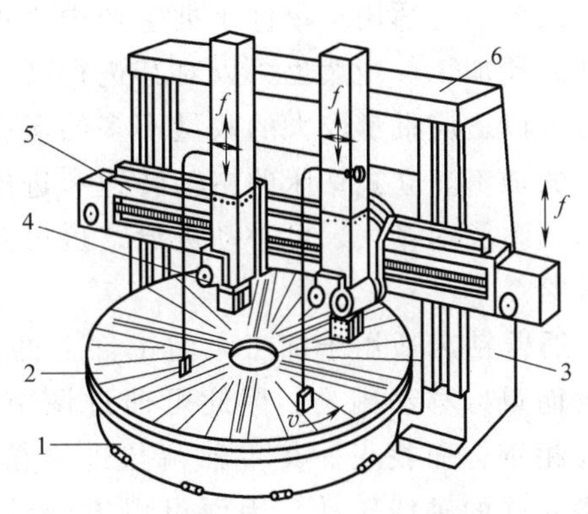

图 2-11　双柱式立式车床

1—底座　2—工作台　3—立柱　4—垂直刀架　5—横梁　6—顶梁

2.2.2　孔加工机床和孔加工

通常，机器零件上设有许多孔，孔加工在机械加工中占有很大的比例，如发动机箱体的加工。

孔加工可分为两大类：一类是从实心材料上加工孔，如钻孔等；另一类是对已有的孔进行再加工，如扩孔、铰孔和镗孔等。

根据孔的工作性质、加工要求及其所在零件的形状特点，孔可分为回转体零件上的孔、没有对称旋转轴线的零件（如箱体）上的重要孔（如发动机气缸孔）、连接孔、深孔等。在生产中应根据孔不同的性质和要求，选择不同的加工方法和机床，以满足各类孔的加工要求。

1. 钻床及其孔加工

钻床一般用于加工直径不大、加工精度要求较低的孔。钻床的种类很多，主要有台式钻床、立式钻床、摇臂钻床和专用钻床等。钻孔加工时，钻头的旋转运动为主运动，并沿轴向移动完成轴向进给运动，工件则固定不动。

钻床的加工范围如图 2-12 所示。钻床可在实心材料上钻孔、扩孔、铰孔、攻螺纹、锪锥坑、锪沉头孔和锪平面等。

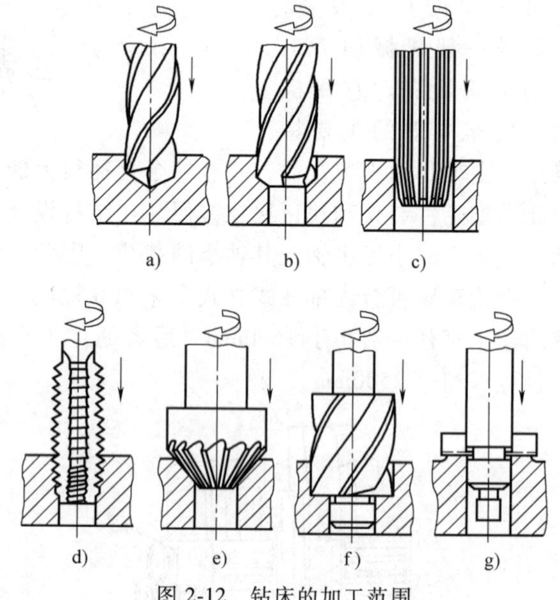

图 2-12　钻床的加工范围
a）钻孔　b）扩孔　c）铰孔　d）攻螺纹
e）锪锥坑　f）锪沉头孔　g）锪平面

台式钻床简称台钻，它放在工作台上工作，适用于加工孔径小于 ϕ16mm 的小型工件。

立式钻床是应用较广泛的一种，它的结构特点是其主轴轴线垂直布置且位置固定不变，如图 2-13 所示。立式钻床加工时，为使刀具的旋转中心与被加工工件上孔的中心线重合，必须移动工件位置。当被加工工件的孔较多时，其生产效率较低。因此，它适用于单件小批生产中小型工件的孔加工。当然也可以对其进行技术改造，以适应批量较大的数量不多的多孔工件的加工。立式钻床的主轴转速和进给量的调整范围较大，可手动进给，也可自动进给。

摇臂钻床适用于加工大型工件上的孔，如图 2-14 所示。摇臂钻床加工时，由于工件大而重，移动困难，因此可通过调节主轴的坐标位置来使主轴轴线与被加工孔的中心线相重合而找正。其主轴箱与进给箱一起可沿摇臂上的导轨做水平移动，而摇臂又可绕立柱的轴线转动，因而可以方便地使主轴轴线在一定范围内调整到任意位置，使多孔的大型工件在一次装夹下加工出来。摇臂还可以沿立柱升降，以适应不同高度工件的加工。

(1) 钻孔　钻孔是用钻头在实心材料上加工孔的方法，一般用于粗加工，加工后尺寸公差等级为 IT13～IT11，表面粗糙度 Ra 值为 50～12.5μm。钻头的种类很多，有麻花钻、中心钻、扁钻和深孔钻等，最常用的是麻花钻。麻花钻的结构如图 2-15 所示。它由工作部分、颈部和柄部三大部分组成。工作部分是钻头的主要部分，它分为切削部分和导向部分，切削部分担负着主要的切削工作；导向部分的作用在钻孔时起引导作用，它也是切削部分的后备部分。

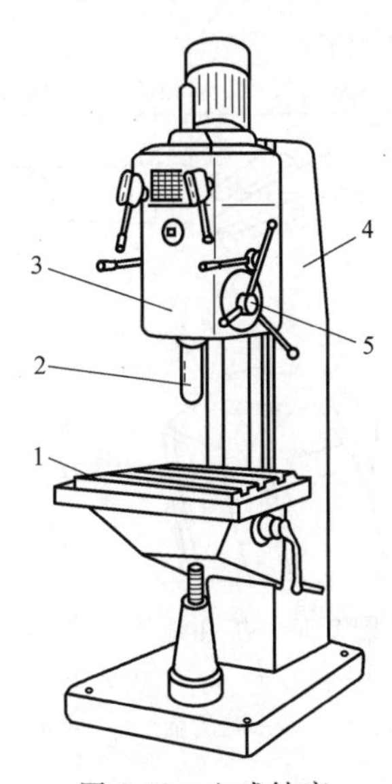

图 2-13　立式钻床

1—工作台　2—主轴　3—主轴箱　4—立柱　5—进给操纵机构

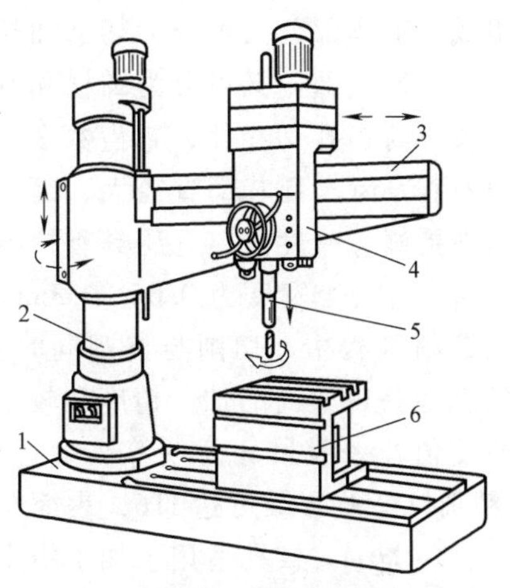

图 2-14　摇臂钻床

1—底座　2—立柱　3—摇臂　4—主轴箱　5—主轴　6—工作台

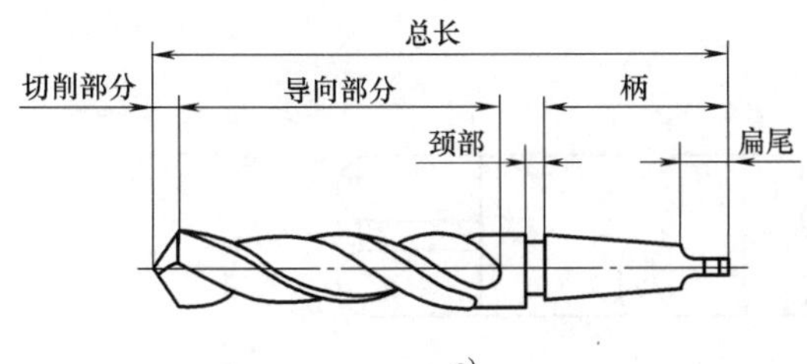

a)

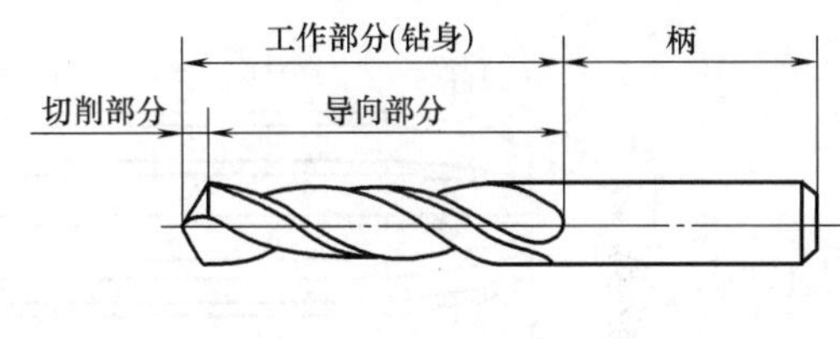

b)

图 2-15　麻花钻的结构

a）锥柄钻头　b）直柄钻头

麻花钻的切削部分如图 2-16 所示，它有两个对称的切削刃和一个横刃，两切削刃之间的夹角 $2\phi=118°\pm2°$（称为顶角）。横刃是两主后刀面的相交线，担负着孔中心部分的切削作用。钻削时很大的轴向力就是因横刃与工件进行强烈的挤压而产生的。试验表明，标准麻花钻钻孔时 45%～58%的进给力由横刃产生。为尽量减小进给力，在生产中常常对其进行修磨以改善其切削性能。

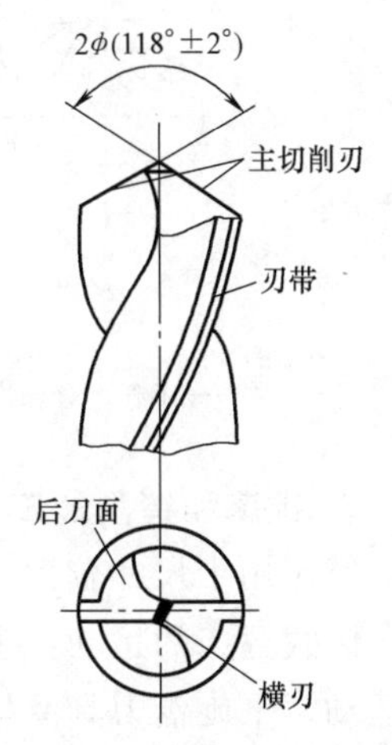

图 2-16　麻花钻的切削部分

（2）扩孔　扩孔是用扩孔钻对工件上已有的孔进一步加工的方法。扩孔作为铰孔或磨孔前的预加工。扩孔钻的结构如图 2-17 所示。

扩孔的加工质量比钻孔高，在生产中应用广泛。扩孔后尺寸公差等级可达 IT10～IT9，表面粗糙度值 Ra 为 6.3～3.2μm。扩孔不仅能提高孔的尺寸加工精度和减小表面粗糙度值，还能纠正被加工孔轴线的歪斜。

（3）铰孔　铰孔是对未淬硬的孔进行精加工的一种方法，也可以用于磨孔或研孔前的预加工。铰刀的结构如图 2-18 所示。铰刀由工作部分、颈部及柄部组成。工作部分又可分为切削和校正两部分，其中校正部分又可分为圆柱和倒棱两部分。铰刀与扩孔钻相比，它齿数多，一般有 6~12 个刀齿，且芯部直径大，因此铰刀的导向性更好，刚度大，它还具有校准切削刃，刀齿上有一个宽度为 0.05~0.3mm 的刃带，在铰削过程中，切削与挤刮同时作用。所以铰孔能获得较高的加工精度和较小的表面粗糙度值，一般尺寸公差等级可达 IT9~IT7，精细铰公差等级可达 IT6，表面粗糙度值 Ra 为 2~1μm。铰孔适用于加工中小尺寸的孔，但不宜铰削短孔、深孔及台阶孔。

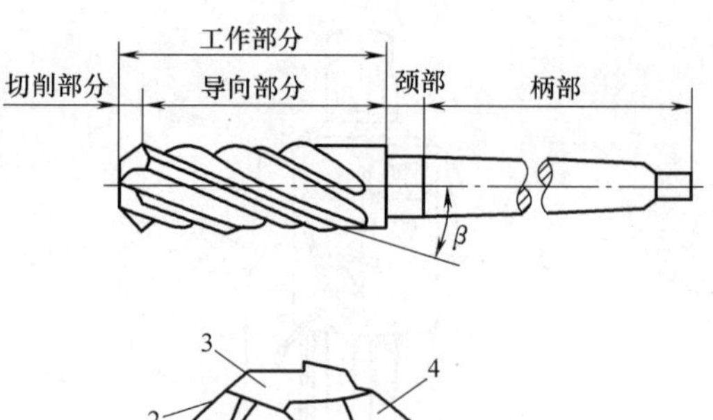

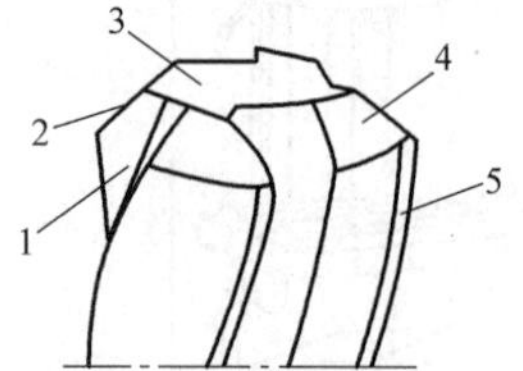

图 2-17　扩孔钻的结构

1—前刀面　2—主切削刃

3—钻芯　4—后刀面　5—刃带

铰刀一般有手用铰刀和机用铰刀两种。

要特别指出的是，铰孔不能纠正被加工孔的轴线歪斜，即孔的位置精度应由铰孔前的加工工序保证。

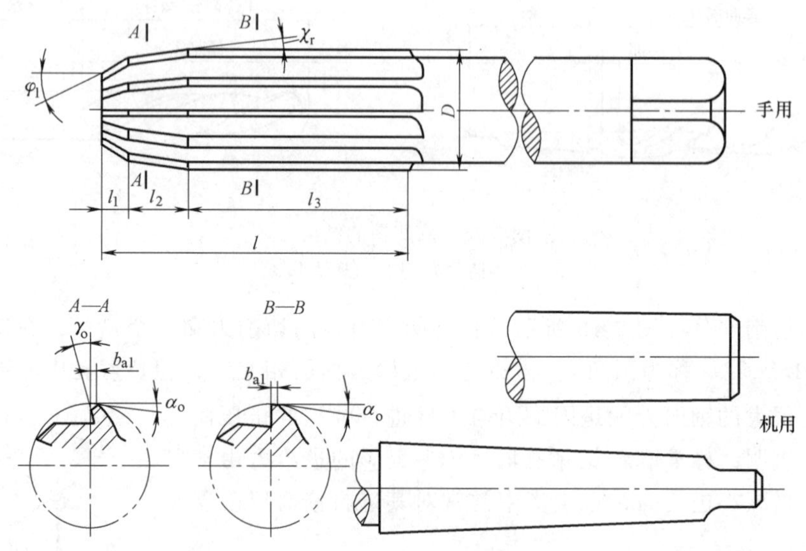

图 2-18　铰刀的结构

l—工作部分长度　l_1—导锥长度　l_2—切削齿长度　l_3—校准齿长度　b_{a1}—棱边刃带宽度

2. 镗床和镗削加工

镗床用于尺寸较大、精度要求较高的孔的加工。卧式镗床的结构如图 2-19 所示。

卧式镗床的运动：主运动是镗轴和平旋盘的旋转运动；进给运动可分别是镗轴的轴向进给运动、平旋盘刀具溜板的径向进给运动、主轴箱的垂直进给运动、工作台的纵向和横向进给运动等；而辅助运动有工作台的转位运动、后立柱的调位运动、后支承架的垂直方向调位

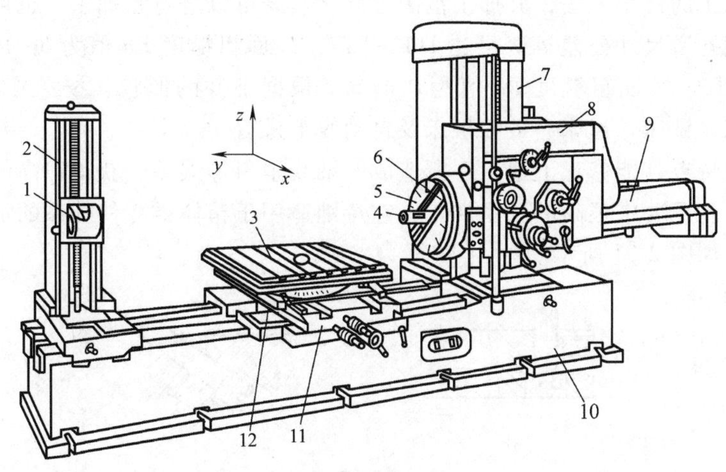

图 2-19　卧式镗床的结构

1—尾座　2—后立柱　3—工作台　4—镗轴　5—平旋盘　6—径向刀具溜板　7—前立柱　8—主轴箱　9—后尾座　10—床身　11—下滑座　12—上滑座

运动、主轴箱沿垂直方向和工作台沿纵、横方向的快速调位运动等。

图 2-20 所示为卧式镗床的几种典型加工方法。图 2-20a 所示为用装在镗轴上的悬伸刀杆镗孔，由镗轴移动完成纵向进给运动（f_1）；图 2-20b 所示为用装在平旋盘上的悬伸刀杆镗削大直径孔，由工作台移动完成纵向进给运动（f_2）；图 2-20c 所示为用装在平旋盘径向刀具溜板上的刀具车端面，由刀具溜板沿径向做进给运动（f_3）；图 2-20d 所示为用装在镗轴上的钻头钻孔，由镗轴移动完成纵向进给运动（f_4）；图 2-20e 所示为用装在镗轴上的面铣刀铣端面，由主轴箱移动完成垂直进给运动（f_5）；图 2-20f 所示为用后支承架支承的长刀杆镗削同一轴线上的两孔，由工作台移动完成纵向进给运动（f_6）。

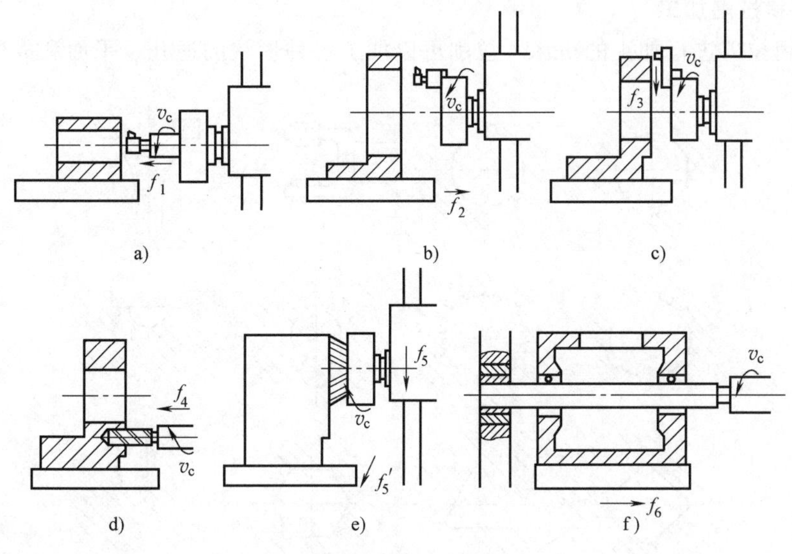

图 2-20　卧式镗床的几种典型加工方法

a）镗孔　b）镗大孔　c）车端面　d）钻孔　e）铣端面　f）镗同一轴线上的两孔

镗孔是孔加工的常用方法，其加工范围很广，它既可以进行粗加工，也可以进行半精加工和精加工。镗孔后尺寸公差等级可达 IT12~IT7，表面粗糙度 Ra 值为 5~1μm，甚至尺寸公差等级可达 IT6，表面粗糙度 Ra 值为 0.1μm。根据工件的形状、技术要求及生产批量，镗孔可以在车床、铣床、镗床、数控机床及自动线上进行。

镗孔的最大特点是能修正上道工序所造成的轴线歪斜等误差，获得很高的位置精度，因此镗孔特别适合孔距要求很高的孔系加工，它特别适用于箱体类零件孔系的加工。

镗刀的结构如图 2-21 所示。

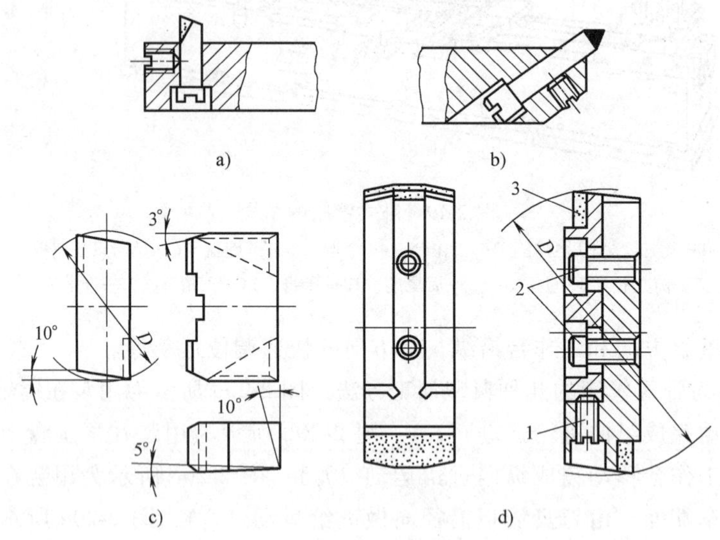

图 2-21 镗刀的结构

a）通孔单刃镗刀 b）不通孔镗刀 c）双刃镗刀 d）浮动镗刀

1、2—螺钉 3—刀片

3. 拉床和拉削加工

拉床是用拉刀进行加工的机床。拉削可以加工各种形状的通孔、平面和成形面。图 2-22

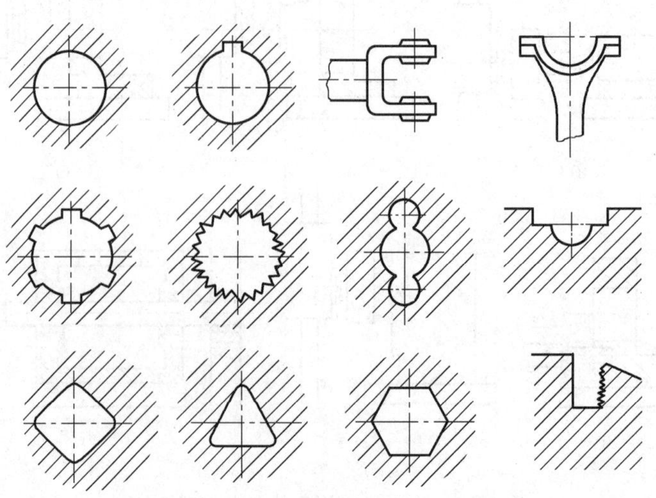

图 2-22 适合拉削加工的典型零件表面形状

所示为适合拉削加工的典型零件表面形状。

拉床运动的特点是只有主运动而没有进给运动。拉床的结构如图 2-23 所示。

拉削时，一般由拉刀做低速直线运动，工件则固定不动，工件的被加工表面在拉刀的一次进给中完成加工，由于拉刀受到的切削力很大，也为了保证拉削时运动的平稳性，故拉床的主运动大多由液压驱动。按拉床布局可分为卧式拉床、立式拉床和链条式拉床等，而按用途可分为内拉床和外拉床。

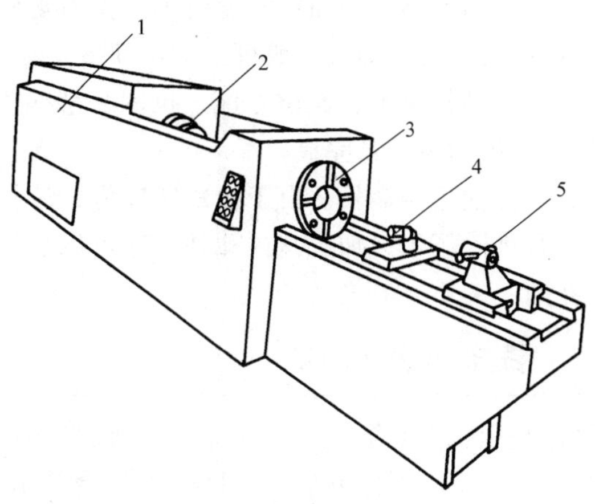

图 2-23　拉床的结构

1—床身　2—液压缸　3—支承座　4—滚柱　5—后托架

图 2-24 所示为拉削过程和圆孔拉刀。拉刀是一种多齿刀具，拉削时由于后一个（或一组）刀齿高出前一个（或一组）刀齿，从而能够一层层地从工件上切去金属（见图 2-24a），以获得所要求的工件表面。

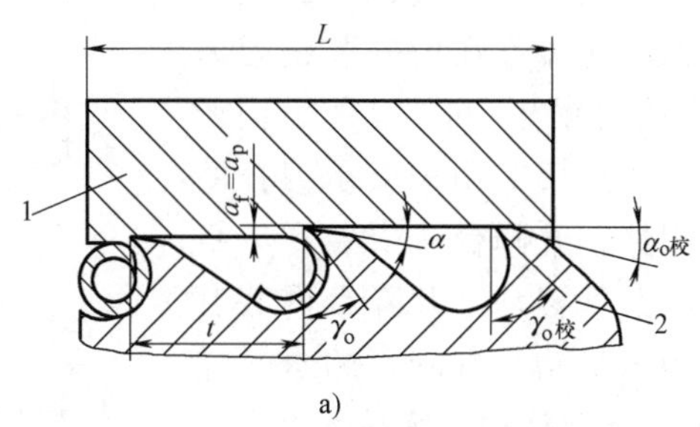

a)

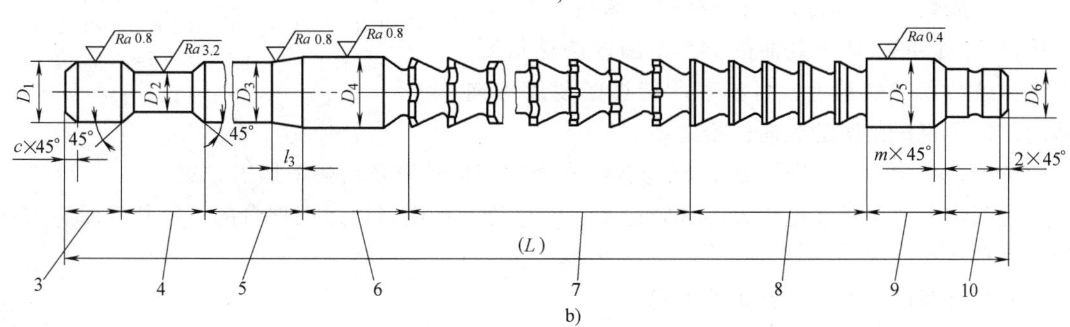

b)

图 2-24　拉削过程和圆孔拉刀

a）拉削过程　b）圆孔拉刀

1—工件　2—拉刀　3—头部　4—颈部　5—过渡锥部

6—前导部　7—切削齿　8—校准齿　9—后导部　10—尾部

拉削与其他孔加工相比较，具有以下特点：

1）生产率高。由于拉刀有多个刀齿同时切削，且切削刃长，粗加工、半精加工及精加

工在一次行程中完成，因此生产率高。

2）加工精度高，表面粗糙度值小。拉刀切削齿升量小而均匀，校准齿起修光作用，所以加工的孔尺寸公差等级一般可达 IT8～IT6，表面粗糙度 Ra 值为 0.8～0.1μm。

3）拉床结构简单，操作方便。拉削一般只有一个主运动（拉刀的直线运动），进给运动由拉刀刀齿的齿升量完成。

4）拉刀使用寿命长。由于拉削速度低，故拉刀磨损慢。但拉刀的制造成本较高。

5）拉削除了可以加工圆柱孔外，还可以加工平面、键槽、花键、各种非圆截面的孔甚至齿轮等。

2.2.3 铣床和铣削加工

铣床是用铣刀对被加工工件进行铣削加工的机床。铣床的用途很广泛。在铣床上用不同类型的铣刀，配备万能分度头、回转工作台等附件，可以加工平面、沟槽、螺旋形表面、齿槽及各种曲面。它还可以加工回转体表面及孔，进行切断等工作。铣床的种类繁多，其中最常用的是升降式铣床。图 2-25 所示为万能卧式升降台铣床。

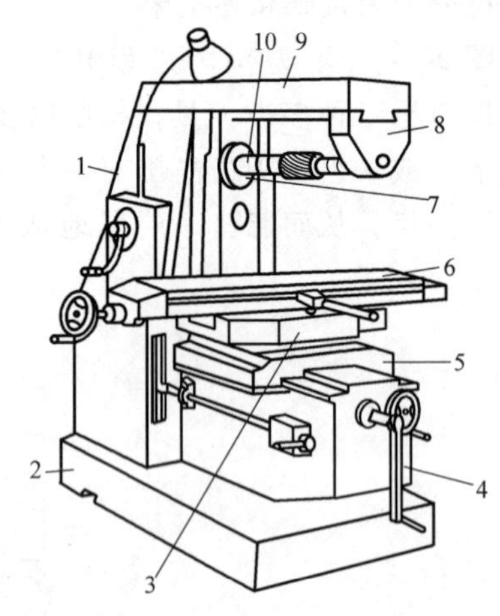

图 2-25　万能卧式升降台铣床

1—床身　2—底座　3—回转盘　4—升降台　5—床鞍　6—工作台　7—主轴　8—刀杆支架　9—悬梁　10—刀杆

床身 1 固定在底座 2 上，床身内装有主轴部件、主传动装置及其变速操纵机构等。安装铣刀的主轴轴线是水平设置的，主轴的前端锥孔内安装铣刀刀杆。床身顶部的导轨上装有悬梁 9，可沿水平方向调整其前后位置，其上的刀杆支架 8 用来支承刀杆的悬伸端，以提高刀杆的刚性。升降台 4 安装在床身前侧面的垂直导轨上，可上下移动。升降台内装有进给运动的传动装置和操纵机构。升降台的水平导轨上装有床鞍 5，可沿前后方向移动。床鞍 5 上有一回转盘 3，它可以绕垂直轴在±45°范围内调整角度，工作台就装在回转盘上，可沿着所转过的角度方向移动，以实现铣削时的纵向进给运动。

铣刀是多齿刀具。图 2-26 所示为各种常用铣刀的外形及其典型加工方法。

铣削加工的主运动是铣刀的旋转运动，而进给运动则可以由工作台的三个相互垂直方向的直线移动来完成。

铣削有圆周铣削和端铣两种方式。

1. 圆周铣削

圆周铣削简称周铣，是用分布在铣刀圆柱面上的圆周刀齿进行铣削的方法。它分为逆铣和顺铣两种方式，如图 2-27 所示。

当铣刀切削点的速度方向与工件的进给方向相反时称为逆铣（见图 2-27a），而铣刀切削点的速度方向与工件的进给方向相同时称为顺铣（见图 2-27b）。

2. 端铣

在端铣时，根据面铣刀相对于工件安装位置不同，可分为三种不同的铣削方式，如图

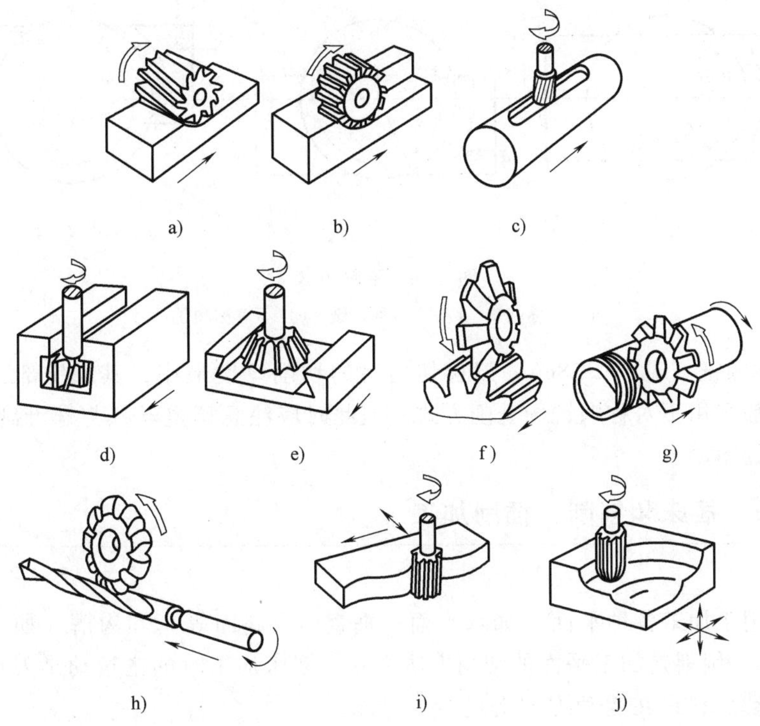

图 2-26 铣刀的外形及其典型加工方法

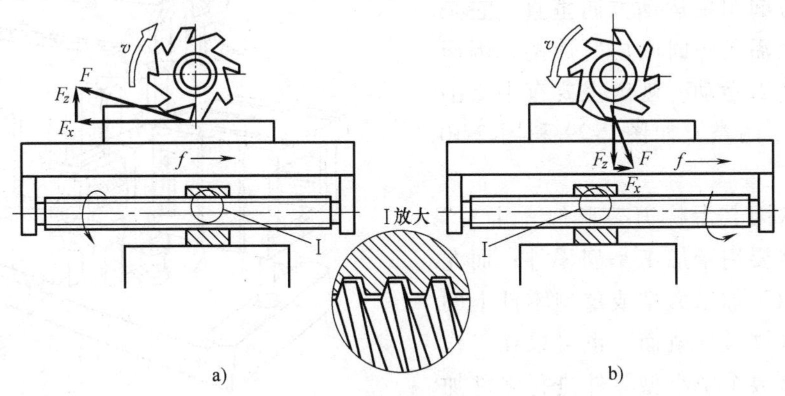

图 2-27 逆铣和顺铣

a）逆铣 b）顺铣

2-28 所示。

1）对称端铣（见图 2-28a），铣刀轴线位于工件铣削弧长的中心位置，上面顺铣部分等于下面逆铣部分。一般端铣时常常采用此铣削方式。

2）不对称逆铣（见图 2-28b），刀齿切入时切削厚度最小，切出时的切削厚度较大，其逆铣部分大于顺铣部分。

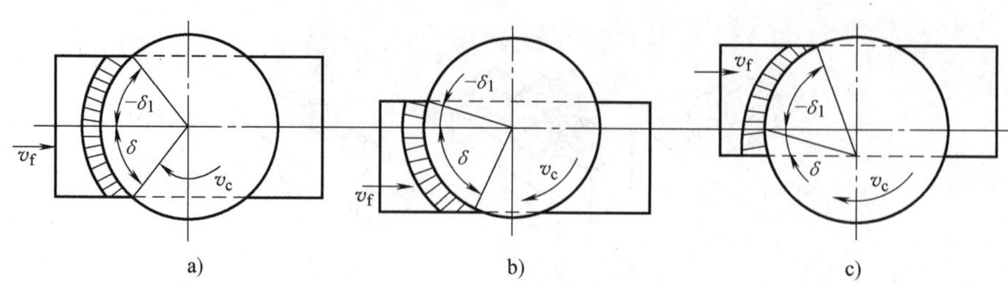

图 2-28　端铣方式

a）对称端铣　b）不对称逆铣　c）不对称顺铣

3）不对称顺铣（见图 2-28c），刀齿切出时的切削厚度最小，其顺铣部分大于逆铣部分。生产中一般采用不对称顺铣的铣削方式。但此时应注意调整丝杠与螺母副之间的间隙，以避免工作台的窜动。

2.2.4　刨床、插床和刨削、插削加工

1. 刨床

刨床主要用于加工各种平面（如水平面、垂直面及斜面等）和沟槽（如 T 形槽、燕尾槽、V 形槽等)。刨削是加工平面的常用方法之一。刨床加工时的主运动是刀具或工件所做的往复直线运动。它只在运动方向上进行切削，称为工作行程，返回时不进行切削，称为空行程。其进给运动由刀具或工件完成，其方向与主运动方向垂直。它是在空行程结束后的短时间内完成的，因而进给运动是间歇运动。刨床主要有牛头刨床和龙门刨床两类，如图 2-29 和图 2-30 所示。

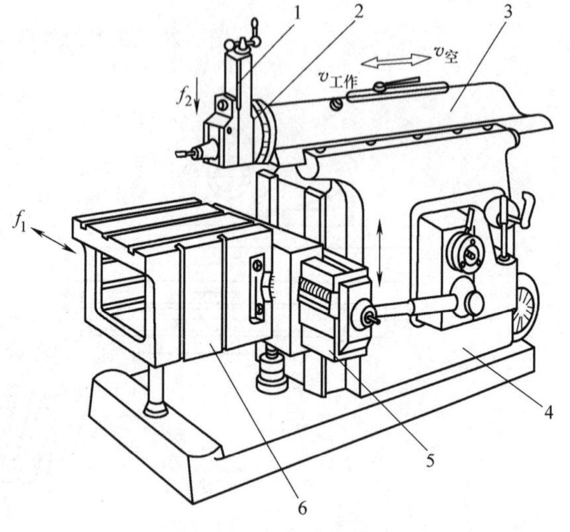

图 2-29　牛头刨床

1—刀架　2—转盘　3—滑枕　4—床身　5—横梁　6—工作台

牛头刨床因其滑枕刀架形似“牛头”而得名，它主要用于加工小型零件；而龙门刨床主要用于加工大型或重型零件上的各种平面、沟槽及导轨面，也可以在工作台上一次装夹数个中小型零件进行多件加工，生产率很高。

2. 插床

插床实际上是立式刨床，它主要用于加工工件的内表面，也可以用于加工工件的内成形面。插床的主运动是滑枕带动刀架沿垂直方向做往复直线运动，如图 2-31 所示。插床主要适用于单件小批生产。

3. 刨削、插削加工

刨削和插削加工本质上没有什么区别，所不同的是刨床的滑枕做水平运动，而插床的滑枕做垂直上下运动。图 2-32 所示为刨削的典型加工方法。

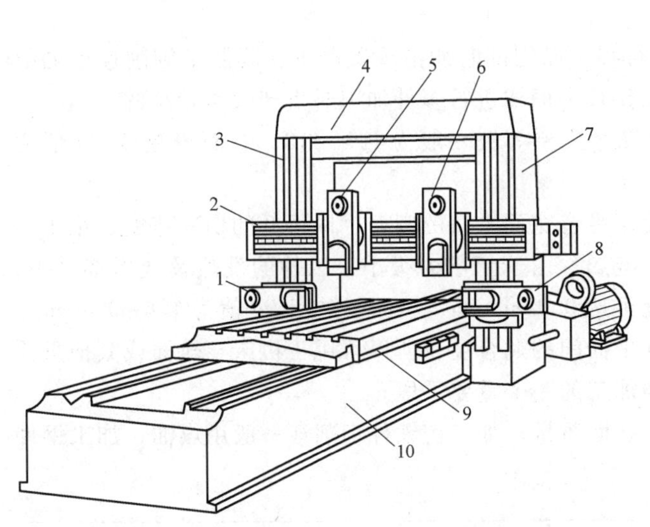

图 2-30 龙门刨床

1—左侧刀架 2—横梁 3、7—立柱 4—顶梁 5、6—垂直刀架 8—右侧刀架 9—工作台 10—床身

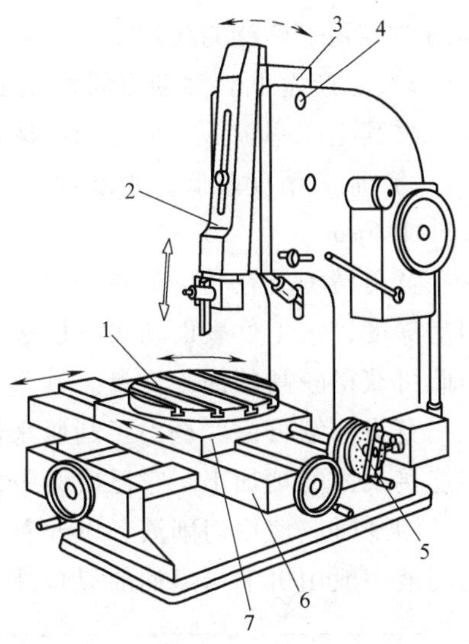

图 2-31 插床

1—圆工作台 2—滑枕 3—滑枕导轨座 4—销轴 5—分度装置 6—床鞍 7—溜板

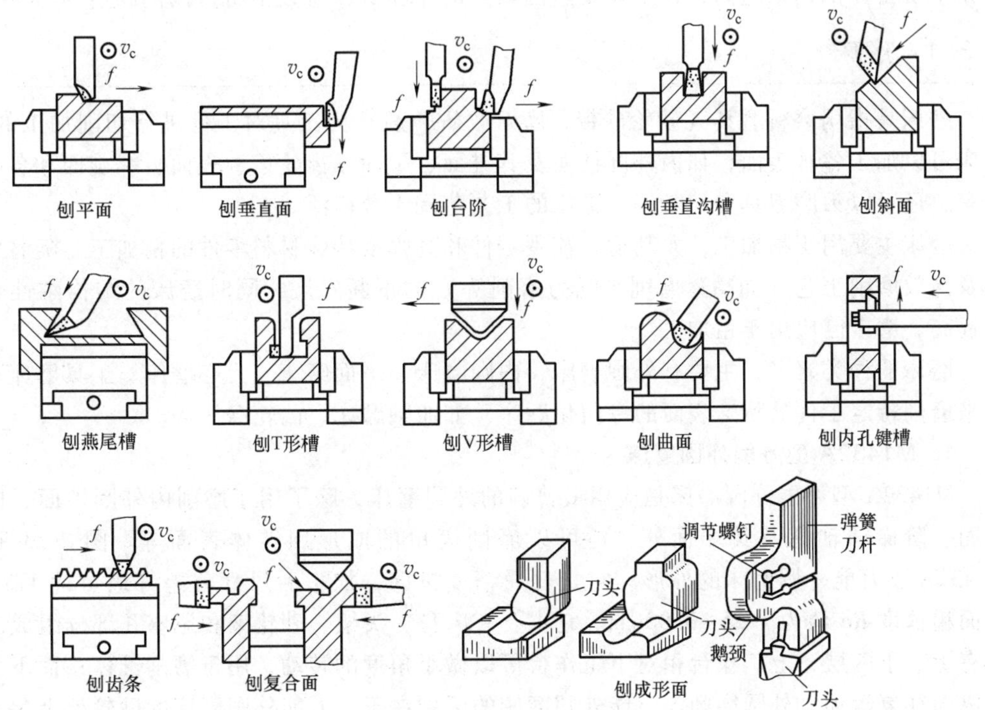

图 2-32 刨削的典型加工方法

刨削加工的特点如下：

1）适应性好。机床和刀具简单，可以加工多种结构的零件，如图 2-32 所示。特别是牛

头刨床，虽然生产率较低，但由于其刀具简单、机床价格便宜，故在单件小批生产及各机修车间中得到了广泛的应用。

2）生产率低。因刨刀回程时是空行程，而刨削时冲击现象严重，限制了刨削速度的提高，故其生产率较低。但龙门刨床加工狭长平面或进行多件加工时生产率是较高的。

3）加工精度较低。刨削加工后的尺寸公差等级一般为IT9~IT8，表面粗糙度 *Ra* 值为6.3~1.6μm。

宽刃精刨是在精刨的基础上，再使用带有宽而平直的刨刀，以很低的切削速度、很小的切削深度，在工件表面切去一层极薄的金属。由于切削力很小，工件的发热及变形都很小，因此可获得较高的加工质量。其直线度可达0.02mm/m，表面粗糙度 *Ra* 值为1.6~0.4μm。

宽刃精刨可以代替手工刮研来保证平面间的贴合度，所以可用于机床导轨面或其他重要的连接表面的精加工。它已成为平面精加工的一个重要手段。

刨削时应使用切削液，以改善加工表面质量。加工铸铁件切削液一般用煤油，加工钢件切削液一般用机油与煤油的混合液。

2.3 磨床与砂轮

磨削加工是一种精加工的加工方法，其加工工艺范围非常广泛。目前，磨床在金属切削机床中所占比例越来越高，在工业发达国家，磨床在机床总数中所占比例高达30%~40%。

2.3.1 磨床

磨床是指用磨料磨具（砂轮砂带、磨石或研磨剂）为工具对工件进行切削加工的机床。磨床可以加工各种表面，如内外圆柱面及其锥面、平面、齿轮齿廓表面、螺旋面和各种成形面等，还可以刃磨刀具和切断等，磨床的工艺范围十分广泛。

磨床主要用于精加工，尤其适合淬硬零件和高强度特殊材料零件的精加工。随着磨料磨具及高效磨削工艺（如高速磨削、强力磨削等）的不断发展，同时磨床的结构刚性也在不断提高，磨床已应用于粗加工。

磨床的种类繁多，主要有外圆磨床、内圆磨床、平面磨床、无心磨床、工具磨床及专门用来磨削特定工件的特殊表面的专门化磨床，如曲轴磨床、凸轮磨床等。

1. M1432A 型万能外圆磨床

M1432A型万能外圆磨床是应用最普遍的外圆磨床，除了用于磨削内外圆柱面、内外圆锥面、阶梯轴轴肩及其端面外，还可以磨削简单的成形回转体表面等。图2-33所示为M1432A型万能外圆磨床的外形。它是普通精度机床，加工后尺寸公差等级可达IT7~IT6，表面粗糙度 *Ra* 值为1.25~0.08μm。它主要有床身、头架、砂轮架和尾座几部分组成。工作台有上、下两层，上工作台相对下工作台可以做小角度的转动，用于磨削锥体；而下工作台做纵向往复运动。外圆磨削与万能外圆磨床的区别在于，万能外圆磨床的砂轮架上装有内圆磨具，用于磨削内圆柱面和内圆锥面。

图2-34所示为M1432A型万能外圆磨床的几种典型加工方法。磨床磨削加工时，主运动一律由砂轮的高速旋转运动来完成。

磨削加工时所需的运动如下：

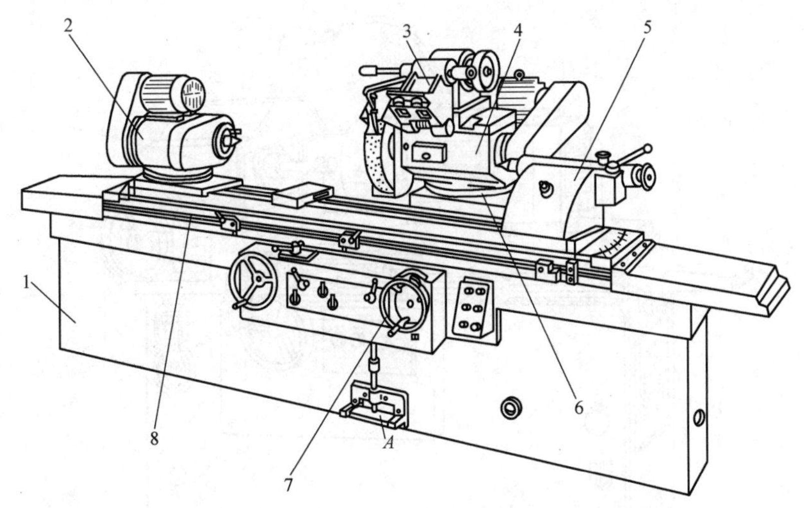

图 2-33　M1432A 型万能外圆磨床的外形

1—床身　2—头架　3—内圆磨具　4—砂轮架　5—尾座　6—滑鞍　7—手轮　8—工作台

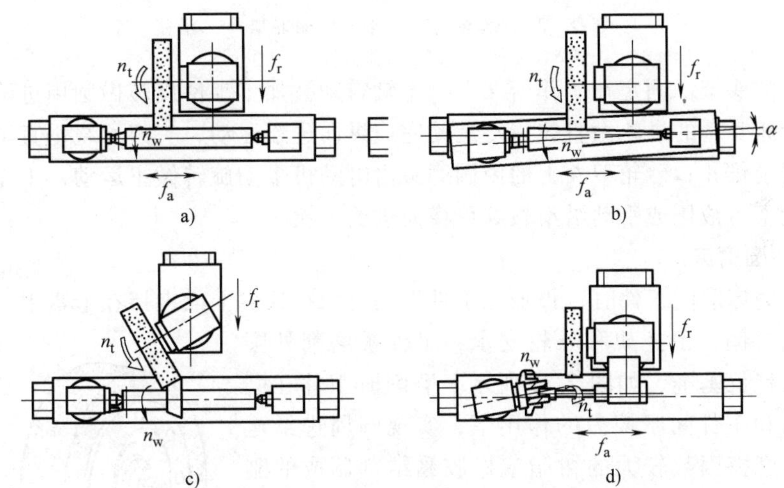

图 2-34　M1432A 型万能外圆磨床的几种典型加工方法

a）纵磨法磨外圆柱面　b）扳转工作台用纵磨法磨长圆锥面

c）扳转砂轮架用切入法磨短圆锥面　d）扳转头架用纵磨法磨内圆锥面

1）砂轮的旋转运动 n_t：磨削时的主运动。

2）工件的旋转运动 n_w：磨削时工件的圆周进给运动。

3）工件的纵向进给运动 f_a：磨削出工件全长所需的纵向进给运动；

4）砂轮的横向进给运动 f_r：磨削时的切入运动。当用纵磨法磨削时，f_r是间歇进给的；而用切入法磨削时，f_r为连续横向切入运动。

2. 内圆磨床

内圆磨床主要用于磨削各种圆柱孔（通孔、不通孔、阶梯孔和断续表面的孔等）和圆锥孔。图 2-35 所示为内圆磨床的结构。

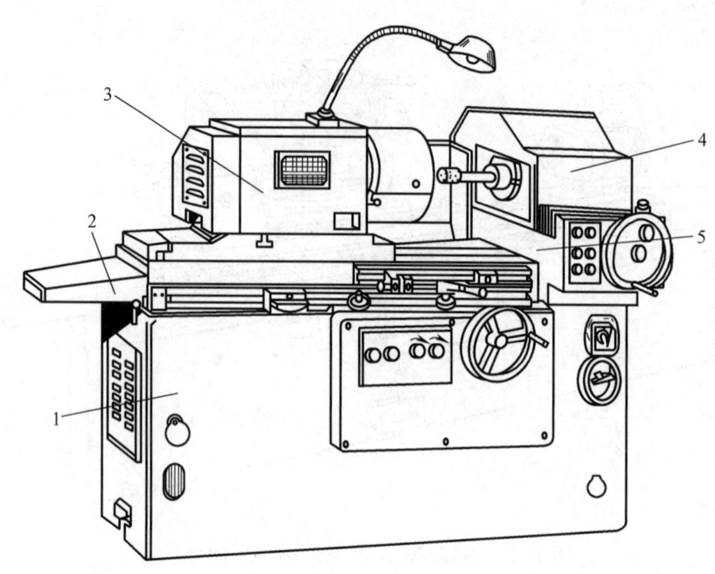

图 2-35　内圆磨床的结构

1—床身　2—工作台　3—头架　4—砂轮架　5—滑鞍

内圆磨床的头架 3 固定在工作台 2 上，主轴带动被加工工件旋转做圆周进给运动；工作台带动头架沿床身 1 的导轨做直线往复运动完成纵向进给运动，头架可绕垂直轴转动一定的角度，用以磨削锥孔；砂轮架 4 上的内圆磨头由电动机带动旋转做主运动；工作台每往复运动一次，砂轮架可液压或手动沿滑鞍 5 可横向进给一次。

3. 无心外圆磨床

无心外圆磨床磨削工件时，被加工工件不是支承在顶尖上或夹持在卡盘中，而是直接放在砂轮和导轮之间，由托架和导轮支承，工件被磨削外圆表面本身就是定位基准，如图 2-36 所示。磨削时工件在磨削力以及导轮和工件间摩擦力的作用下，实现圆周进给运动。导轮 3 是摩擦因数较大的树脂或橡胶黏结剂制成的刚玉砂轮，其线速度一般为 10~50m/min，它不起磨削作用，而是用于支承工件和控制工件的进给速度。在正常磨削情况下，高速旋转的砂轮通过磨削力带动工件旋转，导轮则依靠摩擦力阻止工件随砂轮做高速旋转，使工件基本上等于导轮的圆周线速度，从而在砂轮和工件间形成很大的速度差，产生磨削作用。很显然，改变导轮的转速可以改变工件的圆周进给速度。

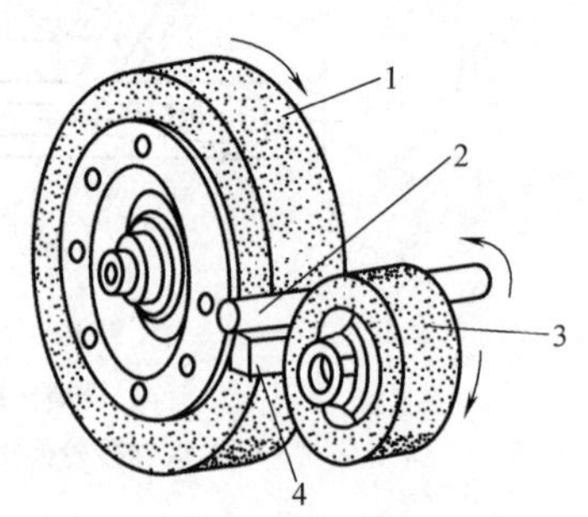

图 2-36　无心磨削加工示意图

1—磨削砂轮　2—工件

3—导轮　4—托板

在磨削时，必须使工件的中心高于磨削轮和导轮的中心连线，如图 2-37 所示，高出的值一般为（0.15~0.25）d（d 为工件直径）。

无心外圆磨床的磨削方法有纵磨法和横磨法两种。

（1）纵磨法　也称贯穿磨法（见图 2-37a），磨削时，将工件从机床的前面放到导板上，

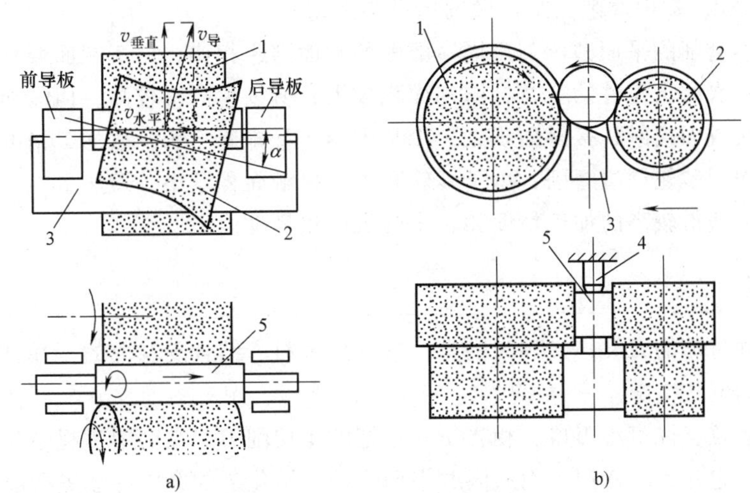

图 2-37 无心外圆磨床的工作原理

a）纵磨法 b）横磨法

1—砂轮 2—导轮 3—托板 4—挡块 5—工件

推入磨削区，由于导轮在垂直平面内倾斜 α 角，$v_{垂直}$ 控制工件的圆周进给运动，而 $v_{水平}$ 使工件做纵向进给运动。因此，当工件进入磨削区后，既做旋转运动，又做轴向移动，贯穿磨削区，完成一次进给。

（2）横磨法 也称切入磨法（见图 2-37b），先将工件放在托板和导轮上，工件或砂轮做横向运动。而导轮的中心线仅倾斜很小的角度（约 30′），以便对工件产生一个很小的轴向推力，使之靠住挡块 5，从而得到可靠的定位。它适用于磨削具有阶梯或成形回转表面的工件。

4. 平面磨床

平面磨床主要用于磨削各种工件上的平面，如图 2-38 所示。根据砂轮的工作面不同，平面磨床可分为用砂轮的周边进行磨削和用砂轮的端面进行磨削。根据机床的结构布局和磨削方法的不同，平面磨床可分为四种类型，即卧轴矩台式平面磨床（见图 2-38a，周边磨削，工件做往复运动）、卧轴圆台式平面磨床（见图 2-38b，周边磨削，工件做圆周进给运动）、立轴矩台式平面磨床（见图 2-38c，端面磨削，工件做往复运动）和立轴圆台式平面

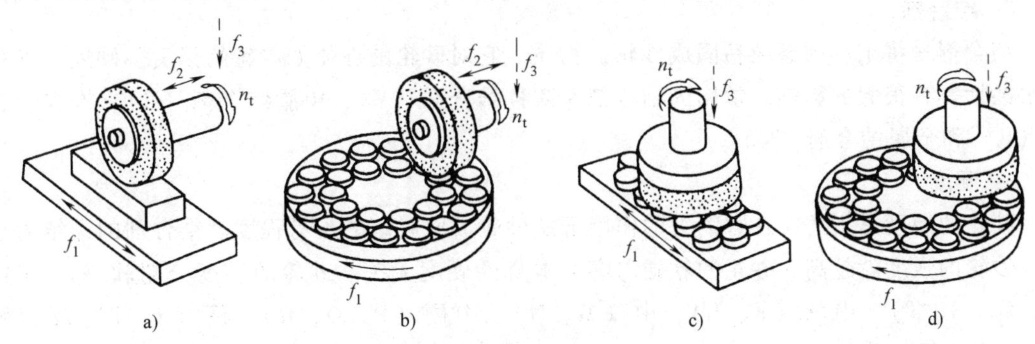

图 2-38 平面磨床的类型

a）卧轴矩台式 b）卧轴圆台式 c）立轴矩台式 d）立轴圆台式

磨床（见图 2-38d，端面磨削，工件做圆周进给运动）。

用砂轮端面磨削的平面磨床与用周边磨削的平面磨床相比，由于端面磨削的砂轮直径一般比较大，能一次磨出工件的全宽，磨削面积较大，所以生产率较高，但端面磨削时砂轮和工件表面是弧线或面接触，接触面积大，冷却困难，且排屑不畅，故加工精度较低，表面粗糙度值较大。而用砂轮周边磨削，由于砂轮和工件接触面积较小，发热量少，冷却和排屑条件较好，所以可获得较高的加工精度和较小的表面粗糙度值。

2.3.2 砂轮

砂轮是一种特殊的刀具，又称为磨具。它是由磨料、结合剂制成的，并且有许多起着散热和容屑作用的网状空隙。

砂轮中的磨粒有许多小刃口，相当于一把把的小切削刃。在磨削过程中它受到切削力和磨削热的作用，它开始时锋利，而后因磨损而变钝。钝化了的磨粒继续进行磨削时，作用于磨粒上的力不断增大，当磨粒所受压力尚未超过结合剂的黏结力但足以使磨粒崩碎时，则磨粒就崩碎而形成新的锋利的棱角；当磨粒所受的压力超过结合剂的黏结力时，该磨粒则脱落，露出了新的锋利的磨粒。钝化了的磨粒崩碎或自行脱落，又出现锋利的磨粒，使其保持原来的切削性能的特性，称为砂轮的“自锐性”。

砂轮的特性要素有以下几个：

1. 磨料

砂轮中磨粒的材料称为磨料，它是砂轮的主要组成部分，直接担负着切削任务，应具有极高的硬度、耐磨性、耐热性和韧性。

磨料可分为天然磨料和人造磨料两大类。天然磨料一般因其质地不均匀、含杂质多和价格昂贵而很少采用。人造磨料主要有刚玉类、碳化硅类和高硬类。

2. 粒度

粒度是指磨料颗粒尺寸的大小。颗粒尺寸大于 50μm 的磨粒用机械筛分法测定粒度号，其粒度号数值就是该种粒度能通过的筛网每英寸长度上的孔数。粒度号从 4 号~120 号共 27 种。粒度号越大，颗粒尺寸越小，如 60 号粒度的磨料是指能通过每英寸长度上有 60 个孔眼的筛网的颗粒大小。

一般地，粗颗粒的砂轮用于粗磨，细颗粒的砂轮用于精磨。

3. 结合剂

结合剂是将细小的磨粒粘固成砂轮的物质。它对砂轮的性能如砂轮的强度、硬度、气孔及耐蚀性等有很大的影响。常用的结合剂有陶瓷结合剂（V）、树脂结合剂（B）、橡胶结合剂（R）和金属结合剂（M）。

4. 硬度

砂轮的硬度是指磨粒在磨削力的作用下从砂轮表面脱落的难易程度。结合剂的黏结力越大，砂轮的强度就越高。砂轮的软硬与磨粒本身的硬度无关。砂轮的硬度分超软（E、F）、软（G、H、T）、中软（K、L）、中（M、N）、中硬（P、Q、R）、硬（S、T）及超硬（Y），七大级，共 15 小级。

应根据工件材料和加工精度选择合适的硬度。

5. 组织

砂轮的组织是表示砂轮内部结构的松紧程度的参数。砂轮的总体积由磨粒、结合剂和气孔构成，通常用磨粒所占砂轮总体积的百分比来表示，它分为紧密（0~1）、中等（5~8）和疏松（9~14）三大级，共15个号。

砂轮组织的松紧会直接影响磨削加工的生产率和表面质量。

2.4 螺纹加工

在各种机器零件中，螺纹的应用非常广泛。根据螺纹的用途不同，可将其分为连接螺纹和传动螺纹两大类。

连接螺纹用于零件间的固定连接，如各种螺栓、螺钉等。它一般为三角形小螺距螺纹，加工精度要求不高，常采用丝锥、板牙或者滚压方法加工，也有用车削的方法加工。

传动螺纹用于传递动力和运动，如机床丝杠螺纹等。它以梯形大螺距为主，精度要求较高，常采用车削和铣削的方法加工，精度要求特别高的淬火传动螺纹采用磨削的方法加工。

2.4.1 车削螺纹

车削螺纹是螺纹加工的一种常见方法，即用螺纹车刀车削螺纹。车削可用来加工各种形状、尺寸和精度的内、外螺纹，尤其是加工直径较大的螺纹。图2-39所示为常见的几种螺纹车刀。螺纹车刀比较简单，在卧式车床上加工可获得较高（或精密）精度的螺纹，但生产率低，主要用于单件小批量生产中。当螺纹的生产批量较大时，为提高生产率，常采用螺纹梳刀车削螺纹。

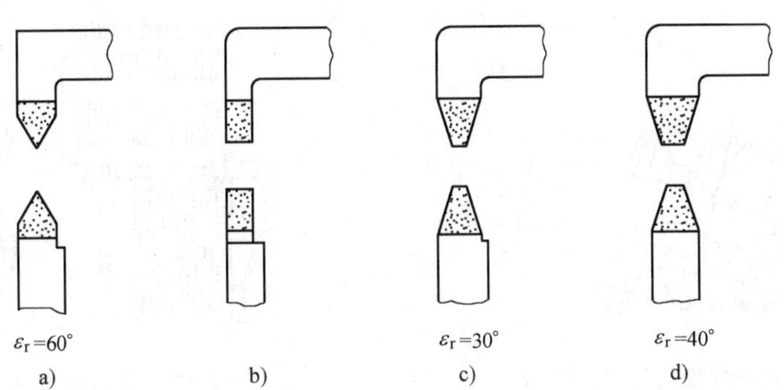

图2-39 常见的螺纹车刀

a）普通螺纹车刀（$\varepsilon_r=60°$） b）方牙螺纹车刀 c）梯形螺纹车刀（$\varepsilon_r=30°$） d）模数螺纹车刀（$\varepsilon_r=40°$）

2.4.2 铣削螺纹

直径较大的传动螺纹可在专门的螺纹铣床上用螺纹铣刀铣削，然后再进行精车或磨削。根据螺纹铣刀的不同结构，可将其分为以下三种铣削方法。

1. 旋风式铣削螺纹

如图2-40所示，装在旋风头中的硬质合金螺纹铣刀做高速旋转完成主运动，同时沿工件轴线进给，工件做反向慢速旋转，刀具在工件上切出螺纹。旋风头旋转中心与工件旋转中心间有一个偏心 e，刀尖所在的圆周直径要比被加工工件的外径大 1.5 倍。安装时其旋转轴线必须与工件轴线倾斜一螺纹升角 φ。由于刀具是断续切削，因此断屑容易，刀具冷却充分，刀具寿命长。旋风式铣削螺纹是在改装后的车床上进行的。

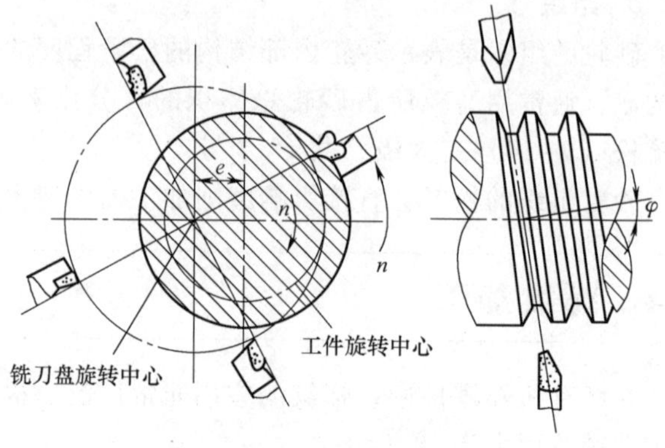

图 2-40　旋风式铣削螺纹

旋风式铣削螺纹生产率高，但精度较差、表面粗糙度值较大，故主要用于传动螺纹的粗加工及半精加工。

2. 盘形螺纹铣刀铣削螺纹

如图 2-41 所示，在万能铣床上用盘形螺纹铣刀加工梯形螺纹，工件装夹在分度头与尾座顶尖之间，使万能铣头刀轴处于水平位置，并与工件轴线成螺纹升角 φ。铣刀高速旋转做主运动，工件再沿轴线进给一个导程，与此同时，工件附加转动一转。

3. 梳形螺纹铣刀铣削螺纹

如图 2-42 所示，梳形螺纹铣刀铣削螺纹是在专门螺纹铣床上加工螺纹部分短而螺距小的三角形内外螺纹，梳形螺纹铣刀实质上是许多盘形螺纹铣刀的组合。铣削螺纹时，工件只需转 $\frac{4}{3}\sim\frac{3}{2}$ 转就可以切出全部螺纹，所以生产率很高但其加工精度较低。

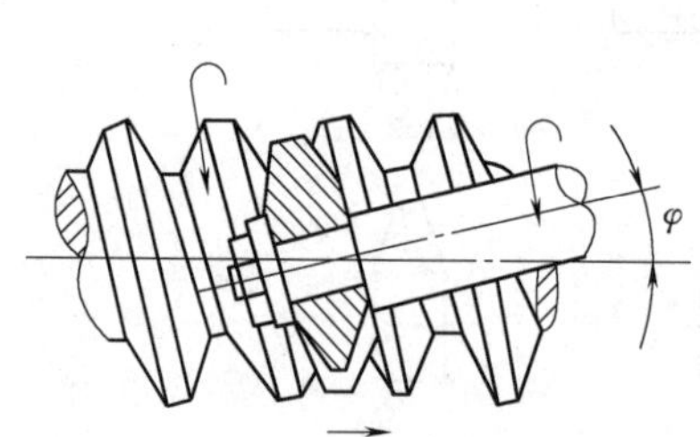

图 2-41　盘形螺纹铣刀铣削螺纹

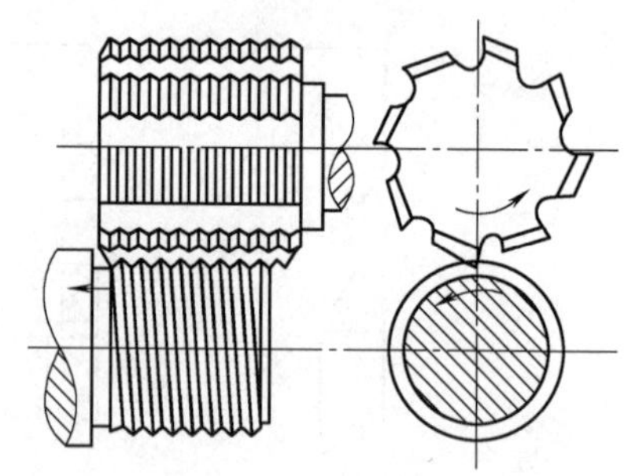
图 2-42　梳形螺纹铣刀铣削螺纹

2.4.3　攻螺纹和套螺纹

1. 丝锥

丝锥由切削部分、校准部分和柄部组成，如图 2-43 所示。

成组丝锥：为了减小切削力和延长丝锥的使用寿命，将攻螺纹的切削工作量分配给几支丝锥来完成。通常 M6 ~ M24 的丝锥一组有两支；M6 以下及 M24 以上的丝锥一组有三支；细牙螺纹丝锥一组两支。攻螺纹时，按顺序使用第一支（头攻）、第二支（二攻）和第三支（三攻），以完成螺纹孔的加工。

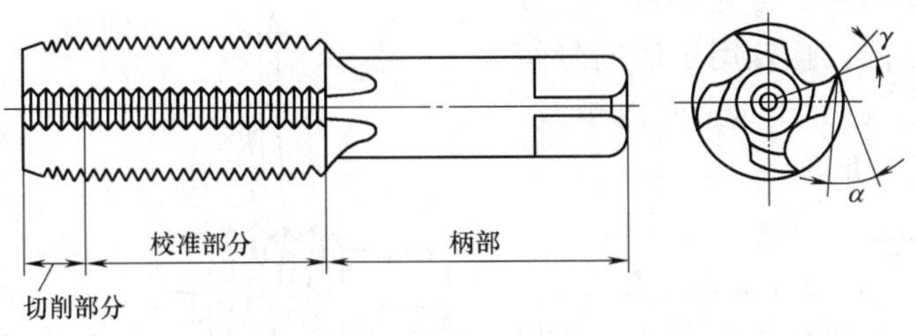

图 2-43 丝锥

攻螺纹有手工攻螺纹和机动攻螺纹两种，攻螺纹时要用相应的攻螺纹辅具。

丝锥的材料：手用丝锥一般用 T24A 或 9SiCr，而机用丝锥为高速钢。

2. 套螺纹

圆板牙与圆螺母相似，但它上面有几个排屑孔并形成切削刃，圆板牙用于加工外螺纹，如图 2-44 所示。

手工套螺纹时需要用圆板牙铰手，如图 2-45 所示。当圆板牙外径较小时，可使用圆板牙衬套，如图 2-45b 所示。

圆板牙套螺纹精度较低，表面粗糙度值较大。

圆板牙一般用高速钢 W18Cr4V 或合金工具钢 9SiCr 制造。

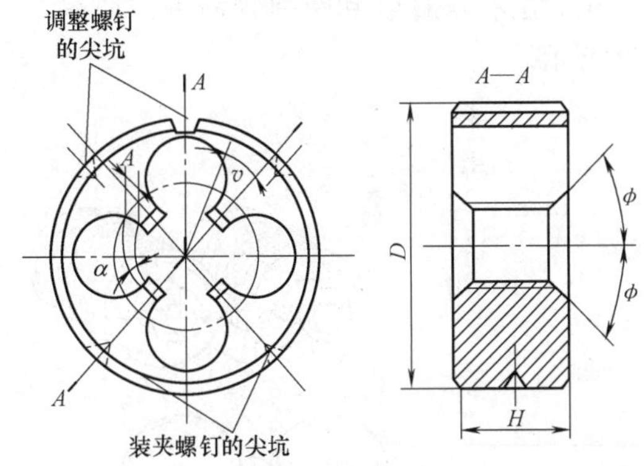

图 2-44 圆板牙

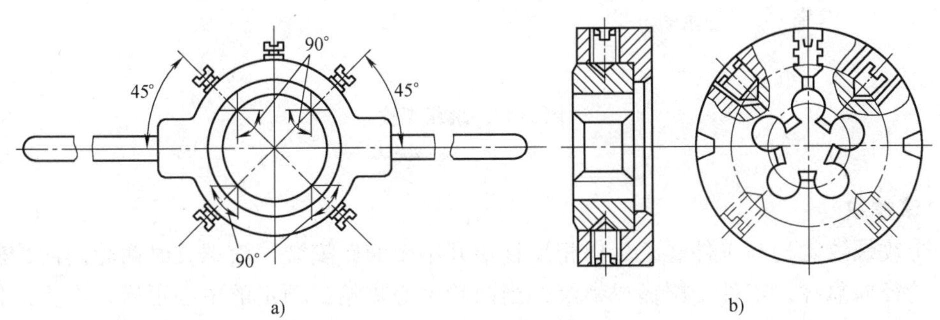

图 2-45 圆板牙铰手和衬套

a）铰手 b）衬套

2.4.4 磨削螺纹

精度要求较高的淬硬传动螺纹（如丝杠）的精加工，必须进行磨削。磨削螺纹一般在专门的螺纹磨床上进行。

外螺纹磨削时可以用单线砂轮或多线砂轮进行，如图 2-46 所示。用单线砂轮磨削螺纹（见图 2-46a），砂轮的修整较方便，加工精度较高，而且可以加工较长的螺纹。用多线砂轮磨削螺纹（见图 2-46b），砂轮的修整比较困难，加工精度较低，且仅用于磨削较短的螺纹。工件直径大于 30mm 的内螺纹，可以用单线砂轮进行磨削。

2.4.5 滚压螺纹

滚压螺纹是无切屑加工的方法，适用于塑性材料的螺纹加工。滚压螺纹加工精度较高、生产率高，由于滚压时对工件的挤压作用，可提高零件的力学性能。常见的滚压方法有滚螺纹和搓螺纹两种，如图 2-47 所示。

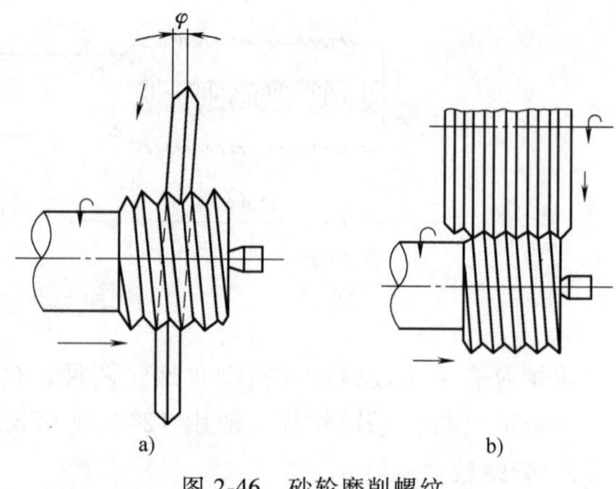

图 2-46 砂轮磨削螺纹

a）单线砂轮磨削螺纹 b）多线砂轮磨削螺纹

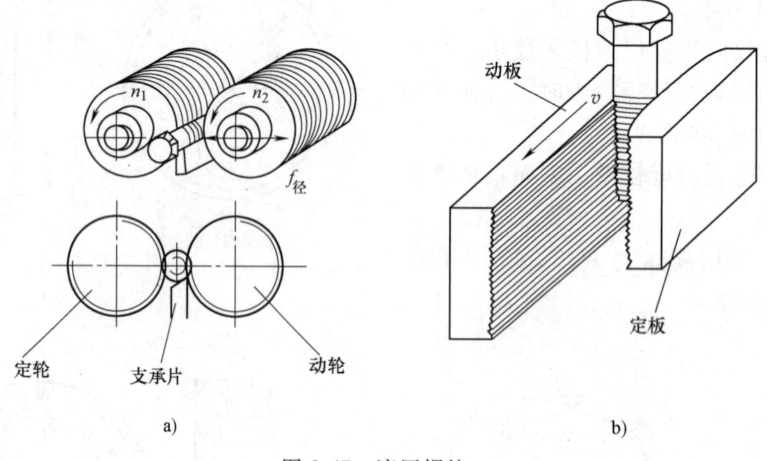

图 2-47 滚压螺纹

a）滚螺纹 b）搓螺纹

1. 滚螺纹

两个攻螺纹轮均与工件螺纹旋向相反且错开半个螺距安装，滚螺纹时两轮同向旋转，动轮向定轮径向靠拢，工件受压形成螺纹，当两轮中心进给到预定的中心距后，停止进给，退出工件，一个工件加工完成。

2. 搓螺纹

加工时搓螺纹板由动板和定板组成，两者错开半个螺距安装，当工件进入两板之间后，动板沿工件切向方向做直线运动同时压向定板，工件被带动滚转，并产生塑性变形，压出螺纹。

2.5 齿轮加工

齿轮是机械传动系统中传递运动和动力的应用极其广泛的机械零件。在各种机器和仪器中应用十分广泛。常用的齿轮有圆柱齿轮、锥齿轮和蜗轮等，而圆柱齿轮应用最为广泛。圆

柱齿轮又可分为直齿齿轮、斜齿齿轮和人字齿轮。齿轮齿廓有渐开线齿廓、摆线齿廓和圆弧齿廓等，渐开线齿廓齿轮是最常用的齿轮，能方便地在机床上切削加工出来。

齿轮的加工方法较多，按加工时有无切屑可分为有屑加工和无屑加工两种。

无屑加工齿轮的方法有热轧、冷轧、精锻和粉末冶金等。其中粉末冶金加工齿轮近年来发展很快，是少或无切屑先进工艺之一。若采用粉末冶金生产齿轮的毛坯，只要模具有足够的精度，除了齿轮上的油孔、精磨内孔等之外，齿面不需要切削加工就能满足公差等级和表面粗糙度的要求，它大大缩短了机械加工工时，节省了原材料，降低了成本。

齿轮的有屑加工，由于加工精度较高，仍是齿轮加工的主要方法，从加工原理可分为成形法和展成法两种。

2.5.1　成形法

成形法加工齿轮是用成形铣刀在万能铣床上加工齿轮的一种方法。当加工模数 $m \leqslant 8$mm 的齿轮时，用盘状模数铣刀在卧式铣床上加工，如图 2-48a 所示；而当加工模数 $m > 8$mm 的齿轮时，则用指形齿轮铣刀在立式铣床上加工，如图 2-48b 所示。

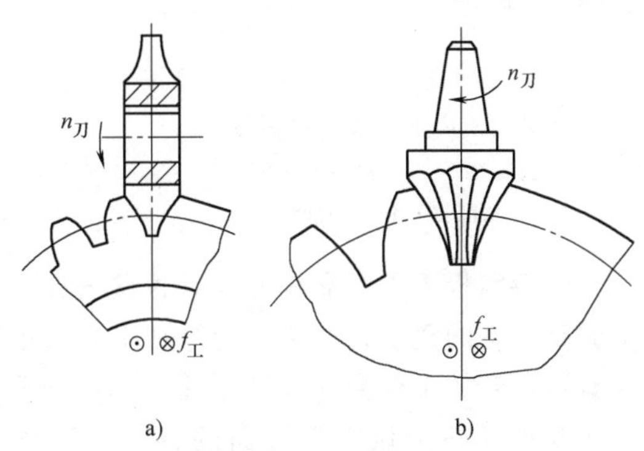

图 2-48　成形法铣齿

a）用盘状模数铣刀铣齿　b）用指形齿轮铣刀铣齿

成形法加工齿轮可在万能铣床上加工，刀具制造较简单，因此设备和刀具费用低。但其生产率低及加工质量低，铣齿只能得到近似的齿形，齿形误差大；分度头的分度误差会引起分齿不均；刀杆的刚性较差，铣削冲击和振动较大。所以铣齿后的齿轮精度仅能达 9 级，表面粗糙度 Ra 值为 6.3~3.2μm。

2.5.2　展成法

展成法加工齿轮是利用齿轮的啮合原理进行加工的一种方法。加工时，齿轮加工机床使刀具与齿坯之间保持一对渐开线齿轮啮合运动的关系，刀具切削刃的包络线形成齿轮的齿廓曲线。展成法的加工精度和生产率较高，在生产中应用十分广泛。展成法可进行滚齿和插齿等。

1. 滚齿

（1）滚齿加工　滚齿是应用交错轴斜齿轮副啮合原理在滚齿机上加工齿轮的方法。滚齿加工应用十分普遍，加工精度为 9~7 级，齿面表面粗糙度 Ra 值为 3.5~1μm。

图 2-49 所示为滚齿加工示意图。滚刀是一个齿数很少（通常为 1）、螺旋角很大的斜齿圆柱齿轮，常称为渐开线蜗杆。为能进行切削，在蜗杆上经开槽和铲齿后，形成具有前、后角的切削刃 3 和容屑槽 4。在生产中，由于渐开线齿轮滚刀制造困难，常常采用容易制造的轴截面为直线齿廓的阿基米德滚刀或法截面为直线齿廓的滚刀代替，因此齿轮滚刀是近似刀具，滚刀切削刃有齿形误差。但当滚刀导程角小于 3°时，该误差很小，在齿轮允许的误差范围内。因此，这两种齿轮滚刀在生产中都得到了普遍的应用。

（2）滚齿机和滚齿运动　图 2-50 所示为常用的 Y3150E 型立式滚齿机。它除了可加工直齿、斜齿圆柱齿轮外，还可以手动径向进给加工蜗轮，也可以加工花键轴。

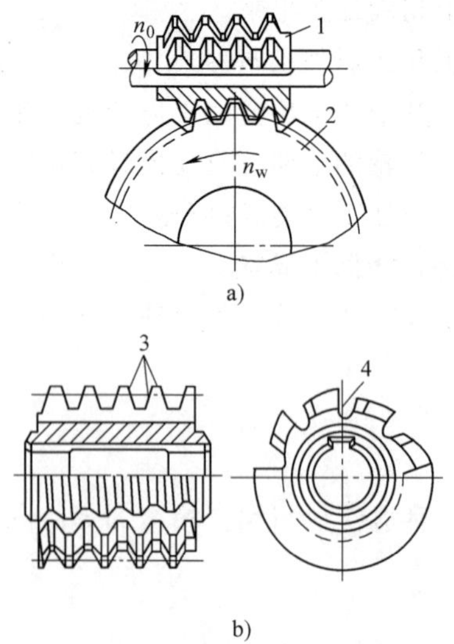

图 2-49 滚齿加工及齿轮滚刀
1—齿轮滚刀 2—被加工齿轮
3—切削刃 4—容屑槽

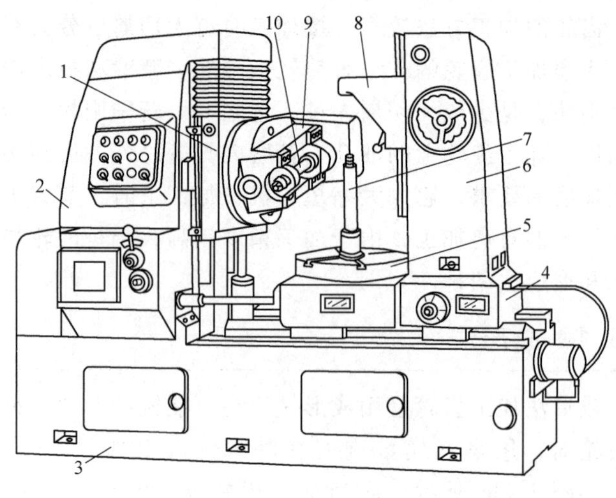

图 2-50 Y3150E 型立式滚齿机
1—刀架溜板 2—立柱 3—床身 4—床鞍 5—工作台
6—后立柱 7—心轴 8—支架 9—刀架体 10—刀杆

刀架溜板 1 可沿立柱侧面导轨做垂直运动，刀架体 9 安装在刀架溜板上，可绕其水平轴线调整一定的角度，使滚刀与被加工齿轮相当于一对轴线交错的螺旋齿轮啮合。床鞍 4 上安装有可回转的工作台 5 和后立柱 6，床鞍可在床身的导轨上做水平方向的移动，以便调整工件相对于滚刀的径向位置或实现径向进给法加工蜗轮时的进给运动。工件装夹在心轴 7 上，并由工作台带动做旋转运动，支架 8 可通过轴套或顶尖支承心轴的上端，以增加心轴的刚性。

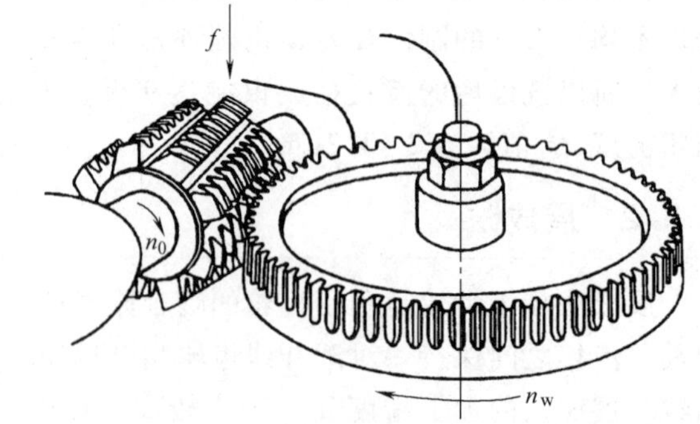

图 2-51 滚切直齿圆柱齿轮时的主要运动

如图 2-51 所示，在滚齿机上加工直齿圆柱齿轮时，必须有以下运动：

1）主运动：滚刀的旋转运动，其转速为 n_0。

2）展成运动：滚刀的转速 n_0 和被加工齿轮的转速 n_w 之间必须满足一对齿轮副的啮合运动，也就是两者之间必须通过滚齿机保持严格的传动比的关系，即

$$i=\frac{n_0}{n_w}=\frac{z_w}{K}$$

式中 n_0、n_w——滚刀和被加工齿轮的转速；

K——滚刀的齿（头）数；

z_w——被加工齿轮的齿数。

3）轴向进给运动：为沿整个齿宽上切出渐开线齿面，滚刀应沿被加工齿轮轴向的进给

运动 f。

为了加工斜齿圆柱齿轮，除了上述三个运动外，还必须使齿坯有一个附加运动。因为滚刀架只能做垂直运动，为了使滚刀刀齿沿齿坯的斜齿方向做进给运动，就必须使齿坯在滚刀做垂直进给运动的同时，再做一个附加运动，使这两个运动的合成运动的方向沿被加工齿轮的齿向方向一致。这一运动是通过滚齿机的运动合成机构进行合成的。

(3) 工件的装夹　工件的装夹精度将直接影响齿轮的加工精度，如图 2-52 所示。加工直径较小的齿轮时（见图 2-52a），一般将工件装夹在工作台的心轴上，用螺母夹紧；加工直径较大的齿轮时（见图 2-52b），一般采用较大的底座，在靠近加工部位的轮缘处夹紧，以提高齿轮加工时的刚性及减少振动。

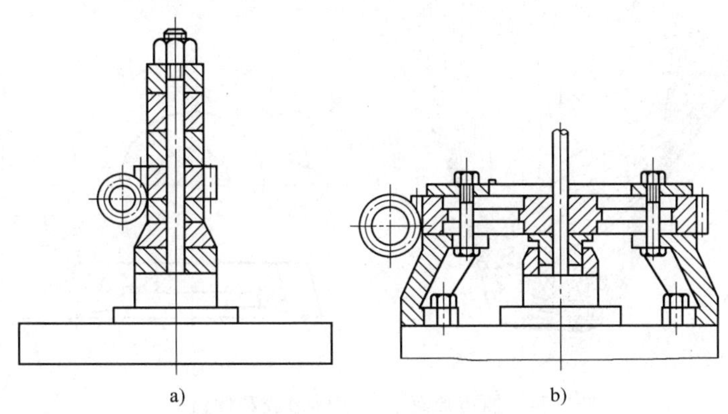

图 2-52　工件装夹示意图

a）加工直径较小的齿轮　b）加工直径较大的齿轮

2. 插齿

图 2-53 所示为插齿机的结构。插齿是利用平行轴齿轮副啮合原理加工齿轮的方法。插齿在生产中的应用也十分广泛，插齿后齿轮精度可达 9~7 级，齿面表面粗糙度 Ra 值为 3.5~1μm。

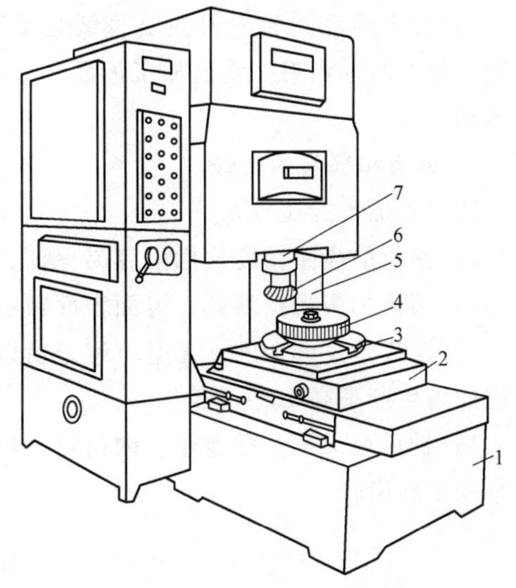

图 2-53　插齿机的结构

1—床身　2—床鞍　3—工作台　4—齿坯（工件）　5—立柱　6—插齿刀　7—刀具主轴

图 2-54 所示为插齿原理、齿廓的形成和插齿刀。插齿刀相当于一个磨出前角和后角而具有切削刃的圆柱齿轮，它与被加工齿轮的模数和压力角相同（见图 2-54c）。

插齿时的运动（见图 2-54a）有以下几个：

1）主运动：插齿刀上下往复直线运动，以每分钟的往复行程次数表示。

2）展成运动：插齿刀与工件之间必须保持一对圆柱齿轮的啮合运动关系，即

$$i=\frac{n_0}{n_w}=\frac{z_w}{z_0}$$

式中　n_0、n_w——插齿刀和被加工齿轮的转速；

z_0、z_w——插齿刀和被加工齿轮的齿数。

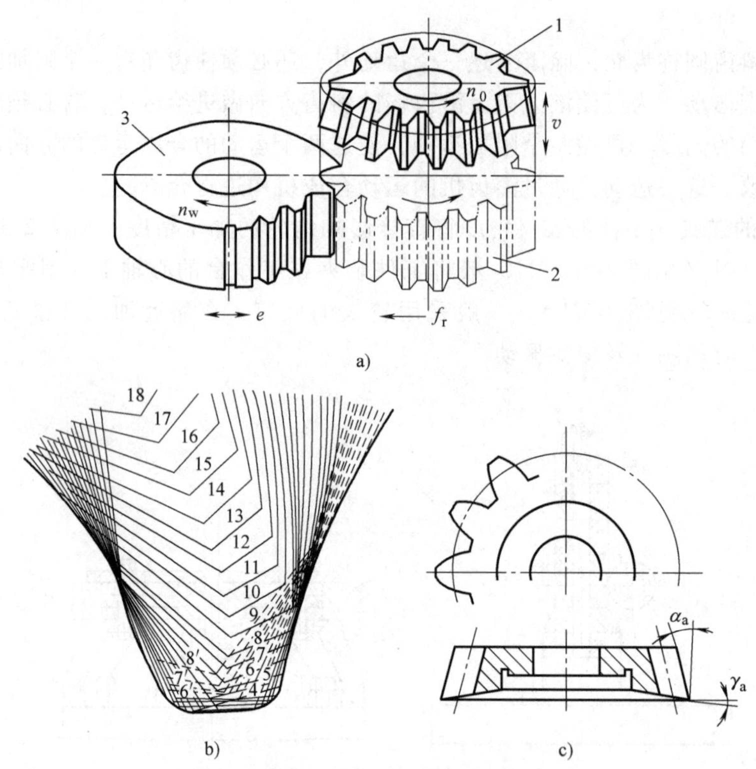

图 2-54　插齿原理、齿廓的形成和插齿刀

1—插齿刀　2—假想齿轮　3—齿坯（工件）

插齿时，在展成运动的同时，刀齿包络出轮齿的渐开线齿廓（见图 2-54b）。

3）径向进给运动：为切出全齿深，插齿刀必须做逐渐径向进给运动 f_r。当切削到调整好的齿深时，径向进给运动自动停止。

4）让刀运动：插齿刀往复直线运动时，向下是切削行程，而向上是退刀（空行程）。为避免退刀时插齿刀擦伤已加工齿面，减小插齿刀的磨损，工作台有一让开插齿刀的往复让刀运动 e。

3. 滚齿和插齿的比较

滚齿和插齿的比较如下：

1）滚齿的齿距精度比插齿容易保证，滚齿后齿轮的公法线长度变动量小。

2）滚齿的齿形精度低，齿面表面粗糙度值大。

3）滚齿是连续切削，无空行程，所以生产率比插齿高。一般加工中等模数的齿轮，滚齿比插齿生产率高 1.5~2 倍。

4）插齿可加工多联齿轮、内齿轮、扇形齿轮等滚齿无法或难以加工的零件。但滚齿更适宜加工斜齿轮。

复习思考题

2-1　请举例说明通用机床和专用机床的主要区别。它们的适用范围怎样？

2-2　如果卧式车床刀架横向进给方向相对于主轴轴线存在垂直度误差，将会影响哪些

加工工序的加工精度？产生的加工误差是什么？

2-3　在万能外圆磨床上磨削圆锥面有哪几种方法？

2-4　试分析无心外圆磨床和普通外圆磨床在布局、磨削方法上的区别。

2-5　试分析比较展成法和成形法加工圆柱齿轮的特点。

2-6　对比滚齿机和插齿机的加工方法，说明它们各自的特点和主要应用范围。

2-7　在各类机床中，可用来加工外圆表面、内孔、平面和沟槽的各有哪些机床？

第3章

工件的定位和机床夹具

3.1　基准的概念和工件的安装

零件是由若干几何要素（点、线、面）所组成的，各几何要素之间有一定的相互位置和距离尺寸要求。在加工过程中，也必须相应地以某个或某几个要素为依据来加工其他表面，以保证图样上所规定的要求。用来确定生产对象上几何要素间的几何关系所依据的那些点、线、面就被称作基准。

3.1.1　基准的分类

根据基准作用的不同，常分为设计基准和工艺基准两大类，工艺基准又分为工序基准、定位基准、测量基准、装配基准和对刀基准等。基准的分类如图 3-1 所示。

1. 设计基准

在零件工程图上所采用的基准称为设计基准。如图 3-2 所示，钻套的轴线 $O—O$ 是各外圆和内孔的设计基准，端面 A 是端面 B 和端面 C 的设计基准。内孔表面的轴线是外圆表面的径向圆跳动和端面 B 的轴向圆跳动设计基准。

从上述实例可以看出，设计基准就是设计图样上确定几何要素之间相互位置关系的那些点、线、面，它们既可以是实际存在的（如图 3-2 中的端面 A），也可以是假想的（如图 3-2 中的轴线 $O—O$）；而且对那些有直接尺寸关系的表面之间，可以互称设计基准，如图 3-2 中，也可以说端面 C 是端面 A 的设计基准，即设计基准可以互称。

2. 工艺基准

工艺基准是在机械加工工艺过程中用来确定加工后尺寸、形状、位置的基准。工艺基准

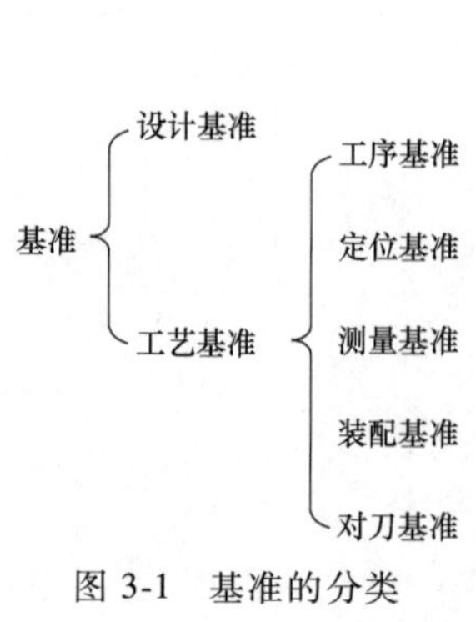

图 3-1　基准的分类

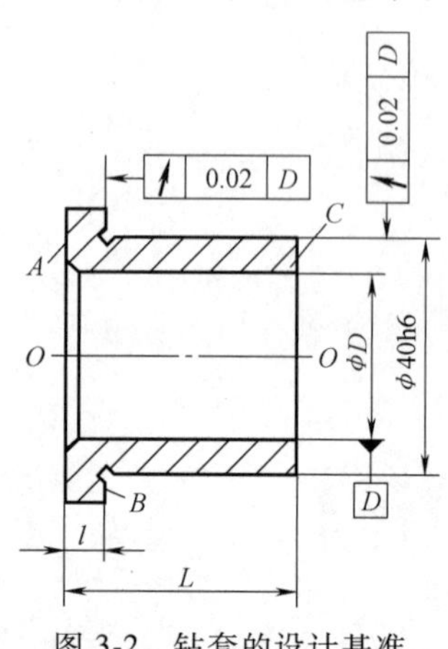

图 3-2　钻套的设计基准

因作用不同又分为工序基准、定位基准、测量基准、装配基准、对刀基准等。

（1）工序基准　在工序图上用来确定本道工序被加工表面加工尺寸、位置精度的基准，称为工序基准。图 3-3 所示为一车削工序图，工件外圆表面 5 装夹在自定心卡盘中，端面 6 靠在卡爪平面上，以此定位加工端面 F、1、2 和内孔面 3 及外圆表面 4，分别保证轴向尺寸 L_0、L_1、L_2和外圆、内孔直径尺寸 d、D。因此，端面 6 为端面 F 的工序基准，端面 F 是端面 1、2 的工序基准，端面 1、2 通过加工尺寸 L_1、L_2及平行度公差与工序基准 F 相联系。外圆 d 和内孔 D 的工序基准为其轴线。

从上述分析可知，工序基准可以是实际存在的，也可以是假想的。

（2）定位基准　工件在机床上或者夹具中装夹时，使工件处于正确位置所采用的基准，称为定位基准。图 3-4 所示零件在加工 C 面时，若装夹基准为 A 面，则加工 C 面的定位基准为 A 面。

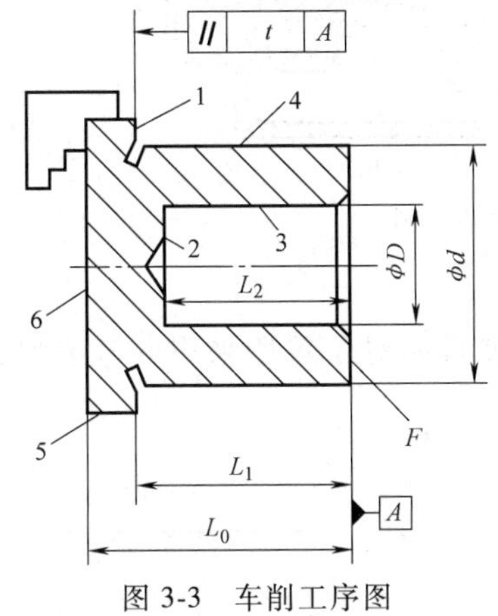

图 3-3　车削工序图

1、2、6、F—端面　3—内孔面　4、5—外圆表面

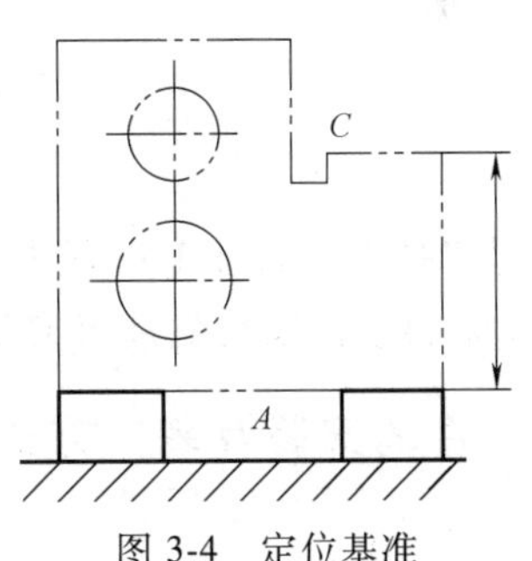

图 3-4　定位基准

零件加工时，应尽量使工序基准、定位基准与设计基准重合，否则就要进行尺寸换算（具体计算参见第 6 章尺寸链原理与应用），由此会产生基准不重合误差。

工件首次加工所使用的定位基准都是未加工的表面，这样的定位基准称为粗基准。当采用已加工表面作为基准时，称为精基准。纯粹为机械加工工艺需要专门在工件上设计制造出来的定位基准称为辅助基准（如轴类零件端面上的中心孔、连杆类零件的工艺凸台等）。

（3）测量基准　测量基准是指在测量时所采用的基准，即用来确定被测量尺寸、形状和位置的基准。例如，在图 3-5 中，键槽深度的设计尺寸为 H，零件加工后，往往测量尺寸 H_1来检验键槽深度，则圆柱表面是其测量基准。

在图 3-6 中，D 面的设计基准是 B 面，但 L_1的尺寸测量不方便，故 D 面的测量基准为 A

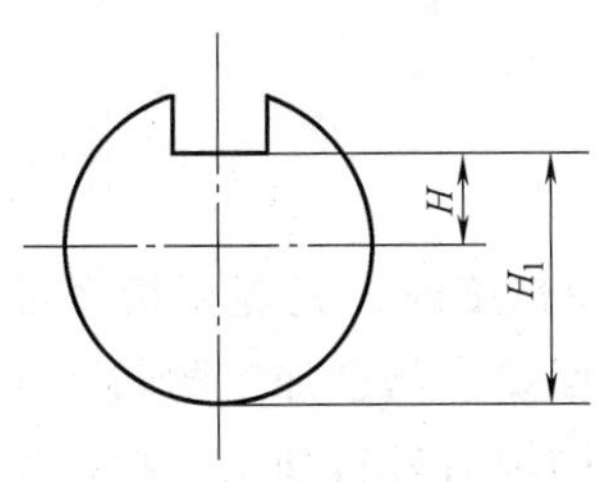

图 3-5　键槽深度测量基准

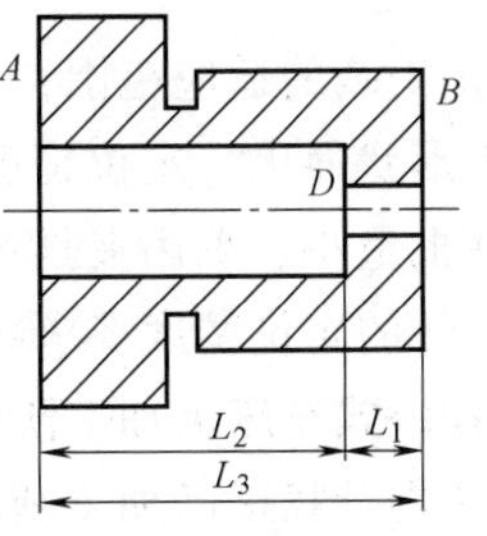

图 3-6　壁厚测量基准

面。通过分别测量 L_2 和 L_3，然后间接得到 L_1。

(4) 装配基准 装配基准是指装配时用来确定零件或部件在产品中的相对位置所采用的基准。一般齿轮的轴孔和端面就是其装配基准（轴孔是径向装配基准，齿轮轮毂端面是轴向装配基准）。例如，图 3-7a 所示为以端面 A 和轴颈面为装配基准面，图 3-7b 所示的倒挡齿轮 2 则以壳体 1 右内端面和内孔表面为装配基准面。

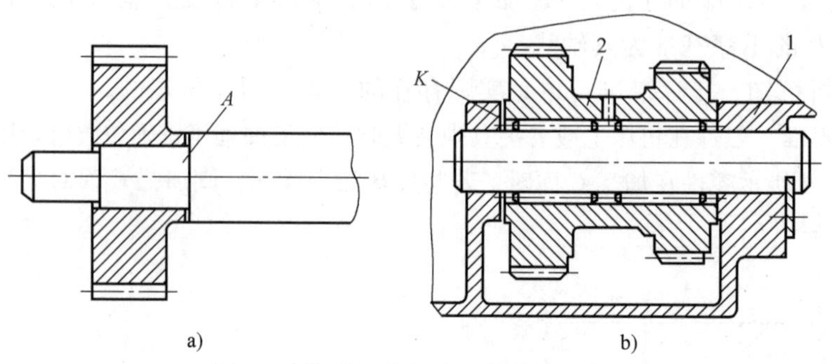

图 3-7 装配基准与装配基准面实例

1—壳体 2—倒挡齿轮

(5) 对刀基准 在加工过程中，调整刀具与机床夹具相对位置所采用的基准称为对刀基准。如车床的主轴轴线就是对刀基准。

3.1.2 工件的安装及装夹方式

1. 工件的安装

为了使工件成形，工件与刀具之间要有相对运动。因此工件相对于刀具的位置要确定，并且在切削过程中，工件的相对位置需保持不变。工件的安装包括定位和夹紧两个方面。

1）定位：工件在机床或夹具上占有正确位置的过程。

2）夹紧：保持工件定位时的正确位置不变的过程。

2. 工件的装夹方式

常用的保证位置精度的安装方法有直接找正安装、划线找正安装和机床夹具安装。

(1) 直接找正安装 直接找正安装是指用测量工具在机床或通用夹具上直接找正工件，使其加工表面相对于刀具获得正确位置的安装方法。

直接找正安装的特点：找正安装花费的时间长，生产率低，因此仅在单件、小批量生产中使用。

直接找正安装的适应范围：

1）零件形状简单、定位精度要求低。

2）工件批量小、采用夹具不经济。

3）对工件的定位精度要求特别高，采用夹具不能保证精度时，只能用精密量具直接找正定位。如在卧式车床上加工阶梯轴时，若待加工的圆柱面要求与已加工的圆柱面同轴，就可在卡盘中用划针找正已加工圆柱面与机床主轴回转轴线同轴后进行加工。找正误差与工人的技术水平和细心程度有关。直接找正安装如图 3-8 所示。

（2）划线找正安装　对形状复杂、加工面多的零件，直接找正较为困难，如对孔系的加工，常用划针在毛坯上按零件图要求先划线，划出中心线、对称线或各加工表面的加工位置，然后按其划线找正工件在机床上的正确位置，这种方法称为划线找正安装，如图 3-9 所示。

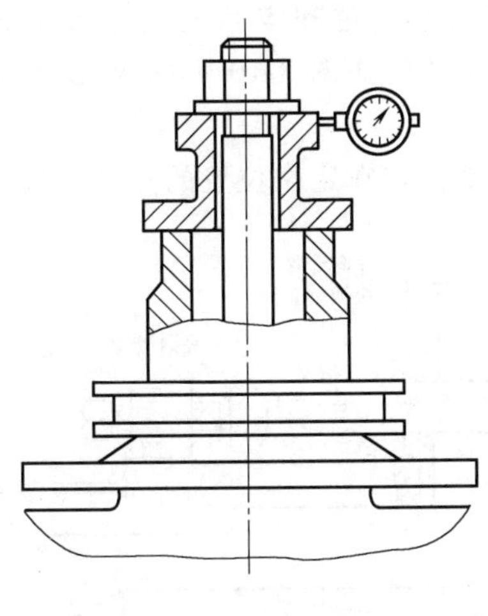

图 3-8　直接找正安装

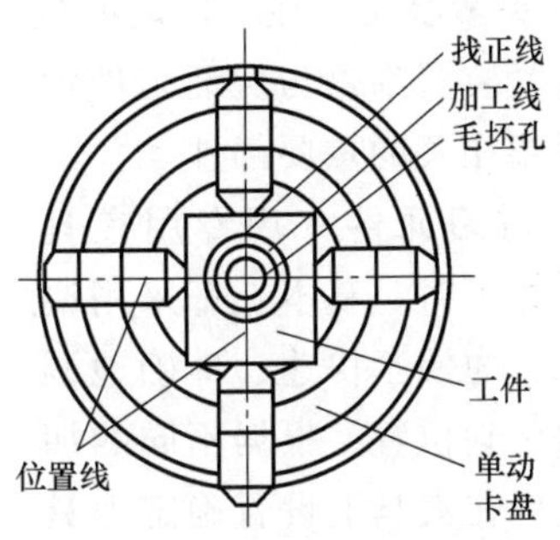

图 3-9　按划线找正安装

其特点是划线找正的误差较大，因为线宽有 0.2~0.5mm，且划线时也会有误差。划线时虽能兼顾各表面的加工余量、壁厚和装配要求等因素，但增加了划线时间，又需技术水平高的划线工，因此也仅在单件小批量生产中使用。

（3）机床夹具安装　机床夹具安装是先将机床夹具以正确位置安装于机床上，工件按定位原理在夹具上定位并夹紧。采用机床夹具是机械加工最常用的安装方式，详见 3.2 节。

3.2　机床夹具的组成及其分类

机床夹具是在机械制造过程中用来固定加工对象，使之位于正确的位置，以接受加工或检测并保证加工要求的机床附加装置，简称夹具。如车床上使用的自定心卡盘、铣床上的机用虎钳等。

机床夹具的主要作用如下：

1）保证加工精度，降低工人等级要求。使用夹具最有利于保证表面的相互位置精度。例如，在摇臂钻床上加工孔系，使用夹具加工可达 0.10~0.20mm 的精度，而划线找正只能达到 0.4~1.0mm。

2）提高劳动生产率，降低加工成本。采用夹具加工，无须找正、对刀等时间，工件装卸迅速，从而大大减少了工件安装的辅助时间，同时易于实现多件加工和多工位加工，特别适用于加工时间短、辅助时间长的中、小工件的加工。

3）扩大机床工艺范围。采用夹具可扩大机床的功能，实现一机多用。如在车床上利用镗削夹具进行镗孔，利用铣削夹具进行铣槽。

4）减轻工人劳动强度，保证安全生产。

3.2.1 机床夹具的组成

对于不同的工件和加工工序，机床夹具的实际结构是千差万别的。机床专用夹具是为特定的零件的某道工序而设计制造的，但总的来说，机床夹具由以下几个部分构成：

（1）定位元件 夹具的首要任务是对工件进行快速定位和牢固夹紧，因此不论何种夹具，都必须设置用以确定工件正确位置的定位元件。如图 3-10 中的 V 形块和支承元件。

（2）夹紧装置 在工件定好位置后，将工件牢靠地固定在定位位置的夹紧机构。定位元件和夹紧装置都是与保证工件加工精度直接相关的重要部件。

（3）对刀元件 用专用夹具装夹工件加工时，基本上都采用调整法加工。为便于快速、准确地调整刀具的正确位置，根据不同的加工情况，可在夹具上设置确定刀具（铣刀、刨刀等）位置或引导刀具（孔加工所用刀具）方向的对刀、导向元件。如图 3-10 中引导钻头的钻套。

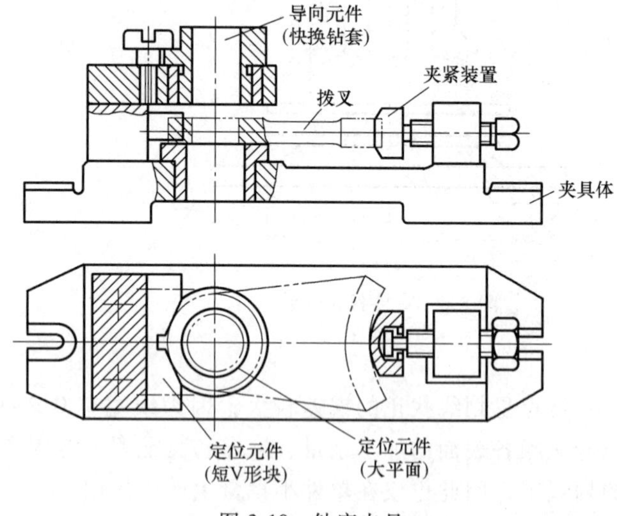

图 3-10 钻床夹具

（4）夹具连接元件 夹具最终要安装在机床上，为保证工序尺寸和位置公差要求，夹具相对于机床也必须保持正确的位置。因此，在夹具上通过夹具连接元件，相对于机床保持一个正确位置。如铣床、刨床夹具底面上装的定位键等，就是夹具与机床工作台保持一定位置关系的连接元件。

（5）夹具体 夹具体是夹具的骨架，夹具上所有元件都必须最终通过它连接成一个有机整体。夹具体保证了各元件之间的相对位置，因此夹具体的结构一般都比较复杂，既要有足够的刚度，也要有足够的强度，还要有高的加工精度。

（6）其他装置 按照工序的加工要求，有些机构还设有其他装置或机构，如进行多工位加工的分度机构、动力装置的操作系统等。

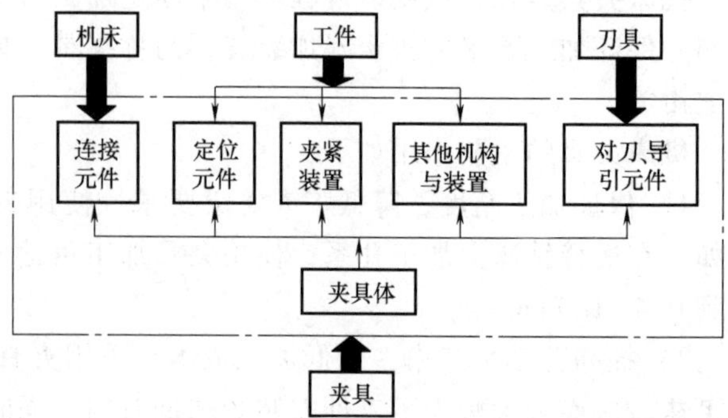

图 3-11 夹具的组成及其与工件、刀具和机床间的关系

上述各组成部分，并不是每个夹具都必须完全具备的。一般来说，定位元件、夹紧装置、夹具体是夹具的基本组成部分，它们是保证工件加工精度的关键，目的是使工件“定准、夹牢”。

夹具的组成及其与工件、刀具、机床间的关系如图 3-11 所示。

3.2.2　机床夹具的分类

机床夹具的种类繁多，形状差别很大。为了便于设计、制造和管理，夹具往往按某一属性进行分类。

按工艺过程的不同，夹具可分为机床夹具、检验夹具、装配夹具、焊接夹具等；按机床种类不同，机床夹具又可分为车床夹具、铣床夹具、钻床夹具等；按所采用的动力源不同，可分为手动夹具、气动夹具、电动夹具等。夹具分类见表 3-1。下面着重讨论按夹具结构和零部件通用性来分类的机床夹具。

表 3-1　夹具分类

<table>
<tr><td rowspan="7">夹具（按工艺过程不同分）</td><td rowspan="3">机床夹具</td><td colspan="6">按结构和零部件通用性分</td><td colspan="9">按机床种类分</td><td colspan="8">按动力源类型分</td></tr>
<tr><td rowspan="2">机床附件类夹具</td><td colspan="2">可调夹具</td><td rowspan="2">随行夹具</td><td rowspan="2">组合夹具</td><td rowspan="2">专用夹具</td><td rowspan="2">车床夹具</td><td rowspan="2">铣床夹具</td><td rowspan="2">钻床夹具</td><td rowspan="2">镗床夹具</td><td rowspan="2">刨床夹具</td><td rowspan="2">磨床夹具</td><td rowspan="2">拉床夹具</td><td rowspan="2">齿轮机床夹具</td><td rowspan="2">其他夹具</td><td rowspan="2">手动夹具</td><td rowspan="2">气动夹具</td><td rowspan="2">液压夹具</td><td rowspan="2">气液夹具</td><td rowspan="2">电动夹具</td><td rowspan="2">磁力夹具</td><td rowspan="2">真空夹具</td><td rowspan="2">其他夹具</td></tr>
<tr><td>普通可调夹具</td><td>成组夹具</td></tr>
<tr><td colspan="24">检验夹具</td></tr>
<tr><td colspan="24">装配夹具</td></tr>
<tr><td colspan="24">焊接夹具</td></tr>
<tr><td colspan="24">其他工种夹具</td></tr>
</table>

1. 通用夹具

通用夹具是指已经标准化，无须调节就可用于装夹不同工件的夹具，如自定心卡盘、单动卡盘、台虎钳、万能分度头、中心架、电磁吸盘等。这类夹具已经商品化，且成为机床附件。采用这类夹具可缩短生产周期，减少夹具品种，从而降低生产成本。其缺点是夹具的加工精度不高，生产效率也较低，且较难装夹形状复杂的工件，故适用于单件、小批量的生产中。

2. 专用夹具

根据零件加工工艺过程中某道工序的需要专门设计的夹具称为专用夹具。专用夹具只为某一道工序上的装夹，不具备通用性。它具有定位准确、装卸方便、效率高、加工质量好的优点。专用夹具主要适合于产品品种相对稳定而且产量比较大的场合。图 3-12 所示连杆铣槽夹具就是一个专用夹具，工件在第一工位上加工完毕后，旋转 90°进行第二次装夹，完成第二工位的加工。

3. 组合夹具

组合夹具是由一套完全标准化的元件，根据零件的加工要求拼装而成的夹具。就好像搭积木一样，不同元件的不同组合和连接可构成不同结构和用途的夹具。

组合夹具可以拼成钻床、镗床、车床、铣床等机床夹具。其特点是灵活多变，万能性强，制造周期短，元件可以重复使用；但需储备大量标准的零部件，而且夹具刚性一般比机床专用夹具低。组合夹具主要应用于单件、小批生产。

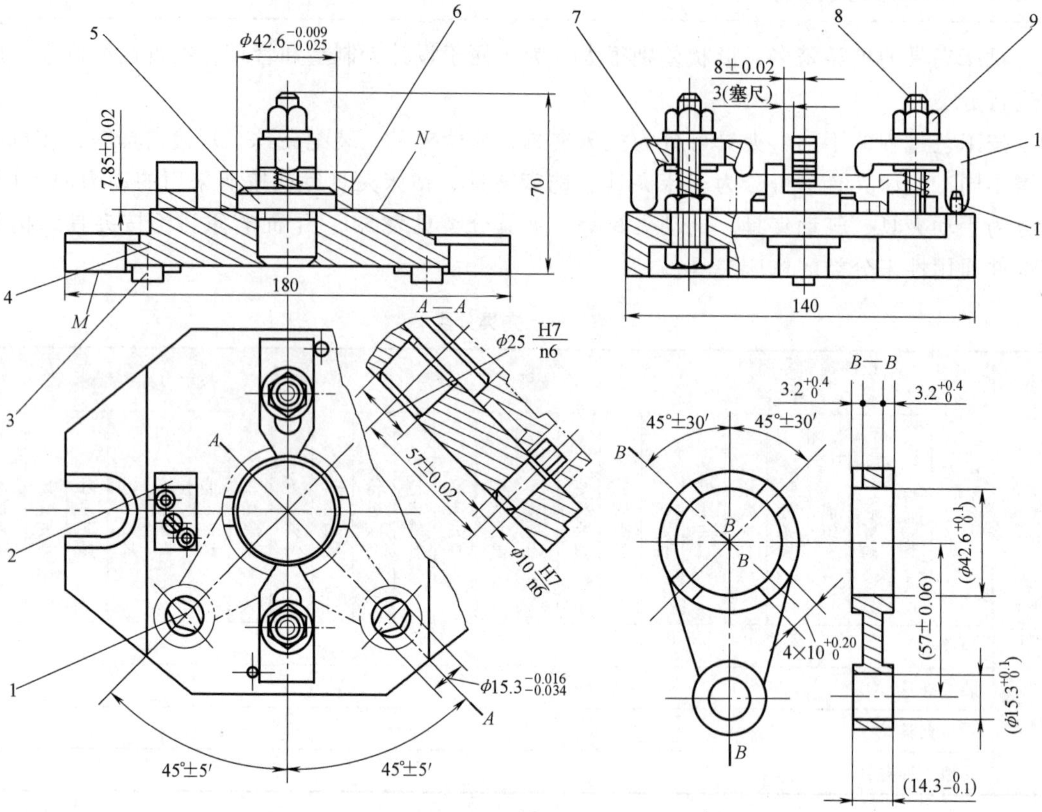

图 3-12　连杆铣槽夹具

1—菱形销　2—对刀块　3—定位键　4—夹具底板　5—圆柱销　6—工件　7—弹簧
8—螺栓　9—螺母　10—压板　11—止动销

4. 成组夹具

成组夹具是指在多品种、中小批量生产中采用成组加工时，为每个工件组设计制造的机床专用夹具。

成组夹具的特点是夹具的部分元件可以更换，部分装置可以调整，以适应不同零件的加工。例如，图 3-13 所示为车削盘、套类零件内、外圆的成组夹具，它用于加工与端面 *J* 垂直的孔、外圆面及其他端面，或两端面有同轴度要求的工件。压板座组件 KT1 可根据工件大小在槽内做径向移动以调整钩形螺栓夹紧装置，不用时还可拆除。钩形螺栓 KH1 可视工件大小更换。根据工件定位基准不同，定位元件 KH2 也可以更换。图示的加工零件组简图就是这套成组夹具所能装夹和加工的零件。

5. 随行夹具

随行夹具是一种在自动线或柔性制造系统中使用的夹具。工件安装在随行夹具上，除完成对工件的定位和夹紧外，还载着工件由运输装置送往各机床，并在各机床上被定位和夹紧。

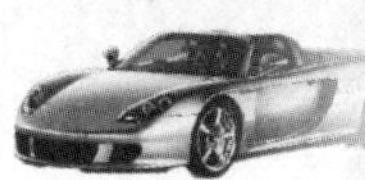

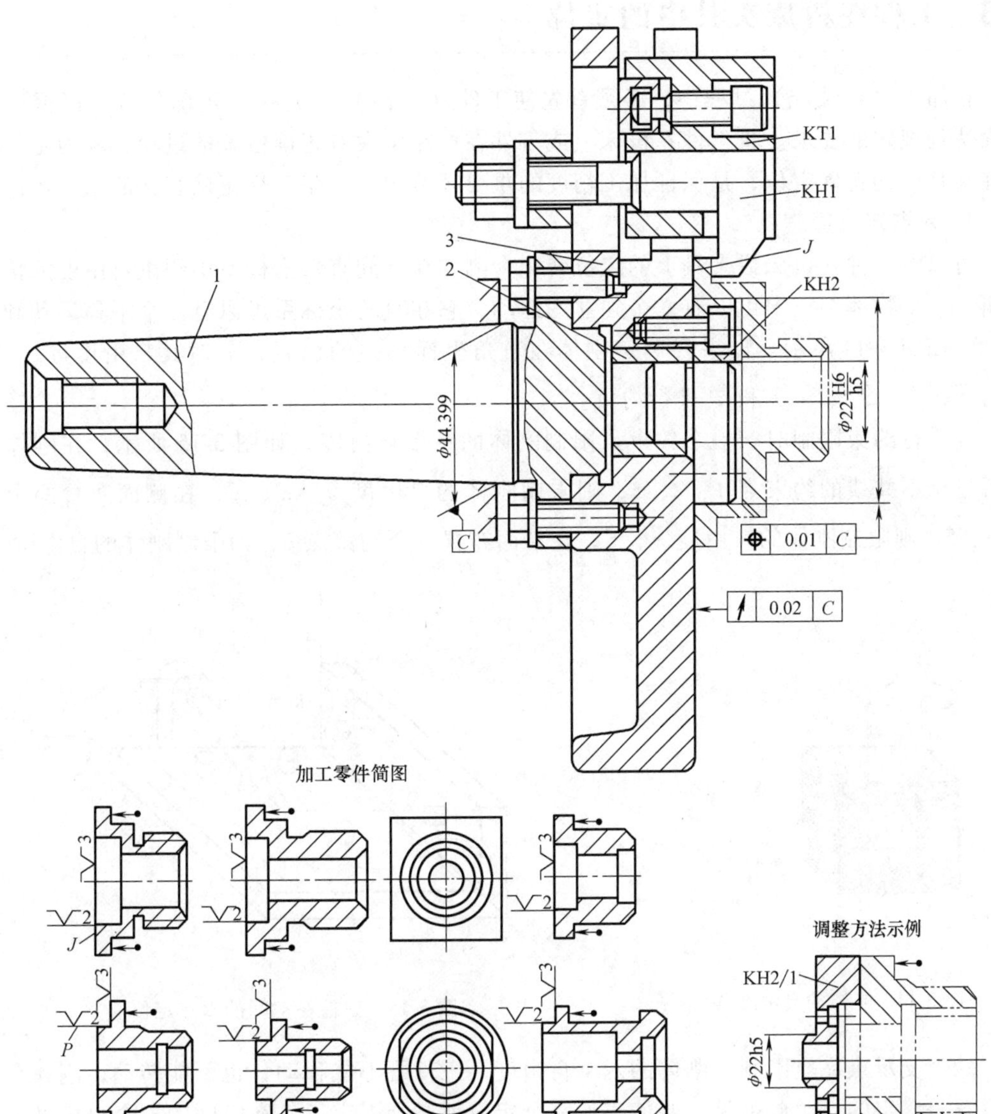
KT1
KH1
3
J
2
KH2
1
φ44.399
φ22 H6/h5
C
0.01 C
0.02 C
加工零件简图
3
2
J
P
调整方法示例
KH2/1
φ22h5
KH2/2
φ22h5

图 3-13　车削盘、套类零件内、外圆的成组夹具

1—锥柄　2—定位衬套　3—花盘　KH1—钩形螺栓　KH2—定位元件　KT1—压板座组件

3.3 工件在机床夹具中的定位

在加工（或装配）过程中，必须首先使工件（零件）占有一个正确位置，以保证加工表面达到规定的要求。将工件在机床上或零件在产品中占有正确位置的过程，称为定位。工件在夹具中的正确定位，是保证加工精度的重要环节之一，是工件正确装夹的第一步。

1. 六点定位原理

可以将工件在机床或夹具上的定位转化为刚体在空间直角坐标系中约束自由度的情况来分析。一个物体在空中可以有六个独立的运动，它在直角坐标系可以有三个平移运动和三个转动，如图 3-14 所示。如果要确定刚体在直角坐标系中的位置，需对其自由度进行约束，即对 $\vec{x}$、$\vec{y}$、$\vec{z}$、$\widehat{x}$、$\widehat{y}$ 和 $\widehat{z}$ 进行约束。

在进行约束限制时，一个约束点限制刚体的一个自由度。如图 3-15 所示，在刚体底面布置三个不共线的约束点 1、2、3，则限制刚体的自由度 $\vec{z}$、$\widehat{x}$、$\widehat{y}$；在侧面布置两个约束点 4、5，则限制刚体的自由度 $\vec{x}$、$\widehat{z}$；在端面布置一个约束点 6，则限制刚体的自由度 $\vec{y}$。

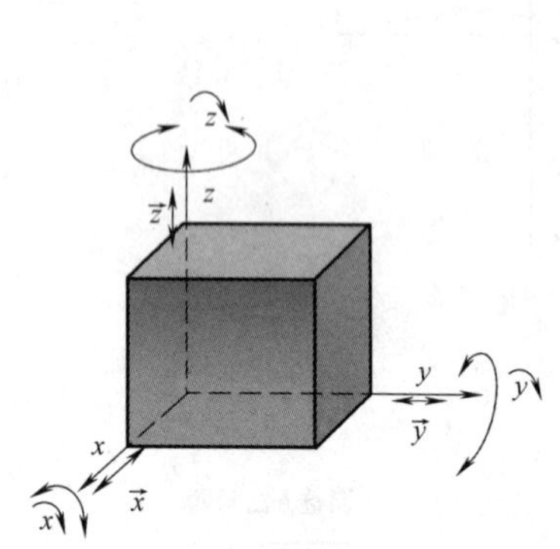

图 3-14 刚体的自由度

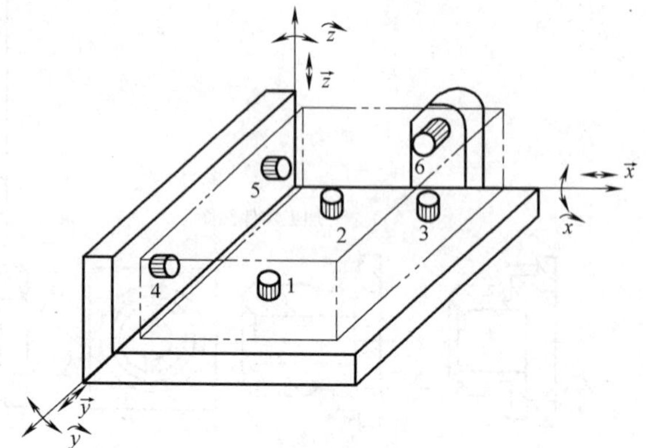

图 3-15 工件在空间的六点定位

六个支承点完全限制了刚体的六个自由度，工件既不能移动，也不能转动，刚体在空间的位置是确定的。由此可见，要使工件完全定位就必须限定工件在空间的六个自由度，这一定律就称为“六点定位原则”。

2. 工件正确定位应限制的自由度

工件的正确定位是指根据加工要求，限制工件的某几个或者全部自由度以达到加工要求。在用调整法加工一批工件的过程中，刀具相对于机床和夹具的位置是调整好的，刀具的运动轨迹也是一定的。为了保证工件被加工表面相对于机床的刀具有正确的位置，用来确定被加工表面位置的工序基准就必须具有正确的位置。因此，工件的定位问题，可以转化为在空间直角坐标系中限制工件工序基准自由度的方法来分析。工件定位时应限制哪些自由度（方向和数量），完全由工件在该工序中的加工要求和工序基准的结构性质来决定。下面结合实例加以说明。

图 3-16 所示有六个待加工工件。其中，图 3-16a 所示要在一个球体工件上加工一个平面，且有如图所示的工序尺寸要求。对于这样的工件，因为被加工平面在球体上的加工部位

没有要求，三个转动自由度不必限制；x、y 轴方向的移动无尺寸要求，也无须限制，故只需限制 z 方向的移动自由度，即球体铣平面（通铣），只需限制一个自由度 $\vec{z}$。按照同样的分析方法，图 3-16b 所示在球体上钻通孔，只需限制两个自由度；图 3-16c 所示在长方体上通铣平面，只需限制三个自由度；图 3-16d 所示在圆柱轴上通铣键槽，需限制四个自由度；图 3-16e 所示在长方体上通铣键槽，要限制五个自由度；图 3-16f 所示在长方体上铣不通键槽，则六个自由度都需要限制。

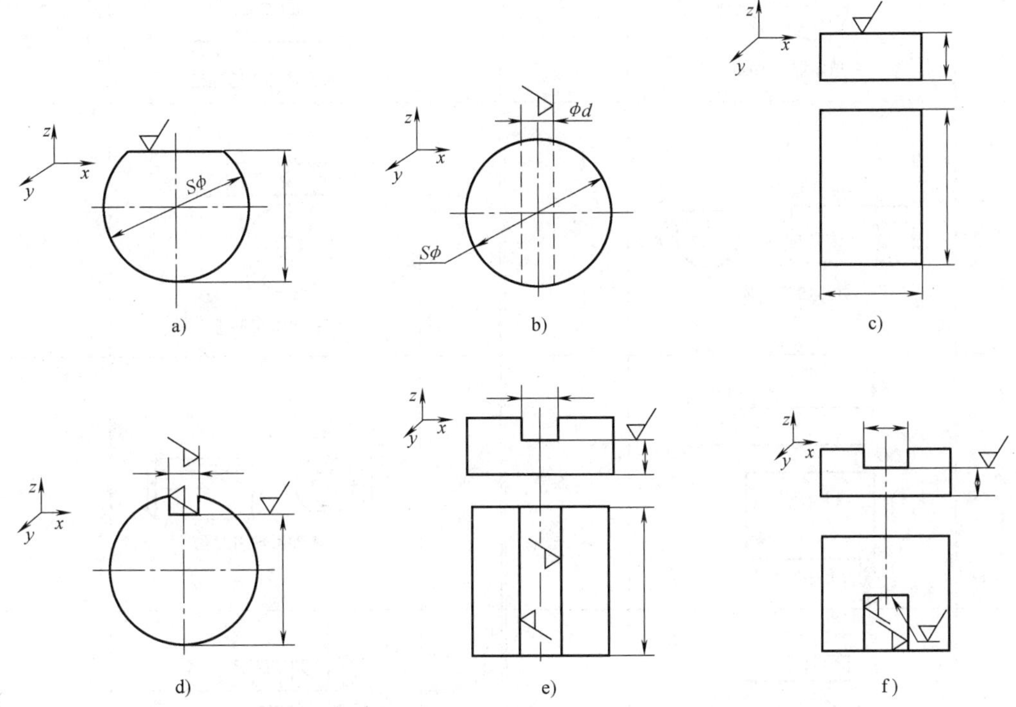

图 3-16　工件应限制自由度实例

a）球体上铣平面　b）球体上钻孔　c）长方体上通铣平面　d）圆柱轴上通铣凹槽　e）长方体上通铣凹槽　f）长方体上铣不通凹槽

由上述实例分析可见，从保证加工要求的角度看，工件的正确定位并不一定每次六个自由度都要加以限制，有些自由度不影响加工要求，因此，不影响加工要求的自由度可以不加限制。在考虑工件定位方式时，首先要找出哪些自由度会影响工件加工要求（尺寸公差和位置公差），哪些自由度与加工要求无关。前者称为第一类自由度，后者称为第二类自由度。对于第一类自由度，因为它对加工要求有直接影响，工件定位时必须全部限制，不能遗漏；至于第二类自由度是否应加以限制，应按照加工系统所承受的切削力、夹紧力和定位方案的方便实现等因素，决定是否限制。

在这里要特别注意定位与夹紧的区别。定位和夹紧是两个完全不同的概念，起作用的时域也不同。定位是解决工件在夹紧前的位置是否正确，是否到位的问题；而夹紧是解决工件在加工过程中，受到切削力、重力等外力作用下，是否稳定地保持在定位位置的问题。即定位是解决工件位置定不定的问题，而夹紧是解决工件受力后位置动不动的问题。

表 3-2 列出了常见加工形式为保证加工要求应限制的自由度，以便分析工件第一类自由度时参考。

表 3-2 常见加工形式应限制的自由度

序号	加工要求	第一类自由度	序号	加工要求	第一类自由度
1	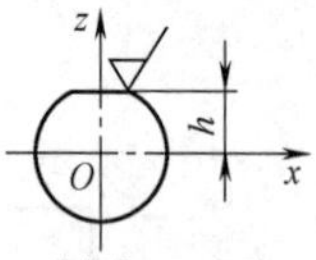 球体加工平面	$\vec{z}$	7	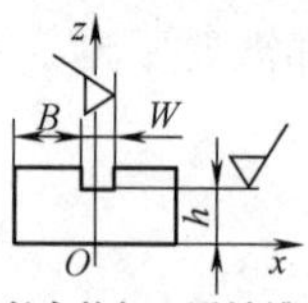 长方体加工通键槽	$\vec{x}$、$\vec{z}$、$\overset{\frown}{x}$、$\overset{\frown}{y}$、$\overset{\frown}{z}$
2	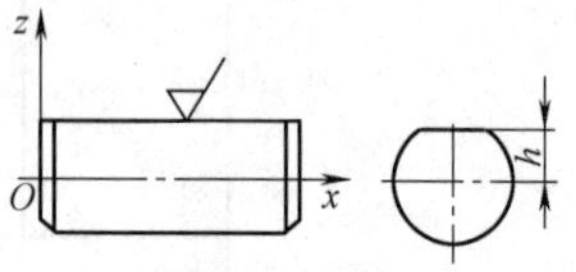 柱体加工平面	$\vec{z}$、$\overset{\frown}{y}$	8	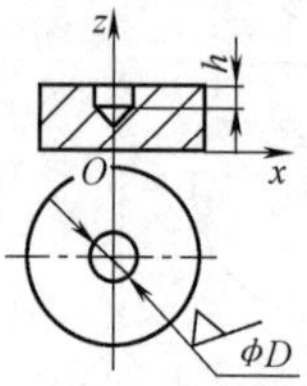 圆板上加工不通孔	$\vec{x}$、$\vec{y}$、$\vec{z}$、$\overset{\frown}{x}$、$\overset{\frown}{y}$
3	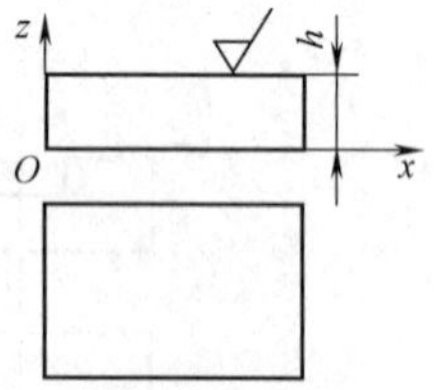 长方体加工平面	$\vec{z}$、$\overset{\frown}{x}$、$\overset{\frown}{y}$	9	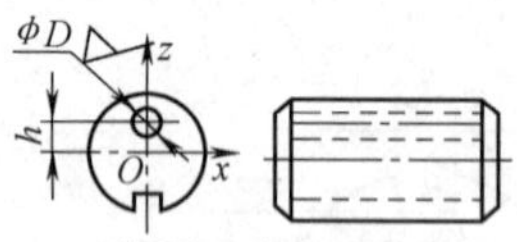 柱体加工轴向通孔	$\vec{x}$、$\vec{z}$、$\overset{\frown}{x}$、$\overset{\frown}{y}$、$\overset{\frown}{z}$
4	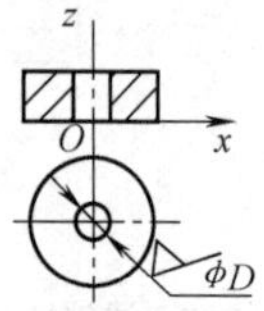 板、垫类工件钻孔	$\vec{x}$、$\vec{y}$、$\overset{\frown}{x}$、$\overset{\frown}{y}$	10	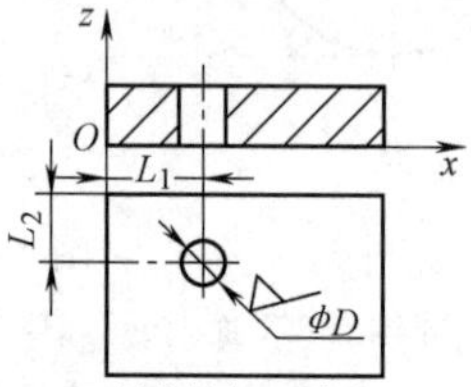 长方体加工通孔	$\vec{x}$、$\vec{y}$、$\overset{\frown}{x}$、$\overset{\frown}{y}$、$\overset{\frown}{z}$
5	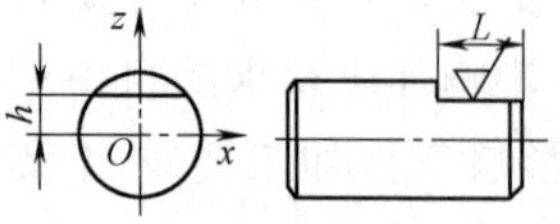 柱体加工不通平面	$\vec{y}$、$\vec{z}$、$\overset{\frown}{x}$、$\overset{\frown}{z}$	11	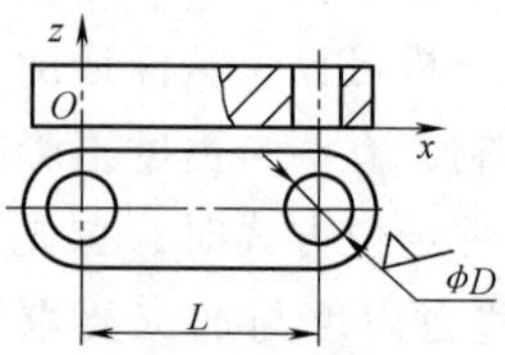 条形板加工通孔	$\vec{x}$、$\vec{y}$、$\overset{\frown}{x}$、$\overset{\frown}{y}$、$\overset{\frown}{z}$
6	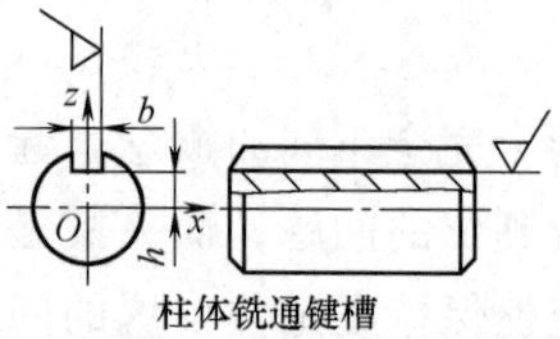 柱体铣通键槽	$\vec{x}$、$\vec{z}$、$\overset{\frown}{x}$、$\overset{\frown}{z}$	12	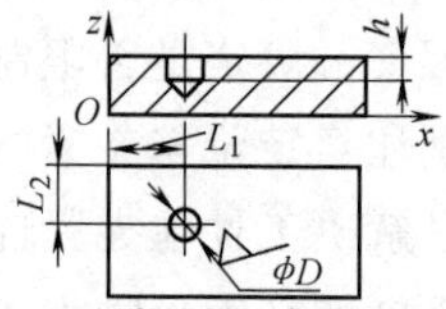 长方体加工不通孔	$\vec{x}$、$\vec{y}$、$\vec{z}$、$\overset{\frown}{x}$、$\overset{\frown}{y}$、$\overset{\frown}{z}$

3. 工件正确定位与自由度的关系

在实际生产中，工件加工时的定位，可能要将其六个自由度全部限制，也可能只限制其中的一部分。根据工件定位的自由度数以及工件正确定位与自由度的关系可分为以下几种。

（1）完全定位 若工件在夹具中定位时，六个自由度都被限制，则称为完全定位。如图 3-16f 所示，由于被加工表面三个方向都有尺寸要求或位置精度要求，故要求限制工件的六个自由度。

（2）不完全定位 若工件在夹具中定位，六个自由度没有被完全限制，但能满足加工要求，这种方法称为不完全定位，如图 3-16a～e 所示。

不需完全定位的加工工序中，采用完全定位固然可以，但增加了夹具的复杂程序。在机械加工中，一般为了简化夹具的定位元件结构，只要对影响本工序的加工尺寸的自由度加以限制即可。

（3）欠定位 根据工件加工要求，应该限制的自由度没有被完全限制的情况称为欠定位。欠定位无法保证加工要求，因此，在确定工件在夹具中的定位方案时，绝不允许有欠定位的现象产生。

如图 3-17a 所示，工件绕 z 轴回转方向的位置不能确定，加工出的表面难以达到要求；图 3-17b 所示为符合加工要求的定位。

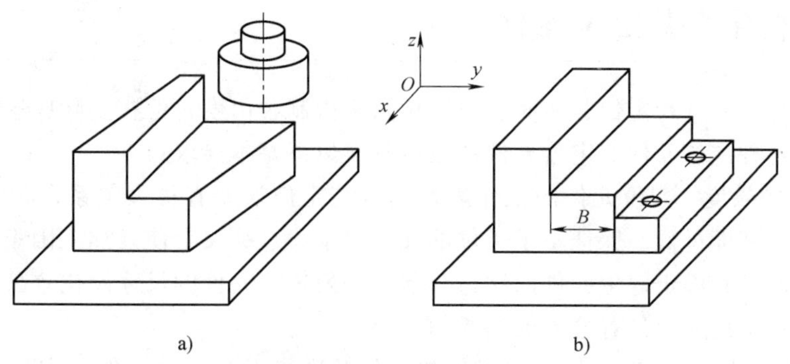

图 3-17 欠定位示例

（4）过定位 工件在夹具中，如果某一自由度被限制两次或两次以上，这种定位方式被称为过定位或重复定位。

如图 3-18 所示，工件上平面对 A 面有垂直度公差要求，若用夹具的两个大平面 A、B 定位，则 A 面限制了工件的 $\vec{x}$、$\overset{\frown}{y}$ 和 $\overset{\frown}{z}$ 三个自由度，B 面限制了 $\overset{\frown}{x}$、$\overset{\frown}{y}$ 和 $\vec{z}$ 三个自由度，其中自由度 $\overset{\frown}{y}$ 被 A、B 面同时重复限制，这就是一种过定位。

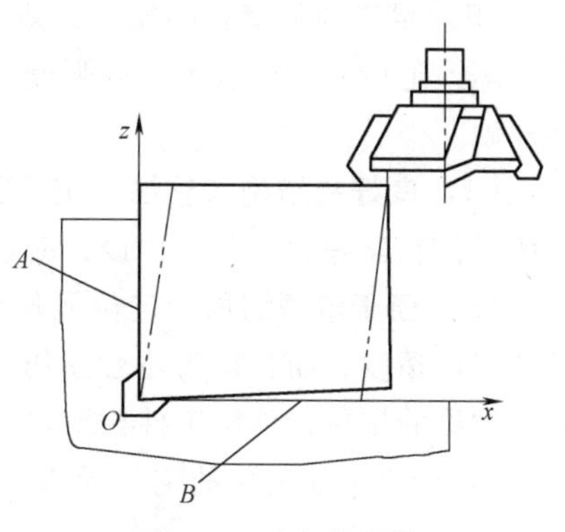

图 3-18 过定位实例

过定位一般会造成如下不良影响：①使接触点不稳定，增加了同批工件在夹具中位置不同一性；②增加了工件和夹具的夹紧变形；③导致部分工件不能顺利与定位元件定位；④干扰了设计意图的实现。

通常情况下应尽量避免或减少过定位现象。要避免或减少过定位现象，一般采用以下措施或方法。

方案一：改变定位元件结构。如缩小定位元件工作面的接触长度或减小定位元件的配合尺寸，增大配合间隙等，如图 3-19a 所示。

方案二：提高工件定位基准及定位元件工作表面的位置精度。如将定位面的接触改为线接触等。

方案三：采用菱形销（削边销），即常在采用“一面两孔”组合定位时，将两个定位销中的一个改成菱形销（削边销）。菱形销的长轴与两孔中心连线垂直，如图 3-19b 所示。这样既可以保证夹具定位的准确性，又不致使工件出现过定位现象。

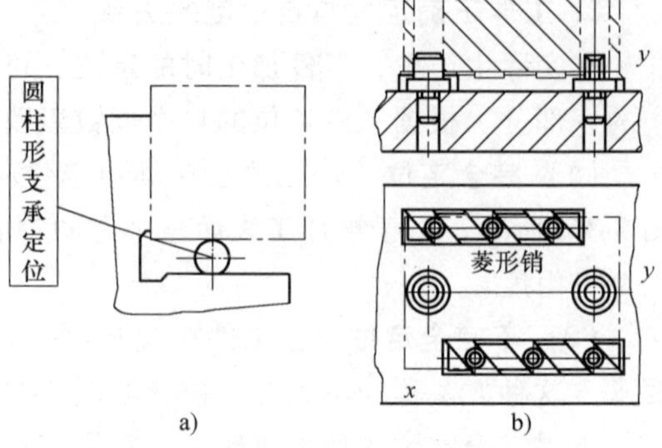

图 3-19　避免或减少过定位的措施

a）改变定位元件结构　b）将圆柱销之一改成菱形销（削边销）

但在实际生产中，工件定位基准面经过机械加工后，其形状、尺寸、位置精度较高，有时允许过定位存在。

3.4　常用机床夹具定位元件

用六点定位原理进行定位分析时，以定位点来限制自由度。但在实际应用中，不可能是点，而应该是各种定位元件。定位元件一般应具有以下基本要求：

（1）足够的精度　定位元件的工作表面精度与定位误差有很大关系，将会直接影响工件的加工精度。精度过低，保证不了工件的加工要求，过高又会使其加工困难。通常可根据有关资料或生产经验确定定位元件的制造公差，一般定位元件的尺寸及位置公差应控制在被定位零件相应加工尺寸及位置公差的 1/5~1/2。

（2）耐磨性好　由于定位是通过工件的定位基准表面与定位元件的定位表面相接触来实现的，而工件的装卸将会使得定位元件的表面磨损，从而导致定位精度下降。因此，为了提高夹具的使用寿命，长期保持其定位精度，定位元件的工作表面应有较高的硬度和耐磨性，特别是大批量生产的场合，尤为重要。

（3）足够的强度和刚度　为避免定位元件在重力、夹紧力、切削力等作用下产生变形或损坏，定位元件应有足够的强度和刚度。对于承受较大外力或冲击力的定位元件一般应内韧外硬。

（4）良好的结构工艺性　定位元件的结构应该便于制造、装配和维修。通常标准化的定位元件有良好的工艺性，设计时应优先选用标准元件。

（5）便于清理切屑　定位元件的工作表面的形状应有利于清理切屑，否则，会因切屑影响定位精度，而且切屑还会损伤定位基准表面。

常见的定位元件按工件典型定位基面分为以下几类：

1）用于平面定位的定位元件，包括固定支承（钉支承和板支承）、自位支承、可调支承和辅助支承。

2）用于外圆柱面定位的定位元件，包括 V 形块、定位套和半圆定位座等。

3）用于孔定位的定位元件，包括定位销（圆柱定位销和圆锥定位销）、圆柱心轴和小锥度心轴。

3.4.1　工件以平面定位

平面定位是夹具中最常见的定位方式，此时常用的定位元件有支承钉、支承板、可调支承、自位支承、辅助支承等。

1. 支承钉

支承钉的结构形式如图 3-20 所示。其中，A 型为平头支承钉，用于经过精加工的表面，为面接触，用于支承精基准；B 型为球头支承钉，与工件为点接触，可保证接触位置相对稳定，但易磨损，夹紧时使加工表面产生压陷，会产生较大的安装误差，不易使几个支承钉保持在同一平面内，用于加工中支承粗基准；C 型为网纹面支承钉，与定位面摩擦力较大，可阻碍工件移动，加强定位的稳定性，但网中易积屑，多用于粗糙表面的侧面定位。

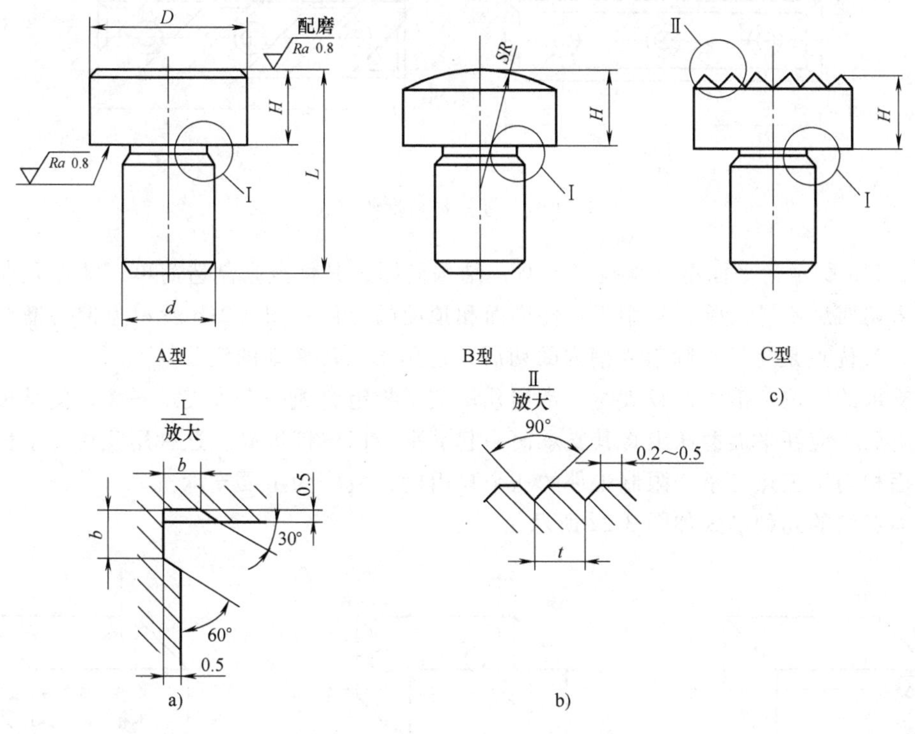

图 3-20　支承钉的结构形式

a）平头支承钉　b）球头支承钉　c）网纹面支承钉

一个支承钉只限制一个自由度，因此保证了定位的稳定可靠，对于作为主要定位面的粗基准而言，一般必须采用三点支承方式（选用三个球头支承钉或网纹面支承钉）。若工件以已加工的平面为定位面，则可使用三个或更多的不在一条直线上的平头支承钉（但必须保证这几个平头支承钉的定位工作面位于同一平面内，否则，就会使各支承钉不能全部与工件接触，造成定位不稳定）。

2. 支承板

支承板用于较大已加工平面的定位，常出现在精基准定位中，一个支承板的作用相当于两个支承钉，可限制两个自由度。图 3-21 所示为支承板的结构形式。

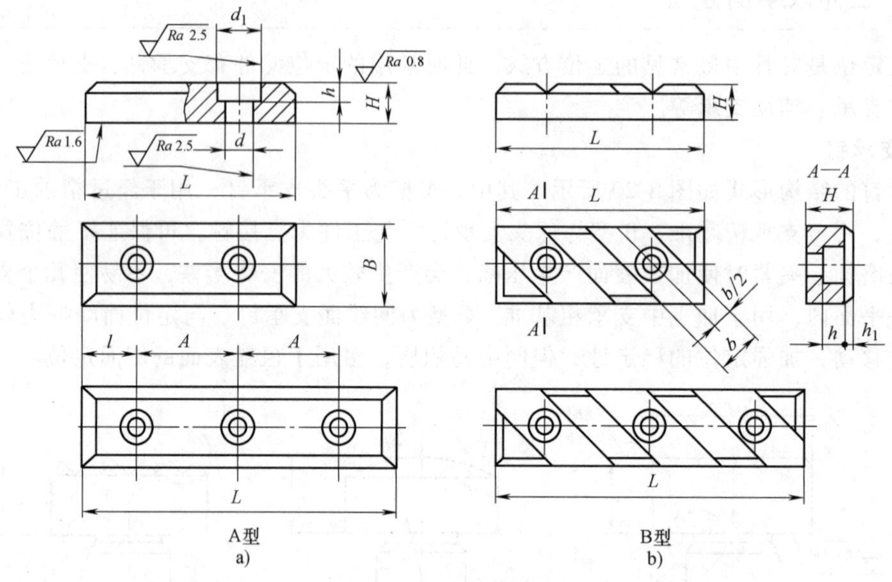

图 3-21　支承板的结构形式

图 3-21a 所示为平面型支承板（A 型）结构简图，其优点是制造简单，缺点是埋头螺钉孔处落入切屑后不易清除，常用于工件侧面和顶面的定位；图 3-21b 所示为带斜槽型支承板（B 型），其优点是易于清除落入槽内的切屑，适用于工件底面的定位。

当支承的定位基准平面较大时，常用几块支承板组合成一个大支承平面，支承板安装到夹具体上后，应在平面磨床上将其支承面一起磨平，以保证等高。这种用几块支承板组合的支承平面相当于三点支承，限制工件的三个自由度，故作为主要支承。

平面定位的几种形式如图 3-22 所示。

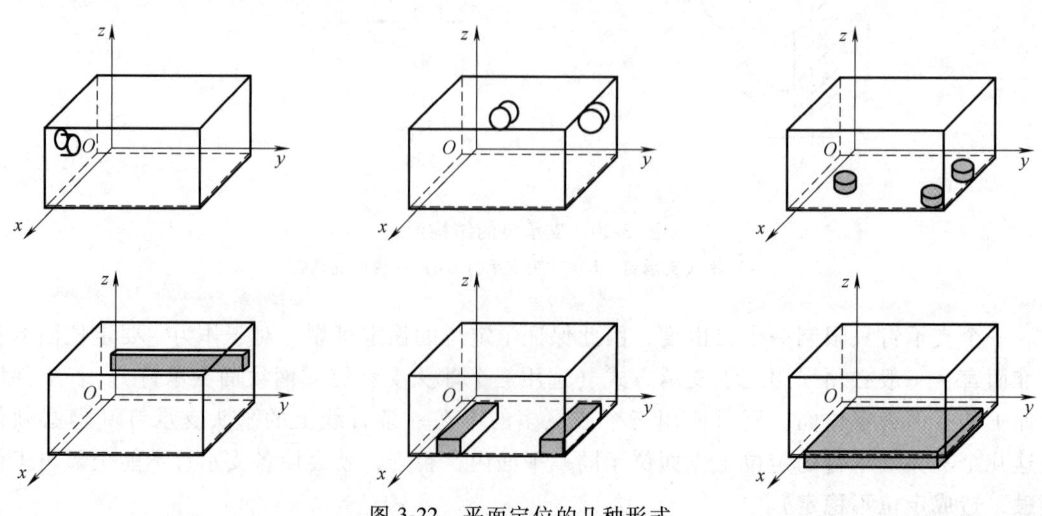

图 3-22　平面定位的几种形式

对粗基准，可使用三个支承钉（三点构成一个平面）作为定位元件，限制工件的三个自由度；对精基准，可用一个大支承平面代替三个支承钉定位，同样限制工件的三个自由度。

3. 可调支承

可调支承常用的结构形式及其应用如图 3-23 所示。可调支承多用于支承工件的定位基面的位置变化或不在一个平面上的情况，其支承的高度可根据需要调节。一般每加工一批工件时，应根据定位基面做出相应调节，以保证加工余量均匀或保证加工面与非加工面之间的位置尺寸。支承调节到与工件接触后应用螺母将其锁紧。在同一批工件的加工中，一般不再进行调节，其定位作用与支承钉相同。

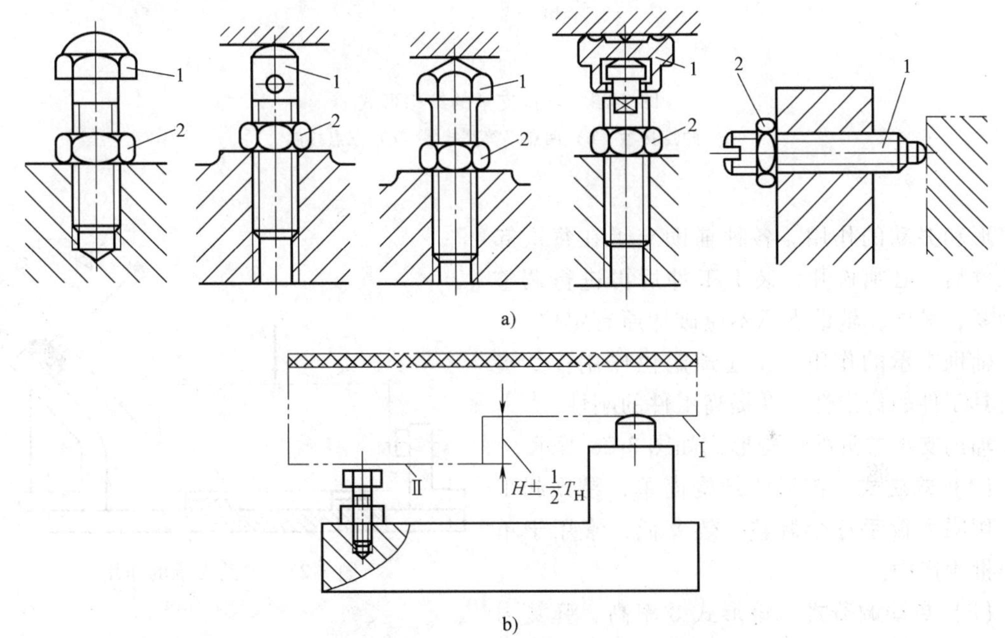

图 3-23 可调支承常用的结构形式及其应用

a）可调支承的结构形式 b）可调支承的应用

1—调节支承钉 2—锁紧螺母

4. 自位支承（浮力支承）

自位支承的几种结构形式如图 3-24 所示。为了适应工件定位基面空间位置的变化，自位支承可做适当的摆动和浮动，以实现与工件保持两点或三点接触，但它只起一个支承钉的作用，限制一个自由度。自位支承用以增加与工件表面的接触，以减小工件变形和接触应力的作用。

5. 辅助支承

工件定位夹紧后，若工件刚性很差，在切削力和夹紧力的影响下，会发生变形和振动。为此，需增加辅助支承，减小变形，以提高刚性和稳定性。如图 3-25 所示的工件，被加工面距离定位基准和夹紧点比较远，且加工部位处于悬臂状态，刚性差，加工时易出现变形和振动，因此需要在加工面附近设置辅助支承。

辅助支承是在工件定位后才参与支承的，因此不起任何限制自由度的作用，只起减小工

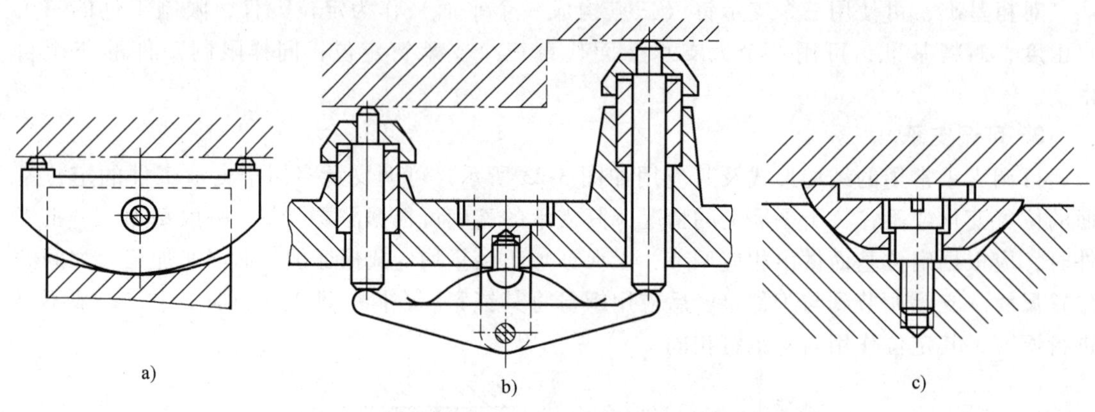

图 3-24　自位支承的结构形式

a）两点接触　b）两点不等高接触　c）三点接触

件变形和振动的作用。各种辅助支承在每次卸下工件后，必须松开，装上工件后再进行调整和锁紧，另外，辅助支承不应破坏原有定位。

辅助支承的作用：①起预定位作用；②提高夹具工件的稳定性；③提高工件的刚性。

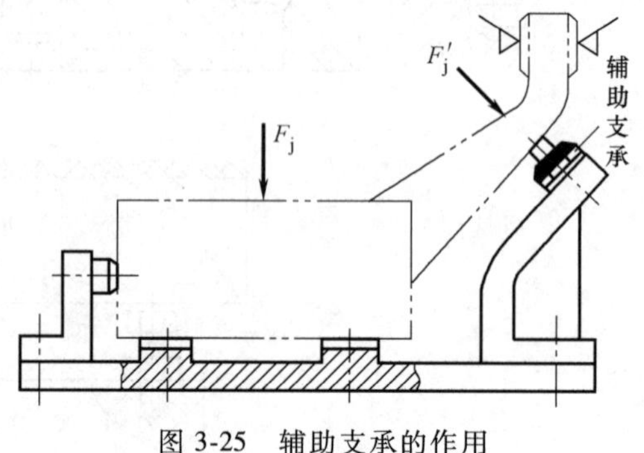

图 3-25　辅助支承的作用

辅助支承常见的结构形式如图 3-26 所示。

（1）螺旋式　该形式结构简单，易顶起工件，用限力扳手逐个调整，效率低，常用于单件小批生产中。

（2）自动调节式　该形式效率高，弹簧力不能太大，并保证自锁。

（3）推引式　该形式适用于工件较重、切削负荷大的场合。

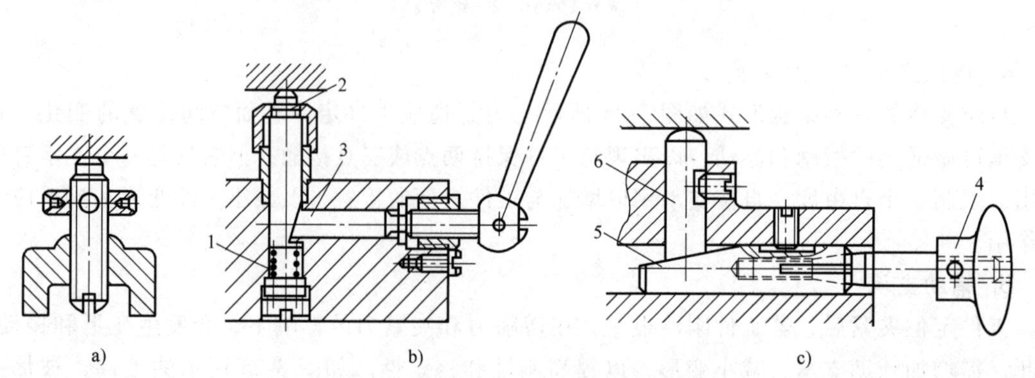

图 3-26　辅助支承常见的结构形式

a）螺旋式　b）自动调节式　c）推引式

1—弹簧　2—滑柱　3—顶柱　4—手轮　5—斜楔　6—滑销

3.4.2　工件以内孔定位

工件以内孔表面作为定位基面时，其定位基准是孔的中心线，而不是内孔表面，内孔表面只是作为接触面来体现定位基准中心线的。此时常用的定位元件有心轴、圆柱定位销和圆锥销。

1. 心轴

常用的心轴有下列三种形式：

（1）小锥度心轴（见图3-27a）　小锥度心轴的锥度为1∶5000～1∶1000。定位时依靠心轴的锥体定心和胀紧，可限制五个自由度（绕心轴转动自由度除外）。使用小锥度心轴定位可获得较高的定位精度。为了使得工件方便、迅速而准确地装配，在心轴前端设置导向部分1。心轴末端设置传动部分2，起带动心轴运动的作用。

（2）过盈配合圆柱心轴（见图3-27b）　工件安装时轻轻敲入或压入，通过孔和轴接触表面的弹性变形来夹紧工件。一般最大过盈量不超过H7/r6，以免压入工件的压力过大使得工件过分变形而遭到损坏。这种心轴的定心精度较高，利用过盈产生的摩擦力矩传递一定的扭矩，常用于盘套类零件的精加工外圆和端面等。过盈配合的圆柱心轴限制工件的四个自由度（沿轴向移动和转动自由度除外）。

（3）间隙配合心轴（见图3-27c）　心轴定位部分3与工件定位基面内孔为间隙配合，图示心轴左端轴肩做轴向定位，依靠心轴右端的螺母进行夹紧。间隙配合心轴装卸工件较为方便，但因存在配合间隙，定位精度较低。带轴肩的间隙配合心轴可限制工件的五个自由度，其中心轴定位部分限制四个自由度，轴肩端面限制一个（绕心轴转动自由度除外）。

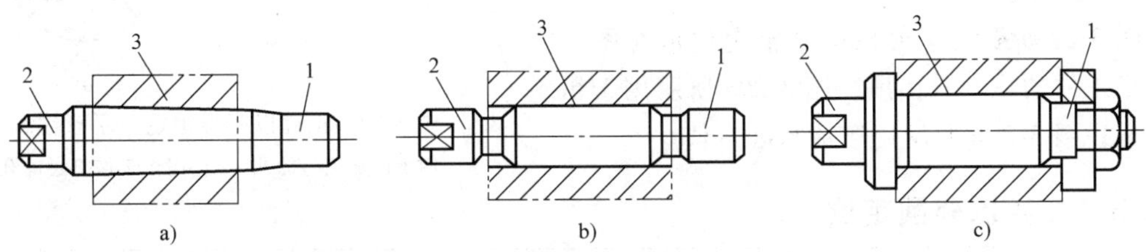

图3-27　常用刚性心轴的结构

a）小锥度心轴　b）过盈配合圆柱心轴　c）间隙配合心轴

1—导向部分　2—传动部分　3—定位部分

2. 圆柱定位销

常用圆柱定位销的几种典型结构如图3-28所示。圆柱定位销与定位孔基本上都采用间隙配合。按圆柱定位销与夹具体的安装配合性质可将其分为两类：一类如图3-28a所示，为固定式，它直接以H7/r6过盈配合压入夹具体孔内；另一类如图3-28b所示，为可换式。在大批量生产中，圆柱定位销的磨损是不可避免的，为了方便地更换磨损了的圆柱定位销，常常采用可换式的。有时为了提高定位销安装孔的耐磨性，在夹具体上的安装孔中压有固定衬套，定位销以H7/h6配合装在衬套内，并用螺母拉紧。

同为固定式圆柱定位销，根据定位销直径不同，有不同的结构。当工件的内孔直径尺寸较小（<10mm）时，可将根部倒成圆角R，以增加刚性避免使用中折断或热处理时碎裂，如图3-28a所示。

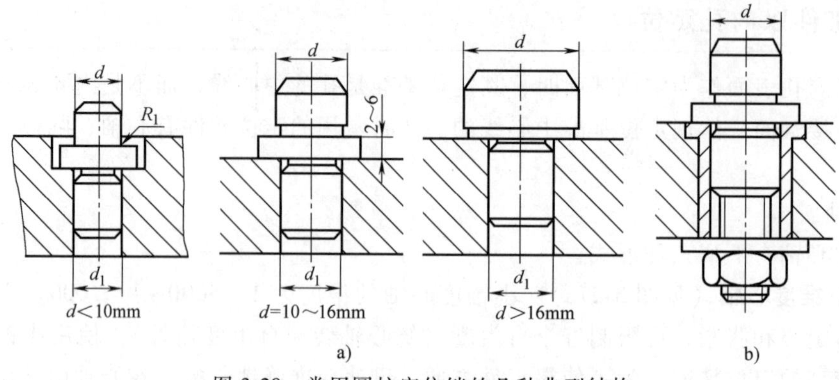

图 3-28 常用圆柱定位销的几种典型结构

a）固定式 b）可换式

圆柱定位销与工件内孔配合定位时，定位元件所能限制的自由度根据定位面与定位元件的有效接触长度 L 与定位孔直径 D 之比来确定：当 $L/D \geqslant 0.8$ 时，可认为长圆柱定位销与内孔配合，限制四个自由度（相当于间隙配合心轴的圆柱面部分限制的自由度）；当 $L/D \leqslant 0.4$ 时，可认为短圆柱心轴与内孔的配合，它限制两个自由度（被限制的自由度方向视具体定位系统而定）。

3. 圆锥销

图 3-29 所示为工件以圆锥销定位示意图，它限制了工件的三个自由度。图 3-29a 所示用于粗基准定位；图 3-29b 所示用于精基准定位。

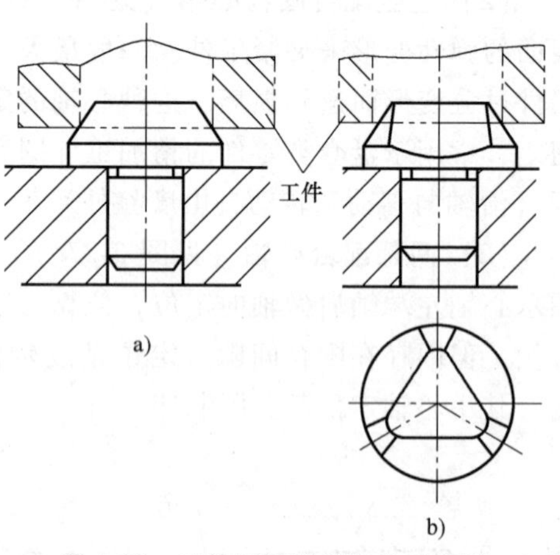

图 3-29 工件以圆锥销定位示意图

a）用于已加工过的孔 b）用于未加工过的孔

3.4.3 工件以外圆定位

工件以外圆表面作为定位基面时，其定位基准也是其中心线，而不是外圆表面，外圆表面只是作为接触面来体现定位基准中心线的。此时常用的定位元件有 V 形块、定位套及外圆定心夹紧机构等。

1. V 形块

V 形块分为固定 V 形块和活动 V 形块两种。

（1）固定 V 形块 常见的几种固定 V 形块的结构形式如图 3-30 所示。其中，图 3-30a所示为短 V 形块；图 3-30b 所示为两个短 V 形块的组合，用以作为定位基面的外圆柱面较长或两段外圆柱面分布较远时的情况；图 3-30 所示为分体式结构的 V 形块，它们装在夹具体上，其 V 形块工作面上镶有淬硬钢或硬质合金块，常用于工件定位基面外圆柱面长度和直径均较大的情况。上述 V 形块如用于粗基准或阶梯外圆柱面时，V 形块的工作面长度一般应减为 2 ~ 5mm，可以制作成图 3-30d 所示的结构，以减小接触面，提高定位的稳定性。一个短 V 形块限制两个自由度，两个短 V 形块组合或一个长 V 形块均限制四个自由度。

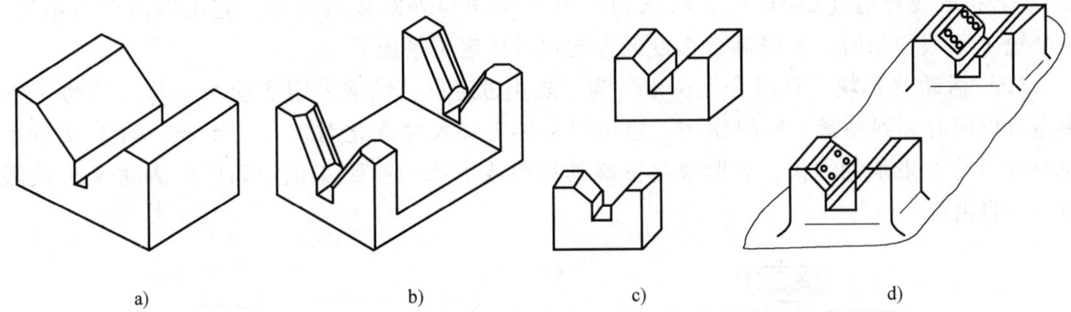

图 3-30　常见的几种固定 V 形块的结构形式

a）精基准定位用 V 形块　b）粗基准、阶梯轴定位用 V 形块　c）精基准面相距较远用 V 形块　d）直径与长度较大工件定位用 V 形块

V 形块上两斜面间的夹角一般选用 60°、90°和 120°，以 90°应用最广。其中，90° V 形块（JB/T 8018. 1—1999）的典型结构和尺寸都已经标准化。标准 V 形块是根据工件定位面的外圆直径选取的，设计非标准 V 形块时，可参考图 3-31 所示有关尺寸进行计算。

V 形块的主要参数如下：

D——V 形块检验心轴直径，即定位基准直径；

H——V 形块的高度；

α——V 形块两工作平面间的夹角；

T——V 形块的标准定位高度，即检验心轴中心高。在 V 形块上必须标注此尺寸，用以综合检验 V 形块的制作精度。

设计 V 形块时，工件直径 d 是已知的，而 N 和 H 可参照标准先确定，也可以根据定位系统的实际结构尺寸而定（N 的尺寸不应小于 V 形块与工件接触的实际宽度），然后计算出尺寸 T。由图 3-31 可知

$$T-H=\overline{OE}-\overline{CE} \tag{3-1}$$

而

$$\overline{OE}=\frac{d}{2\sin\dfrac{\alpha}{2}},\quad \overline{CE}=\frac{N}{2\tan\dfrac{\alpha}{2}}$$

所以

$$T=\frac{d}{2\sin\dfrac{\alpha}{2}}-\frac{N}{2\tan\dfrac{\alpha}{2}}+H \tag{3-2}$$

因此，当 $\alpha=60°$ 时，$T=H+d-0.867N$；当 $\alpha=90°$ 时，$T=H+0.707d-0.5N$；当 $\alpha=120°$ 时，$T=H+0.578d-0.289N$。

图 3-31　V 形块的结构尺寸

工件在 V 形块中定位时，若工件外圆与 V 形块定位接触线（图 3-31 中的 L）较长（$L/d\geqslant1$），可认为是长 V 形块与外圆接触定位，它限制四个自由度（除了沿被定位圆柱轴线的移动和绕该轴线的转动之外的四个自由

度）；若接触线较短（$L/d \leqslant 1$），可认为是短 V 形块与外圆接触定位，它限制两个自由度，单个短 V 形块使用时，所限制自由度的方向视具体定位系统而定。

（2）活动 V 形块 在组合定位中，为了防止过定位，经常采用活动 V 形块。活动 V 形块还可以同时起到夹紧工件的作用，也可以补偿毛坯尺寸变化对定位的影响。图 3-32 所示为两种活动 V 形块的结构，V 形块是依靠其后面或下面的弹簧实现浮动的。活动 V 形块限制一个自由度。

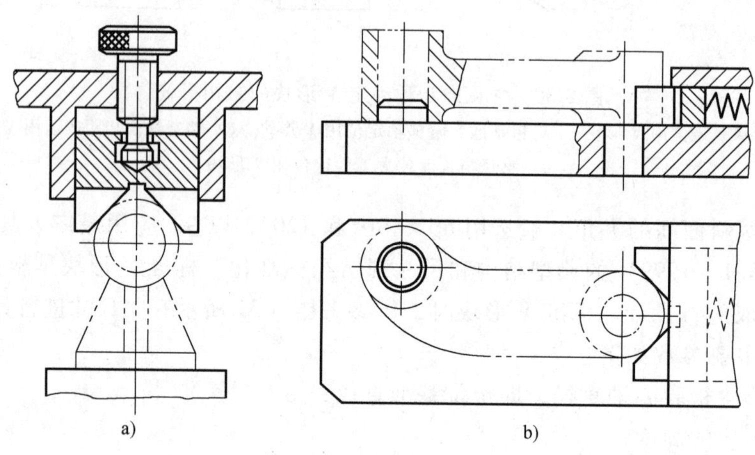

图 3-32　活动 V 形块的结构

2. 定位套

工件以定位套定位的方法一般适用于精基准的定位，定位套的结构如图 3-33 所示。根据其长度 L 与直径 d 的关系，可分为长定位套和短定位套。

当接触线比较短，即 $L/d<1$，如图 3-33a 所示，约束两个自由度（$\vec{x}$、$\vec{y}$），该结构用于工件以端面为主要定位基准。

当接触线比较长，即 $L/d \geqslant 1$，如图 3-33b 所示，约束四个自由度（$\vec{x}$、$\vec{y}$、$\overset{\curvearrowright}{x}$、$\overset{\curvearrowright}{y}$），该结构用于工件以外圆为主要定位基准。

3. 外圆定心夹紧机构

外圆定心夹紧机构既能定心又能夹紧。图 3-34 所示为拉式锥面刀柄定心夹紧机构，锥

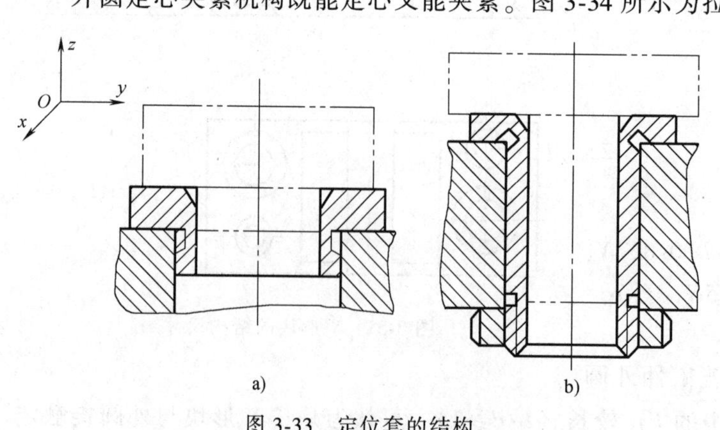

图 3-33　定位套的结构

a）短定位套定位　b）长定位套定位

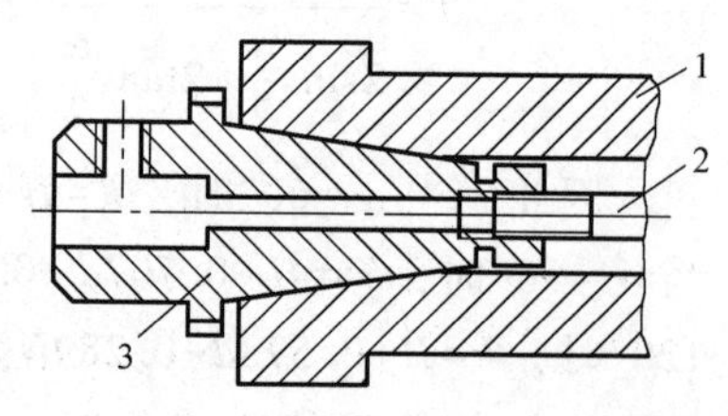

图 3-34　拉式锥面刀柄定心夹紧机构

1—主轴　2—拉杆　3—刀柄

孔限制五个自由度（绕轴线旋转自由度除外）。

3.4.4　组合定位

实际生产中，为了满足加工要求，常常用几种定位基准组合的方式进行定位，即组合定位。工件上常见的组合定位有前、后顶尖组合定位，一面一销组合定位，两面一销组合定位，支承块和两 V 形块组合定位，一面两销组合定位等。

1. 前、后顶尖组合定位

图 3-35 为前、后顶尖组合定位示意图，图中左侧固定顶尖定位三个自由度（$\vec{x}$、$\vec{y}$、$\vec{z}$），右侧活动顶尖定位两个自由度（$\widehat{x}$、$\widehat{z}$）。

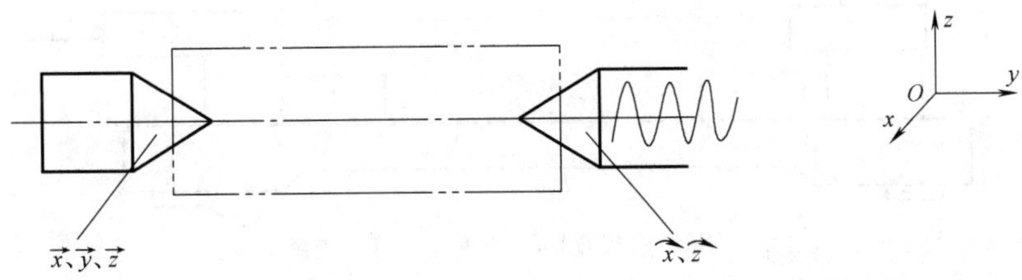

图 3-35　前、后顶尖组合定位

2. 一面一销组合定位

图 3-36 所示为大端面短销组合定位示意图，图中下方大端面定位三个自由度（$\widehat{x}$、$\widehat{y}$、$\vec{z}$），短销定位两个自由度（$\vec{x}$、$\vec{y}$）。

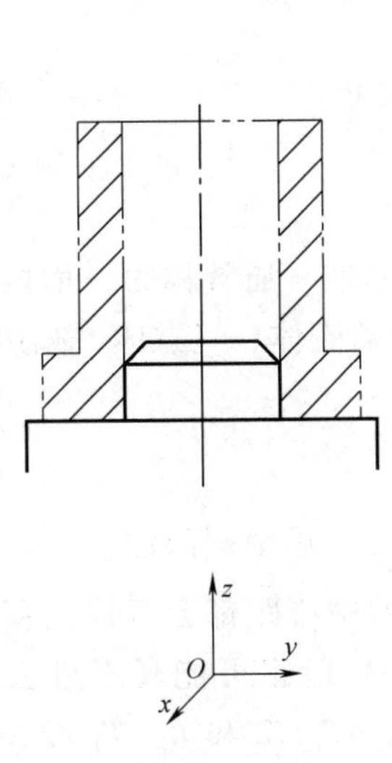

图 3-36　大端面短销组合定位

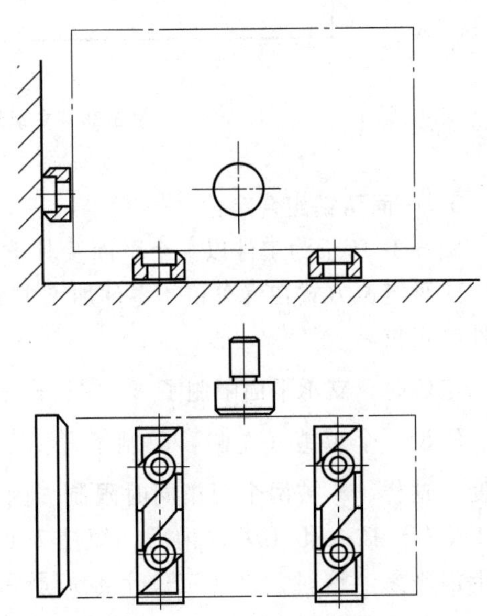

图 3-37　两面一销组合定位

3. 两面一销组合定位

图 3-37 所示为两面一销组合定位示意图，图中下方支承块定位三个自由度（$\widehat{x}$、$\widehat{y}$、$\vec{z}$），

侧面支承块定位两个自由度（$\vec{z}$、$\vec{y}$），后面支承钉定位一个自由度（$\overset{\curvearrowright}{z}$），实现工件的完全定位。

4. 支承块和两 V 形块组合定位

图 3-38 所示为支承块和两 V 形块组合定位示意图，两 V 形块一端固定、另一端活动。图中下方支承块定位三个自由度（$\overset{\curvearrowright}{x}$、$\overset{\curvearrowright}{y}$、$\vec{z}$），固定 V 形块定位两个自由度（$\vec{x}$、$\vec{y}$），活动 V 形块定位一个自由度（$\overset{\curvearrowright}{z}$），其中活动 V 形块还兼起夹紧的作用。

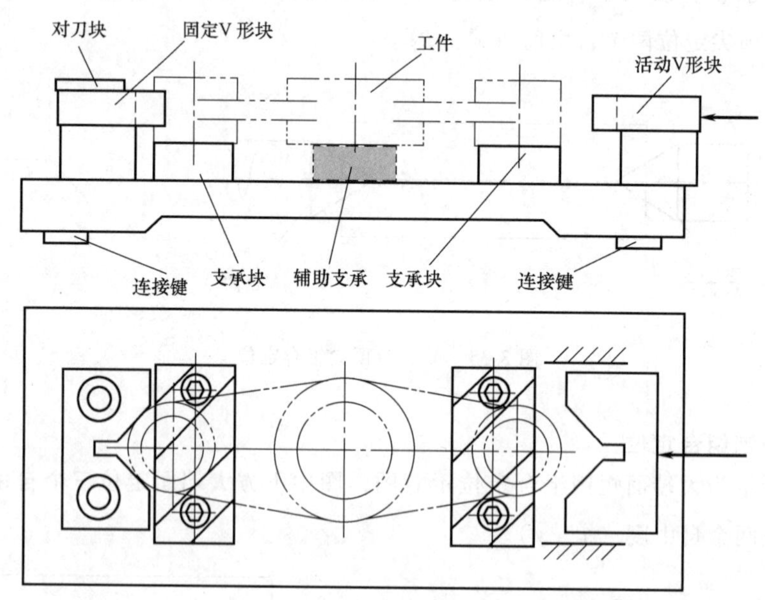

图 3-38　支承块和两 V 形块组合定位

5. 一面两销组合定位

图 3-39 所示为工件以一个平面及其上的两孔作为定位基准，通常称为一面两销组合定位。这种定位方式在汽车箱体零件加工中最为常见，如变速器壳体、气缸体、减速器壳体等零件的定位。

定位时，支承平面限制了 $\overset{\curvearrowright}{x}$、$\overset{\curvearrowright}{y}$、$\vec{z}$ 三个自由度。

假设一个短销（左侧）限制了 $\vec{x}$、$\vec{y}$ 两个自由度，则另一短销则限制了 $\vec{x}$、$\overset{\curvearrowright}{z}$ 两个自由度。这样，$\vec{x}$ 被两个短销同时限制。因两孔和两销之间的中心距都会有误差存在，若短销 1（d_1）插入孔（D_1）内后，短销 2（d_2）与孔 2′（D_2）就很可能套不进去，从而发生干涉现象。这时，出现定位干涉最严重的两种情况为 $L_x+T_{Lx}/2$ 和 $L_g-T_{L_g}/2$，或者 $L_x-T_{Lx}/2$ 和 $L_g+T_{Lg}/2$。图 3-39b 所示为后一种情况。为解决这一矛盾，常常将短销 2(d_2) 在两销中心线连线的垂直方向削边，变成扁销或菱形销。削边销的有关结构尺寸可查阅工艺设计资料。

表 3-3 列举了一些常用定位元件及其组合所限制的自由度，供设计定位系统时参考。

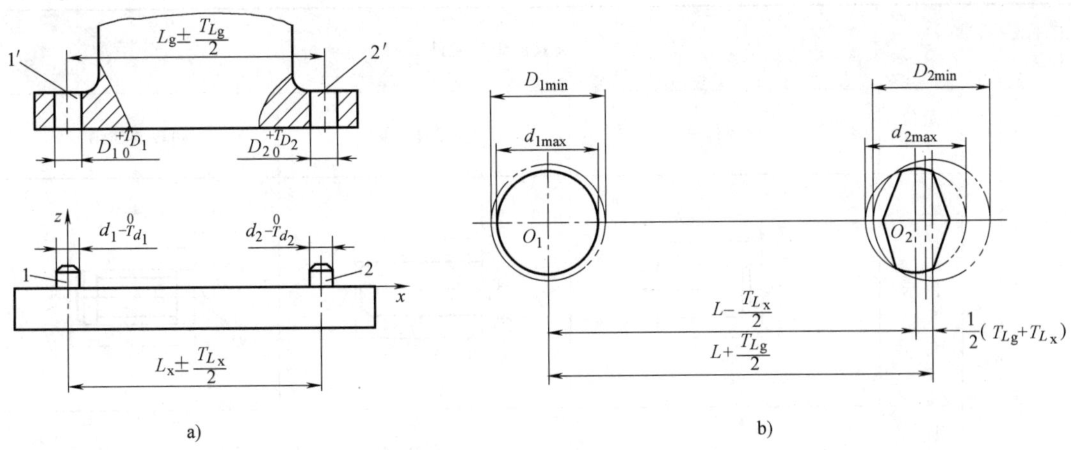

图 3-39　一面两销组合定位

表 3-3　常用定位元件及其组合所限制的自由度

工件的定位面	夹具的定位元件				
平面	支承钉	定位元件	一个支承钉	两个支承钉	三个支承钉
		图示	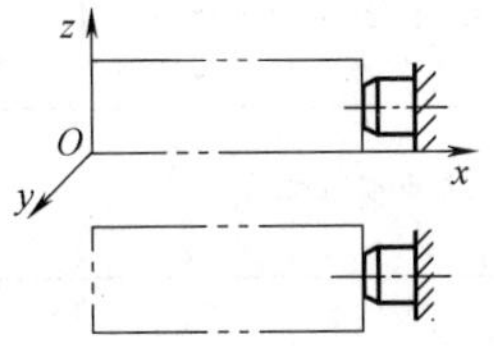	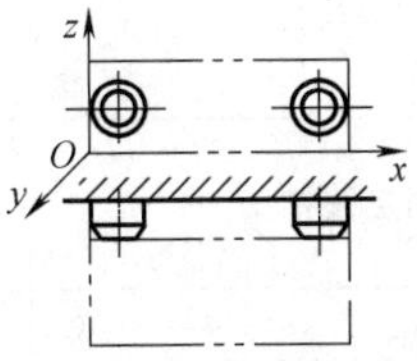	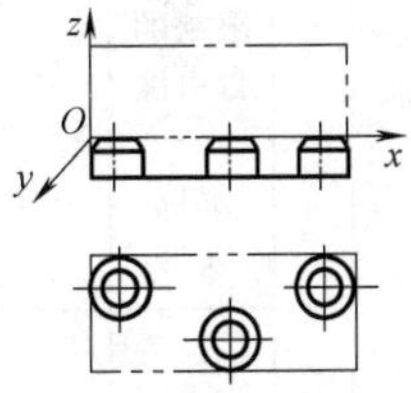
		限制的自由度	$\vec{x}$	$\vec{y}$、$\overset{\frown}{z}$	$\vec{z}$、$\overset{\frown}{x}$、$\overset{\frown}{y}$
	支承板	定位元件	一块支承板	两块支承板	三块支承板（大平面）
		图示	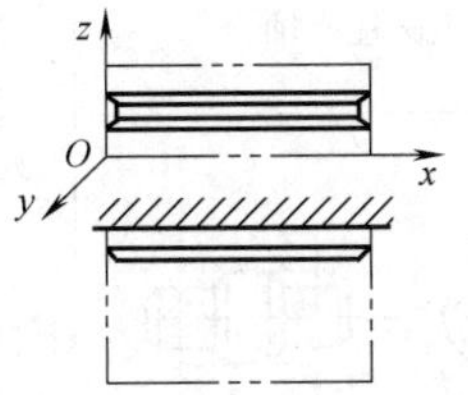	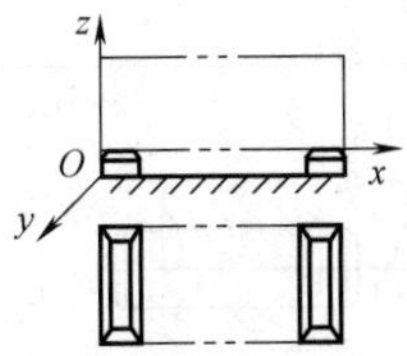	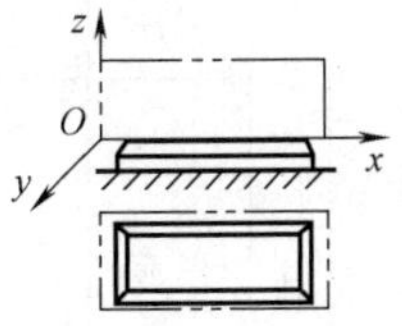
		限制的自由度	$\vec{y}$、$\overset{\frown}{z}$	$\vec{z}$、$\overset{\frown}{x}$、$\overset{\frown}{y}$	$\vec{z}$、$\overset{\frown}{x}$、$\overset{\frown}{y}$

（续）

工件的定位面	夹具的定位元件				
圆孔、内圆锥面	圆柱销	定位元件	短圆柱销	长圆柱销	两段圆柱销
		图示	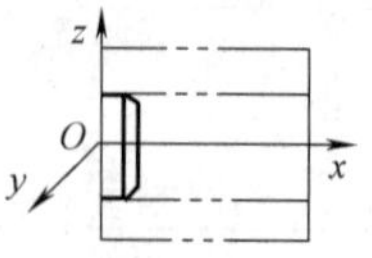	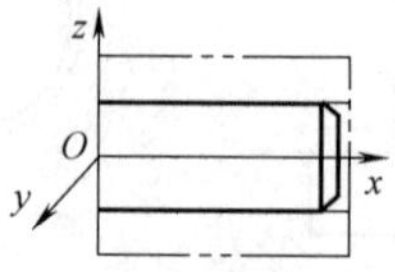	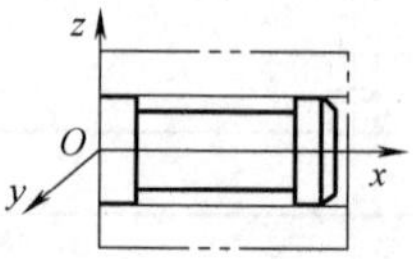
		限制的自由度	$\vec{y}$、$\vec{z}$	$\vec{y}$、$\vec{z}$、$\widehat{y}$、$\widehat{z}$	$\vec{y}$、$\vec{z}$、$\widehat{y}$、$\widehat{z}$
		定位元件	菱形销	长销小平面组合	短销大平面组合
		图示	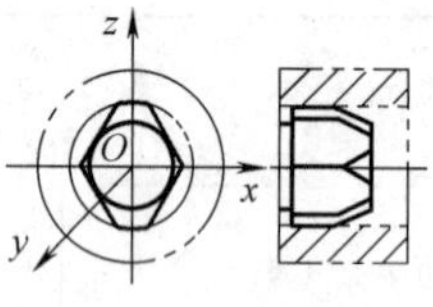	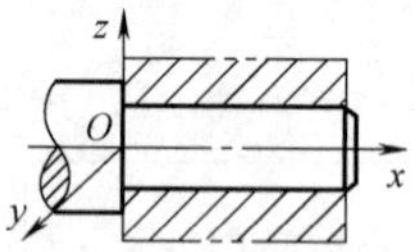	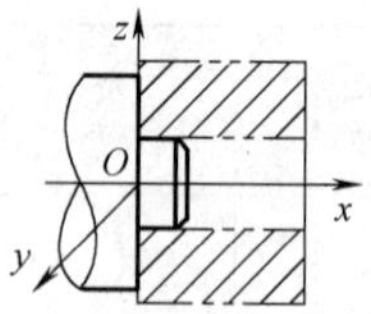
		限制的自由度	$\vec{z}$	$\vec{x}$、$\vec{y}$、$\vec{z}$、$\widehat{y}$、$\widehat{z}$	$\vec{x}$、$\vec{y}$、$\vec{z}$、$\widehat{z}$、$\widehat{y}$
	圆锥销	定位元件	固定圆锥销	浮动圆锥销	固定浮动锥销组合
		图示	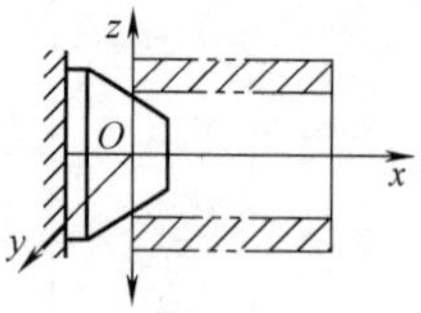	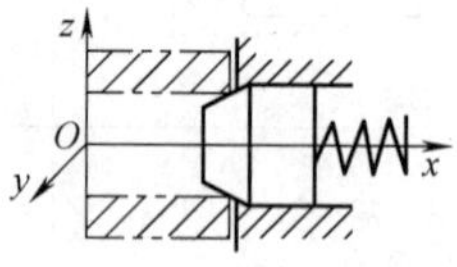	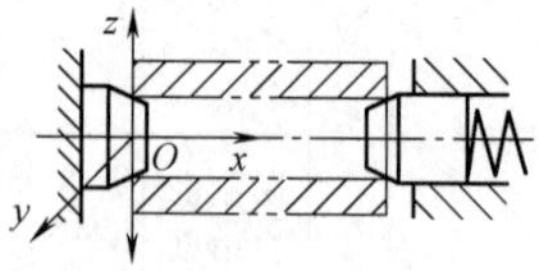
		限制的自由度	$\vec{x}$、$\vec{y}$、$\vec{z}$	$\vec{y}$、$\vec{z}$	$\vec{x}$、$\vec{y}$、$\vec{z}$ $\widehat{y}$、$\widehat{z}$
	心轴	定位元件	长圆柱心轴	短圆柱心轴	小锥度心轴
		图示	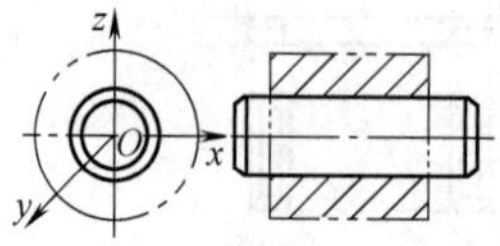	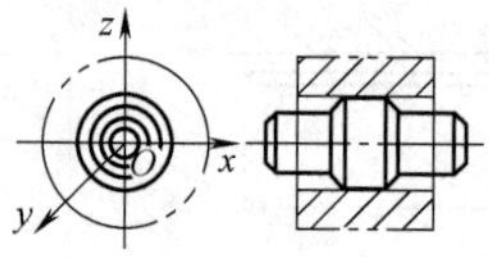	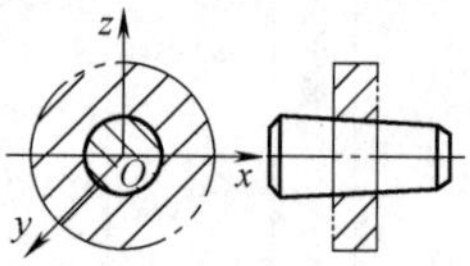
		限制的自由度	$\vec{x}$、$\vec{z}$、$\widehat{x}$、$\widehat{z}$	$\vec{x}$、$\vec{z}$	$\vec{x}$、$\vec{z}$、$\vec{y}$

（续）

工件的定位面	夹具的定位元件				
圆孔、内圆锥面	V形块	定位元件	一块短 V 形块	两块短 V 形块	一块长 V 形块
		图示	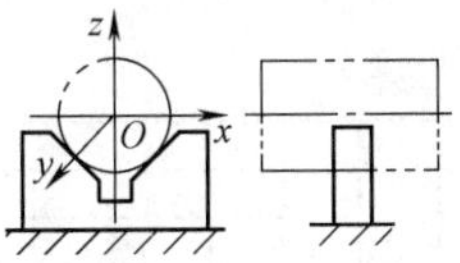	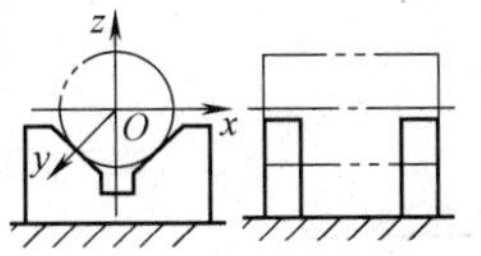	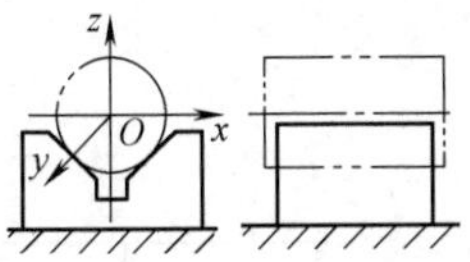
		限制的自由度	$\vec{x}$、$\vec{z}$	$\vec{x}$、$\vec{z}$、$\widehat{x}$、$\widehat{z}$	$\vec{x}$、$\vec{z}$、$\widehat{x}$、$\widehat{z}$
	定位套	定位元件	一个短定位套	两个短定位套	一个长定位套
		图示	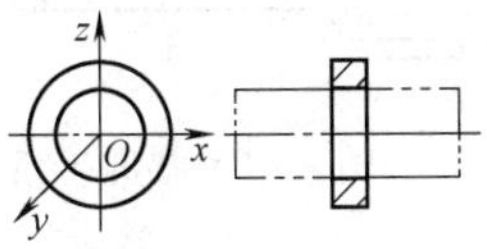	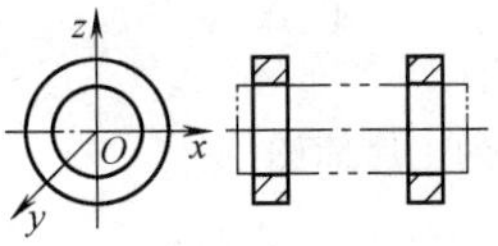	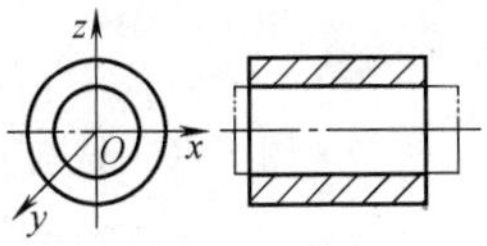
		限制的自由度	$\vec{x}$、$\vec{z}$	$\vec{x}$、$\vec{z}$、$\widehat{x}$、$\widehat{z}$	$\vec{x}$、$\vec{z}$、$\widehat{x}$、$\widehat{z}$
	锥顶尖和锥度心轴	定位元件	前、后顶尖	浮动前顶尖和后顶尖	锥形心轴
		图示	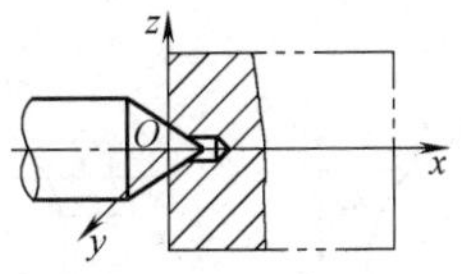	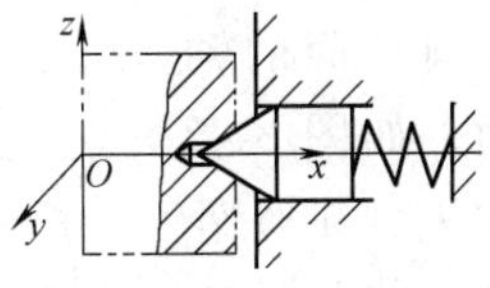	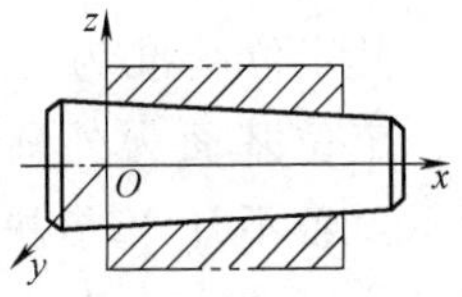
		限制的自由度	$\vec{x}$、$\vec{y}$、$\vec{z}$	$\vec{y}$、$\vec{z}$	$\vec{x}$、$\vec{y}$、$\vec{z}$、$\widehat{y}$、$\widehat{z}$

3.5　定位误差

3.5.1　定位误差的定义及产生的原因

定位误差是指工件在夹具（或机床）上定位不准确（工序基准偏离理想位置）而引起的加工误差。造成定位误差的主要因素有基准不重合引起的定位误差和定位副制造不准确引起的定位误差。

1. 基准不重合引起的定位误差

定位基准与工序基准不一致所引起的定位误差称为基准不重合误差，即工序基准相对定

位基准在加工尺寸方向上的最大变动量。

如图 3-40 所示，用调整法加工 *C* 面。工序基准为 *B* 面，工件的定位基准为 *A* 面。工件的工序基准与定位基准不重合。

如图 3-41 所示，由于尺寸 H_1 的误差会使工件顶面位置发生变化，从而使工序尺寸 H_4 产生误差。图中，Δ_{jb}表示基准不重合误差。

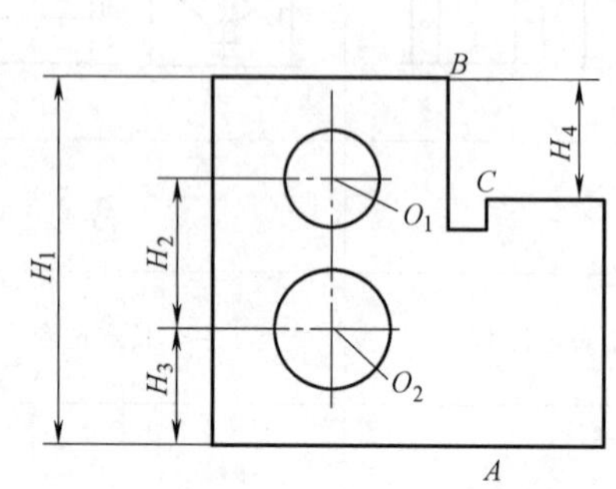

图 3-40　铣削 *C* 面的工序简图

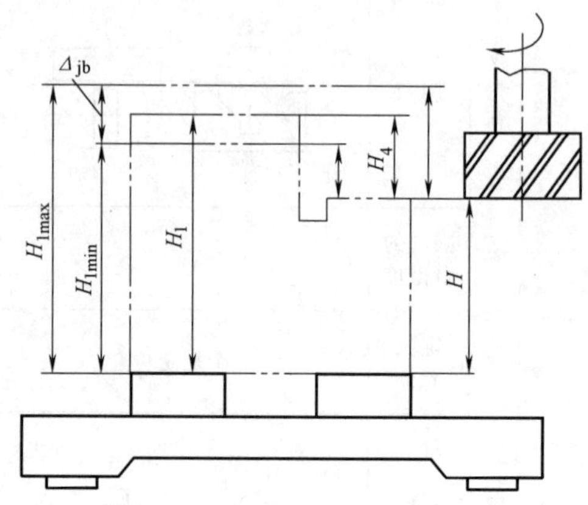

图 3-41　基准不重合误差示意图

2. 定位副制造不准确引起的定位误差

定位基准面与定位元件本身制造误差引起的定位误差，称为基准位置误差，即定位基准的相对位置在加工尺寸方向上的最大变动量。

工件以外圆柱面在 V 形块上定位时，其定位基准为工件外圆柱面的轴线，定位基面为外圆柱面，如图 3-42 所示。若不计 V 形块的误差，工件外圆直径尺寸有大有小，也会使外圆中心位置发生变化，从而导致工序尺寸 *H* 的变化——基准发生位移导致工序尺寸 *H* 的加工误差。图中，Δ_{jy}表示基准位移误差。

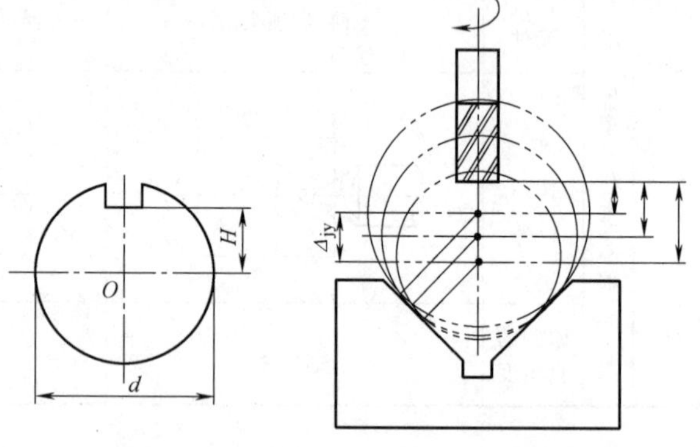

图 3-42　V 形块定心定位的位移误差

综上所述，定位误差是基准不重合误差和基准位移误差之和。即

$$\Delta_d = \Delta_{jb} + \Delta_{jy} \tag{3-3}$$

式中　Δ_d——定位误差值；

Δ_{jy}——基准位移误差；

Δ_{jb}——基准不重合误差。

因此，要提高定位精度，应使工序基准与定位基准重合；提高定位副（工件的定位基面、定位元件）的制造精度，可减小配合间隙。

3.5.2　定位误差的分析与计算

1. 工件以平面定位

铣削台肩面时，其定位方式如图 3-43 所示，高度尺寸 H_1 的公差为 T（H_1），分析铣台肩面的工序尺寸分别为 H_2 和 H_3 的定位误差。

（1）工序尺寸为 H_2　由图 3-43 可得

$$\Delta_{jy}=0,\quad \Delta_{jb}=0$$

故

$$\Delta_{d(H_2)}=\Delta_{jb}+\Delta_{jy}=0$$

（2）工序尺寸为 H_3　由于 $\Delta_{jy}=0$，而

$$\Delta_{jb}=H_{1max}=H_{1min}=T(H_1)$$

$$\Delta_{d(H_3)}=\Delta_{jb}+\Delta_{jy}=T(H_1)$$

故

2. 工件以内孔定位

（1）任意边接触　如果工件的工序基准为孔中心，则其定位误差与孔销的配合间隙有关。过盈配合时，不产生基准位移误差；间隙配合时，将产生基准位移误差。

由图 3-44 得

$$\Delta'_{jy}=\frac{1}{2}(D_{max}-d_{min})$$

而

$$\Delta_{jy}=D_{max}-d_{min},\quad \Delta_{jb}=0$$

故可得

$$\Delta_d=D_{max}-d_{min}$$

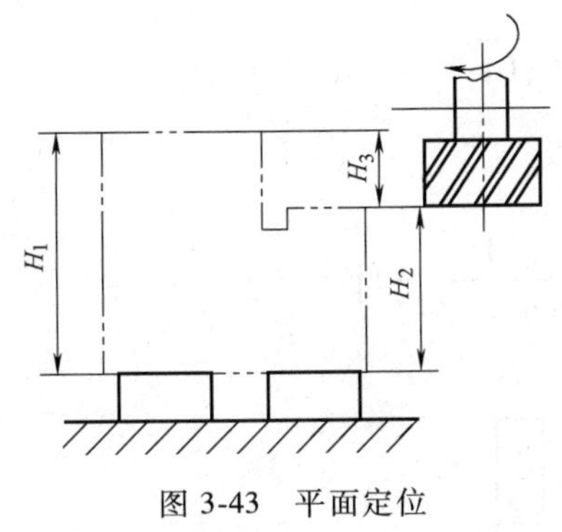

图 3-43　平面定位

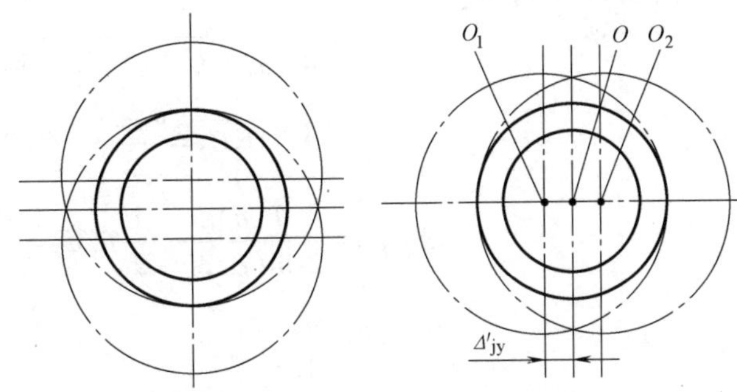

图 3-44　任意边接触孔定位

（2）单边接触　铣键槽时，安装方式如图 3-45 所示。由于重力的作用，间隙配合时，产生单向基准位移误差。

由于 $\Delta_{jb}=0$，而

$$\Delta_{jy}=\frac{1}{2}(D_{max}-d_{min})$$

故

$$\Delta_d=\frac{1}{2}(D_{max}-d_{min})$$

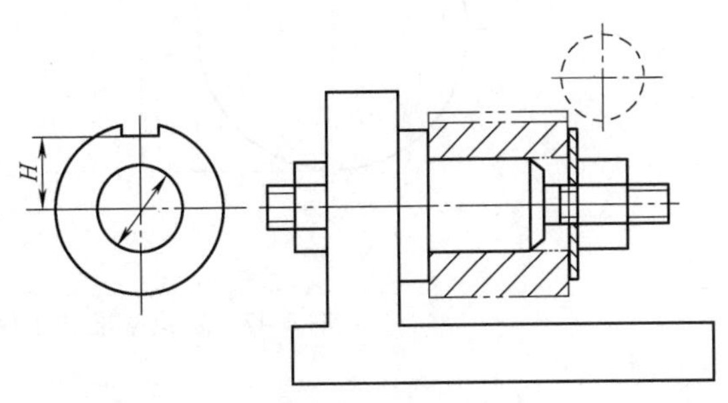

图 3-45　单边接触孔定位

3. 工件以外圆定位

（1）工序尺寸 H_1　此时，定位基准与工序基准重合。故

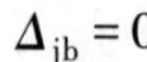

$$\Delta_{jb}=0$$

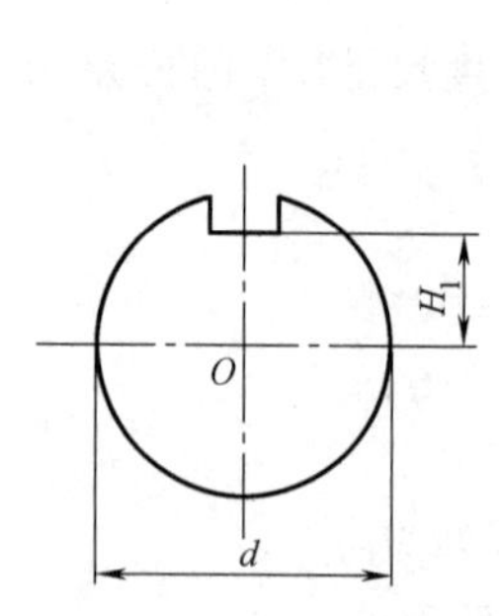

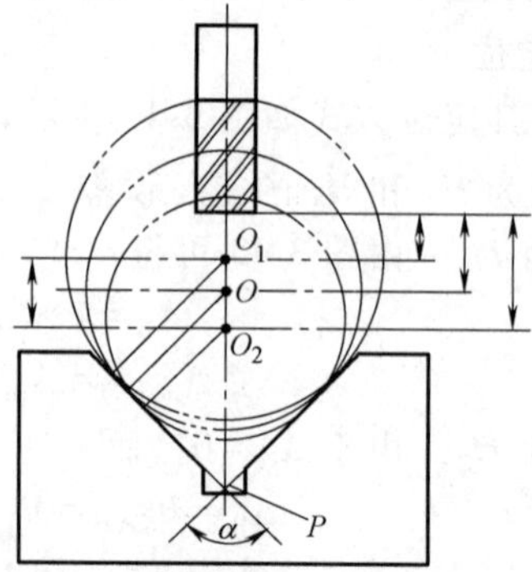

图 3-46 定位基准和工序基准重合

由图 3-46 可得

$$\Delta_{jy}=\overline{O_1O_2}=\overline{O_1P}-\overline{O_2P}$$

而
$$\overline{O_1P}=d_{\max}\Big/\left(2\sin\frac{\alpha}{2}\right),\quad \overline{O_2P}=d_{\min}\Big/\left(2\sin\frac{\alpha}{2}\right)$$

故
$$\Delta_{d(H_1)}=\frac{d_{\max}-d_{\min}}{2\sin(\alpha/2)}$$

(2) 工序尺寸 H_2 此时，定位基准与工序基准不重合。

由图 3-47 可得

$$\Delta_{d(H_2)}=\overline{C_1C_2}=\overline{O_1O_2}+\overline{O_2C_2}-\overline{O_1C_1}$$

而
$$\overline{O_2C_2}=\frac{d_{\min}}{2},\quad \overline{O_1C_1}=\frac{d_{\max}}{2}$$

故
$$\Delta_{d(H_2)}=\frac{T(d)}{2\sin(\alpha/2)}-\frac{1}{2}T(d)=\frac{T(d)}{2}\left(\frac{1}{\sin(\alpha/2)}-1\right)$$

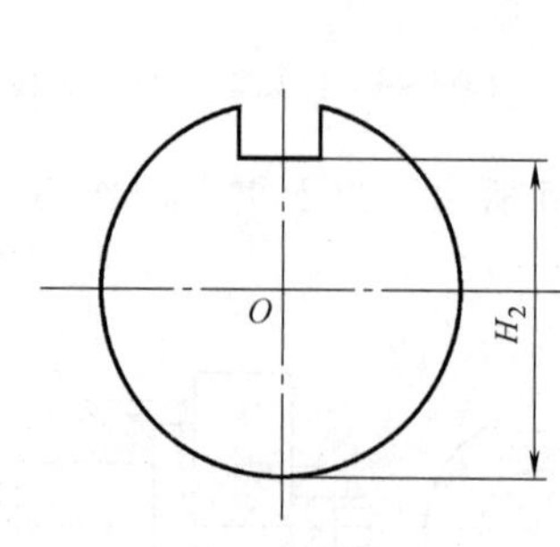

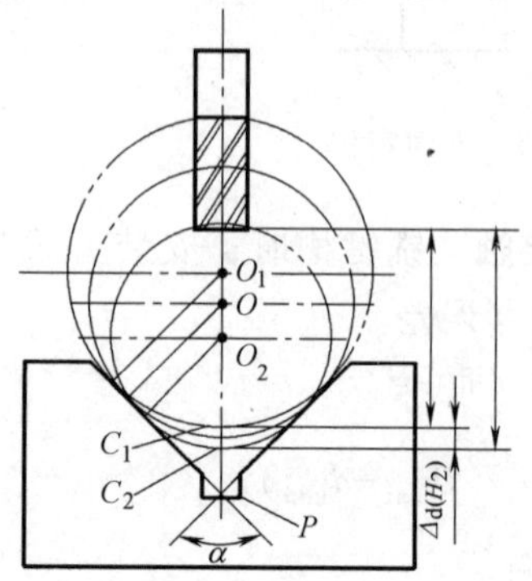

图 3-47 定位基准和工序基准不重合（一）

(3) 工序尺寸 H_3 此时，定位基准与工序基准不重合。

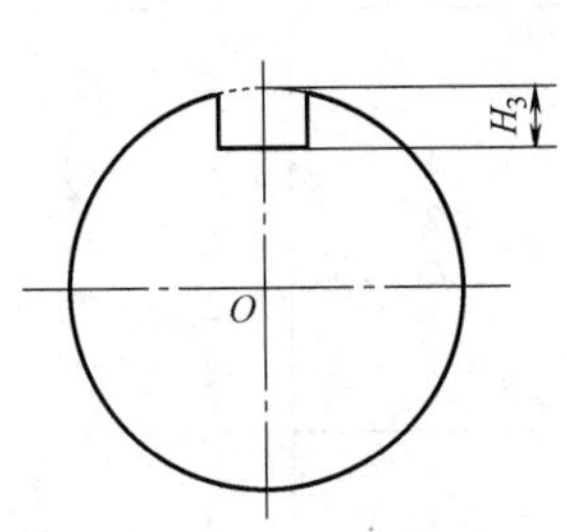

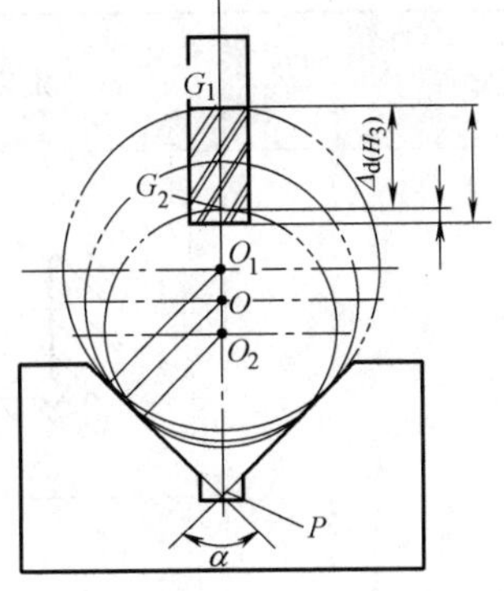

图 3-48　定位基准与工序基准不重合（二）

由图 3-48 可得

$$\Delta_{d(H_3)}=\overline{O_2G_1}-\overline{O_2G_2}$$

而

$$\overline{O_2G_1}=\overline{O_1O_2}+\overline{O_1G_1}$$

故

$$\Delta_{d(H_3)}=\frac{T(d)}{2\sin(\alpha/2)}+\frac{1}{2}T(d)=\frac{T(d)}{2}\left(\frac{1}{\sin(\alpha/2)}+1\right)$$

常见定位系统的定位误差见表 3-4。

表 3-4　常见定位系统的定位误差

序号	工序简图	定位简图	工序尺寸或位置精度	定位误差
1	A, B, $H\pm\frac{T_H}{2}$		A B	$\Delta_{d(A)}=0$ $\Delta_{d(B)}=T_H$
2		F_c	B	$\Delta_{d(B)}=0$
3	$\phi D^{+T_D}_{0}$, ϕA, D, ◎ t D	$d^{0}_{-T_d}$ $D-d=X$	外圆对内圆的同轴度	$\Delta_{d(同轴度)}=T_D+T_d+X$

（续）

序号	工序简图	定位简图	工序尺寸或位置精度	定位误差
4	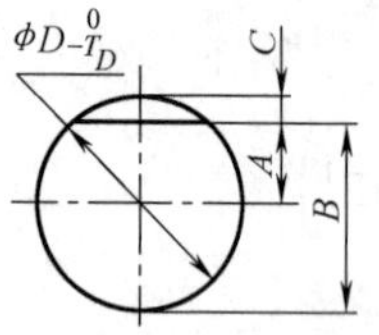 $\phi D_{-T_D}^{\ 0}$，C，A，B	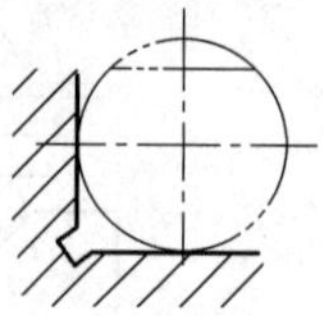	A B C	$\Delta_{d(A)}=\frac{1}{2}T_d$ $\Delta_{d(B)}=0$ $\Delta_{d(C)}=T_d$
5		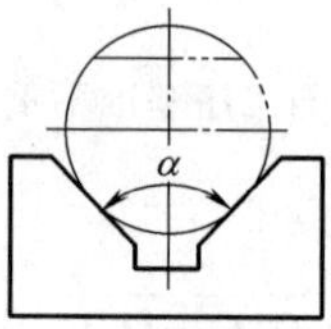 α	A B C	$\Delta_{d(A)}=\frac{T_d}{2\sin\frac{\alpha}{2}}$ $\Delta_{d(B)}=\frac{T_d}{2}\left(\frac{1}{\sin\frac{\alpha}{2}}-1\right)$ $\Delta_{d(C)}=\frac{T_d}{2}\left(\frac{1}{\sin\frac{\alpha}{2}}+1\right)$
6		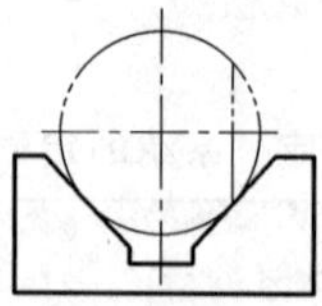	A B C	$\Delta_{d(A)}=0$ $\Delta_{d(B)}=\frac{1}{2}T_d$ $\Delta_{d(C)}=\frac{1}{2}T_d$
7		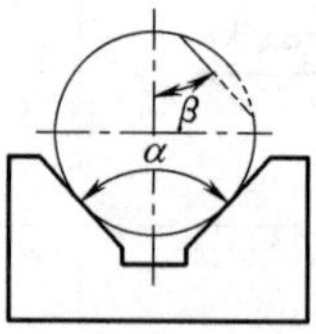 β，α	A B C	$\Delta_{d(A)}=\frac{T_d\sin\beta}{2\sin\frac{\alpha}{2}}$ $\Delta_{d(B)}=\frac{T_d}{2}\left(\frac{\sin\beta}{\sin\frac{\alpha}{2}}-1\right)$ $\Delta_{d(C)}=\frac{T_d}{2}\left(\frac{\sin\beta}{\sin\frac{\alpha}{2}}+1\right)$
8	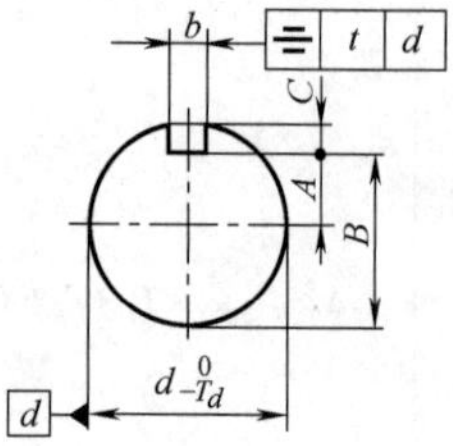 b，⌯ t d，C，A，B，d，$d_{-T_d}^{\ 0}$	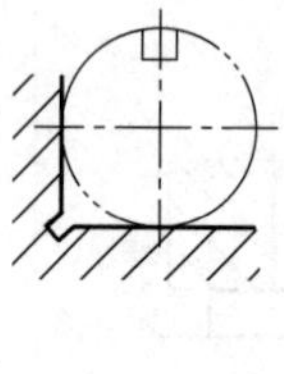	A B C t	$\Delta_{d(A)}=\frac{1}{2}T_d$ $\Delta_{d(B)}=0$ $\Delta_{d(C)}=T_d$ $\Delta_{d(对称度)}=\frac{1}{2}T_d$

（续）

序号	工序简图	定位简图	工序尺寸或位置精度	定位误差
9			A B C t	$\Delta_{d(A)}=\dfrac{T_d}{2\sin\dfrac{\alpha}{2}}$ $\Delta_{d(B)}=\dfrac{T_d}{2}\left(\dfrac{1}{\sin\dfrac{\alpha}{2}}-1\right)$ $\Delta_{d(C)}=\dfrac{T_d}{2}\left(\dfrac{1}{\sin\dfrac{\alpha}{2}}+1\right)$ $\Delta_{d(对称度)}=0$
10			A B C t	$\Delta_{d(A)}=0$ $\Delta_{d(B)}=\dfrac{1}{2}T_d$ $\Delta_{d(C)}=\dfrac{1}{2}T_d$ $\Delta_{d(对称度)}=\dfrac{T_d}{2\sin\dfrac{\alpha}{2}}$
11			A B C t	$\Delta_{d(A)}=0$ $\Delta_{d(B)}=\dfrac{1}{2}T_d$ $\Delta_{d(C)}=\dfrac{1}{2}T_d$ $\Delta_{d(对称度)}=0$
12		自定心卡盘	A B C t	$\Delta_{d(A)}=0$ $\Delta_{d(B)}=\dfrac{1}{2}T_d$ $\Delta_{d(C)}=\dfrac{1}{2}T_d$ $\Delta_{d(对称度)}=0$
13			A A_1 B B_1	$\Delta_{d(A)}=2(L_1-h)\tan(\Delta\alpha)$ $\Delta_{d(A_1)}=0$ $\Delta_{d(B)}=2(L_1-h)\tan(\Delta\alpha)+T_L$ $\Delta_{d(B_1)}=T_{L_1}$

（续）

序号	工序简图	定位简图	工序尺寸或位置精度	定位误差
14		$D-d=X$ 最小配合间隙	A A_1 A_2 B B_1	$\Delta_{d(A)}=T_L$ $\Delta_{d(A_1)}=T_L+T_{L_1}$ $\Delta_{d(A_2)}=0$ $\Delta_{d(B)}=T_D+T_d+X$ $\Delta_{d(B_1)}=T_D+T_d+X+T_{L_2}$

注：表中 A、A_1、A_2、B_1、B、C 均为本工序的工序尺寸，t 为本工序的几何公差，其他尺寸均为已知。

3.5.3 加工误差不等式

在机械加工中，产生加工误差的因素很多，只要加工误差总和在工序尺寸公差范围内，工件就是合格的。

产生加工误差的主要原因如下：

1）定位误差 Δ_d：工件在夹具中定位时，由定位系统所产生的误差。

2）对刀误差 $\Delta_{d,d}$：调整刀具与对刀基准时产生的误差，它包括操作时人为因素造成的读数误差、夹具对刀和导向元件与定位元件间的误差，以及夹具定位元件与夹具安装基面间的位置误差等。

3）安装误差 Δ_a：夹具安装在机床上时，由于安装不准确而引起的误差。

4）其他误差 Δ_c：加工中其他原因引起的加工误差，如机床误差、刀具误差以及加工中的热变形及弹性变形引起的误差等。

为了保证工件的加工要求，上述四项加工误差总和不应超过工件设计要求的公差 T，即应满足不等式

$$\Delta_d+\Delta_{d,d}+\Delta_a+\Delta_c \leqslant T \tag{3-4}$$

在夹具方案设计时 ，可将工件公差进行预分配，将加工公差大体上分成三等份：定位误差 Δ_d 占 1/3，对刀误差 $\Delta_{d,d}$ 和安装误差 Δ_a 合占 1/3，其他误差 Δ_c 占 1/3。故一般在对具体定位方案进行定位误差计算时，所求得的定位误差不超过工件相应公差的 1/3，就可以认为该定位方案是可行的。上述公差的预分配仅作为误差估算时的初步方案，夹具设计时，若有特殊要求，应根据具体情况进行必要的调整。

3.6 工件的夹紧和夹紧装置

3.6.1 对夹紧装置的基本要求

机械加工过程中，为保证工件定位时所确定的正确加工位置，防止工件在切削力、惯性力、离心力及重力等作用下发生位移和振动，机床夹具应设有夹紧装置，将工件压紧夹牢。夹具装置是否合理、可靠和安全，对工件加工的精度、生产率和工人的劳动条件有着重大的

影响，因此需要满足下列要求：

1）夹紧时，不能破坏工件在定位时所处的正确位置。

2）夹紧力大小要适当，应使工件在加工中的位置稳定不变、振动小，又要使工件不产生过大的夹紧变形和表面损伤。

3）夹紧机构的复杂程度、工作效率应与生产类型相适应，尽量做到结构简单，操作简便、安全，便于制造和维护。

4）具有良好的自锁性能。

3.6.2 夹紧装置的组成

夹紧装置是夹具的重要组成部分，也是夹具设计的难点。尽管夹紧方式多种多样，但其组成大体相同。图3-49所示为一典型的夹紧装置。一般夹紧装置由以下三个部分构成：

1. 力源装置

力源装置是指产生原始夹紧力的动力装置，如图3-49中的气缸。夹紧力的动力来自气动、液动、电动等动力源的，称为机动（或动力）夹紧；夹紧力的力源来自人力的称为手动夹紧。

2. 夹紧元件

夹紧元件是指直接用于夹紧工件的元件，它是夹紧装置的最终执行元件，它与工件直接接触，把工件夹紧，如各种螺钉、压板等。如图3-49中的压板3。

3. 中间传力机构

中间传力机构是指介于力源装置与夹紧元件之间的机构，将力源装置产生的原动力以一定的大小和方向传递给夹紧元件。它可以根据实际需要设计得简单或者复杂，甚至没有。它一般起以下三个作用：

1）改变夹紧力的方向：如图3-49所示，力源装置1内的水平作用力的方向通过铰链杠杆机构后改变为垂直方向的夹紧力。

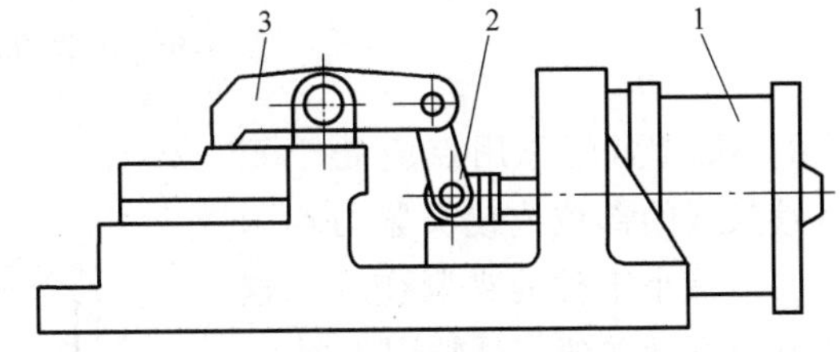

图3-49 夹紧装置的组成
1—力源装置（气缸） 2—中间传力机构 3—夹紧元件（压板）

2）改变夹紧力的大小：为把工件牢固地夹住，有时需要较大的夹紧力，这时可以利用中间传动机构（如斜楔、杠杆等）改变作用力的大小，以满足夹紧工件的需要。

3）自锁：在力源消失后，中间传力机构仍能使整个夹紧系统处于可靠的夹紧状态，这种现象称为自锁。自锁作用对于手动夹紧机构特别重要，如一般螺旋机构就是利用螺纹的自锁作用。即使对机动夹紧，自锁性也有一定的实用意义。例如，气动夹具的切削载荷突然剧增，液压夹具的液压夹紧力因液压系统的干扰而下降，或要求夹紧后液压泵卸载，以及意外断电而影响夹紧力的来源时，自锁性的夹具仍能保持夹紧可靠。

在实际生产中，许多夹紧装置并不一定都由上述三个部分构成，某些部分可能合二为一，或不存在，有时还因不必夹紧而不需夹紧装置（如在重型工件上钻小孔）。

3.6.3 夹紧力的确定

对工件施加一定的夹紧力是把工件夹紧的必要因素，夹紧力的确定就是确定夹紧力的大小、方向、作用点（力的三要素）。确定夹紧力时，必须综合考虑工件的结构特点、加工要求、定位元件的结构及布置、切削力的方向和大小等因素。

1. 夹紧力作用点的选择原则

1）夹紧力的作用点应正对支承元件或支承元件所形成的支承面内，以保证工件已获得的定位保持不变，如图 3-50a、c 所示。若夹紧力的作用点落在定位元件的支承范围之外，夹紧时将会破坏工件的定位，如图 3-50b、d 所示。

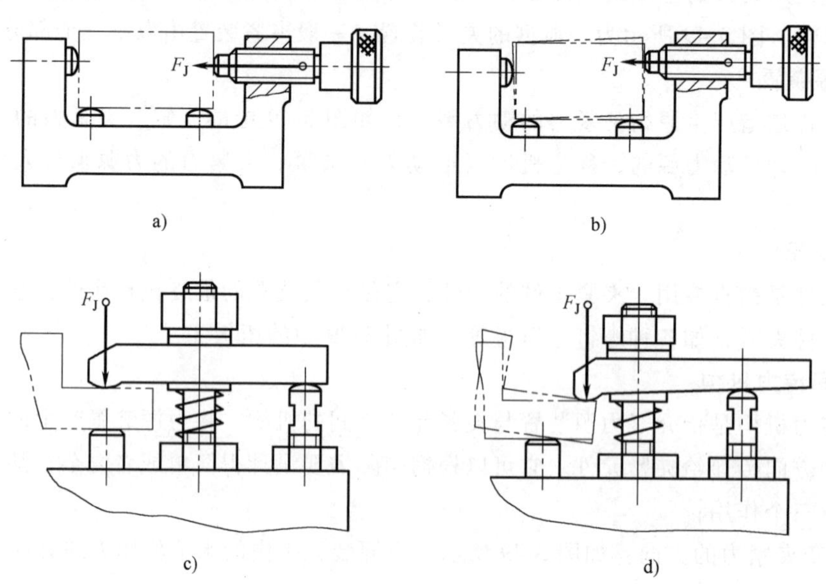

图 3-50 夹紧力作用点的位置

2）夹紧力的作用点应处于工件刚性较好的部位或使夹紧力均匀分布，以减小工件的夹紧变形。这一原则对刚性差的工件特别重要。

夹紧图 3-51a 所示的薄壁箱体时，夹紧力应作用在刚性较好的凸边上。箱体没有凸边时，可按图 3-51b所示将单点夹紧改为三点夹紧，从而改变着力点的位置，降低着力点的压强，减小工件的夹紧变形。

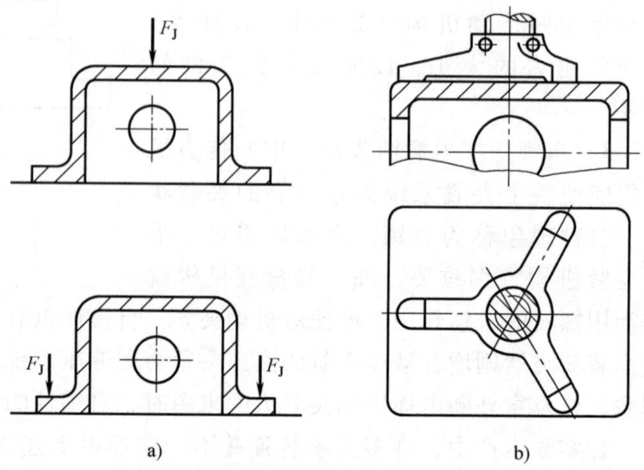

图 3-51 夹紧力的作用点和夹紧变形的关系

3）夹紧力的作用点应尽量靠近加工部位，以减小切削力对夹紧

点的力矩，防止工件的振动或变形。如图 3-52 所示，因切削力矩 $FR'<FR$，夹紧力作用于 O_1 点比作用于 O_2 点更加牢固可靠。

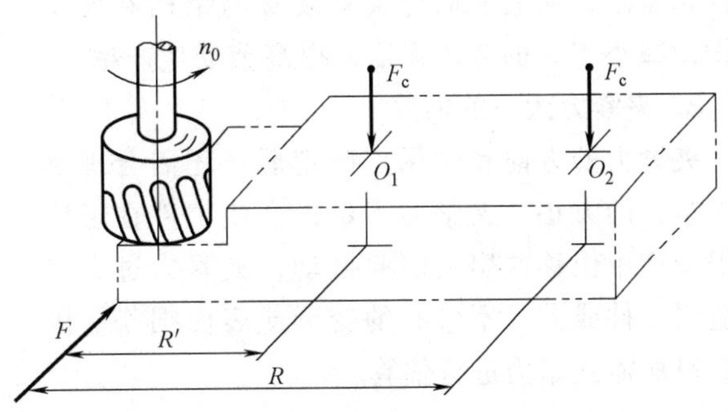

图 3-52 夹紧力的作用点应靠近加工面

2. 夹紧力方向的选择原则

1）夹紧力的方向不应破坏工件的准确定位。例如，图 3-53a 所示夹紧力的竖直分力背向限位基面使工件抬起，而图 3-53b 所示夹紧力的两个分力分别朝向限位基面，将有助于定位稳定。

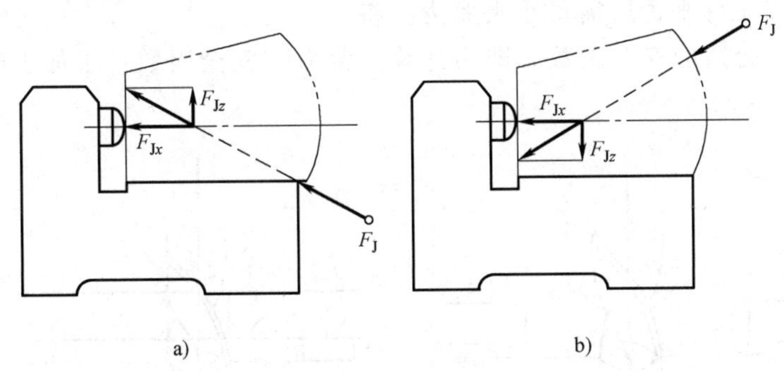

图 3-53 夹紧力的方向应有利于工件定位

2）主要夹紧力的方向应指向工作主要定位基准面，以保证工件的加工要求。对于图 3-54a所示工件的孔的加工，如果夹紧力朝下，则会出现图 3-54b、c 所示的状况，夹紧力不利于保证镗孔轴线与 A 面的垂直度。图 3-54d 所示的夹紧力 F_J 朝向主要限位基面，则有利于保证加工孔轴线与 A 面的垂直度。

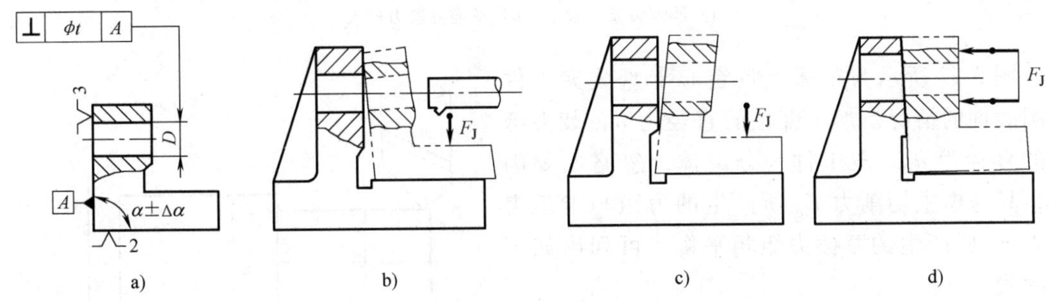

图 3-54 夹紧力的方向应指向主要定位基面

3）夹紧力的方向应尽量与工件刚度最大的方向相一致，以减小工件的夹紧变形。

如图 3-55 所示，薄壁套的轴向刚性比径向好，用卡爪径向夹紧，工件变形大，若沿轴向施加夹紧力，变形就会小得多。

4）夹紧力的方向应利于减小所需的夹紧力，如图 3-56 所示。

夹紧力的方向应使所需夹紧力最小。当夹紧力和切削力、工件重力方向均相同时，加工过程中所需的夹紧力最小，如图 3-56a 所示。另外，夹紧力越小，工件夹紧变形越小，夹紧装置越紧凑，从而能简化夹紧装置的结构和便于操作，减小工人的劳动强度，提高劳动生产率。

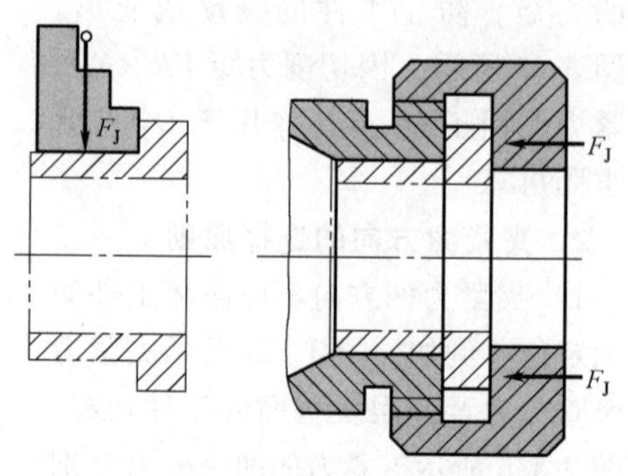

图 3-55 夹紧力的方向与刚度的关系

3. 夹紧力大小的估算

夹紧力的方向和作用点确定后，还需合理确定夹紧力的大小。夹紧力不足，会使工件在切削过程中产生位移并容易引起振动；夹紧力过大又会造成工件或夹具不应有的变形或表面损伤。因此应对所需夹紧力进行估算。

估算夹紧力的一般方法是将工件看成分离体，分析作用在工件上的各种力，再根据力系平衡条件，确定保持工件平衡所需最小夹紧力。将最小夹紧力乘以一合适的安全因数 k 即为计算夹紧力（安全因数：粗加工时，$K=2.5\sim3$；精加工时，$K=1.5\sim2$）。

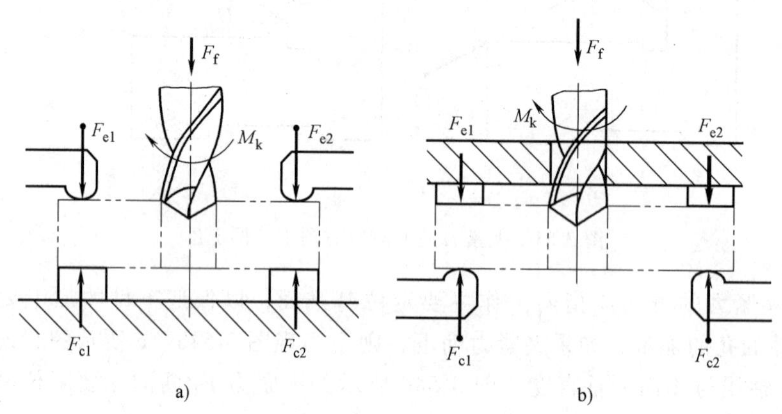

图 3-56 夹紧力与切削力方向的关系

a）所需夹紧力较小 b）所需夹紧力较大

图 3-57 所示为车床上自定心卡盘装夹工件外圆表面的情况。加工部位的直径为 d，装夹部分的直径为 d_0。取工件为分离体，忽略次要因素，只考虑主切削力 F_c 所产生的力矩与卡爪夹紧力 F_J 所产生的摩擦力矩相平衡，可列出如下关系式：

$$F_c\frac{d}{2}=3F_{Jmin}\mu\frac{d_0}{2} \tag{3-5}$$

式中，μ 为卡爪与工件之间的摩擦因数；F_{Jmin} 为所需的最小夹紧力。

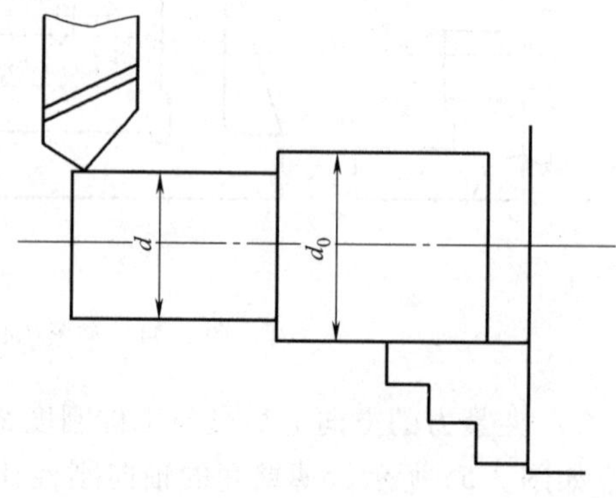

图 3-57 车削时夹紧力的估算

由式（3-5）可得

$$F_{Jmin}=\frac{F_c d}{3\mu d_0} \tag{3-6}$$

将最小夹紧力乘以安全因数 K，得到所需的夹紧力 F_J 为

$$F_J = K\frac{F_c d}{3\mu d_0} \tag{3-7}$$

图 3-58 所示为铣削时夹紧力的情况。当开始铣削时情况最为不利。此时在力矩 $F_R L$ 的作用下有使得工件绕 O 点翻转的趋势，与之相平衡的是作用在 2、6 两导向支承处的夹紧力的反力所构成的摩擦力矩。

根据力矩平衡条件有

$$F_1 L_1 + F_2 L_2 = F_R L \tag{3-8}$$

不考虑压板与工件间的摩擦力，并略去工件的重力。设两压板夹紧力相等，得

$$F_1 = F_2 = \frac{1}{2}Ff \tag{3-9}$$

由此可以求出最小夹紧力

$$F = \frac{2F_R L}{f(L_1 + L_2)} \tag{3-10}$$

考虑安全因数后，最后有

$$F_k = \frac{2KF_R L}{f(L_1 + L_2)} \tag{3-11}$$

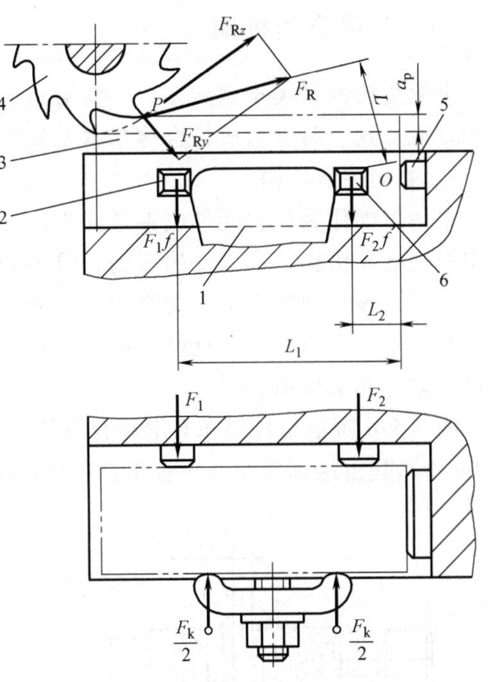

图 3-58 铣削时夹紧力的估算

1—压板 2、6—导向支承 3—工件 4—铣刀 5—推力轴承

式中 F——按静力平衡原理计算所得的夹紧力（N）；

F_k——实际所需夹紧力（N）；

F_R——铣削的切削合力（N）；

f——工件与夹具支承面之间的摩擦因数；

K——安全因数；

L、L_1、L_2——各力臂尺寸（mm）。

摩擦因数主要取决于工件与支承件或夹紧件之间的接触形式，具体数值可参考表 3-5。

表 3-5 不同表面的摩擦因数

支承表面的特点	摩擦因数
光滑表面	0.15～0.25
直沟槽，方向与切削方向一致	0.25～0.35
直沟槽，方向与切削方向垂直	0.4～0.5
交错的网格沟槽	0.6～0.8

由上述两个例子可以看出夹紧力的估算是很粗略的，因此在专用机床夹具设计中，夹紧力的确定并非所有情况下都需要理论计算，通常可根据经验或类比法估算确定所需的夹紧力。对于关键工序，则可通过工艺试验试测切削力，然后进行夹紧力的计算。

3.6.4 常用夹紧机构

夹紧机构的种类虽然繁多，但其结构大多以斜楔夹紧机构、螺旋夹紧机构和偏心夹紧机构为基础，这三种夹紧机构合称基本夹紧机构。

1. 斜楔夹紧机构

采用斜楔作为传力元件或夹紧元件的夹紧机构称为斜楔夹紧机构。图 3-59 所示为几种常用斜楔夹紧机构夹紧工件的实例。图 3-59a 所示是在工件上钻互相垂直两组孔的夹具。工件装入后，锤击斜楔大头，夹紧工件。加工完毕后锤击斜楔小头，松开工件。由于用斜楔直接夹紧工件夹紧力较小，且操作费事，所以实际生产中应用不多，多数情况下是将斜楔与其他机构联合起来作用。

图 3-59b 所示是将斜楔与滑柱合成为一种夹紧机构，既可以手动，也可以气压驱动。图 3-59c 所示是由端面斜楔与压板组合而成的夹紧机构。

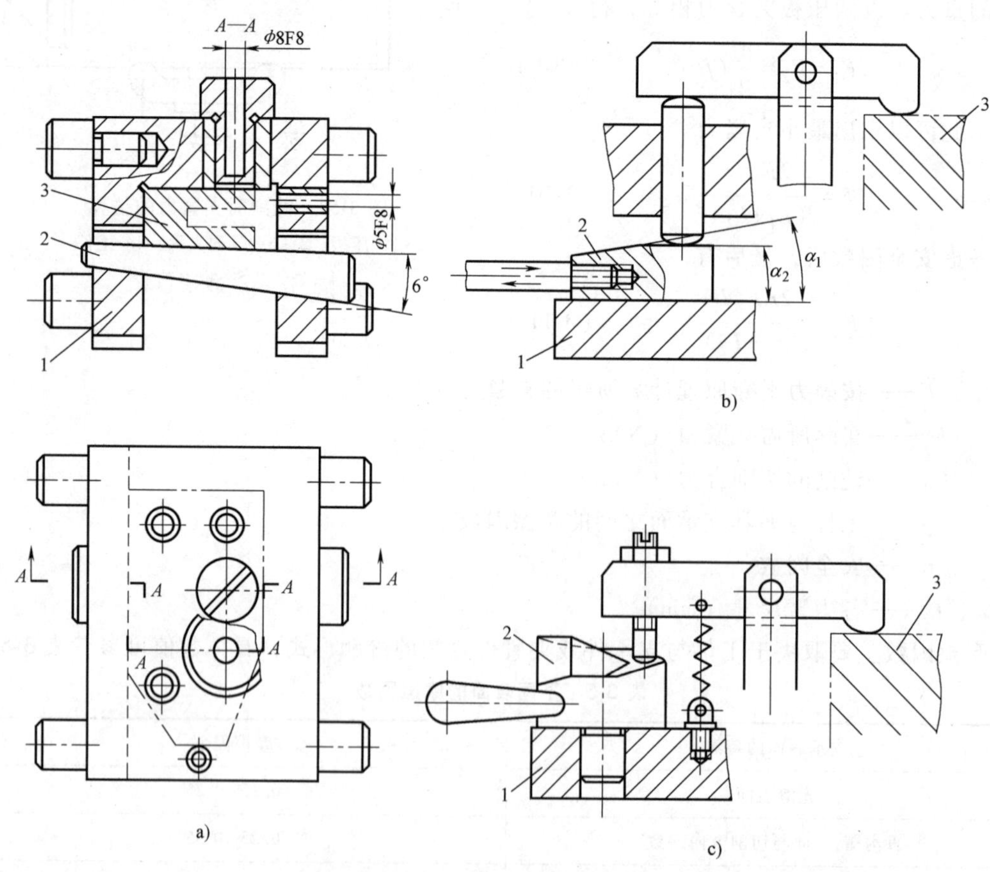

图 3-59 斜楔夹紧机构

1—夹具体 2—斜楔 3—工件

(1) 斜楔的夹紧力 图 3-60a 所示是作用力 F_Q 存在时斜楔的受力情况，根据静力平衡原理有

$$F_1+F_{Rx}=F_Q \tag{3-12}$$

而 $$F_1=F_J\tan\varphi_1,\quad F_{Rx}=F_J\tan(\alpha+\varphi_2)$$

带入上式得

$$F_J=\frac{F_Q}{\tan\varphi_1+\tan(\alpha+\varphi_2)} \tag{3-13}$$

式中　F_J——斜楔对工件的夹紧力（N）；

α——斜楔升角（°）；

F_Q——加在斜楔上的作用力（N）；

φ_1——斜楔与工件间的摩擦角（°）；

φ_2——斜楔与夹具体间的摩擦角（°）。

设 $\varphi_1=\varphi_2=\varphi$，当 α 很小时，可用下式做近似计算：

$$F_J=\frac{F_Q}{\tan(\alpha+2\varphi)} \tag{3-14}$$

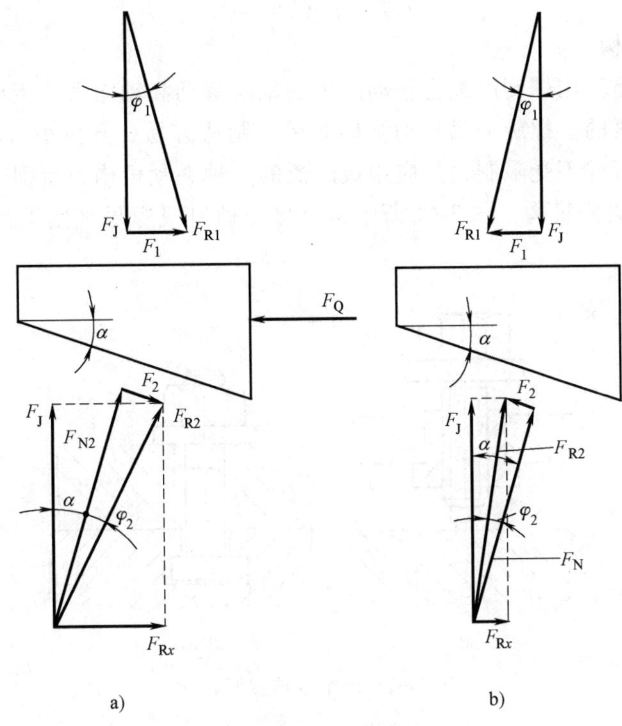

图 3-60　斜楔受力分析

(2) 斜楔自锁条件　图 3-60b 所示是作用力 F_Q 取消后斜楔的受力情况，从图中可以看出，要想机构自锁，必须满足

$$F_1>F_{Rx} \tag{3-15}$$

而此时 $$F_1=F_J\tan\varphi_1,\quad F_{Rx}=F_J\tan(\alpha-\varphi_2)$$

带入上式，有 $$F_J\tan\varphi_1>F_J\tan(\alpha-\varphi_2)$$

得 $$\tan\varphi_1>\tan(\alpha-\varphi_2)$$

化简得 $$\varphi_1>\alpha-\varphi_2 \text{ 或 } \alpha<\varphi_1+\varphi_2$$

因此，斜楔的自锁条件：斜楔的升角小于斜楔与工件、斜楔与夹具体之间的摩擦角之和。一般钢件接触面摩擦因数 $f=0.10\sim0.15$，故得摩擦角 $\varphi=\arctan(0.10\sim0.15)=5°43'\sim8°30'$。

为保证自锁可靠，手动夹紧机构一般取 $\alpha=6°\sim8°$。用气压或液压装置驱动的斜楔不需要自锁，可取 $\alpha=15°\sim30°$。

(3) 斜楔夹紧机构的设计要点 设计斜楔夹紧机构的主要工作内容是确定斜楔的斜角 α 和夹紧机构所需的夹紧力，其设计步骤如下：

1）确定斜楔的斜角 α。斜楔的斜角与斜楔的自锁性能和夹紧行程有关。因此，确定 α 时，可视具体情况而定。一般主要从确保夹紧机构的自锁条件出发来确定 α 的大小，即取 $\alpha=6°\sim8°$；但要求斜楔有较大的夹紧行程时，为了提高夹紧效率，可将斜楔的斜面做成图3-59b所示的斜角，即分别为 α_1 和 α_2 的两段。前段采用较大的斜角 α_1，以保证较大的行程，后段采用较小的斜角 α_2，以确保自锁，$\alpha_2=6°\sim8°$

2）计算作用力。由斜楔夹紧力的计算公式式（3-14）可以计算出作用力 F_Q，即

$$F_Q=F_J\tan(\alpha+2\varphi) \tag{3-16}$$

2. 螺旋夹紧机构

螺旋夹紧机构是利用螺旋副配合转动产生的轴向移动和轴向力直接夹紧工件或推动夹紧元件对工件实施夹紧的。螺旋夹紧机构结构简单、制造容易、升角小（3°左右）、有较好的自锁性能，且夹角行程不受限制，是应用最广泛的一种夹紧机构，特别适用于手动夹紧。

(1) 单个螺旋夹紧机构 图3-61所示是直接用螺钉或螺母夹紧工件的机构，称为单个螺旋夹紧机构。

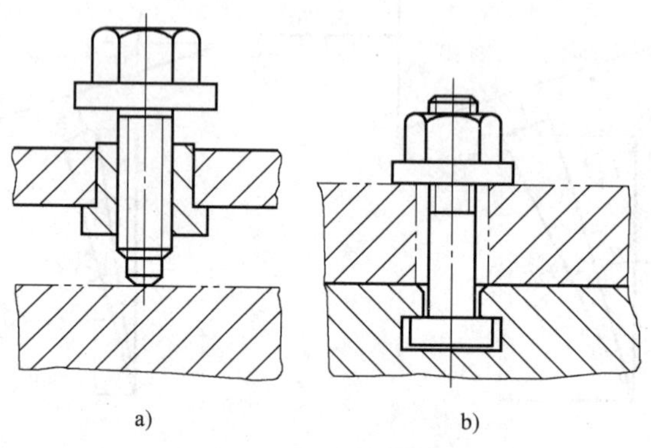

图 3-61 单个螺旋夹紧机构

在图3-61a中，夹紧时螺钉头直接与工件表面接触，螺钉转动时，可能损伤工件表面，或带动工件旋转。为此在螺钉头部装上图3-62所示的摆动压块。当摆动压块与工件接触后，由于压块与工件间的摩擦力矩大于压块与螺钉间的摩擦力矩，压块不会随螺钉一起转动。图3-62a中端面是光滑的，用于夹紧已加工表面；图3-62b中端面有齿纹，用于夹紧毛坯等粗糙表面。

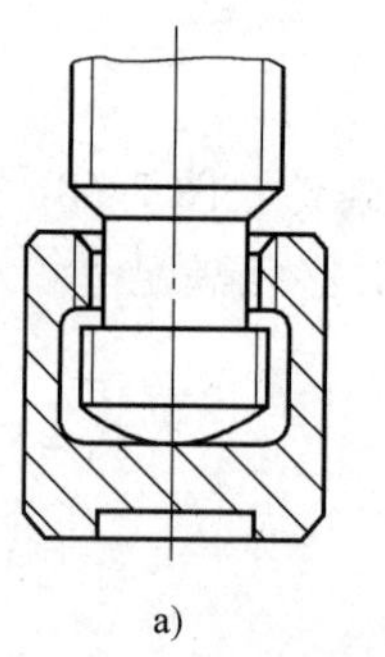
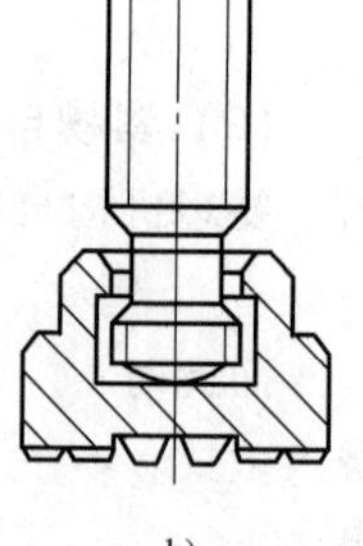

a) b)

图 3-62 摆动压块

单个螺旋夹紧机构的缺点是操作缓慢，如图3-61所示，装卸工件时，要将螺母拧上拧下，费时费力。为

了提高其工作效率，生产实际中常采用快速螺旋夹紧机构，如图 3-63 所示。

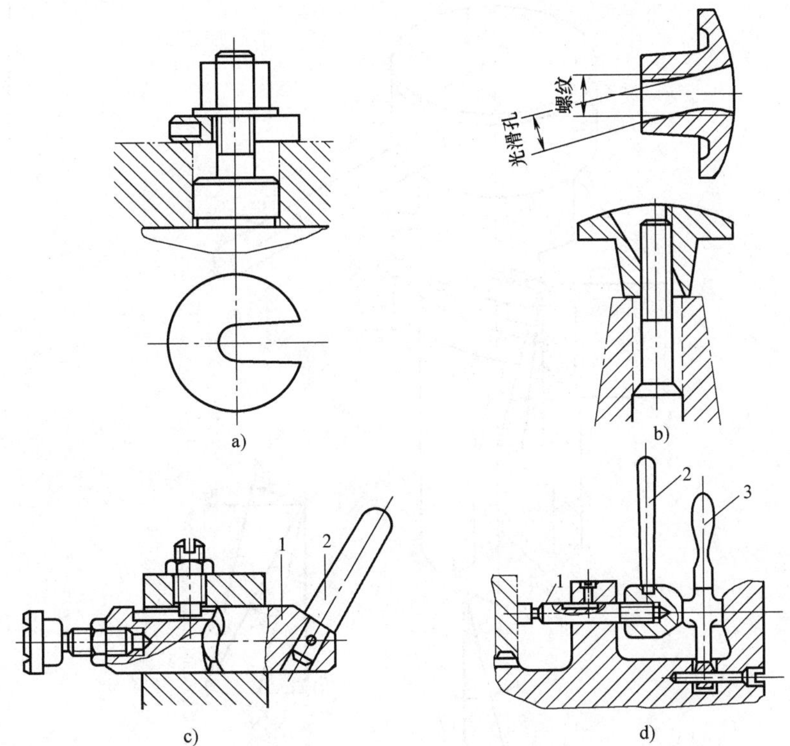

图 3-63 快速螺旋夹紧机构

1—夹紧轴 2、3—手柄

图 3-63a 使用了开口垫圈。图 3-63b 使用了快卸螺母。图 3-63c 中，夹紧轴 1 上的直槽连接着螺旋槽，先推动手柄 2，使摆动压块迅速靠近工件，既而转动手柄，夹紧工件并自锁。图 3-63d 中手柄 2 推动螺杆沿直槽方向快速接近工件，然后将手柄 3 拉上图示位置，再转动手柄 2 带动螺母旋转，因手柄 3 的限制，螺母不能右移，致使螺杆带动摆动压块向左移动，从而夹紧工件。松开时，只要反转手柄 2，即可推开手柄 3，为手柄 2 的快速右移让出空间。

螺旋夹紧是斜楔夹紧的一种变形，实质上相当于一个斜楔缠绕在圆柱体的表面上形成，所以它的夹紧力计算与斜楔夹紧类似。图 3-64 所示为夹紧状态下螺杆的受力示意图。

施加在手柄上的原始力矩 $M=F_{Q}L$，工件对螺杆产生反作用力 F_{J}'（其值即等于夹紧力）和摩擦力 F_{2}。F_{2} 分布在整个接触面上，计算时可看成集中作用于当量摩擦半径 r' 的圆周上。r' 的大小与端面接触形式有关，其计算方法如图 3-65 所示。螺母对螺杆的反作用力有垂直于螺旋面的正压力 F_{N} 及螺旋上的摩擦力 F_{1}，其合力为 F_{R1}，此力分布于整个螺旋接触面上，计算时认为其作用于螺旋中径处，为了便于计算，将 F_{R1} 分解为水平方向的分力 F_{Rx} 和垂直方向的分力 F_{J}（其值与 F_{J}' 相等）。

根据力矩平衡条件得

$$F_{Q}L=F_{2}r'+F_{Rx}\frac{d_{0}}{2} \tag{3-17}$$

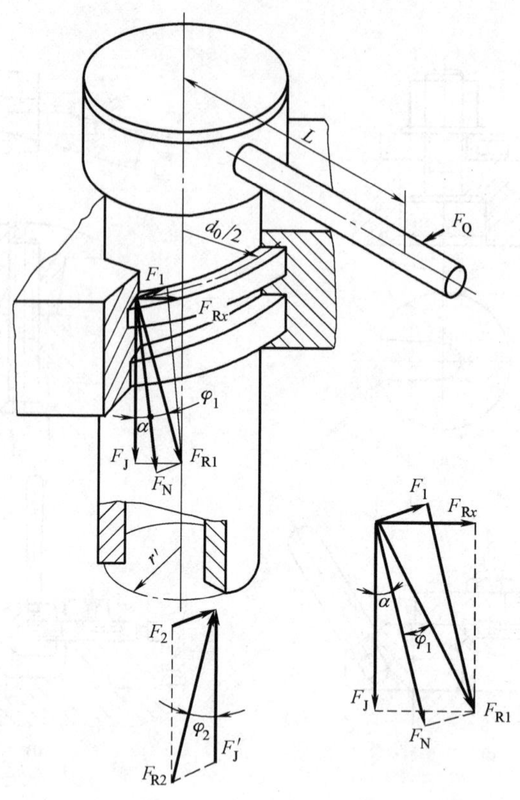

图 3-64　夹紧状态下螺杆的受力示意图

而

$$F_2=F_J\tan\varphi_2,\quad F_{Rx}=F_J\tan(\alpha+\varphi_1)$$

带入上式得

$$F_J=\frac{F_QL}{\frac{d_0}{2}\tan\varphi_2+r'\tan(\alpha+\varphi_1)} \tag{3-18}$$

式中　F_J——夹紧力（N）；

F_Q——作用力（N）；

L——作用力臂（mm）；

d_0——螺纹中径（mm）；

α——螺纹升角（°）；

φ_1——螺纹处摩擦角（°）；

φ_2——螺杆端部与工件间的摩擦角（°）；

r'——螺杆端部与工件间的当量摩擦半径（mm）。

（2）**螺旋压板机构**　夹紧机构中，结构形式变化最多的是螺旋压板机构。图 3-66 所示是常用的几种螺旋压板机构。

图 3-66a 中，螺旋压紧位于压板中间，螺母下用球面垫圈。压板尾部的支柱顶端也做成球面，以便在夹紧过程中压板根据工件表面位置做少量偏转。采用的是移动压板，其主要用

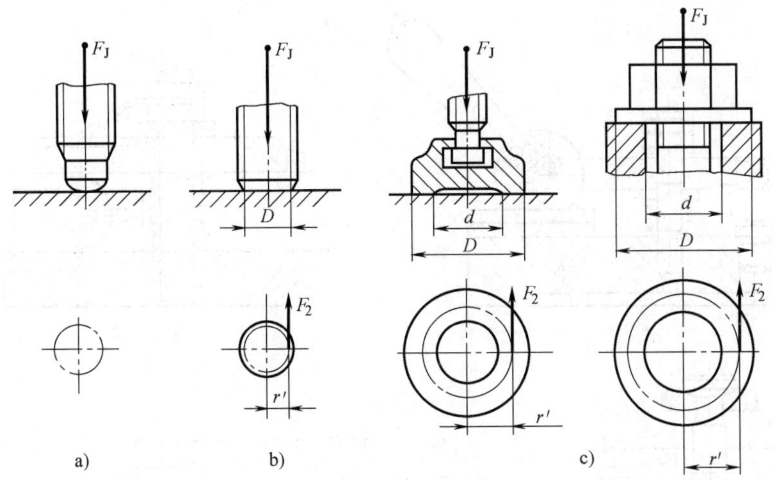

图 3-65 当量摩擦半径

a) $r'=0$ b) $r'=\frac{D}{3}$ c) $r'=\frac{(D^3-d^3)}{(D^2-d^2)}$

途在于增大夹紧行程。

图 3-66b 所示形式主要起改变夹紧力方向的作用。

图 3-66c 所示形式主要起增力作用。

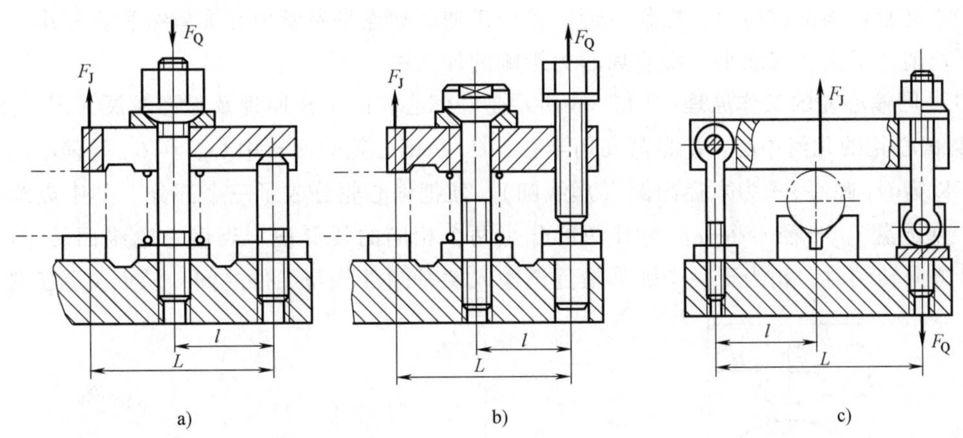

图 3-66 常用的几种螺旋压板机构

a) 移动压板 b) 转动压板 c) 翻转压板

3. 偏心夹紧机构

用偏心件直接或间接夹紧工件的机构，称为偏心夹紧机构。偏心件有圆偏心和曲线偏心两种类型。其中，圆偏心机构因结构简单、制造容易而得到广泛的应用。图 3-67 所示是几种常见偏心夹紧机构的应用实例。图 3-67a、b 所示用的是圆偏心轮，图 3-67c 所示用的是偏心轴，图 3-67d 所示用的是偏心叉。

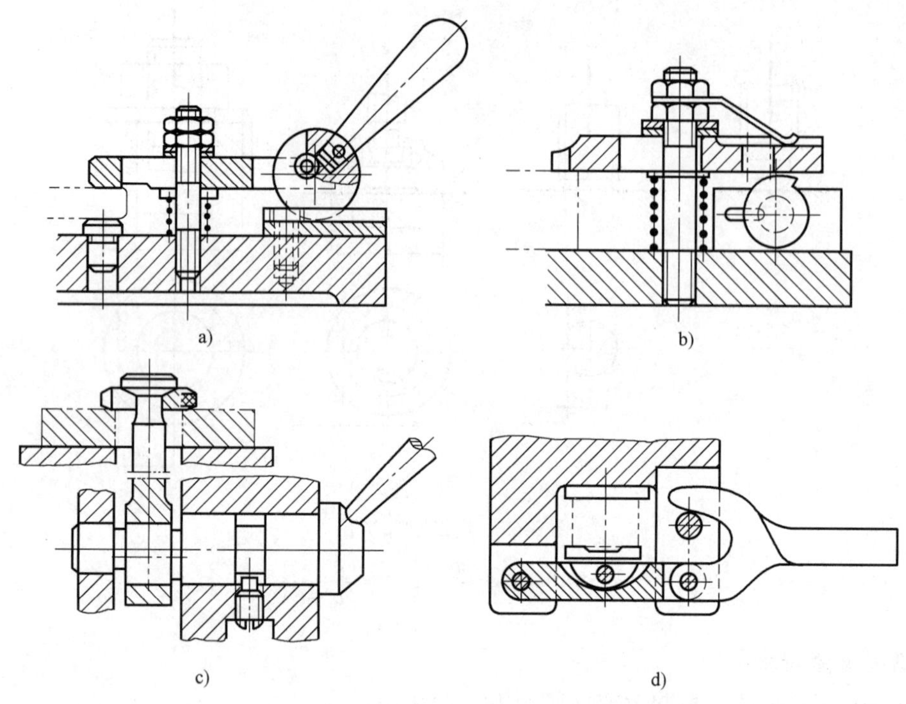

图 3-67　偏心夹紧机构

偏心夹紧机构结构简单，操作方便，动作迅速，缺点是夹紧力和夹紧行程都较小。它一般用于切削力不大、振动小、没有离心力影响的加工中。

(1) 圆偏心轮的工作原理　图 3-68 所示是圆偏心轮的工作原理及弧形楔展开图。图中，O_1 是圆偏心轮的几何中心，R 是其几何半径，O_2 是偏心轮的回转中心，O_1O_2 是偏心距。

若以为 O_2 圆心、r 为半径画圆（虚线圆），便把偏心轮分成了三个部分。其中虚线部分是个“基圆盘”，半径 $r=R-e$。另外两部分是两个相同的弧形楔。当偏心轮绕回转中心 O_2 顺时针方向转动时，相当于一个弧形楔逐渐楔入“基圆盘”与工件之间，从而夹紧工件。

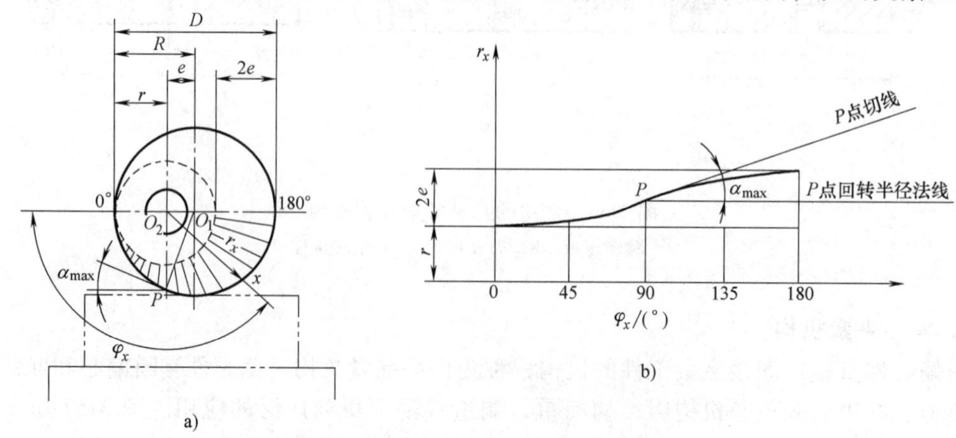

图 3-68　圆偏心轮的工作原理及弧形楔展开图

(2) 圆偏心轮的夹紧行程及工作段 如图 3-68a 所示，当圆偏心轮绕回转中心 O_2 转动时，设轮周上任意点 x 的回转角为 φ_x，回转半径为 r_x。以 φ_x 为横坐标、r_x 为纵坐标，再将轮周上各点的回转角与回转半径一一对应地记入此坐标系中，便得到了圆偏心轮上弧形楔的展开图，如图 3-68b 所示。

由图 3-68 可见，当圆偏心轮从 0°回转到 180°时，其夹紧行程为 $2e$。轮周上各点升角不等，P 点的升角最大（α_{max}）。根据解析几何，P 点的升角等于 P 点的切线与 P 点回转半径的法线间的夹角。

按照上述原理，在图 3-68a 中，过 P 点分别作 O_1P、O_2P 的垂线，便可得到 P 点的升角。

因
$$\alpha_{max}=\angle O_1PO_2,\quad \sin\alpha_{max}=\sin\angle O_1PO_2=\frac{\overline{O_1O_2}}{\overline{O_1P}}$$

而
$$\overline{O_1O_2}=e,\quad \overline{O_1P}=\frac{D}{2}$$

代入上式得
$$\sin\alpha_{max}=\frac{2e}{D} \tag{3-19}$$

圆偏心轮的工作转角一般小于 90°。因为转角太大，不仅操作费时，而且也不安全。工作转角范围内的那段轮周称为圆偏心轮的工作段。常用的工作段是 $\varphi_x=45°\sim135°$ 或 $\varphi_x=90°\sim180°$。在 $\varphi_x=45°\sim135°$ 范围内，升角大，夹紧力较小，但夹紧行程大（$h\approx1.4e$）。在 $\varphi_x=90°\sim180°$ 范围内，升角由大到小，夹紧力逐渐增大但夹紧行程较小（$h=e$）。

(3) 圆偏心轮的自锁条件 由于圆偏心轮的弧形楔夹紧与斜楔夹紧的实质相同，因此，圆偏心轮的自锁条件应与斜楔的自锁条件相同，即
$$\alpha_{max}=\varphi_1+\varphi_2 \tag{3-20}$$

式中 α_{max}——圆偏心轮的最大升角（°）；

φ_1——圆偏心轮与工件间的摩擦角（°）；

φ_2——圆偏心轮与回转轴之间的摩擦角（°）。

为安全起见，不考虑转轴处的摩擦，将 φ_2 忽略不计，则 $\alpha_{max}=\varphi_1$，$\tan\alpha_{max}=\tan\varphi_1$，因 $\sin\alpha_{max}=\frac{2e}{D}$，而 α_{max}很小可近似得 $\sin\alpha_{max}\approx\tan\alpha_{max}$，即 $\tan\alpha_{max}=\frac{2e}{D}$，从而得
$$\frac{2e}{D}\leqslant f_1$$

一般钢的摩擦因数 $f\leqslant0.10\sim0.15$，因此，自锁时圆偏心轮外径和偏心距的关系为
$$\frac{2e}{D}\leqslant0.10\sim0.15 \tag{3-21}$$

即
$$D\geqslant(14\sim20)e \tag{3-22}$$

这就是圆偏心轮工作时的自锁条件。

4. 定心夹紧机构

定心夹紧机构能够在实现定心作用的同时，起到夹紧工件的作用。定心夹紧机构中与工

件定位基面相接触的元件既是定位元件，又是夹紧元件。

定心夹紧机构是一种同时实现对工件定心定位和夹紧的机构。工件在夹紧过程中，利用定位夹紧元件的等速移动或均匀弹性变形来消除定位副制造不准确或定位尺寸偏差对定心或对中的影响，使得这些误差或偏差能够均匀而对称地分配在工件的定位基准面上。

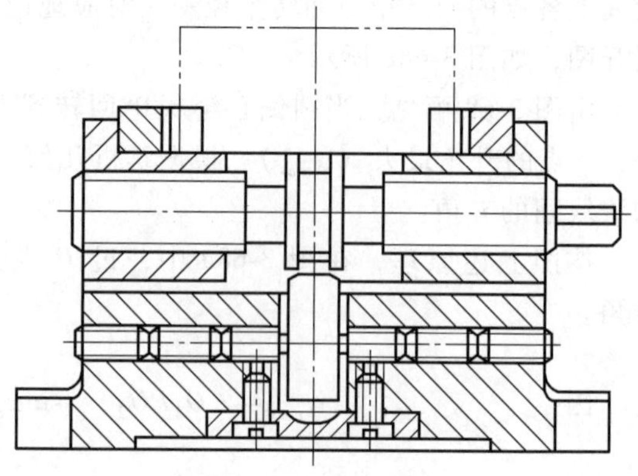
图 3-69　定心夹紧机构

定心夹紧机构按工作原理可分为以下两大类：

(1) 按等速移动原理工作的定心夹紧机构　图 3-69 所示为一种螺旋定心夹紧机构，螺杆两端的螺纹旋向相反，螺距相同。当其旋转时，通过左右螺旋带动两 V 形钳口移向中心，从而对工件同时起着定位和夹紧的作用。这类定心夹紧机构的特点是制造方便，夹紧力和夹紧行程较大，但由于制造误差和组成元件间的间隙较大，故定心精度不高，常用于粗加工和半精加工中。

(2) 按弹性变形式定心夹紧机构　这种定心夹紧机构利用薄壁弹性元件受力后的均匀弹性变形，使工件定心并被夹紧。这种定心夹紧机构和上一类相比，其定心精度高，但夹紧力有限，适用于精加工或半精加工场合。

精车发动机轴承端盖、轴承孔和端面的弹性膜片定心卡盘如图 3-70 所示。平板状膜片 3 上有 10 个卡爪和 5 个轴向定位用的支承钉 2。转动螺钉 6，滑柱 4 因受滑柱 5 斜面的作用，使膜片变形、卡爪张开，进而装卸工件。装入工件后，反转螺钉 6 退回滑柱 4，膜片弹性变形恢复，卡爪收缩定位夹紧工件。为适应工件直径的变化，卡爪上的螺钉 1 可以调节。螺钉调节后用螺母锁紧。

这种弹性膜片定心夹紧机构具有操作简便、生产率高、定心精度高的优点，可保证的定心精度为 0.005 ~ 0.01mm；但其夹紧力较小，多用在精加工工序中。

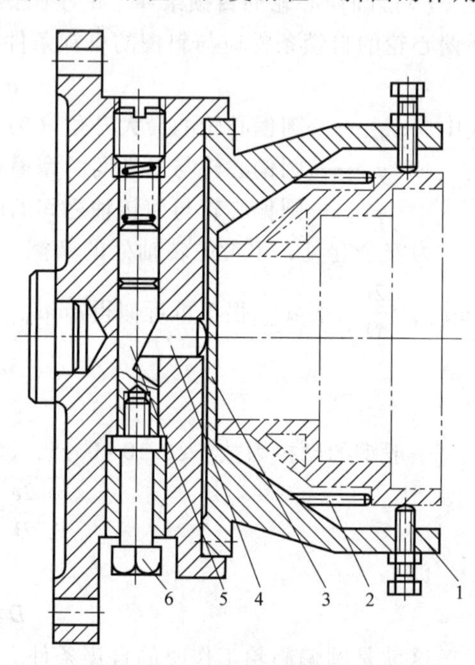

图 3-70　弹性膜片定心卡盘

1、6—螺钉　2—支承钉　3—平板状膜片　4、5—滑柱

图 3-71 所示为液性塑料定心夹紧机构。工件以内孔作为定位基面，装在薄壁套筒上，而起直接夹紧作用的薄壁套筒则压配在夹具体上，并在所构成的环槽中注满液性塑料。当旋转螺钉通过柱塞向腔内加压时，液性塑料便向各个方向传递压力，在压力作用下薄壁套筒产生径向均匀的弹性变形，从而将工件定心夹紧。

液性塑料定心夹紧机构夹紧可靠、定心精度高，一般可保证同轴度误差在 0.01 ~ 0.02mm 之

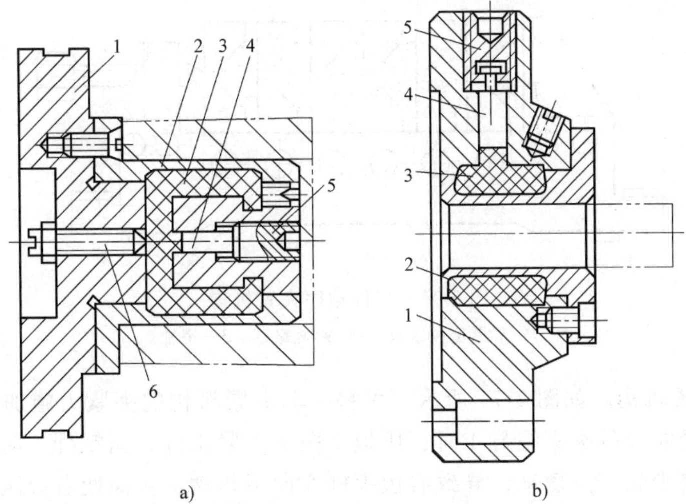

图 3-71 液性塑料定心夹紧机构

1—夹具体 2—薄壁套筒 3—液性塑料 4—柱塞 5—螺钉 6—限位螺钉

内；但薄壁套筒的变形量有限，夹持范围较小，故适用于精加工工序。

5. 联动夹紧机构

若需要同时在几个点对工件进行夹紧或需要同时夹紧几个工件，则可以采用各种多点多件联动夹紧机构。

（1）多件平行夹紧机构 图 3-72a 所示是四根轴在 V 形块上定位，用螺旋压板机构夹紧多件工件的夹具。夹紧元件做成铰链式结构是因为工件有尺寸偏差，这样可使夹紧力均匀地分布在四个工件上。图 3-72b 所示结构为液性塑料多件夹紧机构，夹紧柱塞通过液性塑料的流动补偿同批工件尺寸误差的变化，实现多件均匀地夹紧。这两种夹具都是平行夹紧多个工件的，总的夹紧力较大。

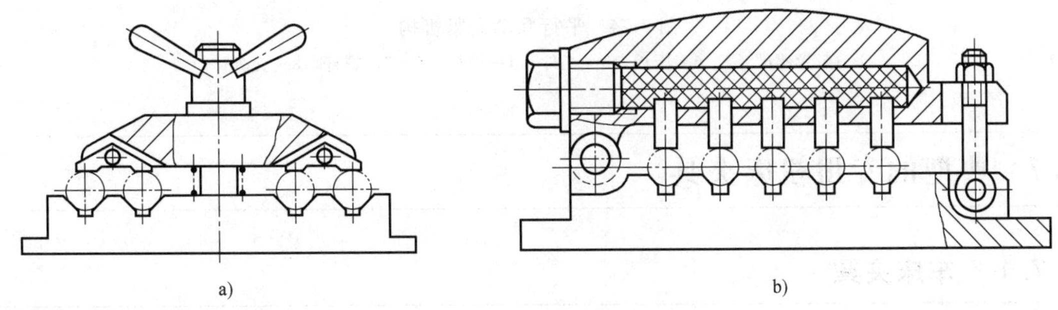

图 3-72 多件平行夹紧机构

a）铰链式 b）液性塑料式

（2）多件顺序夹紧机构 图 3-73 所示为用于铣轴承盖两端面的多件顺序夹紧机构。夹紧时通过夹紧螺钉 2 将工件顺序地夹紧。夹紧力顺次地由一个工件传至另一个工件上。V 形定位压板 1 可绕销轴 3 转动，以保证各工件都被夹紧。若不计摩擦损失，每个工件的夹紧力等于螺钉产生的夹紧力。这种夹紧方式，因工件的尺寸误差依次传递，逐个积累，故适用于工件的加工表面和夹紧力方向相平行的场合。

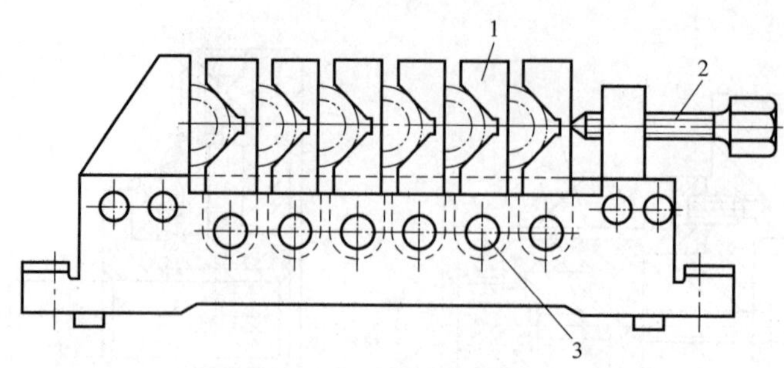

图 3-73　多件顺序夹紧机构

1—V 形定位压板　2—夹紧螺钉　3—销轴

（3）多位夹紧机构　如图 3-74 所示，可将一套夹紧机构的夹紧力施加在同一工件的多处表面上。当旋紧左边的夹紧螺母 1 时，压板 2 向下夹紧工件，而螺杆 7 向上提起，使与螺杆相连的横杆 4 绕中间支点摆动，导致右边螺杆 5 向下移动，从而使右边压板 6 同时夹紧工件。这种机构借助于浮动夹紧实现多点夹紧，一般多用于多夹紧点相距较远的场合，如箱体零件的夹紧。

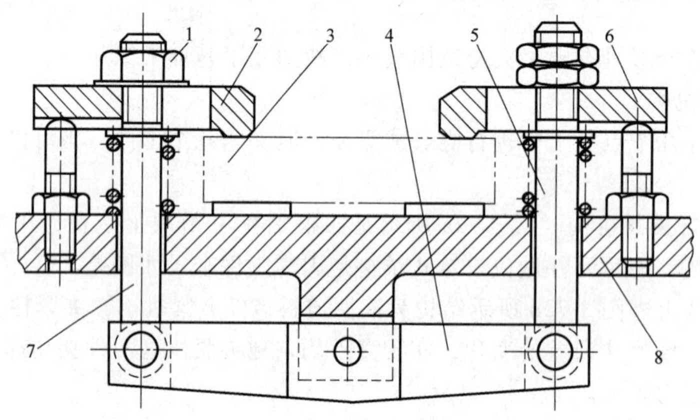

图 3-74　平行联动夹紧机构

1—夹紧螺母　2、6—压板　3—工件　4—横杆　5、7—螺杆　8—夹具体

3.7　典型的专用机床夹具

3.7.1　车床夹具

车床夹具主要用来加工工件内、外回转表面及端面，其多数安装在主轴上。通用夹具有自定心卡盘、单动卡盘、花盘、前后顶尖以及拨盘与鸡心夹头的组合车床夹具。这些夹具已经标准化，并可作为机床附件独立配置。

专用车床夹具按工件定位方式不同分为定心式车床夹具、角铁式车床夹具和花盘式车床夹具等。

1. 车床夹具的分类

（1）定心式车床夹具　在定心式车床夹具上，工件常以孔或外圆定位，夹具则采用定

心夹紧机构。以外圆定位时，主要采用自定心卡盘；以内孔定位时，主要采用心轴类车床夹具，以保证工件被加工外圆表面与内孔定位基准间的同轴度。

按与机床主轴连接方式的不同，心轴类车床夹具可分为顶尖式心轴夹具和锥柄式心轴夹具两种。前者用于加工长筒形工件，后者仅能加工短的套筒或盘状工件。心轴的定位表面根据工件定位基准的精度和工序加工要求，可以设计成圆柱面、圆锥面、可胀圆柱面以及花键等特形面。其中较为常用的类型有圆柱心轴和弹性心轴等。弹性心轴又可分为波纹套弹性心轴、蝶形弹簧片心轴、液性介质弹性心轴和弹簧心轴等。

图 3-75 所示为手动弹簧心轴，工件以精加工过的内孔在弹性套筒 5 和心轴端面上定位。旋紧螺母 4，通过锥体 1 和锥套 3 使弹性套筒 5 产生向外的均匀弹性变形，将工件胀紧，以实现对工件的定心夹紧。手动弹簧心轴的弹性变形量较小，要求工件定位孔的公差等级高于 IT8，定心精度一般可达 0.02~0.05mm。

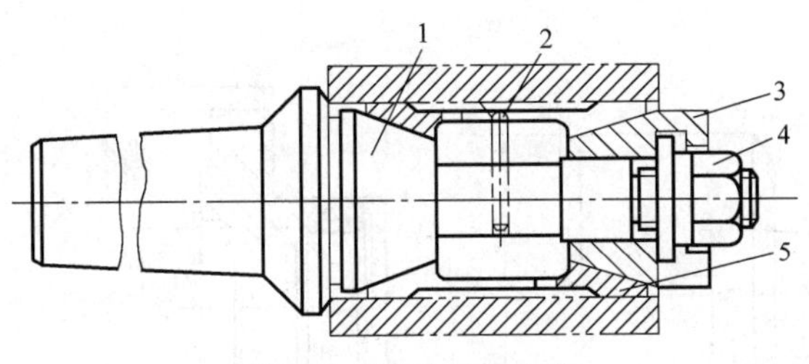

图 3-75 手动弹簧心轴

1—锥体 2—防转销 3—锥套 4—螺母 5—弹性套筒

（2）角铁式车床夹具 在车床上加工曲轴、壳体、支座、杠杆和接头等在零件的回转端面时，由于零件形状较复杂，难以装夹在通用卡盘上，因而须设计专用夹具。

角铁式车床夹具的夹具体呈角铁状，采用带摆动 V 形块的回转式螺旋压板机构夹紧，用平衡块来保持夹具平衡。图 3-76 所示为曲轴角铁式车床夹具。

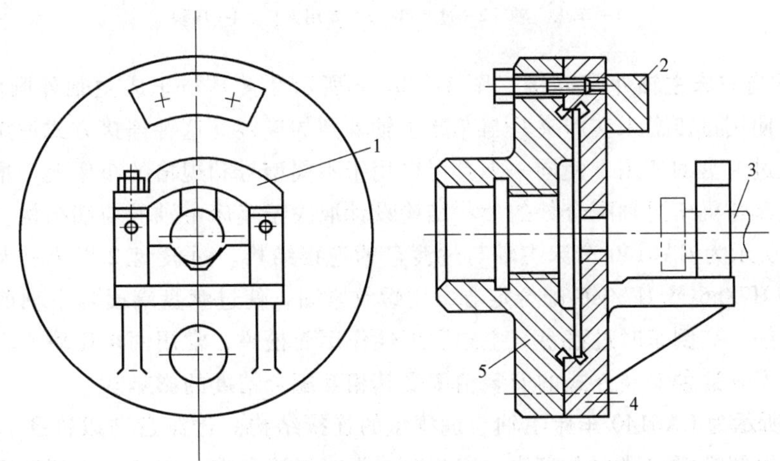

图 3-76 曲轴角铁式车床夹具

1—压板 2—平衡块 3—曲轴 4—夹具体 5—过渡盘

（3）花盘式车床夹具 花盘式车床夹具的夹具体称为花盘，上面开有若干个 T 形槽，以安装定位元件、夹紧元件和分度元件等辅助元件，如图 3-77 所示。用花盘可加工形状复杂工件的外圆和内孔。

2. **车床夹具的设计要点**

由于加工中车床夹具随车床主轴一起回转，因此要求车床夹具与主轴两者的轴线有较高的同轴度。车床夹具与主轴连接方式有以下几种：夹具通过主轴锥孔与主轴连接，夹具通过过渡盘与车床主轴连接，如图 3-78 所示。

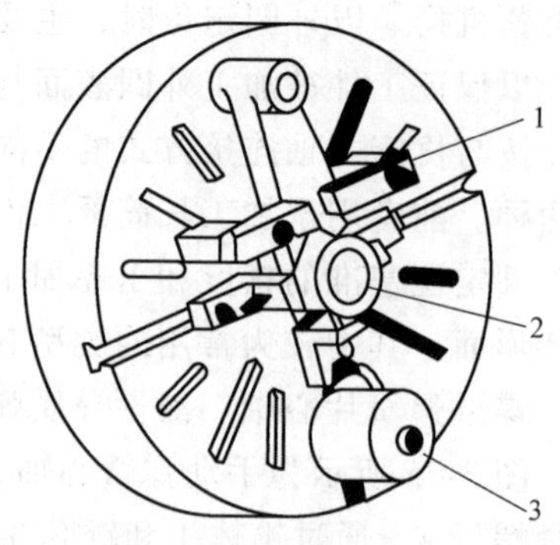

图 3-77 花盘式车床夹具

1—压板 2—工件 3—平衡块

(1) 夹具安装在车床主轴锥孔中 如图 3-78a 所示，夹具安装在车床主轴锥孔中。这种连接方式的定心精度较高，适用于径向尺寸 $D<140\text{mm}$ 或 $D\leqslant(2\sim3)d$ 的小型夹具。

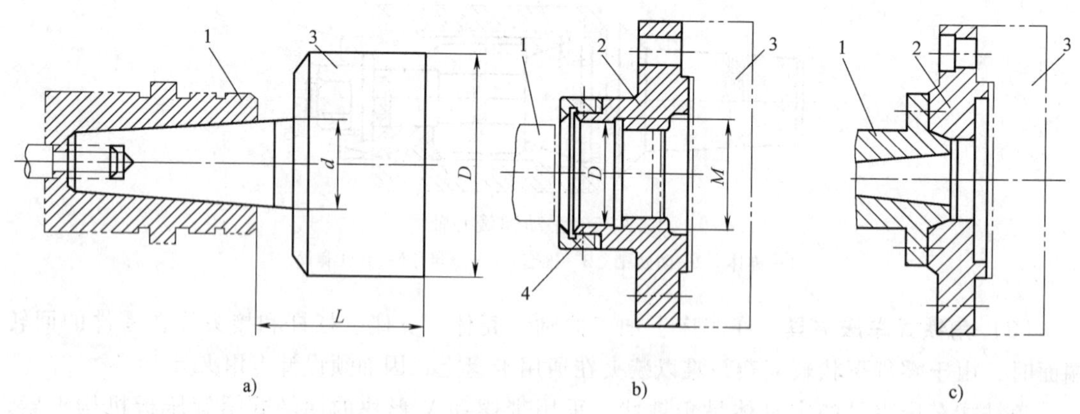

图 3-78 车床夹具与车床主轴的连接

1—车床主轴 2—过渡盘 3—专用夹具 4—压块

(2) 夹具与车床主轴外圆连接 图 3-78b、c 所示为夹具与车床主轴外圆的连接方式，其特点是通过使用过渡盘来实施夹具与车床主轴外圆的连接。这种连接方式适用于径向尺寸较大的夹具。过渡盘的使用，使同一夹具可以用于不同型号和规格的车床上，增加了夹具的通用性。过渡盘与机床主轴配合处的形状结构设计取决于车床主轴的前端结构。

图 3-78b 所示为 CA6140 车床主轴与过渡盘的连接结构。过渡盘 2 以内孔与车床主轴 1 前端的轴径按 H7/h6 或 H7/js6 配合定心，用螺纹紧固，使过渡盘端面与主轴前端的台阶面接触。为防止停车和倒车时过渡盘与主轴因惯性作用而松脱，常用两块压块 4 将过渡盘压在主轴凸缘端面上。这种安装方式的安装精度受其相互配合精度的影响。

图 3-78c 所示为 CA6140 车床主轴与过渡盘的连接结构。过渡盘 2 以锥孔和端面在车床主轴 1 前端的短圆锥面和端面上定位。安装时，先将过渡盘推入主轴，使其端面与主轴端面之间有 0.05~0.1mm 的间隙，用螺钉均匀拧紧后，会产生一定的弹性变形，使端面与锥面全部接触。这种安装方式定心准确，刚性好，但加工精度要求高。

常用车床主轴前端夹具的结构尺寸，可参阅夹具手册。

夹具与过渡盘多采用平面及定位止口定位，按 H7/h6 或 H7/js6 配合，并用螺钉锁紧。

过渡盘常为车床配件，但止口的凸缘与大端面将由用户按需加工。

(3) 其他连接方式 如果车床没有配备过渡盘时，可将过渡盘与夹具体合成一个零件设计，也可采用通用花盘来连接夹具与主轴，但必须在夹具外圆上加工一段找正圆，用以保证夹具相对主轴的径向位置。

(4) 车床夹具的平衡及结构要求 对角铁式、花盘式等结构不对称的车床夹具，设计时应采用平衡装置以减小由离心力产生的振动和主轴轴承磨损。

由于车床夹具一般都在悬臂状态下工作，因而其结构必须力求简单紧凑、轻便且安全，要求悬伸长度应尽量小，并使其重心靠近主轴前支承。为保证安全，夹具体应制造成圆形，且夹具体上的各元件不允许伸出夹具体直径之外。此外，车床夹具的结构还应便于工件的安装、测量和切屑的顺利排出与清理。

3.7.2 钻床夹具

1. 钻床夹具的主要类型

使用钻头、扩孔刀和铰刀等进行孔加工的机床夹具叫钻床夹具，又称为钻模。它的主要特点是，在钻床夹具上，一般都安装距定位元件有一定位置和尺寸要求的钻套，通过钻套引导刀具进行加工。安装钻套的元件称为钻模板。根据使用上的不同，钻床夹具可分为固定式钻模、回转式钻模和滑柱式钻模等类型。

(1) 固定式钻模 固定式钻模的结构特点是，钻模板与夹具体固定连接，加工过程中钻模的位置固定不动。这种钻模的定位精度相对较高，一般用于立式钻床加工单孔或在摇臂钻床上加工平行孔。在机床上安装钻模时，一般应先将装在主轴上的钻头插入钻套中，以确定钻模的位置，然后将其紧固在机床工作台上。这样既可减少钻模的磨损，又可保证钻孔有较高的尺寸精度。

图 3-79 所示为一固定式钻模，用来加工连杆类零件上的锁紧孔。根据工件的加工要求，选用两孔及端面作为定位基准。相应地，在夹具上用挡套 2、活动心轴 4 及菱形销 8 作为定位元件，它们与定位基准接触或配合实现定位。用螺母 7、开口垫片 3 和活动心轴 4 对工件进行夹紧。钻模板 5 用螺钉与夹具体固定连接。

(2) 回转式钻模 回转式钻模就是工件和钻套可以相对转动，以便加工同一圆周上的平行孔系，或分布在同圆周上的径向孔系，属于多工位机床夹具。回转式钻模，大多数由专用的钻床夹具和标准回转台组合而成。图 3-80 所示为标准回转台与钻模组成的回转夹具。在这个夹具中，工件 3 装夹在以回转工作台 1 为基础件的标准回转分度机构上，利用标准回转分度机构相对于钻套的旋转，来完成工件在圆周方向分布的各个孔的加工。

图 3-81 所示为一套专用回转钻模。工件通过分度机构的分度在一次装夹中完成两个均布径向孔的加工。在分度盘 6 的端面有三个分度锥孔，圆周上有两个径向均布的钻套。加工时，在弹簧力的作用下分度销 2 插入分度锥孔中，从左端看逆时针转动手柄 5，带有内螺纹的环套 4 通过锁紧螺母 7，使分度盘 6 锁紧在夹具体 3 上。当钻完第一个孔后，顺时针转动手柄 5，则环套 4 上的凹形斜面将分度销 2 从锥孔中拔出。接着用手转动分度盘至下一个锥孔与分度销对准时，分度销在弹簧力的作用下插入另一个锥孔中，再锁紧分度盘钻第二个孔，依次再加工第三个孔。

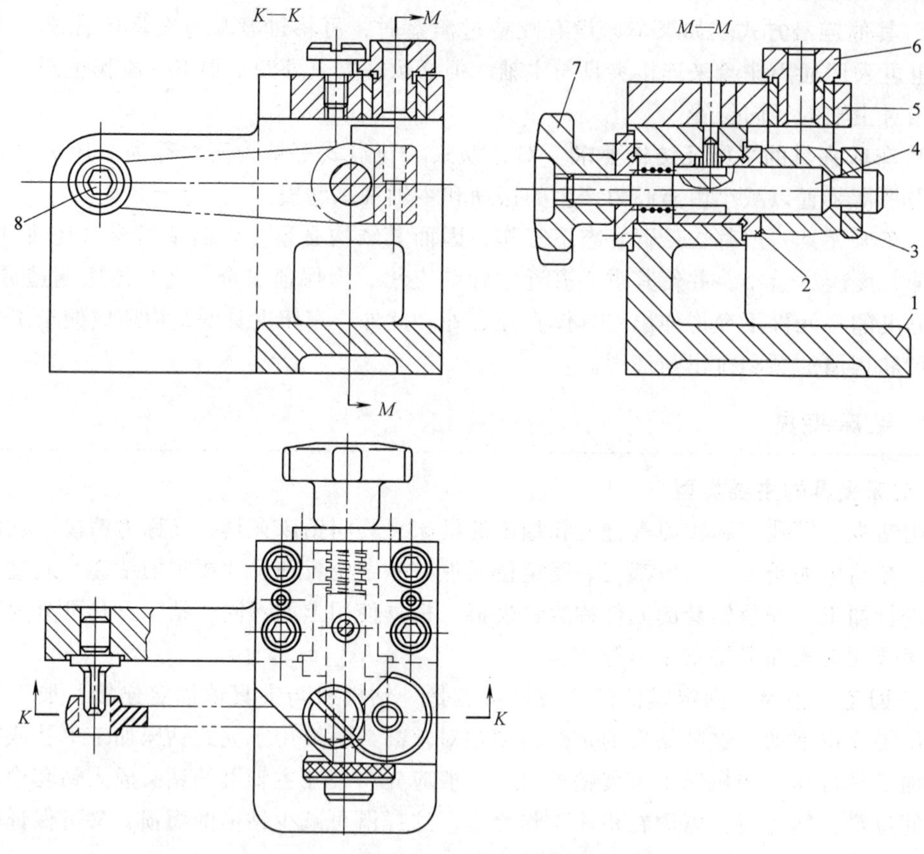

图 3-79　固定式钻模

1—夹具体　2—挡套　3—开口垫片　4—活动心轴　5—钻模板　6—钻套　7—螺母　8—菱形销

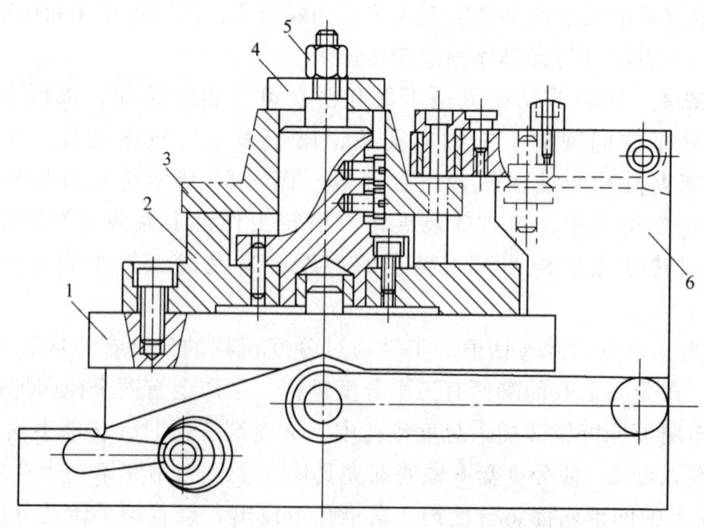

图 3-80　标准回转台与钻模组成的回转夹具

1—回转工作台　2—夹具　3—工件　4—开口垫片　5—螺母　6—支座

(3) 滑柱式钻模 滑柱式钻模的特点是钻模板装在可升降的滑柱上，这种夹具结构和尺寸系列已经标准化。图 3-82 所示为滑柱式钻模的标准结构，它由斜齿轮轴 1、齿条轴 2、钻模板 3、两根导向滑柱 5 以及夹具体等部分所组成。使用时，如转动手柄 6 可使斜齿轮轴 1 转动，并带动齿条轴 2、钻模板 3 上下移动，进而松开和夹紧工件。当钻模板向下与工件接触，并将工件夹紧后，继续转动手柄，斜齿轮轴的锥体处可实现锁紧功能。

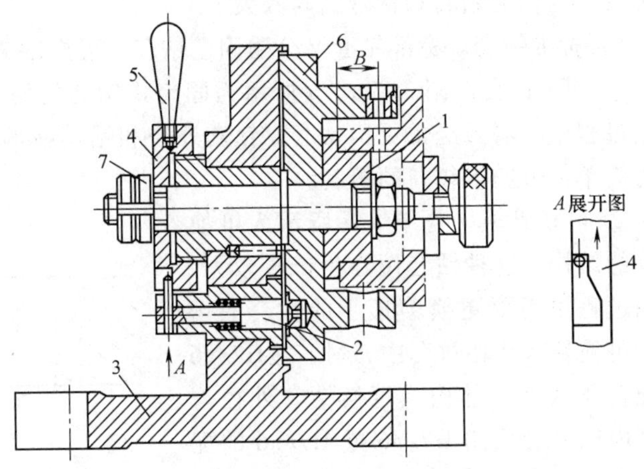

图 3-81 专用回转钻模

1—定位环 2—分度销 3—夹具体 4—环套 5—手柄 6—分度盘 7—锁紧螺母

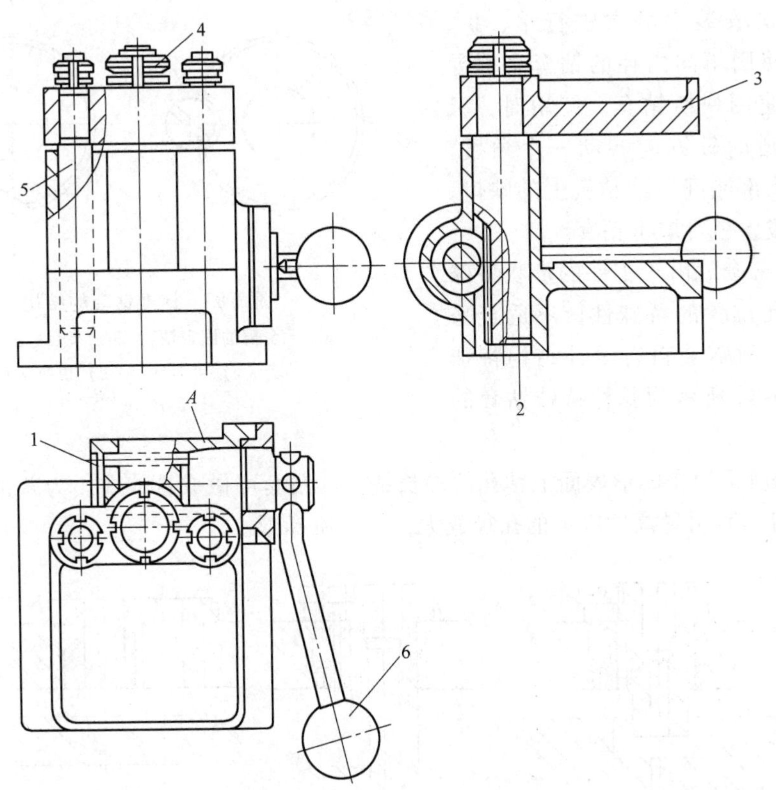

图 3-82 滑柱式钻模的标准结构

1—斜齿轮轴 2—齿条轴 3—钻模板 4—螺母 5—导向滑柱 6—手柄

2. 钻床夹具的设计要点

(1) 钻套 钻套用来引导钻头，以保证被加工孔的位置精度和提高工艺系统的刚度。

钻套可分为标准钻套和特殊钻套两大类。

1）标准钻套。标准钻套又分为固定钻套、可换钻套和快换钻套，如图 3-83 所示。

① 固定钻套。图 3-83a、b 所示为固定式钻套的两种形式，它们多用于中、小批生产，使用过程中不需要经常更换钻套。钻套外径和钻模板的孔以 H7/n6 相配合。固定钻套结构较为简单，可获得较高的精度。

② 可换钻套。图 3-83c 所示为可换钻套的结构。这种钻套用在生产量较大、使用过程中需要更换磨损了的钻套的场合。可换钻套装在衬套中，衬套按H7/n6的配合压入夹具体内，可换钻套外径与衬套内径一般采用 H7/g6 或 H7/h6 的配合。为防止在加工过程中钻头与钻套内径摩擦而使钻套发生转动，或退刀时钻套随刀具抬起，采用螺钉加以固定。

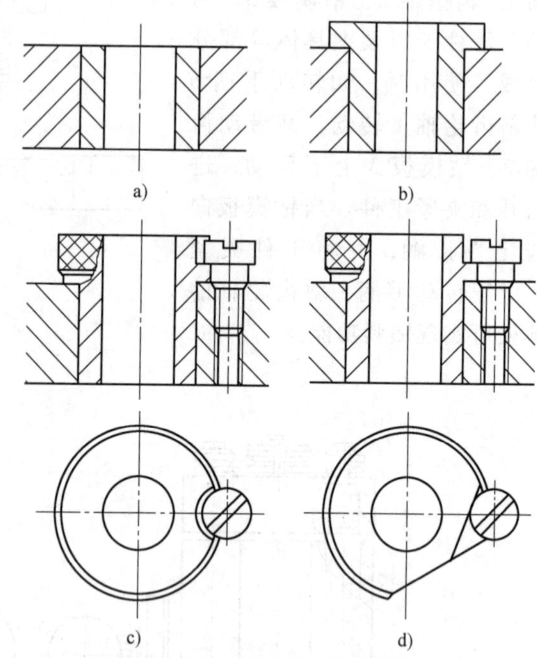

图 3-83　标准钻套的结构

a）无台肩的固定钻套　b）有台肩的固定钻套　c）可换钻套　d）快换钻套

③ 快换钻套。图 3-83d 所示为快换钻套。当一次安装中顺次进行钻、扩、铰孔，需要使用不同内径的钻套来引导刀具时，可使用快换钻套。使用时，只要将钻套朝逆时针方向转动一个角度，使得螺钉的头部刚好对准钻套上的缺口，然后往上一拔，就可取下钻套。

2）特殊钻套。由于工件的形状特殊或者被加工孔位置的特殊性，不适合采用标准钻套，故需要自行设计结构特殊的钻套。图 3-84 所示为几种特殊钻套的结构。

图 3-84a 所示为在凹形表面上钻孔的加长钻套。钻套可做成悬伸式。为减少刀具与钻套的摩擦，可将钻套引导高度以上的孔径放大，做成阶梯形。

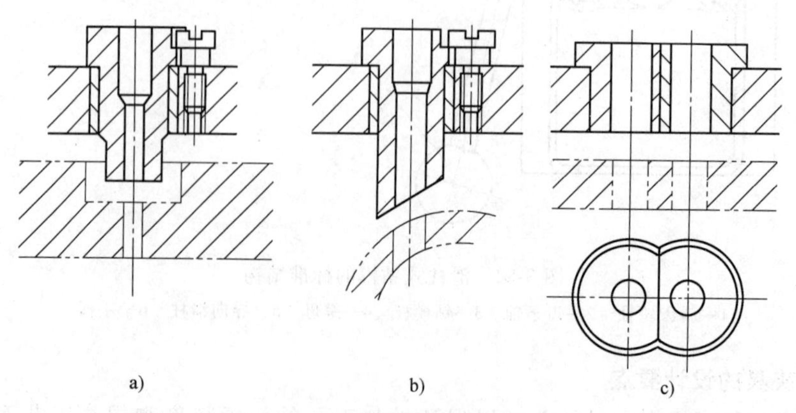

图 3-84　特殊钻套的结构

其中，图 3-84b 所示为在斜面或圆弧面上钻孔的钻套，可避免钻头引偏或折断。

图 3-84c 所示为小孔距钻套。将两孔做在同一个钻套上时，要用定位销确定钻套位置。

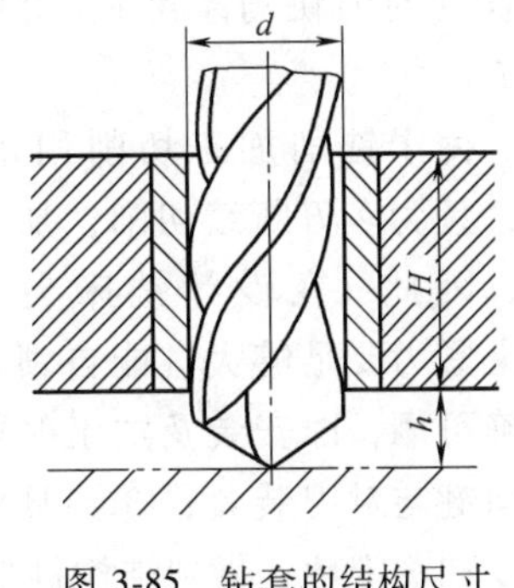

图 3-85　钻套的结构尺寸

3）钻套的结构尺寸。

① 导向孔径 d。如图 3-85 所示，钻套导向孔径的公称尺寸取刀具的上极限尺寸。对于钻头、扩孔钻、铰刀等定尺寸刀具，按基轴制选用动配合 F7 或 G6。

② 钻套高度 H。对于一般孔距精度，有

$$H=(1.5\sim2)d \tag{3-23}$$

当孔距精度要求高于±0.05mm 时有

$$H=(2.5\sim3.5)d \tag{3-24}$$

③ 钻套与工件距离 h。增大 h 值，排屑方便，但刀具的刚度和孔加工精度都会降低。钻削易排屑的铸铁时，常取

$$h=(0.3\sim0.7)d \tag{3-25}$$

钻削较难排屑的钢件时，常取

$$h=(0.7\sim1.5)d \tag{3-26}$$

工件精度要求高时，取 $h=0$，使切屑全部从钻套中排出。

（2）钻模板　安装钻套的零件就是钻模板。按其与夹具体的连接方式不同，可分为固定式钻模板、铰链式钻模板和悬挂式钻模板等。

1）固定式钻模板。钻模板和夹具体或支架固连在一起（见图 3-79），两者之间没有相对运动，也即钻模板上的钻套相对于夹具体或支架是固定的，所以加工的位置精度较高。

图 3-86　铰链式钻模板
1—钻模板　2—钻套　3—销轴

2）铰链式钻模板。钻模板与夹具体为铰链连接，如图 3-86 所示。加工时，钻模板需用菱形螺母或其他方法予以锁紧。

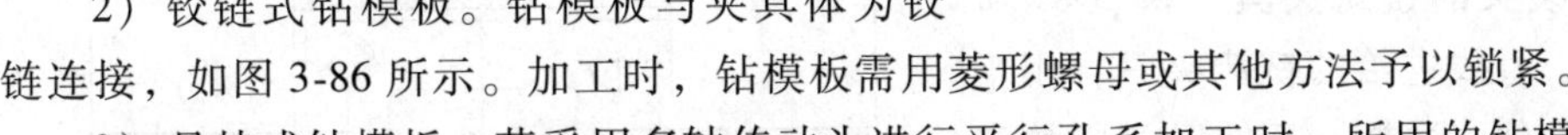

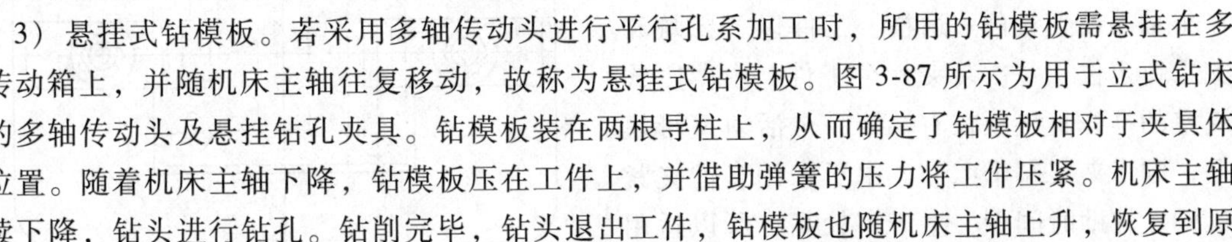

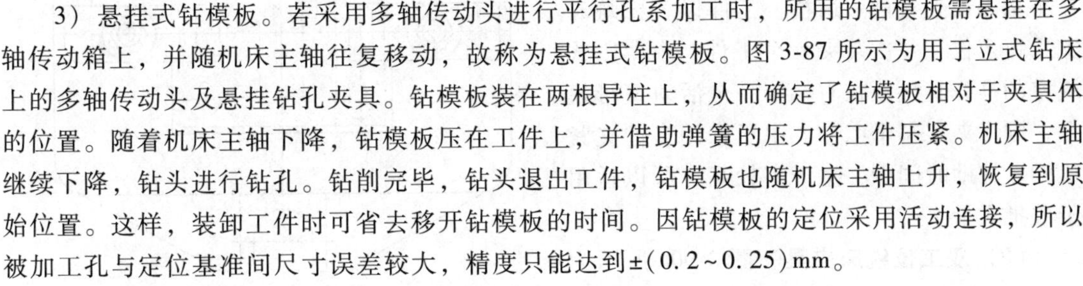

3）悬挂式钻模板。若采用多轴传动头进行平行孔系加工时，所用的钻模板需悬挂在多轴传动箱上，并随机床主轴往复移动，故称为悬挂式钻模板。图 3-87 所示为用于立式钻床上的多轴传动头及悬挂钻孔夹具。钻模板装在两根导柱上，从而确定了钻模板相对于夹具体的位置。随着机床主轴下降，钻模板压在工件上，并借助弹簧的压力将工件压紧。机床主轴继续下降，钻头进行钻孔。钻削完毕，钻头退出工件，钻模板也随机床主轴上升，恢复到原始位置。这样，装卸工件时可省去移开钻模板的时间。因钻模板的定位采用活动连接，所以被加工孔与定位基准间尺寸误差较大，精度只能达到±(0.2~0.25)mm。

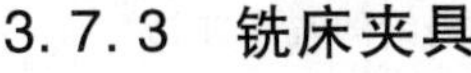

3.7.3　铣床夹具

铣床夹具主要用于加工平面、凹槽及各种成形表面，一般由定位元件、夹紧机构、对刀

装置（对刀块与塞尺）、定位键和夹具体组成。

由于铣削加工切削用量及切削力较大，且为多刃断续切削，加工时易产生振动，因此，在设计铣床夹具时应注意：①夹紧力要足够大且能自锁；②夹具安装准确可靠，即安装及加工时要求正确使用定向键与对刀装置；③夹具体具有足够的刚度和稳定性，做到结构科学合理。

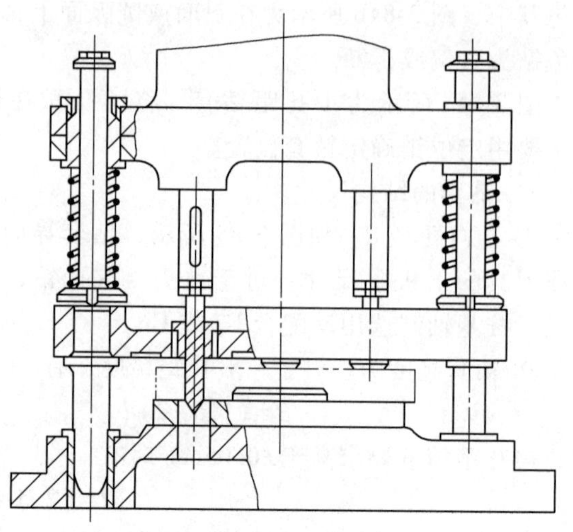
图 3-87　悬挂式钻模板

1. 铣床夹具的种类

铣床夹具是生产中应用很广泛的一种夹具。铣床夹具多数是安装在机床工作台上的，并和工作台一起做进给运动。铣削的进给方式在很大程度上决定了铣床夹具的整体结构。常用的有直线进给的铣床夹具和圆周进给的铣床夹具。按在夹具中同时装夹的工件数不同，还可分为单件和多件装夹的铣床夹具，其中多件装夹的铣床夹具又包括双工位铣床夹具。

（1）单件装夹的铣床夹具　图 3-88 所示为单件加工、直线进给的铣床夹具，用于铣削工件上的槽。工件以一面两孔定位，夹具上相应的定位元件为支承板、一个圆柱销和一个菱形销。

工件的夹紧通过螺旋压板夹紧机构来实现。卸工件时，松开压紧螺母，螺旋压板在弹簧作用下抬起，转离工件的夹紧表面。使用定位键 5 和对刀块 4，分别确定夹具与机床、刀具与夹具正确的相对位置。

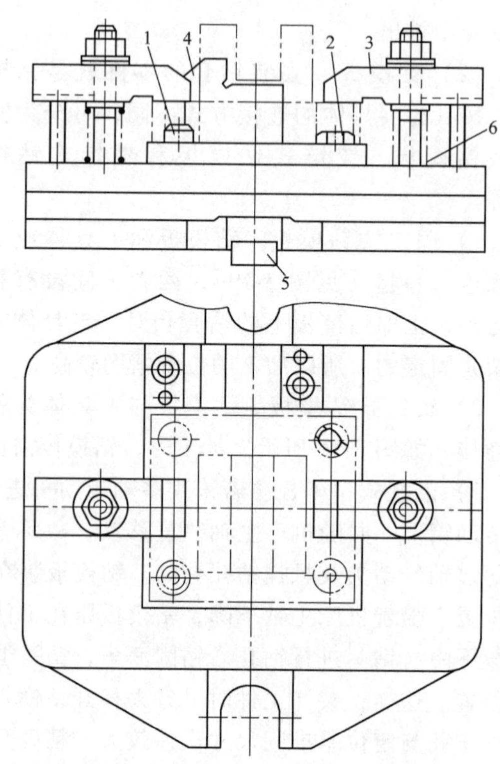

图 3-88　单件加工、直线进给的铣床夹具

1—圆柱销　2—菱形销　3—螺旋压板

4—对刀块　5—定位键　6—弹簧

（2）多件装夹的铣床夹具　图 3-89 所示为多件加工、直线进给的铣床夹具，用于在小轴端面上铣削一通槽。工件以 V 形块和支承钉定位，每次装夹六个工件，由薄膜式气室的推杆直接顶在右端第一个活动 V 形块上，顺序夹紧每个工件。由于采用多件夹紧机构，辅助时间少，生产率较高，所以适用于成批大量生产。

（3）双工位铣床夹具　图 3-90a 所示为双工位多件加工的铣床夹具，用于铣削汽车后桥主动锥齿轮轴的两个端面。图 3-90b 所示为其工序图。工件在两个短 V 形块 4 上定

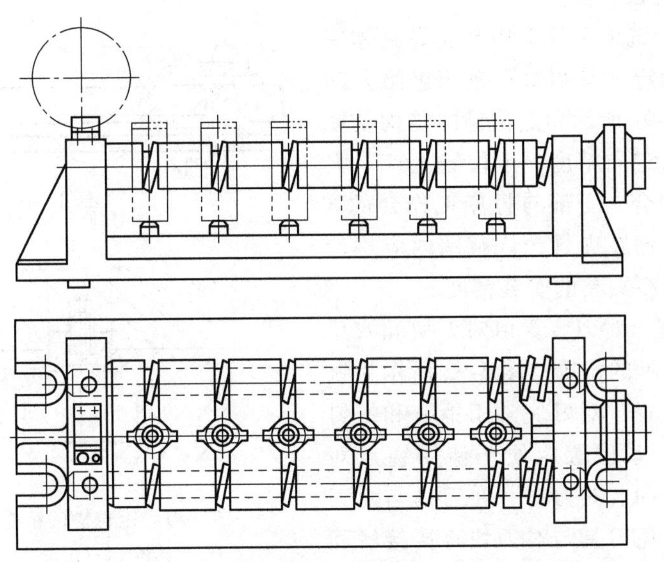

图 3-89　多件加工、直线加工的铣床夹具

位，限制四个自由度。定位销 5 用于工件轴向定位。夹紧工件采用螺旋压板机构。因为要同时夹紧两个工件，所以压板 2 通过铰链与压块 3 做成活动连接，以保证夹紧的可靠性。该夹具有两个工位，第一个工位加工时，第二个工位装卸工件。加工完一个端面后机床工作台退出，操纵转台连同夹具同转 180°，然后继续加工另一端面，这样使装卸工件的辅助时间与切削时间重合，从而提高生产率，适用于成批生产。

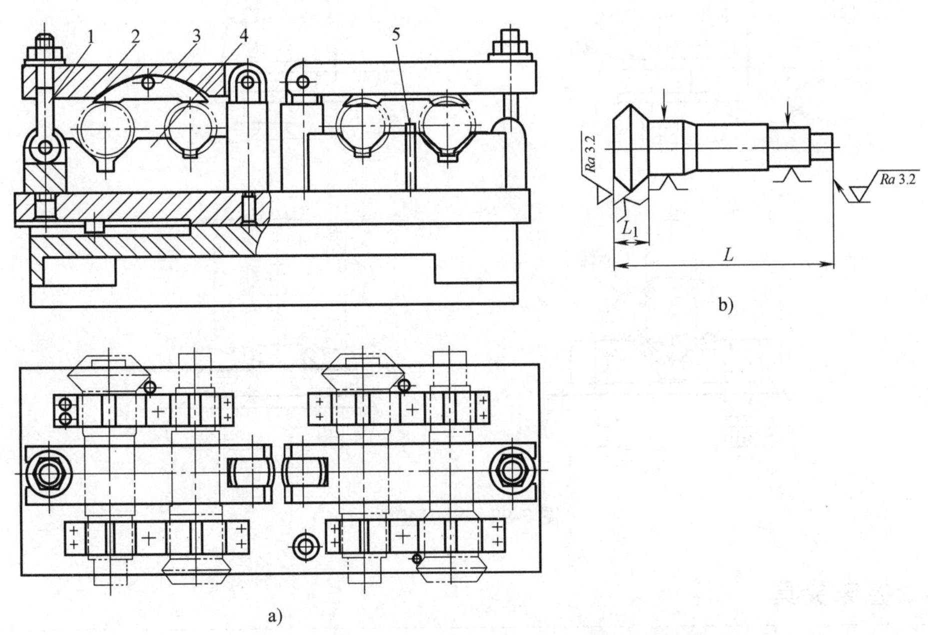

图 3-90　双工位多件加工的铣床夹具和工序图

1—螺钉　2—压板　3—压块　4—V 形块　5—定位销

2. 铣床夹具的设计要点

(1) 定位键 铣床夹具常用装在夹具体底面上的定位键来确定夹具相对于机床进给方向的正确位置。图 3-91 所示为定位键的结构及使用实例。为了提高定向精度，定位键上部与夹具体 1 底面的槽配合，下部与机床工作台的 T 形槽配合。两定位键在夹具允许范围内应尽量布置得远些，以提高夹具的安装精度。

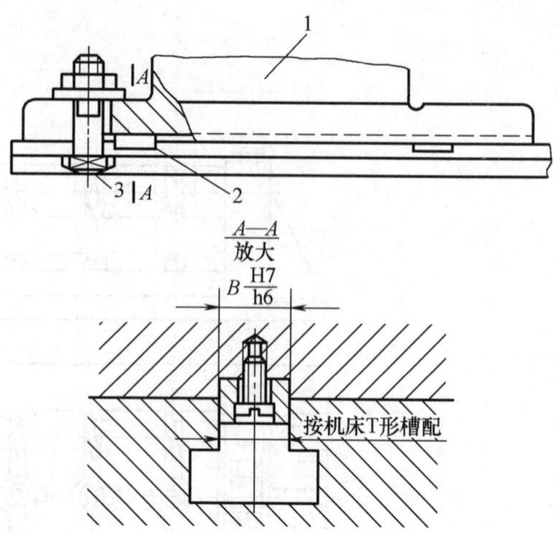

图 3-91 定位键的结构及使用实例
1—夹具体 2—定位键 3—T 形螺钉

(2) 对刀装置 对刀装置由对刀块和塞尺组成，用来确定刀具的位置。图 3-92 所示为铣床夹具中的对刀装置。对刀块常用销钉和螺钉紧固在夹具体上，其位置应便于使用塞尺对刀，不妨碍工件装卸。对刀时，在刀具与对刀块之间加一塞尺避免刀具与对刀块直接接触而损坏切削刃或造成对刀块过早磨损。塞尺有平塞尺和圆柱形塞尺两种，其厚度和直径为 3~5mm，制造公差为 h6。

图 3-92a 所示为圆形对刀块，用于铣单一平面时对刀；图 3-92b 所示为直角对刀块，用于铣槽或台阶面时对刀；图 3-92c、d 所示为用于铣成形面的特殊对刀块。

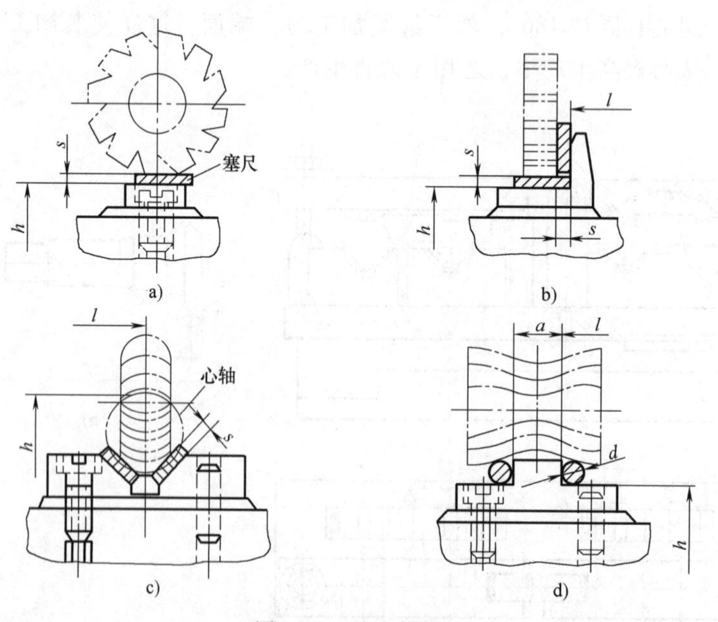

图 3-92 对刀装置

3.7.4 镗床夹具

镗床夹具简称镗模，主要由镗套、镗模支架、镗模底座以及定位、夹紧机构组成，多用于在镗床、组合机床、车床和摇臂钻床上加工箱体、支座等零件上的精密孔或孔系。

1. 镗床夹具的种类

按其所使用的机床形式不同，镗床夹具可分为卧式镗模和立式镗模两类；按其导向支架的布置形式不同，可分为单支承镗模、双支承镗模和无支承镗模三类。

(1) 单支承镗模 单支承镗模，镗杆与机床主轴采用刚性连接，主轴回转精度会影响镗孔精度，故只适于小孔和短孔加工。镗杆在镗模中只有一个镗套引导，因镗杆与机床主轴刚性连接，即镗杆插入机床主轴的莫氏锥孔中，保证了镗套中心与主轴轴线重合，故机床主轴的回转精度将影响工件的镗孔精度。

(2) 双支承镗模 双支承镗模，镗杆和机床主轴采用浮动连接，镗孔的位置精度取决于镗模两导向孔的位置精度，而与机床主轴精度无关，如图 3-93 所示。

镗模导向支架主要用来安装镗套和承受切削力，要求其有足够的刚性及稳定性，故在结构上一般要有较大的安装基面和必要的加强筋，且支架上不允许安装夹紧机构来承受夹紧反力，以免支架变形而破坏精度。

(3) 无支承镗模 工件在刚性好、精度高的金刚镗床、坐标镗床或数控机床、加工中心上镗孔时，夹具上不设镗模支承，加工孔的尺寸和位置精度由镗床保证。无支承镗模只需设计定位、夹紧装置和夹具体即可。

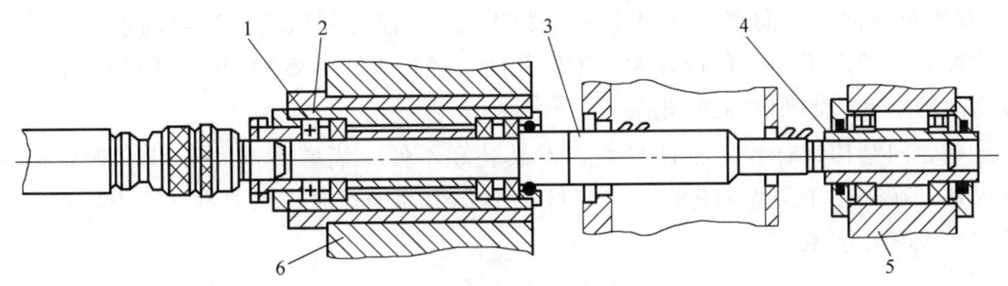

图 3-93 前后双支承镗模

1、4—镗套 2—导向滑套 3—镗杆 5、6—支架

2. 镗床夹具的设计要点

(1) 引导支架结构 主要依据镗孔的长径比 L/D 来选取，一般有如下四种形式：

1) 单边前导向。单个导向支架布置在刀具的前方，如图 3-94 所示。这种形式适用于加工工件孔径 $D>60$mm，加工长度 $L<D$ 的通孔。在多工步加工时，可不更换镗套，又便于在加工过程中进行观察和测量，特别适用锪平面或攻螺纹等工序。一般情况下，$h=(0.5\sim1)D$，不小于 20mm，镗套长度一般取 $H=(1.5\sim3)d$。

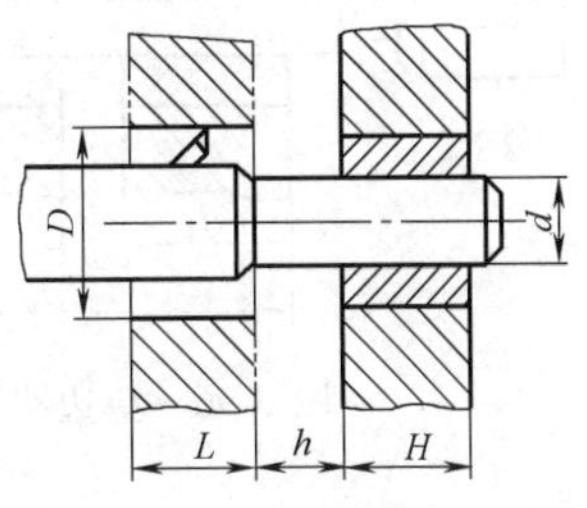

图 3-94 单边前导向支架

2) 单边后导向。单个导向支架布置在刀具的后方，如图 3-95 所示。这种形式适用于加工不通孔或孔径 $D<60$mm 的通孔，装卸工件和更换刀具较方便。

当 $L<D$ 时，采用图 3-95a 所示结构。刀具导向部分的直径 d 可大于所加工孔径 D，此时刀具刚性好，加工精度高，装卸工件和换刀方便，且在多工步加工时可不更换镗套。

当 $L>D$ 时，采用图 3-95b 所示结构。刀具导向部分的直径 d 应小于所加工孔径 D，镗杆

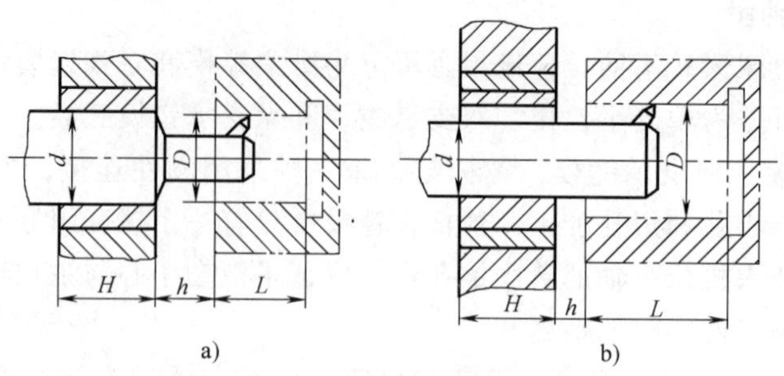

图 3-95　单边后导向支架

a）$L<D$　b）$L>D$

能进入孔内，可减小镗杆的悬伸量，有利于缩短镗杆的长度。镗套长度一般取 $H=(1.5\sim3)d$。h 值的大小取决于换刀、装卸和测量工件及排屑是否方便。

3）单边双导向。在刀具后方装有两个导向镗套，如图 3-96 所示，镗杆与机床主轴浮动连接。为保证镗杆刚度，镗杆的悬伸量 $l_1<5d$，两个支架的导向长度 $L>(1.25\sim1.5)l_1$。单边双导向镗模便于装卸工件和刀具，且便于在加工中进行观察和测量。

4）双边单导向。导向支架分别装在工件的两侧，镗杆与机床主轴浮动连接，如图 3-97 所示。这种形式适用于加工孔径较大、工件孔的长径比大于 1.5 的通孔、同轴线的几个短孔或有较高同轴度和中心距要求的孔系。

双边单导向结构镗杆长，刚性较差，刀具装卸不便。当镗套间距 $L>10d$ 时，应增加中间导向支承。在采用单刃镗刀镗削同一轴线上的几个等径孔时，需要设计让刀机构。

固定式镗套长度取

$$H_1=H_2=(1.5\sim2)d \tag{3-27}$$

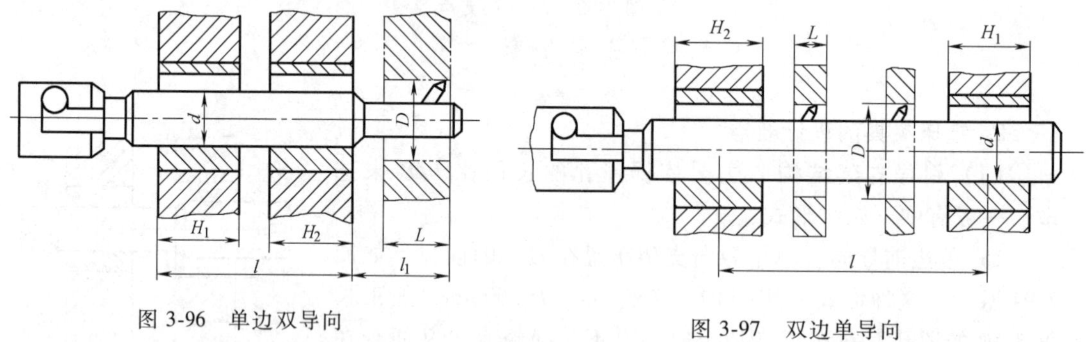

图 3-96　单边双导向

图 3-97　双边单导向

（2）镗套的选择与设计　镗套的结构和精度直接影响加工精度。镗套的结构有固定式和回转式两种。

1）固定式镗套。固定式镗套是一类常用的镗套，在镗孔过程中不随镗杆转动，其结构与快换钻套基本相同。如图 3-98a 所示的固定式镗套开有油槽，设有压配式油杯，外形小、结构简单、中心位置准确，但镗杆在镗套内一边回转一边做轴向移动，镗套易磨损，故只适用于低速镗孔。

2）回转式镗套。回转式镗套在镗孔过程中随镗杆一起转动，镗杆与镗套之间只有相对

移动而无相对转动，从而减少了镗套的磨损，不会因摩擦发热而卡死，因此，回转式镗套特别适用于高速镗削，常用于摩擦面线速度 $v<0.3\sim0.4\text{m/s}$、孔心距较小的孔系的精加工。

回转式镗套可分为滑动回转式镗套和滚动回转式镗套两种。

图 3-98b 所示为滑动回转式镗套。镗套可在滑动轴承内回转，镗模架上所设镗套的结构形式和精度直接影响被加工孔的精度。

图 3-98c 为立式滚动回转式镗套。为避免切屑和切削液落入镗套，需设防护罩；为承受轴向力，一般采用圆锥滚子轴承。

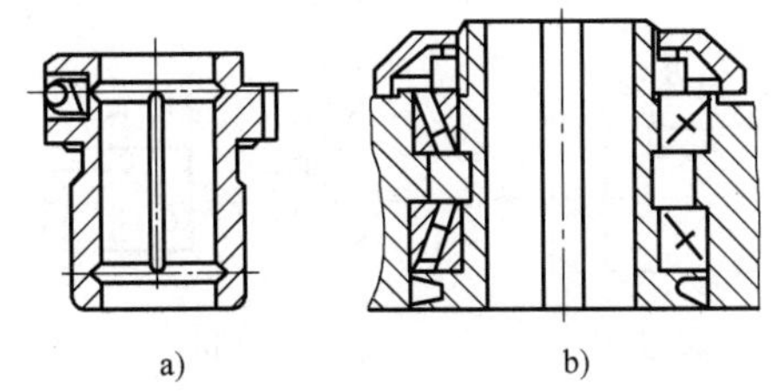

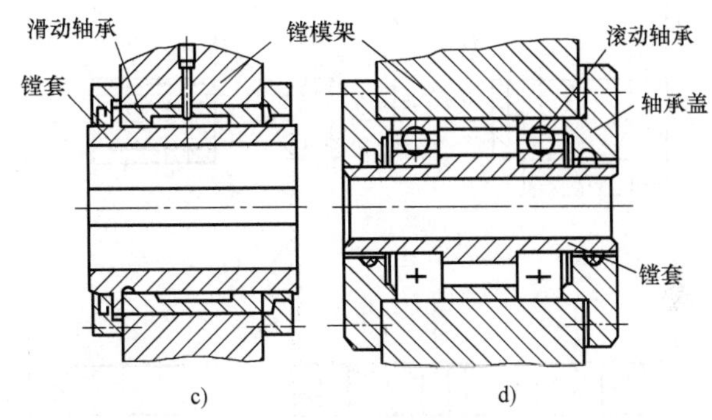

图 3-98　镗套的结构
a）固定式镗套　b）滑动回转式镗套　c）立式滚动回转式镗套　d）卧式滚动回转式镗套

图 3-98d 所示为卧式滚动回转式镗套。镗套支承在两个滚动轴承上，回转精度受轴承精度的影响，对润滑要求较低。但这种镗套径向尺寸较大，适用于粗加工和半精加工。滚动回转式镗套一般用于镗削孔距较大的孔系，摩擦面线速度 $v>0.4\text{m/s}$。其结构中常采用圆锥滚子轴承。

复习思考题

3-1　什么是基准？基准有哪些种类？

3-2　工件在空间上具有哪几个自由度？何谓工件的六点定位原理？

3-3　何谓完全定位和不完全定位？请举例说明其应用。

3-4　何谓欠定位和过定位？请举例说明。

3-5　说明平面定位中支承元件的结构形式与应用。

3-6　说明外圆柱面定位中的定位方式及其应用。

3-7　可调支承、辅助支承有何区别？

3-8　机床专用夹具由哪几部分组成？

3-9　夹紧力的大小如何估算？

3-10　产生定位误差的原因有哪几种？如何计算？

3-11　选择夹紧力的方向和作用点应遵循哪些原则？

3-12　常用的典型夹紧机构有哪些？它们各有何特点？它们分别用于哪些场合？

3-13　钻套有哪几种？各有何特点？

3-14　铣床夹具由哪几部分组成？各有何特点？

3-15　图 3-99 中绘出了各工件的工序图，它们的工序尺寸和加工要求如图所示。

1）分析各工序尺寸的工序基准。

2）分析需要限制的第一类自由度。

a)　b)　c)　d)　e)　f)　g)　h)　i)　j)　k)　l)　m)

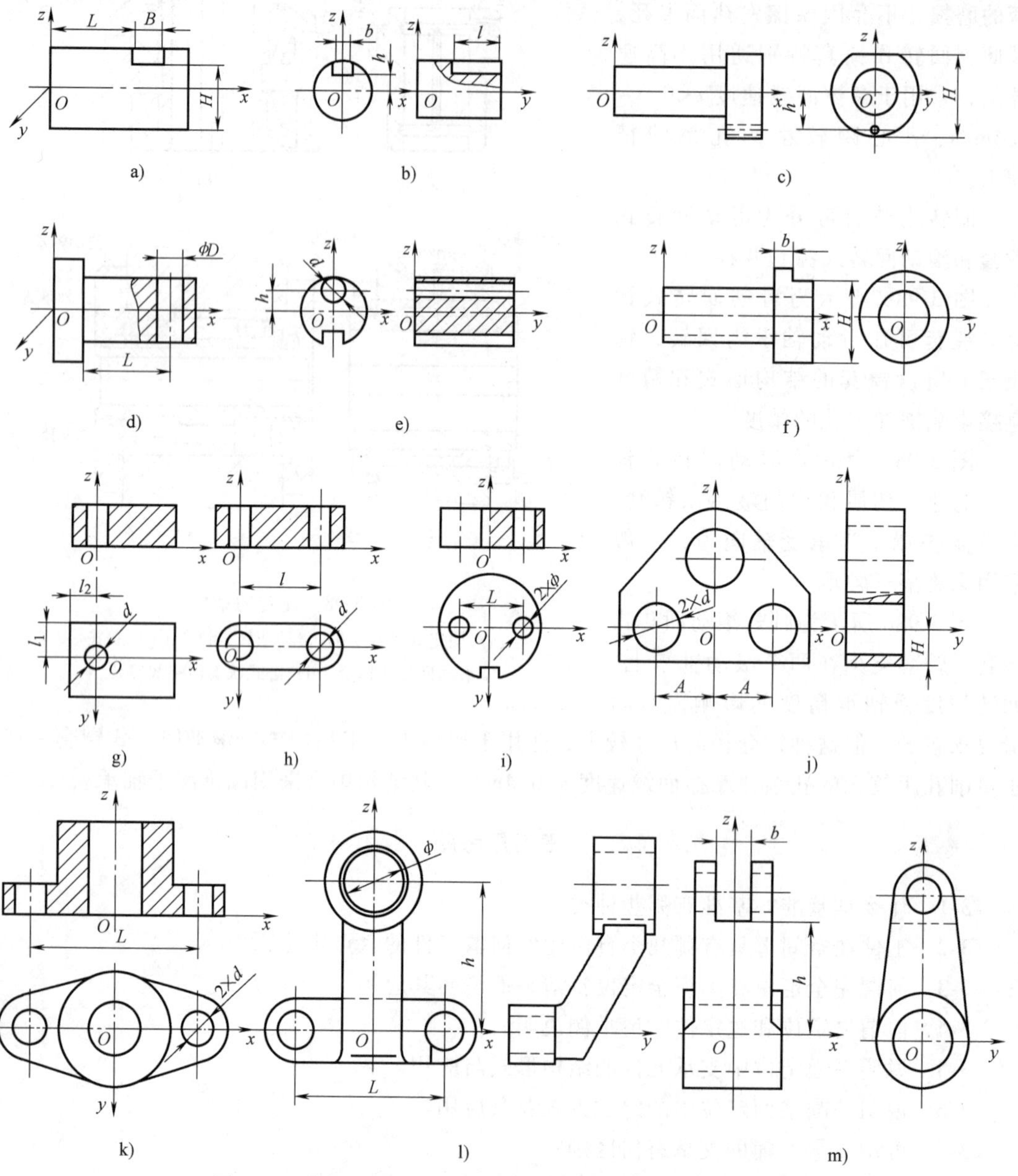

图 3-99　分析工件的工序基准和需要限制的第一类自由度

3-16　在立式钻床上扩活塞销孔，采用图 3-100a 所示定位方案。分析机床夹具定位元件所限制的自由度。

3-17　在拉床上，拉削图 3-100b 所示发动机连杆接合平面、半圆孔及两侧面。分析机床夹具定位元件所能限制的自由度。

3-18　如图 3-100c 所示，在卧式拉床上，使用圆拉刀拉削传动轴凸缘内孔（拉刀导向部分可视为长定位销）。分析机床夹具定位元件所能限制的自由度。

3-19　加工汽车钢板弹簧吊耳时，采用图 3-100d 所示定位方案。分析机床夹具定位元

件所能限制的自由度。

3-20　分析图 3-100e 所示变速器壳体的两种定位方案Ⅰ和Ⅱ，指出两种方案中定位元件所限制的自由度，并说明哪个定位方案较好。

3-21　试分析十字轴在图 3-100f 所示的四个短 V 形块定位时，该定位系统有无过定位现象？如果有过定位现象，如何改进定位方案才不出现过定位？

3-22　采用图 3-100g 所示定位方案精镗活塞销孔。分析机床夹具定位元件所能限制的自由度。

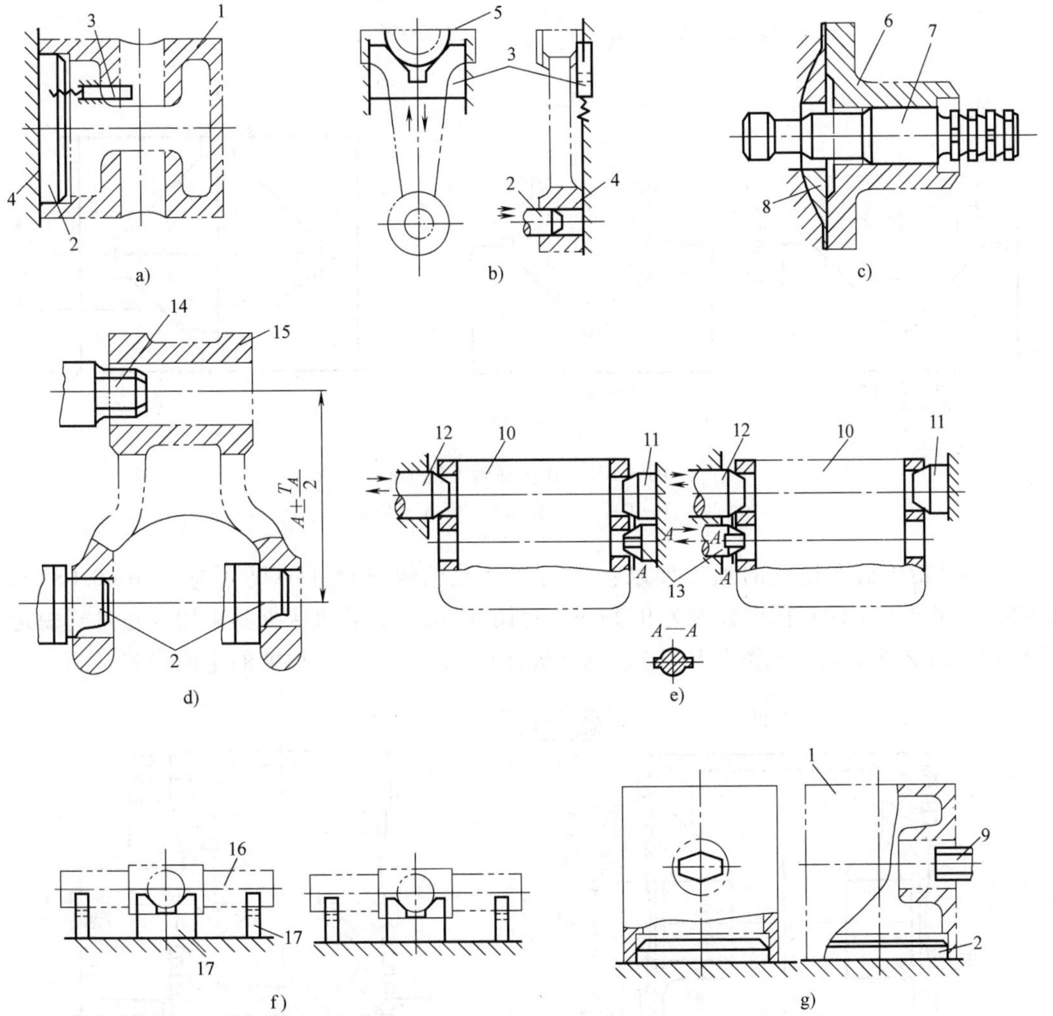

图 3-100　定位元件所限制的自由度

1、5、6、10、15、16—工件　2、11、12—定位销　3—弹性限位销（块）　4—支承座　7—拉刀　8—自位支承　9、13、14—菱形销　17—V 形块

3-23　在阶梯轴上铣一平面，其工序尺寸为 $30_{-0.28}^{\ 0}$ mm，有如图 3-101 所示五种定位方案。试分析与计算：

1）工件的工序基准是什么？五种定位方案的定位基准各是什么？

2）当不考虑阶梯轴两外圆同轴度公差时，计算五种定位方案的定位误差。

3）当阶梯轴两外圆的同轴度公差为 0.03mm 时，计算五种定位方案的定位误差。

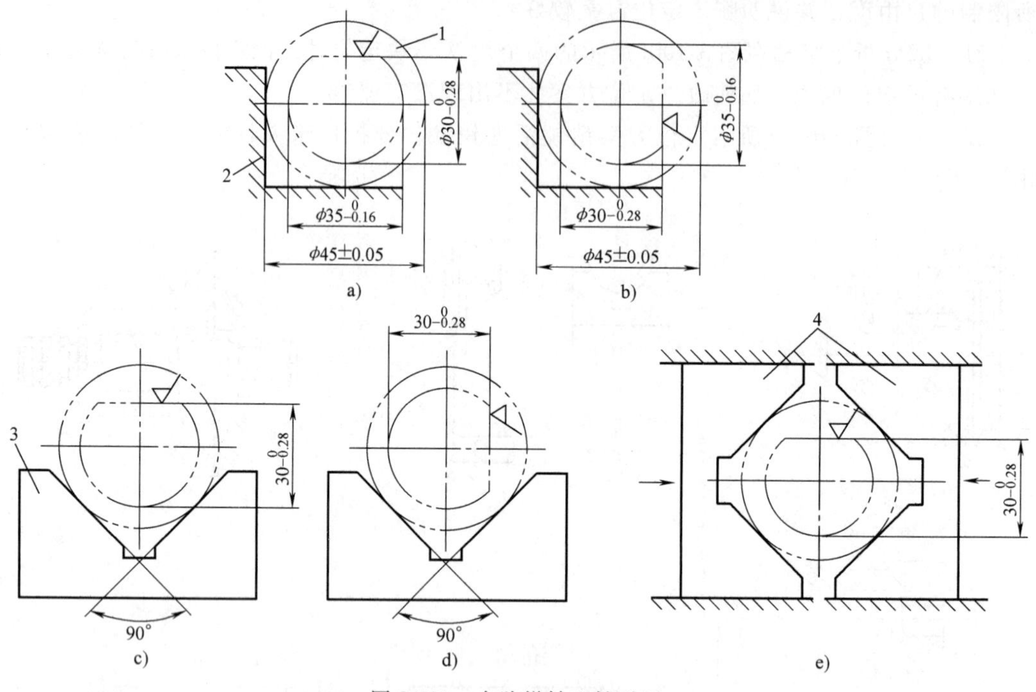

图 3-101　在阶梯轴上铣平面

1—工件　2—支承座　3—V 形块

3-24　精镗活塞销孔的加工要求：①活塞销孔轴线至顶面的尺寸为（56±0.08）mm；②销孔对裙部外圆的对称度公差为 0.2mm（见图 3-102a）。若机床夹具采用内止口（短定位套）和平面支承定位（见图 3-102b），试分析计算工序尺寸和对称度的定位误差。

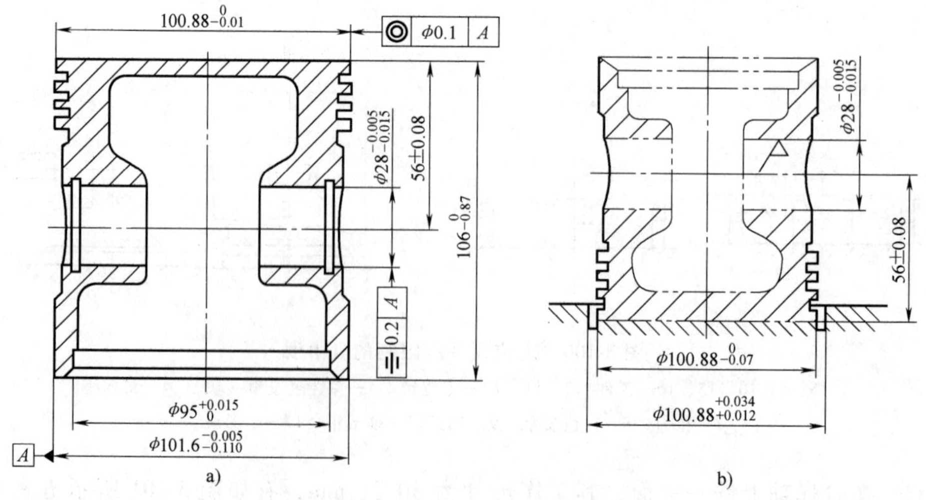

图 3-102　精镗活塞销孔的定位误差

第4章

工件的机械加工质量

每一种机械产品，如汽车、拖拉机等，都是由许多相互关联的零件装配而成的。产品的最终制造质量就和零件的加工质量有着直接的关系，零件的加工质量是整台机器质量的基础，它决定了机器的使用性能和寿命。影响机械产品质量的因素有零件的材料、毛坯的制造方法、零件的热处理工艺、零件的机械加工及装配等。它不仅取决于技术水平，也与企业的管理状况有关。在机械产品中，大多数零件是通过机械加工获得的，所以，本章将介绍机械加工质量的概念，分析加工质量的形成、影响因素及其对零件使用性能的影响。

4.1 机械加工质量的基本概念

4.1.1 加工精度和加工误差

1. 加工质量

零件的加工质量指标有两大类，即加工精度和表面质量。

加工精度是指零件在加工后的实际几何参数（尺寸、形状和各表面间的相互位置等参数）与设计图样规定的理想零件的几何参数的接近程度。加工误差是指零件加工后的实际几何参数对设计图样规定的理想几何参数的偏离程度。实际值越接近理想值，则加工精度就越高，即加工误差越小。在实际生产中，加工精度的高低往往是以加工误差的大小来衡量的。

在实际生产中，任何一种加工方法不可能也不必要把零件加工得绝对准确，而只要将加工误差控制在性能要求所允许的范围（即公差）之内即可。因此，在制订技术要求时，应以最低的精度、较大的表面粗糙度值满足最高的性能为准则。

加工精度的具体指标包括以下几个：

(1) 尺寸精度 尺寸精度是指零件的直径、长度和表面间距离等尺寸的实际值与理想值的接近程度。

(2) 形状精度 形状精度是指零件表面或线的实际形状与理想形状的接近程度。如直线度、平面度、圆度、圆柱度、线轮廓度和面轮廓度等。

(3) 位置精度 位置精度是指零件表面或线的实际位置和理想位置的接近程度。如平行度、垂直度、同轴度、对称度、位置度、圆跳动和全跳动等。

2. 经济加工精度

经济加工精度是指在正常生产条件下（采用符合质量标准的设备、工艺装备和使用标准技术等级的工人，不延长加工时间）所能保证的公差等级。任何一种加工方法，所能获得的加工精度均有一个相当大的变动范围。但不同的精度要求（误差大小）所花费的加工时间、加工成本也不尽相同。加工误差与加工成本的关系如图 4-1 所示。

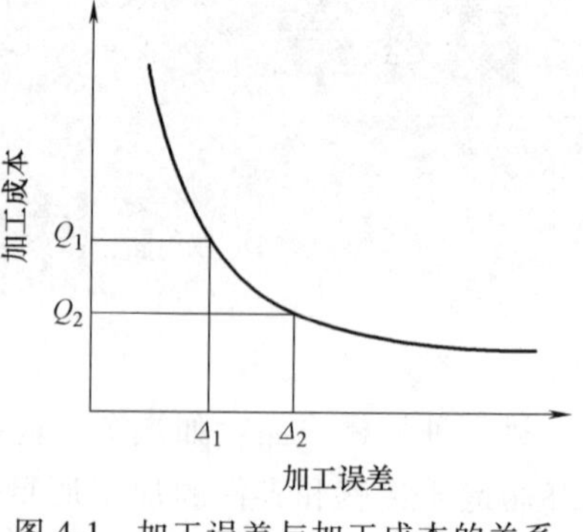

图 4-1 加工误差与加工成本的关系

其中，$\Delta_1 \sim \Delta_2$ 之间既可满足技术要求又不必花费过高的成本。它是比较容易得到且能经济达到的加工精度，也就是此加工方法的经济加工精度。

4.1.2 表面质量

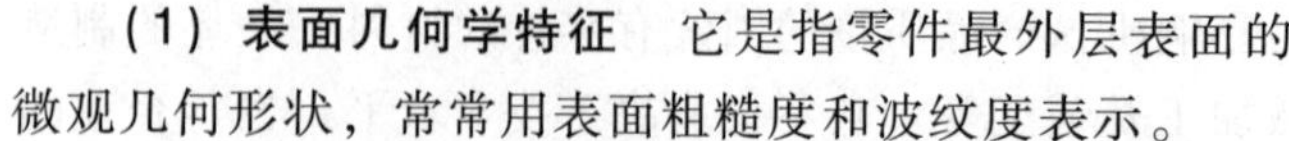

零件的表面质量包括表面粗糙度和表面层的物理力学性能。其具体内容有以下几个：

(1) 表面几何学特征 它是指零件最外层表面的微观几何形状，常常用表面粗糙度和波纹度表示。

(2) 表面层材质的变化 它是指在一定深度的零件表面层出现与基体材料组织不同的变化，主要指表面层因塑性变形引起的冷作硬化、表面层因切削热引起的金相组织变化和表面层产生的残余应力。

机械加工过程中，在切削力和切削热的作用下，零件表层产生很大的塑性变形，表层的物理、力学、化学性能与内部不同，主要有以下三个方面。

1） 表面层因塑性变形引起的冷作硬化。

2） 表面层因切削热引起的金相组织的变化。

3） 表面层中产生的残余应力。

零件的表面加工质量对机器零件的使用性能及其整机的工作性能有很大的影响，这是非常重要的。

4.2 影响机械加工精度的主要因素

机械加工时，工件装夹在夹具中，而夹具又安装在机床上，工件加工表面的几何尺寸、几何形状和相互位置取决于工艺系统间的相对运动关系。在加工过程中必然产生各种误差，如工件在夹具中可能产生的定位误差、夹具在机床上的安装误差、对刀或导向元件因位置不准而引起的对刀误差、工艺系统的受力和受热而引起的变形及残余应力等因素产生的加工误差，都将反映到被加工工件上。

4.2.1 加工原理误差

加工原理误差是由于采用了近似的刀具轮廓、近似的成形运动代替理论的刀具轮廓或成形运动加工工件而产生的加工误差。

生产中采用近似的加工方法进行加工的例子很多，例如车削模数蜗杆时，由于蜗杆的螺距是 π 的倍数，而 π 是一个无理数，所以只能用近似传动的交换齿轮比，因而产生了由于近似传动比的成形运动所引起的加工误差。再如，用滚刀滚齿时存在两种原理误差：一种是为了滚刀制造方便，采用阿基米德蜗杆或法向直廓蜗杆代替渐开线基本蜗杆而产生的切削刃齿廓误差；另一种是由于滚刀的齿数有限，实际上加工出的齿形是一条由微小折线（包络线）组成的曲线。

采用近似的刀具轮廓或近似的成形运动虽然会带来加工原理误差，但这样可以简化工艺过程，简化机床或刀具的结构，降低成本和提高生产率，但由此产生的原理误差必须控制在允许范围内（一般原理误差应小于工件公差值的10%~15%）。

4.2.2 机床的制造误差及磨损

工件是通过机床加工而成的，但机床及其零部件在生产过程中也不可避免地存在着一定的加工误差。机床精度可分为三种：在没有切削力作用下的精度称为静态精度；在有切削力和切削运动作用下的精度称为动态精度；在有温升情况下的精度称为热态精度。本小节主要讲述静态精度，它一般由制造、安装和使用中的磨损造成。而对加工精度影响较大的是导轨导向误差、主轴回转误差和传动链传动误差。

1. 导轨导向误差

导轨副运动件实际运动方向与理论运动方向的符合程度即为导向精度。以车床为例，导向误差通常包含以下几个方面：

(1) 导轨在水平面内的直线度误差 如果车床导轨在水平面内存在着图4-2所示的直线度误差 Δy，则加工后工件直径误差为 $2\Delta y$。此外，由于沿轴向的 Δy 是变化的，还将引起工件的圆柱度误差。因此，车床导轨在水平面内的直线度误差，对工件加工精度的影响很大，必须严格控制。

(2) 导轨在垂直面内的直线度误差 如果车床导轨在垂直面内存在着图4-3所示的直线度误差 Δz，则刀尖从 A 点移动到 B 点，并引起工件半径上的加工误差 Δy。由直角三角形△OAB 可知

$$\left(\frac{d}{2}+\Delta y\right)^2=\left(\frac{d}{2}\right)^2+\Delta z^2$$

则

$$d\Delta y+\Delta y^2=\Delta z^2$$

因为 Δy^2 很小，故可省略，则

$$\Delta y=\frac{\Delta z^2}{d}$$

由于 Δz 很小，所以 Δz^2 就更小，因此 Δy 非常小，即对加工精度的影响很小。

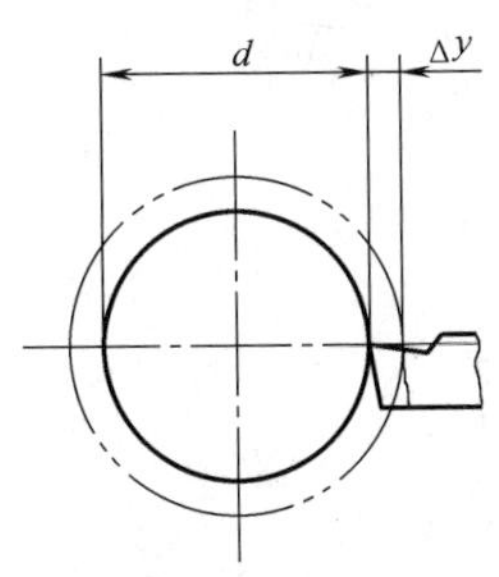

图4-2 车床导轨在水平面内的直线度误差对工件加工精度的影响

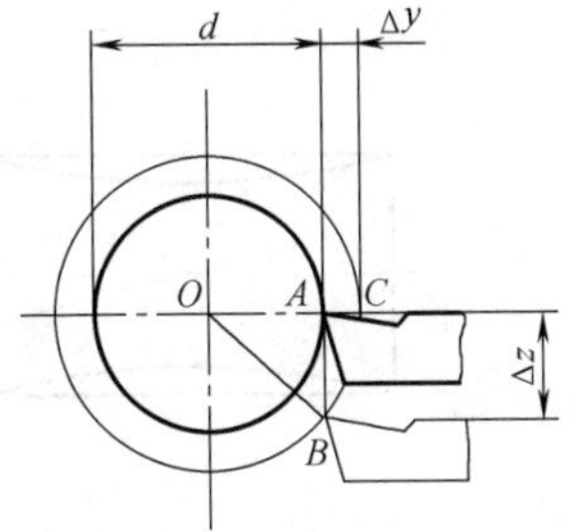

图4-3 车床导轨在垂直面内的直线度误差对工件加工精度的影响

将原始误差对加工精度影响最大的方向的误差称为误差敏感方向。它是被加工表面的法线方向；反之，称为误差不敏感方向，一般是被加工表面的切线方向。很显然，在分析研究加工精度时应主要分析原始误差在误差敏感方向上的影响。

(3) 前后导轨的平行度误差（导轨扭曲） 当车床的前、后导轨在垂直面内有平行度

误差时，如图 4-4 所示，因在两个不同截面间前、后导轨高度差为 δ（为原始误差），使床鞍在此间移动时偏斜造成刀具在水平面发生位移 Δy，则工件半径误差为 $\Delta R=\Delta y\approx\dfrac{H}{B}\delta$，通常车床$\dfrac{H}{B}\approx\dfrac{2}{3}$，外圆磨床$\dfrac{H}{B}\approx 1$。因此，该原始误差对加工精度的影响很大，应引起重视。

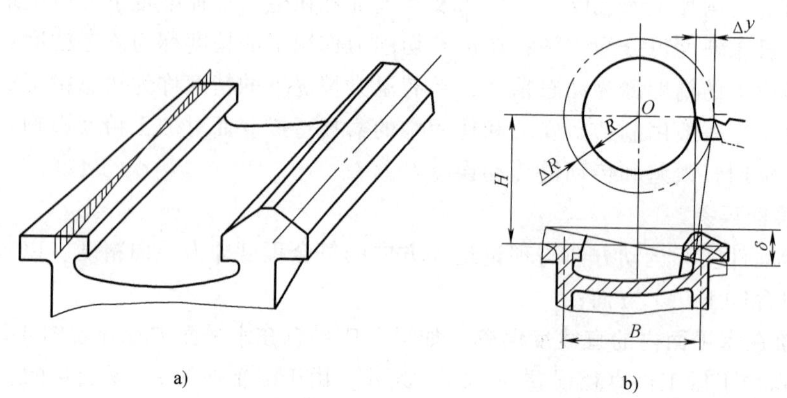

图 4-4 导轨扭曲引起的加工误差

a）导轨扭曲 b）工件加工误差

（4）导轨与主轴回转轴线的平行度误差 如导轨本身沿水平、垂直方向倾斜，主轴回转轴线角向漂移；尾座偏移使前、后顶尖连线与刀具轨迹不平行等均属于该误差之内。图 4-5 所示为几项与此有关的误差而产生的加工误差。

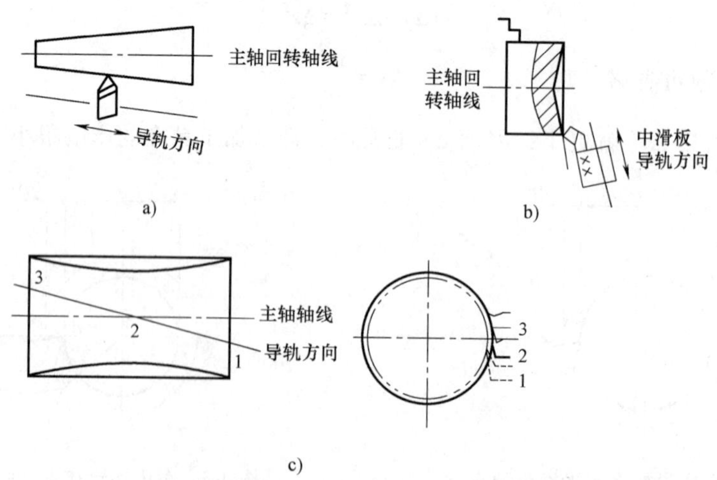

图 4-5 导轨与主轴回转轴线的平行度误差产生的加工误差

a）两者水平面内不平行 b）两者不垂直 c）两者在垂直面内不平行

2. 主轴回转误差

机床主轴是安装刀具或工件的基准。主轴回转误差即主轴实际回转轴线相对理论回转轴线的偏离（即漂移）。它可以分解成三种基本形式，即径向圆跳动（径向漂移）、轴向窜动

（轴向漂移）和角度摆动（角向漂移），如图 4-6 所示。

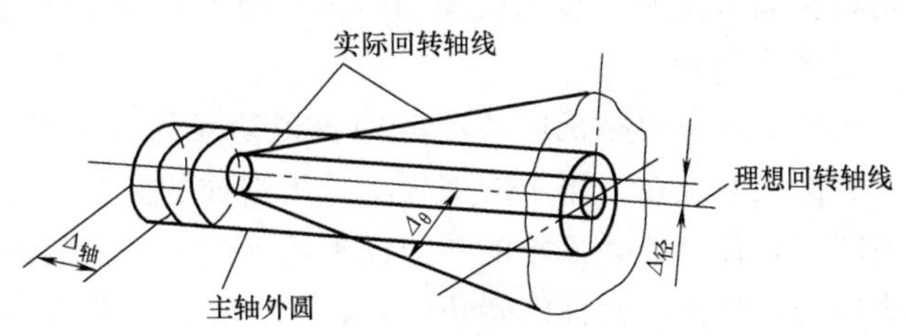

图 4-6 主轴回转误差的基本形式

对于不同类型的机床而言，其误差敏感方向不同，加工内容不同，因此主轴回转误差对加工精度的影响也有所不同。

主轴的纯轴向窜动对圆柱面的加工精度没有影响，但加工端面时，会使其端面与中心线不垂直，如图 4-7a 所示。当主轴回转一周时，来回窜动一次，使加工出的端面近似为螺旋面：向前窜动的半周形成右螺旋面，向后窜动的半周形成左螺旋面。端面对中心线的垂直度误差随着切削半径的减小而增大，即

$$\tan\theta = \frac{A}{R}$$

式中 A——主轴轴向窜动的幅值；

R——工件车削端面的半径；

θ——端面切削后的不垂直度偏角。

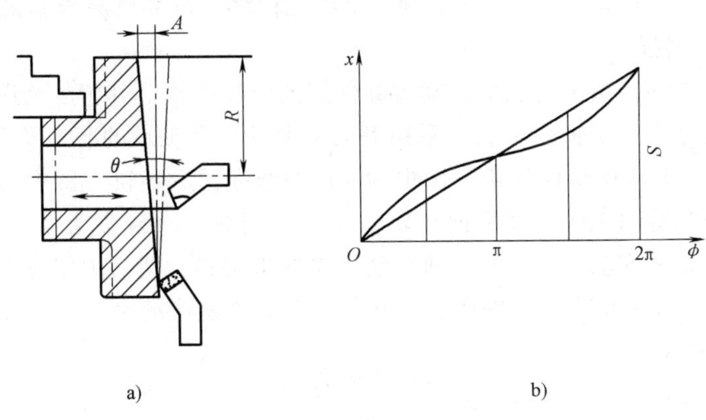

图 4-7 主轴纯轴向窜动

a）工件端面与轴线不垂直 b）螺距周期误差

在加工螺纹时，主轴的轴向窜动将使螺距产生周期误差，如图 4-7b 所示。所以在相关标准中对机床主轴轴向窜动的幅值常常都有严格的要求，如精密车床的主轴轴向窜动规定为 2~3μm 等。

3. 传动链传动误差

机床的切削运动是通过具体的传动机构实现的。这些传动机构由于本身的制造误差、安装误差和工作中的磨损，最终引起传动链两个执行件之间的相对运动误差，称为传动误差。

传动误差将影响各成形运动之间的运动精度。如滚齿加工，这种传动误差将影响滚刀与工件之间的展成运动精度，从而影响齿轮的加工精度。

车床加工螺纹时，要求车刀与工件之间保持严格的运动关系，即工件转一周刀具应准确移动一个导程，这种运动关系是由刀具与工件之间的传动链来保证的。但传动链中各传动元

件均存在制造误差、装配误差和磨损，使刀具和工件之间的运动关系产生误差，从而使工件加工后产生误差。

传动误差主要是机床传动链中各传动元件（齿轮、分度蜗轮副、丝杠副等）的制造误差、装配误差及在使用中的磨损等原因造成的。各元件在传动链中的位置不同，其影响程度也不同。如各个传动齿轮的转角误差将通过传动比反映到其执行件（工件）。如果传动链是升速传动，则传动元件的转角误差将扩大；而在降速传动时，则转角误差将缩小。

减少传动链误差的措施有以下几方面：

1）缩短传动链的长度，即尽量减少传动链中传动元件的数目。

2）提高传动元件，特别是执行元件的制造和安装精度。

3）传动链中各传动副的传动比尽量按降速比递增的原则来分配，越靠近执行元件的传动副降速比应越大。

4）采用校正装置。误差校正装置其实是在传动链中额外加入一个反向误差，其大小与此传动链本身的误差相等而方向相反，以抵消原有误差。图 4-8 所示为高精度螺纹加工机床常用的机械式校正装置机构原理图。首先测量被加工工件 1 的导程误差，据此设计出校正尺 5 的校正曲线 7，将校正尺 5 固定在机床床身上，加工工件 1 的螺纹时，机床传动丝杠带动螺母 2 及与其固定连接的刀架和杠杆 4 移动，则校正尺 5 上的校正曲线 7 通过触头 6、杠杆 4 使螺母 2 产生一个附加运动，使刀架得到一个附加位移，以补偿原传动误差。

4. 机床导轨的磨损

机床在使用过程中，由于各相对运动零部件间的摩擦磨损，其精度会逐渐下降。而对加工精度影响最大的是机床主轴的轴颈（采用滑动轴承时）和轴承的磨损及床身的磨损。

如图 4-9 所示的车床床身前导轨（图中的 K）的磨损比后导轨（图中的 M）大 5 倍，因为刀架常常在这个范围内工作。如果前导轨在某处磨损成一个深度为 Δ 的凹坑，而后导轨基本还是平直的，此时床鞍在沿床身导轨移动时将发生偏斜，使刀尖相对于工件产生形状误差。由图 4-9 可知，刀尖相对于工件在水平方向上产生的偏移量为

$$\Delta y = H\frac{\Delta}{B}$$

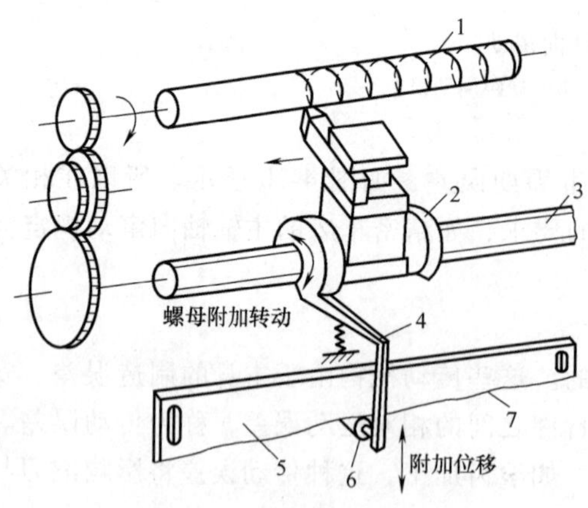

图 4-8 丝杠加工误差的校正装置

1—工件 2—螺母 3—母丝杠 4—杠杆 5—校正尺 6—触头 7—校正曲线

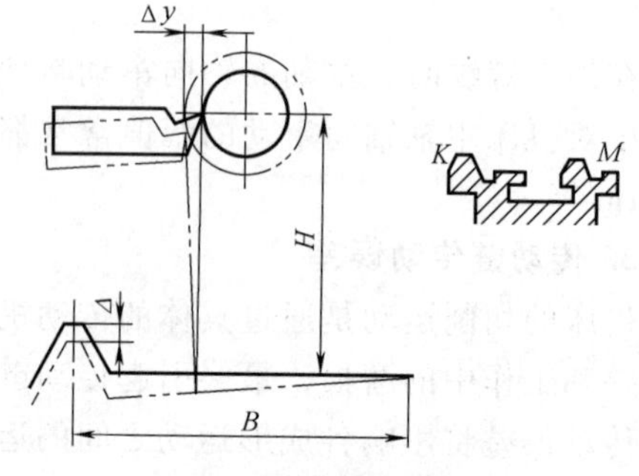

图 4-9 车床床身导轨磨损对加工精度的影响

式中 H——车床的中心高；

Δ——床身前导轨的磨损量；

B——床身前、后导轨的距离。

该偏移量最终反映到工件上，工件直径将增加 $2\Delta y$。

机床的零部件在制造和装配过程中均存在一定的误差。此外，机床在安装和使用中的不当和磨损也将降低机床的精度，从而影响工件的加工精度。

4.2.3 刀具误差

刀具误差包括刀具的制造误差和在加工时的磨损所引起的误差，它们将影响工件的加工精度。

1. 刀具的制造误差

1）采用定尺寸刀具（如钻头、铰刀、键槽铣刀、镗刀和圆拉刀等）加工时，刀具的尺寸误差将直接影响工件的尺寸精度。

2）采用成形刀具（成形车刀、成形铣刀、成形砂轮等）加工时，切削刃的形状误差、磨损和安装误差都将直接影响工件的形状精度。

3）采用展成刀具（如齿轮滚刀、花键滚刀、插齿刀等）加工时，切削刃的形状误差、磨损和安装误差都将直接影响工件的形状误差。

4）对于一般的单刃刀具（如车刀、镗刀、刨刀和铣刀等），加工表面的形状主要由机床运动的精度来保证，加工表面的尺寸主要由调整精度决定。刀具的制造误差对加工精度没有直接影响，但是其磨损对工件的尺寸和形状精度有很大的影响。

2. 刀具磨损的影响

在精加工过程中，刀具的磨损所引起的误差一般占加工误差总数很大的比例。特别是主要加工表面径向的切削刃的磨损量，称该磨损量为尺寸磨损，如图 4-10 所示的 NB。刀具在这个方向上的磨损不仅影响工件的尺寸精度，还影响工件的形状精度。如在车床上车削长轴或镗深孔时，随着车刀逐渐磨损，就可能在工件上车出锥度。此外，用成形刀具加工时，刀具的磨损会使工件的轮廓发生变化。在多刀机床上加工时，因为各刀具的磨损量各不相同，造成工件各部分的尺寸误差也不一样。

（1）刀具磨损过程和磨钝标准 随着切削时间的延长，刀具磨损也逐渐增大。刀具磨损速度主要取决于刀具材料、工件材料和切削速度。在不同的切削时段，刀具磨损的速度有较大的差异。通常将刀具磨损过程分为三个阶段，如图 4-11 所示。

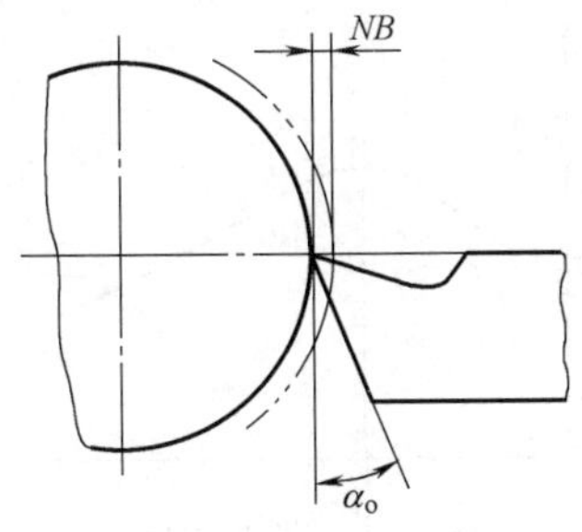

图 4-10 后刀面的磨损

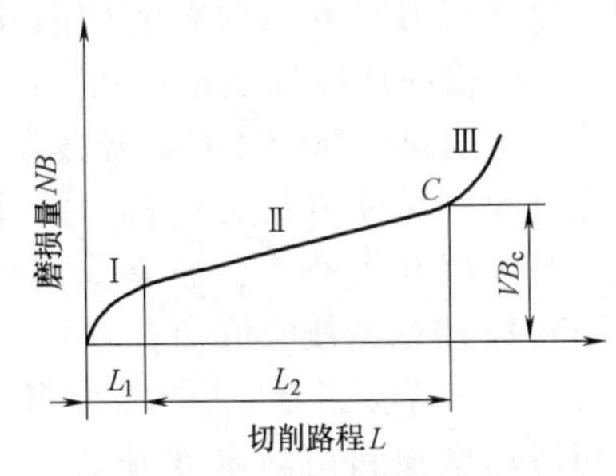

图 4-11 刀具磨损过程

1）初期磨损阶段（Ⅰ）。刀具刃磨后开始使用时由于新刃磨刀面表层不够光洁及组织缺陷，表层组织不耐磨，因而磨损较快（大约为几分钟），切削路程不超过 1km。

2）正常磨损阶段（Ⅱ）。刀具经过初期磨损阶段后，刀具表面的高低不平及不耐磨缺陷层已被磨去，使刀具表面上压强减小而且较均匀，故磨损速度比初期磨损阶段缓慢。此时磨损量与切削时间基本成正比，切削路程可达 30km。它是刀具进行正常工作的阶段。

3）急剧磨损阶段（Ⅲ）。刀具磨损到一定程度后，由于钝化厉害，摩擦过大，切削力和切削温度迅速增长，以致使刀具磨损的原因发生重大变化，导致磨损速度迅速加快，刀具的磨损量迅速增大，切削刃在很短时间内损坏，这时刀具已不能使用，必须重新刃磨或换刀。

从合理使用刀具材料的观点出发，在切削过程中应当尽可能避免刀具产生急剧磨损，所以一般取磨损曲线中正常磨损阶段终点处的磨损量 VB_C 作为磨钝标准，称为合理磨钝标准。刀具的磨钝标准如果大于或小于 VB_C，都会造成刀具材料消耗的增加。但精加工时，必须保证工件表面粗糙度和尺寸精度，因此要根据工艺要求来制订刀具的磨钝标准，这种标准称为工艺磨钝标准。工艺磨钝标准一般都小于合理磨钝标准。

（2）刀具寿命 在使用刀具时仅制订出磨钝标准是不够的。在加工过程中，操作人员要经常停车测量后刀面的磨损量是否已经达到磨钝标准，工作不方便，且会降低生产效率。因此，必须有一个不用停车测量而又能方便地判断磨损量是否已经达到磨钝标准的间接量，这个间接量就是刀具寿命 T。

刀具寿命是指刀具刃磨后，从开始切削到后刀面磨损量达到磨钝标准所经过的切削时间，用 T 表示，单位为 min，也即刀具寿命是刀具两次刃磨间的切削时间。它不包括工件装夹、测量、开机、停机等辅助时间。刀具寿命与刀具刃磨次数的乘积称为刀具总寿命，它是指一把刀具从开始使用到完全报废为止所经过的总切削时间。

（3）刀具寿命的影响因素和合理寿命 对于某一确定的刀具，若磨钝标准相同，刀具寿命越大，表示刀具磨损越慢。因此影响刀具磨损的因素也就是影响刀具寿命的因素。切削加工中机械摩擦的程度和切削温度的高低以及磨钝标准的大小等都直接影响刀具寿命。

1）工件的影响。工件材料的强度、硬度越高，导热性越差，刀具磨损越快，刀具寿命将越低。

2）切削用量的影响。切削用量中的切削速度 v_c、进给量 f 和背吃刀量 a_p 增加时，刀具磨损加剧，刀具寿命降低。其中影响最大的是切削速度 v_c，其次是进给量 f，影响最小的是背吃刀量 a_p。

切削速度对刀具寿命的影响如图 4-12 所示。由图可知，在一定的切削速度范围内，刀具寿命最高，提高或降低切削速度都会使刀具寿命降低。

由上可知，每种刀具材料都有一个最佳切削速度范围。为了提高生产率，通常采用的切削速度范围偏向图 4-12 中的曲线峰值的右方。

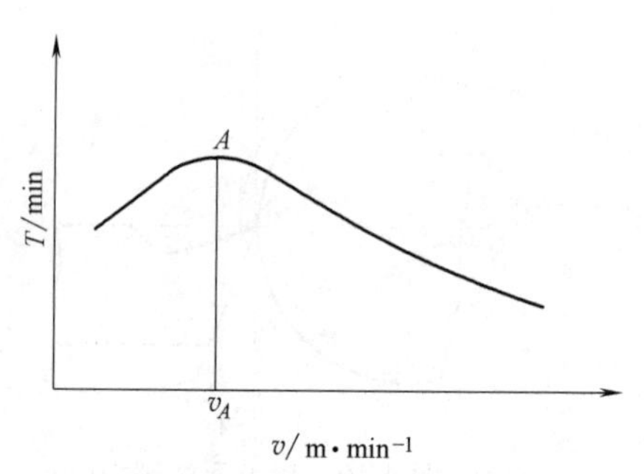

图 4-12 切削速度对刀具寿命的影响

进给量 f 和背吃刀量 a_p 的增大都会使切削面积增加、切削热增加和切削温度升高，从而使刀具寿命下降，但背吃刀量 a_p 比进给量 f 影响要小。因为

当 a_p 增加时，切削热虽然有所增加，但切削宽度 b_D 增大，使切削刃工作长度增加，散热条件随之有所改善，故切削温度上升较少，刀具寿命下降不多。

3）刀具的影响。刀具材料的耐磨性、耐热性越好，刀具寿命就越高。

增大刀具前角 γ_o 能减小切屑的变形，从而减小切削力和机床功率消耗，使切削温度不致过高，刀具寿命提高。但如果前角太大，则楔角 β_o 太小，刃口强度和散热条件就差，反而使刀具寿命降低。可见，对于每一种具体的加工条件，都有一个使刀具寿命最高的合理前角。

刀尖圆弧半径增大或主偏角减小，都会使切削刃的工作长度增加，切削刃散热条件得到改善，从而降低切削温度；同时刀尖部分强度也较好，刀具寿命得到提高。但是刀尖圆弧半径增大或主偏角减小，将使径向切削分力增大，对于硬质合金等脆性刀具材料而言，容易产生崩刃而使刀具寿命降低。

刀具寿命也并不是越大越好。如果寿命选择过大，势必要选择较小的切削用量，结果使零件加工所需要的机动时间大为增加，生产率降低，加工成本提高；反之，若寿命选择过低，虽然可以采用较大的切削用量，但却因为刀具很快磨损而增加了刀具材料的消耗和换刀、磨刀、调刀等辅助时间，同样会造成生产率降低和成本提高。因此，加工时要根据具体情况选择合适的刀具寿命。

生产中一般根据最低加工成本原则确定刀具寿命，但在为了完成紧急任务或提高生产率对成本影响不大的情况下，也可根据最高生产率原则来确定刀具寿命。刀具寿命的具体数值可在有关手册中查到。下列数据可供参考。

高速钢车刀：30~90min。

高速钢钻头：80~120min。

硬质合金焊接车刀：60min。

硬质合金铣刀：120~180min。

齿轮刀具：200~300min。

组合机床、自动机床及自动线用刀具：240~480min。

可转位车刀的推广普及应用，使换刀时间和刀具成本大为降低，从而可将刀具寿命甚至选择为15~30min，这样可以大大提高切削用量，进一步提高生产率。

4.2.4 工艺系统的弹性变形

1. 工艺系统刚度的概念

在机械加工时，机床、夹具、刀具和工件形成了一个完整的系统，把这个系统称为工艺系统。工艺系统是弹性系统，工艺系统在外力（主要是切削力，还有夹紧力、传动力和离心力等）的作用下就会产生弹性变形，这种弹性变形包括工艺系统各组成环节本身的弹性变形以及各组成环节配合（或接合）处的位移。工艺系统弹性变形（简称压移）的大小，除了取决于外力的大小外，还取决于工艺系统抵抗外力的能力。所以，在外力作用下，工艺系统抵抗变形的能力称为工艺系统的刚度。

由材料力学可知，当任何一个物体受到力的作用时，都要产生相应的变形。若引起工艺系统弹性变形的作用力 F 是静态的力，则由此力和由它所引起的在作用力方向上产生的变

形量 y 的比值称为静刚度 k（简称刚度），即

$$k=\frac{F}{y}$$

式中 k——静刚度（N/mm）；

F——作用力（N）；

y——沿作用力 F 方向上的变形（mm）。

若该作用力是交变力（力的大小随时间的变化而变化），则由该力和变形关系所确定的刚度称为动刚度。

在各种外力作用下工艺系统各部分在其受力方向将产生相应的变形。同样，工艺系统的受力变形也应主要研究误差的敏感方向，即通过刀具的加工表面的法线方向的位移。

2. 机床的刚度及其对加工精度的影响

在实际加工中，切削力的大小及其作用点的位置总是变化的，有时力的方向也会变化，因此系统的受力变形也会随之变化。现以图 4-13 所示的车床顶尖间加工光轴为例。假设切削过程中切削力大小不变；车刀悬伸量很短，受力后弯曲变形极小以至其法向分量可忽略不计；顶尖、刀架都看作是机床的一部分。此时，工艺系统的受力变形就取决于机床和工件的受力变形。

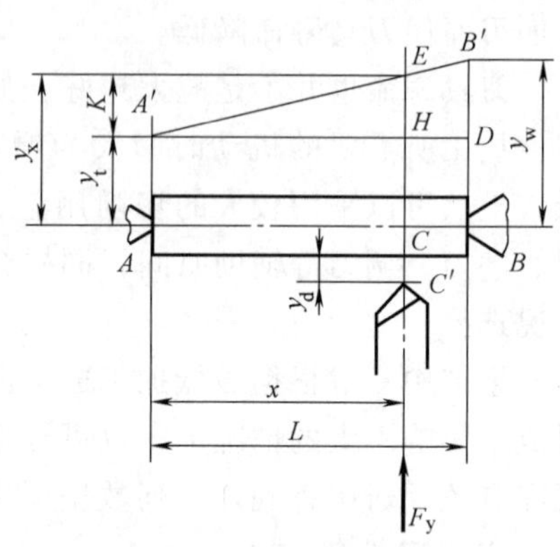

图 4-13　机床刚度的计算

如图 4-13 所示，在任意点切削力的作用下（图中只标出 F_y），床头位置从 A 移至 A'，尾座从 B 移至 B'，刀架从 C 移至 C'。床头、尾座和刀架的压移分别为 y_t、y_w、y_d。为便于研究，假设工件为刚体（即工件受力后不变形），则工件轴线由 AB 移至 $A'B'$，在离床头 x 处移动了 y_x，则机床压移量 y_j 为

$$y_j=y_x+y_d \tag{4-1}$$

而

$$y_x=y_t+K$$

其中，K 值可由相似三角形 $\triangle A'B'D$ 和 $\triangle A'EH$ 求出，即

$$\frac{K}{y_w-y_t}=\frac{x}{L}$$

所以

$$K=\frac{x}{L}(y_w-y_t)$$

故

$$y_x=y_t+\frac{x}{L}(y_w-y_t) \tag{4-2}$$

设 F_A、F_B 分别为由切削力 F_y 在床头和尾座处所引起的压力，则有

$$F_AL=F_y(L-x)$$

$$F_BL=F_yx$$

或

$$F_A=F_y\left(\frac{L-x}{L}\right)$$

$$F_B=F_y\left(\frac{x}{L}\right)$$

因为

$$y_t=\frac{F_A}{J_t}$$

$$y_w=\frac{F_B}{J_w}$$

所以

$$y_t=\frac{F_y}{J_t}\left(\frac{L-x}{L}\right)$$

$$y_w=\frac{F_y}{J_w}\left(\frac{x}{L}\right)$$

代入式（4-2）并整理得

$$y_x=\frac{F_y}{J_t}\left(\frac{L-x}{L}\right)^2+\frac{F_y}{J_w}\left(\frac{x}{L}\right)^2 \tag{4-3}$$

将式（4-3）及 $y_d=F_y/J_d$ 代入式（4-1）得

$$y_j=\frac{F_y}{J_t}\left(\frac{L-x}{L}\right)^2+\frac{F_y}{J_w}\left(\frac{x}{L}\right)^2+\frac{F_y}{J_d}$$

故任意点即离床头为 x 处的机床刚度 J_j 为

$$J_j=\frac{F_y}{y_j}=\frac{1}{\frac{1}{J_t}\left(\frac{L-x}{L}\right)^2+\frac{1}{J_w}\left(\frac{x}{L}\right)^2+\frac{1}{J_d}} \tag{4-4}$$

由式（4-4）可知，机床的刚度不是一个常值，而是车刀所处位置的函数。因此，由于工艺系统弹性变形的影响，工件沿轴线的直径将有所变化。一般取刀具位于工件中点处的刚度代表机床的刚度，即以 $x=L/2$ 代入式（4-4），可知机床的刚度为

$$J_{j\left(\frac{l}{2}\right)}=\frac{1}{\frac{1}{4}\left(\frac{1}{J_t}+\frac{1}{J_w}\right)+\frac{1}{J_d}} \tag{4-5}$$

当车刀位于床头处时，以 $x=0$ 代入式（4-4）得

$$J_{j(0)}=\frac{1}{\frac{1}{J_d}+\frac{1}{J_t}} \tag{4-6}$$

当车刀位于尾座处时，以 $x=L$ 代入式（4-4）得

$$J_{j(L)}=\frac{1}{\frac{1}{J_d}+\frac{1}{J_w}} \tag{4-7}$$

令 $\frac{dJ_j}{dx}=0$，得刚度的极值在 x_0 处，有

$$x_0=\frac{LJ_w}{J_t+J_w}$$

又因 $\frac{d^2J_j}{dx^2}<0$，即 J_j 有最大值为

$$J_{\mathrm{jmax}}=\frac{1}{\dfrac{1}{J_{\mathrm{t}}+J_{\mathrm{w}}}+\dfrac{1}{J_{\mathrm{d}}}} \tag{4-8}$$

因此，当知道工艺系统的各个组成部分的刚度后，就可求出系统刚度。然而机床各部件刚度问题比较复杂，无法进行精确计算，只能用试验的方法进行测定。

机床的刚度除了与组成部件的结构尺寸有关外，还与制造和装配的质量有关。影响机床刚度的其他因素有以下几方面：

（1）配合零件的接触刚度 零件接触表面抵抗因外力而产生变形的能力称为接触刚度。机械加工后零件的表面并非理想的平整和光滑。装配后零件间的实际接触面积也只是一小部分，且仅是这一小部分中的表面粗糙度中的个别凸峰，如图 4-14 所示。在外力作用下，这些接触点产生了较大的接触应力，因而有较大的接触变形。在这些接触变形中，不但有表面层的弹性变形，还有局部的塑性变形，造成了部件的刚度曲线不呈直线而呈复杂的曲线。接触表面塑性变形及接触面间存在着油膜是造成残余变形的原因。经过几次加载后才能使冷硬等现象逐渐消除（该现象在滑动轴承副中最为明显）。

（2）机床零件本身的刚度 在部件中，个别薄弱零件对部件刚度的影响很大。例如机床燕尾槽导轨中，如图 4-15 所示，它常用楔铁来补偿导轨间的间隙，因为楔铁薄而长，自身刚度很差，同时制造不可能达到理想的准确程度，所以它们接触不良，在外力的作用下产生很大的变形，致使部件刚度大幅下降。

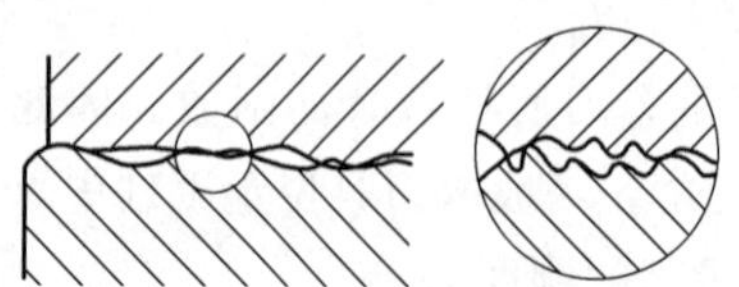

图 4-14 表面的接触情况

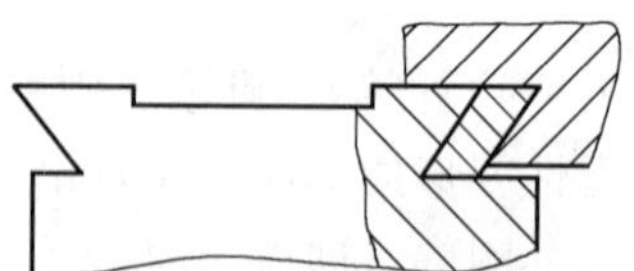

图 4-15 机床的薄弱零件

（3）连接件的刚度 机床零件间常用螺栓连接，如果所受载荷小于螺栓压紧力产生的摩擦力时，该结构是一个整体，刚度很高。但当所受载荷超过螺栓压紧力产生的摩擦力时，零件间产生位移，即降低了刚度。

（4）零件间的间隙 零件间的间隙也影响机床的刚度。此时主要表现在加工时载荷方向经常改变的镗床、铣床等机床上。当载荷方向改变时，间隙所引起的位移破坏了原来刀具与加工表面间的准确位置关系，因此影响很大。而对于单向受力，使工件始终靠一边的加工方式，这种影响就小得多。为此，在切削加工前应先将机床空运转一段时间，使机床零件发生热膨胀，以减小间隙，可提高机床的刚度。

刚度在机械加工中是一个很重要的问题。它不仅对工件的加工精度有很大的影响，而且与工艺系统的振动也有很大的关系。因此，在机械加工中，如何提高工艺系统的刚度始终是一个重要的课题。

提高工艺系统的刚度，不仅可以提高工件的加工精度，而且可以提高切削用量以提高生产率，还可以有效地防止或降低切削时振动现象。

3. 工件的刚度及其对加工精度的影响

以车床上常见的加工实例来进行分析。

（1）工件在两顶尖之间加工 此时工件相当于一根梁自由支承在两个支点上，在径向

切削分力的作用下，工件最大挠度发生在工件中间位置，在整个工作行程中的切屑厚度不一样，在工件中间最小，两端最大，最终加工出的工件形状成了图 4-16 所示的腰鼓形。

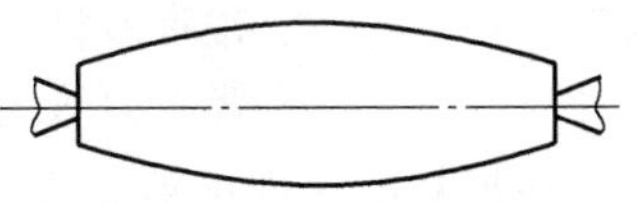

图 4-16　在车床两顶尖之间加工

（2）工件在卡盘中加工　这种安装方式相当于悬臂梁，此时最大挠度发生在工件的末端，此处的切削厚度最小，加工后的工件形状如图 4-17 所示。显然，这种安装方式一般适用于长径比较小的工件。

（3）工件安装在卡盘上并用后顶尖支承　这种装夹方式是前两种方式的组合，加工后的工件形状如图 4-18 所示。

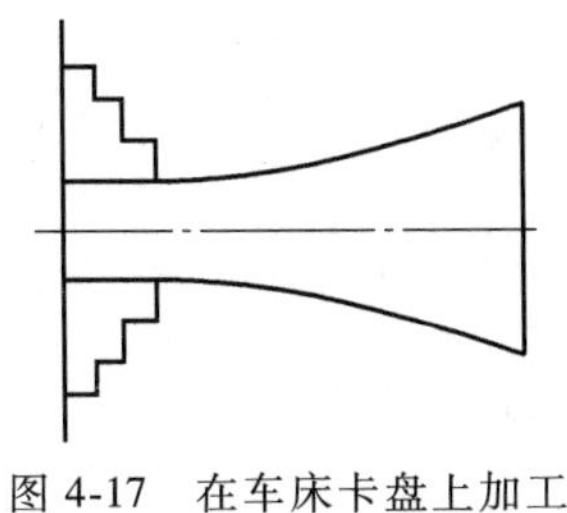

图 4-17　在车床卡盘上加工

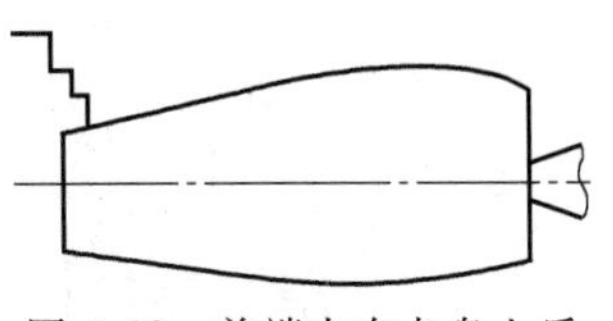

图 4-18　前端夹在卡盘上后端用顶尖支承加工

（4）薄壁工件的加工　刚性很差的工件在夹具夹紧力的作用下，会产生弹性变形，如图 4-19 所示，用自定心卡盘夹紧并加工薄壁套筒零件的内孔，工件的变形很大，此时弹性变形对工件的加工精度影响非常大。图 4-19a 所示为夹紧后工件的变形情况；图 4-19b 所示为将内孔加工完毕后工件的形状；图 4-19c 所示为卸下工件后工件弹性变形恢复的形状，被加工孔产生了加工误差。在加工易变形的薄壁工件时，应使夹紧力在工件的圆周上均匀分布，比较合理的方案是采用液性塑料夹具进行加工。

4. 误差复映规律

在车床上加工具有偏心的毛坯，如图 4-20 所示。当毛坯转一转时，背吃刀量从图示的最大值 a_{p1} 变为最小值 a_{p2}，其切削力也由最大变为最小，此时，工艺系统各部件也相应地产生弹性压移，切削力大时弹性压移大，切削力小时弹性压移也小，所以偏心的毛坯加工后所得到的零件仍然是偏心的，即毛坯的误差被复映了下来，只不过加工后工件的误差值减小了，这种现象称为误差复映规律。

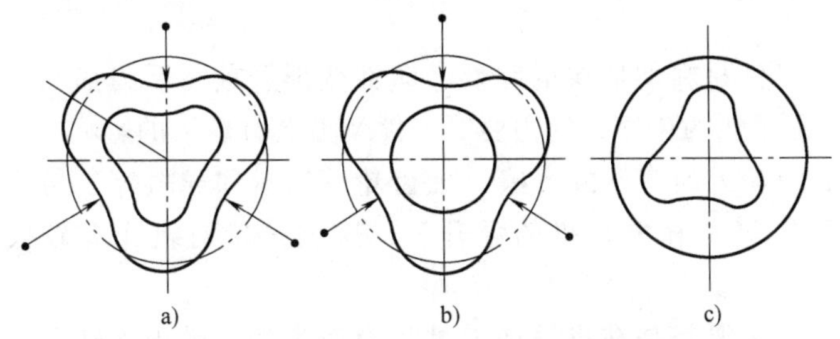

图 4-19　薄壁零件在自定心卡盘中被夹紧时的加工情况

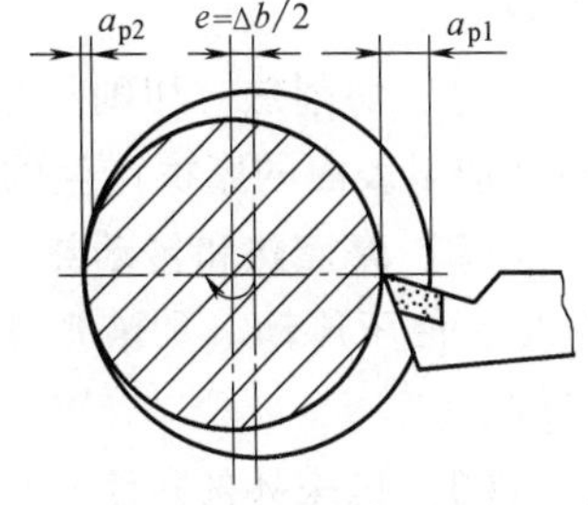

图 4-20　车削偏心毛坯

令工件毛坯直径上的误差为 Δ_b，加工后工件直径上的误差为 Δ_w。则

$$\Delta_w = y_1 - y_2 = \frac{F_{p1}}{J_s} - \frac{F_{p2}}{J_s} \tag{4-9}$$

式中 y_1、y_2——背吃刀量为 a_{p1}、a_{p2}时工艺系统的弹性压移量；

F_{p1}、F_{p2}——背吃刀量为 a_{p1}、a_{p2}时工件的法向切削分力。

根据切削原理可知，法向切削分力 F_p 与切向切削分力 F_c 的关系为

$$F_p = \lambda F_c$$

而

$$F_c = C_{F_c} a_p f^{0.75}$$

式中 λ——主要与刀具几何角度有关的系数，一般取 0.4；

f——进给量；

a_p——背吃刀量；

C_{F_c}——与工件材料、刀具几何形状等有关的系数。

将 F_p 值代入式（4-9）得

$$\Delta_w = \frac{\lambda F_{c1}}{J_s} - \frac{\lambda F_{c2}}{J_s} = \frac{\lambda}{J_s}(C_{F_c} f^{0.75} a_{p1} - C_{F_c} f^{0.75} a_{p2})$$

$$= \frac{\lambda}{J_s} C_{F_c} f^{0.75}(a_{p1} - a_{p2}) = \frac{\lambda}{J_s} C_{F_c} f^{0.75} \Delta_b \tag{4-10}$$

由式（4-10）可知，当毛坯的偏心 $2e = \Delta_b$（或其他形状误差）一定时，工艺系统的刚度越大，则加工后工件的偏心（或其他形状误差）就越小，即加工后工件的精度越高。

以误差复映系数 ε 来表示工件加工后精度的提高程度，即

$$\varepsilon = \frac{\Delta_w}{\Delta_b} = \frac{\lambda}{J_s} C_{F_c} f^{0.75} \tag{4-11}$$

显然，工艺系统刚度越大，ε 越小，复映在工件上的误差越小。

当加工过程分成几个工步时，因每个工步的误差复映系数分别为 ε_1、ε_2、ε_3、…，则总的复映系数 $\varepsilon_\Sigma = \varepsilon_1 \varepsilon_2 \varepsilon \cdots$。

因每个复映系数均小于1，所以经过几次进给后，ε_Σ 将是一个很小的数值，加工误差也就降到允许的范围以内。因此，工件的加工精度要求高时，常常需要经过粗加工、半精加工、精加工甚至光整加工等若干道工序。

4.2.5 工艺系统的热变形

在机械加工时，工艺系统受热而引起的变形称为热变形。热的来源主要有以下三个方面。

（1）切削热 切削热是被加工工件材料切屑层的弹性、塑性变形及前、后刀面与切屑和已加工表面的摩擦产生的热量。由于热的传导，它主要对工件及刀具有较大的影响。

（2）摩擦热和传动热 机床的相互运动零件的摩擦（如齿轮、轴承和导轨等）转变的热量，液压传动（如液压泵、液压缸等）和电动机的温升等，这类热量对机床有较大的影响。

（3）机床外部热源 以上两部分热源都是在机械加工过程中产生的，是内部热源。外部热源主要是机床周围环境温度的变化、阳光辐射、供暖设备及灯光照明等。这类热源对精密机床、精密零件的加工及测量影响较大。

工艺系统受到切削热、摩擦热和阳光及供暖设备的辐射热等的影响，因此工件、刀具及机床的许多部件都会因温度的升高而产生复杂的变形，从而改变它们之间的相互位置，破坏

工件和刀具之间的相对运动的正确性，改变已调整好的加工尺寸，引起背吃刀量和切削力的改变，以及破坏传动链的传动精度等，所以工艺系统的热变形对加工精度具有很大的影响。

1. 机床热变形引起的加工误差

由于各类机床的结构和工作条件相差很大，所以引起机床热变形的热源和变形形式也是各不相同的。

车床工作时，热源主要由床头箱中轴承和齿轮在运转时的摩擦所引起，由于床头箱受热变形，主轴位置要升高，在水平方向也产生位移，影响加工精度较大的是水平方向上的位移。为了减少机床热变形的影响，一般在工作前开动机床后空转一段时间，在达到或接近热平衡后再进行加工。在加工有些精密零件时，尽管有不切削的间断时间，但仍让机床空转，以保持机床的热平衡。

图 4-21 所示为外圆磨床床身壁板受热不均匀使工作台偏转，工件从实线位置移到双点画线位置。床身壁板受热不均匀，是因为液压系统的输油管路和输送切削液的电泵，以及位于床身右方的油箱 3 和切削液箱 4。比床身壁板 1 更靠近热源的床身壁板 2 还要受热空气流的影响，因此床身壁板 2 伸长较多。为了改变这种状况，有些机床将油箱、切削液箱和电动机等置于床身之外，以减少温升。

对于车床、铣床及镗床等机床，其热源主要是主轴箱的发热，如图 4-22 所示，热变形的结果是使主轴箱箱体和床身（或立柱）发生变形和翘曲，造成主轴的位移和倾斜。

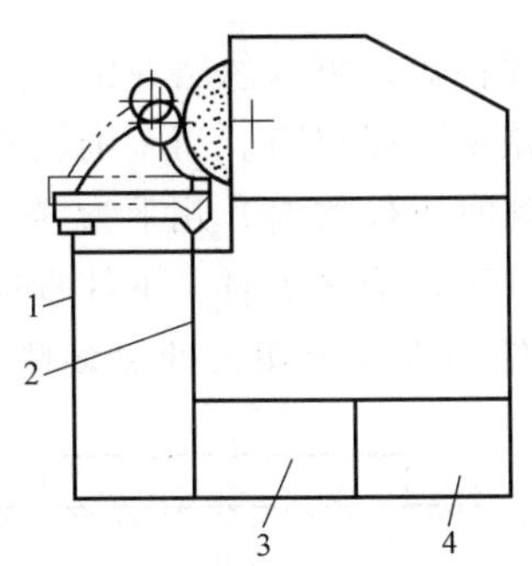

图 4-21　外圆磨床床身壁板受热不均匀使工作台偏转

1、2—床身壁板　3—油箱　4—切削液箱

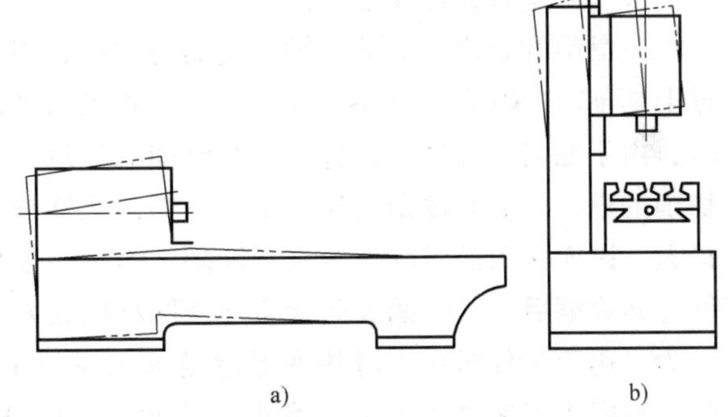

图 4-22　车床和立式铣床的热变形

2. 工件热变形引起的加工误差

工件所受的热主要来自切削区域。在车削、铣削等加工时，大部分热量被切屑带走，工件吸收的热量仅仅是一小部分。但在磨削及钻孔加工时，大部分热量是传入工件的。切削热在车刀、工件和切屑中的分布情况如图 4-23 所示。加工精密零件或薄壁零件时，加工环境的温度变化也会产生明显的影响。均匀的温度变化将使工件的尺寸发生变化，而不均匀的温度变化会改变工件的形状。

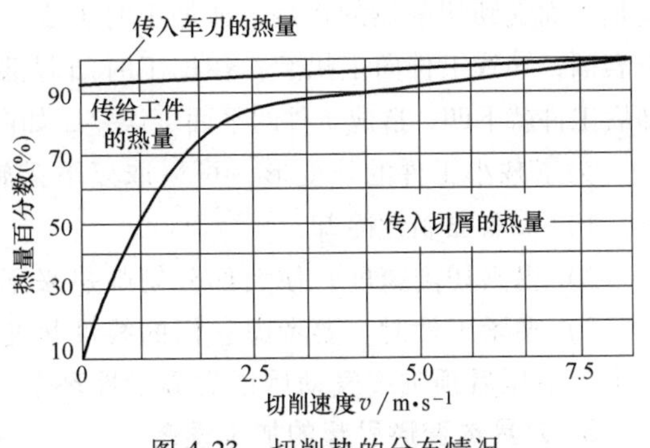

图 4-23　切削热的分布情况

（1）工件均匀受热 一些形状简单、对称的零件（如轴套类）的车削、外圆磨削等加工时，可以认为工件是均匀受热的，此时传给工件的切削热量 Q 可以按下式估算，即

$$Q = F_c vtk$$

式中 F_c——切向切削分力；

v——切削速度；

t——切削时间；

k——切削热传入工件的百分比。

工件因吸收热量而引起的温升 Δt 为

$$\Delta t = \frac{Q}{c\rho V}$$

式中 c——工件材料的比热容；

ρ——工件材料的密度；

V——工件的体积。

由此而引起的热变形量为

$$\Delta L = \alpha_e L \Delta t$$

式中 α_e——工件材料的线膨胀系数；

L——工件在热变形方向的尺寸。

加工盘类和长度较短的销轴、套类零件时，因为进给行程很短，可以忽略在沿工件轴向位置上切削时间的先后影响，故引起的工件纵向方向上的误差也可以忽略。而车削较长的工件时，由于在沿工件轴向位置上切削时间有先后，在开始切削时工件的温升几乎为零，而随着切削的进行，温升逐渐增加，工件直径随之逐渐变形增大，至进给终了时，工件直径变形至最大，因而车刀的背吃刀量也逐渐随之增大（实际是在工件的直径上切去的更多些），在工件冷却收缩后，其外圆表面就会产生圆柱度误差。

为了避免工件粗加工时热变形对精加工时加工精度的影响，在安排工艺过程时常常将粗、精加工工序分开，最好能间隔一些时间让工件的变形能有恢复的时间，以提高精加工的精度。

（2）工件受热不均匀 在铣、刨、磨削加工时，工件仅仅是单面受到切削热的作用，即加工时上表面的温升远大于下表面，导致工件向上拱起，在加工时凸起部分被切去，冷却后工件就下凹，造成工件的平面度误差，如图4-24所示。

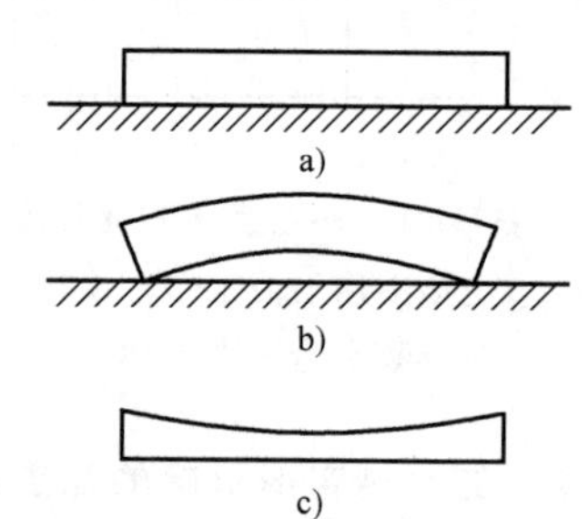

图 4-24 工件不均匀受热时的变形
a）磨削前的薄板工件 b）磨削时的热膨胀形状 c）磨削后薄板工件上平面形状

为了减小工件的热变形，可采取以下措施：

1）采取强制性冷却。

2）提高切削速度，使大部分切削热来不及传至工件而随切屑带走。

3）夹紧工件时，要考虑它们的线性热变形的补偿，如在磨床、多刀车床上采用弹簧后顶尖、液压后顶尖或气动后顶尖等柔性环节。

3. 刀具热变形引起的加工误差

刀具的热源主要来自切削热。虽然切削热传给刀具的比例较少，但刀具的体积小、热容

量小，故刀具的温升还是较高的。如车削时，高速钢车刀的工作表面的温度可达700~800℃，而硬质合金切削刃可达1000℃以上。

连续切削时，刀具的热变形在切削初期增加很快，随后逐渐变慢，经过一段时间后（10~20min）便趋于热平衡状态，此后热变形的变化量很小，如图4-25所示。刀具总的热变形量可达0.03~0.05mm。

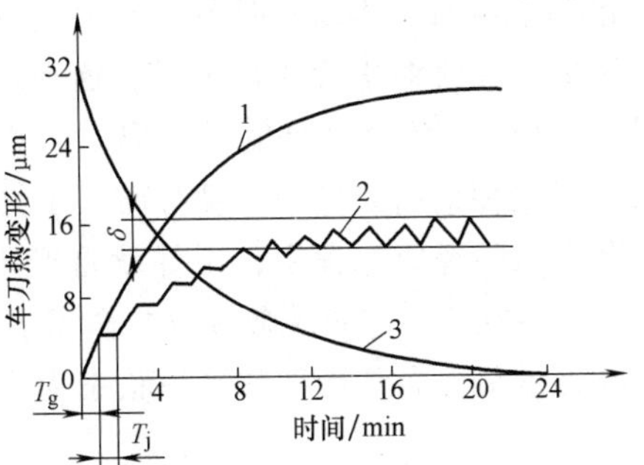

图4-25 车刀的热变形曲线

1—连续切削 2—间断切削 3—冷却曲线

T_g—切削时间 T_j—间断切削时间

间断切削时，由于刀具有短暂的冷却时间，因此其热变形的曲线具有热胀冷缩的双重特性，热变形量比连续切削要小，并能趋于稳定在δ的范围内变动。

当切削停止后，刀具温度马上下降，开始冷却较快，以后逐渐减慢。

车刀车削长轴时，刀头受热后伸长，被加工工件的直径就会随着切削的进行而逐渐减小，从而产生锥度。

车刀的热变形与以下因素有关：

1）提高切削用量中的任一项，都能使车刀的伸长量增加。

2）车刀热伸长量与刀杆横断面尺寸近似成反比。

3）硬质合金刀片越厚，车刀的热伸长量越小。

4）车刀的热伸长量与被加工材料的强度极限近似成正比。

5）有切削液时，车刀的热伸长量可大为减小。

4.2.6 工件内应力（残余应力）

当工件的外力去除后，仍残留在工件内部的应力称为内应力，也称为残余应力。内应力是由于金属内部宏观或微观的组织发生了不均匀的体积变化而产生的。它来自热加工和冷加工。内应力总是拉伸应力和压缩应力并存而处于平衡状态，也就是其合力等于零。存在内应力的零件处于一种不稳定的状态。当零件所处环境发生变化时，如温度的改变或工件表面被切除一层金属，则原来的内应力平衡状态被破坏，工件将发生形状变化，并形成新的平衡状态，这个过程称为内应力的重新分布。

内应力经过一个阶段后，会自动地逐步消失，同时零件的形状发生变化。

工件产生内应力的原因，从工艺过程来说，它是由于零件材料不均匀的体积变化所引起的，其原因有以下几方面：

1）零件不均匀的加热和冷却。

2）零件材料金相组织的转变。

3）强化时塑性变形的结果。

4）零件机械加工后，其表面也会产生内应力。

图4-26所示为内、外不同壁厚的铸件在铸造过程中残余应力的产生过程。铸件浇注后，由于壁A和壁C比较薄，散热快，因此冷却速度比中间部分B快很多。当A、C从塑性状态冷却到弹性状态时（约620℃），B尚处于塑性状态。此时A、C收缩，而B对A、C的收缩

不起阻止作用，所以此时不会产生残余应力。但当 *B* 冷却到弹性状态时，*A*、*C* 的温度已降低很多，其收缩速度变得很慢，而此时 *B* 的收缩较快，则 *A*、*C* 对 *B* 的收缩起到了阻止作用，这样 *A*、*C* 内就产生了压应力，*B* 内则产生了拉应力，它们暂时形成了相互平衡的状态。但这种平衡条件一旦被打破，工件内的残余应力就要释放以达到新的平衡状态，在这个残余应力的释放过程中，工件就将产生变形。例如，在 *A* 上开一个缺口，*A* 上的压应力消失，工件在 *B*、*C* 的残余应力的作用下，*B* 收缩，*C* 伸长，工件就产生了弯曲变形，直至残余应力重新分布达到新的平衡状态为止。

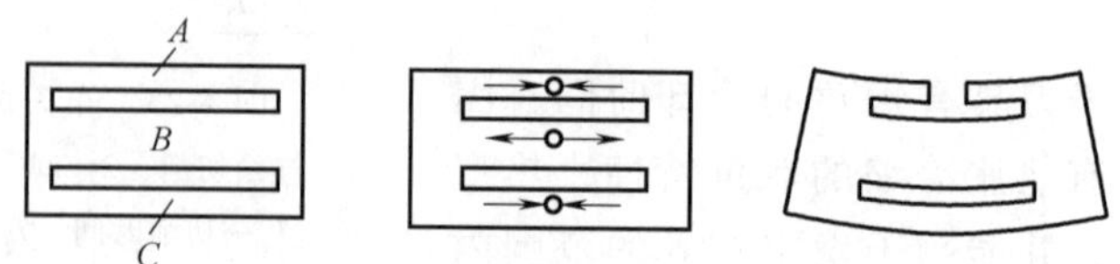

图 4-26　铸件残余应力的形成及变形

铸件在铸造过程中都难免因冷却速度不均而产生残余应力，如机床床身、发动机缸体、变速器壳体等工件。

零件经过淬火后也会产生内应力。因为零件的表面层经淬火后其金相组织发生了变化，由密度较大的奥氏体转变为密度较小的马氏体，表面层的金属体积产生膨胀而受到内层金属的阻碍，结果在表面层产生残余压应力，内层产生残余拉应力。

对轴类零件的冷校直也会产生内应力。如图 4-27 所示，弯曲的工件在校直时必须使其产生图 4-27a 所示的反向弯曲，并使工件产生一定的塑性变形。当工件外层应力超过屈服极限强度时，其内层应力还没有超出弹性极限强度，所以此时应力分布情况如图 4-27b 所示。当去除外力后，由于下部外层已产生拉伸的塑性变形，上部外层已产生压缩的塑性变形，故里层的弹性恢复受到阻碍。结果上部外层产生残余拉应力，上部里层产生残余压应力；下部外层产生残余压应力，下部里层产生残余拉应力，如图 4-27c 所示。

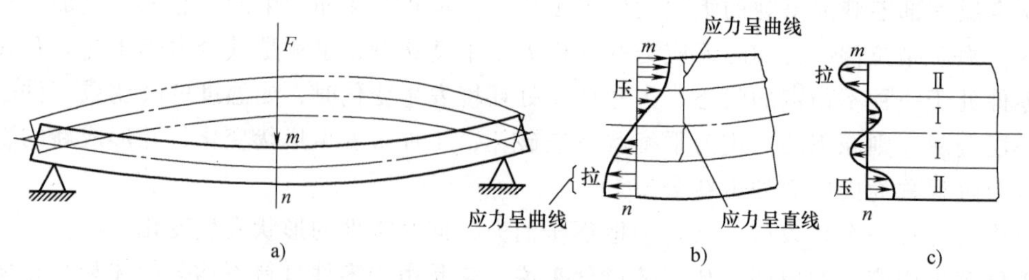

图 4-27　冷校直引起的残余应力

a）冷校直方法　b）加载时的应力分布　c）卸载后的残余应力分布

减小和消除残余应力的工艺措施如下：

1）改善零件的结构。在零件的结构设计时，应尽量简化结构，提高零件的刚度，使壁厚均匀，以减少残余应力的产生。

2）安排消除内应力的热处理工序。这类工艺主要有时效处理等热处理，例如铸、锻、焊接件进行退火或回火；零件淬火后进行回火处理；对于加工精度要求高的零件如丝杠、箱

体、精密主轴等在粗加工后再进行时效处理。

3）合理安排工艺过程。在拟订零件的加工工艺过程时，尽量将粗、精加工分开，使其在粗加工后经过一定的时间间隔，可以让内应力重新分布，让工件有充分变形的时间，以便在精加工时得到纠正，保证精加工后的精度。在加工大型工件时，粗、精加工常常在一个工序中完成，由于粗加工时的切削力大，故夹紧力也大，所以在粗加工后应松开工件，让工件可以自由变形，然后再用较小的夹紧力夹紧工件进行精加工。对于精密零件（如精密丝杠），在加工过程中不允许进行冷校直（如有需要可采用热校直），以减小内应力的产生。

4.2.7 其他原因

1. 测量误差

测量误差是指工件实际尺寸与量具测出的尺寸之间的差值。测量误差主要由于计量器具本身存在误差、测量方法的误差、温度及操作者人为主观的影响等因素造成的。加工一般精度的零件时，测量误差可占到工件公差的 1/10～1/5；但在加工精密零件时，测量误差可占到工件公差的 1/3 左右。

2. 调整误差

在进行切削加工时，为了获得图样规定的尺寸，就必须对机床、刀具及夹具进行调整。在单件、小批量生产中，通常是采用试切法来调整的；而在成批或大批大量生产中，则采用调整法。

在采用试切法时会存在误差。同样，在调整法中，对刀有误差，而挡块、电器行程开关、行程控制阀等的精度和灵敏度都会影响调整的正确性，即存在调整误差。

4.2.8 工件加工误差的合成

在工件加工过程中，各种原始误差会造成不同性质的加工误差，从加工一批工件时误差出现的规律分析，加工误差可分为系统性误差和随机性误差两类。

1. 加工误差的性质

(1) 系统性误差 在顺序加工一批工件时，误差的大小、方向都保持不变，或按一定规律变化的误差称为系统性误差，其中前者称为常值系统性误差，后者称为变值系统性误差。例如，铰刀直径偏大，则加工后孔的直径也相应偏大；用定程挡块控制工件加工尺寸，挡块位置在调整时的误差，工件加工后也产生相应的尺寸误差。这些误差对该批工件而言，大小和方向基本不变，因此都属于常值系统性误差。在加工过程中，刀具的磨损，机床、刀具和工件等在热平衡前的热变形引起的误差等，是随着加工时间而有规律地变化的，这就属于变值系统性误差。

(2) 随机性误差 在顺序加工的一批工件中，其加工误差的大小和方向的变化是随机性的，称为随机性误差。如因工件材料硬度不均匀、加工余量不均匀和毛坯表面有缺陷等原因导致的切削力变化所造成的加工误差、定位误差、夹紧误差、多次调整的误差、残余应力引起的变形误差等均属于随机性误差。

2. 加工误差的分析计算

(1) 计算法 用理论公式、试验公式及适当的数学、力学模型将各种因素引起的加工误差都确定出来，再按一定的规律将其合成而得到加工总误差。但计算法在生产实践中往往

比较困难。

(2) 统计分析法 在机械加工中，采用分布曲线法和点图法。

1）分布曲线法。

① 实际分布曲线。成批加工某一工件，抽取其中一定数量进行测量，抽取的这批工件称为样本，样本的件数 n 称为样本容量。因存在各种误差的影响，加工尺寸或偏差总是在一定范围内变动，这种现象称为尺寸分散（是随机变量），用 x 表示。样本尺寸或偏差的最大值 x_{max} 与最小值 x_{min} 之差，称为极差，用 R 表示，即

$$R=x_{max}-x_{min}$$

将样本尺寸或偏差按大小顺序排列，并将它们分成 k 组，组距为 d，即

$$d=\frac{R}{k-1}$$

同一尺寸或同一误差组的工件数量 m 称为频数。频数 m 与样本容量 n 之比称为频率 f，即

$$f=\frac{m}{n}$$

以工件尺寸（或误差）为横坐标，以频数或频率为纵坐标，就可以作出这批工件加工尺寸（或误差）的试验分布图，即直方图。k 值一般应根据样本容量 n 来选择，见表 4-1。

表 4-1 试验数据

n	25~40	40~60	60~100	100	100~160	160~250
k	6	7	8	10	11	12

将直方图中每一个直方宽度的中点（组中值）用平滑曲线连接，即得到实际分布曲线图，如图4-28所示。

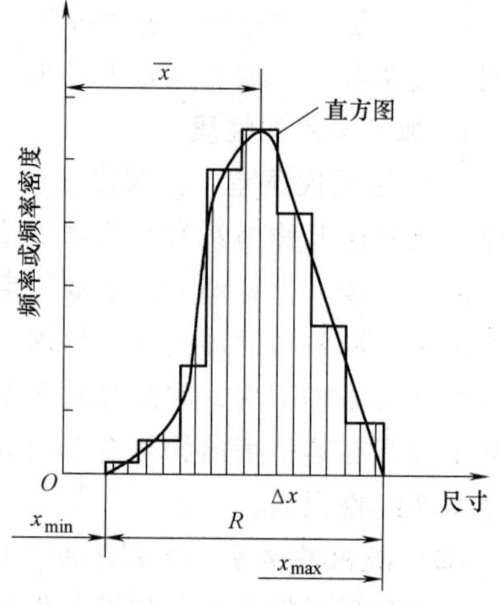

图 4-28 实际分布曲线图（直方图）

为了分析该工序的加工精度，可在直方图上标出该工件的加工公差带位置，计算出该样本的统计数学特征，即平均值 $\bar{x}$ 和标准差 σ。

样本的平均值 $\bar{x}$ 表示该样本的尺寸分布中心，其计算公式为

$$\bar{x}=\frac{1}{n}\sum_{i=1}^{n}x_i$$

式中 x_i——各样本的实测尺寸（或偏差）。

样本的标准差 σ 反映了该批工件的尺寸分散程度。它是由变值系统性误差和随机性误差决定的。误差大，σ 也大；误差小，σ 也小。其计算公式为

$$\sigma=\sqrt{\frac{1}{n-1}\sum_{i=1}^{n}(x_i-\bar{x})^2}$$

当样本容量较大时，为简化计算，可直接用 n 来代替上式中的 $n-1$。

② 理论分布曲线。由概率论可知，相互独立的大量微小随机变量，其总和的分布也是呈正态分布的。在机械加工中，用调整法加工一批工件，其尺寸误差是由很多相互独立的随机性误差综合作用的结果，如果其中没有一个是起决定性作用的随机性误差，则加工后工件的尺寸近似于正态分布。

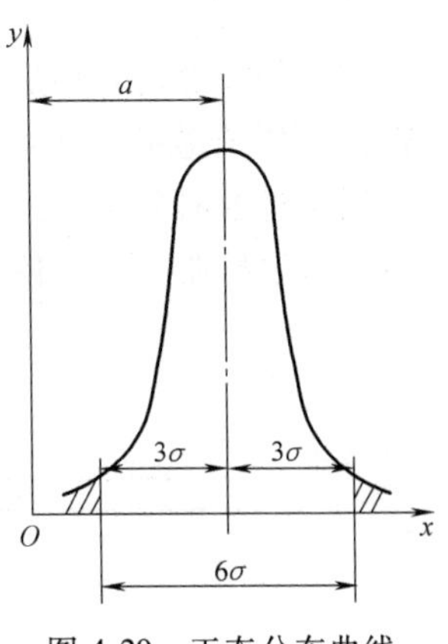

图 4-29　正态分布曲线

正态分布曲线（又称高斯曲线）的形状如图 4-29 所示，其概率密度函数表达式为

$$y=\frac{1}{\sigma\sqrt{2\pi}}e^{-\frac{1}{2}\left(\frac{x-\bar{x}}{\sigma}\right)^2}\quad(-\infty<x<+\infty\ ,\ \sigma>0)$$

式中　y——分布的概率密度；

x——工件尺寸；

$\bar{x}$——一批工件的平均值，它表示加工尺寸分布中心；

σ——一批工件的标准差（均方差）。

分布曲线与 x 轴之间的面积代表了一批工件的全部，即 100%。当 $x=\bar{x}\pm3\sigma$ 时，工件数占 99.73%，而落在此范围外的工件数仅为 0.27%。生产中可以认为一批工件的尺寸全部在 $\bar{x}\pm3\sigma$ 的范围内，该范围称为尺寸分散范围，在工艺上称为“6σ 原则”。6σ 的大小代表了某种加工方法在一定生产条件下所能达到的加工精度，所以在一般情况下可以认为，如果工序公差 $T\geqslant6\sigma$，就能保证加工精度。

2）点图法。点图法是在一批工件的加工过程中，依次测量工件的加工尺寸，并以时间间隔为序，逐个（或逐组）记入相应图表中，以对其进行分析的方法。

应用分布曲线法分析工艺过程误差的前提是工艺过程必须是稳定的，即在时间上保持平均值 $\bar{x}$ 和标准差 σ 稳定不变。如果工艺过程不稳定（如变值系统性误差影响较大）时，可以采用点图法对工艺过程进行分析，并对其过程加以控制。

4.3　提高机械加工精度的工艺途径

前面已经讨论了各种因素的原始误差对加工精度的影响。为了保证和提高加工精度，必须根据产生加工误差的主要原因，采取相应的误差预防或误差补偿等有效的工艺措施来直接控制原始误差或控制原始误差对零件加工精度的影响。

4.3.1　减小误差法

在查明影响加工精度的主要原始误差因素后有针对性地采取措施，以消除或减小误差。

如在车削细长轴时，因工件的刚性很差，容易产生弯曲变形和振动，如图 4-30a 所示。“车工怕细长”说明了细长轴加工的难度。为了减小因吃刀抗力使工件弯曲变形所产生的加工误差，除采用跟刀架减小工件的弯曲变形外，还采用了反向进给的切削方式，如图 4-30b 所示。进给方向由卡盘一端向尾座进给，使轴向切削力 F_x 对工件是拉伸作用而不是压缩。

采用有伸缩性的弹性后顶尖，既可避免工件从切削点到尾座一段的受压而产生弯曲，又使工件的热伸长量可以得到补偿。

在反向进给时采用大进给量和较大主偏角的车刀，以增大 F_x，使工件受到更大的拉伸作用，它可以抑制振动，使切削过程平稳。

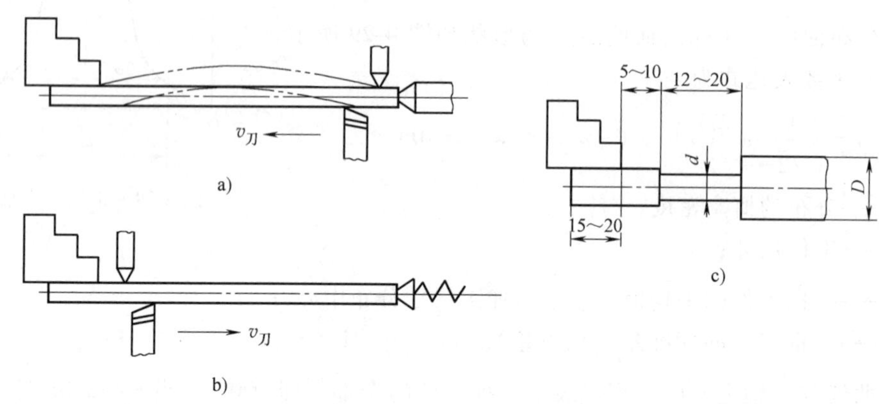

图 4-30　车削细长轴的方法比较

a）顺向进给　b）反向进给　c）车出缩颈增加柔性

在卡盘一端的工件上车出了一个图 4-30c 所示的缩颈部分，缩颈直径 $d \approx D/2$（D 为工件坯料的直径）。工件在缩颈部分的直径减小了，柔性增加了，起到了像万向接头的作用，消除了由于坯料本身的弯曲而在卡盘强制夹持下轴线歪斜的影响。

4.3.2　误差补偿法或误差抵消法

误差补偿就是人为地造出一种新的原始误差来抵消原有的原始误差。尽量使这两个误差大小相等、方向相反，从而达到消除或减小加工误差，提高加工精度的目的。

误差补偿在生产中被广泛采用。图 4-31 所示为精密丝杠车床中用校正机构提高机床传动链精度的示意图。

在精密丝杠车床上，机床传动链误差将直接反映到被加工工件的螺距上，使精密丝杠的加工精度受到影响。为了提高精密丝杠的加工精度，采用了误差补偿原理以消除或减少传动链的误差。

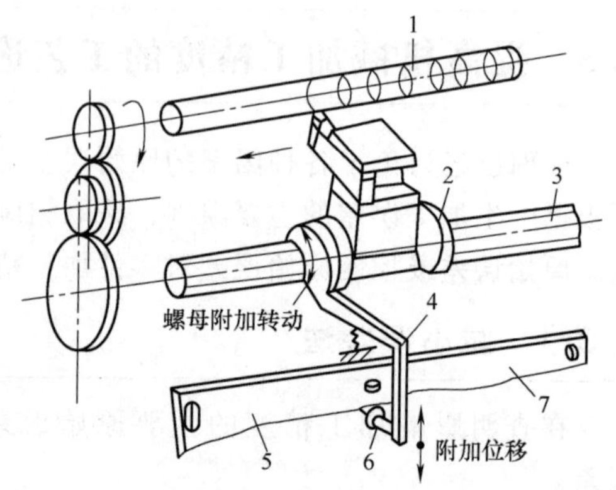

图 4-31　螺纹加工校正机构

1—工件　2—螺母　3—车床丝杠　4—摆杆　5—校正尺　6—滚柱　7—校正曲线

车床螺母 2 与摆杆 4 连接，摆杆 4 的另一端装有和校正尺 5 接触的滚柱 6。当丝杠转动时，滚柱就沿校正尺移动。由于校正尺 5 上预先已

加工出与丝杠螺距误差相对应的曲线，所以就使得摆杆 4 上下摆动，螺母 2 就相对地产生了附加转动。当螺母与丝杠反向转动时，螺距就增大；做同向转动时，螺距则减小。从而以校正尺的人为误差抵消丝杠的螺距误差，使加工精度得到提高。

4.3.3　误差分组法

在机械加工中常会由于毛坯或半成品的误差引起定位误差或误差复映，造成本工序的加工误差超差的现象。

可根据误差复映的规律，在加工前将这批工件按误差的大小分为 n 组，每组工件的误差范围就缩小为原来的 $1/n$。然后再按各组工件的加工余量或有关尺寸的变动范围，调整刀具与工件的相对位置或选用合适的定位元件，使各组工件加工后的尺寸分布中心基本一致，大大地缩小了整批工件的尺寸分散范围。该方法比起直接提高本工序的加工精度要简便易行。

4.3.4　转移误差法

误差转移是把影响加工精度的原始误差转移到误差的非敏感方向或不影响加工精度的方向上去。这些误差可以是几何误差、受力变形和热变形等误差。因此，可在不影响原始误差的情况下，同样获得较高的加工精度。

图 4-32 所示为某大型龙门铣床中采用误差转移方法的例子。图中在横梁上安装一根附加的梁，由它来承担铣头等的重量。而横梁不再承受铣头的重量，把原来横梁向下垂的受力变形转移到附加梁上。显然，附加梁的受力变形对加工精度不起任何影响。

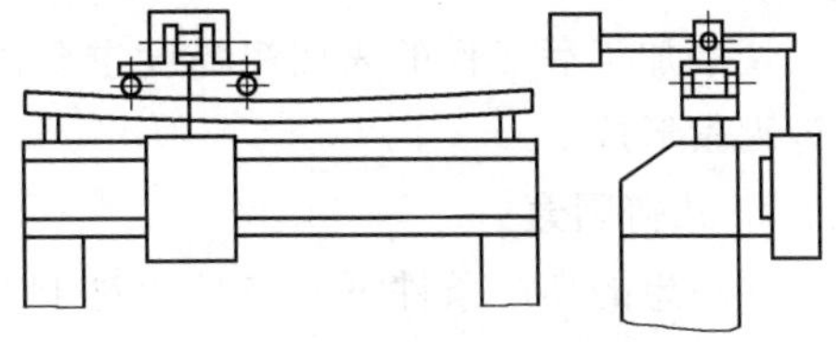

图 4-32　横梁变形的转移

4.3.5　就地加工法

在加工和装配时，有些精度问题涉及的零件、部件数量多、关系复杂，因此累积误差过大。如果采用提高零部件的加工精度的方法，将使相关的零件加工精度要求过高，使得加工困难甚至不能加工。而采用“就地加工”方法，就可以很好地解决这个问题。

例如，在转塔车床制造中，转塔上六个安装刀架的大孔轴线必须保证与机床主轴旋转的轴线重合，而六个平面又必须和主轴中心线垂直。如果把转塔作为单独零件加工这些表面，要在装配中达到上述两项要求是很困难的，因为它包含了很复杂的尺寸链关系，因此在生产中采用了“就地加工”的方法。

采用就地加工法的这些表面在装配前不进行精加工。在转塔装配到机床上后，在主轴上装上镗刀杆和能做径向进给的小刀架，分别镗六个大孔和车六个端面。这样就可以很方便地保证加工精度。

该方法的要点是要求保证部件间什么样的位置关系，就在这样的位置关系上利用一个部件装上刀具去加工另一个部件。

就地加工法不但应用于机床的装配中，在零件的加工中也常常作为保证加工精度的有效措施。如在机床上“就地”修正花盘和卡盘平面度及卡爪的同轴度；在机床上“就地”修正夹具的定位面等。

4.3.6 误差均分法

误差均分就是利用有密切联系的表面之间的相互比较和相互修正或利用互为基准进行加工，以达到很高的加工精度。例如，研磨时的研具精度并不是很高，分布在研具上的磨料颗粒尺寸大小也可能不一样，由于研磨时工件和研具的相对运动，使工件上各点均有机会与研具的各点相互接触并受到均匀的微量切削，工件与研具相互修正，接触面不断扩大，高低不平处逐渐接近，几何形状精度也逐渐共同提高，并进一步使误差均化，所以就能获得精度高于研具原始精度的加工表面。

精密的标准平板就是利用三块平板相互对研，刮去最高点，逐步提高这三块平板的平面度。一些精密的偶合件，如轴孔与轴径的配研、精密分度盘副的配研等都是采用这种加工方法加工的。

4.4 表面质量的形成及影响因素

4.4.1 表面粗糙度

切削加工后工件的表面粗糙度主要由几何因素、物理因素及机床、刀具、工件系统的振动等因素形成。

1. 几何因素

在理想的切削条件下，刀具相对于工件做进给运动时，刀尖在工件表面上留下的残留面积高度如图 4-33 所示，形成表面粗糙度，其最大高度为 R_{max}，它与工件每转进给量 f、刀尖圆弧半径 r_ε、主偏角 κ_r 和副偏角 κ'_r 等有关。设 $r_\varepsilon=0$，由几何关系可得

$$R_{max}=\frac{f}{\cot\kappa_r+\cot\kappa'_r}$$

实际车刀刀尖总有圆弧半径，因此可得

$$R_{max}\approx\frac{f^2}{8r_\varepsilon}$$

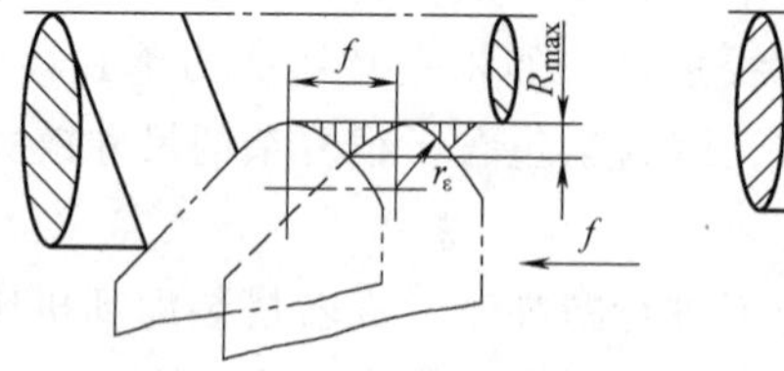

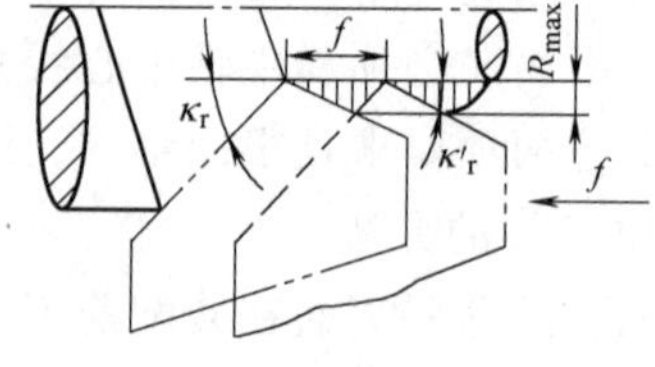

图 4-33 车削时的残留面积高度

由此可见，减小进给量 f、主偏角 κ_r 和副偏角 κ'_r，增大刀具圆角半径 r_ε 都可使残留面积高度 R_{max} 减小，从而减小表面粗糙度值。

2. 物理因素

由于存在与被加工材料的性能及其切削机理有关的物理因素，因此切削加工后的实际表

面粗糙度与理论值往往存在着较大的区别。

1）在切削加工过程中，刀具的刃口圆角及后刀面的挤压和摩擦，使金属材料产生塑性变形，致使理论残留面歪曲，因而增大了表面粗糙度值。

2）积屑瘤的影响。切削钢件时，切屑沿着前刀面流动，在高温、高压和摩擦力的作用下，与前刀面接触的切屑层流动比较慢（滞流层）。在一定条件下，滞流层不随切屑一起流动，即脱离切屑黏附在前刀面上而形成积屑瘤，如图 4-34 所示。积屑瘤的塑性变形很大，结晶组织已完全改变，因此其硬度很高，在一定时期内能代替切削刃进行切削，随着积屑瘤的逐渐增大，在加工表面上划出一些与切削速度同向的划痕。但当积屑瘤增大到一定程度时，作用在它上面的力失去平衡，则一部分积屑瘤破裂，随切屑一起流走，一部分就黏附在工件上，使得加工表面粗糙。积屑瘤在加工过程中不断地形成、长大、破碎，周而复始，使工件表面粗糙度值增大。

积屑瘤的成长与切削速度有着密切的关系，如图 4-35 所示。

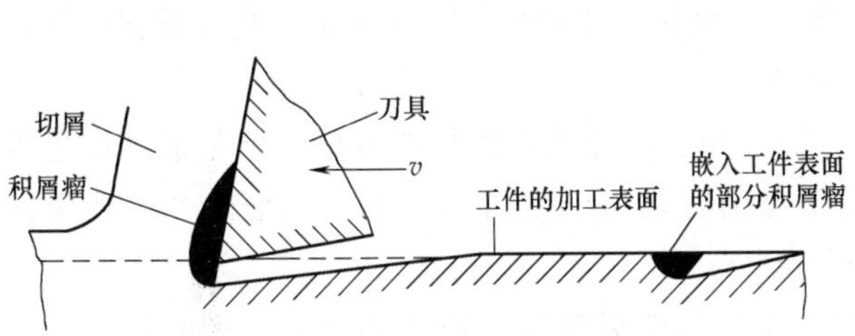

图 4-34　积屑瘤对工件表面质量的影响

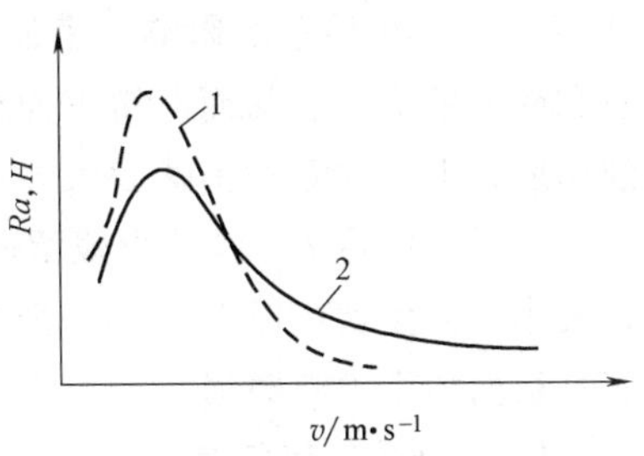

图 4-35　积屑瘤高度 H、表面粗糙度值 Ra 与切削速度 v 之间关系

1—积屑瘤　2—表面粗糙度

所以在加工钢件时，低速切削和高速切削对减小工件的表面粗糙度值都是有利的，在生产实践中，精加工时应以低速或者高速切削，以避免积屑瘤的形成。如精铰孔（IT7，$Ra=0.63\sim2.5\mu m$）时，一般以 $v=0.033\sim0.08m/s$ 的低速切削，并加切削液以减少摩擦；而在精车时，则采用高速切削（$v>1.33m/s$）。

积屑瘤的形成也与工件材料的塑性和硬度有关。

3）鳞刺的影响。鳞刺是指在已加工表面上出现鳞片状毛刺，它大大增加了工件的表面粗糙度值。在加工中出现鳞刺是由于切屑在前刀面上的摩擦和冷焊作用造成周期性地停留（暂时不沿前刀面流出），代替刀具的前刀面进行挤压，造成切屑层和工件之间出现撕裂现象，这一现象反复周期性地连续发生，因此，在被加工工件表面上出现一系列的鳞刺，影响已加工表面的表面粗糙度。如图 4-36 所示，在较低的切削速度下，用高速钢、硬质合金或陶瓷刀具，切削常用的塑性金属（低碳钢、中碳钢、铬钢、不锈钢和铝合金等），在车、刨、钻、插、滚齿和车螺纹等加工时，都有可能出现鳞刺。

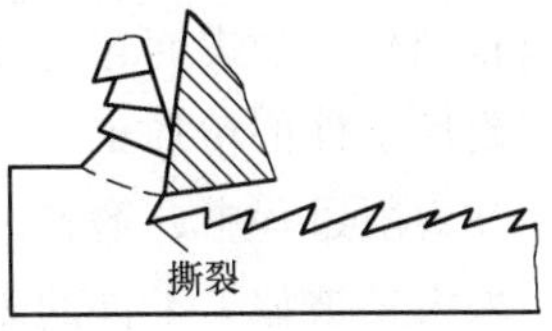

4）振动波纹。切削加工过程中的各种不稳定因素将会在切削系统中诱发产生振动，造成刀具和工件间产生一附加相对位移，使加工表面上出现周期性的纵横向波纹，增大表面粗糙度值。产生振动的主要原因往往是工艺系统刚性不足，尤其是

图 4-36　鳞刺的产生

当径向分力 F_y 较大时，情况将更为严重。

造成表面粗糙的原因除了上述几个方面外，还有其他方面的一些原因，如由于切削刃粗糙不平整而复映在已加工表面上造成的沟痕、后刀面和已加工表面的摩擦、切屑对已加工表面的拉毛等。

3. 表面粗糙度的影响因素及控制措施

凡是影响残留面积、积屑瘤、鳞刺和振动等的因素都会影响表面粗糙度。

（1）工件材料 加工时工件材料塑性越低，硬度越高，则积屑瘤、鳞刺等现象减少，表面粗糙度值就越小。因此，高碳钢、中碳钢、调质钢加工后表面粗糙度值较小。加工铸铁时容易形成崩碎切屑，在同样条件下，铸铁加工后的表面粗糙度值略高于中碳钢。

（2）切削用量 切削用量三要素中，切削速度和进给量对表面粗糙度值影响较大，背吃刀量对表面粗糙度值没有显著影响。

切削速度是影响表面粗糙度值的重要因素。在一定切削条件下，采用中等切削速度加工45钢，由于积屑瘤的影响，表面粗糙度值较大。若采用低速或高速来加工，可以避免积屑瘤和鳞刺的产生，从而获得表面粗糙度值较小的表面。通常精加工总是采用高速或很低的切削速度，但应注意切削速度太高可能引起振动。

降低进给量 f 可以减少残留面积高度，减小加工表面的表面粗糙度值。但是进给量也不宜太小，以免切削厚度太小，刀具无法切下很薄的切屑，使刀具与加工表面间产生严重挤压，从而加剧刀具磨损和加工表面的冷硬程度。

（3）刀具几何角度 增大前角和后角，能使切削刃锋利，减少切屑的变形和前、后刀面间的摩擦，抑制积屑瘤和鳞刺的产生。此外，增大前角可减小径向切削分力 F_y，防止振动，减小表面粗糙度值。但后角也不宜过大，过大的后角将可能导致振动。

减小主偏角和副偏角，增大刀尖圆弧半径，可使残留面积高度降低，从而减小表面粗糙度值，但当工艺系统刚性不足时容易引起振动，反而会恶化加工表面质量。

（4）切削液 在低速精加工时，合理地选择与使用切削液，可显著地减小表面粗糙度值。因为切削液有冷却和润滑作用，加工中使用切削液可降低切削温度，减小摩擦，抑制或消除积屑瘤和鳞刺的产生。此外，切削液还能起冲洗与排屑的作用，可保证已加工表面不被切屑挤压刮伤。

4.4.2 磨削加工后的表面粗糙度

磨削加工与切削加工有着很多不同之处。磨削加工是用砂轮表面大量的形状和分布很不均匀、很不规则磨粒作为切削刃进行“切削”加工的，同时，砂轮的工作表面将随着磨粒的修正、磨粒的脱落而不断地改变。磨削后的被加工表面，是由这些磨粒“切出”非常细密的刻痕而组成的。因为工件的被加工表面单位面积上通过的磨粒数非常多，所以磨削加工可以得到较小的表面粗糙度值，故磨削加工一般作为精加工，往往是最后的加工工序，特别是淬硬后工件的精加工。

在磨削过程中，磨粒大多具有很大的负前角，因而产生了比切削加工大得多的塑性变形，增大了被加工工件的表面粗糙度值。

影响工件表面粗糙度值的主要因素如下：

1. 砂轮

对于砂轮主要考虑粒度、硬度、组织、磨料和修正等因素。

(1) 粒度 砂轮的粒度越细，则砂轮工作表面上的单位面积的磨粒也越多，加工时在工件上的刻痕也越细密，则表面粗糙度值越小。

(2) 硬度 砂轮的硬度是指磨粒在磨削力的作用下从砂轮表面脱落的难易程度。结合剂的黏结力越大，砂轮的硬度就越高。砂轮的软硬与磨粒本身的硬度无关，它与被加工工件的材料、加工要求有关。砂轮硬度太硬，则加工时当磨粒钝化后不易脱落，太软就太易脱落，这样都会减弱切削作用，影响表面粗糙度值的减小。

(3) 组织 砂轮的组织是表示砂轮内部结构松紧程度的参数。砂轮的总体积由磨粒、结合剂和气孔构成，通常用磨粒所占砂轮总体积的百分比来表示，它分为紧密（0~1）、中等（5~8）和疏松（9~14）三大级，共15个号。

砂轮组织的松紧会直接影响磨削加工的生产率和表面质量。组织紧密能获得高精度和小的表面粗糙度值；而组织疏松的砂轮加工时不易被堵塞，适合于加工较软材料的工件。

(4) 磨料 砂轮中磨粒的材料称为磨料，它是砂轮的主要组成部分，直接担负着切削任务，应具有极高的硬度、耐磨性、耐热性和韧性。

磨料可分为天然磨料和人造磨料两大类。天然磨料一般因其质地不均匀、含杂质多和价格昂贵而很少采用。人造磨料主要有刚玉类、碳化硅类和高硬类等。

(5) 修正 砂轮的修正对磨削表面粗糙度值影响很大，用金刚石修正砂轮相当于在砂轮工作表面上车出一道螺纹，修正导程和切深越小，修正出的砂轮就越光滑，磨削刃的等高性也越好，因而磨出的工件的表面粗糙度值也就越小。

此外砂轮的旋转质量的平衡问题也对磨削加工的表面粗糙度值有影响。

2. 磨削用量

磨削用量主要有砂轮速度、工件速度、轴向进给量及磨削深度等。

(1) 砂轮速度 砂轮速度高，则每个磨粒在单位时间内切除的金属少，切削力相应就小，热影响区较浅，单位面积的划痕多，塑性变形速度可能跟不上磨削速度，因此表面粗糙度值小。砂轮速度 $v_{砂轮}$ 对被加工工件表面粗糙度值 Ra 的影响如图4-37所示。

(2) 工件速度 工件速度对被加工工件表面粗糙度值的影响与砂轮速度相反，当工件速度高时，将使表面粗糙度值增大。工件速度 $v_{工件}$ 对被加工工件表面粗糙度值 Ra 的影响如图4-38所示。

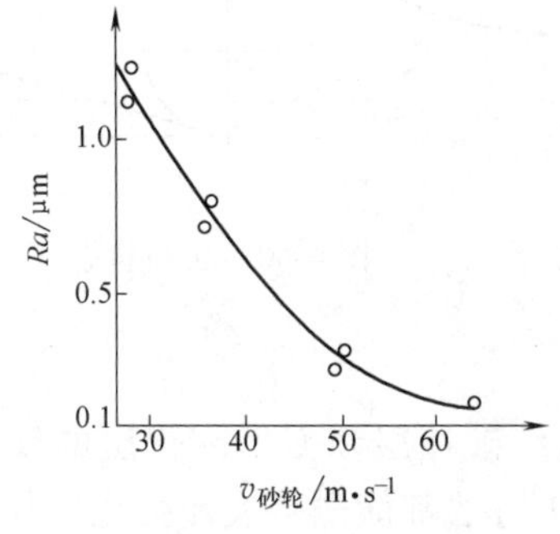

图4-37 砂轮速度 $v_{砂轮}$ 对被加工工件表面粗糙度值 Ra 的影响

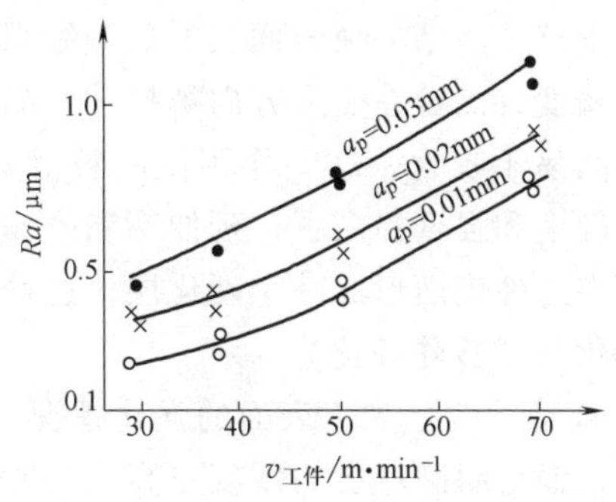

图4-38 工件速度 $v_{工件}$ 对被加工工件表面粗糙度值 Ra 的影响

(3) 轴向进给量 轴向进给量取小值，则在单位时间内加工的长度就短，故表面粗糙度值减小。

(4) 背吃刀量（磨削深度） 背吃刀量（磨削深度）a_p 对被加工工件的表面粗糙度值的影响很大。当磨削深度增大时，被加工工件材料相应的塑性变形也将增大，从而增大了被加工工件的表面粗糙度值。磨削深度 a_p 对被加工工件表面粗糙度 Ra 值的影响如图4-39所示。生产中通常在磨削开始时采用较大的磨削深度，目的是提高生产率，而在最后则采用小的磨削深度甚至无进给磨削，以减小被加工工件的表面粗糙度值。

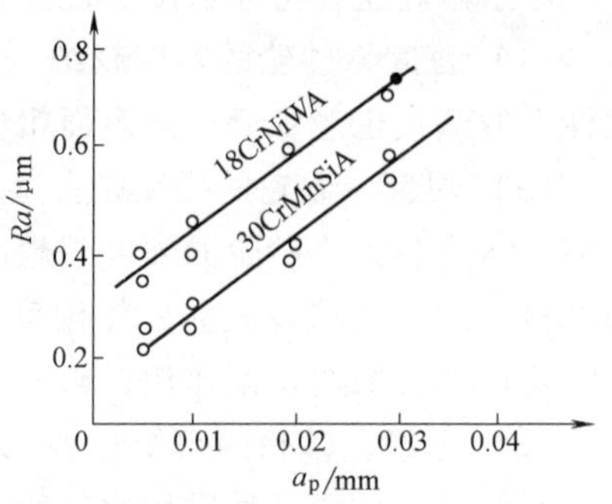

图4-39 磨削深度 a_p 对被加工工件表面粗糙度 Ra 值的影响

此外，工件材料的硬度、切削液的选择与净化等对磨削表面粗糙度值的影响也不容忽视。

4.4.3 机械加工后表面层物理力学性能的影响因素

加工过程中工件由于受到切削力、切削热的作用，工件的表面层金属的物理力学性能将发生很大的变化，因而造成与里层材料性能有很大的不同。最主要的变化是表面层的金相组织的变化，以及在表面层中产生残余应力、冷作硬化。而不同的被加工材料在不同的切削条件下将产生不同的表面层特性。

工件已加工表面的显微硬度是加工时塑性变形引起的冷作硬化和切削热产生的金相组织变化引起的硬度变化的综合作用的结果。表面层的残余应力也是金属塑性变形引起的残余应力和切削热产生的热塑性变形和金相组织变化引起的残余应力的综合作用的结果。

1. 表面强化（或冷作硬化）

如图4-40所示，切削过程中，切削刃总会存在一定的钝圆半径 r_n，因此，加工表面的形成将不是沿着 bb' 线而是沿着 oc 线进行。这时，金属层 Δ_a 受到切削刃钝圆的强烈挤压，刀具离开后弹性恢复 H_s；后刀面又与加工表面产生强烈的摩擦，这种摩擦既包括加工表面与后刀面间的外摩擦，又包括加工表面晶粒间的内摩擦，因此，表面层塑性变形严重。结果使表面层的显微组织受到破坏，晶格畸变，晶粒在变形方向被拉伸，晶界面增加，晶粒间易于咬合，这些作用使晶粒滑移困难，表面层的硬度和强度提高了，延伸率和收缩率降低了，从而在工件表面形成一个硬化层，这种现象称为表面强化（或冷作硬化）。

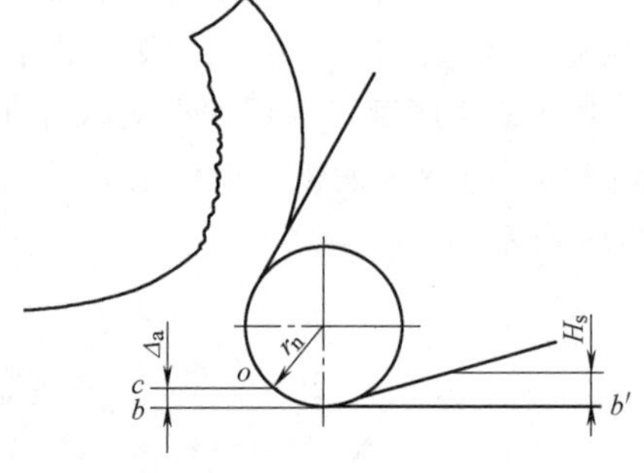

图4-40 切削状态

图4-41所示为已加工表面的强化情况。图中的组织破坏层和变形硬化层的硬度都比基体金属高，而组织破坏层的硬度更高。一般的机械加工方法都能产生表面强化，如对钢件的磨削，表面硬度平均值可以达原工件硬度的1.2~2倍，强化层深度平均值可以达0.02~0.06mm；手工研磨时，表面仍有3~7μm的硬化层，其显微硬度比基体金属高12%~17%。

表面层表面强化的程度取决于产生塑性变形的力、速度以及变形时的温度。当切削力越大时，则产生的塑性变形也越大，因而硬化程度也就越大；而当切削速度越大，则塑性变形的时间越短，变形越不充分，所以硬化程度减小。变形时的温度不仅影响塑性变形程度，还会影响变形后的金相组织的恢复。

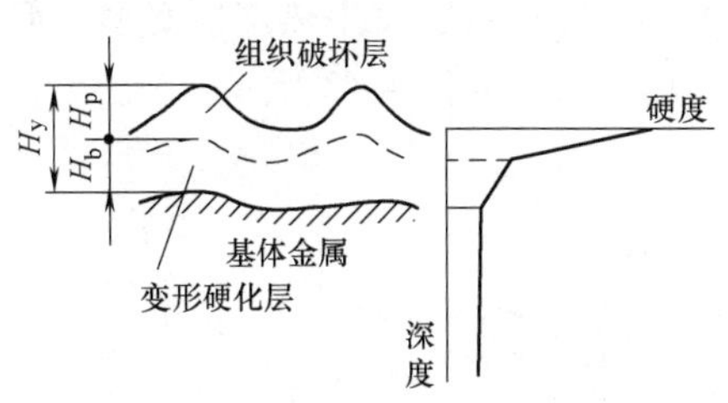

图 4-41 已加工表面的强化情况

在车、铣、刨等加工过程中，由切削力引起的塑性变形起主导作用，因此加工硬化较明显。

磨削加工时温度比切削温度高得多，因此在磨削过程中由磨削热及冷却条件决定的弱化或金相组织变化起主导作用。

在某些情况下，表面层的硬化可以增加工件的耐磨性和疲劳强度，但切削或磨削加工引起的加工硬化常伴随着大量的显微裂纹，当硬化较为严重时，硬化过度反而会降低耐磨性和疲劳强度。故切削加工时，总是努力减轻加工硬化。

影响冷作硬化的主要因素如下：

（1）刀具的影响 刀尖的前角、刃口圆角和后刀面的磨损量对于冷硬层的影响很大。减小刀具的前角，刃口及后刀面的磨损量增大，冷硬层的深度和硬度也随之增大。

（2）切削用量的影响 当切削速度增大时，硬化层的深度和硬度都将减小。因为一方面切削速度增大会使切削温度增高，有助于冷硬的恢复；另一方面由于切削速度大，刀具与工件的接触时间短，塑性变形程度减小。

当进给量增大时，切削力增大，塑性变形程度相应增大，故硬化程度增大。

（3）被加工材料的影响 被加工材料的硬度越小、塑性越大，切削加工后的冷硬越大。

2. 加工表面层的残余应力

在没有外力作用下，零件上存留的应力称为残余应力。残余应力可分为残余压应力和残余拉应力。残余拉应力将对零件的使用性能产生不利的影响。而适当的残余压应力可以提高零件的疲劳强度，因此常常在加工时有意使工件产生一定的压应力，如滚压工件的表面、对工件表面进行喷丸处理等。但过大的残余压应力可能导致工件表面的显微裂纹。

当切削（磨削）加工过程中，加工表面层相对基体材料发生形状、体积或金相组织的变化时，加工表面层中将产生残余应力。残余应力的大小是随着深度的变化而变化的。最外层的残余应力和内层的符号相反、相互平衡。产生残余应力的主要原因有以下三个方面。

（1）冷塑性变形的影响 加工时在切削力的作用下，被加工表面层受到切削力作用产生拉应力，外层应力较大，产生伸长塑性变形，表面积增大。内层应力较小，处于弹性变形状态。切削力去除后内层材料趋向复原，但此时将受到外层已塑性变形的金属的限制。所以，外层产生残余压应力，而内层产生残余拉应力，且内、外层应力相互平衡，如图 4-42 所示。

（2）热塑性变形的影响 切削加工时，在切削热的作用下，外层温度比内层高，外层产生的热膨胀比内层大，因此外层的热膨胀受到内层的限制而产生压应力，内层则产生拉应力。当外层的温度达到一定的值时，此时热应力超过材料的屈服极限，就将产生热塑性变形，外层材料在压应力作用下相对缩短。当切削过程结束，工件温度逐渐下降到与内层温度一致时，因外层已发生热塑性变形，但受到内层的限制而产生了残余拉应力，内层则产生了残余压应力，如图 4-43 所示。

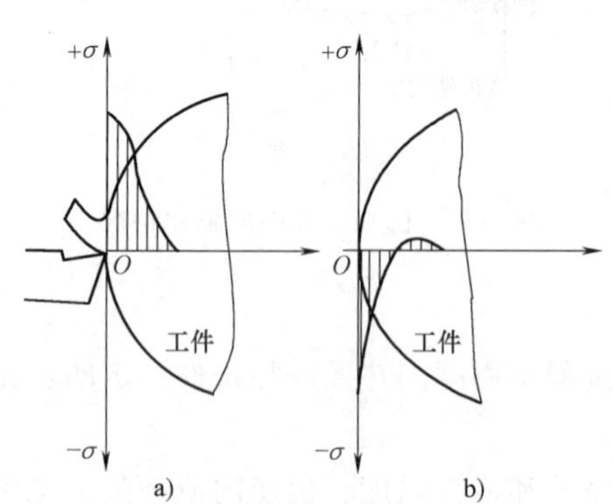

图 4-42　由冷塑性变形产生的残余应力

a）加工时　b）加工后

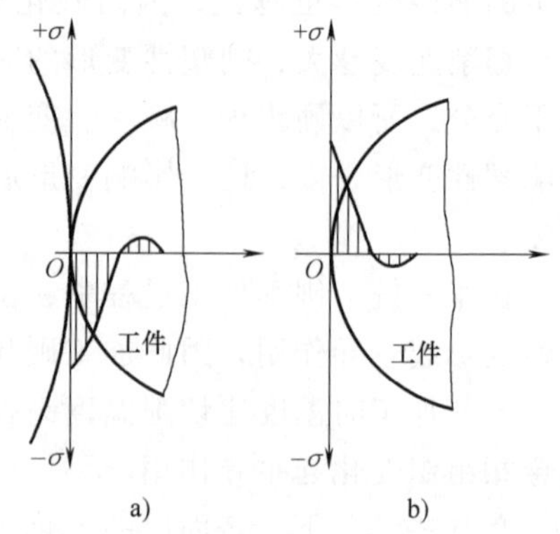

图 4-43　由热塑性变形产生的残余应力

a）加工时　b）加工后

（3）金相组织变化的影响　切削加工时，当切削热高到超过材料的相变温度，将引起表面层的相变。不同的金相组织有不同的密度，所以相变也将引起体积的变化。由于基体材料的限制，表面层在体积膨胀时将产生压应力，缩小时将产生拉应力。各种金相组织中马氏体密度最小，奥氏体密度最大。

磨削淬硬钢时若表面层产生回火现象，则马氏体转化为索氏体或屈氏体（这两种组织均为扩散度很高的珠光体），因为体积缩小，表面层产生残余拉应力，内层产生残余压应力。若表面层产生二次淬火现象，则表面层产生二次淬火马氏体，其基体比内层的回火组织大，因而表面层产生压应力，内层产生残余拉应力。

3. 磨削烧伤与裂纹

磨削加工时，磨削区的瞬时温度有时达到甚至超过相变温度，引起表面层金相组织的变化，使表面层的硬度下降，并伴随产生表面残余拉应力甚至出现细微裂纹，同时出现彩色的氧化膜（色彩随温度的不同、膜厚的不同而变化），这就是磨削烧伤。磨削烧伤使零件性能和使用寿命大大降低，故应尽力避免。

（1）回火烧伤　对淬硬钢进行磨削时，若磨削区的温度超过原来的回火温度而造成二次回火，表面层的回火马氏体有部分会继续转变为硬度较低的回火索氏体、屈氏体组织，且它们的密度比马氏体小而产生收缩，受内层阻碍产生残余拉应力。

（2）淬火烧伤　磨削淬硬钢时，当磨削温度超过 Ac_3（对一般中碳钢 Ac_3 约为 720℃）线时，在切削液的急冷作用下，工件最外层将出现二次淬火马氏体组织。其密度比内层的回火马氏体大，因而表面层出现残余压应力，硬度将比原来的回火马氏体高。但这一层既薄又脆，在该层的下面与基体所夹的一层，受到外层的热影响又会有部分变为回火组织，呈现残余拉应力。

（3）退火烧伤　干磨削时，当磨削区的温度超过 Ac_3 线时，表面层的金属空冷冷却深度比较缓慢而造成退火，生成退火组织，其硬度、强度均大幅下降。

当采用无进给磨削时，尽管可以去除烧伤色，但烧伤层依然存在，会给工件留下使用

隐患。

(4) 磨削裂纹　磨削时，常常产生相变和热塑性变形引起的拉应力，当残余拉应力超过材料的强度极限时，零件表面就会产生裂纹，有的裂纹也可能不在工件的表面上，而是在表面层下面，成为肉眼难以发现的缺陷。裂纹的方向常与磨削方向垂直或呈网状，如图 4-44 所示，裂纹的产生与烧伤同时出现。

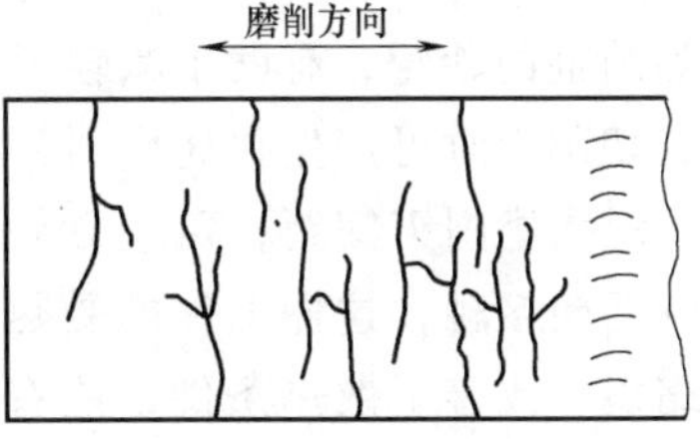

图 4-44　磨削裂纹

磨削裂纹的产生与被加工材料及其热处理工序有着很大的关系。当磨削硬质合金时，由于它的脆性大、抗拉强度低和导热性差，故特别容易产生裂纹。当磨削高碳淬硬钢时，由于它的晶界脆弱，因此也容易产生磨削裂纹。工件在淬硬后如果存在残余应力，则即使在正常的磨削条件下也会产生裂纹。渗碳、渗氮时如果工艺处理不当就会在表面层晶界上析出脆性的碳化物、氮化物，在磨削时的热应力作用下就容易沿着这些组织产生脆性破坏，从而出现网状裂纹。

4. 影响磨削烧伤的工艺因素

减轻磨削烧伤的根本途径是减小磨削热、加强散热，同时，也应考虑减小烧伤层的厚度。

(1) 磨削用量　改变磨削用量时，工件的残余应力的分布和大小会有很大的变化。其中磨削深度（背吃刀量）a_p 的影响最大，如图 4-45 所示。随着砂轮磨削深度的增加，残余应力增大，同时残余应力的深度也随着增加。当磨削深度减小到一定值后，可以得到低残余应力的表面层。

砂轮速度增大时，工件表面层的温度会增加，但同时表面与热源的接触时间将减小，热量不容易传入内层，烧伤层将变薄。这层很薄的烧伤层有可能在以后的无进给磨削、精磨、研磨和抛光等工艺中被除去。图 4-46 所示为降低砂轮速度时能得到的残余应力。由于降低砂轮速度会影响磨削加工的效率，因此生产中一般不大采用。

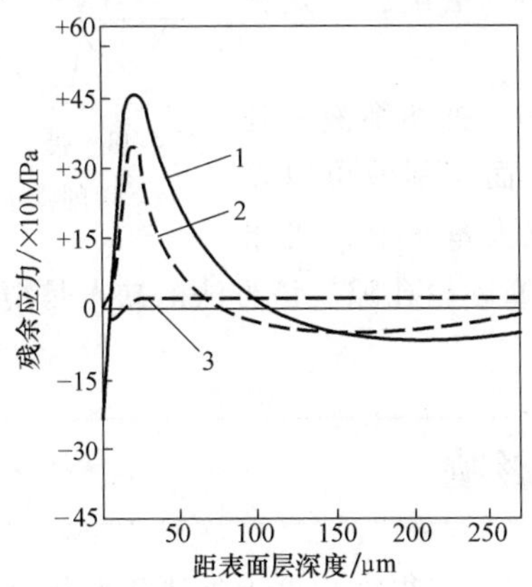

图 4-45　磨削深度 a_p 对残余应力的影响

曲线 1—磨削深度为 0.05mm/行程

曲线 2—磨削深度为 0.025mm/行程

曲线 3—低残余应力

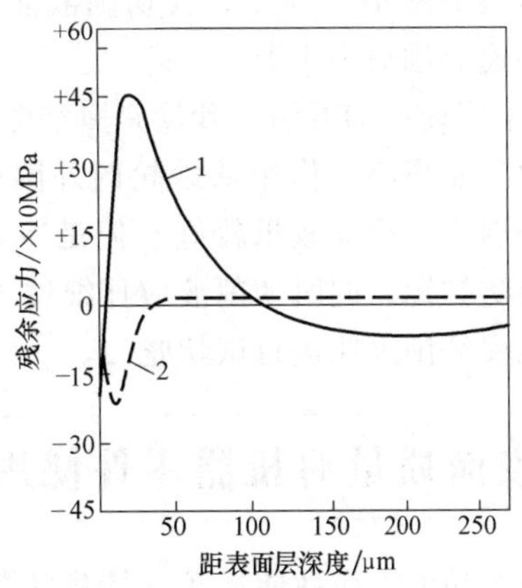

图 4-46　砂轮速度对残余应力的影响

曲线 1—砂轮速度为 30m/s

曲线 2—砂轮速度为 10m/s

（2）砂轮 首要问题是合理选择砂轮。一般不要用硬度太高的砂轮，以保证砂轮在磨削过程中具有良好的自锐性。选择磨料时，应考虑它对磨削不同材料工件的适应性。采用橡胶黏结剂的砂轮，有助于减轻工件表面层的烧伤。因橡胶黏结剂的弹性较好，当磨粒受到过大的切削力时可产生弹让作用，从而使磨削深度减小，减小切削力和表面层的温度。

增大磨削刃间距，可使砂轮和工件间断接触，这样工件的受热时间缩短，改善了散热条件，能有效地减轻热损伤程度。例如，在生产中常常用粗修整的砂轮、疏松组织的砂轮等，使用开槽砂轮的效果更好，如图 4-47 所示。有时还在磨床上直接用带有螺旋线的滚轮在砂轮上滚压出宽度为 1.5～2mm、深度为 0.5～1mm、与砂轮轴线成 60°角的螺旋槽。

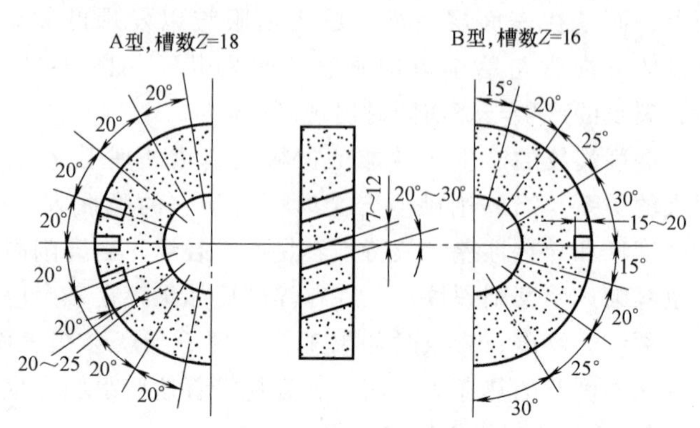

图 4-47 开槽砂轮

（3）提高冷却效果 现在的冷却方法往往冷却效果很差，由于高速旋转的砂轮表面上产生强大的气流层，以至于切削液没有多少能够真正进入到磨削区，而常常是大量地喷注在已经离开磨削区的已加工表面上，而此时磨削热已进入工件的表面层造成了热损伤，故改进冷却方法是很有必要的。具体的方法如下：

1）采用高压大流量冷却，不仅能增强冷却作用，而且还可以对砂轮的表面进行冲洗，使砂轮的空隙不易被切屑堵塞。此时机床应有防护罩，以防切削液飞溅。

2）为了减轻高速旋转砂轮表面高压附着气流的作用，可以加装空气挡板，如图 4-48 所示，使切削液能顺利地喷注到磨削区。这种做法对高速磨削更为重要。

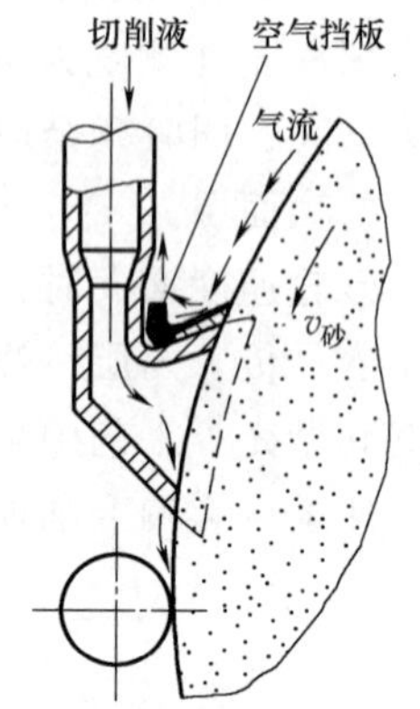

图 4-48 带空气挡板的切削液喷嘴

3）采用内冷却方法。砂轮是多空隙、能渗水的，把切削液引到中心腔内，靠离心力作用从砂轮的外圆周喷出，因而切削液可以直接到达磨削区，冷却效果较好。但是冷却时要形成大量水雾，机床需要加装防护罩，同时切削液应仔细过滤，以防堵塞砂轮孔隙。该方法的缺点是精磨时操作者无法观察磨削火花进行试切吃刀。

4.5 表面质量对机器零件使用性能的影响

机械产品的工作性能，尤其是其可靠性和耐久性，在很大程度上取决于对机器工作性能有重要影响的零件的表面质量。

机械加工后的零件表面并非理想的光滑表面，它存在不同程度的表面粗糙度、冷硬、裂纹等表面缺陷。尽管只有极薄的一层（几微米至几百微米），但对机器零件的使用性能却有极大的影响。有研究表明，80%左右的机器零件失效的原因归咎于因表面质量（如磨损、疲

劳、腐蚀等）所带来的影响。随着产品性能的不断提高，一些重要的零件必须在高应力、高速、高温等条件下工作，由于表面上作用着最大的应力并直接受到外界介质的腐蚀，表面层的任何缺陷都可能引起应力集中、应力腐蚀等现象而导致零件的损坏，因而表面质量问题变得更为突出和重要，所以必须加以足够的重视。

4.5.1 表面质量对零件耐磨性的影响

1. 表面粗糙度对耐磨性的影响

一般情况下，表面粗糙度 Ra 值为 0.8～0.4μm 的表面具有较好的耐磨性。经过珩磨而具有交叉网纹印痕的表面，经过刮削具有细小凹坑的表面均具有良好的耐磨性。但表面粗糙度值并非越小越耐磨。如图 4-49 所示，表面粗糙度值太大，接触表面的实际压强增大，粗糙不平的凸峰相互咬合、挤裂、切断，故磨损加剧。而表面粗糙度值太小，也会导致磨损加剧，因为表面太光滑，存不住润滑油，接触面容易发生分子粘接而加剧磨损。表面粗糙度的最佳值与机器零件的工作情况有关。载荷加大时，磨损曲线向上、向右移动，最佳表面粗糙度值也随之右移。

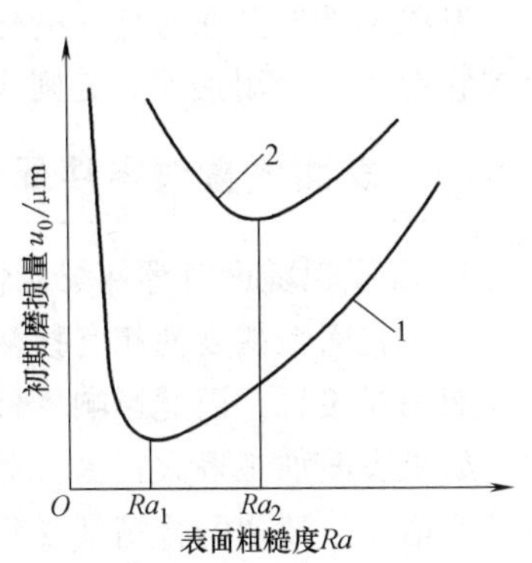

图 4-49 表面粗糙度与初期磨损量的关系
1—轻载荷 2—重载荷

2. 物理力学性能对零件耐磨性的影响

机械加工后的表面都会有一定程度的冷作硬化，冷作硬化能提高零件表面的耐磨性。例如，Q255A 钢经冷拔加工后硬度可提高 15%～45%，磨损量可减少 20%～30%。

在磨削淬火钢零件时，表层金属的马氏体组织要转变成回火组织或二次淬火组织等。这些变化会影响零件的耐磨性。

4.5.2 表面质量对零件疲劳强度的影响

1. 表面粗糙度对零件疲劳强度的影响

表面粗糙度的凹谷部位容易引起应力集中，在交变载荷作用下产生疲劳裂缝。

2. 物理力学性能对疲劳强度的影响

重要轴的轴颈及转角处，各种重要弹簧的表面一般采用滚压、喷砂、喷丸等方法对零件表面进行处理。其目的是使表面产生局部塑性变形向四周扩张，因材料扩张受阻而产生很大的残余压应力，表面层的残余压应力能够部分地抵消工作载荷施加的拉应力，延缓疲劳裂纹的扩展，因而提高了零件的疲劳强度。而残余拉应力容易使已加工表面产生裂纹并使其扩展而降低疲劳强度。带有不同残余应力表面层的零件其疲劳寿命可相差数倍至数十倍。

表面层冷作硬化能提高零件的疲劳强度，因冷硬层不但能阻止已有裂纹的扩大，而且能防止疲劳裂纹的产生。

4.5.3 表面质量对零件耐蚀性的影响

腐蚀性的介质凝聚在金属的表面，对金属表层产生腐蚀作用，腐蚀的程度和速度与零件表面粗糙度值有很大关系。机械加工后表面产生凹谷或显微裂纹，腐蚀性物质就积聚在凹谷和裂纹处，如图 4-50 所示，并按箭头方向产生侵蚀作用，它逐渐渗透到金属内部，使金属断裂而剥落下来，然后形成新的凹凸表面。以后腐蚀作用再由新的凹谷向内扩展，如此重复地继续下去。表面粗糙度值越小，凹谷越浅，越不容易产生腐蚀。

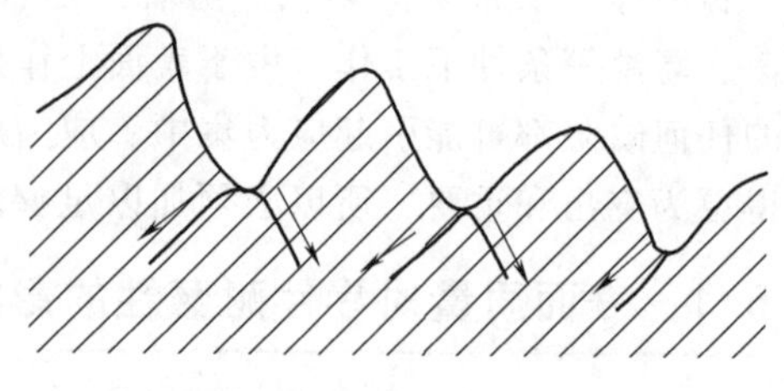
图 4-50　表面腐蚀过程

在零件表面层造成压缩残余应力和一定程度的强化，将有助于提高零件的耐蚀性。

有些零件按其在机构中的作用，并不要求小的表面粗糙度值，但由于工作环境的原因，要求它有较高的耐蚀能力，则零件的表面必须经过抛光。

4.5.4　表面质量对零件配合性质的影响

1. 表面粗糙度对零件配合性质的影响

加工表面粗糙度使相互接触的表面仅有很少的实际接触面积，如精车后仅有 10%～15% 的表面相互接触，因此影响零件的配合性质。

如果表面加工得太粗糙，对于间隙配合来说，表面粗糙度将使配合间隙在初期磨损阶段便迅速增大，致使配合精度受到破坏，特别是对尺寸小、精度要求高的间隙配合影响更大。

对过盈配合而言，零件在装配过程中，配合表面的凸峰被挤压，故实际有效过盈减小，降低了配合强度。

对于部件来说，由于零件表面的表面粗糙度使零件间实际接触面积只是名义接触面的一小部分，且真正处于接触状态的仅仅是这小部分的个别凸峰，如图 4-51 所示。图 4-51a 所示为两表面的理想接触情况，接触长度为 L；图 4-51b 所示为两表面的实际接触情况，它是局部接触（l_1，l_2，l_3，…，l_n）。此时接触面积小，压强大，它往往超过金属的屈服极限和强度极限而凸峰被迅速压平，引起接触变形，接触变形中不仅有表层的弹性变形，而且有局部塑性变形，表面越粗糙，零件的接触刚度越低。

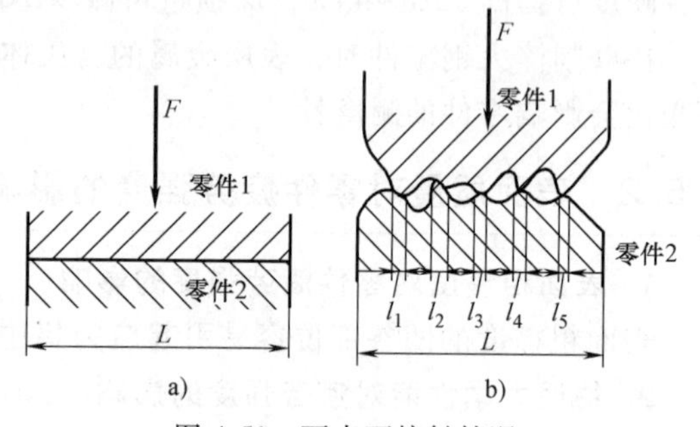

图 4-51　两表面接触情况

2. 残余应力对零件配合性质的影响

表面残余应力虽然在零件内部是平衡的，但由于金属材料的蠕变作用，残余应力在经过一段时间后便会自行减弱以至消失，同时零件也随之变形，引起零件尺寸和形状误差。对一些高精度零件，如精密机床的床身、精密量具等，如果表面层有较大的残余应力，就会影响它们精度的稳定性。

4.6　提高表面质量的工艺途径

在加工过程中影响表面质量的因素是非常复杂的。为使被加工表面质量满足要求，必须

对加工方法、切削参数进行适当的控制，但同时也会因此而相应地增大生产成本，故对于一般零件应尽量采用常用的加工工艺来保证质量，不应一味追求过高的加工要求。而对于一些直接影响产品性能、使用寿命和安全工作的重要零件的主要表面则应加以控制，以便获得较高的表面质量。提高零件表面质量的加工方法大致可分为两种：一种是着重于减小加工表面粗糙度值；另一种是着重于改善表面层的物理力学性能。

4.6.1 减小表面粗糙度值的加工方法

减小表面粗糙度值的加工方法很多，但都在于保证很薄的金属切削层。

1. 控制磨削参数

磨削是一种很重要的精加工工艺方法，它既可以用小表面粗糙度值磨削来代替光整加工，又可以用来高效磨削，使粗、精加工同时完成。而磨削参数对于产品的性能、寿命、安全等有直接的影响。对于表面质量的影响而言，有些磨削参数常常是相互矛盾的。如修整砂轮时，要减小表面粗糙度值就应将砂轮修整得细些，但因此却易引起表面烧伤；而为了避免工件的烧伤，工件速度常取较大值，但又会增大表面粗糙度值，同时容易引起颤振；磨削用量取小值又会大大降低生产率。所以在生产中，既要参考以往的加工经验及常用手册，又要在生产中不断地试验、比较和总结，从而获得相应的、符合实际的磨削用量。另外，在磨削加工时控制磨削温度对保证磨削表面质量也非常重要。

2. 采用超精加工、珩磨等光整加工方法作为最终加工工序

超精加工、珩磨等磨削加工工艺都是利用磨条以一定的压力在工件的被加工表面上做相对运动以减小工件的表面粗糙度值和提高精度。一般用于表面粗糙度 Ra 值小于 0.1μm 的加工。因为这种加工切削速度低、磨削压强小，所以加工时产生的热量很少，不会产生热损伤，而且存在残余压应力。但加工余量合适时，还可以去除磨削加工的变质层。

采用超精加工、珩磨工艺虽然比直接采用精磨达到要求的表面粗糙度值要多增加一道工序，但因为这些加工方法都是靠加工表面自身定位进行加工的，因而机床结构简单，精度要求低，而且大多设计成多工位机床，工人能进行多机床操作，所以生产效率较高，加工成本较低。因此，这些加工方法在大批大量生产中得到了广泛的应用。

(1) 超精加工 超精加工是用细粒度的磨具（磨石）对工件施加很小的压力，并做短行程低频往复振动和慢速进给运动，以实现微量磨削的一种光整加工方法。图 4-52 所示为超精加工示意图。

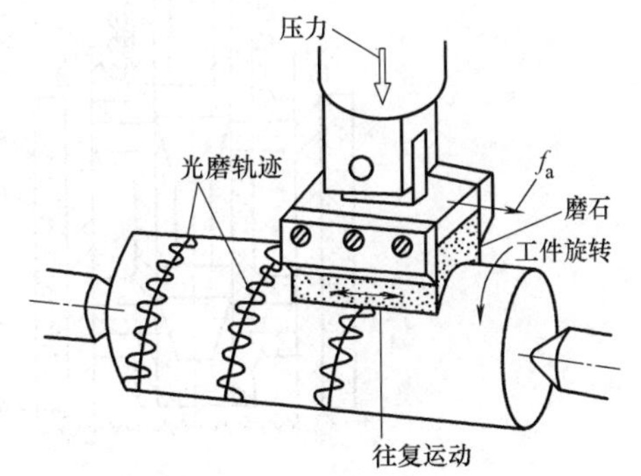

图 4-52 超精加工示意图

对工件施加的压力为 5~20MPa，振动频率为 8~35Hz，振幅为 1~5mm。由于加工余量很小（5~25μm），因此超精加工难以修正加工尺寸、形状和相对位置误差。其主要作用在于提高表面质量。

超精加工在加工初期由于工件表面粗糙度值较大，只有少数凸峰与磨石接触，比压极大，切削作用强烈，磨粒会产生破裂、脱落，因而磨粒锋利，工件表面凸峰很快被磨去。这时磨石与工件接触面积逐渐增加，比压降低进

入正常切削状态，工件表面变得平滑起来。随着加工的继续进行，磨粒被磨钝，切削作用减弱，磨石的光滑表面对工件进行抛光，使工件表面呈现光泽。当润滑液在磨石和工件表面之间形成连续油膜后，切削过程便自动停止。超精加工中切削液的作用是冲洗切屑和脱落的磨粒，并在磨石和工件之间形成油膜。常用的切削液是80%（体积分数）的煤油加20%（体积分数）的全损耗系统用油配制而成，使用时须经精细过滤。

超精加工实质上是先经历了低速低压的磨削加工过程，来除去工件表面的残留凸峰，因而磨削时发热极少，没有烧伤现象，同时利用磨粒复杂的运动轨迹及用磨钝的磨粒对工件表面进行抛光。经过加工，工件可获得表面粗糙度 Ra 值为 0.08~0.01μm 的精细表面。由于磨石与工件为浮动接触，因此工件的相互位置精度及形状精度应由前道工序保证。超精加工的生产率高，所用设备简单，操作简便，适宜于加工轴类外圆柱表面，如汽车零件、精密量具等的超精加工。

（2）珩磨 珩磨是用磨粒很细的磨石在一定的压力下，低速进行的光整加工的方法。多用于圆柱孔的加工。

图4-53所示为一种简单的机械调压式珩磨头。磨头体5通过浮动联轴器与机床主轴连接，以消除机床主轴和工件内孔不同轴的问题。四块磨石4（也有三块、五块、六块的）用结合剂（或机械方法）与垫块6固结在一起，并装进磨头体5的槽中。垫块6两端由弹簧8箍住，使磨石保持在磨头体5上。当转动螺母1时，通过调整锥3和顶销7使磨石张开以调整磨头的工作尺寸及磨石的工作压力。这种珩磨头因磨石的磨损和孔径的增大，磨石对孔壁的压力就不能保持恒定，因此在珩磨过程中，要经常停车转动螺母1来调整工作压力，从而影响了生产率。在成批大量生产的工厂，广泛采用气动、液动调节工作压力的珩磨头。珩磨头工作时有两种运动，即旋转运动和轴向往复运动。由于两种运动的结果，磨石上每颗磨粒在工件孔壁上磨出图4-54所示的左右螺旋形的交叉痕迹。为使整个工件表面能均匀地被加工到，磨石在孔的两端都要露出一段越程（为磨石长度的1/5~1/3）。

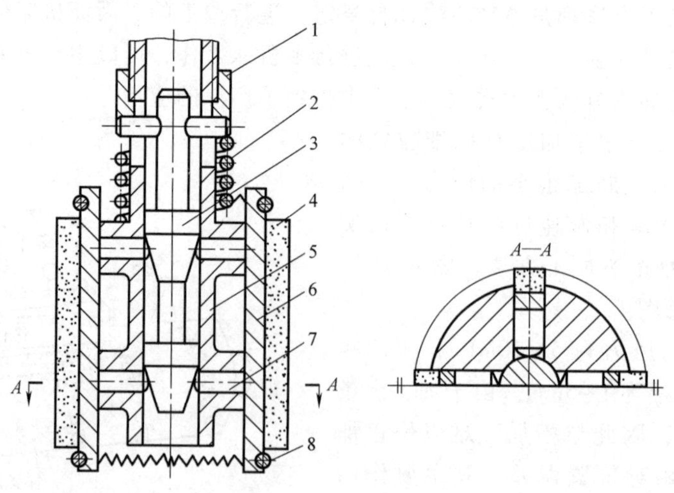

图4-53 珩磨头

1—螺母 2、8—弹簧 3—调整锥 4—磨石 5—磨头体 6—垫块 7—顶销

珩磨时，由于在工件表面形成螺旋形的交叉痕迹，能获得表面粗糙度 Ra 值为 0.63~

0.08μm 的表面；由于珩磨头的结构具有很大的径向刚度，因此工作平稳，不会出现振动，且余量很小，冷却润滑充分，所以切削温升小，加工表面破坏层浅，这些都有利于获得高的尺寸精度（公差等级达 IT7～IT6）。珩磨时，磨石总是对工件表面有压力，由于磨石是用径向弹簧将它保持在珩磨头上的，在孔径较小的地方，磨石的压力就会自动增加，多磨掉一些金属；在孔径较大处，磨石的压力就自动减小，被磨去的金属就少，最后使加工表面逐渐获得精确的圆柱度，其圆柱度或圆度可达 0.005～0.003mm。

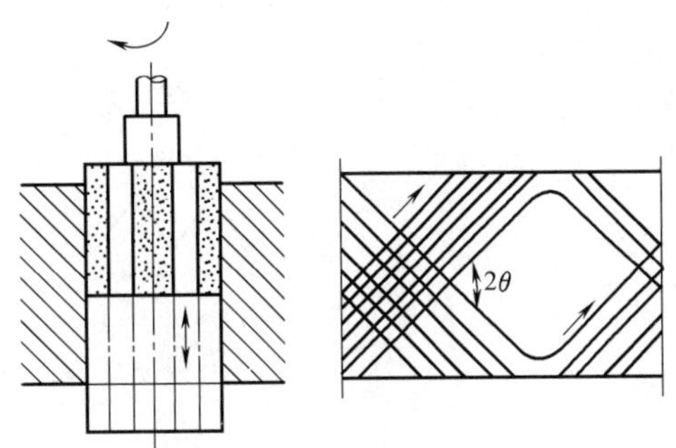

图 4-54 珩磨时磨粒的运动轨迹

由于在珩磨时加工余量很小，为保证切削时余量均匀，珩磨头和机床主轴是浮动连接的，因此珩磨不能修正被加工孔轴线的位置误差和直线度误差。

在珩磨时，磨粒可能嵌入加工表面中，因为珩磨常常是孔加工的最后工序，所以珩磨后要将工件洗净，否则会加速零件在工作过程中的磨损。珩磨不宜加工韧性的有色金属，因为磨石容易被堵塞而不能正常工作。

珩磨是一种光整加工方法，珩磨前被加工表面必须经过精细加工。珩磨余量与孔径、珩磨前的加工方法及工件材料的性质有关。

珩磨前加工精度越高，珩磨余量就越小。珩磨余量过大时，将降低生产率，并难以得到正确的孔径。在大批大量生产中，珩磨前往往进行细镗（金刚镗）。珩磨通常分为粗珩、精珩两道工序。粗珩除去余量的 2/3～4/5，其余的由精珩除去，精珩只是去掉或修平粗珩所留下的凸峰。

珩磨头的旋转速度：加工铸铁为 1m/s 左右；钢为 0.5m/s；铝青铜和黄铜为 1.33～1.5m/s。珩磨头的轴向往复速度：加工铸铁或青铜时为 0.25～0.38m/s；钢为 0.2m/s。

磨石的磨料根据工件材料的加工性能来确定。铸铁、未淬火钢件用碳化硅，淬火后的钢件用刚玉，金刚石和立方氮化硼磨石也获得了广泛的应用。磨石常用人造树脂作为结合剂，因树脂磨石具有一定的弹性，且耐压性高，即使在高压下仍能保持其良好的切削性能，同时使用寿命长。磨石的粒度要根据加工性质而定，粗珩采用较粗的磨粒（粒度号小），以获得较高的生产率；精珩用细的磨粒（粒度号大），以减小表面粗糙度值。

珩磨时，磨石与工件接触面积大，必须供应大量的切削液。工件表面质量的好坏，在很大程度上也取决于切削液的使用是否恰当。珩磨铸铁和钢件时，多采用煤油，因煤油的黏性很小，表面张力不大，容易渗入工件和磨石间的缝隙中，同时可冲洗掉下的磨粒和切屑。珩磨时，在煤油中加入 10%（体积分数）的机油或锭子油，能延长切削液的使用期限，并减小表面粗糙度值。

平顶珩磨是一种珩磨新工艺。它的特点是保证加工痕迹交叉角 2θ 为 45°～70°，并要求加工表面沟纹为图 4-55 所示的平顶，且平顶总面积占 1/2～2/3。

加工时，工件在一次安装中完成粗珩、精珩的工作。粗珩时在工件表面加工出划痕较深的粗糙轮廓（见图 4-55a），再通过精珩把这些划痕尖峰磨平而成平顶。粗珩用粗粒的金刚

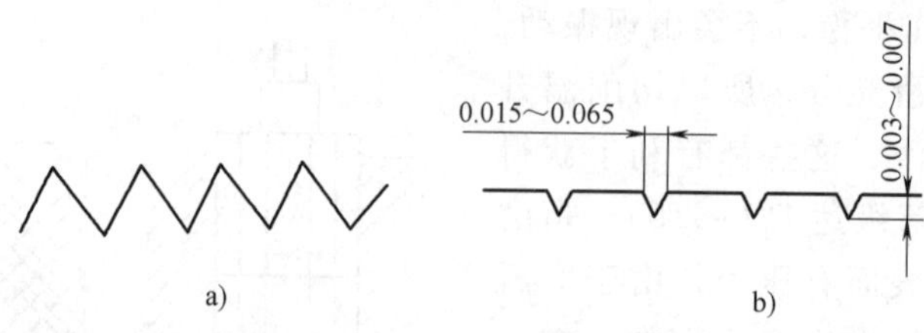

图 4-55　平顶珩磨的表面

石磨石，精珩用细粒的碳化硅磨石。粗、精珩磨石装在同一个珩磨头上，当粗珩到预定余量，磨石还没有完全收缩回来之前，精珩磨石即扩张出去，至精珩磨石贴紧内孔表面粗珩磨石才缩回，这可由珩磨头上的双液压缸来实现。

具有这样网纹的平顶表面，其承载能力比一般珩磨的表面大，沟槽有储存足够润滑油的作用，可大大减少孔表面的磨损，提高机器零件的使用寿命。

（3）研磨　研磨是在研具和工件之间放入研磨剂，对工件表面进行光整加工的方法。研磨时，研磨剂受到工件或研具的压力做复杂的相对运动，部分磨粒被不规则地嵌入研具和工件表面。通过研磨剂的机械和化学作用，即可从工件表面切除一层极薄的金属，从而获得很高的加工精度和很小的表面粗糙度值。

研具材料应比工件材料软，以使磨粒嵌入研具表面，对加工面进行切削挤压。为使研具磨损均匀和保持形状准确，研具的材料组织要均匀、有耐磨性，常用的研具材料为铸铁和青铜。研磨前要求工件应进行良好的精加工，研磨余量为 0.003～0.005mm；压力为 0.1～0.3MPa；研磨速度，粗研为 40～50m/min，精研为 10～15m/min。常见的研磨方法有手工研磨和机械研磨两种。

手工研磨的生产率低，研磨质量与工人的技术熟练程度有关，但它操作简单，常用于中、小批量生产中。

进行研磨时研磨套材料要求比较软，组织细密均匀且耐磨。最常用的是硬度为 120～160HBW 的铸铁研磨套，它适用于加工各种工件材料，并且制造容易，成本低。另外，也有用铜、巴氏合金、粉末冶金、塑料和硬木的。

研磨时使用的研磨剂由磨料和油脂混合而成，磨料应具有较高的硬度，常用磨料有刚玉、铬刚玉、碳化硅、碳化硼、人造金刚石微粉等。

研磨液用来调和磨料和起冷却作用，以加速研磨过程。研磨液一般常用煤油或汽油，加入黏性较大而氧化作用较强的油酸、脂肪酸、硬醋酸或工业用甘油混合而成。

研磨可以获得很高的尺寸精度（公差等级达 IT5～IT6）和很小的表面粗糙度 Ra 值（0.04～0.16μm）。若将偶合件互为研具进行对研，则可以达到极佳的气、液密封性，但它们只能成对使用，不具备互换性。

（4）抛光　抛光是在毡轮、布轮、带轮等软研具上涂上抛光膏，利用抛光膏的机械作用和化学作用，去掉工件表面粗糙度的峰顶，使表面达到光泽镜面的加工方法。

抛光过程去除的余量极小，不容易保证均匀地去除余量，因此只能减小表面粗糙度值，不能改善零件的精度。

抛光轮弹性较大，故可抛光形状较复杂的表面。抛光材料可用氧化铝、碳化硅以及氧化

铁、氧化铬等。磨粒粒度应视抛光要求的表面粗糙度而定。在抛光膏中还含有油酸和硬脂酸等成分，所以抛光过程也有化学作用。

4.6.2 改善表面层物理力学性能的加工方法

对于承受高应力且为交变载荷的零件，可以采用喷丸、滚压、辗光等表面强化工艺使表面层产生残余应力和冷作硬化，减小其表面粗糙度值，同时可以消除磨削加工等工序的残余拉应力，大大提高零件的疲劳强度和耐蚀性，有效提高零件的物理力学性能。

表面强化工艺有：

(1) 喷丸 喷丸是利用压缩空气或离心力将大量直径细小（ϕ0.4~ϕ2mm）的丸粒（钢丸、玻璃丸）高速（35~50m/s）向零件表面喷射的方法。它使零件的表面层产生很大的塑性变形，引起表面层的冷作硬化及残余压应力，喷丸强化可适用于任何复杂形状的零件。它的表面硬化层深度可达0.7mm，表面粗糙度 Ra 值可由2.5~5μm减小到0.32~0.63μm。如果要得到更小的表面粗糙度值，可以在喷丸后再进行小余量的磨削加工，但是必须注意磨削温度的控制，以免影响强化的效果。

喷丸后的零件使用寿命可提高数倍甚至数十倍。在磨削、电镀等加工工序后进行喷丸可有效地去除这些工序带来的有害残余拉应力。

(2) 滚压 用自由旋转的工具钢（T12、CrWMn、CrNiMn等，淬硬62~64HRC）制成的钢滚轮或钢珠，对零件表面施加压力，使表面层金属产生塑性变形，并可使表面粗糙度的波峰在一定程度上填充波谷，如图4-56所示。

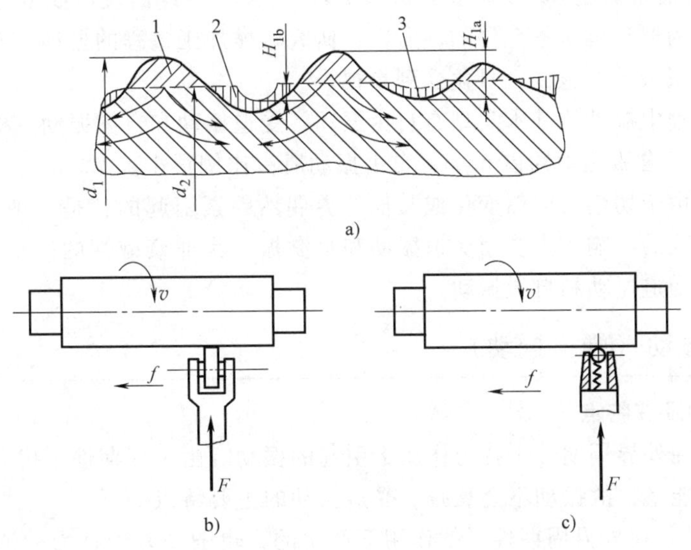

图4-56 滚压加工

a) 滚压时表面粗糙度的变化情况 b) 单滚柱或多滚柱滚压 c) 单滚珠或多滚珠弹性滚压

1—波峰 2—波谷 3—填充层 d_1、d_2—滚压前、后的直径 H_{1a}、H_{1b}—滚压前、后的表面粗糙度值

滚压常常在精车或精磨后进行，适用于加工外圆、平面以及直径大于ϕ30mm的孔。滚压方法使用简单，在卧式车床上装上滚压工具即可进行，因此应用非常广泛。滚压加

工可使表面粗糙度 Ra 值从 1.25～10μm 减小到 0.08～0.63μm，表面硬化深度达 0.2～1.5mm，硬化程度达 10%～40%。

(3) 金刚石压光 用金刚石工具挤压加工表面，其运动关系与滚压不同的是，工具与加工面之间不是滚动，压光效果十分理想，如图 4-57 所示。金刚石工具修整成半径为 1～3mm、表面粗糙度 Ra 值小于 0.012μm 的球面或圆柱面。由于金刚石的物理力学性能高，而且与金属接触时的摩擦因数小，因此消耗的动力和能量小，生产效率和表面质量很高。金刚石压光后工件表面产生压应力，零件疲劳强度显著提高。

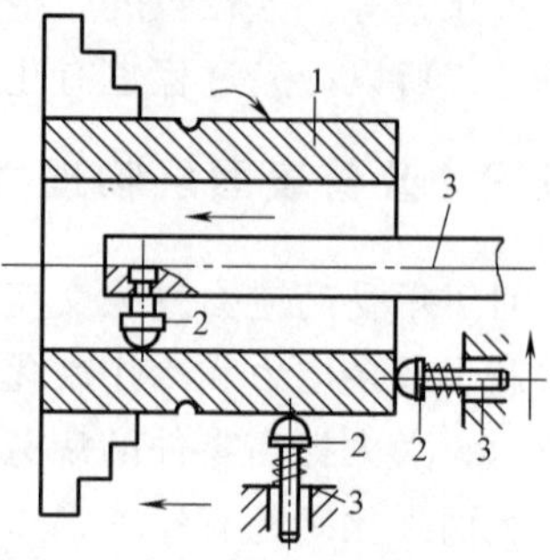

图 4-57 金刚石压光示意图
1—工件 2—压光头 3—心轴

4.7 机械加工过程中的振动

机械加工过程中，工件与刀具之间常常发生强烈的相对振动。这种振动使表面粗糙度增大或产生明显的波纹，严重恶化了表面质量，加速刀具（或砂轮）和机器零件的磨损，从而降低加工质量。为了避免产生振动，常常不得不降低切削用量，致使刀具和机床的性能得不到充分发挥，限制了生产率的提高。此外，振动发生的噪声还损害操作工人的健康。随着现代工业的发展，对零件加工精度和表面质量的要求越来越高，一些精密零件的精度要求常在 1μm 以下，表面粗糙度 Ra 值则小于 0.02μm，而且不允许出现波纹度。此时，加工过程中哪怕出现微小的振动也是不允许的。所以，研究机械加工过程的振动，弄清产生振动的原因，寻求消振、减振的措施，已日益受到重视。

机械加工过程中振动的基本类型有自由振动、受迫振动和自激振动。根据资料统计，受迫振动约占 30%，自激振动约占 65%，自由振动所占比例很小。

自由振动是由于切削力突然变化或其他外界偶然因素引起的，是一种迅速衰减的振动，它对机械加工过程的影响较小。而受迫振动和自激振动是非衰减性的振动，其危害性较大。所以应重点关注受迫振动和自激振动。

4.7.1 受迫振动（强迫振动）

1. 受迫振动及其特点

受迫振动是在外界周期性干扰力作用下引起的振动。由于周期性干扰力所做的功补充了系统阻尼消耗的能量，故振动不会衰减。受迫振动的主要特点如下：

1）受迫振动是在外界周期性干扰作用下产生的，也随外来干扰力的消失而消失，振动本身不能引起干扰力的变化。

2）受迫振动的频率总是与外界干扰力的频率相同，一般振动频率为十几到 100Hz。

3）当干扰力的频率与工艺系统的固有频率的比值等于或接近于 1 时，将发生共振现象，振幅达到最大值。

4）受迫振动的振幅与干扰力、工艺系统刚度以及阻尼大小有关。干扰力越大、刚度和阻尼越小，则振幅越大。

2. 引起受迫振动的原因

受迫振动的振源可来自机床内部，称为机内振源，也可来自机床外部，称为机外振源。其产生的原因如下：

1）由机外振源通过地基引起的振动。如邻近锻压设备、压力机、刨床和通道上的汽车等的强烈振动，通过地基传给机床。

2）机床传动零件的缺陷。例如齿轮精度不高，传动时产生冲击；滚动轴承的误差除引起噪声外，还引起机床主轴系统的振动；平带的接缝不良、V带的厚薄不匀都会引起振动。

3）工艺系统各旋转零件和工件不平衡。例如，没有平衡好的砂轮、带轮、卡盘、花盘和工件等，当高速回转时，会因离心力方向的周期性变化引起而振动。

4）切削不连续。例如，端铣、刨、插加工，断续车削，以及砂轮硬度不匀和砂轮局部堵塞等，都会形成周期性变化的切削力，从而引起振动。

3. 消除或减小受迫振动的途径

查明并清除（或隔离）外界周期性干扰力，是消除受迫振动的最有效方法。提高工艺系统刚度、增强阻尼，也可收到减振效果。

(1) 隔振　防止振动向刀具和工件传递。对机外振源可用橡胶垫或在机床基础四周挖防振沟阻止振源传入；或将有振源的设备隔离，防止振源外传；对机内本身的振源，也可采取隔离的办法，如将外圆磨床上的电动机通过隔振衬垫与机床弹性连接。

一般情况下，应使锻压设备、压力机等远离切削加工机床，粗加工机床远离精加工机床。

(2) 消除或减小机内的干扰力　例如，平衡好电动机转子、砂轮以及所有转速在600r/min以上的机件、夹具和工件；断续切削时增加刀具同时工作的次数或降低切削用量；磨削时合理选择砂轮的粒度和组织，以消除砂轮因堵塞而引起的振动。

(3) 提高机床系统刚度和阻尼　例如，调整轴承间隙和零部件之间的间隙以提高刚度；加强机床与地基的连接以提高刚度。

(4) 改变振源频率　使其远离机床系统的固有频率，避免出现共振现象。

例如，改变铣床转速和刀齿数；采用不同齿距的铣刀或从镶片铣刀中取出若干刀齿等，往往可以改变振动频率，使其不出现共振。

4.7.2　自激振动（自振）

1. 自激振动及其特点

自激振动也是一种不衰减振动，维护振动的交变干扰力，是由振动系统本身在振动过程中激发产生的。即使不受任何外界周期性的干扰力作用，振动也会发生并维持。

自激振动的特点如下：

1）在无外来周期性干扰力作用下，能把工艺系统固定方向的运动转变为某种交变力而引起振动。振动的频率等于或接近于工艺系统的固有频率。

2）自激振动的振幅大小及振动能否产生，取决于每一振动周期内系统获得能量与阻尼消耗能量的对比情况。

3）维持自振的交变力，是在振动过程中产生的，受振动的控制。故振动一停止，此交变力也消失。

2. 产生自激振动的原因

切削振动过程的物理现象十分复杂，有许多学说用以解释各种状态下产生自激振动的原因。有两种主要解释自激振动的学说：一种是从切削过程不稳定性解释引起振动的“再生自振理论”；另一种是从机床结构的特性解释产生振动的“振型关联自振理论”。

再生自振理论认为原来稳定的切削过程，由于偶然的振动引起自由振动使工件表面形成振纹。当刀具从已有振纹的表面上切除切屑，因切削厚度周期性变化，引起切削力也产生相应的周期性变化，使新形成的表面再出现振纹。

振型关联自振理论，假设自振系统可简化为两个自由度的弹性系统，当系统产生振动时，使刀尖合成运动轨迹类似于椭圆。当振出时补充的能量大于振入时消耗的能量，系统获得多余的能量以支持和加强振动。

3. 减小和消除自振的途径

（1）合理选择切削参数

1）合理选择切削用量。在任何情况下都应避免宽而薄的切削，因为增加背吃刀量或减小进给量都会使振幅加大，振动加剧。车削时，切削速度 $v=30\sim70\text{m/min}$ 的范围时容易振动，采用较低或较高的切削速度可以避免自振。

2）合理选择刀具几何参数。适当增大刀具前角和主偏角可以减小推力 F_y 和单位切削力，从而减小振动。一般地说，后角 α_o 对于切削稳定性无多大影响，但当 $\alpha_o=2°\sim3°$时，振动有明显减弱。若将后角磨出负倒棱，如图4-58所示，或适当增大钻头的横刃，都能有效地起到消振作用。刀尖圆弧半径过大，F_y 随之增大，容易产生振动。但刀尖圆弧半径过于减小又会增大表面粗糙度值，并缩短刀具寿命。

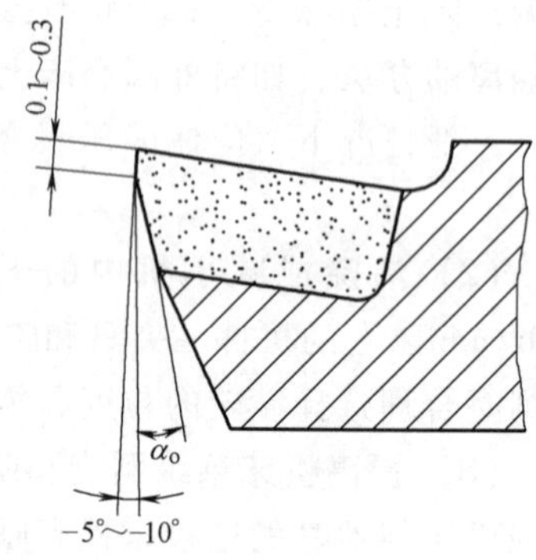

图 4-58　负倒棱消振车刀

3）改进刀具结构。若采用弯头刨刀，可使刀具受力弯曲不致切入工件而增加摩擦阻力，如图4-59所示，因此可以减小刀具的高频振动。当采用弹性刀杆的车刀时，如图4-60所示，刀杆切向刚度高，不易产生弯曲高频振动；但其径向刚度低，会使误差复映增大。

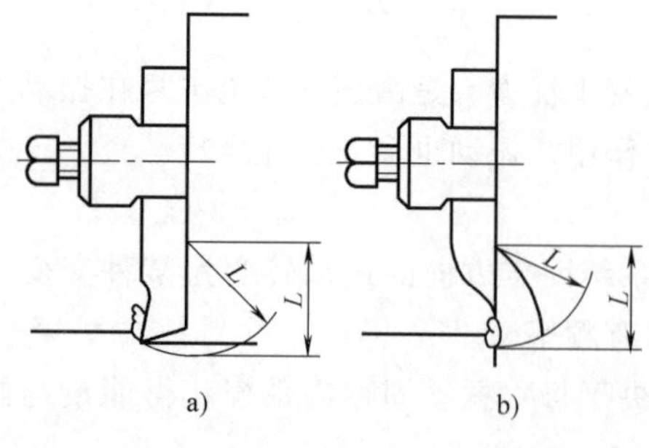

图 4-59　直头刨刀和弯头刨刀变形对比

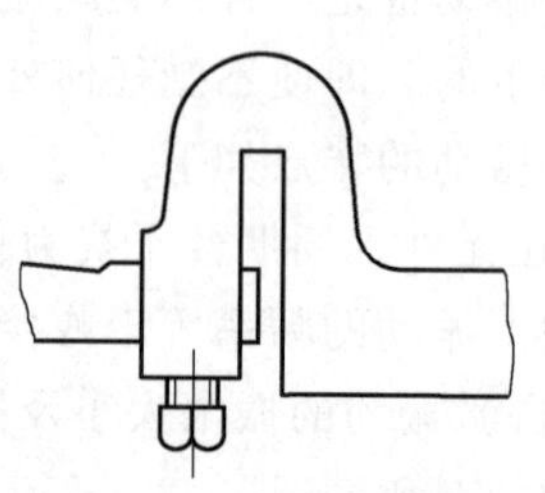
图 4-60　弹性刀杆车刀

(2) 增加工艺系统的抗振性　增加工艺系统的刚度，对于减小振动有很大的作用，如减小主轴和尾座的悬伸量、主轴轴承进行合理的预紧、改善顶尖与顶尖孔的配合、减小刀杆的悬伸量等，都可以提高切削加工的抗振性。

(3) 采用减振装置　当使用上述各种措施仍达不到消振的目的时，应该考虑使用减振装置。减振装置具有结构轻巧、效果显著等优点。它对于消除受迫振动和自激振动都有效，已得到广泛的应用。

减振装置可分为阻尼器和吸振器两种。

1）阻尼器的基本原理及应用。阻尼器是基于阻尼作用，把振动能量转变成热能消耗掉，以达到减小振动的目的。阻尼越大，减振效果越好。

图 4-61 所示为黏性阻尼动力减振器，适用于消除无心磨床的砂轮振动。其中附加惯性质量块 1 可在小轴 3 上自由转动，小轴 3 与砂轮轴相连，惯性质量被黏性液体 2 所包围，黏性液体 2 封装在壳体 4 内。当砂轮主轴产生扭转振动时，由于黏性液体的阻尼作用，大大降低了主轴振动的振幅。

图 4-62 所示为利用多层摩擦片相互摩擦的干摩擦阻尼器，可以达到消除振动能量的目的。

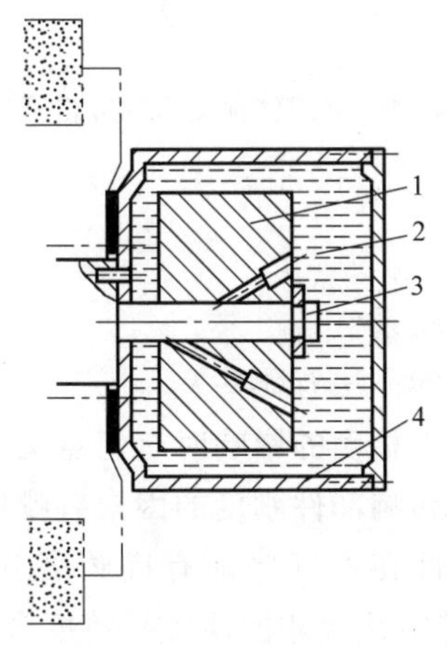

图 4-61　用于无心磨床的黏性阻尼动力吸振器

1—附加惯性质量块　2—黏性液体　3—小轴　4—壳体

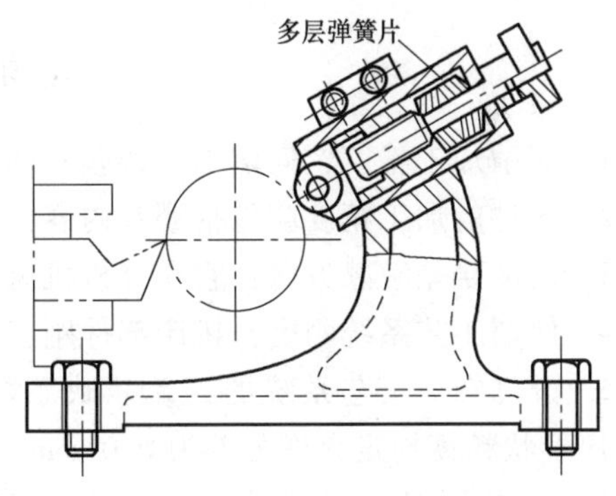

图 4-62　干摩擦阻尼器

2）吸振器的原理及应用。吸振器又分为动力式吸振器和冲击式吸振器。

动力式吸振器是利用弹性元件把一个附加质量块连接到振动系统上的吸振器。其减振的原理与摩擦阻尼器不同。它不是利用消耗能量达到减振的，而是利用附加质量的动力作用，使弹性元件加在系统上的力与系统的激振力尽量相互抵消，以达到减振的目的。

图 4-63 所示为用于镗刀杆的有阻尼动力吸振器。它用微孔橡胶衬垫作为弹性元件，并有附加阻尼作用，能起到较好的消振作用。

冲击式吸振器是由一个自由的质量与壳体所组成的。当系统振动时，由于自由质量块的往复运动，产生冲击消耗了振动的能量，从而达到减小振动的目的。

图 4-64 所示为可调整预压力的冲击式减振器，用于消除刀具的高频振动。当振动的刀具向下挠曲时，外壳因惯性克服弹簧的力量向上移动，这时外壳与刀杆之间有了间隙。当刀具向上振动时，外壳却以一定速度向下运动。由于这样反复冲击，消耗了振动能量，因而可以显著地减小振动。螺栓可用来调节弹簧的弹力，以适应不同情况的需要。

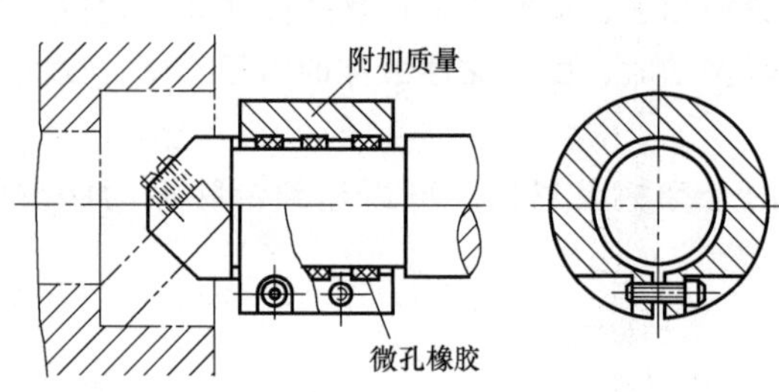

图 4-63　用于镗刀杆的有阻尼动力吸振器

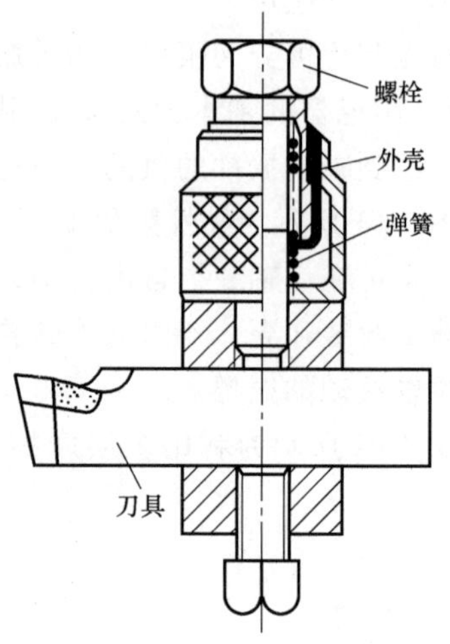

图 4-64　可调整预压力的冲击式减振器

复习思考题

4-1　何谓加工精度？何谓加工误差？两者有何区别与联系？

4-2　零件的加工精度应包括哪些内容？获得加工精度的方法有哪些？

4-3　何谓误差敏感方向？它在分析机床导轨误差对加工精度的影响时有何意义？

4-4　何谓工艺系统刚度？机床部件刚度有哪些特点？影响部件刚度的因素有哪些？

4-5　设已知一工艺系统的误差复映系数为 0.25，工件在本工序前有椭圆度 0.45mm。若本工序形状精度规定允许公差为 0.01mm，试问至少要进给几次才能使形状精度合格？

4-6　在卧式铣床上铣削键槽，如图 4-65 所示，经测量发现靠近工件两端深度大于中间，且都比调整的深度尺寸小。试分析造成这一现象的原因。

4-7　图 4-66 所示为床身零件，当导轨面在龙门刨床上粗刨之后便立即进行精刨。试分析若床身的刚度较低，精刨后导轨面将会产生什么样的误差？

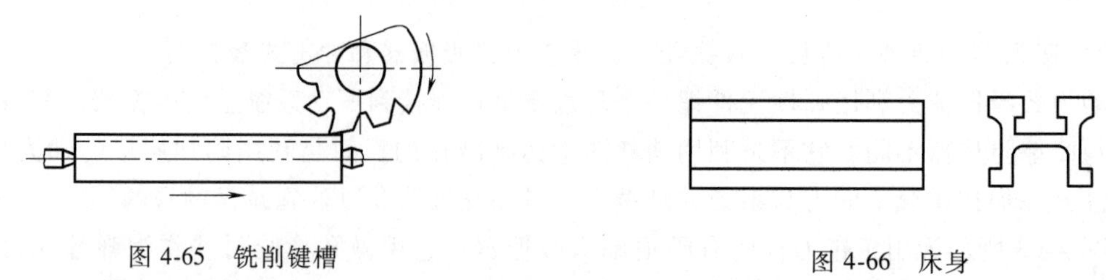

图 4-65　铣削键槽

图 4-66　床身

4-8　为什么磨削加工常采用固定顶尖？实际使用时还应注意些什么？

4-9 在车床上加工一批光轴的外圆，加工后经测量若发现整批工件有下列几何形状误差，如图 4-67 所示，试说明图 4-67a、b、c、d 可能产生上述误差的各种因素。

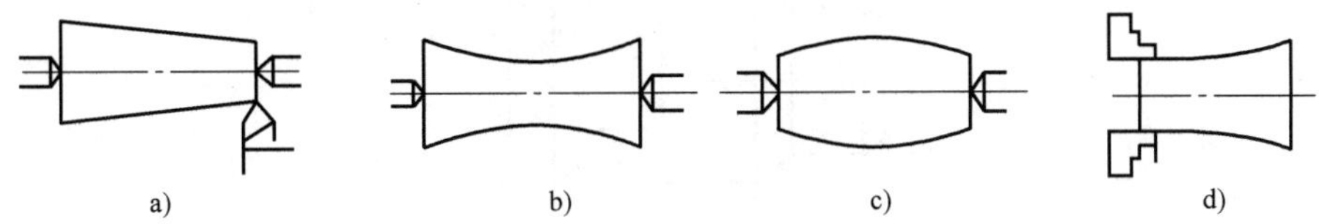

图 4-67 加工后的几何形状误差
a）锥形 b）鞍形 c）腰鼓形 d）喇叭形

4-10 表面质量的含义包括哪些主要内容？为什么机械零件的表面质量与加工精度具有同等重要的意义？

4-11 为什么会产生磨削烧伤及裂纹？它们对零件的使用性能有何影响？试举例说明减小磨削烧伤及裂纹的办法。

4-12 什么是受迫振动？它有何特征？什么是自激振动？它有何特征？它们与受迫振动有何区别？

4-13 表面强化工艺为什么能改善表面质量？生产中常用的表面强化工艺方法有哪些？

4-14 机械加工过程中，为什么会造成加工表面层物理力学性能的变化？这些变化对产品质量有哪些影响？

4-15 为什么在切削加工中一般都会产生冷作硬化现象？

4-16 为什么磨削加工容易产生烧伤？如果工件材料和磨削用量无法改变，减轻烧伤的最佳途径是什么？

4-17 机械加工中，为什么工件表面层金属会产生残余应力？磨削加工与切削加工工件表面产生残余应力的原因是否相同？

4-18 拉削一批齿轮轮坯的内孔或拉削一批薄板零件的孔，如图 4-68 所示，试判断加工表面可能会出现什么样的几何形状误差，并提出改进措施。

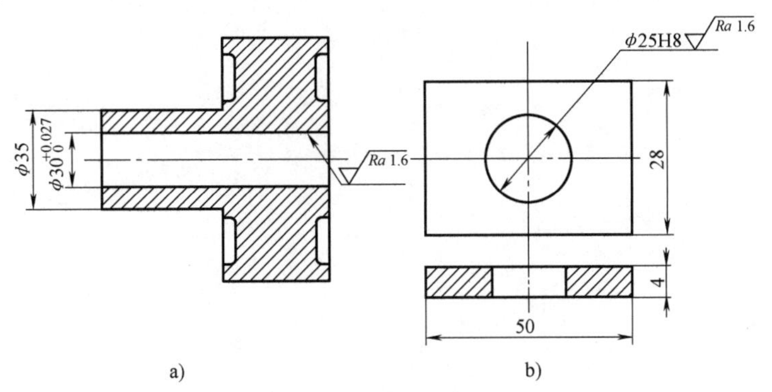

图 4-68 齿轮轮坯和薄板

4-19 钻削图 4-69 所示工件的孔时，因为钻孔部位的壁较薄，可能会产生什么样的加工误差？其原因是什么？

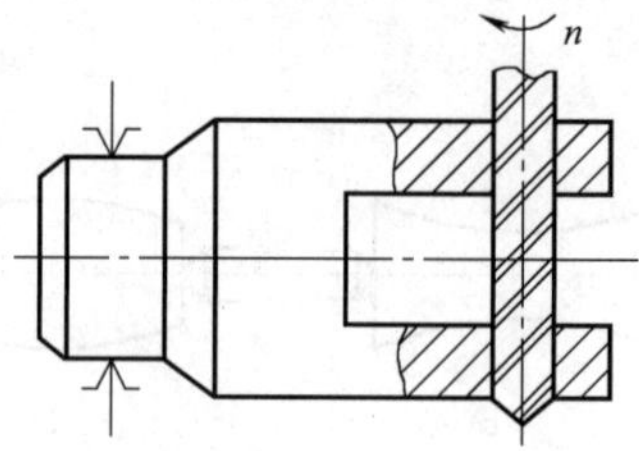

图 4-69　工件钻孔

第5章

机械加工工艺规程的制订

5.1 概述

5.1.1 机械加工工艺规程在生产中的作用

在生产中，凡是改变生产对象的形状、尺寸、相对位置和性质，使其成为成品或半成品的过程称为工艺过程，如毛坯制造工艺过程、机械加工工艺过程、热处理工艺过程及装配工艺过程等。

这里所指的工艺就是制造产品的方法。

机械加工工艺规程是规定产品或零部件机械加工工艺过程和操作方法等工艺文件，是一切有关生产人员都应严格执行、认真贯彻的纪律性文件。合理、科学的工艺规程是根据生产实践和科学试验，结合具体生产条件制订出来的，并通过生产实践、科学技术进步不断完善的。

在许多情况下，工艺过程不是一成不变的，但在一定的生产条件下，应尽量使工艺过程制订得最为合理，最符合生产实际。将合理的、确定的工艺过程写成工艺文件，作为组织生产、管理和进行技术准备的依据，即为工艺规程。其作用如下：

1）根据机械加工工艺规程进行生产准备（包括技术准备）。当产品投产之前，工艺技术管理部门就必须根据工艺规程，进行有关的工艺技术准备，为零件的加工准备工艺装备。为此要进行关键技术的分析与研究；刀具、夹具和量具是设计、制造还是采购；设备改造与新设备是购置还是定制等。

2）机械加工工艺规程是生产计划、调度、工人的操作、质量检验等的依据。工厂的计划和调度部门按工艺规程和生产计划要求，下达零件的投料时间、数量及任务计划，调整设备负荷，保证整个生产按照工艺规程要求有条不紊地进行。

3）新建（或扩建）车间（或工段），其原始依据也是机械加工工艺规程。根据机械加工工艺规程确定机床的种类和数量，确定机床的布置和动力配置，确定生产面积的大小和工人的数量等。

汽车生产中，由于生产类型不同，工艺文件的形式灵活多样，工艺规程的内容也不尽相同。总结起来，主要有以下几种工艺文件。

（1）机械加工工艺过程卡片（简称过程卡） 这是简要说明零件整个生产过程的一种卡片，见表5-1。其内容比较简单，它包含产品的名称和型号、零件的名称和图号、毛坯的种类和材料牌号等。它还包括工序号、工序名称和工序内容、零件加工经过的车间、工段、所用的机床型号和工艺装备的名称及其编号、工时等。该卡片在生产过程中主要是工厂的生产管理人员使用，帮助生产调度、计划人员能集中地、简洁地、迅速地掌握生产情况。

（2）机械加工工序卡片（简称工序卡） 这是以工序为单位详细说明零件的机械加工工艺过程的一种卡片，见表5-2。它有被加工零件在本道工序的加工简图，并在简图上以粗实

表 5-1　机械加工工艺过程卡片

25	机械加工工艺过程卡片					产品型号		零件图号			
						产品名称		零件名称		共　页	第　页
材料牌号	(1) 30	毛坯种类 15	(2) 30	毛坯外形尺寸 25	(3) 30	每毛坯可制件数 25	(4) 10	每台件数	(5) 10	备注 10	(6) 20

	工序号	工序名称	工序内容	车间	工段	设备	工艺装备	工时 准终	工时 单件
	(7)	(8)	(9)	(10)	(11)	(12)	(13)	(14)	(15)
			16						
			8						
	8	10		8		20	75	10	10
			18×8(=144)						
描图									
描校									
底图号									
装订号									

										设计(日期)	审核(日期)	标准化(日期)	会签(日期)	
标记	处数	更改文件号	签字	日期	标记	处数	更改文件号	签字	日期					

表 5-2 机械加工工序卡片

	机械加工工序卡片	产品型号		零件图号			
		产品名称		零件名称		共 页	第 页

车间	工序号	工序名称	材料牌号
25 (1)	15 (2)	25 (3)	30 (4)
毛坯种类	毛坯外形尺寸	每毛坯可制件数	每台件数
(5)	30 (6)	20 (7)	20 (8)
设备名称	设备型号	设备编号	同时加工件数
(9)	(10)	(11)	(12)

夹具编号	夹具名称	切削液	
(13)	(14)	(15)	
工位器具编号	工位器具名称	工序工时	
		准终	单件
45 (16)	30 (17)	(18)	(19)

工序号		16	工步内容	工艺设备	主轴转速/(r/min)	切削速度/(m/min)	进给量/(mm/r)	切削深度/mm	进给次数	工步工时	
										机动	辅助
(20)		8	(21)	(22)	(23)	(24)	(25)	(26)	(27)	(28)	(29)
8				90	7×10(=70)						
		9×8(=72)			10						

描图
描校
底图号
装订号

标记	处数	更改文件号	签字	日期	标记	处数	更改文件号	签字	日期	设计(日期)	审核(日期)	标准化(日期)	会签(日期)	

线标明本工序要加工的表面，按规定要求标注定位基准、尺寸、公差、表面粗糙度、形状、位置公差要求以及其他技术要求等。同时，它还说明各工序中工步的顺序和内容，如本道工序的加工表面及所用的设备、工艺装备、切削用量和工时定额等。它是用于指导操作工人进行生产的文件。

（3）调整卡 调整卡是对自动机床、半自动机床或齿轮加工机床等进行调整时使用的工艺文件，以保证机床、机床夹具和工件间的相互位置关系。它是在如机床调整复杂和零件机械加工工艺较复杂（如多刀、多工位加工）的情况下，帮助和指导设备操作工人或专门的设备维护人员进行工作的工艺文件。调整卡的格式因不同的机床而有不同的形式。

（4）检验工序卡（简称检验卡） 零件在生产加工过程中，可能因为某些影响因素造成零件的某一尺寸或某几个尺寸未达到设计图样要求。为了保证所生产零件是合格产品，及时发现生产过程中工序的加工是否正常，因此为产品质量检验人员制订了专门用于零件质量检验的卡片。在生产制造一个零件的工艺文件里，至少有一份检验卡，复杂和精度要求高的零件有时按生产阶段或加工工序的要求有若干份检验卡；针对特殊工序还有专用的检验卡。检验工序卡内容包括检验内容；检验所用夹具、量检具；每一批次零件抽检零件数等，见表5-3。

表 5-3 检验工序卡

<table>
<tr><td rowspan="2"></td><td colspan="2" rowspan="2">检验工序卡</td><td>产品型号</td><td></td><td>零(部)件图号</td><td></td><td>共 页</td></tr>
<tr><td>产品名称</td><td></td><td>零(部)件名称</td><td></td><td>第 页</td></tr>
<tr><td>工序</td><td colspan="2"></td><td></td><td></td><td></td><td></td><td></td></tr>
<tr><td></td><td colspan="2"></td><td></td><td></td><td></td><td></td><td></td></tr>
<tr><td></td><td colspan="2"></td><td></td><td></td><td></td><td></td><td></td></tr>
<tr><td></td><td colspan="2"></td><td></td><td></td><td></td><td></td><td></td></tr>
<tr><td></td><td></td><td></td><td></td><td></td><td>编制(日期)</td><td>审核(日期)</td><td>会签(日期)</td></tr>
<tr><td></td><td></td><td></td><td></td><td></td><td rowspan="2"></td><td rowspan="2"></td><td rowspan="2"></td></tr>
<tr><td>标记</td><td>处数</td><td>更改文件号</td><td>签字</td><td>日期</td></tr>
</table>

5.1.2 制订机械加工工艺规程的原始资料和步骤

1. 制订机械加工工艺规程的原始资料

制订机械加工工艺规程时，必须具备下列原始资料：

1）零件的设计图样和产品的装配图。

2）零件的生产纲领和生产类型。

3）零件的验收质量标准。

4）毛坯情况。如毛坯的品种和规格、毛坯的制造方法和工艺要求，必要时应和有关人员共同确定毛坯图。

5）工厂的生产条件。如现有设备的规格、性能和精度，现有的刀具、夹具、量具、辅具的规格和使用情况，工人的技术水平，后方车间的生产能力等情况。

6）国内外生产技术的发展情况。应了解国内外相关厂家的生产技术的情况，结合本厂的具体情况，以使所制订的工艺规程具有较好的先进性。

2. 制订机械加工工艺规程的步骤

制订工艺规程的步骤大致如下：

1）分析研究产品的装配图和零件图。

① 熟悉产品的性能、用途、工作条件，明确各零件的装配位置及其作用。

② 对装配图和零件图进行工艺性审查。

2）确定毛坯。毛坯质量高，则切削加工量小，可提高材料利用率，降低机械加工成本。

机械产品的开发设计人员，根据机械产品的工作要求及零件在产品中的作用，设计了零件图，并提出了零件的材料、热处理及其他技术要求。工艺设计人员根据零件图的要求，在合理制订零件的机械加工工艺后，才能最终确定毛坯的种类和制造方法。所以，毛坯是与其零件的加工工艺过程密不可分的。

毛坯种类和制造方法选择得是否合理，对于保证零件的机械加工质量和经济性影响极大。零件在加工过程中材料的消耗、工序的数量多少、加工时间等都在很大程度上取决于所选毛坯。因此，应尽可能采用新技术、新工艺、新材料，如精密铸造、精锻、粉末冶金、冷轧、冷挤压等先进工艺，以及异型钢材、工程塑料等新材料来生产制造高精度毛坯。这样不但可以节约原材料，而且还可以减少劳动量，降低能源消耗，改善经济性。当然，在具体选择毛坯时，要遵从产品的生产纲领，特别是企业本身所具有的毛坯生产条件。在汽车零件生产社会化、专业化的今天，也常常通过厂际协作，委托专业化的毛坯制造厂提供毛坯，这样才能达到保证毛坯质量、降低成本的目的。

3）拟订工艺路线。在拟订工艺路线时，要进行的主要工作是合理安排各表面、确定各表面的加工方法、划分加工阶段、确定工序集中与分散的程度、合理安排各表面的加工顺序等。

4）确定各工序的设备、刀具、夹具、量具和辅助工具等。

5）确定各工序的加工余量，计算工序尺寸及其公差。

6）确定切削用量及工时定额。

7）确定各工序的技术要求及检验方法。

8）编制工艺文件。

5.2　机械加工工艺路线的制订

拟订工艺路线是制订工艺规程中关键的一步，它与定位基准的选择有着密切的关系。它包括选定各个表面的加工方法、确定是否要划分加工阶段、确定工序集中与分散程度、确定各个表面的加工顺序和装夹方法、详细拟订工序的具体内容等。应提出几套方案加以比较。工艺路线不但影响加工的质量和效益，而且影响工人的劳动强度、设备投资、车间面积、生产成本等问题，必须认真考虑。

5.2.1　定位基准的选择

定位基准的选择与工艺过程的制订是密切相关的。定位基准的选择是制订工艺过程中要解决的主要问题，定位基准的选择实际上就是定位基面的选择。零件在加工前的状态是毛

坯，在初始工序中，只能使用工件上未加工过的毛坯表面来定位，这种定位基准称为粗基准，也称为毛基准。在以后的工序中，可以采用经过加工的表面来定位，这种定位基准称为精基准，也称为光基准。在选择定位基准时应考虑以下几个问题。

1）用哪一个（或一组）表面作为加工时的精基准，才有利于经济、合理地达到零件的加工要求？

汽车零件大多为大批大量的生产方式，如汽车发动机箱体零件的整个机械加工工艺过程中，一般以"一面两孔"定位完成大部分工艺过程的加工，既可经济地达到其加工精度，又可大大简化夹具的设计、生产和安装调试周期。

2）为加工出该精基准，应采用哪一个（或一组）表面作为粗基准？

发动机箱体零件在进入机加工时，由于是毛坯状态，所以以哪个表面为粗基准来加工前述的"一面两孔"就显得十分重要。

3）是否由个别工序为了特殊的加工要求，需要采用第二个（或组）精基准？

由于对精基准与粗基准的加工要求和用途不同，因此选择时考虑问题的侧重点也不同。选择精基准时主要考虑如何减少误差，提高定位精度，而在选择粗基准时主要考虑如何保证各加工表面有足够的加工余量，使不加工表面与加工表面之间的尺寸、位置符合图样要求。

1. 粗基准的选择原则

粗基准的选择对零件的加工会产生非常重要的影响。粗基准的选择直接影响加工面与不加工面之间的相互位置，也会影响加工余量的分配，因此正确选择粗基准对保证产品质量有非常重要的影响。

1）选择主要工作表面及加工面积较大的表面作为粗基准，可以保证这些主要工作表面的加工余量均匀，也尽量保留了主要工作表面质量较高的表层。

这样做能保证加工面与待加工面的主要表面之间有一正确的相对位置，在以后加工该主要表面时，其余量就能保证均匀。当加工余量均匀时，加工时的切削力和工艺系统的弹性变形就均匀，不易发生振动，有利于获得较好的加工精度和较小的表面粗糙度值。

例如，车床床身的加工，如图 5-1 所示，导轨面是最重要的表面，要求硬度高而均匀，要求在加工时切去一层小而均匀的余量以尽量保留导轨面均匀的金相组织，以增加导轨的耐

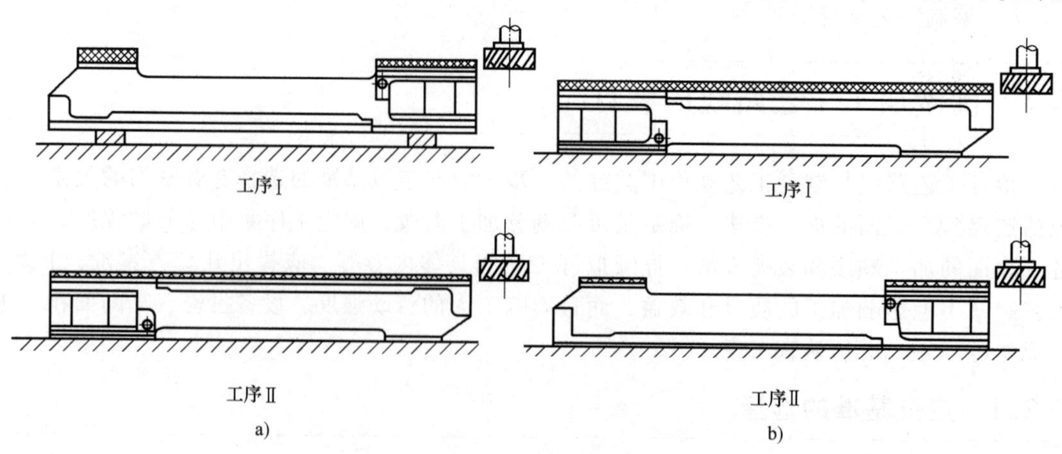

图 5-1 加工车床床身时粗基准的选择

a）正确 b）不正确

磨性。所以应先以导轨面为粗基准加工床腿底平面，由于毛坯误差而造成的余量不均在床腿底平面上被切去，然后以底平面为精基准，加工导轨面，这样能保证在床身导轨面上切去一层较小而均匀的加工余量，如图 5-1a 所示。

2）选择零件上不加工表面为粗基准，可以保证加工面与不加工面之间有较正确的相互位置精度。如图 5-2 所示的工件，毛坯孔与外圆之间有偏心。外圆为不加工表面，应首先选择外圆为粗基准，装夹在自定心卡盘中，把毛坯的同轴度误差在镗孔时切掉，以获得加工后壁厚均匀的工件。

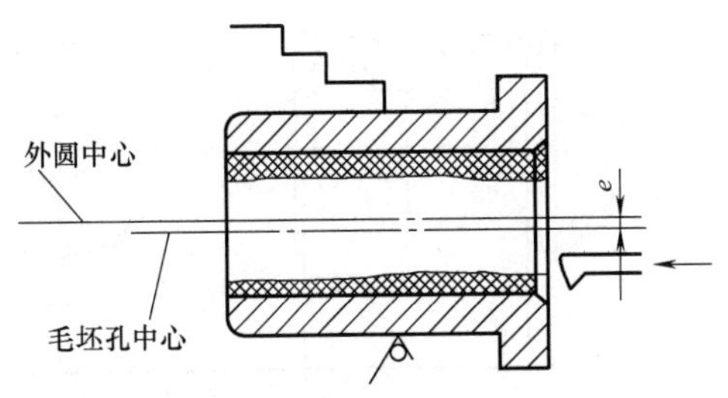

图 5-2　加工毛坯偏心工件粗基准的选择

3）如果工件上有好几个不加工的表面，则应以其中与加工表面的位置精度要求较高的表面作为粗基准，以求壁厚均匀、外形对称等。

加工表面与不加工表面之间的相互位置要求常常不直接标注在图样上，但通过比较分析，还是可以从图样上看出来的。例如，图 5-2 中的壁厚均匀、某些零件外形上的对称美观、箱体零件的内腔与腔内零件之间不能相碰等。

4）如果零件的表面全部需要加工，而且毛坯比较精确，则应该选择加工余量最少的表面作为粗基准。如图 5-3 所示零件的加工，毛坯表面 ϕA 的加工余量 $<\phi B$ 的加工余量 $<\phi C$ 的加工余量，所以选用 ϕA 部分的毛坯表面作为粗基准。

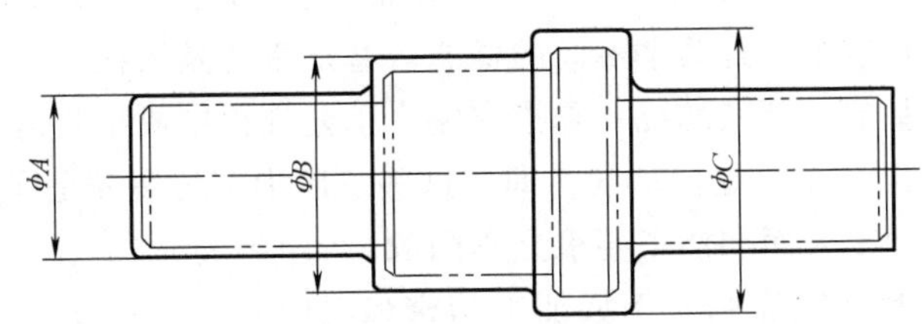

图 5-3　工件全部表面均需加工时粗基准的选择

5）选作粗基准的表面应尽可能平整、光洁，无飞边、毛刺，以便定位准确、夹紧可靠。

6）粗基准一般只能使用一次。粗基准的定位精度很低，所以粗基准在同一尺寸方向上只允许使用一次；否则定位误差太大。

2. 精基准的选择原则

选择精基准时，主要考虑的问题是如何减少加工误差，提高定位精度。因此，选择精基准原则如下：

（1）基准重合原则　即应尽可能选择被加工面的设计基准作为该加工表面的定位基准，以避免因基准不重合而引起定位误差。特别是在最后精加工时，为保证加工精度，更应注意这一原则。图 5-4 所示为粗镗活塞销孔的加工示意图。活塞销孔的设计尺寸为（56±0.08）mm 及对活塞的对称度，设计基准为活塞的顶面和活塞的轴线，采用图 5-4a 所示的定位方案，则均符合基准重合的原则，不存在基准不重合误差。

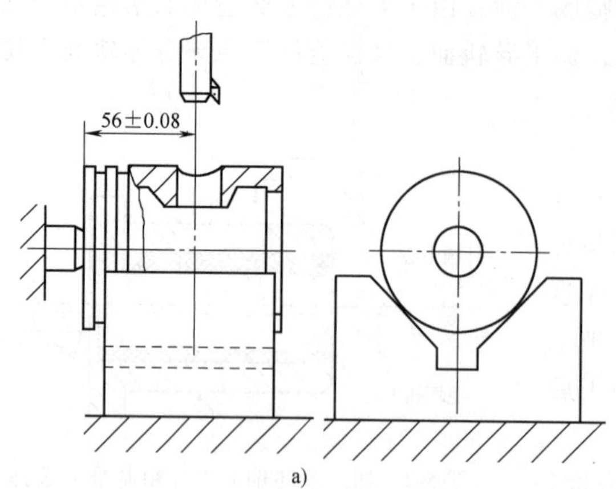

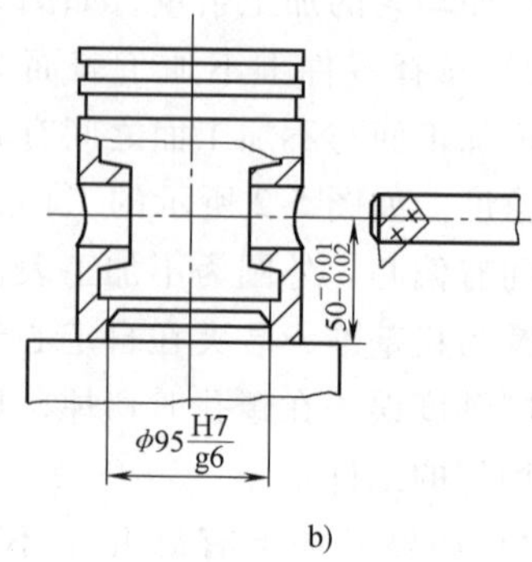

图 5-4 基准重合与基准统一原则的应用

由于定位基准与设计基准不重合而引起的定位误差，称为基准不重合误差。

(2) 基准统一原则 在零件加工的整个工艺过程或有关的某几道工序中尽可能采用同一个（或同一组）定位基准来定位，称为基准统一原则。

因为基准统一，可以简化夹具的设计和制造工作。特别是在流水线生产中应用十分广泛。如箱体类零件一般用“一面两销”定位、轴类零件一般用顶尖孔定位等。活塞销孔的加工，在实际生产中常常采用图 5-4b 所示以止口和底面的定位方式，使若干道工序的定位基准统一，可以减少机床夹具的种类，简化夹具的设计和制造周期和成本，但由于（56±0.08)mm 定位基准和设计基准不重合，必然产生基准不重合误差。

应注意基准重合和基准统一是两个不同的概念。基准重合是指在某一道工序中选用设计基准作为该工序的定位基准。而基准统一是指在整个工艺规程中或某几道工序中，选用相同的一个表面（或一组表面）作为定位基准，即在这些工序中定位基准是同一个（或同一组）表面，而在各工序中的加工表面和加工要求是不同的。

(3) 互为基准、反复加工原则 例如加工精密齿轮时，齿面经高频淬火后有变形，必须进行磨削加工，因为其淬硬层较薄，应使磨削余量小而均匀，所以要先以齿面为定位基准磨削内孔，再以精磨后的内孔为定位基准磨削齿面，以保证齿面磨削余量均匀，如图 5-5 所示。

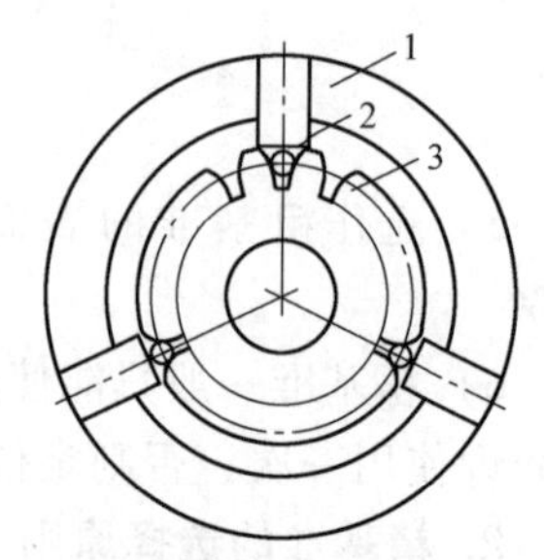

图 5-5 精密齿轮加工时以齿廓定位

1—卡盘 2—滚柱 3—齿轮

(4) 自为基准原则 有些精加工工序要求加工余量小而均匀，以保证加工质量和提高生产率，这时就以加工面本身作为精基准，称为自为基准。如磨削车床床身导轨面时，就用百分表找正床身的导轨面后进行磨削。如图 5-6 所示，在找正时不断调整四个调整楔铁，直至导轨表面找正为止。

(5) 所选用的定位基准应能保证工件的装夹稳定可靠、夹具结构简单、操作方便 略。

以上原则在实际使用时常常会相互矛盾，应用时应根据被加工工件的特点及其加工要求，结合具体的生产条件和生产类型进行分析比较，找出主要矛盾，灵活运用这些原则。

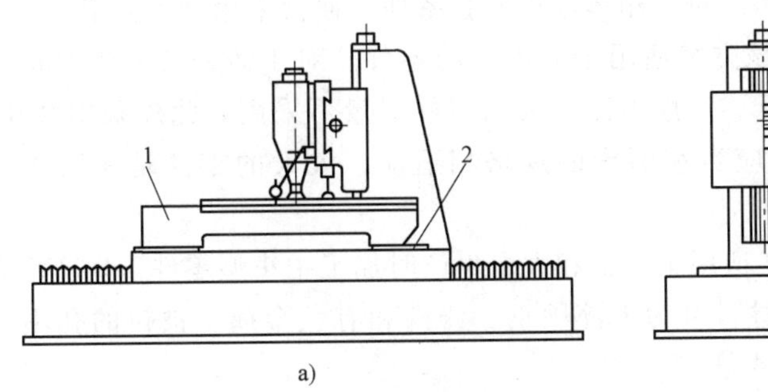

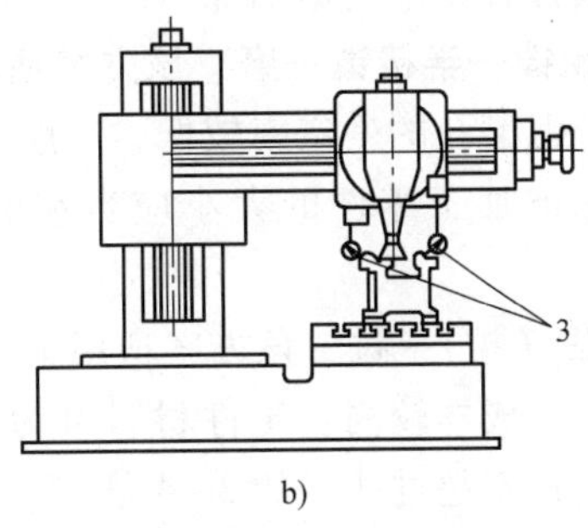

图 5-6 床身导轨面自为基准定位

1—床身导轨 2—调整用楔铁 3—找正百分表

5.2.2 表面加工方法的选择

在分析研究零件图的基础上，对各加工表面选择相应的加工方法和方案。

1. 外圆表面的加工

外圆表面的加工方法主要有车削和磨削。当表面粗糙度值要求较小时，则采用光整加工。根据这些表面加工要求的不同，通常采用的加工方案见表 5-4。

表 5-4 外圆表面加工方案

加工方案	经济精度（尺寸公差等级）	表面粗糙度 $Ra/\mu m$	适用范围
粗车 └半精车 └精车 └滚压(或抛光)	IT13~IT11 IT9~IT8 IT8~IT7 IT7~IT6	100~50 6.3~3.2 1.6~0.8 0.20~0.08	适用于除淬火钢以外的金属材料
粗车—半精车—磨削 └粗磨—精磨 └超精磨	IT7~IT6 IT7~IT5 IT5	0.80~0.40 0.40~0.10 0.10~0.012	除不宜用于有色金属外，主要适用于淬硬钢件的加工
粗车—半精车—精车—金刚石车	IT6~IT5	0.40~0.025	主要用于有色金属
粗车—半精车—粗磨—精磨—镜面磨 └精车—精磨—研磨 └粗研—抛光	≤IT5 ≤IT5 ≤IT5	0.20~0.025 0.10~0.05 0.40~0.025	主要用于高精度要求的钢件加工

2. 孔加工

孔加工方案见表 5-5，要根据被加工孔的技术要求和具体的生产条件选用。

如加工尺寸公差等级为 IT7、表面粗糙度 Ra 值为 2~1μm 的孔，可以采用以下几种不同的加工方案。

(1) 钻—扩—粗铰—精铰 该方案适用于加工直径（<60mm）较小的孔，因孔径太大，扩孔钻和铰刀不便于制造和使用。对于小直径的孔，有时只需要铰一次便可达到技术要求。铰刀为定尺寸刀具，保证精度容易，故广泛用来加工未淬硬钢或铸铁，但对有色金属铰出的孔表面粗糙度值较大，常用精细镗孔的方案来代替。

(2) 粗镗—半精镗—精镗 该方案适用于加工毛坯上已铸出或锻出的孔，孔径不宜太小；否则因镗杆太细而影响加工质量。箱体零件的孔系加工通常采用这种方案。

（3）粗镗—半精镗—磨 该方案适用于需淬火的零件。对于铸铁及未淬硬钢的工件也可以采用，但磨孔的生产率较低，一般不需淬火的零件尽量不采用。此外采用磨孔方案时，还必须考虑被加工零件的大小应当和磨床的规格相适应，太大的零件是无法在磨床上加工的。

（4）钻（扩）—拉 该方案适用于成批和大量生产时加工中小型零件，生产率高，但拉刀制造复杂、成本较高。工件材料可为未淬硬钢、铸铁和有色金属，被拉的孔不宜太大太长，一般孔长不超过孔径的3~4倍。

表5-5 孔加工方案

加工方案	经济精度（尺寸公差等级）	表面粗糙度 $Ra/\mu m$	适用范围
钻 └扩 └铰 └粗铰—精铰 └铰 └粗铰—精铰	IT13~IT11 IT11~IT10 IT9~IT8 IT8~IT7 IT9~IT8 IT8~IT7	≥50 50~25 3.20~1.60 1.60~0.80 3.20~1.60 1.60~0.80	加工未淬硬钢及铸铁的实心毛坯，也可用于加工有色金属（表面粗糙度值稍大）
钻—（扩）—拉	IT8~IT7	1.60~0.80	大批大量生产
粗镗（或扩） └半精镗（或精铰） └精镗（或铰） └浮动镗	IT13~IT11 IT9~IT8 IT8~IT7 IT7~IT6	50~25 3.20~1.60 1.60~0.80 0.40~0.20	加工未淬硬的各种钢件外，毛坯上已有铸出的或锻出的孔
粗镗（扩）—半精镗—磨 └粗磨—精磨	IT8~IT7 IT7~IT6	0.80~0.20 0.20~0.10	主要用于淬硬钢，不宜用于有色金属
粗镗—半精镗—精镗—金刚镗	IT7~IT6	0.20~0.05	主要用于精度要求高的有色金属
钻—（扩）—粗铰—精铰—珩磨 └拉—珩磨 粗镗—半精镗—精镗—珩磨	IT7~IT6 IT7~IT6 IT7~IT6	0.20~0.025 0.20~0.025 0.20~0.025	精度要求很高的孔，若以研磨代替珩磨，则尺寸公差等级可达IT6以下，表面粗糙度 Ra 值可达0.16~0.01μm

3. 平面加工

平面一般采用铣削和刨削加工。当有滑动表面和要求较高的平面时，还需在此基础上进行精加工。平面加工方案见表5-6。

平面的精加工方法通常有以下几种：

（1）研刮 适用于在单件小批量生产中加工大型零件上的配合表面。

（2）磨削 广泛应用于中、小型零件平面的精加工。

（3）精铣或精刨 未淬硬的中小型零件常采用高速精铣的方法，大型零件则多采用宽刃精刨。

此外，对于配合精度要求特别高的小型零件的精密平面，常采用研磨的方法作为最后的精加工工序。

表 5-6 平面加工方案

加工方案	经济精度（尺寸公差等级）	表面粗糙度 $Ra/\mu m$	适用范围

粗车
└半精车
  └精车
  └磨
	IT13～IT11
	IT9～IT8
	IT8～IT7
	IT7～IT6
		≥50
		6.30～3.20
		1.60～0.80
		0.80～0.10
			适用于工件的端面加工

粗刨（或粗铣） └精刨（或精铣） └研刮	IT13～IT11 IT9～IT7 IT6～IT5	≥50 6.30～1.60 0.80～0.10	适用于未淬硬的平面（用端铣加工，可得到较小的表面粗糙度值）
粗刨（或粗铣）—精刨（或精铣）—宽刃精刨	IT7～IT6	0.80～0.20	批量较大，宽刃精刨效率高
粗刨（或粗铣）— 精刨（或精铣）— 磨 └粗磨 — 精磨	IT7～IT6 IT6～IT5	0.80～0.20 0.025～0.40	适用于精度要求较高的平面加工
粗铣—拉	IT9～IT6	0.80～0.20	适用于大批量生产中加工较小的未淬硬平面
粗铣 — 精铣 — 磨 — 研磨 └抛光	IT6～IT5 ≤IT5	0.20～0.025 0.10～0.025	适用于加工高精度平面

在选择表面的加工方法时，应与生产规模、零件的材料及硬度、零件的结构形状、加工表面的尺寸等许多因素统一考虑。必须结合生产实际，全面考虑，才能得到最佳的加工方案。

而各种加工方案所能达到的精度都有一个较大的范围。对于每一种加工方法，所能达到的加工精度越高，所消耗的工时和成本也越大。但两者之间并不完全成正比关系，当一种加工方法的加工精度超过一定的限度后，所需要的加工工时就会迅速增加，这就大大降低了生产率，增加了生产成本，所以是不经济的。

各种加工方法在正常的生产条件下能经济地达到的加工精度称为这种加工方法的经济精度。正常的生产条件是指完好的设备、使用合适的刀具和夹具、一定熟练程度的工人和合理的工时定额等。

5.2.3 加工阶段的划分

零件的加工质量要求较高时，必须把整个加工过程划分为以下几个阶段。

(1) 粗加工阶段 在这一阶段中要切除大量的加工余量，如何提高生产率是该阶段主要考虑的问题。

(2) 半精加工阶段 在这一阶段中应为主要表面的精加工做准备，使其达到一定的加工精度并保证精加工时的加工余量，同时完成一些次要表面的加工，如连接孔的钻孔、攻螺纹、铣键槽等工序。它一般在热处理之前进行。

(3) 精加工阶段 保证各主要表面达到图样规定的质量要求。

(4) 光整加工阶段 对于尺寸公差等级要求很小（≤IT6）、表面粗糙度 Ra 值要求很小（≤0.20μm）的零件，要进行专门的光整加工。

应注意的是，光整加工是以减小尺寸公差等级和表面粗糙度值为主的，一般不能纠正被加工表面的形状误差和位置误差。

加工阶段的划分有以下几个优点：

1）有利于保证加工质量。粗加工时，由于切去的加工余量大，则所需的夹紧力和切削力也要很大，因此工艺系统的受力变形相应地增大，当工件刚性较差时更为严重。同时粗加工时切削温度高，工艺系统的热变形较大。另外，毛坯存在着内应力，粗加工时工件表面被切去较大一层金属，内应力重新分布而使工件产生变形，因此不可能达到小的尺寸公差等级和表面粗糙度值。工件需要先完成各表面的粗加工，再通过半精加工和精加工逐步减小切削用量、切削力和切削热，逐步修正工件的变形，减小尺寸公差等级和表面粗糙度值，最终达到零件图样的要求。各加工阶段之间的时间间隔相当于自然时效处理，有利于消除工件的内应力，使工件有变形的时间，以便在后一道工序中加以修正。

2）有利于合理地使用机床设备。粗加工可用刚度大、功率大、精度低的机床；精加工时使用精密机床，由于此时切削力小，有利于长时间地保持机床的精度。

3）粗加工安排在前，可及早发现毛坯的缺陷（如铸件的气孔、砂眼等），以免继续加工造成工时的浪费。

4）为了在机械加工工序中插入必要的热处理工序，同时使热处理发挥充分的效果，就自然地要求把机械加工工艺过程划分为几个阶段，而每个阶段各有其特点及应达到的目的。

5）精加工工序安排在最后，可有效地使精加工后的表面不受或少受损伤。

5.2.4 工序的集中与分散

在安排零件的工艺规程时，还要解决工序的集中与分散的问题。工序集中就是将零件的加工工艺集中在少数几道工序里完成。此时在一台机床上尽可能多地加工工件的几个表面，在批量较大时，常采用多轴、多面、多工位机床和复合刀具等方法来实现工序集中，从而有效地提高生产率。加工中心和柔性生产线（FMS）是工序集中的极端情况。在单件小批量生产中，工序集中是在通用机床和数控机床上进行的。工序分散则相反，工序分散就是将零件的加工工艺分散在较多的工序里完成。其整个工艺过程的工序数目较多，工艺路线长，而每道工序所完成的加工内容较少，一般适用于加工批量大的场合。

（1）工序集中的优点

1）减少了设备的数量和操作工的数量及生产面积。

2）减少了工序数目和运输工作量，简化了生产计划工作，缩短了生产周期。

3）减少了工件的装夹次数，不仅有利于提高劳动生产率，而且由于在一次装夹下加工了许多表面，也易于保证这些被加工表面之间的位置精度。

4）因为采用的专用设备和专用工艺准备数量多而复杂，因此机床和工艺装备的调整、维修工作量较大。

（2）工序分散的优点

1）采用比较简单的机床和工艺装备，调整容易。

2）对工人的技术要求低，仅需对其进行短时间的培训即可上岗。

3）生产准备工作量小，产品更新换代容易。

4）设备及操作工数量较多，所需生产面积大。

单件小批量生产一般采用工序集中的方式，而大批大量生产既可以集中也可以分散，应根据具体情况进行分析。由于加工中心的快速发展，因此采用工序集中的生产方式是发展趋势。

5.2.5　加工工序、热处理工序和辅助工序的安排

1. 加工工序的安排

在安排加工工序时，一般应遵循以下几个原则：

（1）基面先行　即工件刚开始进行加工时，总是先把精基准面加工出来，在此基础上再进行其他表面的加工。

（2）先粗后精　即加工工序的安排顺序为粗加工、半精加工、精加工和光整加工。

（3）先主后次　即先安排主要表面的加工，后安排次要表面的加工。主要表面一般是指装配基准面、工作表面等；而次要表面是指非工作表面（如紧固用的光孔、键槽和螺纹孔等）。

（4）先面后孔　当有平面和内孔表面要加工时，一般先加工平面后加工孔。对于箱体类、支架类和连杆类等零件的加工，应先加工平面后加工孔，因为平面一般面积较大，装夹稳定可靠，先加工出平面作为基准后可方便地加工孔，这样可以保证平面与孔之间的位置精度，也使加工孔时刀具的起始加工条件较好。

一般零件的加工顺序：①精基准的加工；②主要表面的粗加工；③主要表面的半精加工和次要表面的加工；④热处理；⑤主要表面的精加工；⑥检验。

2. 热处理工序的安排

热处理主要用来改善材料的性能和消除内应力。一般热处理工序在工艺过程中的安排如下：

1）为改善金属的组织和加工性能而进行的预备热处理，如退火、正火等，一般安排在机械加工之前。

2）为消除内应力而进行的时效处理工序，常安排在粗加工之后、精加工之前，或在各加工阶段之间安排几次，应根据零件的加工要求和刚性而定。

3）为提高零件的力学性能而进行的最终热处理，如淬火、渗氮等，一般应安排在工艺过程的后期，但在该表面的最终加工之前。

4）装饰性热处理如发蓝等，一般安排在工艺过程的最后进行。

3. 辅助工序的安排

检验工序是主要的辅助工序，它是监控产品质量的主要措施。在每道工序中，操作者必须进行自检，同时在下列情况下必须安排单独的检验工序。

1）粗加工阶段结束之后。

2）重要工序之后。

3）零件从一个车间转到另一个车间时。

4）特种性能（如磁力探伤、密封性试验等）检验之前。

5）零件全部加工结束之后。

此外还要考虑安排去毛刺、倒棱角、去磁、清洗、涂防锈油等辅助工序，这些工序也非常重要，必须引起足够的重视。

5.3 工序具体内容的确定

工艺路线确定后，还要确定各工序的具体内容，其中包括加工余量、工序尺寸、设备与工艺装备、切削用量与时间定额等。

5.3.1 加工余量的概念

在从工件毛坯加工成成品的过程中，毛坯尺寸与零件图的设计尺寸之差为加工总余量，即为某被加工表面上切除的金属的总厚度。而相邻两个工序的工序尺寸之差，即被后一道工序所切除的金属层厚度就是工序余量。

某一道工序的加工尺寸称为工序尺寸。图 5-7 所示为工序加工余量与工序尺寸的关系。

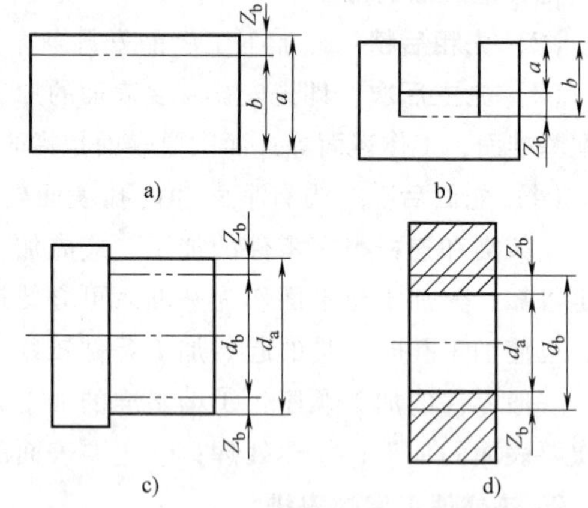

图 5-7 工序加工余量与工序尺寸的关系

对于外表面（见图 5-7a）：

$$Z_b = a - b \tag{5-1}$$

对于内表面（见图 5-7b）：

$$Z_b = b - a \tag{5-2}$$

式中 Z_b——本工序的加工余量；

a——前道工序的工序尺寸；

b——本道工序的工序尺寸。

上述表面上的加工余量为非对称的单边余量，即刀具在加工表面上直接切除的金属层的厚度。旋转表面（如孔和外圆等）的加工余量是对称余量，是刀具在加工表面上直接切除金属层的厚度。

对于轴（见图 5-7c）：

$$2Z_b = d_a - d_b \tag{5-3}$$

对于孔（见图 5-7d）：

$$2Z_b = d_b - d_a \tag{5-4}$$

式中 $2Z_b$——直径上的加工余量；

d_a——前道工序的工序尺寸；

d_b——本道工序的工序尺寸。

由于毛坯尺寸、零件尺寸和各道工序的工序尺寸都存在误差，就使得实际上的加工余量在一定的范围内是变动的，出现了最大加工余量和最小加工余量。它们与工序尺寸及其公差的关系如图 5-8 所示。由此可见，有

公称加工余量=前道工序公称尺寸-本道工序公称尺寸

最小加工余量=前道工序下极限尺寸-本道工序上极限尺寸

最大加工余量=前道工序上极限尺寸-本道工序下极限尺寸

工序加工余量公差=前道工序尺寸公差+本道工序尺寸公差

工序尺寸的公差一般按“入体”原则标注。即对于被包容面，公称尺寸即为最大工序尺寸（上极限偏差为零）；而对于包容表面，公称尺寸即是最小尺寸（下极限偏差为零）；毛坯尺寸的公差一般按双向标注。

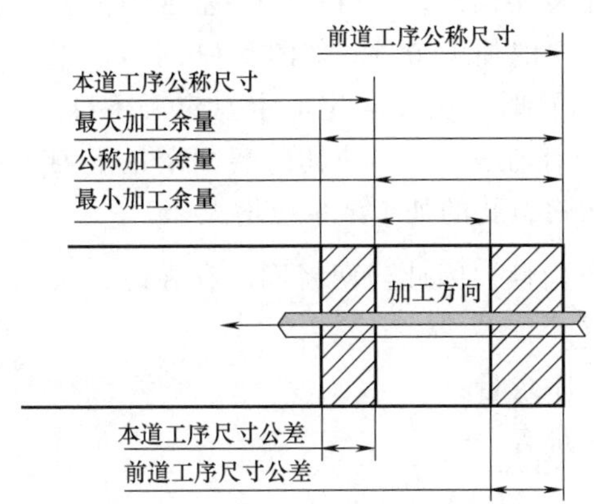

图 5-8 工序加工余量与工序尺寸及其公差的关系

5.3.2 影响加工余量的因素

合理确定加工余量对工件的加工质量、生产率及生产成本均有较大的影响。加工余量过大，不仅增大了加工工时和刀具的消耗，也浪费了金属材料，降低了生产率；而加工余量过小，则不能保证切除被加工表面的缺陷和误差而造成废品。影响加工余量大小的因素如下：

(1) 前道工序的尺寸公差 T_{i-1} 如图 5-9 所示，前道工序加工后的表面，必然有尺寸公差范围内的形状误差（如平面度等）和位置误差（如平行度等），为了保证本道工序的加工质量，必须切除前道工序遗留的尺寸公差，则本道工序的加工余量应大于前道工序尺寸公差 T_{i-1}。

(2) 前道工序加工后遗留的表面粗糙度 R_{i-1} 及表面缺陷层（如冷硬等）深度 H_{i-1} 如图 5-10 所示，本道工序必须将前道工序遗留的表面粗糙度和表面缺陷层全部切除，则本道工序的加工余量应包括前道工序的表面粗糙度 R_{i-1} 和表面缺陷层深度 H_{i-1}。

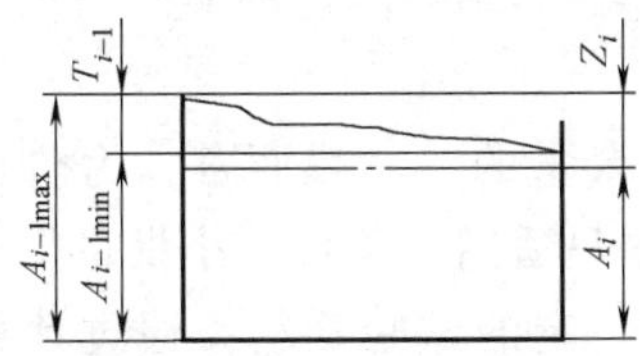

图 5-9 前道工序尺寸公差 T_{i-1} 对加工余量的影响

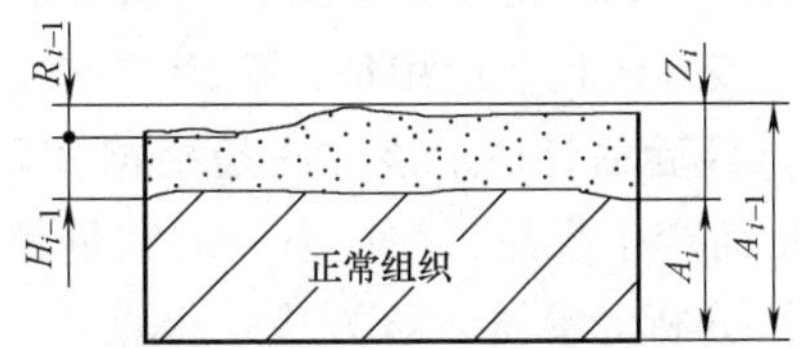

图 5-10 表面粗糙度和表面缺陷层深度对加工余量的影响

(3) 工件各表面相互位置的空间偏差 $\overrightarrow{\rho}_{i-1}$ 因为加工后存在不包括在尺寸公差范围内的形状误差和位置误差（如轴线的直线度、位置度及垂直度等），为了切除上述误差，必须加大加工余量。如图 5-11 所示的轴，由于存在直线度误差 ϕ0.025mm，必须增加加工余量至 0.05mm。

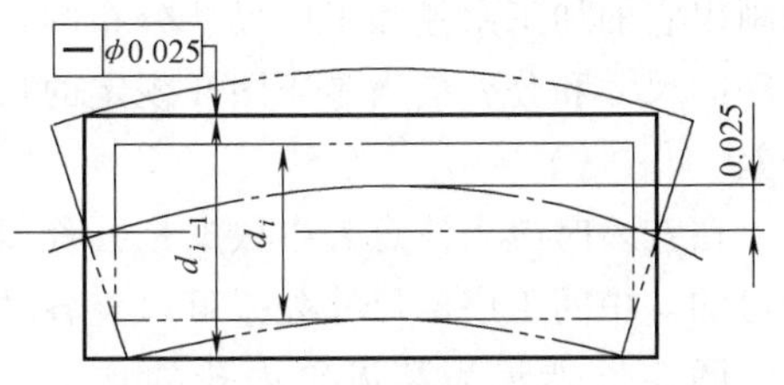

图 5-11 轴线的直线度误差对加工余量的影响

(4) 本道工序加工时的装夹误差 $\overrightarrow{\varepsilon}_i$ 当工件

在夹具上安装时，必然存在装夹误差，工件的工序基准的位置将发生变化，应加大本道工序的加工余量。如图 5-12 所示，当用自定心卡盘装夹工件磨削孔时，由于自定心卡盘定心不准，使工件轴线与机床主轴轴线存在偏心 e，使孔的磨削余量不均匀，为了将这个装夹误差切除，孔的加工余量应增大 $2e$。

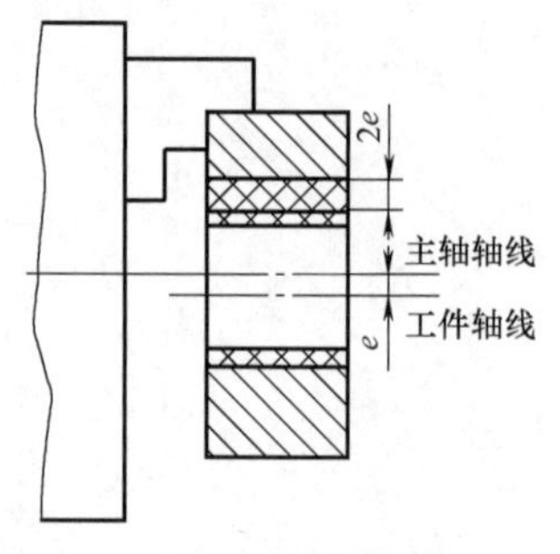

图 5-12　自定心卡盘装夹误差对加工余量的影响

由于 $\overrightarrow{\rho_{i-1}}$ 和 $\overrightarrow{\varepsilon_i}$ 都存在方向性，因此当两者同时存在时，它们的合成应该是向量和。

综上所述，可以得出工序余量：

对于平面加工的单面余量有

$$Z_i = T_{i-1} + R_{i-1} + H_{i-1} + |\overrightarrow{\rho_{i-1}} + \overrightarrow{\varepsilon_i}|$$

对于外圆和内孔的双面余量有

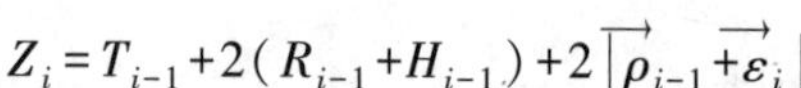

$$Z_i = T_{i-1} + 2(R_{i-1} + H_{i-1}) + 2|\overrightarrow{\rho_{i-1}} + \overrightarrow{\varepsilon_i}|$$

在使用以上公式时，应根据不同的实际情况进行修正。如浮动镗刀及铰刀加工孔时，这些加工只能提高被加工表面的尺寸精度和减小表面粗糙度值，不能减小孔中心线的位置误差，所以此时孔的加工余量计算公式为

$$Z_i = T_{i-1} + 2(R_{i-1} + H_{i-1})$$

对于研磨、珩磨等超精加工等光整加工工序，其主要任务是进一步减小表面粗糙度值，所以双面余量时计算公式应为

$$Z_i = 2R_{i-1}$$

5.3.3　加工余量的确定方法

加工余量的确定方法有以下三种：

（1）查表法　根据生产实践和试验研究，已将毛坯余量和各种工序的工序余量数据汇编成手册。在确定加工余量时，可从手册中查得所需数据，然后结合本厂的实际情况进行适当修正。该方法目前应用最为广泛。

（2）经验估计法　该方法是根据实践经验来确定加工余量的。一般而言，为防止加工余量不足而产生废品，往往估计的数量都偏大，所以该方法只适用于单件、小批量生产。

（3）分析计算法　该方法是根据加工余量计算公式和一定的试验资料，通过计算确定加工余量的一种方法。采用这种方法确定的加工余量比较合理，但必须有比较全面、可靠的试验资料及先进的计算手段，该方法在生产中应用很少。

在生产中，广泛采用查表法确定工序尺寸和公差。当某一表面的加工工艺过程确定后，先画出它的加工余量和工序尺寸分布图，然后查表确定各工序的加工余量和公差数值，最终工序的尺寸和公差应当等于图样规定的尺寸和公差，按顺序地向前推算得到各工序的尺寸和公差。

在查表时应当注意表中数据是公称值，对称表面的余量是双边的，非对称表面的余量是单边的。中间工序的尺寸公差可以查各种加工方法的经济加工精度。

图 5-13 所示为某齿轮内孔的加工，加工要求为 $\phi58^{+0.03}_{\ 0}$ mm。加工过程为扩孔-拉孔-磨孔。

图 5-14 所示为加工余量、工序尺寸及其公差之间的关系。

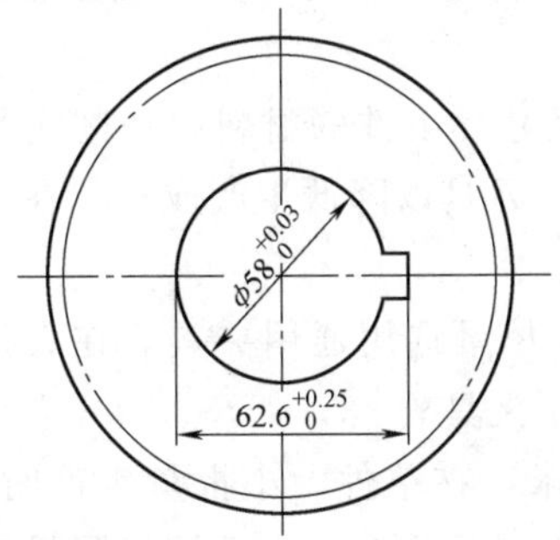

图 5-13 某齿轮的内孔加工

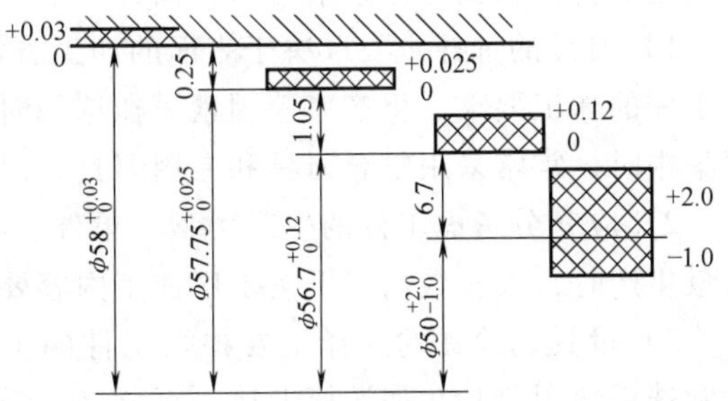

图 5-14 加工余量、工序尺寸及其公差之间的关系

各工序的加工余量和工序尺寸及其公差的确定过程见表 5-7。

表 5-7 各工序的加工余量和工序尺寸及其公差的确定过程 （单位：mm）

工序名称	加工余量	工序公称尺寸	工序公差	工序尺寸
磨孔	0.25	58	0.03	$\phi58^{+0.03}_{0}$
拉孔	1.05	58-0.25=57.75	0.025	$\phi57.75^{+0.025}_{0}$
扩孔	6.7	57.75-1.05=56.7	0.12	$\phi56.7^{+0.12}_{0}$
毛坯孔	—	50	3	$\phi50^{+2.0}_{-1.0}$

5.3.4 设备及工艺装备的选择

机床设备及工艺装备选择是否正确合理，直接影响零件的加工质量、生产效率和生产成本。为了合理地选择，必须对各种设备的规格、性能有足够的了解。对刀具、量具和检具的规格、种类也有详细的了解，根据生产规模合理选用。

1. 机床设备的选择

1）机床的加工范围应与零件的外廓尺寸相适应。

2）机床的加工精度、功率、刚度及切削用量范围应该与工件的加工性质相适应。一般粗加工工序选择刚度大、有一定功率储备的普通精度设备；精加工工序选择主轴转速较高的高精度或精密机床。

3）机床的生产率要与零件的生产类型相适应。单件小批量生产时选择通用机床，大批大量生产时选择高生产率的专用机床。

4）机床设备的选择应充分考虑工厂、车间现有条件，尽量采用现有设备或对现有设备进行技术改造升级，避免盲目采购而造成浪费。应认真分析零件的加工要求，抓住对零件质量有重大影响的关键工序及其技术要求，以保证加工质量。

5）合理地选用数控机床及加工中心等先进制造设备。

机床设备确定后，常常需要根据其负荷率对工艺路线进行修改，对工序内容进行相应的调整，使各道工序的节拍均衡。

2. 工艺装备的选择

工艺装备是指零件加工时所用的刀具、夹具、量具、检具等各种工具的总称。在合理选择工艺装备时主要考虑以下几个方面：

1）刀具的选择主要取决于表面的加工方法、加工表面的尺寸、工件的材料、切削用量及工序的加工要求、生产率等因素。在选择时首先尽量选用标准刀具以降低生产成本。在工序集中时，常常采用复合刀具和专用刀具，以提高生产效率。

2）应充分考虑工件的生产类型。单件、小批量生产时，应尽量选用通用夹具。在大批大量生产时，大多数情况下按工序加工内容要求设计、制造专用夹具。

3）量具、检具的选择主要根据工件的生产类型和加工要求。在单件、小批量生产时，常常选用通用量具，如游标卡尺、百分表、千分尺等。在大批大量生产时，多选用极限量规和高生产率的主动检测仪和专用检具等。

3. 切削用量的确定

在保证工件的加工质量的前提下，获得高的生产率和降低生产成本是确定切削用量的原则。根据切削用量对刀具寿命的影响程度，依次选择背吃刀量 a_p、进给量 f 和切削速度 v_c。

（1）背吃刀量 a_p 的选择 选择背吃刀量主要考虑工件的加工余量和工艺系统刚度的大小。在粗加工工序时，背吃刀量应尽量将粗加工余量一次切除，但当加工余量较大时，也可以分几次进给，此时也应尽量减少工作行程次数，并按前多后少的原则进行。而在半精加工和精加工时，背吃刀量由相应的加工方法所需的加工余量确定。

（2）进给量 f 的选择 在粗加工时，进给量的选择主要考虑工艺系统的刚度，在工艺系统刚度允许的情况下应尽量选择较大的进给量以提高生产率，而精加工时进给量的选择主要考虑工件的加工精度和表面粗糙度的要求。

（3）切削速度 v_c 的选择 在背吃刀量和进给量确定后，在保证合理刀具寿命的前提下，确定切削速度。在选择切削速度时可以根据切削原理的公式进行计算，也可以在有关标准或手册中选取。

5.3.5 时间定额的确定

时间定额是在一定的生产条件下，规定完成一道工序所消耗的时间。时间定额是衡量工艺过程的劳动生产率的主要指标，是安排生产计划、核算成本的重要依据，也是设计或扩建工厂（或车间）时计算设备和人员数量的主要资料。

完成一个零件的一道工序时间定额称为单件时间定额（t_p），它由以下几部分组成。

（1）基本时间（t_m） 直接改变生产对象的尺寸、形状、相对位置、表面状态或材料性质等工艺过程所消耗的时间。

在切削加工中，它是切除金属所消耗的机动时间，它包括刀具的切入时间和切出时间。它可通过切削用量、单边余量和行程长度计算得到。如图 5-15 所示的车削外圆工序，其基本时间 t_m 为

$$t_m = \frac{L}{v_f} = \frac{\Delta L_1 + L_w + \Delta L_2}{2n_w f}\frac{Z}{a_p}$$

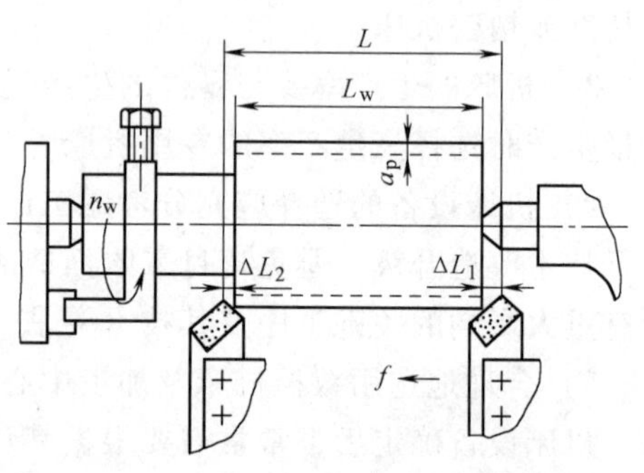

图 5-15 车削外圆工序基本时间的计算

式中 t_m——基本时间（min）；

v_f——进给速度（mm/min）；

n_w——工件转速（r/min）；

f——进给量（mm/r）；

Z——加工余量（双面）（mm）；

a_p——背吃刀量（mm）；

L——刀具工作行程长度（mm）；

L_w——工件加工长度（mm）；

ΔL_1、ΔL_2——车刀切入量和切出量（mm）。

(2) 辅助时间（t_a） 它是实现工艺过程所必须进行的各种辅助动作所消耗的时间。它包括装卸工件、开停机床、改变切削用量、测量工件、手动进刀和退刀等有关动作消耗的时间。

基本时间加辅助时间称为作业时间，用 t_0表示。

(3) 布置工作地时间（t_s） 它是为使加工正常进行所消耗的时间。如操作者在工作地换刀、润滑机床、清理切屑、修正砂轮等工作消耗的时间，一般常按作业时间的百分比（$\alpha=2\%\sim7\%$）进行计算。

(4) 休息和生理需要时间（t_r） 它是操作者在工作时间内为恢复体力和满足生理需要所消耗的时间，一般可按作业时间的百分比（$\beta=2\%$）进行计算。

因此，单件时间定额为

$$t_p=t_m+t_a+t_s+t_r=(t_m+t_a)\left(1+\frac{\alpha+\beta}{100}\right)$$

(5) 准备与终结时间 T_{su} 在成批生产中，还必须考虑准备与终结时间（T_{su}）。它是成批生产中操作者为了生产一批零件而进行准备和结束工作所消耗的时间。

因为在一批零件开始生产前，需要熟悉有关的工艺文件、领取毛坯、安装及调试机床、刀具、夹具等。该批零件加工完后，也需要拆下和归还工艺装备、发送成品等工作。准备与终结时间对一批工件只需一次，工件批量 n 越大，分摊到每个工件上的准备与终结时间 $t_{su}=T_{su}/n$ 就越少，所以成批生产的单件计算定额 t_c 为

$$t_c=t_p+\frac{T_{su}}{n}=(t_m+t_a)\left(1+\frac{\alpha+\beta}{100}\right)+t_{su}$$

5.4 工艺方案的经济评价

零件生产成本是制造一个零件或一台产品所消耗费用的总和。生产成本分为两类。一类是与工艺过程直接有关的费用，称为工艺成本。工艺成本一般占生产成本的70%~75%，是生产成本的主要因素，如材料费、生产工人的工资、机床使用的折旧和维修费用、工艺装备的折旧和维修费用、车间和工厂的管理费用等。另一类是与工艺过程无直接关系的费用，如行政人员的开支、厂房折旧和维修费用、照明供暖费用和通风费用等。

1. 工艺成本的计算

工艺成本由可变费用和不变费用两大部分组成。

（1）可变费用 可变费用是与年产量直接有关的费用。它包括材料费、机床电费、机床工人的工资、普通机床的折旧费和维修费、普通刀具费用和万能夹具费用等。

（2）不变费用 不变费用是与年产量无直接关系的费用。它包括专用机床折旧费和维修费、专用工艺装备的费用等。专用机床及工艺准备是专为某些零件的某些特定加工工序设计制造和采购的，它不能用于其他零件及工序的加工，当产量不足、机床负荷不满时就只能闲置不用。由于设备折旧年限（或年折旧费用）是确定的，因此专用机床和专用装备的费用不随年产量的变化而变化。

2. 工艺成本的计算

由于在同一生产条件下，不同的工艺方案与工艺过程无关的费用基本上是相等的，因此生产成本的分析和评比只分析和评比工艺成本即可。

若零件的年产量为 N，则全年的工艺成本 S_a 为

$$S_a = VN + C$$

单件工艺成本 S 为

$$S = V + \frac{C}{N}$$

式中 S_a——全年工艺成本（元）；

S——单件工艺成本（元/件）；

N——年产量（件）；

V——可变费用（元/件）；

C——不变费用（元）。

以上两式均可用于计算单个工序的工艺成本。

图 5-16 及图 5-17 所示分别是全年工艺成本和单件工艺成本与年产量 N 的关系。

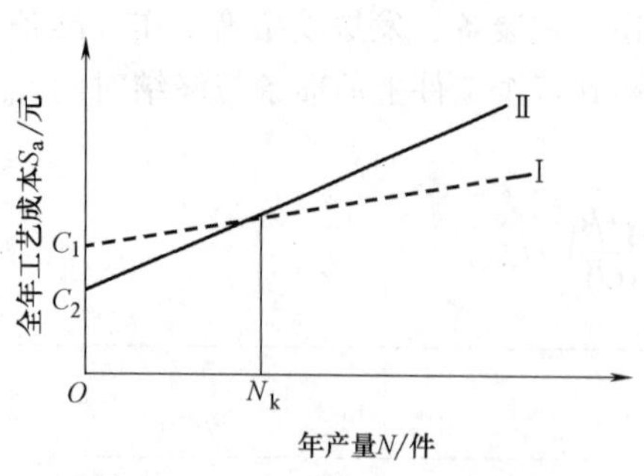

图 5-16 全年工艺成本与年产量的关系

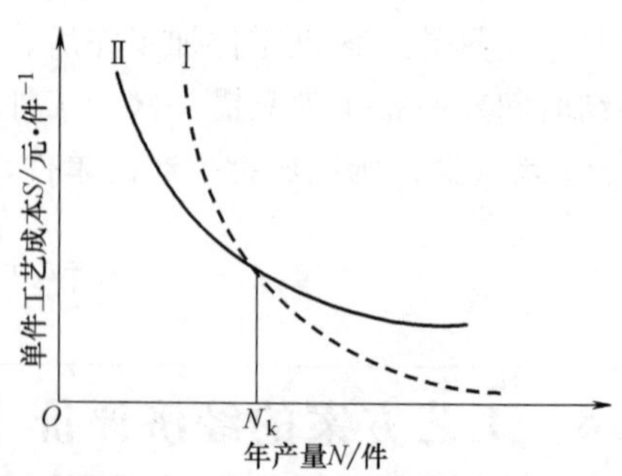

图 5-17 两种工艺方案的经济评比

下面对不同的工艺方案进行经济评比。

1）各工艺方案基本投资相近，或采用现有设备的条件下，用工艺成本作为衡量各工艺方案经济性的依据。

当年产量 N 为一变量时，设有两种工艺方案，分别计算两种方案的工艺成本，并画出工艺成本图。由图 5-17 可知，两种方案的经济性取决于计划产量。当年产量 $N<N_k$ 时，宜采用方案Ⅱ；当 $N>N_k$ 时，宜采用方案Ⅰ。N_k 称为临界产量。由计算可得

$$N_k = \frac{C_2 - C_1}{V_1 - V_2}$$

2）各工艺方案的基本投资相差较大时，在考虑工艺成本的同时，还应比较基本投资的回收期。

如方案Ⅰ采用价格较贵的高效机床及其工艺装备，基本投资费用大，但工艺成本 S_{a1} 较低；方案Ⅱ采用价格便宜的一般设备，基本投资小，但工艺成本 S_{a2} 较高。这时若单独比较其工艺成本，评定其经济性是不合理的，还必须同时比较基本投资的回收期。回收期是指方案Ⅰ比方案Ⅱ多花费的投资，需要多少时间才能由于工艺成本降低而收回来，回收期越短，经济效果就越好。

3. 降低工艺成本的途径

1）明确工艺过程的基本要求。

2）合理选择机床和工艺装备。

3）正确选择毛坯和提高其质量。

4）改进机械加工方法。

5）优化工艺参数。

5.5　提高机械加工生产率的工艺途径

劳动生产率是指一个工人在单位劳动时间内制造的合格产品的数目。它也可以用完成某一工作所必需的劳动时间来衡量。通常把完成零件一个工序所必需的时间称为时间定额。

缩短时间定额就可以提高劳动生产率，特别是应减少占时间定额较大的那些时间。在工艺上，可采取以下一些措施。

5.5.1　缩短单件时间定额

缩短单件时间定额，是提高机械加工生产率的有效途径。常常可以从以下几个方面入手。

1. 缩短基本时间

(1) 提高切削用量　提高切削速度、增大进给量和背吃刀量均可缩短基本时间，但切削用量的提高受刀具寿命和机床动力、刚度的限制。提高切削用量的主要途径是采用新型材料的刀具。

(2) 缩短工作行程长度　采取多刀同时加工一个或多个被加工表面，可以大大缩短刀具的工作行程长度而缩短基本时间。

采用复合工步、多刀切削和多件加工等措施，缩短刀具工作行程长度，以缩短基本时间。图5-18所示为多刀加工汽车第一轴，采用不同的刀具加工相应的表面。

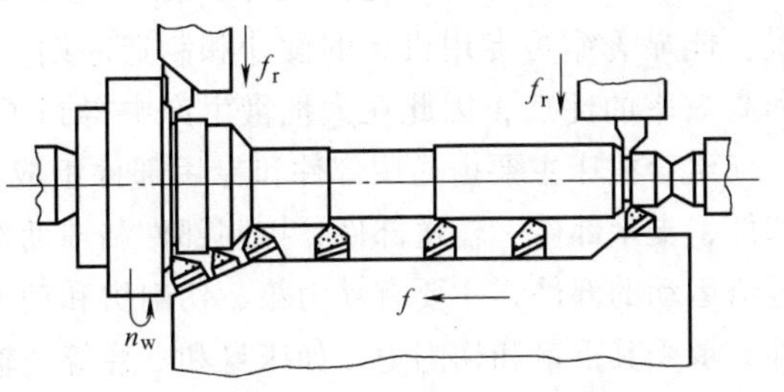

图5-18　多刀加工汽车第一轴

同时加工多件工件，可以有效地缩短刀具的工作行程。该方法通过减少刀具的切入、切出时间或使基本时间重合进而缩短每

个零件加工的基本时间以提高生产率。如图 5-19 所示，图 5-19a 所示为顺序多件加工多个齿轮，与单个齿轮加工相比，可减少刀具的切入和切出时间。图 5-19b 所示为平行多件加工，在一次工作行程中，同时加工并排的几个零件，使基本时间重合而缩短每个零件的基本时间。图 5-19c 所示为平行顺序加工，是以上两种加工方式的综合。

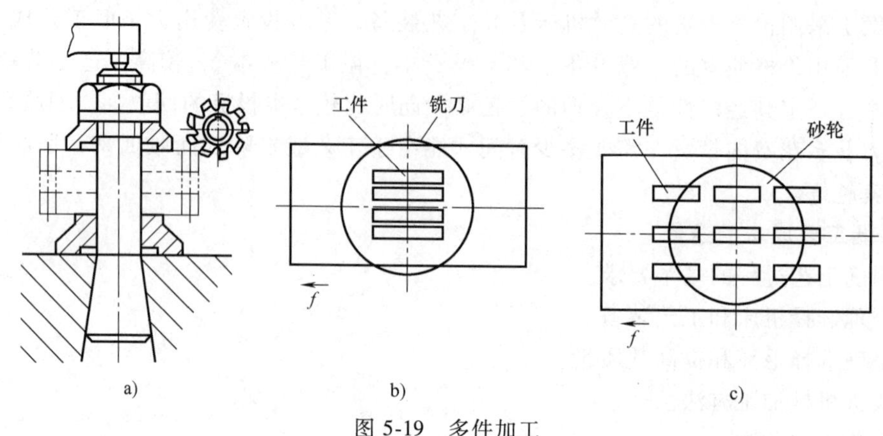

图 5-19　多件加工

2. 缩短辅助时间

1）提高机床的自动化水平，采用自动化程度高的夹具、工件自动上（下）料装置、各种快换装置，如快速换刀、自动换刀等，尽量缩短装、卸工件的时间。

2）采用多工位加工。

3）采用两个相同夹具交替工作。

4）采用主动检验或自动测量装置。

3. 缩短准备与终结时间

1）按照相似零件组的要求设计夹具和布置刀具。

2）采用可换刀架或刀夹。

3）采用刀具的微调机构和对刀的辅助工具。

4）采用准备与终结时间极少的先进加工机床。

5.5.2　采用高效和自动化加工

由于汽车零件是大批大量地生产，因此广泛使用各种高效机床进行加工。在汽车制造企业中，组合机床及其自动生产线被大量采用。

组合机床是以通用部件为基础、配以按工件尺寸形状和加工工艺设计的专用部件和夹具，组成半自动或自动化的机床。由于通用部件已经标准化和系列化，可根据需要灵活配置，能显著缩短专用机床的设计和制造周期，并可方便地组成自动生产线，从而兼有低成本和高效率的优点，因此在大批量生产中得到了广泛的应用。

组合机床主要由通用部件和专用部件组成，如图 5-20 所示。通用部件按功能可分为动力部件、支承部件、输送部件、控制部件和辅助部件五类。动力部件是为组合机床提供主运动和进给运动的部件，主要有动力箱、切削头和动力滑台。支承部件用于安装和支承其他部件和工件，承受其重量和切削力，如床身和立柱等。输送部件是用以输送工件或主轴箱至加工工位的部件，主要有分度回转工作台、环形分度回转工作台、分度鼓轮和往复移动工作台等。控制部

件是用以控制机床的自动工作循环的部件，有液压站、电气柜和操纵台等。辅助部件有润滑装置、冷却装置和排屑装置等。变速机构用于改变主运动的速度，进给机构用于改变进给量，主轴箱用以安装机床主轴。机床附属装置包括机床上下料装置、机械手、工业机器人等机床附加装置，以及卡盘、吸盘弹簧夹头、机用虎钳、回转工作台和分度头等机床附件。

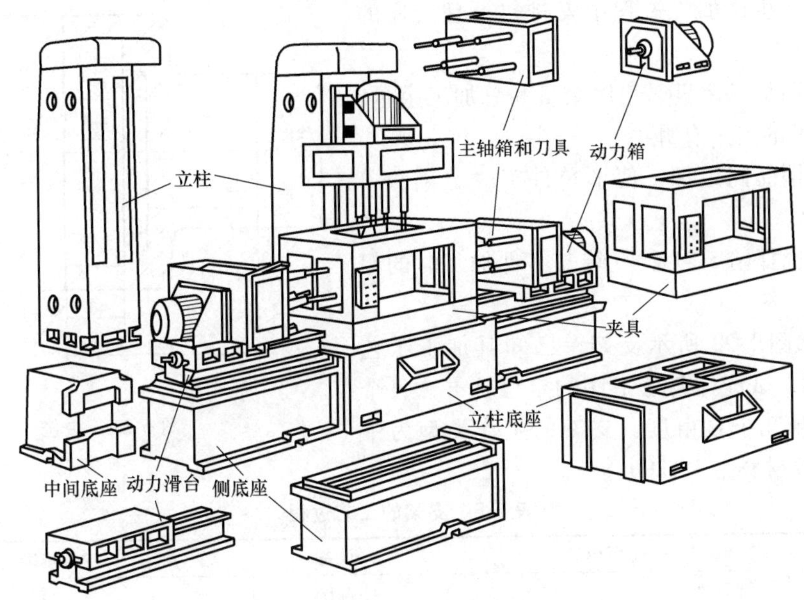

图 5-20　组合机床的组成示意图

组合机床可完成的工艺有铣平面、刮平面、车端面、钻孔、扩孔、锪孔、铰孔、攻螺纹、倒角、钻深孔、切槽等。随着综合自动化技术的发展，组合机床可完成的工艺范围也在不断扩大，除了上述工艺外，还可完成车外圆、车锥面、车弧面、车削内外螺纹、拉削内外圆柱面、磨削、抛光，甚至还可以进行冲压、焊接、热处理、装配、自动检测。

组合机床的特点如下：

1）主要用于箱体类零件和复杂件的孔面加工。

2）生产效率高。因为工序集中，可多面、多工位、多轴、多刀同时自动加工。

3）加工精度稳定。因为工序固定，可选用成熟的通用部件、精密夹具和自动化工作循环来保证加工精度的一致性。

4）研制周期短，便于设计、制造和使用维护，成本低。因为通用化、系列化、标准化程度高，通用零部件占 70%~90%，通用部件可组织批量生产进行预制或外购。

5）自动化程度高，劳动强度低。

6）配置灵活。因为结构模块化、组合化，可按工件或工序要求，用大量通用部件和少量专用部件灵活组成各种类型的组合机床及自动生产线；机床易于改装；产品或工艺变化时通用部件一般还可以重复利用。

复习思考题

5-1　说明工艺规程的作用及制订工艺规程的基本原则。制订工艺规程时为什么要划分加工阶段？

5-2 何谓生产纲领？生产类型有哪些？简述各种生产类型的工艺特点。

5-3 何谓“工序集中”及“工序分散”？各有什么特点？

5-4 在选择粗基准和精基准时，分别应遵循哪些基本原则？

5-5 选择零件表面加工方法时要考虑哪些因素？

5-6 试述机械加工过程中安排热处理工序的目的。

5-7 何谓加工余量、工序余量和总加工余量？影响工序余量的因素有哪些？

5-8 何谓时间定额？何谓单件工时定额和单件计算定额？

5-9 试选择图 5-21 所示端盖零件加工时的粗基准。

5-10 如图 5-22 所示支架，已知其加工工艺过程见表 5-8，试选择各道工序的定位基准、每个定位基准限制几个自由度。支架的生产类型为中批生产，零件材料为 HT200。

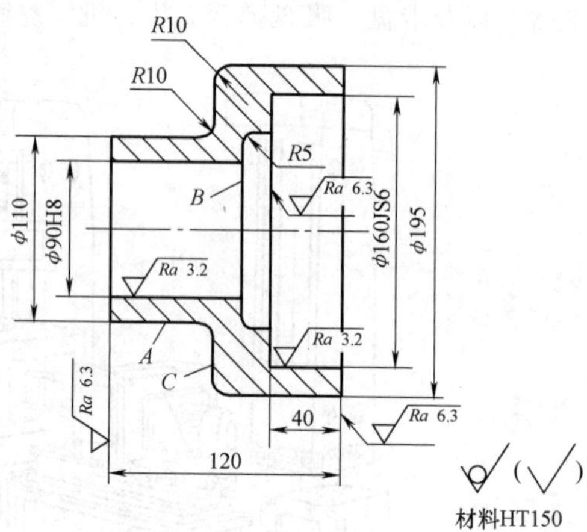

图 5-21 端盖

表 5-8 支架的工艺过程

工序号	工序内容	设备	定位基准
1	铣底面	铣床	
2	车端面、钻孔、镗孔、倒角	车床	
3	车另一端面、倒角	车床	
4	钻扩小孔	钻床	

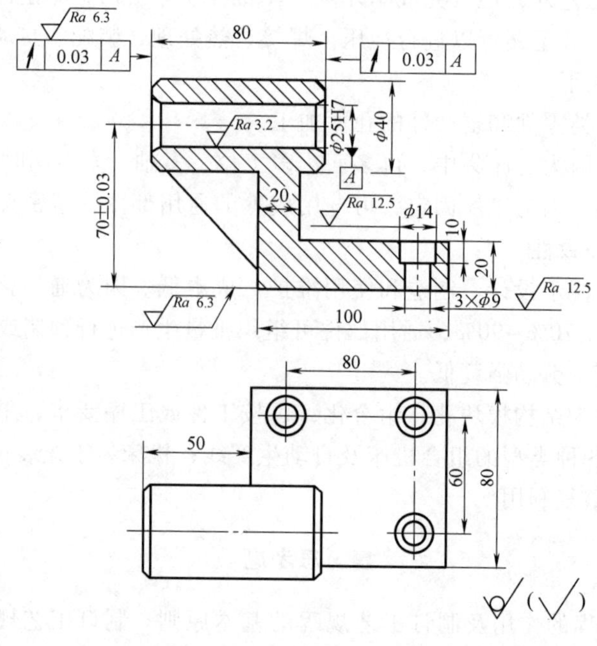

图 5-22 支架

5-11　加工如图 5-23 所示的各零件，它们的粗、精基准如何选择？试说明选择的理由。

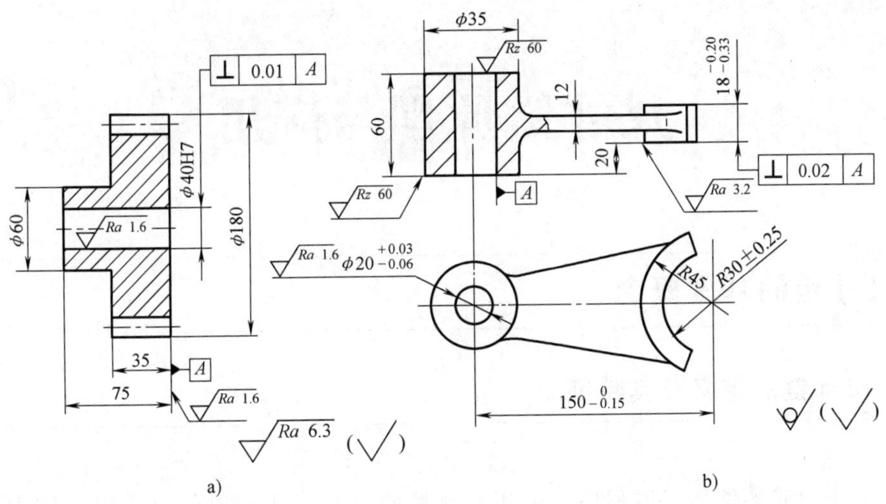

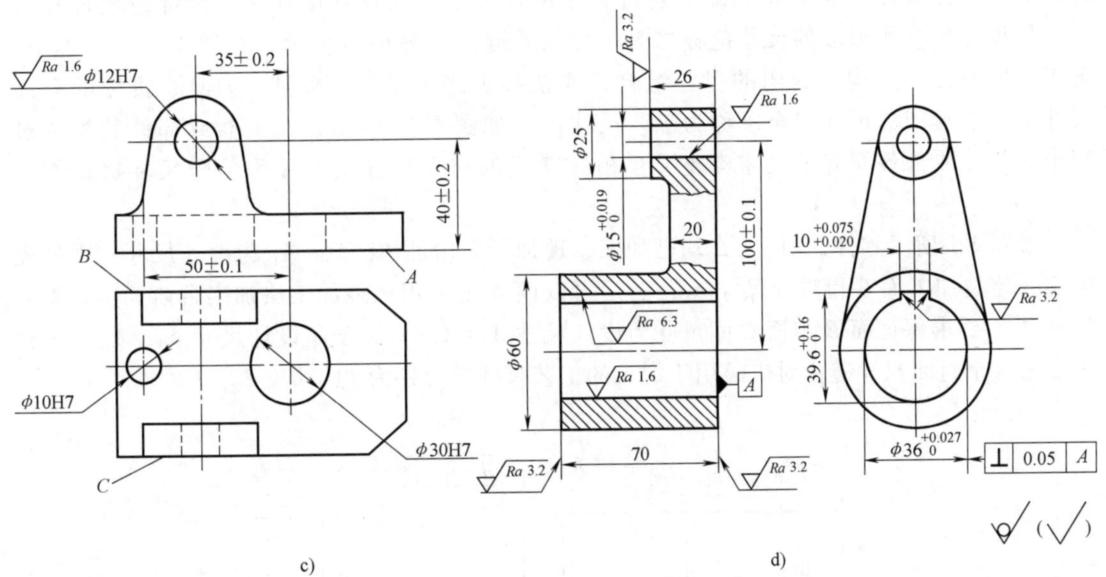

图 5-23　定位基准的选择

a）齿轮（毛坯为模锻件）　b）拨叉（毛坯为精锻件）　c）支架（毛坯为铸件）　d）连杆（毛坯为铸件）

第6章

尺寸链原理与应用

6.1 尺寸链的基本概念

6.1.1 尺寸链的定义及其特征

在机器装配或零件加工过程中，由相互连接的尺寸形成的封闭尺寸组，称为尺寸链。有时为了区分设计、加工和装配工艺过程中的尺寸链，在设计图样中，全部组成环在同一零件设计尺寸所形成的尺寸链称之为设计尺寸链，如图 6-1a 所示；在加工工艺过程中，各工序的加工尺寸构成封闭的尺寸组合，或在某工序中工件、夹具、刀具、机床的有关尺寸形成了封闭的尺寸组合，称为工艺尺寸链，如图 6-1b 所示；在机器或部件装配的过程中，零件或部件间有关尺寸构成了互相有联系的封闭尺寸组合称为装配尺寸链，如图 6-2 所示。

如图 6-1 所示零件，面 A、C 均已加工，现加工台阶面 B，A_0、A_1 为设计尺寸，零件先以面 A 定位加工面 C 得设计尺寸 A_1，然后再以面 A 定位用调整加工法加工台阶面 B，得到尺寸 A_2，要求保证面 B 与面 C 间尺寸为设计尺寸 $A_0=A_1-A_2$，于是设计尺寸 A_0、A_1、A_2 就构成了一个封闭尺寸链；对应的用于加工的工艺尺寸链分别为 L_0、L_1、L_2。

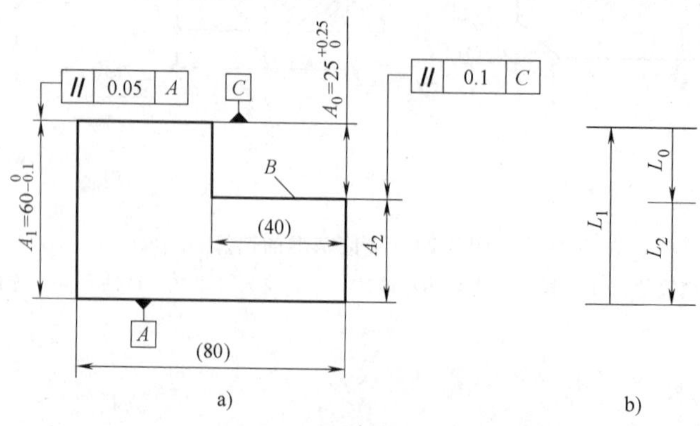

图 6-1 零件加工和测量中的尺寸关系

在图 6-2 所示的圆柱形零件的装配中，间隙 A_0 的大小由孔径 A_1 和轴颈 A_2 所决定，即 $A_0=A_1-A_2$。这样，尺寸 A_1、A_2 和 A_0 也形成了一个装配尺寸链。

通过以上的分析可以知道，尺寸链具有以下主要特征：

1）封闭性，即相互关联的尺寸必须按一定顺序排列成封闭的形式。

2）关联性，指某个尺寸及精度的变化必将影响其他尺寸和精度的变化，即它们的尺寸和精度互相联系，互相影响。

3）唯一性，指一个尺寸链只有一个封闭环，不能没有也不能出现两个或两个以上的封闭环。同一个零件的加工顺序不同，不能增加或减少封闭环数，只能改变封闭环 A_0 的位置。

4）最少三环，一个尺寸链最少有三环，少于三环的尺寸链不存在。

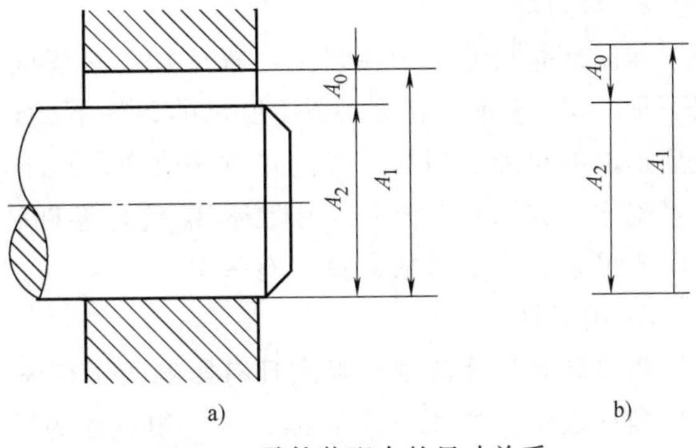

图 6-2　零件装配中的尺寸关系

6.1.2　尺寸链的分类

1. 按环的尺寸特征

(1) 长度尺寸链　全部尺寸均为长度尺寸的尺寸链，如图 6-1 所示。

(2) 角度尺寸链　全部尺寸均为角度尺寸的尺寸链，如图 6-3 所示。

2. 按环空间的位置关系

(1) 直线尺寸链　全部组成环平行于封闭环的尺寸链。

(2) 平面尺寸链　全部组成环位于一个或几个平行平面内，但某些组成环不平行于封闭环的尺寸链，如图 6-4 所示。

(3) 空间尺寸链　全部尺寸位于几个不平行平面内的尺寸链。空间尺寸链在空间机构运动分析和精度分析中，以及具有空间角度关系的零部件设计和加工中会遇到。

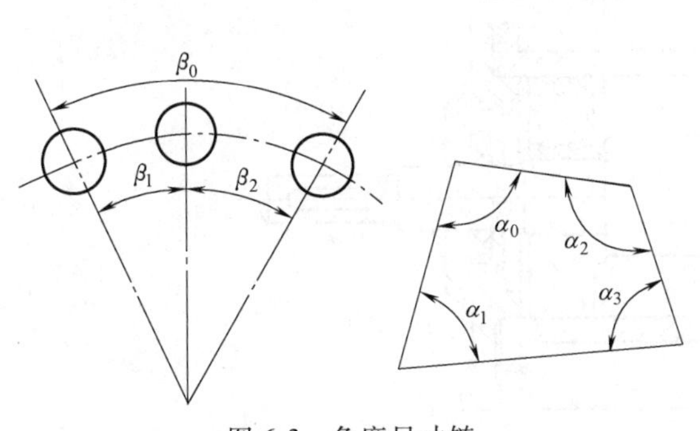

图 6-3　角度尺寸链

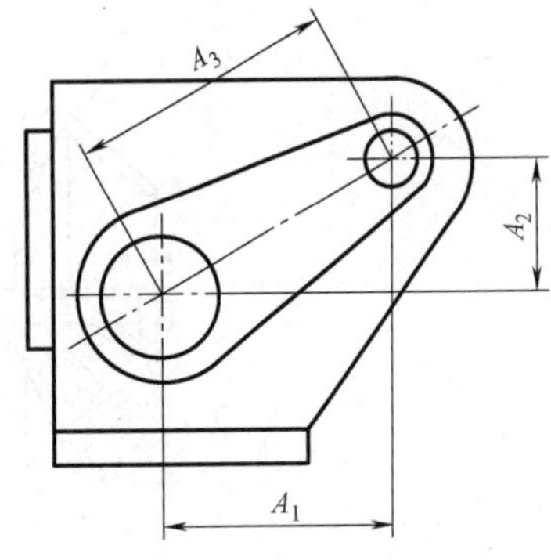

图 6-4　平面尺寸链

尺寸链还可以分为独立尺寸链和并联尺寸链，基本尺寸链和派生尺寸链，标量尺寸链和矢量尺寸链等，详见 GB/T 5847—2004《尺寸链　计算方法》。

6.1.3　尺寸链的组成

尺寸链中各尺寸简称环，根据各环在尺寸链中的作用，可分为封闭环和组成环两种。

1. 环

列入尺寸链中的每一个尺寸。

2. 封闭环

封闭环是尺寸链中在装配过程或加工过程间接得到（或最后形成）的一环。封闭环常以下标“0”表示。在如图 6-1 所示的条件下，封闭环 L_0 是在所述加工或测量顺序条件下，最后形成的尺寸。当加工或测量顺序改变，封闭环也随之改变。在装配尺寸链中，封闭环很容易确定，如图 6-2 所示，封闭环 A_0 就是零件装配后形成的间隙。在一个尺寸链中，封闭环既不可多，又不可缺，只能有一个。

3. 组成环

组成环是尺寸链中对封闭环有影响的所有环。同一尺寸链中的组成环，一般以同一字母加下角标表示，如 A_1、A_2、A_3、…。组成环的尺寸是直接保证的，它又影响封闭环的尺寸，根据组成环对封闭环的影响不同，组成环又可分为增环和减环。

4. 增环

增环是尺寸链中的组成环，由于该环的变动引起封闭环同向变动。即在其他组成环不变的条件下，此环增大时，封闭环随之增大。例如，在图 6-1 中尺寸 L_1 和图 6-2 中尺寸 A_1 为增环。

5. 减环

减环是尺寸链中的组成环，由于该环的变动引起封闭环反向变动。即在其他组成环不变的条件下，此环增大时，封闭环随之减小。例如，在图 6-1 中尺寸 L_2 和图 6-2 中尺寸 A_2 为减环。

6. 补偿环

尺寸链中预先选定的某一组成环，可以通过改变其大小或位置，使封闭环达到规定要求。补偿环在装配尺寸链中经常用到，如图 6-5 中尺寸 A_2。

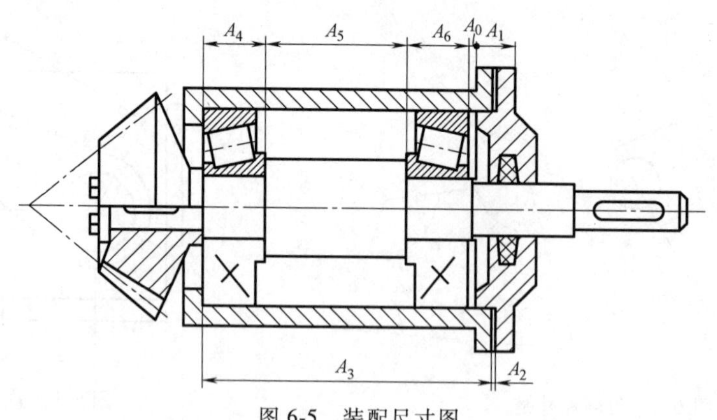

图 6-5　装配尺寸图

6.2　尺寸链计算的基本公式

6.2.1　尺寸链问题类型

尺寸链的计算主要包括公称尺寸的计算、公差的计算和确定各环的偏差。根据尺寸链的目的和计算顺序不同分为正计算、中间计算和反计算三类问题。

1. 正计算（验算计算）

已知所有组成环的公称尺寸及上、下极限偏差，求封闭环的公称尺寸及上、下极限偏差。这种情况下，可直接利用尺寸链基本计算公式，一个方程一个未知数，即可求出封闭环的公称尺寸，上极限尺寸或上极限偏差，下极限尺寸或下极限偏差以及公差。正计算用于校核图样上的尺寸标注或检验中间计算、反计算所得结果的正确性。

2. 中间计算

已知封闭环和绝大部分组成环的公称尺寸及上、下极限偏差，求未知组成环的公称尺寸及上、下极限偏差。同样在建立尺寸链后，利用尺寸链基本计算公式是不难求解的。中间计算用于求解工艺尺寸链。特别是用于加工过程中的尺寸换算。

3. 反计算（设计计算）

已知封闭环的公称尺寸及上、下极限偏差，求各组成环的公称尺寸及上、下极限偏差，反计算常在设计阶段使用。反计算时，未知数的数目可能多于方程的个数，存在无数组解。此时，需要人为设定一些限定条件，才能确定各组成环的公差和偏差。

尺寸链计算方法有极值法与概率法两种。用极值法解尺寸链是从尺寸链各环均处于极值条件来求解封闭环尺寸与组成环尺寸之间关系的；用概率法解尺寸链则是运用概率论理论来求解封闭环尺寸与组成环尺寸之间关系的。

6.2.2 尺寸链的极值解法

1. 封闭环的公称尺寸

封闭环的公称尺寸等于所有增环公称尺寸之和减去所有减环的公称尺寸之和，即

$$A_0 = \sum_{z=1}^{m} A_z - \sum_{j=m+1}^{n-1} A_j \tag{6-1}$$

式中 A_0——封闭环的公称尺寸；

A_z——增环的公称尺寸；

A_j——减环的公称尺寸；

m——增环的环数；

n——总环数。

2. 封闭环的上极限尺寸

封闭环的上极限尺寸等于所有增环的上极限尺寸之和减去减环的下极限尺寸之和，即

$$A_{0\max} = \sum_{z=1}^{m} A_{z\max} - \sum_{j=m+1}^{n-1} A_{j\min} \tag{6-2}$$

式中 $A_{0\max}$——封闭环的上极限尺寸；

$A_{z\max}$——增环的上极限尺寸；

$A_{j\min}$——减环的下极限尺寸。

3. 封闭环的下极限尺寸

封闭环的下极限尺寸等于所有增环的下极限尺寸之和减去减环的上极限尺寸之和，即

$$A_{0\min} = \sum_{z=1}^{m} A_{z\min} - \sum_{j=m+1}^{n-1} A_{j\max} \tag{6-3}$$

式中 $A_{0\min}$——封闭环的下极限尺寸；

$A_{z\min}$——增环的下极限尺寸；

$A_{j\max}$——减环的上极限尺寸。

4. 封闭环的上极限偏差

封闭环的上极限偏差等于所有增环的上极限偏差之和减去所有减环的下极限偏差之和，即

$$ES_0 = \sum_{z=1}^{m} ES_z - \sum_{j=m+1}^{n-1} EI_j \tag{6-4}$$

式中 ES_0——封闭环的上极限偏差；

ES_z——增环的上极限偏差；

EI_j——减环的下极限偏差。

5. 封闭环的下极限偏差

封闭环的下极限偏差等于所有增环的下极限偏差之和减去所有减环的上极限偏差之和，即

$$EI_0 = \sum_{z=1}^{m} EI_z - \sum_{j=m+1}^{n-1} ES_j \tag{6-5}$$

式中 EI_0——封闭环的下极限偏差；

EI_z——增环的下极限偏差；

ES_j——减环的上极限偏差。

6. 封闭环的公差

封闭环的公差等于所有组成环的公差之和，即

$$T_0 = \sum_{j=1}^{n-1} T_j \tag{6-6}$$

式中 T_0——封闭环的公差；

T_j——组成环的公差。

由此可知，尺寸链的所有环中，封闭环的公差最大。为了减小封闭环的公差应尽量减小尺寸链的环数，这就是在设计中应遵守的最短尺寸链原则。

用极值法求解尺寸链时，可以利用上述基本公式计算，也可以用竖式法来计算。竖式法计算的规则如下：

见表6-1，在双横线以上将增环的公称尺寸、上极限偏差和下极限偏差自左至右依次排列；减环在排列时其公称尺寸前要加负号，且上、下极限偏差位置对调并变正负号。

将增减环的公称尺寸、上极限偏差、下极限偏差分别相加，其代数和列于双横线以下，即为封闭环的公称尺寸和上、下极限偏差。

表6-1 竖式法计算尺寸链公式

尺寸链标记	公称尺寸	上极限偏差 ES	下极限偏差 EI
L_2(增环)	L_2	ES_2	EI_1
L_1(减环)	$-L_1$	$-EI_1$	$-ES_2$
L_0(封闭环)	$L_0=L_2+(-L_1)$	$ES_0=ES_2+(-EI_1)$	$EI_0=EI_1+(-ES_2)$

注：1. 口诀为，增环，上、下极限偏差照抄；减环，上、下极限偏差对调、反号。

2. 设 L_2 为增环，L_1 为减环，L_0 为封闭环。

6.2.3 尺寸链的概率解法

假设各组成环的实际尺寸符合正态分布。

1. 将极限尺寸换算成平均尺寸

$$A_{\Delta}=\frac{A_{\max}+A_{\min}}{2} \tag{6-7}$$

式中 A_{Δ}——中间尺寸；

$A_{\max}$——上极限尺寸；

$A_{\min}$——下极限尺寸。

2. 将极限偏差换算成中间偏差

$$\Delta=\frac{\mathrm{ES}+\mathrm{EI}}{2} \tag{6-8}$$

式中 Δ——中间偏差；

ES——上极限偏差；

EI——下极限偏差。

3. 封闭环的中间尺寸

$$A_{0\Delta}=\sum_{z=1}^{m}A_{z\Delta}-\sum_{j=m+1}^{n-1}A_{j\Delta} \tag{6-9}$$

式中 $A_{0\Delta}$——封闭环的中间尺寸；

$A_{z\Delta}$——增环的中间尺寸；

$A_{j\Delta}$——减环的中间尺寸。

4. 封闭环的中间偏差

$$\Delta_0=\sum_{z=1}^{m}\Delta_z-\sum_{j=m+1}^{n-1}\Delta_j \tag{6-10}$$

式中 Δ_0——封闭环的中间偏差；

Δ_z——增环的中间偏差；

Δ_j——减环的中间偏差。

5. 封闭环的公差

$$T_0=\sqrt{\sum_{j=m+1}^{n-1}T_j^2} \tag{6-11}$$

6.3 工艺尺寸链的计算

6.3.1 工艺尺寸链的画法

尺寸链图对于理解尺寸链的构成及尺寸链的计算有重要意义，其作法如图 6-1 所示。

1）首先根据工艺过程，找出间接保证的尺寸 $25^{+0.25}_{0}$mm，定出封闭环。

2）从封闭环开始，按照零件表面的联系，依次画出直接获得的尺寸 L_2、$60_{-0.10}^{\ 0}$mm，作为组成环直至尺寸 $25_{\ 0}^{+0.25}$mm 的终端回到封闭环的起点，形成一个封闭图形。

3）确定组成环性质。将封闭环尺寸箭头单方面画出，然后沿此方向，绕工艺尺寸链依次给各组成环画出箭头，凡是与封闭环箭头方向相同的就是减环，相反的就是增环。在图 6-1 中，尺寸 L_2 的方向与封闭环同向为减环，尺寸 $L_1 = 60_{-0.10}^{\ 0}$mm 的方向与封闭环反向为增环。

需要注意的是，所建立的尺寸链，必须使组成环数最少，这样可以更容易满足封闭环的精度或者使各组成环的加工更容易，经济性更好。

6.3.2 工艺尺寸链的解题步骤

求解工艺尺寸链是确定工序尺寸的一个重要环节，尺寸链的计算步骤一般是，首先正确地画出尺寸链图；按照加工顺序确定封闭环、增环和减环；再进行尺寸链的计算；最后可以按封闭环公差等于各组成环公差之和的关系进行校核。

1）确定封闭环。能否正确找出封闭环是求解工艺尺寸链的关键。工艺尺寸链的封闭环必须是在加工过程中最后间接形成的尺寸，即该尺寸是在获得若干直接得到的尺寸后而自然形成的尺寸。

2）查明全部组成环、画出尺寸链图。确定封闭环后，由该封闭环尺寸循一个方向按照尺寸的相互联系依次找出全部组成环，并把它们与封闭环一起按尺寸联系的相互顺序首尾相接，即得到尺寸链图。

3）判断组成环中的增、减环，并用箭头标出。

4）利用基本计算公式或竖式求解。在计算中同一问题可用不同公式求解，而不影响解的正确性。需要指出的是，当出现已知的若干组成环公差之和大于封闭环公差的情况时，这时需要适当缩小某些组成环的公差。一般工艺人员无权放大封闭环公差，因为这样会降低产品的技术要求。

5）解尺寸链得到的中间工序尺寸公差一般按“入体”原则标注，毛坯尺寸根据查表结果按要求双向标注，最后一道工序尺寸和公差按照零件图要求标注。

6.3.3 测量基准与设计基准不重合时的工艺尺寸及公差的确定

在工件加工过程中，有时会遇到一些在表面加工之后，设计尺寸不便直接测量的情况，因此需要在零件上另选一个容易测量的表面作为测量基准进行测量，以间接测量设计尺寸，这时就需要进行工艺尺寸的换算。

例 6-1 如图 6-6 所示套筒类零件，设计尺寸为 A_1 和 A_3，因 A_3 不容易测量，现改为测量尺寸 A_2，试计算 A_2 的公称尺寸及其上、下极限偏差。

解法一： 1）确定封闭环，在图 6-6b 中尺寸 L_0 为测量时间接获得的尺寸，为封闭环。

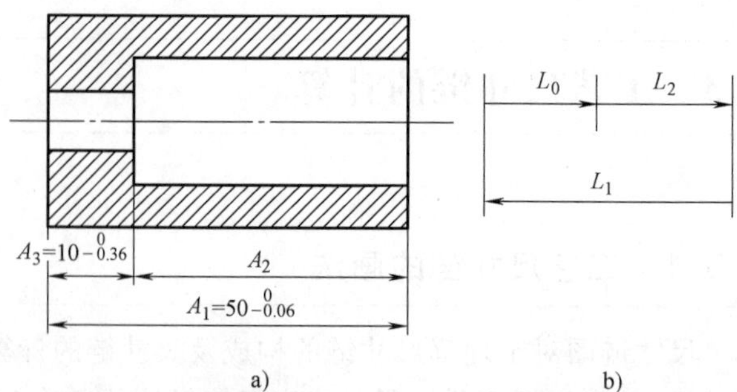

图 6-6 测量基准与设计基准不重合时的尺寸换算

2）尺寸 L_1 和 L_2 在测量时直接获得，为组成环。其中尺寸 L_1 为增环，尺寸 L_2 为减环。

3）由式（6-1）可得

$$L_0=L_1-L_2$$

代入已知数值，得 $L_2=40\text{mm}$。

由式（6-4）可得

$$ES_0=ES_1-EI_2$$

代入已知数值，求得 $EI_2=0\text{mm}$。

由式（6-5）可得

$$EI_0=EI_1-ES_2$$

$$ES_2=0.3\text{mm}$$

因而

$$L_2=40_{\ 0}^{+0.3}\text{mm}$$

4）由式（6-6）对封闭环公差验算：

$$T_0=T_1+T_2$$
$$=0.06\text{mm}+0.3\text{mm}=0.36\text{mm}$$

解法二：列竖式计算（表6-2）

表6-2 套筒零件竖式法工艺尺寸链计算 （单位：mm）

尺寸标记	公称尺寸	上极限偏差 ES	下极限偏差 EI
L_1(增环)	50	0	−0.06
L_2(减环)	$-L_2$	$-EI_2$	$-ES_2$
L_0(封闭环)	10	0	−0.36

最后结果：$L_2=40_{\ 0}^{+0.3}\text{mm}$。

讨论：按换算后的工序尺寸进行加工以保证原设计的尺寸要求，可能出现“假废品”，即从测量尺寸看已经超差，似乎是废品，但其被控制的计算尺寸却未超差，并不是真正的废品。例如，此例中当 $L_1=50.0\text{mm}$，测量 $L_2=40.3\text{mm}$，可认为是废品，但实际上 $L_0=9.7\text{mm}\in(9.64\sim10.0)\text{mm}$，并未超差。由此可见，当测量尺寸超差数值不超过其他组成环公差之和时，就有可能出现假废品。应按设计尺寸链，再次进行测量或核算，以免将实际合格的零件报废而造成浪费。按换算结果控制尺寸，得到的一定是合格品。

6.3.4 装夹（定位）基准与设计基准不重合时工艺尺寸及其公差的计算

在零件加工过程中有时为方便定位或加工，定位基准与设计基准不重合，这时需要通过尺寸换算，重新标注有关工序尺寸（即中间工序尺寸）及公差，并按换算后的工序尺寸及公差加工，以保证零件的原设计要求。

例6-2 如图6-7所示，零件的 A、B、C 面均已加工完毕，现以调整法加工 D 面，并选端面 A 为定位基准，且按工序尺寸 L_3 对刀进行加工，为保证车削完 D 面后间接获得设计尺寸 $20_{-0.26}^{\ 0}$ 能符合图样规定的要求，必须将 L_3 的加工误差控制在一定范围内，试求工序尺寸 L_3 及其极限偏差。

解法一：1）画尺寸链图并判断封闭环。根据加工情况判断设计尺寸 $20_{-0.26}^{\ 0}$ 为封闭环

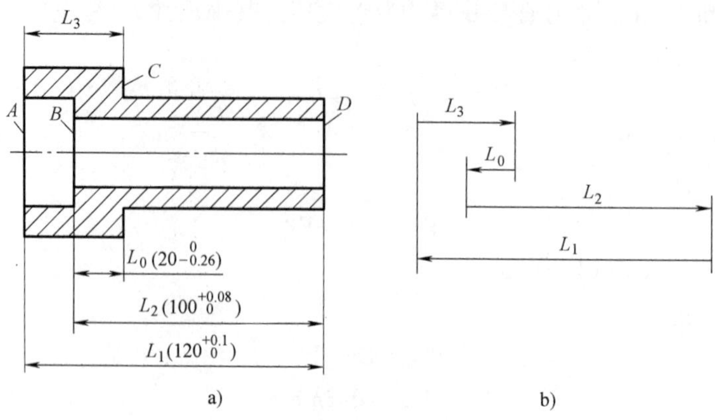

图 6-7　轴套加工工艺尺寸链

(L_0)，并画出尺寸链，如图 6-7b 所示。

2）判断增、减环，如图 6-7b 所示，L_3 为待求量。

3）计算工序尺寸的公称尺寸。由式（6-1），有

$$20\text{mm}=(100\text{mm}+L_3)-120\text{mm}$$

故
$$L_3=(20+120)\text{mm}-100\text{mm}=40\text{mm}$$

4）计算工序尺寸的极限偏差。

由式（6-4），有　$0\text{mm}=(0.08\text{mm}+ES_3)-0\text{mm}$

得 L_3 的上极限偏差　$ES_3=-0.08\text{mm}$

由式（6-5），有　$-0.26\text{mm}=(0\text{mm}+EI_3)-0.1\text{mm}$

得 L_3 的下极限偏差　$EI_3=-0.16\text{mm}$

因此 L_3 工序尺寸及上、下极限偏差为 $L_3=40_{-0.16}^{-0.08}\text{mm}$。

5）按"入体"原则标注为 $L_3=39.92_{-0.08}^{0}\text{mm}$。

解法二：列竖式计算（表 6-3）

表 6-3　轴套零件竖式法工艺尺寸链计算　（单位：mm）

尺寸标记	公称尺寸	上极限偏差 ES	下极限偏差 EI
L_2(增环)	100	+0.08	0
L_3(增环)	L_3	ES_3	EI_3
L_1(减环)	-120	0	-0.1
L_0(封闭环)	20	0	-0.26

因此 L_3 工序尺寸及上、下极限偏差为 $L_3=40_{-0.16}^{-0.08}\text{mm}$。

按"入体"原则标注为 $L_3=39.92_{-0.08}^{0}\text{mm}$。

例 6-3　连杆厚度尺寸要求如图 6-8a 所示。为使连杆在加工过程中便于装夹，开始加工时小头的厚度也按大头要求加工，到加工后期再将小头铣薄。有关的加工工序如下：

1）精磨大、小头端面，保证大头端面尺寸 $34_{-0.25}^{-0.16}\text{mm}$。

2）小头去薄。

工位 1　以连杆任一端面定位，按尺寸 L_2 调整刀具，铣削小头端面 A，如图 6-8b 所示。

工位 2　连杆翻身，加垫块安装，刀具位置不变，铣削小头端面 B，同样保证尺寸 L_2，

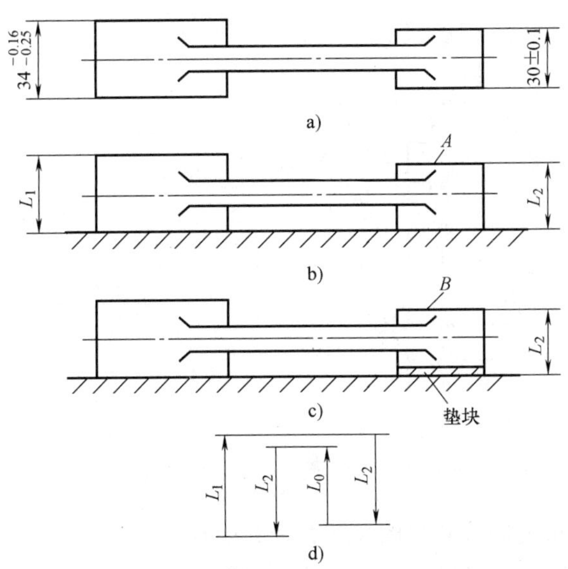

图 6-8　连杆加工工艺尺寸链图

如图 6-8c 所示。

求铣刀调整尺寸 L_2。

解：1）建立尺寸链，根据题意可画出尺寸链图，如图 6-8d 所示。

2）判断各环性质，根据工艺过程可知，小头厚度尺寸 $L_0=(30\pm0.1)$mm 为封闭环，两个 L_2 均为增环，L_1 为减环。

3）列竖式计算（表 6-4）。

表 6-4　连杆竖式法工艺尺寸链计算　　（单位：mm）

尺寸标记	公称尺寸	上极限偏差 ES	下极限偏差 EI
$2L_2$(增环)	$2L_2$	$2ES_2$	$2EI_2$
L_1(减环)	-34	+0.25	+0.16
L_0(封闭环)	30	+0.1	-0.1

最后结果：$L_2=32^{-0.075}_{-0.130}$mm。

6.3.5　中间工序尺寸及其公差的求解计算

在工件加工过程中，有时一个基面的加工会同时影响两个设计尺寸的数值，这时，需要直接保证其中公差要求较严的一个设计尺寸，而另一设计尺寸需由该工序前面的某一中间工序的合理工序尺寸间接保证，为此，需要对中间工序尺寸进行计算。

例 6-4　如图 6-9a 所示，齿轮内孔孔径设计尺寸为 $\phi40^{+0.05}_{0}$mm，键槽设计深度为 $43.6^{+0.34}_{0}$mm，内孔需淬硬，内孔及键槽加工顺序：铣内孔至 $\phi39.6^{+0.1}_{0}$mm；插键槽至尺寸 L_1；淬火热处理；磨内孔至设计尺寸 $\phi40^{+0.05}_{0}$mm，同时要求保证键槽深度为 $43.6^{+0.34}_{0}$mm。试问：如何设定镗后的插键槽深度值，才能最终保证得到合格产品？

解：1）由加工过程可知，尺寸 $43.6^{+0.34}_{0}$mm 的一个尺寸界限——键槽底面，是在插槽工序时按尺寸 L_1 确定的；另一尺寸界限——孔表面，是在磨孔工序由尺寸 $\phi40^{+0.05}_{0}$mm 确定

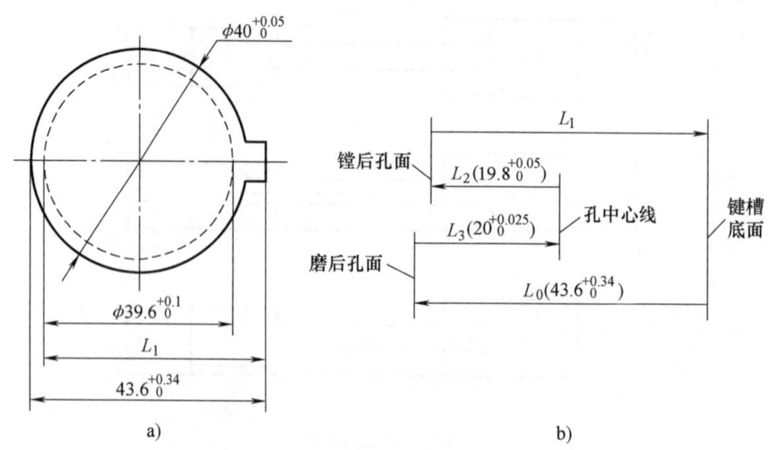

图 6-9 铣键槽加工工艺尺寸链图

的，故尺寸 $43.6^{+0.34}_{0}$mm 是间接获得的尺寸，为封闭环。

2）将镗后孔尺寸作为一环列入尺寸链时可得到如图 6-9b 所示的尺寸链，增环、减环根据尺寸箭头方向确定。

3）列竖式计算上、下极限偏差，见表 6-5。

表 6-5 铣键槽竖式法工艺尺寸链计算 （单位：mm）

尺寸标记	公称尺寸	上极限偏差 ES	下极限偏差 EI
L_1(增环)	L_1	ES_1	EI_1
L_3(增环)	20	+0.025	0
L_2(减环)	-19.8	0	-0.05
L_0(封闭环)	43.6	0.34	0

可求得 L_1 的公称尺寸为 43.4mm，上极限偏差为 ES_1 = +0.315mm，下极限偏差为 EI_1 = +0.05mm。因此，有 $L_1 = 43.4^{+0.315}_{+0.05}$mm。

4）按"入体"原则标注为 $L_1 = 43.45^{+0.265}_{0}$mm。

6.3.6 保证应有渗碳或渗氮深度时工艺尺寸及其公差的计算

零件渗碳或渗氮后，表面一般要经磨削以保证尺寸精度，同时要求磨后保留有规定的渗层深度，这就要求进行渗碳或渗氮热处理时按一定渗层深度及公差进行，并对这一合理渗层深度及公差进行计算。

例 6-5 如图 6-10 所示，38CrMoAlA 衬套内孔要求渗氮，其加工工艺过程：先磨内孔至 $\phi 144.76^{+0.04}_{0}$mm；渗氮处理深度为 L_1；再终磨内孔至 $\phi 145^{+0.04}_{0}$mm，并保证保留有渗层深度为（0.4±0.1）mm，求渗氮处理深度 L_1 及其公差。

解： 1）由题意可知，磨后保留的渗层深度（0.4±0.1）mm 是间接获得的尺寸，为封闭环，由此可画出尺寸链图，如图 6-10c 所示。

2）增环、减环根据尺寸箭头方向确定（注意，其中 L_2、L_3 为半径尺寸）。

3）列竖式计算上、下极限偏差，见表 6-6。

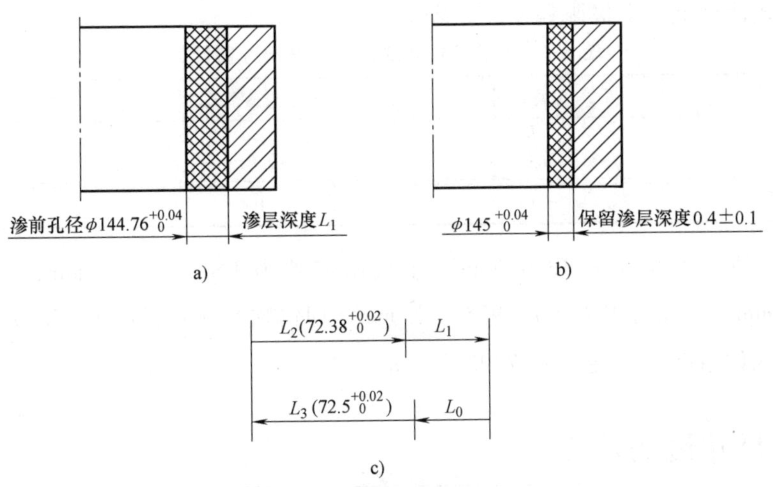

图 6-10　工件表面渗氮尺寸链图

表 6-6　表面渗氮零件竖式法工艺尺寸链计算　　（单位：mm）

尺寸标记	公称尺寸	上极限偏差 ES	下极限偏差 EI
L_2（增环）	73.38	+0.02	0
L_1（增环）	L_1	$+ES_1$	$+EI_1$
L_3（减环）	−72.5	0	−0.02
L_0（封闭环）	0.4	0.1	−0.1

可求得 L_1 的公称尺寸为 0.52mm，上极限偏差为 $ES_1=+0.08$mm，下极限偏差为 $EI_1=-0.08$mm。因此，工序尺寸 $L_1=(0.52\pm0.08)$mm。

4）按“入体原则”标注为 $L_1=0.44^{+0.16}_{0}$mm，即渗氮处理深度为 0.44~0.60mm。

6.3.7　电镀零件工序尺寸计算

例 6-6　如图 6-11a 所示，某些车用零件要求防腐处理，需对其表面进行镀铬，通常电镀时要求镀层厚度为 0.025~0.04mm，该厚度可由电镀条件和电镀时间控制。要求电镀后轴直径为 $\phi 28^{\ 0}_{-0.045}$mm，求电镀前其直径尺寸及其公差。

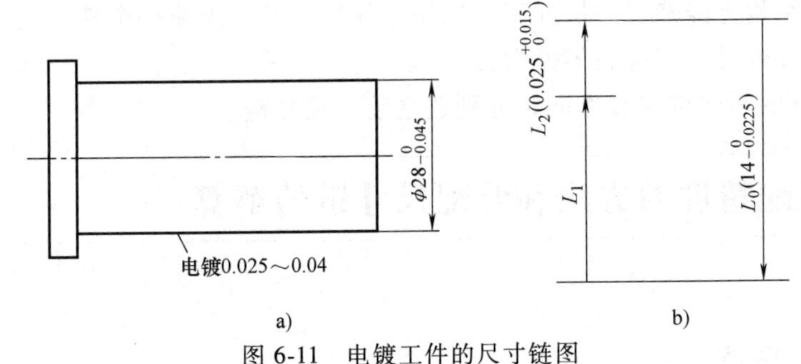

图 6-11　电镀工件的尺寸链图

解： 1）电镀前，轴尺寸由磨削工序获得，镀层厚度在电镀时控制保证，而电镀后半径 $14^{\ 0}_{-0.0225}$mm 是由电镀前半径及镀层厚度间接得到的，故为封闭环。

2）尺寸链如图 6-11b 所示，L_1、L_2 均为增环。

3）列竖式计算上、下极限偏差，见表6-7。

表6-7　电镀工件竖式法的工艺尺寸链计算　（单位：mm）

尺寸标记	公称尺寸	上极限偏差 ES	下极限偏差 EI
L_1（增环）	L_1	ES_1	EI_1
L_2（增环）	0.025	+0.015	0
L_0（封闭环）	14	0	−0.0225

可求得 L_1 的公称尺寸为13.975mm，上极限偏差为 $ES_1=-0.015$mm，下极限偏差为 $EI_1=-0.0225$mm。因此可得 $L_1=13.975_{-0.0225}^{-0.015}$mm。即销轴磨前直径应为 $27.95_{-0.045}^{-0.030}$mm。

4）按“入体原则”标注为 $\phi27.92_{-0.015}^{0}$mm。

6.4　装配尺寸链的建立

装配尺寸链的建立是指在装配图上，根据装配精度的要求，找出与该项精度有关的零件及其有关的尺寸，画出相应的尺寸链图。只有所建立的装配尺寸链正确无误，求解才有意义。

装配尺寸链的建立可分为确定封闭环、查明组成环和画装配尺寸链图、判别组成环的性质。具体解题步骤如下：

1）确定封闭环。在装配过程中，要求保证的装配精度就是封闭环。装配尺寸链中的封闭环在装配前是不存在的，而是在装配后才形成的。封闭环通常就是装配技术要求。其中，如果某组成环的尺寸增大（其他各组成环不变情况下），使封闭环的尺寸也随之增大，则此组成环称为增环；如果某组成环尺寸增大，使封闭环的尺寸随之减少，则此组成环称为减环。

2）查明组成环，画装配尺寸链图。从封闭环任意一端开始，沿着装配精度要求的位置方向，将与装配精度有关的各零件尺寸依次首尾相连，直到与封闭环另一端相接为止，形成一个封闭形的尺寸图，图上的各个尺寸皆是组成环。

3）判别组成环的性质。画出装配尺寸链图后，要判别组成环的性质，即增环、减环。在建立装配尺寸链时，除满足封闭性、相关性原则外，还应符合组成环环数最少原则。从工艺角度出发，在结构已经确定的情况下，标注零件尺寸时，应使一个零件仅有一个尺寸进入尺寸链，即组成环数目等于有关零件数目。

4）按封闭环的不同位置和方向，分别建立装配尺寸链。

6.5　保证装配精度的方法和装配尺寸链的解算

6.5.1　互换装配法

1. 完全互换装配法

完全互换装配法（也称之为极值法）的实质是，以完全互换为基准来确定机器中各个

零件的公差，零件不需要做任何挑选、修配或调整，装配成部件或机器后就能保证达到预先规定的装配技术要求。用完全互换装配法时，解尺寸链的基本要求是，各组成环的公差 T_i 之和不得大于封闭环的公差 T_0，多用极值法解装配尺寸链。可用下式来表示：

$$\sum_{i=1}^{n-1} T_i \leqslant T_0 \tag{6-12}$$

为了实现上述装配方法，应将每个零件的制造公差预先给予规定，实践中常采用等公差法和等精度法来解决这个问题，即求出各组成环的平均公差 T_m，$T_m \leqslant \dfrac{T_0}{m}$。

用完全互换装配法的主要优点：可以保证完全互换性，装配过程较简单；可以采用流水装配作业，生产率较高；不需要技术水平高的工人；机器的部件及其零件的生产便于专业化，容易解决备件的供应问题。

但是这种方法也存在一定的缺点：对零件的制造精度要求较高，当环数较多时有的零件加工显得特别困难。因此，这种方法只适用于装配精度较高而环数少的情况，或装配精度要求不高的环境中。在汽车、拖拉机、缝纫机、自行车及轻工家用产品中应用最为广泛。

例 6-7 图 6-12a 所示为齿轮与轴的部件装配示意图，要求保证齿轮与挡圈间的轴向间隙为 0.1～0.35mm。已知：$A_1=33$mm，$A_2=5$mm，$A_3=46$mm，$A_4=3_{-0.05}^{\ 0}$mm（标准件），$A_5=5$mm。现采用完全互换装配法，试确定各组成环公差及极限偏差。

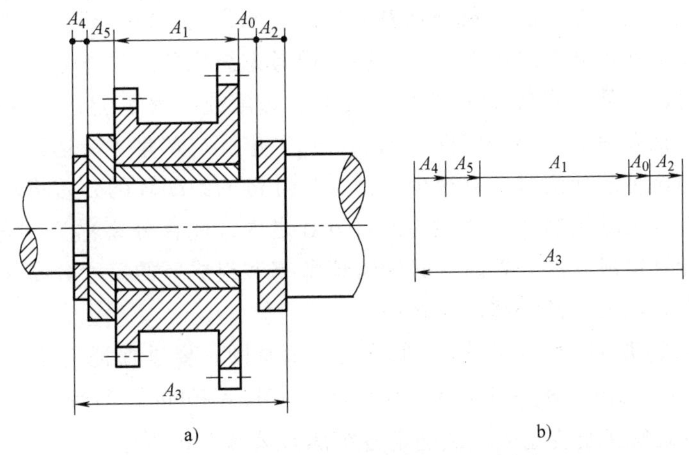

图 6-12 齿轮与轴的装配关系

解： 1）画装配尺寸链图，判断增环、减环。根据轴和齿轮的装配要求，可以确定装配精度 0.1～0.35mm 为本装配图中的封闭环 $A_0=0_{+0.10}^{+0.35}$mm，封闭环公差 $T_0=0.25$mm。构成的装配尺寸链图如图 6-12b 所示。据此判断 A_3 为增环，A_1、A_2、A_4 及 A_5 为减环。

2）确定协调环。由于挡圈尺寸 A_5 易于加工，成本相对低廉且对尺寸的测量比较方便，据此选择 A_5 作为协调环。

3）确定各组成环公差。封闭环公差 $T_0=0.25$mm，即要求各组成环的公差之和不超过 T_0。首先按照“等公差”原则，分配各组成环的公差 $T_m=\dfrac{T_0}{n-1}=\dfrac{0.25}{6-1}mm=0.05$mm。

由于 A_4 为标准件，其尺寸为 $A_4=3_{-0.05}^{\ 0}$mm，其余组成环考虑参与装配零件的加工难易

程度及参照国家标准《极限与配合》，在各组成环平均公差 T_m 的基础上，按经济公差等级IT10选择，对各组成环的公差调整如下：

$T_1=0.06\text{mm}$，$T_2=0.04\text{mm}$，$T_3=0.07\text{mm}$

$T_5=T_0-(T_1+T_2+T_3+T_4)=0.25\text{mm}-(0.06+0.04+0.07+0.05)\text{mm}=0.03\text{mm}$。

4）计算各组成环的极限偏差。除协调环外，其余各组成环公差按"入体原则"进行标注。即 $A_1=33_{-0.06}^{\ 0}\text{mm}$，$A_2=5_{-0.04}^{\ 0}\text{mm}$，$A_3=46_{\ 0}^{+0.07}\text{mm}$，$A_4=3_{-0.05}^{\ 0}\text{mm}$。

由极值法竖式计算可得协调环的极限偏差，见表6-8。

表6-8 竖式法计算尺寸链

（单位：mm）

尺寸标记	公称尺寸	上极限偏差ES	下极限偏差EI
A_3（增环）	46	+0.07	0
A_2（减环）	−5	+0.04	0
A_1（减环）	−33	+0.06	0
A_4（减环）	−3	+0.05	0
A_5（减环）	−5	$-EI_5$	$-ES_5$
A_0（封闭环）	0	+0.35	+0.10

可求得 $EI_5=-0.13\text{mm}$，$ES_5=-0.1\text{mm}$。因此协调环 $A_5=5_{-0.13}^{-0.10}\text{mm}$。

2. 大数互换装配法

大数互换装配法又称概率法、部分互换装配法、不完全互换装配法。这种方法虽然各组成环的公差比用完全互换装配法时的公差大些，但考虑组成环的尺寸分布及封闭环的尺寸分布情况，在装配时，大部分零件不需要经过挑选、修配或调整也能达到规定的装配技术要求。该方法的缺点是有很少一部分零件要加以挑选、修配或调整才能达到规定的装配技术要求。换句话说，用这种装配法时，有很少一部分尺寸链的封闭环的公差将超过规定的公差范围，不过可将这部分尺寸控制在一个很小的百分数之内，此百分率称为"危率"。这样，根据封闭环的公差计算组成环的公差时，必须考虑危率和组成环的尺寸分布曲线的形状。不完全互换装配法对应装配尺寸链的解法是概率法。

例6-8 图6-12a所示为齿轮与轴的部件装配示意图，要求保证齿轮与挡圈间的轴向间隙为0.1~0.35mm。已知：$A_1=33\text{mm}$，$A_2=5\text{mm}$，$A_3=46\text{mm}$，$A_4=3_{-0.05}^{\ 0}\text{mm}$（标准件），$A_5=5\text{mm}$。现采用大数互换装配法，试确定各组成环公差及极限偏差。

解： 1）建立装配尺寸链图，判断增环、减环。本过程与例6-7相同，封闭环公差 $T_0=0.25\text{mm}$，装配尺寸链图如图6-12b所示。

2）确定协调环。由于挡圈尺寸 A_5 易于加工，成本相对低廉且对尺寸的测量比较方便，据此选择 A_5 作为协调环。

3）确定各组成环公差。各组成环平均公差

$$T_m=\frac{T_\Sigma}{\sqrt{n-1}}=\frac{0.25}{\sqrt{6-1}}\text{mm}=0.11\text{mm}$$

与例6-7用完全互换装配法计算所得的各组成环平均公差0.05mm相比，此时的组成环平均公差放大了$\sqrt{5}$倍，确实使组成环的制造变得容易多了。

考虑各组成环加工的经济性和难易程度，以平均公差 T_m 为基础，根据公差等级IT11选

取各组成环公差，则 $T_1=0.14\text{mm}$，$T_2=0.08\text{mm}$，$T_3=0.16\text{mm}$，$T_4=0.05\text{mm}$（标准件）。

$$T_5=\sqrt{T_0^2-(T_1^2+T_2^2+T_3^2+T_4^2)}=\sqrt{0.25^2-(0.14^2+0.08^2+0.16^2+0.05^2)}\text{mm}$$
$$=0.084\text{mm}$$

4）确定各组成环上、下极限偏差。按“单向入体”原则确定组成环的上、下极限偏差，即

$A_1=33_{-0.14}^{\ 0}\text{mm}$，$A_2=5_{-0.08}^{\ 0}\text{mm}$，$A_3=46_{\ 0}^{+0.16}\text{mm}$，$A_4=3_{-0.05}^{\ 0}\text{mm}$。

为便于计算协调环 A_5 的上、下极限偏差，可从中间偏差入手，封闭环的中间偏差等于所有增环的中间偏差之和减去所有减环中间偏差之和，即

$$\Delta_0=\sum_{i=1}^{n}\overrightarrow{\Delta_i}-\sum_{i=1}^{n}\overleftarrow{\Delta_j}$$

各环的中间偏差为 $\Delta_i=\dfrac{\text{ES}_i+\text{EI}_i}{2}$，所以协调环的中间偏差 Δ_5 为

$$\Delta_5=\Delta_3-(\Delta_0+\Delta_1+\Delta_2+\Delta_3+\Delta_4)=0.08\text{mm}-(0.225-0.07-0.04-0.025)\text{mm}=-0.01\text{mm}$$

协调环的上、下极限偏差为

$$\text{ES}_5=\Delta_5+\frac{T_5}{2}=-0.01\text{mm}+\frac{0.09}{2}\text{mm}=0.035\text{mm}$$

$$\text{EI}_5=\Delta_5-\frac{T_5}{2}=-0.01\text{mm}-\frac{0.09}{2}\text{mm}=-0.055\text{mm}$$

因此协调环为 $A_5=5_{-0.055}^{+0.035}\text{mm}$。

大数互换装配法（概率互换装配法）的优点是，组成环公差比完全互换法大，使得零件制造成本降低。但是封闭环公差在正态分布下的取值范围为 6σ，对应此范围的概率为0.9973，即合格率并非100%，结果会使一些产品装配后超出规定的装配精度，需要返修。

大数互换装配法常用于生产节拍不是很严格的大批量生产中，例如机床和仪器仪表等产品中封闭环要求较宽、尺寸链环数较多的情况下显得更加优越。

6.5.2　选择装配法

选择装配法就是将尺寸链中组成环（零件）的公差放大到经济可行的程度，然后从中选择合适的零件进行装配，以达到规定的装配技术要求。用此方法装配时，可在不增加零件机械加工的困难和费用的情况下，使装配精度提高。

选择装配法在实际使用中又有两种不同的形式：直接选配法和分组装配法。

1. 直接选配法

所谓直接选配法就是从许多加工好的零件中任意挑选合适的零件来配套。一个不适合再换另一个，直到满足装配技术要求为止。例如，在柴油机活塞组件装配时，为了避免机器运转时活塞环在环槽内卡住，可以凭感觉直接挑选易于嵌入环槽的合适尺寸的活塞环。

这种方法的优点是不需要预先将零件分组，但挑选配套零件的时间较长，因而装配工时较长，而且装配质量在很大程度上取决于装配工人的经验和技术水平。因此，该方法不利于实现流水作业和自动装配，不适合在生产节拍要求较严的大批量流水线装配中。

2. 分组装配法

分组装配法又称分组互换法，它是将组成环的公差相对完全互换法所求之值放大数倍，使其能按经济精度进行加工。装配时先测量尺寸，根据尺寸大小将零件分组，然后按对应组分别进行装配来达到装配精度的要求。

这种方法的实质是将加工好的零件按实际尺寸的大小分成若干组，然后按对应组中的一套零件进行装配，同一组内的零件可以互换，分组数越多，则装配精度就越高。零件的分组数要根据使用要求和零件的经济公差来决定。

采用分组装配法应注意以下几点：

1）配件的公差应相等，公差放大的反向应相同，增大倍数要等于分组数。

2）分组数不宜过多，只要能放大到经济精度即可，否则会增加分组测量的工作量，使零件的分类、存储、运输及装配工作复杂化，造成生产过程的混乱。

3）应采取措施使相互配合的零件尺寸符合正态分布，防止因同组零件数量不配套而造成部分零件积压浪费。

4）相配件的表面粗糙度、几何公差保持原设计要求，不能随尺寸公差放大而放大。

分组装配方法因零件公差放大，降低了加工成本，在不减小零件的制造公差的前提下而显著地提高装配精度，但它也存在一个缺点：需测量分组，增加了装配时间及量具损耗，增加了检验工时和费用，在对应组内的零件才能互换，因而可能会剩下多余的零件不能进行装配等，并造成零件的堆积。因此，该方法只适用于成批或大量生产、装配精度高、配合件数少的情况，主要用以解决装配精度要求高、环数少（一般不超过四环）的尺寸链的部件装配问题。

例 6-9 以汽车发动机中活塞与活塞销装配为例说明分组装配法的原理和过程。

图 6-13 所示为活塞与活塞销的装配关系，按装配要求，活塞销与活塞孔在冷态装配时过盈量为 0.0025~0.0075mm，即封闭环公差 $T_0=0.0075\text{mm}-0.0025\text{mm}=0.0050\text{mm}$。

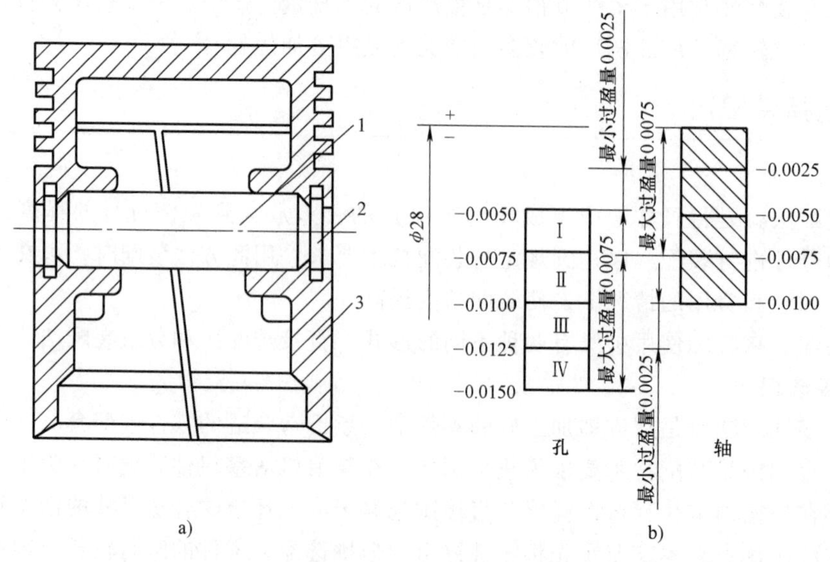

图 6-13 活塞与活塞销的装配关系

1—活塞销 2—挡圈 3—活塞

若采用完全互换法装配，活塞销与活塞孔的平均公差 $T_m = 0.0025\text{mm}$，若采用基轴制配合，则活塞销尺寸 $d = 28_{-0.0025}^{\ 0}\text{mm}$，相应地，通过尺寸链计算可求得销孔的尺寸 $D = 28_{-0.0075}^{-0.0050}\text{mm}$。

显然，按这样的尺寸精度制造活塞销与活塞销孔很困难（相当于尺寸公差等级为 IT2），也很不经济。现采用分组互换法进行装配，试确定活塞销与活塞销孔直径分组数目和分组尺寸。

解：在实际生产中，采用分组互换法进行装配，即将活塞销与活塞销孔的公差同向放大 4 倍（相当于尺寸公差等级为 IT5），放大后公差带如图 6-13b 所示，活塞销与活塞销孔尺寸变化情况如下：

$$d = 28_{-0.0025}^{\ 0}\text{mm} \rightarrow d = 28_{-0.001}^{\ 0}\text{mm}$$

$$D = 28_{-0.0075}^{-0.0050}\text{mm} \rightarrow D = 28_{-0.0150}^{-0.0125}\text{mm}$$

这样，活塞销可用无心磨、销孔可用金刚镗分别加工达到精度要求。加工后使用精密量具测量，并按尺寸大小分组，涂上不同的颜色加以区别，以便同组零件进行装配。

分组情况见表 6-9，可以看出，各组的公差和配合性质与原来的要求相同。

表 6-9 活塞销与活塞销孔的分组尺寸 （单位：mm）

组别	标志颜色	活塞销直径 $\phi28_{-0.0025}^{\ 0}$	活塞销孔直径 $D = 28_{-0.0075}^{-0.0050}$	配合情况	
				最小过盈量	最大过盈量
1	红	$\phi28_{-0.0025}^{\ 0}$	$\phi28_{-0.0075}^{-0.0050}$	−0.0025	−0.0075
2	黄	$\phi28_{-0.0050}^{-0.0025}$	$\phi28_{-0.0100}^{-0.0075}$		
3	绿	$\phi28_{-0.0075}^{-0.0050}$	$\phi28_{-0.0125}^{-0.0100}$		
4	白	$\phi28_{-0.0100}^{-0.0075}$	$\phi28_{-0.0150}^{-0.0125}$		

装配时让具有相同颜色标记的销和销孔配合，即让大销配大销孔，小销配小销孔，保证达到设计的装配精度要求。

6.5.3 修配装配法

各组成环零件均按经济精度进行加工，装配时产生的累积误差通过修配预先选取的某一组成环（称为修配环或补偿环）来解决，使之达到规定的装配精度，这一装配方法被称为修配装配法。

用修配法求解装配尺寸链时，一方面要保证各组成环有经济的公差，另一方面不要使补偿量过大，以致造成修配工作量过大。此外，必须选择容易加工的组成环作为补偿环。

因此，修配装配法的优点是以扩大组成环的制造公差，并且能够得到高的装配精度，特别是对于装配技术要求很高的多环尺寸链更为显著。

修配装配法的缺点是没有互换性，装配时增加了钳工的修配工作量，需要技术水平较高的工人，由于修配工时难以掌握，不能组织流水生产等，因此，修配法主要用于单件小批量生产中高精度的装配尺寸链。通常情况下，应尽量避免采用修配装配法，以减少装配中钳工工作量。

例 6-10 如图 6-12a 所示的齿轮与轴的部件装配示意图，要求保证齿轮与挡圈间的轴向间隙为 0.1~0.35mm。已知：$A_1=33\text{mm}$，$A_2=5\text{mm}$，$A_3=46\text{mm}$，$A_4=3_{-0.05}^{\ 0}\text{mm}$（标准件），$A_5=5\text{mm}$。现采用修配装配法，试确定修配尺寸并验算修配量。

解： 1）建立装配尺寸链图，判断增环、减环。本过程与例 6-7 相同，装配尺寸链图如图 6-12b 所示。

2）确定协调环。由于挡圈尺寸 A_5 易于加工，成本相对低廉且对尺寸的测量比较方便，据此选择 A_5 作为协调环。

3）确定各组成环公差及偏差。考虑各组成环加工的经济性和难易程度，按公差等级 IT12 选取各组成环公差，则 $T_1=0.2\text{mm}$，$T_2=0.1\text{mm}$，$T_3=0.2\text{mm}$，$T_4=0.05\text{mm}$（标准件）。

按"单向入体"原则确定组成环的上、下极限偏差，即 $A_1=33_{-0.2}^{\ 0}\text{mm}$，$A_2=5_{-0.1}^{\ 0}\text{mm}$，$A_3=46_{\ 0}^{+0.2}\text{mm}$，$A_4=3_{-0.05}^{\ 0}\text{mm}$。

4）确定修配环尺寸偏差。设修配环能达到的加工经济精度公差为 $T_5=0.1\text{mm}$，修配时使尺寸变大，应先计算其上极限偏差，然后减去其公差求出另一偏差。

$$\mathrm{ES}_5=\mathrm{EI}_3-(\mathrm{ES}_1+\mathrm{ES}_2+\mathrm{ES}_4)-\mathrm{EI}_0=0\text{mm}-(0+0+0)\text{mm}-0.1\text{mm}=-0.1\text{mm}$$

$$\mathrm{EI}_5=\mathrm{ES}_5-T_5=-0.1\text{mm}-0.1\text{mm}=-0.2\text{mm}$$

所以 $A_5=5_{-0.2}^{-0.1}\text{mm}$。

5）校核修配环尺寸。按照算出来的修配环尺寸计算实际封闭环的上极限尺寸 $A'_{0\max}$ 和下极限尺寸 $A'_{0\min}$，看最小修配余量是否大于或者等于零，以及最大修配量是否过大。

$$\begin{aligned}A'_{0\max}&=A_{3\max}-(A_{1\min}+A_{2\min}+A_{4\min}+A_{5\min})\\&=46.2\text{mm}-(33-0.2+5-0.1+3-0.05+5-0.2)\text{mm}\\&=0.75\text{mm}\end{aligned}$$

$$\begin{aligned}A'_{0\min}&=A_{3\min}-(A_{1\max}+A_{2\max}+A_{4\max}+A_{5\max})\\&=46\text{mm}-(33+5+3+5-0.1)\text{mm}\\&=0.10\text{mm}\end{aligned}$$

与要求的 $A_0=0_{+0.1}^{+0.35}\text{mm}$ 相比较可知，当 A_1、A_2、A_4、A_5 做的最大，A_3 做的最小时，刚好达到装配要求，而不用修配；当 A_1、A_2、A_4、A_5 做的最小，A_3 做的最大时，需将 A_5 修大 0.75mm−0.35mm=0.4mm 达到装配要求，因此最大修配量为 0.4mm。

6.5.4 调整装配法

调整装配法是将尺寸链中各组成环按经济精度加工，装配时，通过更换尺寸链中某一项先选定的组成环零件或调整其位置来保证装配精度的方法。调整装配法与修配装配法的基本原理类似，都是应用补偿件的方法，但具体方法不同。调整装配法的实质：装配时不是切除多余金属，而是改变补偿件的位置或更换补偿件来改变补偿环的尺寸，以达到封闭环的精度要求。装配时进行更换或调整的组成环零件叫调整件，该组成环称调整环。用调整装配法装配时，常用的补偿件有螺钉、垫片、套筒、楔块以及弹簧等。

根据调整装配法的不同，分为可动调整装配法、固定调整装配法和误差抵消调整装配法三种。

1. 可动调整装配法

在装配时，通过调整、改变调整件的位置来保证装配精度的方法称为可动调整装配法。可动调整装配法不仅能获得较理想的装配精度，而且在产品使用中，由于零件磨损使装配精度下降时，可重新调整使产品恢复原有精度，所以该方法在实际生产中应用较广。在调整过程中，不需拆卸零件，应用方便，能获得较高的装配精度。图 6-14 所示为可动调整装配法应用实例，图 6-14a 可通过调整套筒的轴向位置来保证齿轮的轴向间隙；图 6-14b 是车床中滑板丝杠调整结构，通过调整螺钉使楔块上下移动来调整螺母与丝杠的轴向间隙；图 6-14c 是用螺栓调整压盖的位置，实现轴承间隙的调整；图 6-14d 是车床小刀架溜板用调整螺钉来调节镶条位置，以达到导轨副的配合间隙要求。

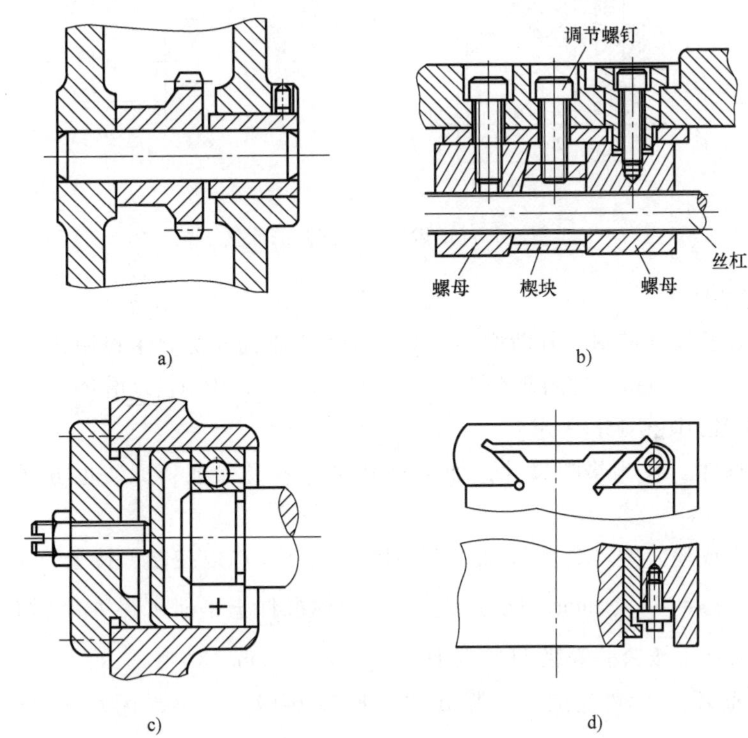

图 6-14 可动调整装配法应用实例

2. 固定调整装配法

在装配时，通过更换尺寸链中某一预先选定的组成环零件来保证装配精度的方法称为固定调整装配法。预先选定的组成环零件即调整件，需要按一定尺寸间隔制成一组专用零件，以备装配时根据各组成环所形成累积误差的大小进行选择，故选定的调整件应形状简单、制造容易、便于装拆，常用的调整件有垫片、套筒等。

固定调整装配法常用于大批大量生产和中批生产中装配精度要求较高的多环尺寸链。

例 6-11 如图 6-15 所示，箱体垂直孔内端面至水平孔中心线的距离 $A_1=62\text{mm}$，垫圈厚度 $A_2=5\text{mm}$，推力轴承厚度 $A_3=23\text{mm}$，锥齿轮齿面锥顶至轴向定位面的距离 $A_4=34\text{mm}$。A_0 是锥齿轮的齿面锥顶与水平齿轮轴线的重合度允差，按实际工作要求，A_0 应小于 0.048mm，但不得小于零，以保证啮合时有齿隙。试根据对装配间隙的要求，选择不同厚度的调整垫圈

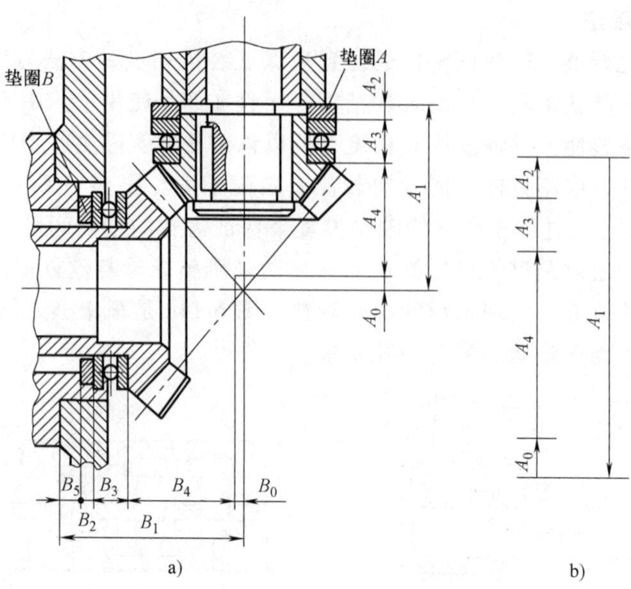

图 6-15　锥齿轮啮合间隙的调整

来满足装配精度的要求。

解：1）画装配尺寸链图，判断增环、减环。由于轴向间隙要求控制在 0~0.048mm，则封闭环尺寸 $A_0=0^{+0.048}_{0}$mm，封闭环公差 $T_0=0.048$mm，其中 A_1 为增环，A_2、A_3、A_4 为减环。装配尺寸链图如图 6-15b 所示。

2）选择调整件。A_2 为垫圈尺寸，加工时其尺寸容易保证，拆装也方便，因此作为调整环。

3）确定各组成环公差。A_1、A_4 加工较为困难，尺寸难以控制，按公差等级 IT14 确定，$A_1=62^{+0.074}_{0}$mm、$A_4=34^{0}_{-0.062}$mm；推力轴承宽度为标准件查手册可得 $A_3=(23\pm0.006)$ mm；垫片尺寸 A_2 容易加工按公差等级 IT11 选择，$A_2=5^{0}_{-0.018}$mm。

4）确定调整环的尺寸范围。用竖式法，见表 6-10，可得封闭环尺寸及公差为 $A'_0=0^{+0.160}_{-0.006}$mm。

表 6-10　齿轮轴的固定调整法尺寸链计算　（单位：mm）

尺寸标记	公称尺寸	上极限偏差 ES	下极限偏差 EI
A_1(增环)	+62	+0.074	0
A_2(减环)	−5	+0.018	0
A_3(减环)	−23	+0.006	−0.006
A_4(减环)	−34	+0.062	0
A'_0(封闭环)	0	+0.160	−0.006

与封闭环要求的尺寸 $A_0=0^{+0.048}_{0}$mm 比较可知，A'_0不能满足 A_0 的要求，需要修改调整环 A'_2的公称尺寸。

当 A'_0取上限值+0.160mm 时，A'_2超差量为+0.112mm，即尺寸 A_2 应再增大 0.112mm，当 A'_0取下限值−0.006mm 时，超差量为−0.006mm，尺寸 A'_2应减小 0.006mm。

因此调整件 A_2 的尺寸范围为 $A_2=5^{+0.112}_{-0.006}$mm。

总补偿量 $F=0.112\text{mm}-(-0.006\text{mm})=0.118\text{mm}$。

5）确定补偿能力 S：

$$S=T_0-T_2=0.048\text{mm}-0.018\text{mm}=0.030\text{mm}$$

6）确定调整环的组数 Z：

$$Z=\frac{F}{S}+1=\frac{0.118}{0.03}+1=3.933+1=4.933$$

分组数不能为小数，可适当圆整至接近的整数，一般圆整值应大于实算值，故取调整范围为 5 组。

7）确定各组调整环的尺寸。由总补偿量 F 和组数 Z，可求出实际的间隔尺寸 ΔA_2：

$$\Delta A_2=\frac{F}{Z-1}=\frac{0.118}{4}\text{mm}=0.0295\text{mm}$$

再按调整环的调整件 A_2 的尺寸范围 $A_2=5^{+0.112}_{-0.006}$mm，从下极限尺寸开始，可得各组尺寸为 4.994mm、5.0235mm、5.0530mm、5.0825mm、5.112mm，再标注制造公差，最后可得 $4.994^{\ 0}_{-0.018}$mm、$5.0235^{\ 0}_{-0.018}$mm、$5.0530^{\ 0}_{-0.018}$mm、$5.0825^{\ 0}_{-0.018}$mm、$5.112^{\ 0}_{-0.018}$mm。

调整环即垫圈的厚度 A_2，可按这 5 组尺寸制作。各组的数量可按尺寸分布曲线决定。

固定分组调整装配法虽然比修配法方便，但仍然比较麻烦。因为事先需要配置各种尺寸调整环。对于固定分组调整来说，如果封闭环公差较小，各组成环按经济公差制造，可能造成分组太多，给实际装配工作带来不便。一般分组数为 2~6 比较合适。

利用装配尺寸链原理达到装配精度的方法很多，随着生产技术的发展还会有许多新的创造和开发。现就当前情况对装配尺寸链的几个问题做进一步的说明：

1）利用装配尺寸链原理达到装配精度的方法虽然很多，但从实质上看可以归纳为两类：一类是以精对精，一类是以粗对精。前者是完全互换法，后者是其他装配方法。

2）上述装配尺寸链分析，都只是数学、几何方面的分析。实际上机器在工作过程中，会受到许多因素的影响，如由于重力、切削力即振动等引起受力变形，由于环境条件、运转摩擦等引起受热变形，都会使尺寸链在理论上的计算值与实际情况产生出入。因此不能只停留于静态尺寸链的分析，而应该着手进行动态尺寸链的研究。

3. 误差抵消调整装配法

在产品或部件装配时，通过调整有关零件的相互位置，使其加工误差相互抵消一部分，以提高装配的精度的方法叫作误差抵消调整装配法。该方法在机床装配时应用较多，如在机床主轴装配时，通过调整前后轴承的径向圆跳动方向来控制主轴的径向圆跳动，如图 6-16 所示。

调整装配法有如下优点：可加大组成环的尺寸公差，使组成环各个零件易于制造；用可调整的活动补偿件（如上例所述调整螺钉）使封闭环达到任意精度；装配时不用钳工修配，工时易掌握，易于实现流水生产；在装配过程中，通过调整补偿件的位置或更换补偿件的方法来保证机器的正常工作性能。

尽管调整装配法拥有众多优点，也存在缺点，例如，增加了尺寸链的零件数（补偿件），即增加了机器的组成件数。调整装配法适用于封闭环精度要求高的尺寸链，或者在使用中零件因温升及磨损等原因其尺寸有变化的尺寸链。

综上所述，只要组成零件加工经济可行时，应优先采用完全互换装配法；大批、大量生

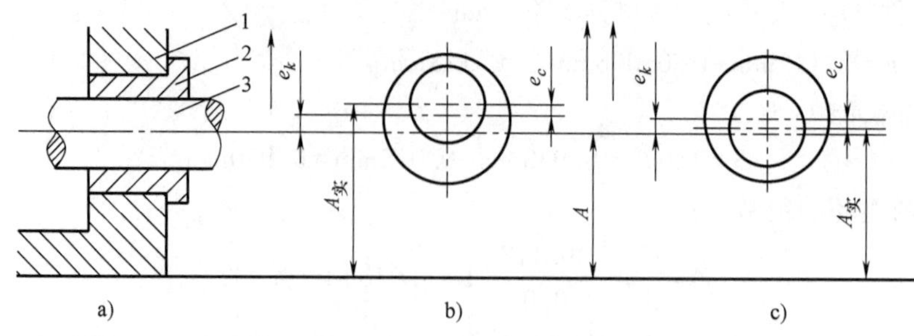

图 6-16 轴承装配中误差的叠加和抵消

a）装配结构示意 b）误差叠加 c）误差抵消

1—箱体 2—轴承 3—轴

产，装配精度要求较高，组成零件数较多时，采用大数互换选配法；大批、大量生产，装配精度要求很高，组成零件很少时，采用分组选配法；单件、小批量生产，装配精度要求较高，组成零件数较多时，采用修配装配法；成批生产，装配精度要求较高时，可灵活应用各种调整装配法。常用装配方法及其适用范围见表 6-11。

表 6-11 常用装配方法及其适用范围

装配方法	工艺特点	使用范围
完全互换装配法	1. 配合件公差之和小于或等于规定装配公差 2. 装配操作简单，便于组织流水作业和维修工作	大批量生产中零件数较少、零件可用加工经济精度制造者，或零件数较多但装配精度要求不高者
大数互换装配法	1. 配合件公差二次方和的二次方根小于或等于规定的装配公差 2. 装配操作简单，便于流水作业 3. 会出现极少数超差件	大批量生产中零件数略多、装配精度有一定要求，零件加工公差较完全互换法可适当放宽
分组选配装配法	1. 零件按尺寸分组，将对应尺寸组零件装配在一起 2. 零件误差比完全互换法可以大数倍	适用于大批量生产中零件数少、装配精度要求较高又不便采用其他调整装置的场合
修配装配法	预留修配量的零件，在装配过程中通过手工修配或机械加工，达到装配精度	用于单件、小批量生产中装配精度要求高的场合
调节装配法	装配过程中调整零件之间的相互位置，或用尺寸分级的调整件，以保证装配精度	可动调整装配法多用于装配间隙要求较高并可以设置调整机构的场合；固定调整装配法多用于大批量生产中零件数较多装配精度要求较高的场合

复习思考题

6-1 何谓尺寸链？分别说明如何确定封闭环、增环、减环。

6-2 如图 6-17 所示，某零件进行加工时，要求保证设计尺寸，因不便于直接测量，只好通过测量尺寸 L 来间接保证，试求工序尺寸 L。

6-3　如图 6-18 所示零件，确定 O 孔位置的设计基准是 M 面，设计尺寸 $A_0=(100\pm 0.15)$mm，用镗床夹具镗孔时，以底面 N 为定位基准镗 O 孔，镗杆相对于定位基准 N 位置（即 A_1 尺寸）预先由夹具确定，这时设计尺寸 A_0 是在尺寸 A_1、A_2 确定后间接得到的，问如何确定 A_1 尺寸及其公差，才能使间接获得的 A_0 尺寸在规定的公差范围之内？

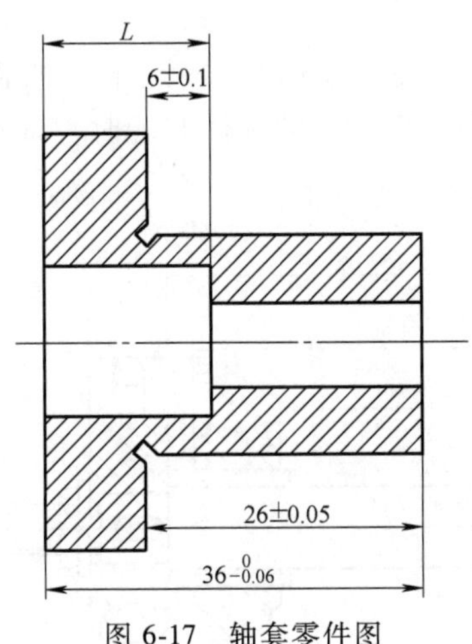

图 6-17　轴套零件图

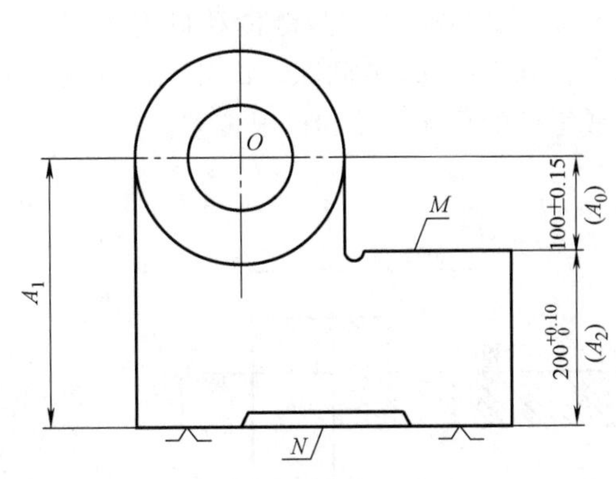

图 6-18　轴承座镗孔图

6-4　如图 6-19 所示的齿轮内孔，其加工工艺过程：先粗镗孔至 $\phi 84.8^{+0.07}_{0}$mm，插键槽后，再精镗孔至 $\phi 85.0^{+0.036}_{0}$mm，并同时保证键槽深度尺寸 $87.9^{+0.23}_{0}$mm，试求插键槽工序中的工序尺寸 L 及其公差。

6-5　如图 6-20 所示花键套筒，其加工工艺过程：先粗、精车外圆至尺寸 $\phi 24.4^{\ 0}_{-0.080}$mm，再按工艺尺寸 L_2 铣键槽，热处理，最后粗、精磨外圆至 $\phi 24.0^{\ 0}_{-0.013}$mm，要求完工后键槽深度 $21.5^{\ 0}_{-0.100}$mm，试画出尺寸链简图，并区分封闭环、增环、减环，计算工序尺寸 L_2 及其极限偏差。

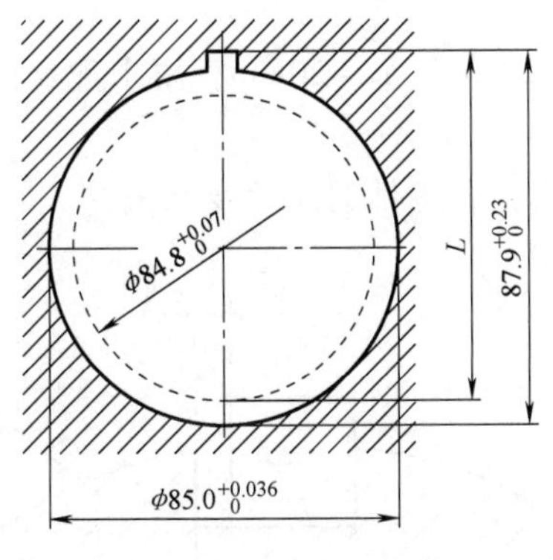

图 6-19　齿轮键槽孔图

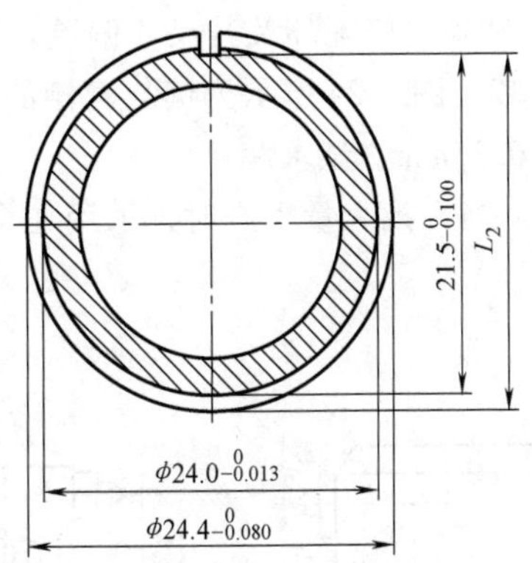

图 6-20　花键套筒图

6-6　图 6-21 所示为轴套类零件加工 $\phi 40$mm 沉孔的工序参考图，其余表面均已加工，因沉孔孔深的设计基准为小孔轴线，而尺寸（30±0.15）mm 又很难直接测量，试问能否以测量孔深 L 来保证？并计算 L 的尺寸与极限偏差。

6-7 装配尺寸链是如何形成的？

6-8 保证装配精度的方法有哪些？在装配精度高、产量大、组成环数多时，应采用何种装配方法？

6-9 完全互换装配法、不完全互换装配法、分组互换装配法、修配装配法、调整装配法各有什么特点？各应用于什么场合？

6-10 图 6-22 所示为链传动机构简图。按技术要求，链轮左端面与右侧套筒右端面之间应保持 0.5～1mm 的间隙。试分别采用完全互换装配法和大数互换装配法装配时，试确定各组成零件的尺寸公差和极限偏差。

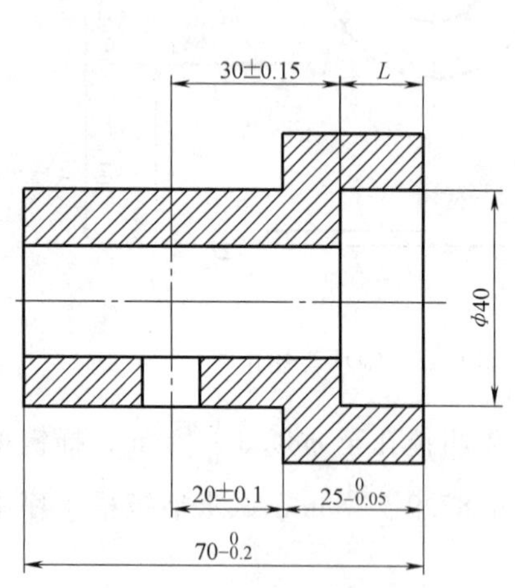

图 6-21 轴套类零件图

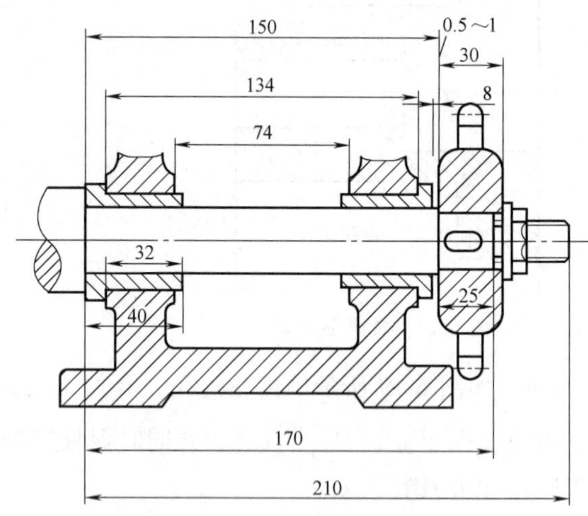

图 6-22 链传动装配图

6-11 卧式车床主轴孔轴线与尾座套筒锥孔轴线对床身导轨的等高要求为 0～0.06mm（只允许尾座高）。为简化计算，略去相关零件的同轴度误差，得到一个由三个组成环组成的尺寸链，如图 6-23 所示，已知 $A_1=202\text{mm}$，$A_2=46\text{mm}$，$A_3=156\text{mm}$，用修配装配法进行装配，试确定修配环及其尺寸偏差。

6-12 图 6-24 所示为键与键槽的装配图，已知 $A_1=20\text{mm}$，$A_2=20\text{mm}$，要求配合间隙为 0.08～0.15mm，试求解：

1）当大批大量生产时，采用完全互换装配法装配时，各零件的尺寸及其偏差。

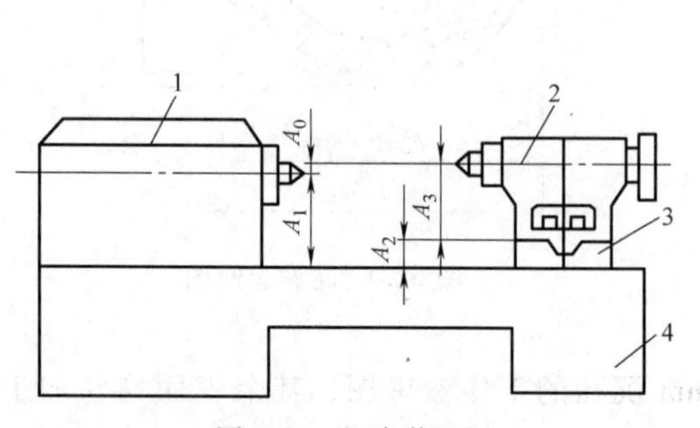

图 6-23 机床装配图

1—主轴箱 2—尾座 3—底板 4—床身

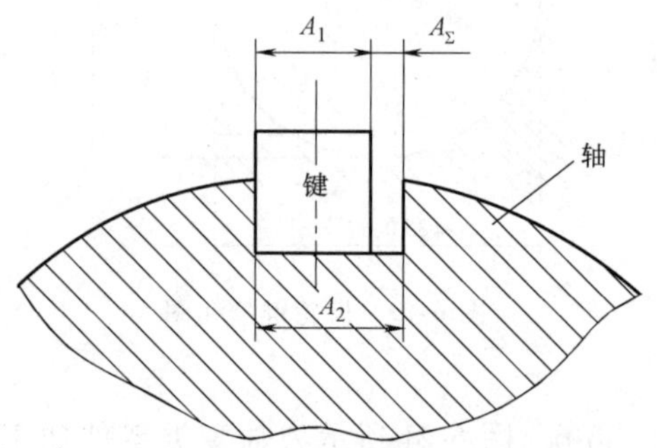

图 6-24 键与键槽的装配图

2）当小批量生产时，$A_2=20^{+0.13}_{0}$mm，$T_1=0.052$mm。采用修配装配法装配时，试选择修配件，并计算在最小修配量为零时，修配件的尺寸和偏差及其最大修配量。

3）当最小修配量 $F_{min}=0.05$mm 时，试确定修配件的尺寸和偏差及最大修配量。

6-13 某动力头装配要求轴承端面和轴承盖之间留有 0.3～0.5mm 的间隙，已知装配结构如图 6-25 所示，$A_1=A_3=42^{\ 0}_{-0.25}$mm（标准件），$A_2=158$mm，$A_5=24$mm，$A_6=38$mm，$A_K=5$mm 各组成环均按照尺寸差等级 IT8 制造，试分析：

1）用修配装配法装配时，修配环为 A_K，求最大和最小修配量。

2）用固定调整装配法装配时，求固定调整垫片尺寸 A_K 的分组数及其尺寸系列。

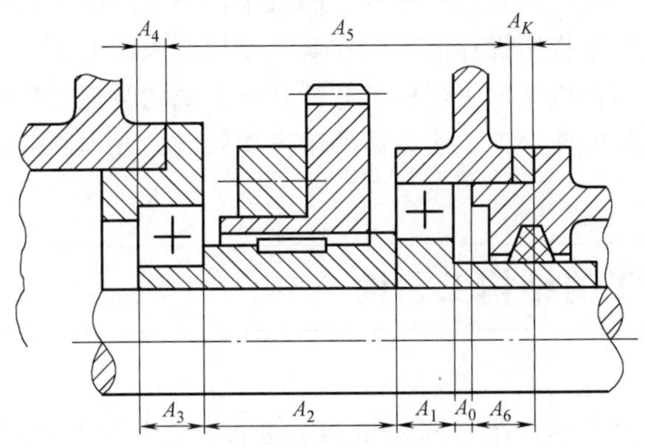

图 6-25 动力头装配图

第7章

结构工艺性

机械产品设计除了应满足产品的使用性能外，还应满足制造工艺的要求，即结构工艺性的要求；否则就有可能影响产品生产效率和产品成本。一个好的产品设计师必须同时是一个好的工艺师。结构工艺性是指所设计的零件在满足使用要求的前提下，制造、维修的可行性和经济性。其内容包括零件机械加工结构工艺性和产品结构装配工艺性。零件满足在一定的生产条件和保证使用性能的前提下，能以高的生产率和低的成本制造出来，这样的零件结构工艺性就好。

7.1 零件机械加工的结构工艺性

零件结构工艺性贯穿于零件生产和使用的全过程，包括材料选择、毛坯生产、机械加工、热处理、机器装配、机器使用、维护，甚至报废、回收和再利用等。因此，零件结构工艺性的优劣对产品的设计、制造具有至关重要的影响。作为一名机械设计师，必须掌握制造工艺的理论和知识，做到对设计方案全面考虑和综合分析，使所设计的产品能符合制造、使用、维护等方面的要求。零件机械加工的结构工艺性还是一项重要的技术经济指标。其研究的内涵和影响因素涉及生产批量、工艺路线、加工精度、加工方法、工艺装备等许多方面。如果脱离具体生产规模和环境，脱离了材料、技术、设备、工艺，结构工艺性也就失去了研究的意义。

评价零件机械加工的结构工艺性优劣的条件很多，对具体的零件结构而言，主要有加工精度和表面质量、标准化、加工效率等。在零件设计之初，设计人员要充分重视结构的优化，在满足零件使用要求的前提下，零件的结构设计应做到：①有利于零件达到加工质量的要求；②有利于使用高效机床和与先进加工工艺相适应；③有利于减少零件的机动工时；④有利于减少加工过程中的辅助工时；⑤有利于使用标准刀具和量具。

结构工艺性是与零件的生产类型和生产条件有关的，同时随机械制造技术的发展而发展变化。零件结构工艺性可以从零件结构的切削工艺性和装配工艺性两个方面进行研究。本节介绍零件结构的切削工艺性。

评价零件结构工艺性，可从以下几个方面进行。

7.1.1 提高零件的标准化程度

提高零件结构要素的标准化程度，既可以简化零件的设计工作，又可以减少零件生产准备工作量，使零件的生产准备周期大大缩短，降低零件的生产成本。

零件结构要素的标准化主要包括螺纹、中心孔、退刀槽、砂轮越程槽、锥度与锥角、莫

氏锥度、零件倒圆与倒角、球面半径、T形槽和锯缝尺寸等，这些结构设计和尺寸标注应符合国家标准和行业标准。

7.1.2　结构设计便于增加刀具的寿命和零件的检测

1. 结构设计便于增强刀具的刚度与寿命

零件的结构设计应有利于增强刀具的刚度与寿命，其示例见表7-1。

表7-1　便于增强刀具的刚度与寿命的结构示例

要点与说明	不合理的结构(A)	改进后的结构(B)
钻孔的入端和出端应避免斜面。在斜面上钻孔时，钻孔存在水平分力，钻头易引偏甚至折断，钻孔精度不高，影响生产率		
合理缩短孔的工作长度，尽量减少孔的加工长度		
避免使用指形铣刀加工封闭的窄槽		
被加工孔的位置不能距壁太近。B结构可采用标准刀具、辅具，提高加工精度		
避免不穿透槽的加工。A结构加工不方便，刀具工作条件差		

（续）

要点与说明	不合理的结构(A)	改进后的结构(B)
应尽量避免箱体内壁的平面加工。由于箱体内壁加工时刀具不便进入。B结构在箱体侧壁有一较大的孔，便于刀具进入加工。$\phi D > \phi A$	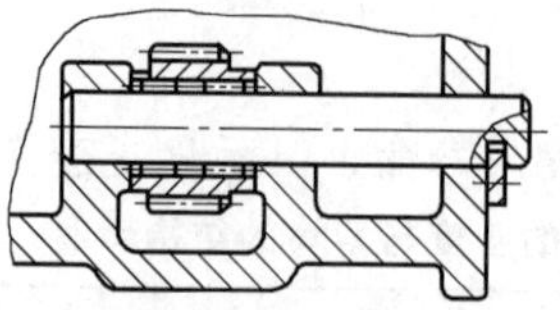	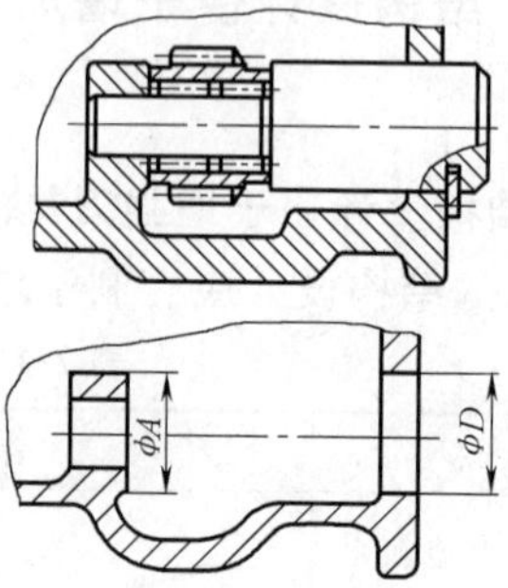 ϕA　ϕD
避免深孔加工，采用分级进给	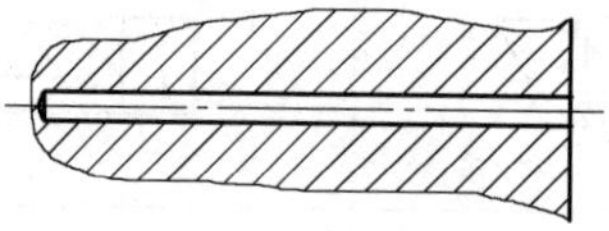	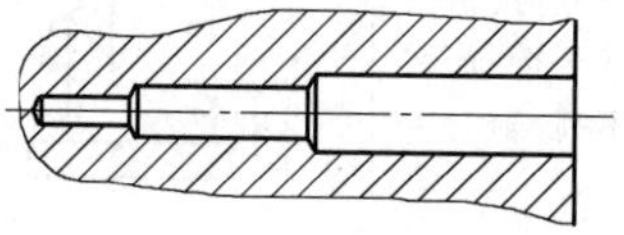

2. **结构设计便于进、退刀**

零件的结构设计应保证刀具能正常工作，因此应特别重视退刀槽、空刀槽和刀具的自动引入等的结构设计，其示例见表 7-2。

表 7-2　便于进、退刀的结构示例

要点与说明	不合理的结构(A)	改进后的结构(B)
加工螺纹时应有退刀槽。退刀槽应符合相关标准，以方便加工，提高生产率	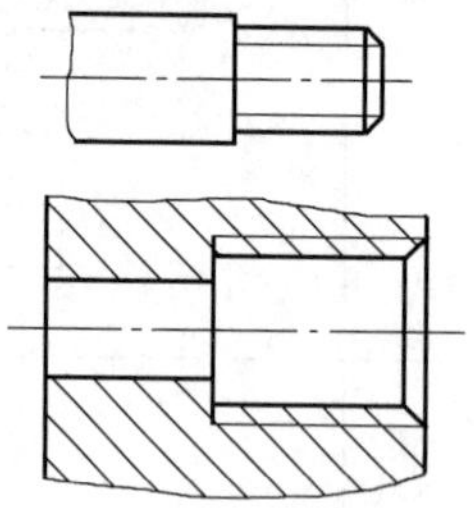	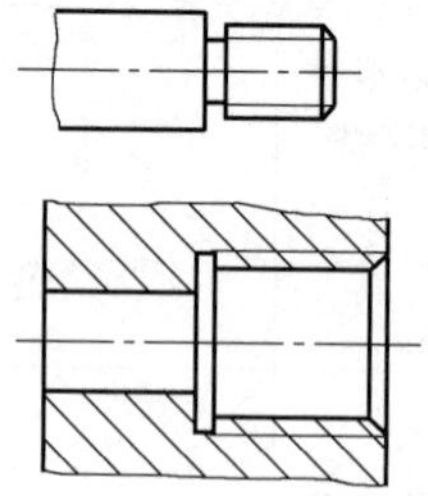
内螺纹在孔口应有倒角，便于正确引导螺纹刀具	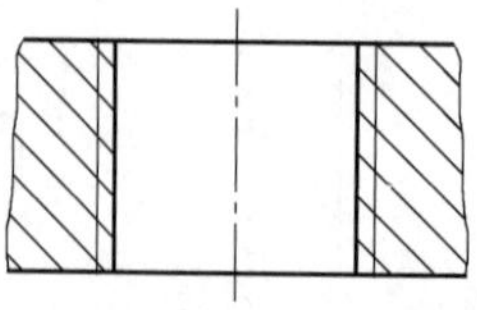	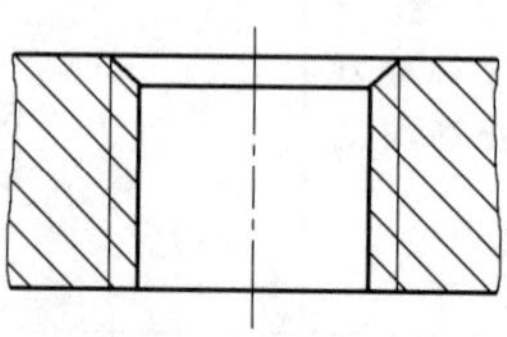
零件沟槽的表面不应与其他加工表面重合。B结构加工时可改善刀具工作条件，保护已加工表面不被破坏	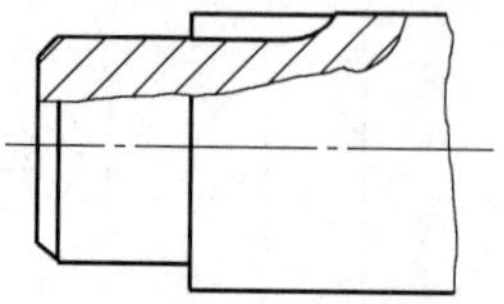	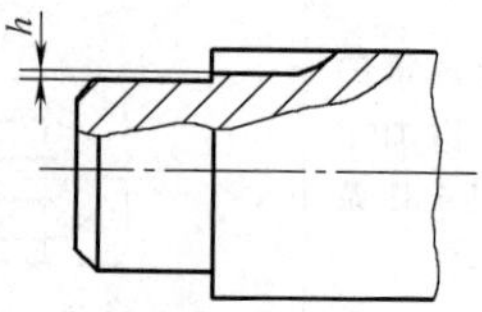 h $h>0.3\sim0.5$

（续）

要点与说明	不合理的结构(A)	改进后的结构(B)
在套筒上插削键槽时，应在键槽的顶端设置一孔，用于让刀	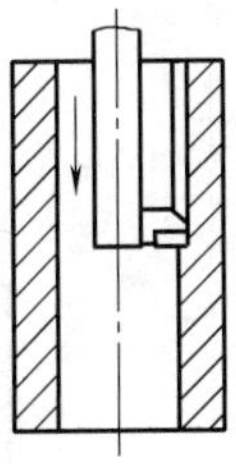	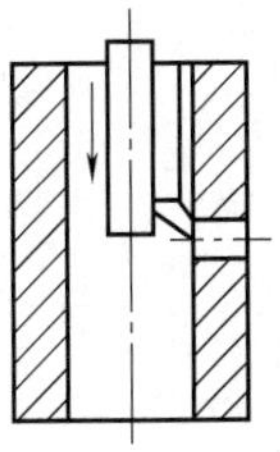
为避免插齿刀工作行程终了时碰撞大齿轮而损坏刀具，必须加B结构所示的空刀槽	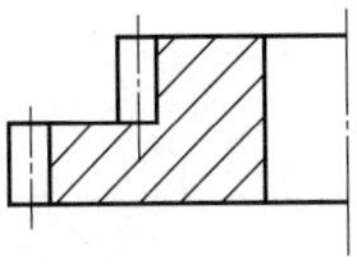	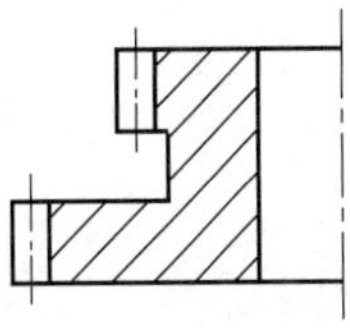

3. 结构设计便于零件检测

结构设计应便于零件的检测，其示例见表7-3。

表7-3 便于检测的结构示例

要点与说明	不合理的结构(A)	改进后的结构(B)
零件的尺寸标注应便于加工和测量。A结构中的(100±0.1)mm不便于加工和测量	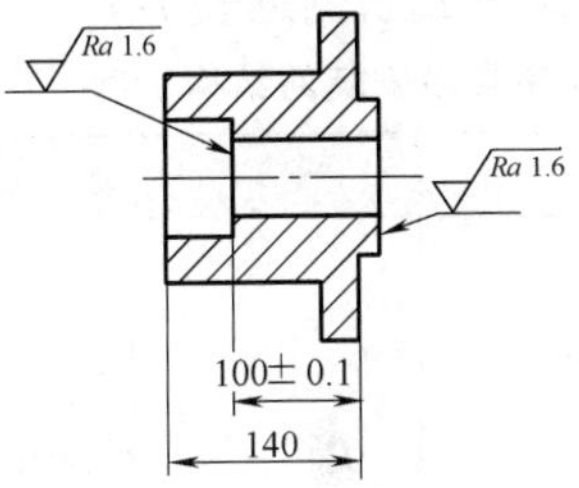 Ra 1.6; Ra 1.6; 100±0.1; 140	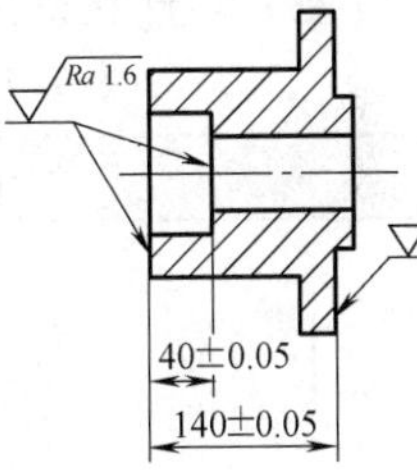 Ra 1.6; Ra 1.6; 40±0.05; 140±0.05
B结构便于锥度的加工和检测	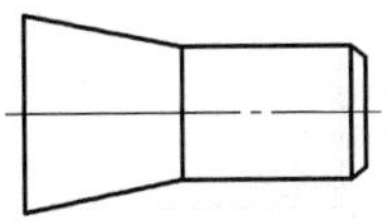	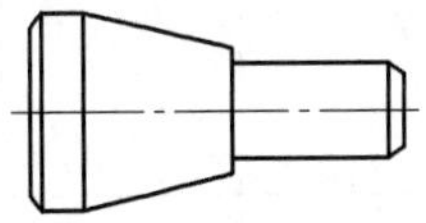
被测尺寸应避免多次换算的情况，以便于检测	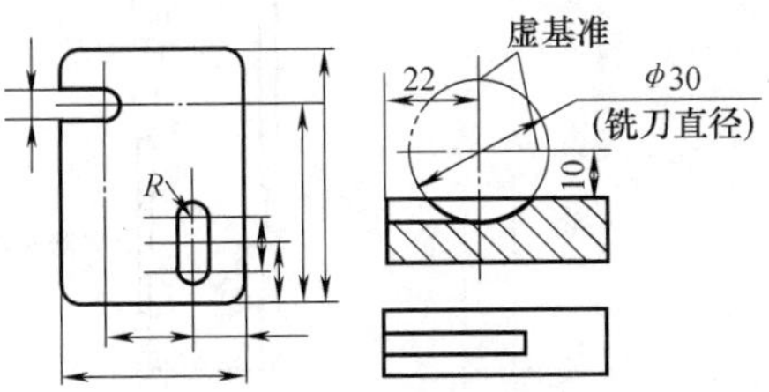 R; 虚基准; 22; φ30 (铣刀直径); 10	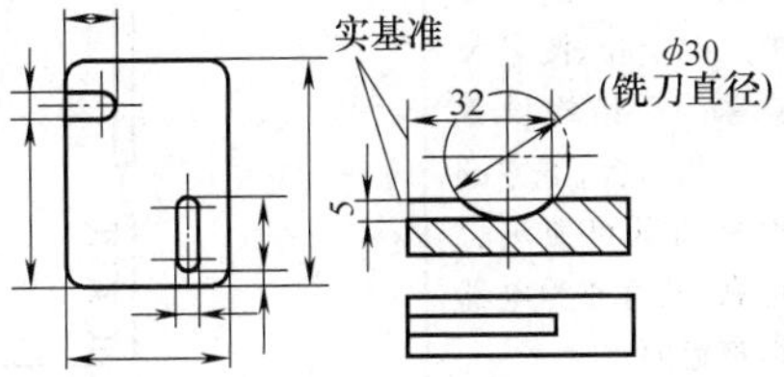 实基准; 32; φ30 (铣刀直径); 5

（续）

要点与说明	不合理的结构(A)	改进后的结构(B)
应多用实际的表面作为测量基准，不要或尽量少用隐蔽基准（即虚基准）作为测量基准（如A结构中的L_4）	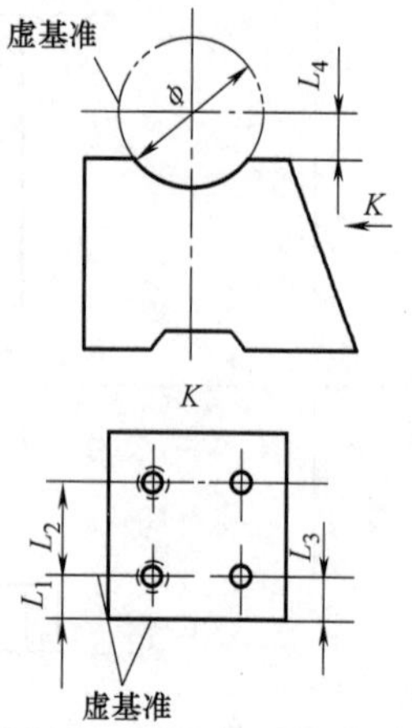 虚基准 ϕ L_4 K K L_2 L_1 L_3 虚基准	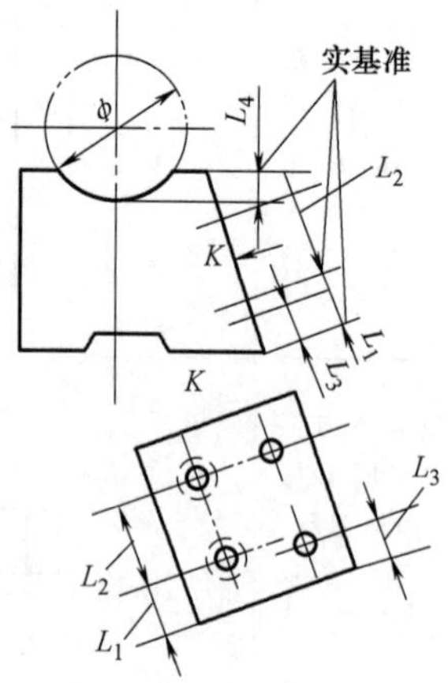 实基准 ϕ L_4 L_2 K L_1 L_3 K L_3 L_2 L_1

7.1.3 结构设计便于零件在夹具中的安装、定位、夹紧

结构设计应便于零件在机床或夹具中的安装，其示例见表7-4。

表7-4 便于在机床上或夹具中安装的结构示例

要点与说明	不合理的结构(A)	改进后的结构(B)
以圆柱面定位夹紧容易并且可靠。B结构在圆锥面前设一段圆柱面，方便工件的定位夹紧	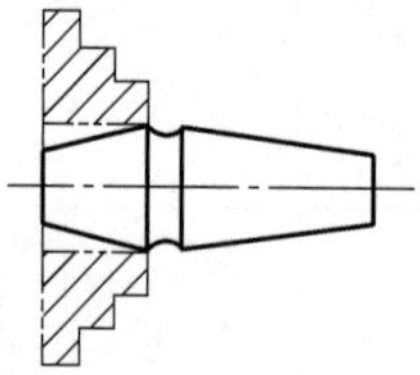	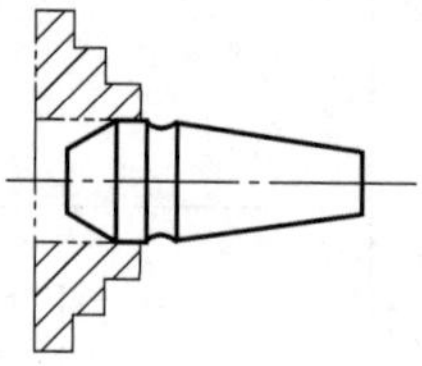
加工面应有支承面较大的基准，以便加工时定位、测量和夹紧。B结构设置了工艺凸台，下方的大平面既可使定位可靠，又可作为电器箱箱盖面	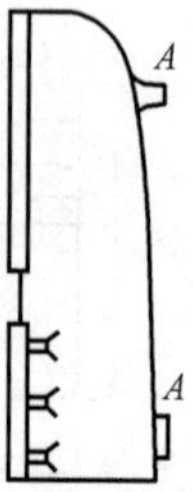 A A	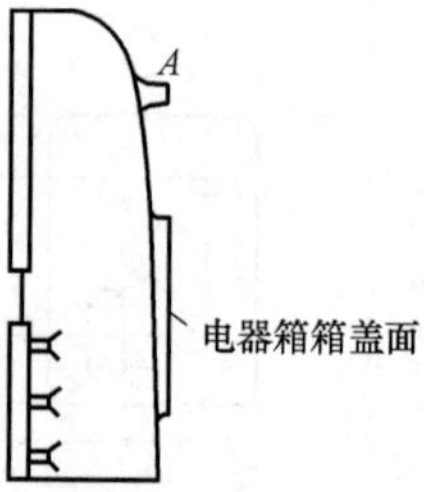 A 电器箱箱盖面

（续）

要点与说明	不合理的结构(A)	改进后的结构(B)
增加夹紧边缘或工艺孔,使工件加工时能进行可靠的夹紧		
锥度心轴的外锥面需在车床和磨床上加工,应在工件上设置能装夹的表面,以便在车床或磨床上定位	Ra 0.4　1:7000	Ra 0.4　1:7000
电机端盖上的许多表面要在一次安装中完成加工,应在端盖弧面 *A* 上设置三个均布的工艺凸台 *B*,以便于工件的装夹	A　= Ra 1.6	A　C　B　= Ra 1.6
工件定位表面应有足够的面积,使定位、夹紧稳定、可靠		
应使工件有可靠的主要定位基准面。改进后的结构 *a*、*b*、*c* 处于同一平面上	e　b　d　a　f　c	g　b　a　h　c

（续）

要点与说明	不合理的结构(A)	改进后的结构(B)
将内螺纹改为外螺纹,也可以在内螺纹端增加 60°的内锥面	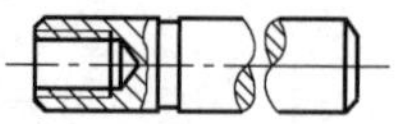	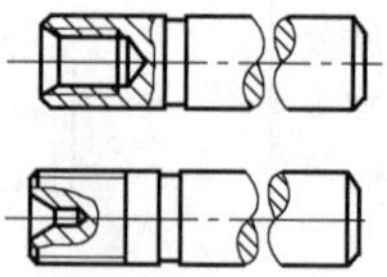

7.1.4 结构设计便于提高生产效率、保证产品质量

1. 尽量减少零件的装夹和机床的调整次数

结构设计应尽量减少零件的装夹及机床的调整次数，以提高生产率和保证加工质量，其示例见表 7-5。

表 7-5 便于减少零件装夹和机床调整次数的结构示例

要点与说明	不合理的结构(A)	改进后的结构(B)
对同一零件上的同一种结构要素,为了减少刀具的种类,减少换刀等辅助时间,应尽量使其一致	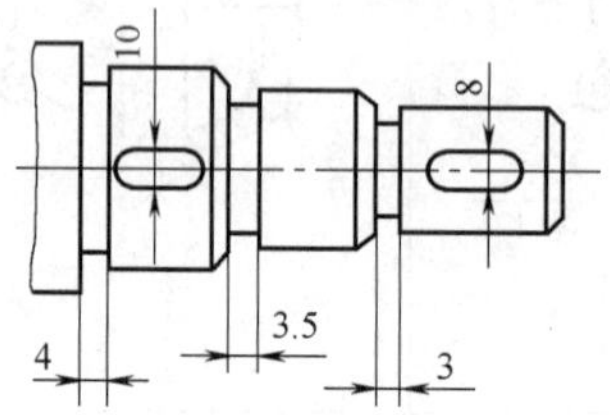	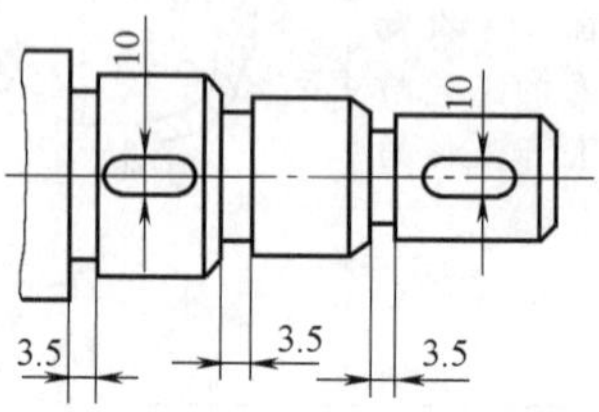
为了减少换刀和装夹次数,应尽可能使同一轴上的键槽宽度一致,且在同一侧。但当键槽较多时,应交错排列,以免降低轴的强度	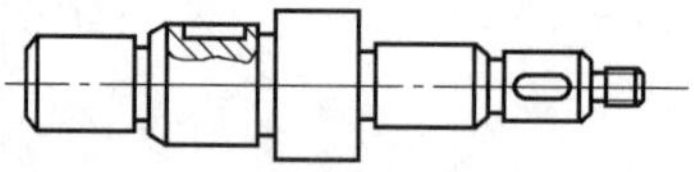	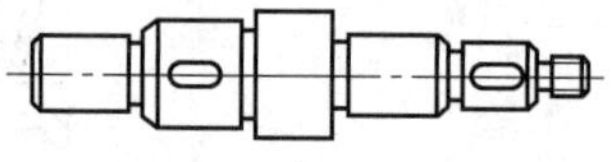
倾斜加工表面和斜孔会增加工件的装夹次数。B 结构加工时只需装夹一次	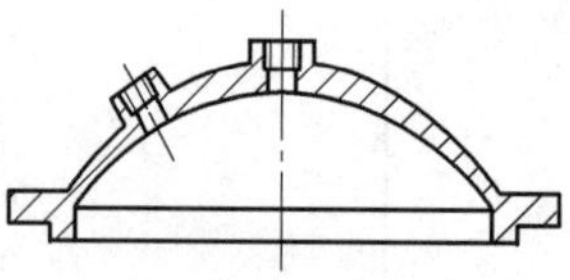	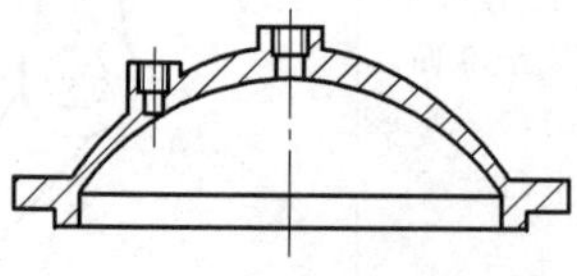

（续）

要点与说明	不合理的结构(A)	改进后的结构(B)
零件上的两处螺纹的螺距值应尽可能一致。A结构的两处螺纹的螺距不一致，加工时需要调整两次机床	M48×1.5 M64×2	M48×2 M64×2
A结构需从两端进行加工，B结构则可从一端一次完成加工		
A结构需两次装夹进行磨削，B结构只需一次装夹即可完成磨削	Ra 0.4 Ra 0.4	Ra 0.4 Ra 0.4
零件在同一方向的加工面，高度尺寸相差不大时，应尽可能使其等高，以减少机床的调整次数	Ra 1.6 Ra 1.6 230±0.06 240±0.06	Ra 1.6 Ra 1.6 240±0.06
B结构改为通孔后，既可以减少安装次数，又可以提高孔的同轴度。若需淬火，还可以改善热处理工艺性		
箱体上的螺纹孔种类应尽量少，以减少钻头和丝锥的种类	3×M10 4×M12 4×M16 3×M8	8×M16 6×M10

2. 尽量减小零件的加工面积

零件的结构设计应尽量使加工面的面积减小，这样不仅可以提高生产率，还可以减少刀具的消耗量，有利于降低制造成本，其示例见表 7-6。

表 7-6　便于减小加工面积的结构示例

要点与说明	不合理的结构(A)	改进后的结构(B)
部分支承面设计成台阶面，既减小了加工面积，也提高了底面的接触刚度和定位的准确性	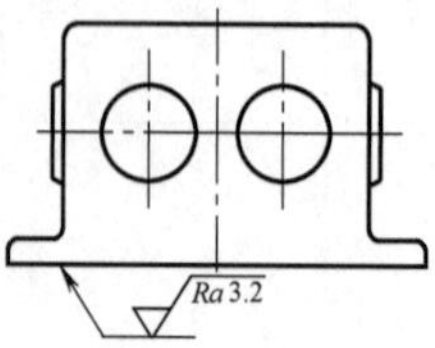 Ra 3.2	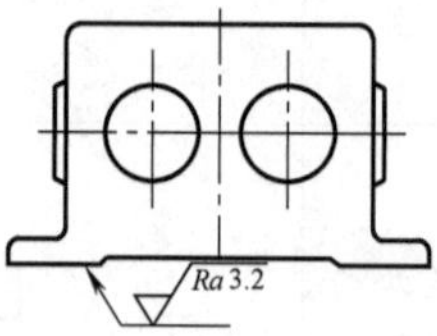 Ra 3.2
接触面改为环形面后，可大大减小切削加工面积	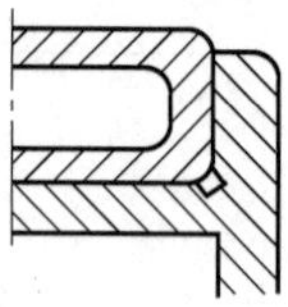	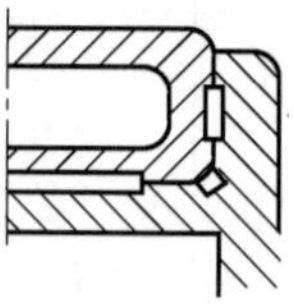
箱体类零件的接合面，应尽量减小其磨削和刮削的面积	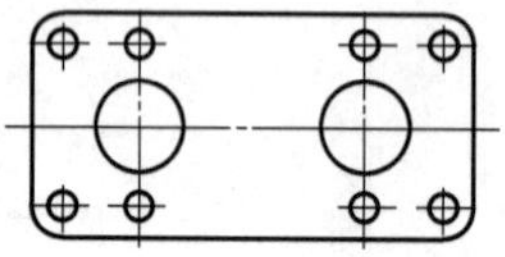	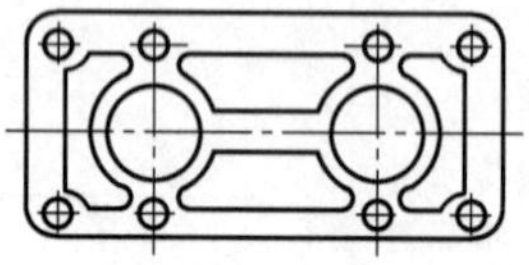
长径比较大、有配合要求的孔，不应在整个长度上都精加工。B 结构更有利于保证配合精度	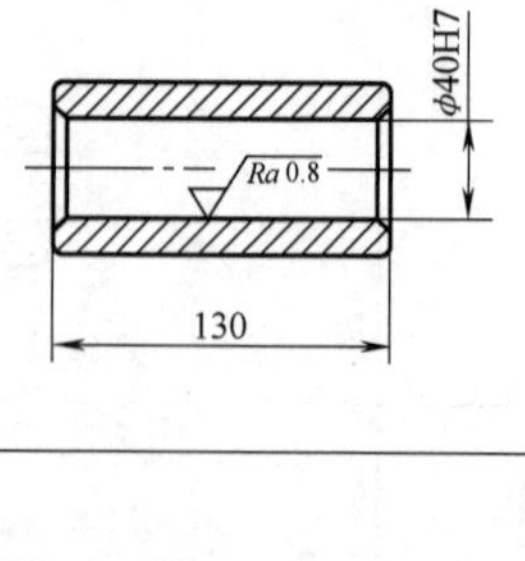 φ40H7 Ra 0.8 130	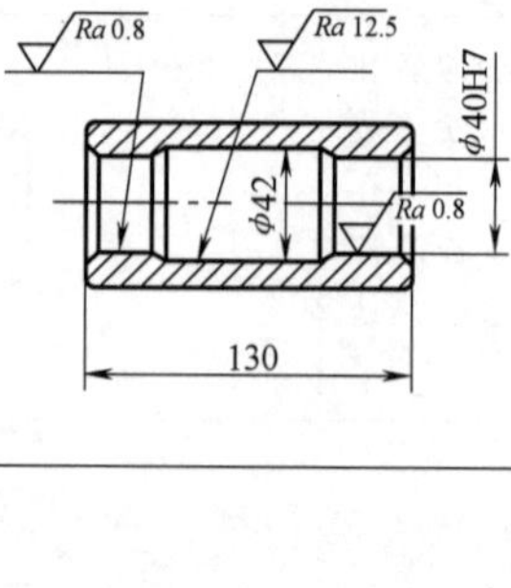 Ra 0.8 Ra 12.5 φ40H7 φ42 Ra 0.8 130
减少切削加工的表面数。B 结构可在一次装夹中加工出来	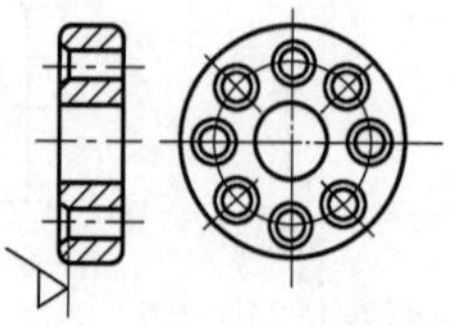	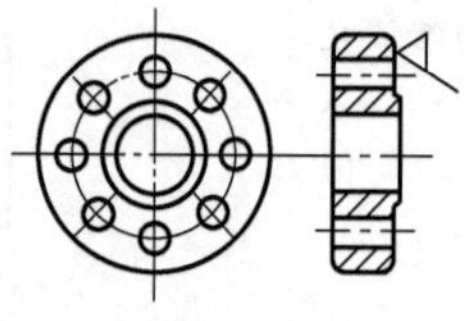

（续）

要点与说明	不合理的结构(A)	改进后的结构(B)
若轴上仅一小部分长度的轴径有严格的公差要求，应将零件设计成阶梯轴，以减少磨削时间	Ra 0.4	Ra 0.4
齿轮常常多件加工。B结构可减少刀具的空行程时间。同时提高了工件的刚性，可采用大的切削用量		
A结构中安放螺母的平面必须逐个加工。B结构可将毛坯排列成行多件连续加工		
被加工面应位于同一水平面上。B结构有利于加工，生产率较高，可多件加工，简化了检验工作	Ra 12.5　A　Ra 12.5　C　B　Ra 12.5	Ra 12.5
应尽量避免斜面的加工，以保证一次装夹后同时加工出各平面		

（续）

要点与说明	不合理的结构(A)	改进后的结构(B)
A结构工件底部为圆弧形，只能单件垂直进刀加工。B结构底部为平面，可多件同时加工	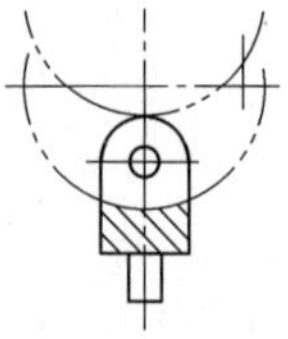	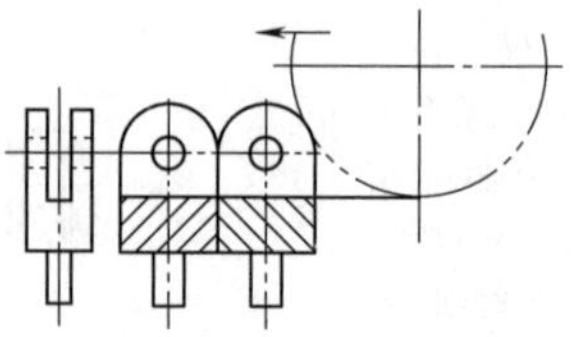
应避免不通的花键孔和键槽孔。因花键孔常采用拉削加工的高生产率工艺	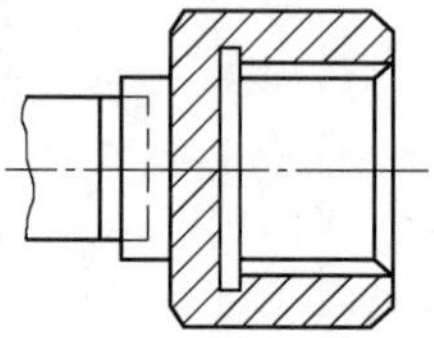	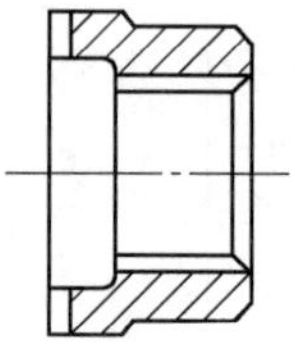

3. 采用组合件的结构

有些零件结构较为复杂，加工时定位和加工都较困难或加工生产率较低，将这些零件分解成两个零件分别加工，然后再组合成一体，既可以简化加工又可以提高生产率，其示例见表7-7。

表7-7 采用组合件的结构示例

要点与说明	不合理的结构(A)	改进后的结构(B)
采用如B结构组合件后，大大地简化了零件的加工	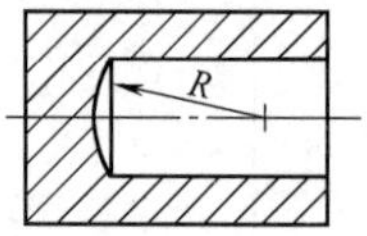 R	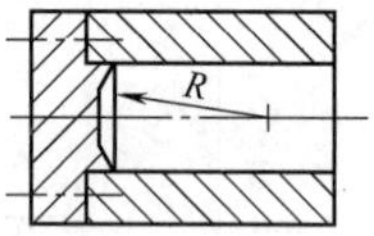 R
A结构的花键很难加工，而B结构采用管材和拉削后的花键组合，加工便利	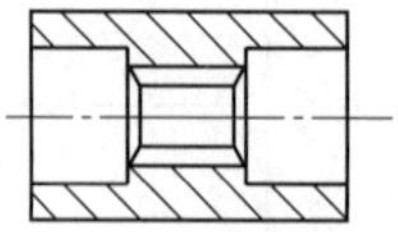	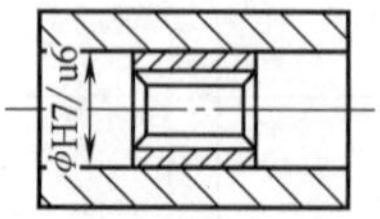 φH7/n6
合理采用组合件或组合表面，可大大降低零件的加工难度，提高零件的加工精度	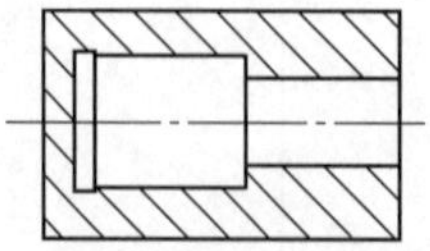	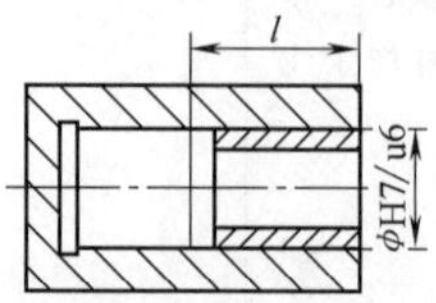 l φH7/n6

（续）

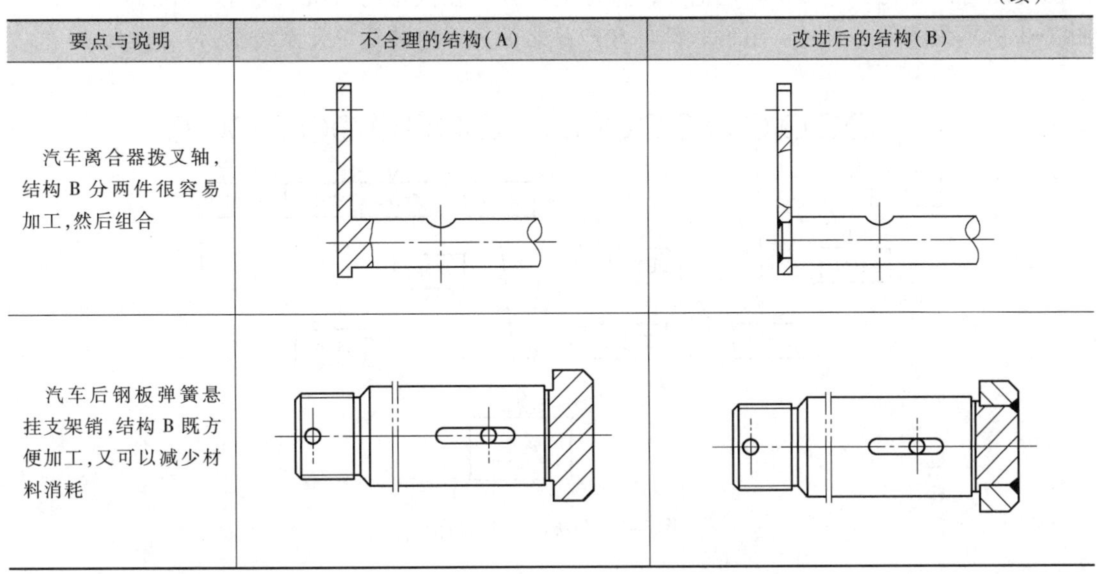

要点与说明	不合理的结构(A)	改进后的结构(B)
汽车离合器拨叉轴，结构B分两件很容易加工，然后组合		
汽车后钢板弹簧悬挂支架销，结构B既方便加工，又可以减少材料消耗		

7.2 产品结构的装配工艺性

机器都是由许多零件和部件装配而成的。零部件结构装配工艺性是指所设计的零部件在满足产品使用性能要求的情况下，其装配连接的可行性和经济性，或者说机器装配的难易程度。

零部件的装配工艺性将直接影响装配工作的效率和质量。而零部件的装配工艺性主要取决于零件的结构设计。所以在零件设计时，就应充分考虑零件的装配工艺性，使零件不仅方便机械加工，而且便于装配，容易保证装配精度，使装配所消耗的劳动量少、装配周期短、成本低等。

产品结构的装配工艺性主要从以下几个方面考虑。

7.2.1 产品能方便分解成独立装配的装配单元

汽车是由许多零件组成的，零件是汽车的最小单元。为了有效地组织装配工作，在汽车的生产过程中，常常将汽车划分为若干个独立的装配单元，以便组织平行的流水线装配，缩短装配周期。因此，产品能否合理地划分为若干独立的装配单元是评价产品结构装配工艺性的最重要的指标之一。

可以将产品的装配单元划分为五级，即零件、合件、组件、部件和产品。通常将能进行独立装配的部分叫作装配单元。任何机器都是由若干个装配单元组成的。如汽车可以分为前后桥、发动机、变速器和车身等部件。

每个部件作为一个独立的装配单元，部件由许多组件组成，而每个组件也是独立的装配单元，它又由若干合件组成。合件是由两个或两个以上的零件结合成的不可拆卸的整体件，它也是独立的装配单元。这样装配时就非常便于组织生产、管理，有利于企业之间的协作和

产品的配套，有利于组织专业化生产，这种生产方式在汽车的大批大量生产中被广泛采用。图 7-1 所示为零件、合件、组件、部件和产品之间关系的装配单元系统图。

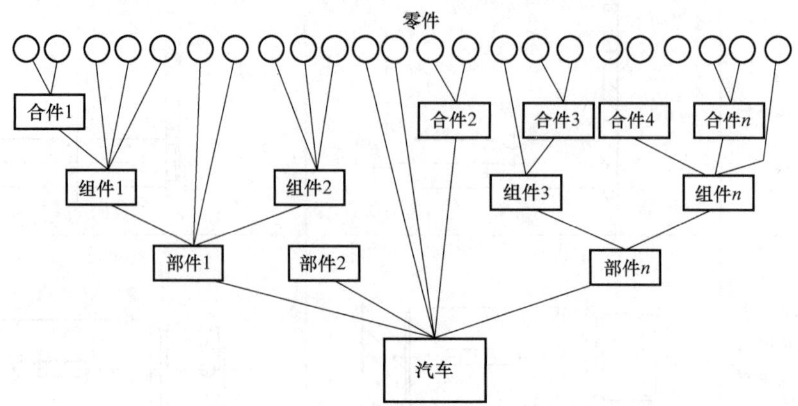

图 7-1　装配单元系统图

7.2.2　有正确的装配基准

零件在装配单元上的正确位置，是由零件装配基准间的配合来实现的。为了使零件能正确地定位，必须有正确、合理的装配基准。零件在装配时同样应符合六点定位原则，不许出现过定位或欠定位现象，其示例见表 7-8。

表 7-8　有正确合理的装配基准的结构示例

要点与说明	不合理的结构(A)	改进后的结构(B)
两个有同轴度要求的零件连接时,应有正确的装配基准。B 结构通过止口定位,简便合理	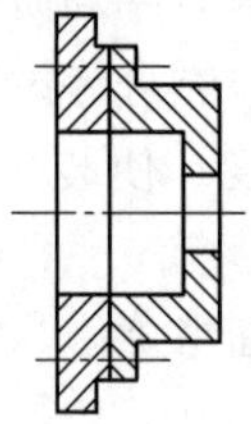	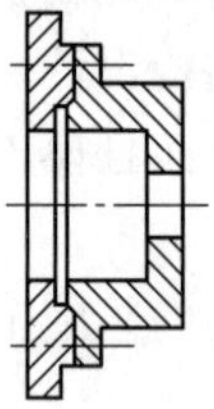
不能用螺纹连接作为装配基准。A 结构螺纹连接不能保证装配后的同轴度。B 结构用圆柱面作为装配基准面,加工方便,也减少了选配和调整的工作量	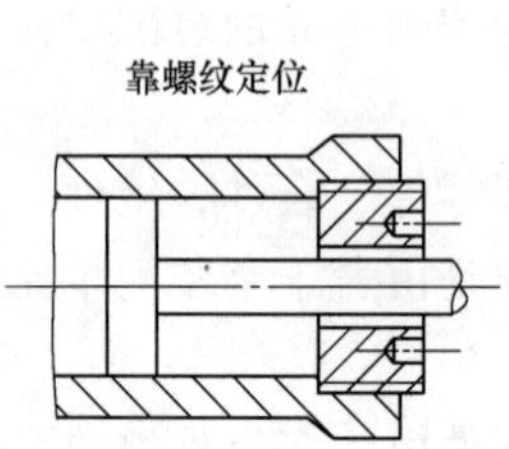 靠螺纹定位	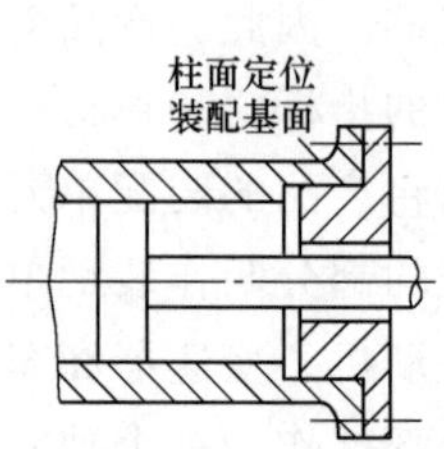 柱面定位装配基面

（续）

要点与说明	不合理的结构(A)	改进后的结构(B)
互有位置要求的零件应尽量采用同一定位基准。A结构齿轮1和2不能保证全齿都啮合。B结构齿轮轴用两卡环定位，使两根轴由同一箱体壁定位，可保证齿轮啮合的正确位置	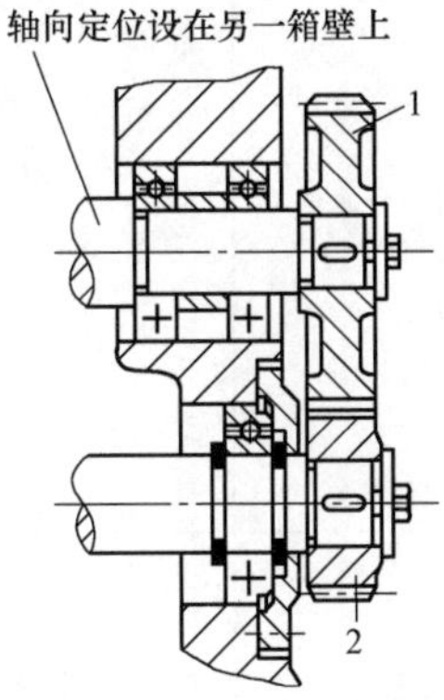	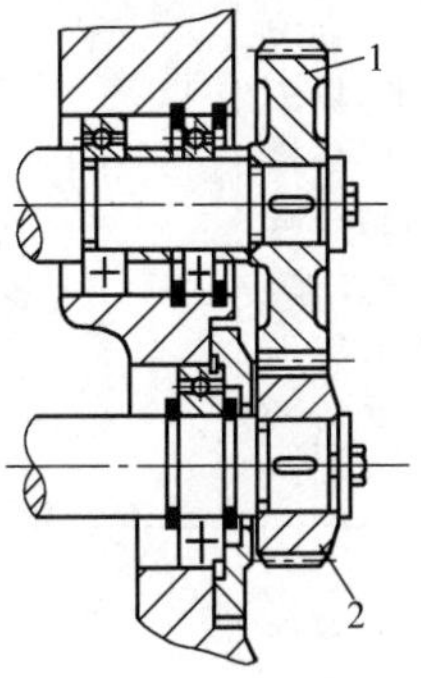
A结构中两锥齿轮轴1和2与箱体间有游隙，两齿轮不能正确啮合。B结构设置了正确的装配基准	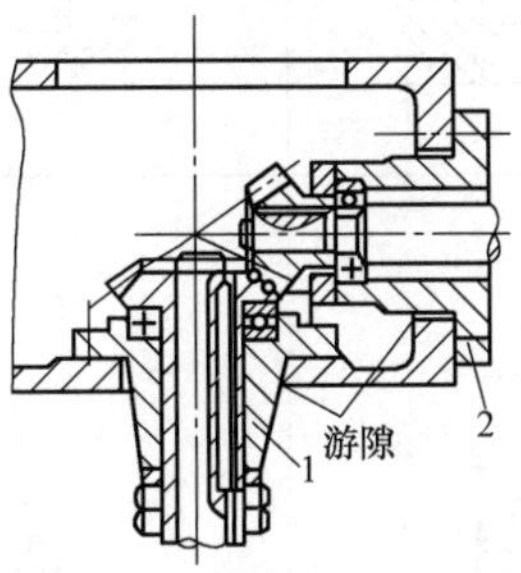	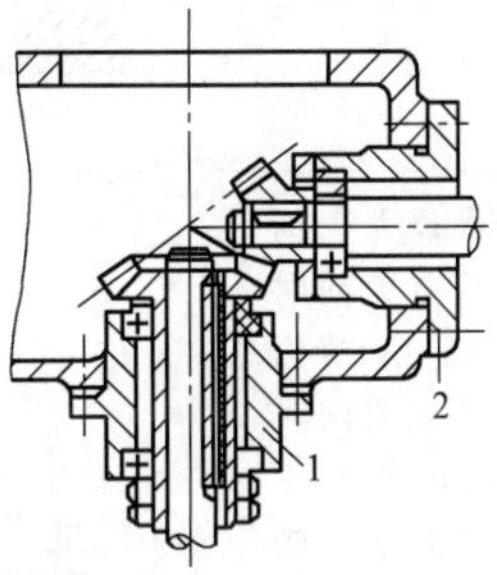

7.2.3　便于装配

要使装配工作能顺利进行，首先应将零件顺利地装成合件、部件，最后装配成产品，然后进行调整、检验和试车，其示例见表7-9。

表7-9　便于装配的结构示例

要点与说明	不合理的结构(A)	改进后的结构(B)
有配合要求的零件端部应有倒角，以便于装配	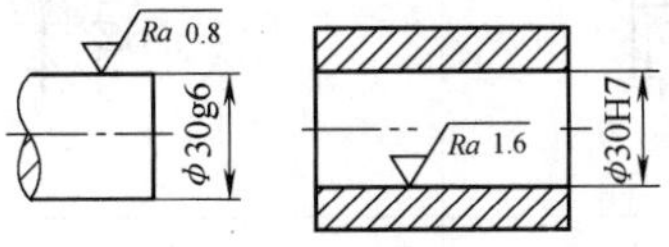	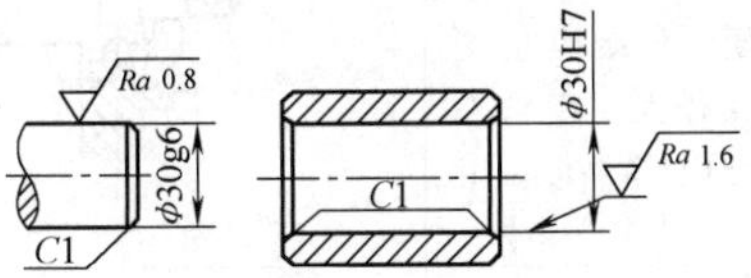
装配时形成密封腔处应有排气通道，使装配能顺利进行	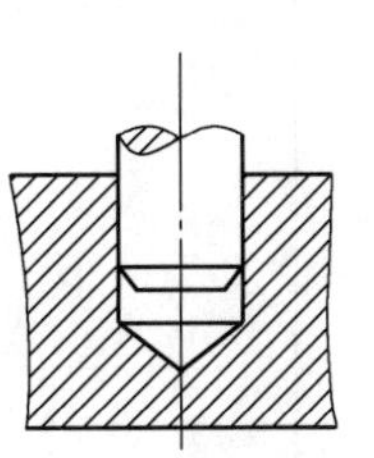	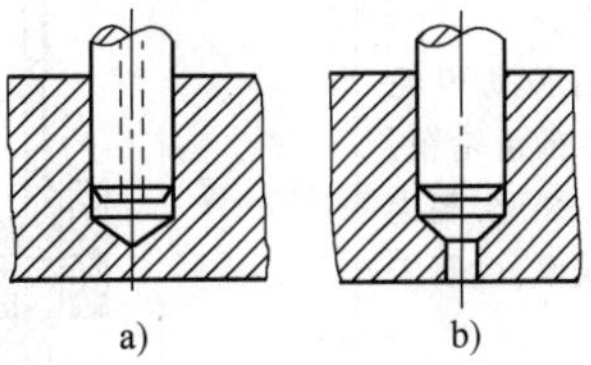

（续）

要点与说明	不合理的结构(A)	改进后的结构(B)
与轴承孔配合的轴径不要太长，以免装配困难。B 结构轴承右侧的轴径减小，既使装配方便，也降低了轴的加工成本	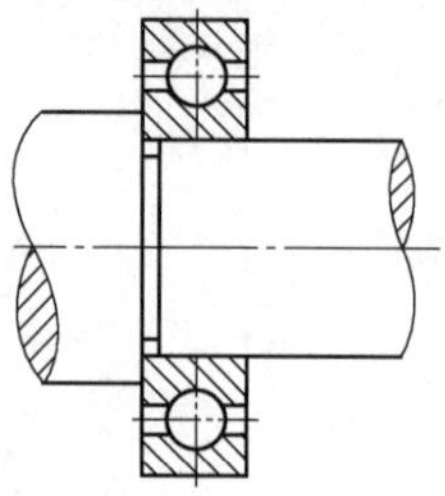	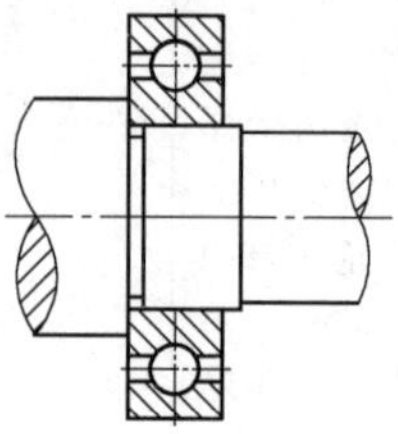
相互配合的零件在同一方向上的接触面只能有一对，即零件装配时应有明确的定位	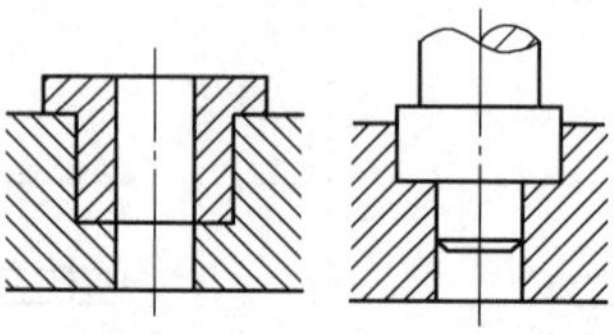	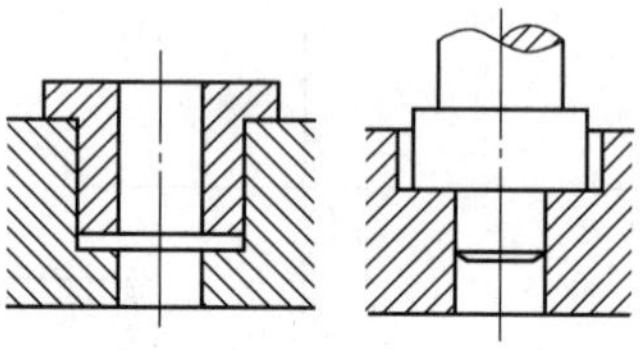
两个及以上表面配合时应避免同时入孔装配。A 结构两段外圆表面同时与壳体两孔配合，不易同时对准，装入较困难。B 结构使两段外圆表面先后装入，同时右圆柱面外径略小于左圆柱外径，轴端倒角 15°～30°，装配顺利	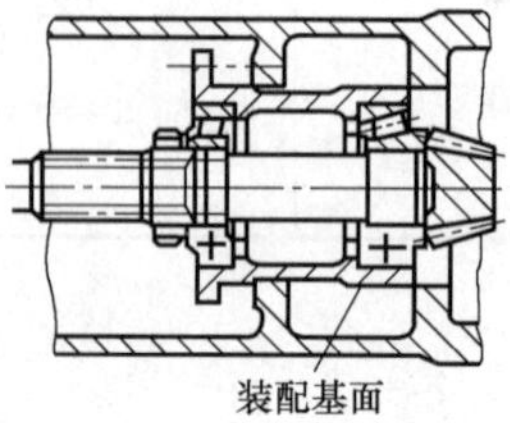 装配基面	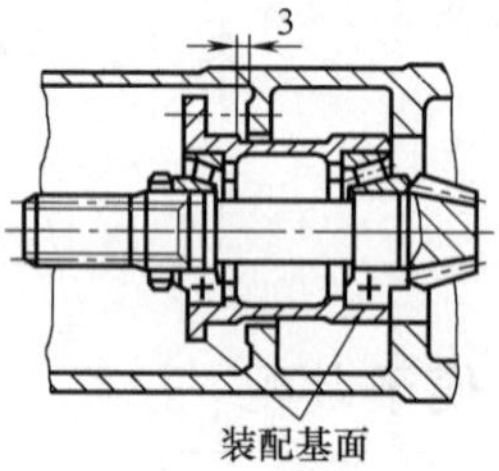 3 装配基面
避免箱体内装配。A 结构齿轮直径大于箱体支承孔径，齿轮需在箱体内装配，然后再装轴承，很不方便。B 结构左支承孔径大于齿轮外径，轴上零件可在组装后一次装入箱体	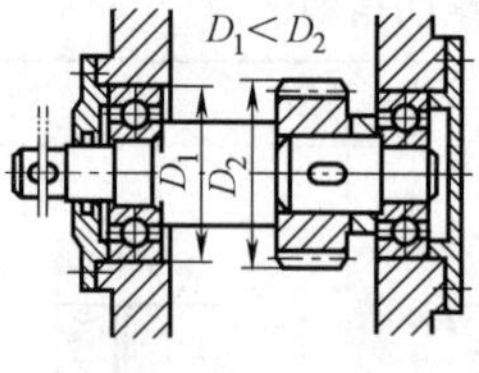 $D_1 < D_2$ D_1 D_2	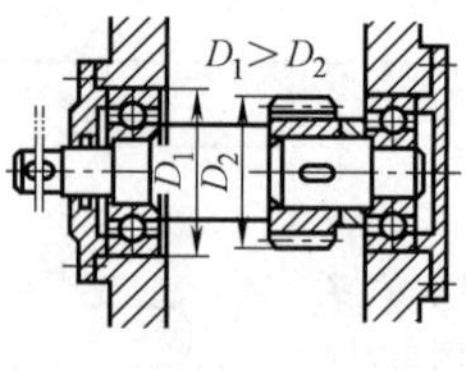 $D_1 > D_2$ D_1 D_2
尽可能组成独立的部件或装配单元。B 结构将传动齿轮组成单独的齿轮箱，便于分别装配，既提高装配效率，也便于维修	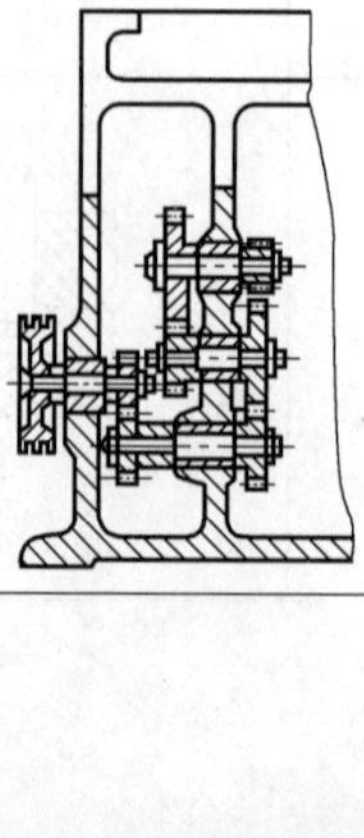	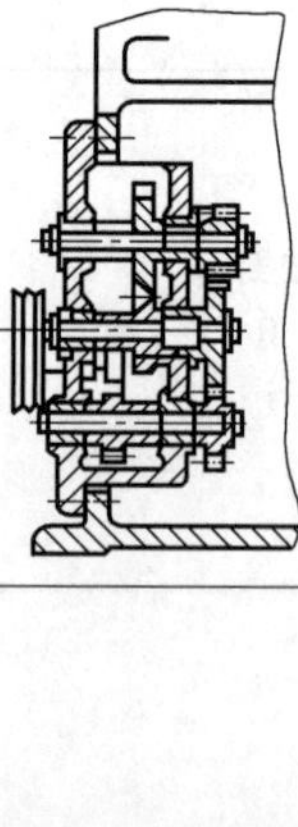

（续）

要点与说明	不合理的结构(A)	改进后的结构(B)
轴与轴套相配合部分较长时应在轴或轴套上设有空刀槽		
紧固件应尽量布置在易于拆装的位置		
应有足够的放置螺钉的高度空间和扳手活动空间		
在大底座上安装机体时，应使螺栓连接能方便地装配。A结构螺栓很难进入装配位置。B结构用双头螺栓或螺钉直接拧入底座，装配便利		a)　　b)

7.2.4 方便易损零件的拆除和维修

产品在设计时，既要考虑零件便于装配，又要考虑组件、合件的拆卸，特别是易损件的维修和更换。当发现有问题时，如零件精度不够、运动副运转不良和配合零件的配合性质不好等，就需要拆卸、修配或重新更换零件进行装配，其示例见表7-10。

表7-10 便于易损零件的拆除和维修的结构示例

要点与说明	不合理的结构(A)	改进后的结构(B)
A结构中轴承座台阶内径等于轴承外径，轴承内圈外径等于轴颈轴肩直径，轴承内、外圈均无法拆卸。B结构中轴承座台肩内径大于轴承外圈内径，轴颈轴肩直径小于轴承内圈外径；或在轴承座台肩处设2~4个缺口，轴承内、外圈便可方便拆卸了		a)　　b)

（续）

要点与说明	不合理的结构(A)	改进后的结构(B)
因轴承端盖与箱体支承孔有配合要求，在拆卸端盖时，为便于拆卸，在端盖上应设计出2～4个螺孔，拆卸时拧入螺钉即可将端盖顶出	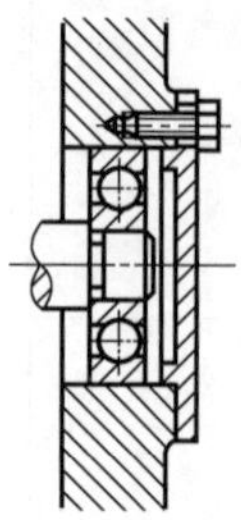	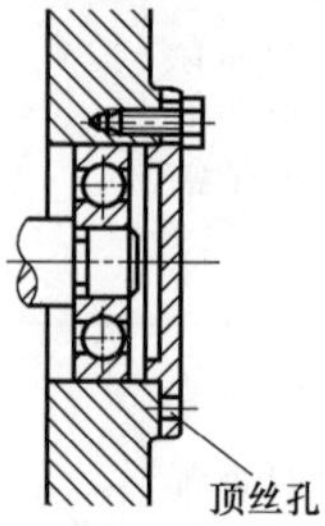 顶丝孔
为了便于拆卸过盈配合连接件1，应配置拆卸螺钉或采用具有拆卸螺孔的锥销	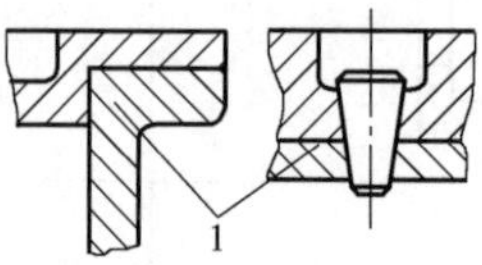 1	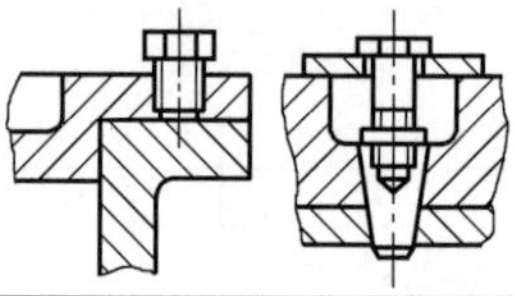

7.2.5 减少装配时的修配和机械加工工作量

装配时，对零件进行手工修配费工、费力，还会增加装配车间的加工设备投入，容易引起装配工序的混乱。同时零件修配过多，加上操作者技术参差不齐，使装配质量不能统一，从而影响装配质量。一般情况下，只有合件和组件的装配精度要求很小时才采用修配法保证装配精度，其示例见表7-11。

表7-11 便于减少装配时修配和机械加工的结构示例

要点与说明	不合理的结构(A)	改进后的结构(B)
A结构轴套装上后需要钻孔、攻螺纹。B结构避免了装配时的切削加工	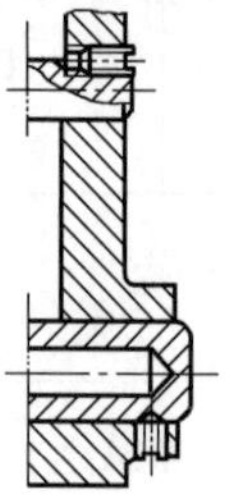	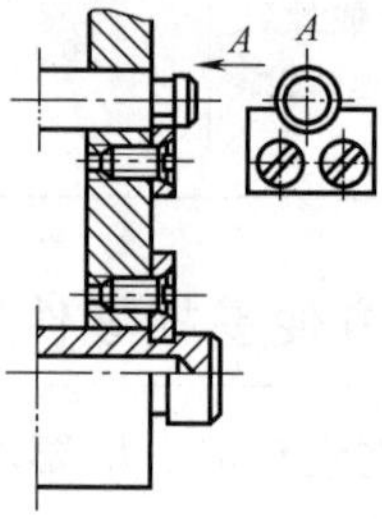 A A
A结构中后压板与导轨之间的间隙用修配装配法保证。B结构中可用调整装配法，装配效率高	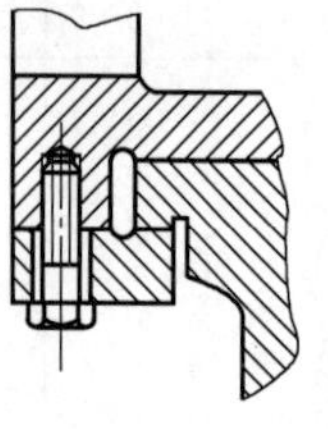	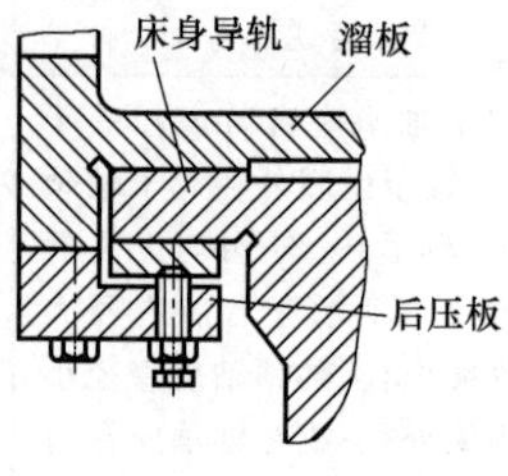 床身导轨 溜板 后压板

（续）

要点与说明	不合理的结构(A)	改进后的结构(B)
A结构需在活塞上配钻销孔。B结构用螺纹连接，装配时省去了机械加工，装配效率高		
A结构中间齿轮1与花键轴3用两个锁紧螺钉2固定，装配时需在花键轴上配钻锁紧螺钉孔。B结构用对开环轴向定位，避免了机械加工		

复习思考题

7-1　如何标注零件的主要尺寸？

7-2　产品为什么要分成若干个独立的装配单元？

7-3　从切削加工的结构工艺性考虑，试改进图7-2所示零件的结构。

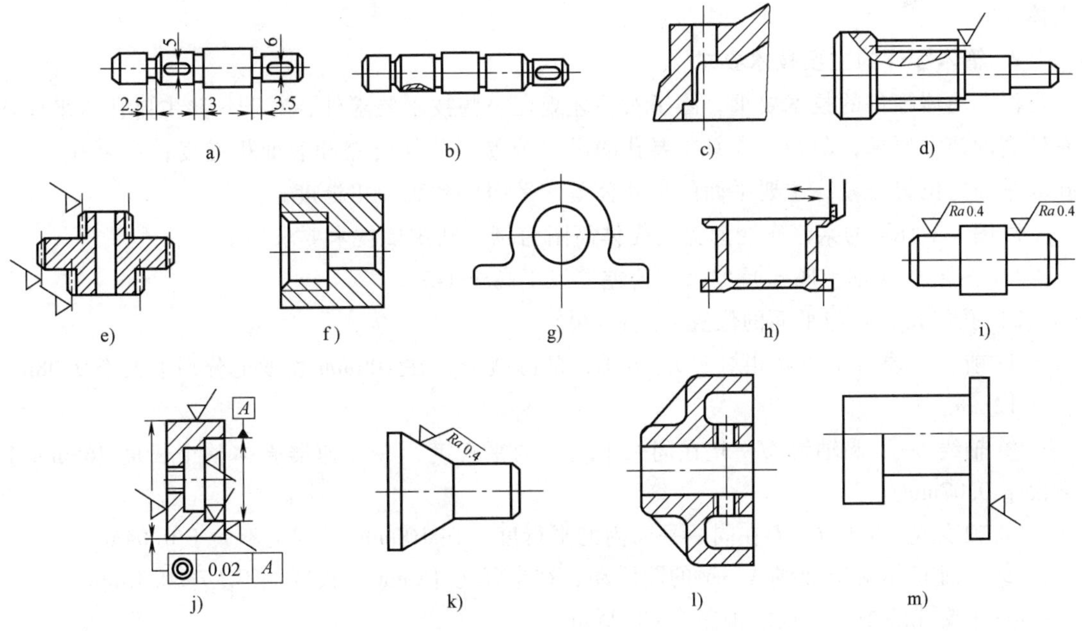

图7-2　零件的结构工艺性

第8章

汽车典型零件的制造工艺

8.1 箱体制造工艺

8.1.1 概述

1. 箱体零件的结构特点

箱体零件是机器或部件的基础零件，它把有关零件连接成一个整体，使这些零件保持正确的相对位置，彼此能协调地工作。因此，箱体零件的加工精度，将直接影响机器或部件的装配质量，进而影响整机的使用性能和寿命。

箱体零件的结构一般比较复杂，壁薄且壁厚不均匀；既有一个或数个基准面及一些支承面，又有若干精度要求较高的孔系，还有许多供连接用的螺纹孔。

汽车上的箱体零件，按其结构形状可分为两大类：一类是回转体形的壳体零件，如水泵壳体、差速器壳体及某些后桥壳体；另一类是平面型箱体零件，如气缸体（机体）、变速器壳体。

2. 箱体零件的主要技术要求

汽车箱体零件的技术要求，除了对毛坯规定一些技术要求外，对于一些主要孔与平面均有较高的技术要求，归纳起来有主要孔的尺寸公差、几何公差和表面粗糙度；主要孔与孔、孔与平面的位置公差；主要平面的尺寸公差、平面度和表面粗糙度。

以图 8-1 所示的某汽车变速器的壳体简图为例，其主要技术要求如下：

1）主要孔（轴承座孔）的尺寸公差等级不高于 IT7。

2）孔与孔、孔与平面的位置公差：

① 前、后端面 A 和 B 相对于 $L—L$ 轴线的圆跳动，在 100mm 长度上分别不大于 0.08mm 和 0.12mm。

② 轴线 $L—L$ 和轴线 $M—M$ 在同一平面内的平行度，在变速器壳体整个长度 365mm 上不大于 0.07mm。

③ 轴线 $N—N$ 和 $L—L$ 在同一平面内的平行度，在 100mm 长度上不大于 0.04mm。

④ 端面 C 相对于轴线 $N—N$ 的圆跳动，在半径为 18mm 的长度上不大于 0.15mm。

⑤ 主要孔的中心距极限偏差为±0.05mm。

3）主要孔的表面粗糙度 Ra 值为 1.6μm。前、后端面和两侧面表面粗糙度 Ra 值为 6.3μm。

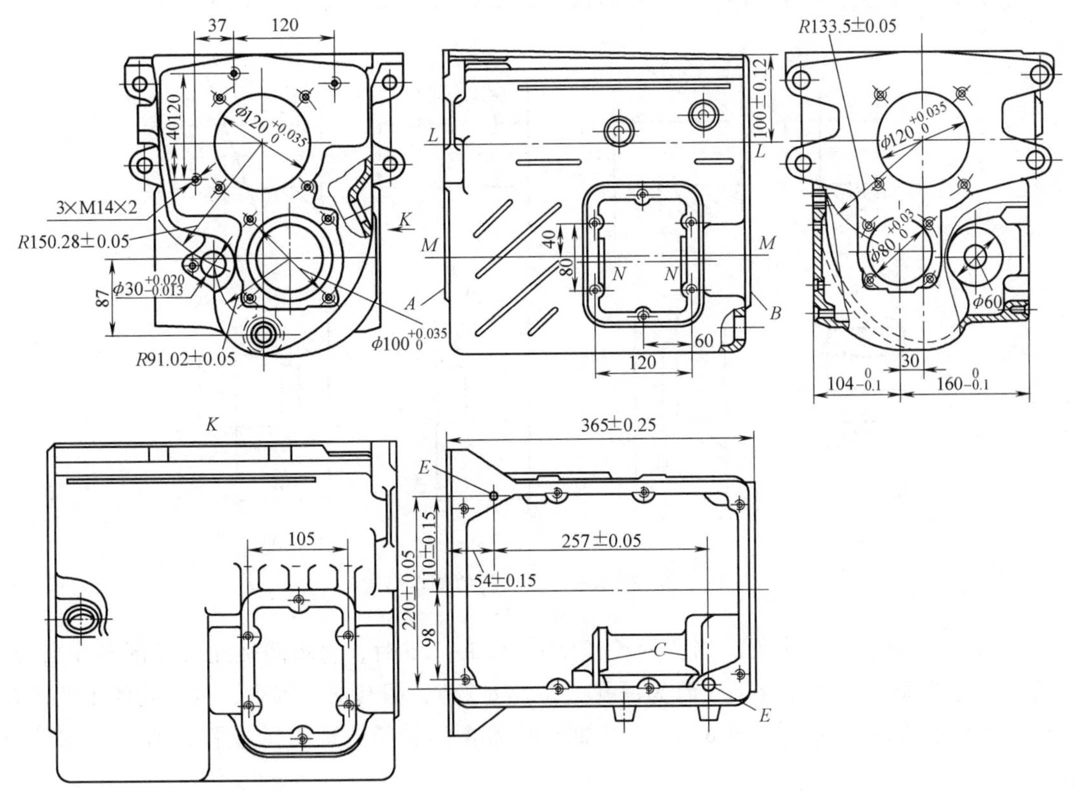

图 8-1 汽车变速器壳体简图

3. 箱体零件的材料和毛坯

对于汽车上的箱体类零件，由于形状较为复杂，通常采用铸造制造毛坯。灰铸铁具有较好的耐磨性、减振性以及良好的铸造性能和切削性能，此外，灰铸铁的价格也比较低廉。因此，箱体零件的毛坯通常采用铸铁毛坯。有些承受载荷较大的箱体，有时采用可锻铸铁件和铸钢件。此外，还有一些箱体为了缩短毛坯的制造周期，有时也采用焊接件。近来随着轻量化技术的成熟，轿车上的一些箱体件及变速器壳体已采用铝合金压铸。

用于变速器壳体的灰铸铁材料有 HT150、HT200、HT250 等，而铝合金则常采用铸造铝合金 ZL104、ZL105 等。图 8-1 所示变速器壳体的材料为灰铸铁（HT150），硬度为 163～229HBW。

毛坯的铸造方法主要取决于生产类型和毛坯的尺寸。在单件小批生产中，多采用木模手工造型；在成批大量生产中，广泛采用金属型机器造型，毛坯的尺寸误差和表面粗糙度值较小。

4. 箱体结构工艺性分析

作为机器或部件装配基础件的箱体零件，其上有若干供装配和连接用的精度要求较高的平面与孔系。这些平面与孔的结构是影响箱体零件结构工艺性的重要因素。这些平面和孔的加工精度与位置精度要求较高。

（1）箱体零件主要孔的基本形式及其工艺性 箱体零件主要孔的基本形式如图 8-2 所

示，可概括为通孔（见图 8-2a~f）、阶梯孔（见图 8-2g）及不通孔（见图 8-2h）三大类。

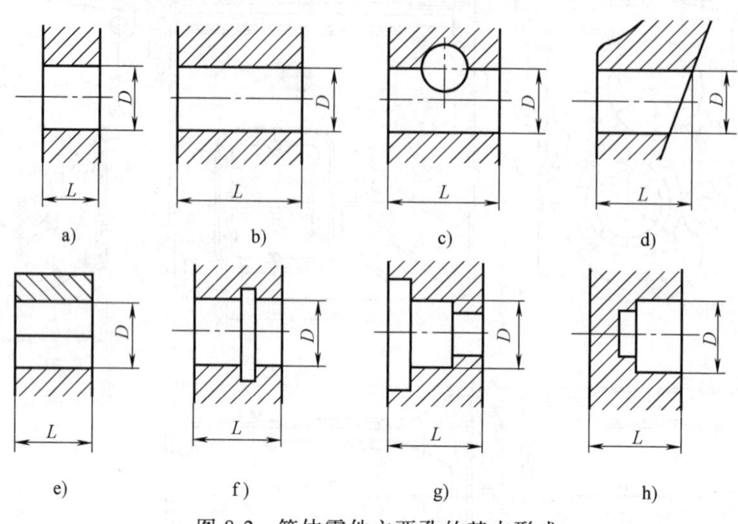

图 8-2 箱体零件主要孔的基本形式

1）通孔。通孔最为常见。当孔的长径比 $L/D=1\sim1.5$ 时，为短圆柱孔（见图 8-2a），此种孔的工艺性最好；而当 $L/D>5$ 时为深孔（见图 8-2b），因其加工困难，故深孔的工艺性较差；具有环形槽的通孔（见图 8-2f），因加工时需要具有径向进刀的镗杆，所以工艺性也较差。

2）阶梯孔。阶梯孔（见图 8-2g）的工艺性与孔径比有关，其孔径相差越小，工艺性越好；若孔径相差甚大，而且其中最小的孔径又很小，则接近于不通孔，工艺性就很差。

3）不通孔。不通孔（见图 8-2h）比较少见，其工艺性最差。而相贯通的交叉孔（见图 8-2c）、轴线与端面不垂直的孔（见图 8-2d）以及剖分孔（见图 8-2e）的工艺性都不好。

此外，在箱体类零件上还有许多螺纹孔，这些螺纹孔尺寸规格繁多，会给加工带来不少困难。故在产品设计时应尽可能减少螺纹孔的规格，以减少刀具规格和提高汽车零件的标准化程度。

（2）箱体上同轴向各孔的工艺性 箱体上同轴孔的孔径排列方式有三种，如图 8-3 所示。

图 8-3a 所示为孔径大小向一个方向递减，且相邻两孔直径之差大于孔的毛坯加工余量。这种排列方式便于镗杆和刀具从一端伸入同时加工同轴线上的各孔。对于单件小批生产，这种结构加工最为方便。图 8-3b 所示为孔径大小从两边向中间递减，加工时可使刀杆从两边

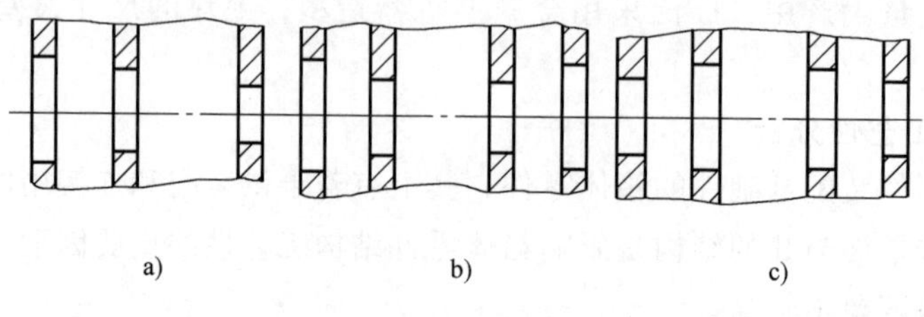

图 8-3 同轴线上孔径大小的分布形式

进入，这样不仅缩短了镗杆长度、提高了镗杆的刚性，而且为双面同时加工创造了条件，故大批量生产的箱体常采用此种孔径分布。图 8-3c 所示为孔径大小不规则的排列，其工艺性差，应尽量避免。

(3) 箱体上孔中心距的大小工艺性 在单件小批生产时，箱体上各孔是用一把镗刀逐个进行加工的，孔中心距离大小可不受限制。但在成批大量生产时，往往采用组合镗床加工，位于同一面上的许多孔，通常是由一个多轴主轴箱上安装多把刀具在一次工作行程中加工出来。由于布置多轴轴承的需要，孔中心的距离不应太小。如在箱体上同时钻两个直径 10mm 以下的孔，则两孔最小中心距应不小于 24mm。

若相邻两孔允许在两个工位或两道工序加工，其孔中心距离大小可不受限制。但有时为了保证孔的几何公差，孔中心距大小也要给予足够重视。图 8-4 所示为汽车变速器壳体上的一个要求较高的轴承座孔，其周围分布一些连接用的螺纹孔，由于螺纹孔距轴承座孔边缘太近，因此攻螺纹后会导致轴承座孔产生表面形状误差。

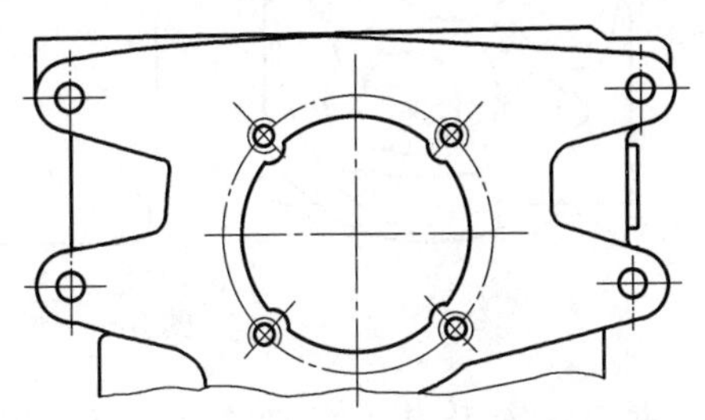

图 8-4 汽车变速器壳体上轴承座孔和螺纹孔分布

(4) 箱体上孔与平面布置的工艺性 当孔与平面不垂直（见图 8-2d），在用定尺寸刀具进行加工时，由于刀具上所承受的径向力不均衡，刀具容易引偏，从而会影响孔的位置精度。因此，孔轴线最好与平面垂直，以利于工件的安装和加工，并使机床与夹具结构简单。

就箱体零件整个结构形状而言，应具有足够的刚性和稳定的定位基面，使之易于保证加工精度，也适合在自动线上进行加工。另外，箱体装配基面的尺寸应尽可能大，形状应尽量简单，以利于加工、装配和检验。箱体上的固定用孔的尺寸规格应尽可能一致，以减少加工中换刀的次数。

8.1.2 箱体零件机械加工工艺

1. 箱体零件机械加工的定位基准

加工箱体类零件时，各轴承座孔的加工余量应均匀；装入箱体内的全部零件（轴、齿轮等）与不加工的箱体内壁要有足够的间隙。要尽可能使基准重合以及基准统一，以减少定位误差和避免加工过程中的误差积累，从而保证箱体零件的加工精度。

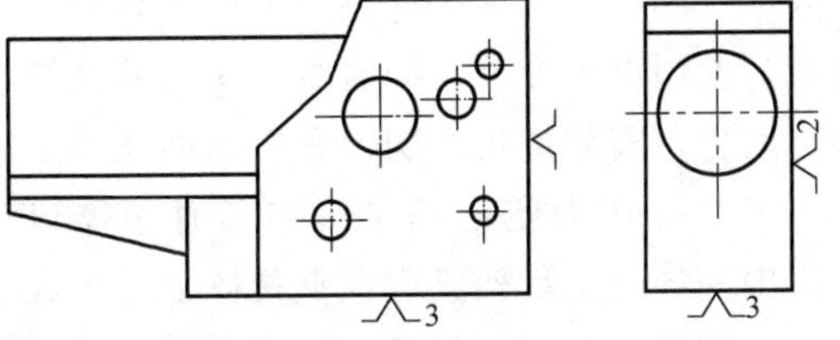

图 8-5 用三个平面作精基准加工箱体零件示意图

(1) 精基准的选择 最常见的有两种方案：一种方案是利用一个平面和该平面上的两个工艺孔定位，即通常所说的一面两孔定位，一般工艺孔孔径公差采用 H7~H9，两工艺孔中心距偏差为±(0.03~0.05) mm；另一种方案是用三个互相垂直的平面作为定位基准，如图 8-5 所示，该方案适用于不具备一面两孔定位基准条件的一些箱体件。

生产批量大时常采用第一种方案。如图 8-1 所示的汽车变速器壳体，在加工中可用前、后端面上两个同轴线轴承座孔和另一个轴承座孔为粗基准，加工出顶面（见图 8-6）。然后再用变速器壳体内壁作为粗基准和以顶面作为精基准加工出顶面上的两个工艺孔 E（见图 8-7）。以后再利用顶面和这两个工艺孔作为精基准进行其他表面的加工。这样就可以保证轴承座孔的加工余量均匀和保证装入变速器壳体的零件与内壁有足够的间隙。

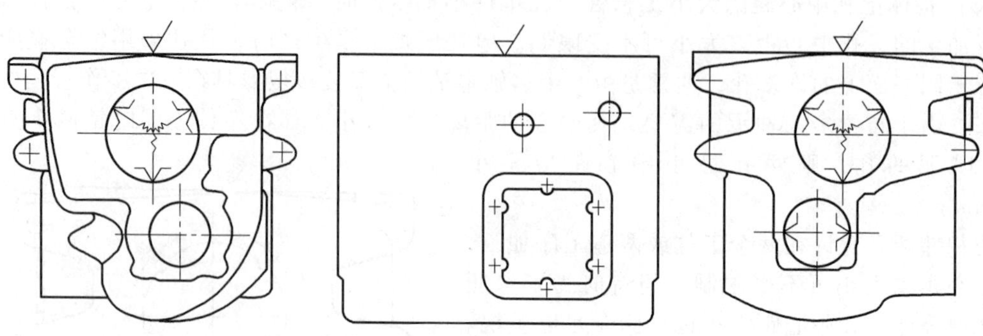

图 8-6 加工变速器壳体顶面的粗基准

选用顶面及其上的两个工艺孔作为精基准，具有如下特点：

由图 8-1 可知，变速器壳体的设计基准和装配基准是前端面（A）和该面上的两个主要孔 $\phi120^{+0.035}_{0}$ mm 和 $\phi80^{+0.03}_{0}$ mm。根据基准重合原则，加工时应选前端面和其上面的两个主要孔作为定位基准，这样使定位误差最小。但因变速器壳体上需要加工的主要部分，大多位于前、后端面上，根据对主要孔所提出的技术要求，最好在同一工作行程中能把前、后端面上的同轴线孔加工出来。如果采用前端面及其上的主要孔作为定位基准，难以做到这点。此外，用前端和该面上两个主要孔作为定位基准还将使夹具结构复杂，定位稳定性也差，使用也不方便，同时难以实现基准统一和自动化。实际加工表明，采用顶面及其上的两个工艺孔作为定位基准，加工时箱体口朝下，中间导向支承架紧固在夹具体上，提高了夹具的刚度，有利于保证各支承孔加工的位置精度，而且工件装卸方便，能减少辅助工时并提高生产效率（见图 8-8）。采用这种定位基准，可以做到基准统一，能加工较多表面，也会避免因基准转换而引起的定位误差，容易保证各表面间的位置公差。

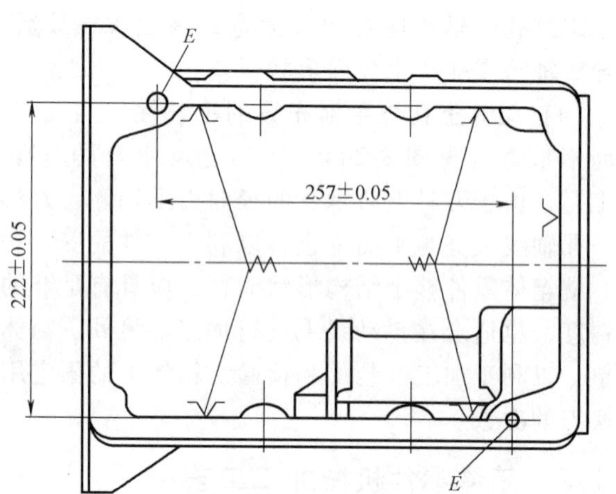

图 8-7 以变速器壳体内壁作为粗基准加工顶面上的两个工艺孔

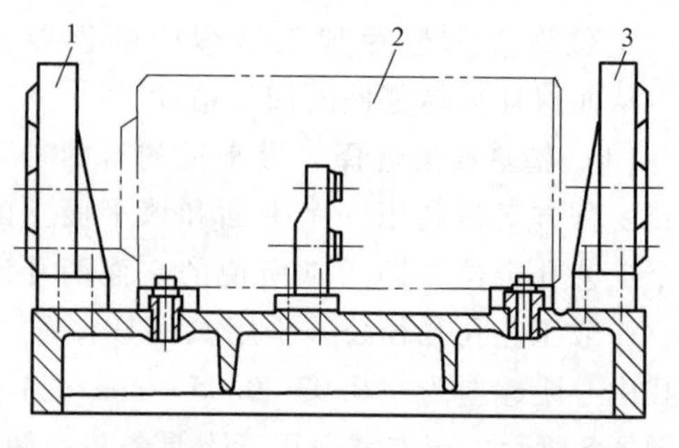

图 8-8 用箱体顶面及两销定位的镗模

1、3—镗模板 2—中间导向支承架

分析图 8-1 的有关技术要求可知，为了保证后端面和主要孔轴线之间的垂直度要求，以及两侧面距 $\phi80^{+0.03}_{0}$mm 孔的尺寸及平行度的要求，要在最后精加工两端面和两侧时仍以主要孔定位，使其基准重合。而主要孔 $\phi120^{+0.035}_{0}$mm 的位置，是由在垂直平面内距顶面（100±0.12）mm 和水平平面内距工艺孔（110±0.15）mm 这两个尺寸确定的。因此，顶面及其上的两个工艺孔是主要孔 $\phi120^{+0.035}_{0}$mm 的设计基准。以顶面及其上的两个工艺孔作为精基准来加工主要孔 $\phi120^{+0.035}_{0}$mm，不会产生基准不重合定位误差。而同时加工孔 $\phi80^{+0.03}_{0}$mm 时，只要以 $\phi120^{+0.035}_{0}$mm 孔的刀具位置为基准，来确定 $\phi80^{+0.03}_{0}$mm 孔的刀具位置，则定位误差也就不存在了。同样，$\phi30^{+0.020}_{-0.013}$mm 孔的位置公差也可以得到保证。

（2）粗基准的选择 虽然箱体类零件一般都选择主要孔为粗基准，但是随着生产类型的不同，实现以主要孔为粗基准的工件的装夹方式是不同的。

1）中小批量生产时，由于毛坯精度较低，一般采用划线找正。

2）大批量生产时，毛坯精度较高，可直接以主要孔在夹具上定位，采用专用夹具装夹。

2. 箱体零件主要加工表面的工序安排

（1）先面后孔 加工平面型箱体零件时，一般是先加工平面，然后以平面定位再加工其他表面。这是由于平面面积较大，定位稳固可靠，可减少装夹变形，有利于提高加工精度。同时，箱体零件的平面多为装配和设计基准，这样便可使装配基准和设计基准与定位基准、测量基准重合，从而减少了积累误差，提高了加工精度。

（2）粗、精加工阶段分开 粗、精加工阶段的划分，对箱体零件机械加工的质量影响很大。

当工件刚性好、内应力小、毛坯精度高时，粗加工后的变形很小。这时可以在基准平面及其他平面粗、精加工后，再粗、精加工主要孔。这样，既可减少工序数目和零件的安装次数，又可减少加工余量。因此，这种方案的生产率高，而且经济性好。但是，当毛坯精度较低且工件刚性差、内应力大时，粗加工后的变形就很大，往往会影响加工质量。故当箱体零件技术要求较高，而粗加工又会引起显著变形时，应将平面加工和孔的加工交叉进行，即粗加工平面→粗加工孔→精加工平面→精加工孔。虽然交叉加工使生产管理复杂起来，加工余量也大，但可较易保证加工精度，也能及早发现毛坯缺陷。

（3）工序间安排时效处理 箱体件结构复杂，壁厚不均匀，因而铸造残余应力较大。为消除残余应力、减少机械加工后的变形，保证精度的稳定，毛坯铸造之后应安排时效处理。时效的规范为，加热到 500~550℃，保温 4~6h，冷却速度小于或等于 30℃/h，出炉温度低于 200℃。

对于精度较高或形状很复杂的箱体零件，除在铸造之后安排一次时效处理外，在粗加工之后还要安排一次时效处理，以消除粗加工所产生的残余应力。而精度要求不太高的箱体件，可以利用粗、精加工工序间的停放和运输时间，达到自然时效处理的目的。

（4）工序集中安排 在成批大量生产箱体零件的流水生产线上，广泛采用专用机床，如多轴龙门铣床、组合磨床等，各主要孔的加工则采用多工位组合机床、专用镗床等，专用夹具也用得很多。同时在生产安排上以工序集中方式进行加工，将一些相关的表面加工集中于同一工位或同一台机床上进行。这样，既能有效地保证各表面之间的尺寸和位置公差，又能显著提高生产率。

综上所述，箱体零件主要加工工序的顺序一般是，先加工定位用的平面及其上的两个工艺孔→粗、精加工其他平面→钻各面上的螺纹底孔→粗镗主要孔→钻、铰其余孔→精镗主要孔→攻螺纹。

3. 箱体主要表面的加工方法

(1) 箱体平面的加工方法 对于平面加工的技术要求，主要有平面本身的尺寸公差、平面度及该平面与其他表面的位置公差。箱体平面加工常用的方法为刨、铣、磨三种。刨削和铣削常作为平面的粗加工和半精加工，而磨削则作为平面的精加工。

1）刨削加工。其特点是刀具结构简单，机床调整方便，成本较低，在龙门刨床上可以利用几个刀架，在一次装夹中同时或依次完成若干个表面的加工或多个零件的同时加工，从而较经济地保证这些表面的相互位置精度。精刨后的表面粗糙度 Ra 值可达 0.63~2.5μm，平面度可达 0.02mm。但由于刨削速度低，有空回程损失，同时参加工作的刀具数目少，故其生产率低，只适于单件小批生产。

2）铣削加工。铣削生产率高于刨削，故在汽车制造业中的发动机机体、气缸盖的加工中，常采用多轴龙门铣床，用几把铣刀同时加工几个平面，如图 8-9 所示，这样既能保证平面间的位置精度，又能提高生产率。近年来由于面铣刀在结构、刀具材料等方面都有了很大的改进，如可转位面铣刀、密齿硬质合金可转位面铣刀等高速刀具获得了广泛的应用。其中，可转位面铣刀，每齿进给量 a_f 可达数毫米，其生产率比普通精加工面铣刀高 3~5 倍，加工表面的表面粗糙度 Ra 值可达 1.25μm，因此国内外制造行业普遍提倡以铣代刨。另外，在组合机床上，为了提高机床的工序集中程度，可用多个密齿硬质合金可转位铣刀，同时加工箱体的几个面，以提高加工质量和生产率。

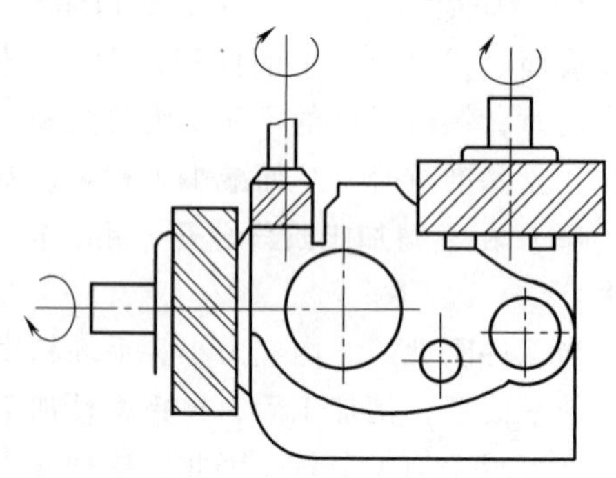

图 8-9 多刀铣削箱体示意图

(2) 箱体孔系的加工方法 孔系是指箱体零件上一系列有位置精度要求的孔的组合。孔系可分为平行孔系、同轴孔系和交叉孔系，如图 8-10 所示。

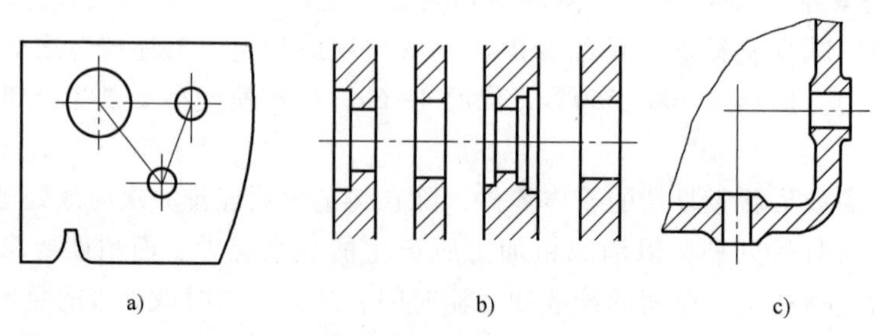

图 8-10 孔系分类

a）平行孔系 b）同轴孔系 c）交叉孔系

孔系加工是箱体零件加工的关键。根据箱体零件生产批量的不同和孔系精度要求的不

同，所用的加工方法也不同。汽车和拖拉机箱体零件上的孔，按其工作性质和加工精度的不同，可分为主要孔和次要孔。其中，主要孔如差速器壳体、减速器壳体及变速器等零件上的轴承座孔，这类孔的公差要求较严，一般为IT7~IT9。至于这类孔的加工，对于差速器壳体、水泵壳等回转体零件上的孔，因其一般都与端面有一定垂直度要求，可在车床类机床（如卧式车床、转塔车床、立式车床、镗孔车端面组合机床）上加工，在一次安装中加工出孔及端面以保证孔与端面的垂直度要求。而对于变速器等平面型箱体零件上的轴承座孔，则多在镗床类机床（如卧式镗床、组合镗床）上加工。次要孔如螺纹底孔及油孔，此类孔的公差等级较大，通常为IT11~IT12，可在普通立式钻床、摇臂钻床或多轴组合钻床上加工。

箱体零件孔系的加工，可在普通镗床或组合镗床上进行。获得孔系各孔之间的位置公差的方法，主要有以下几种：

1）划线找正法和试镗法。按划线加工孔系是最简单的方法。加工前按照零件图在箱体毛坯上各孔的加工位置线，然后按划出的线逐一找正进行加工。这种方法的缺点是找正花费时间长，生产率低，加工误差大，如在卧式镗床上加工，一般孔距误差为±(0.2~0.3) mm。因此，这种方法仅适用于单件小批、对孔距公差要求不高的零件加工或粗加工。

为了提高划线找正的加工精度，可采用试镗法加工孔系，如图8-11所示。

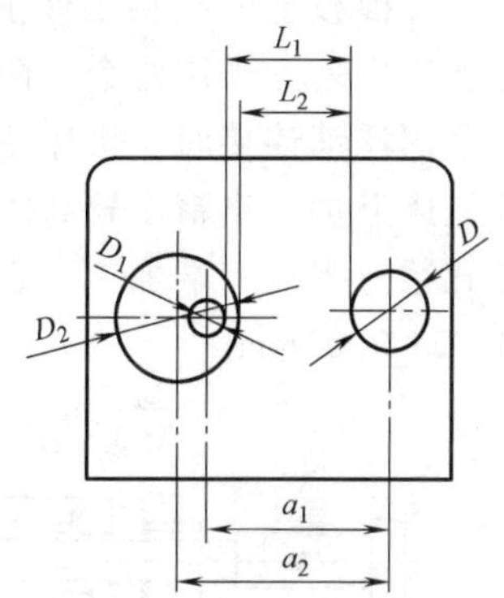

图8-11 试镗法加工孔系

试镗法就是按划线先将较小的第一个孔镗至规定的直径尺寸 D，之后根据划线位置将机床主轴调整到第二个孔的中心孔，把第二个孔镗到略小于规定直径 D_1，并仅镗出一小段深度。测量该两孔之间的距离 L_1，则两孔的中心距为

$$a_1=\frac{D}{2}+L_1+\frac{D_1}{2}$$

根据 a_1 和规定孔中心距的尺寸公差，再校正机床主轴（或工件）的位置，重新镗一段直径为 D_2 的孔（仍略小于规定的孔径），用同样的方法可计算出孔中心距 a_2。这样依次试镗，直至达到规定的孔中心距后，再将第二孔孔径镗至规定尺寸。用这样的方法镗孔，孔中心距误差可达±0.02mm。

试镗法的优点是不需要专门的辅助设备；其缺点是试镗和测量花费时间较多，生产率较低，而且对工人的技术水平要求也较高。

2）坐标法。坐标法镗孔是先把被加工孔系的位置尺寸转换为两个相互垂直的坐标尺寸，然后在机床上利用坐标尺寸的测量装置确定主轴与工件之间的相互位置，从而保证孔系的加工精度。坐标法镗孔的孔距精度取决于坐标的移动精度，也就是取决于坐标测量装置的精度。坐标测量装置的形式很多，有普通刻线尺与游标尺加放大镜的测量装置（精度为0.1~0.3mm），精密刻线尺与光学读数头测量装置（示值精度为0.01mm），还有光栅数字显示装置和感应同步器测量装置（精度可达0.0025~0.01mm）、磁栅和激光干涉仪等。

图8-12所示为在卧式铣镗床上用百分表1和量规2来调整主轴垂直和水平坐标位置的示意图。采用坐标法加工孔系时，要特别注意选择基准孔和镗孔顺序，否则坐标尺寸的累积

误差将影响孔距精度。基准孔应尽量选择本身尺寸精度高、表面粗糙度值小的孔，以便于加工过程中检验其坐标尺寸。

在现代化的汽车、拖拉机制造厂中，在中、小批量生产箱体零件时，还可使用自动换刀数字程序控制镗铣床。这种机床通用性很高，又具有生产率高的特点，是介于万能机床和专用机床之间的一种新型机床。

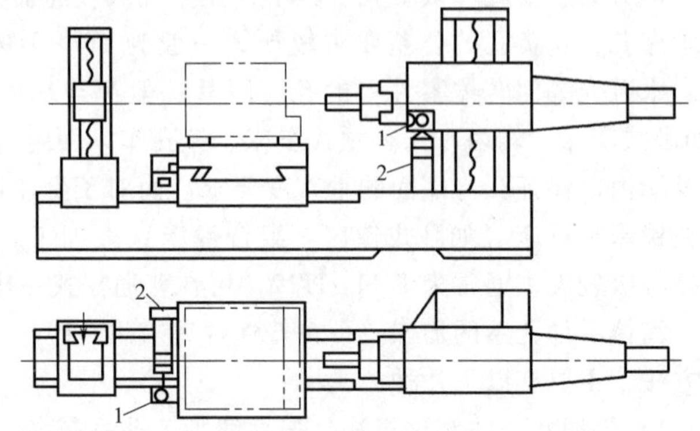

图 8-12　在卧式铣镗床上用坐标法加工孔系

1—百分表　2—量规

3）镗模法。用镗模法加工孔系如图 8-13 所示。工件装夹在镗模上，镗杆被支承在镗模的导套里，增加了系统的刚度。这样，镗刀便通过模板上的孔将工件上相应的孔加工出来。当用两个或两个以上的支承来引导镗杆时，镗杆与机床主轴必须浮动连接。采用浮动连接时，机床主轴回转误差对孔系加工精度影响很小，因而可以在精度较低的机床上加工出精度较高的平行孔系。在车床、卧式镗床或其他机床上均可安装镗模加工孔系。当从一端加工、镗杆两端均有导向支承时，孔与孔之间的同轴度和平行度可达 0.02~0.03mm。

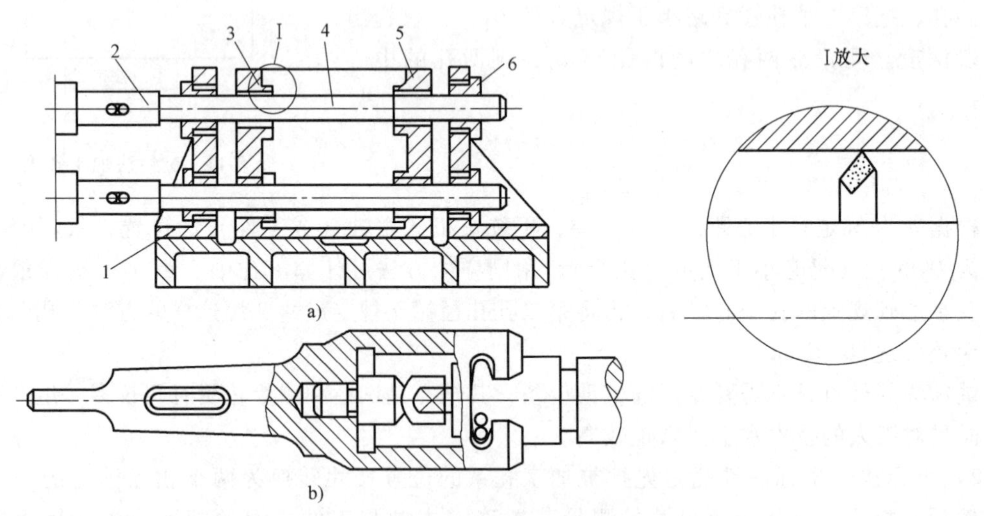

图 8-13　用镗模法加工孔系

a）镗模　b）镗杆活动连接头

1—镗模　2—活动连接头　3—镗刀　4—镗杆　5—工件　6—镗杆导套

8.1.3　大量生产时变速器壳体机械加工的工艺过程

变速器壳体的机械加工工艺过程，随生产类型、结构特点、工厂设备条件等不同而异。变速器壳体在大量生产时的机械加工工艺过程见表 8-1。

表 8-1 变速器壳体在大量生产时的机械加工工艺过程

工序号	工序内容		基准面	设备
	粗、精铣顶面		前后端面的三个铸孔	双轴转台式铣床
1	在顶面上钻、铰两个定位孔		顶面、箱体内壁	立式钻床
2	粗铣左、右两侧面		顶面及其工艺孔	双轴组合铣床
3	粗铣前、后面		顶面及其工艺孔	双轴组合铣床
4	钻孔（左、右、后面）		顶面及其工艺孔	组合机床
5	钻孔（前、后面及倒车齿轮轴孔）		顶面及其工艺孔	组合机床
6	自动线加工			
7	工位 1	铣倒车齿轮轴孔处两内侧面及钻放油孔		
	工位 2	粗镗孔及扩孔		
	工位 3	攻螺纹（放油孔）		
	工位 4	精镗孔及铰孔		
8	工位 5	攻螺纹（顶面、前面）		
9	精铣端面		顶面及其工艺孔	组合铣床
10	精铣左右两侧面		前端面及两主要孔	双轴组合铣床
11	攻螺纹（左、右、后面）			组合机床
11J	清洗			清洗机
	最终检验			

8.2 曲轴制造工艺

8.2.1 概述

1. 曲轴的结构特点

曲轴是汽车发动机的主要零件之一，用以将活塞的往复运动变为旋转运动，承受很大的疲劳载荷和巨大的磨损，一旦发生故障，对发动机有致命的破坏作用。曲轴的结构与一般轴不同，它由主轴颈、连杆轴颈、主轴颈与连杆轴颈之间的曲柄组成，其结构复杂，刚性差，要求精度高。

主轴颈的数目由发动机的形状和用途决定，在单列式多缸发动机中，连杆轴颈的数目与气缸数相同。图 8-14 所示为汽车六缸发动机曲轴，其主轴颈和连杆轴颈不在同一轴线上，具有七个主轴颈；六个连杆轴颈分别位于三个互呈 120°的平面内。

2. 曲轴的主要技术要求

1）主轴颈、连杆轴颈本身的精度，即直径尺寸公差等级通常为 IT6～IT7；主轴颈的宽度极限偏差为+0. 05～−0. 15mm；曲拐半径极限偏差为±0. 05mm；曲轴的轴向尺寸极限偏差为±0. 15～±0. 50mm。

2）轴颈长度公差等级为 IT9～IT10。轴颈的形状公差，如圆度、圆柱度控制在尺寸公差的 1/2 之内。

3）位置精度，包括主轴颈与连杆轴颈的平行度，一般为 100mm 之内不大于 0. 02mm；曲轴各主轴颈的同轴度，小型高速发动机曲轴为 0. 025mm，中大型低速发动机曲轴为 0. 03～0. 08mm；各连杆轴颈的位置度不大于±30′。

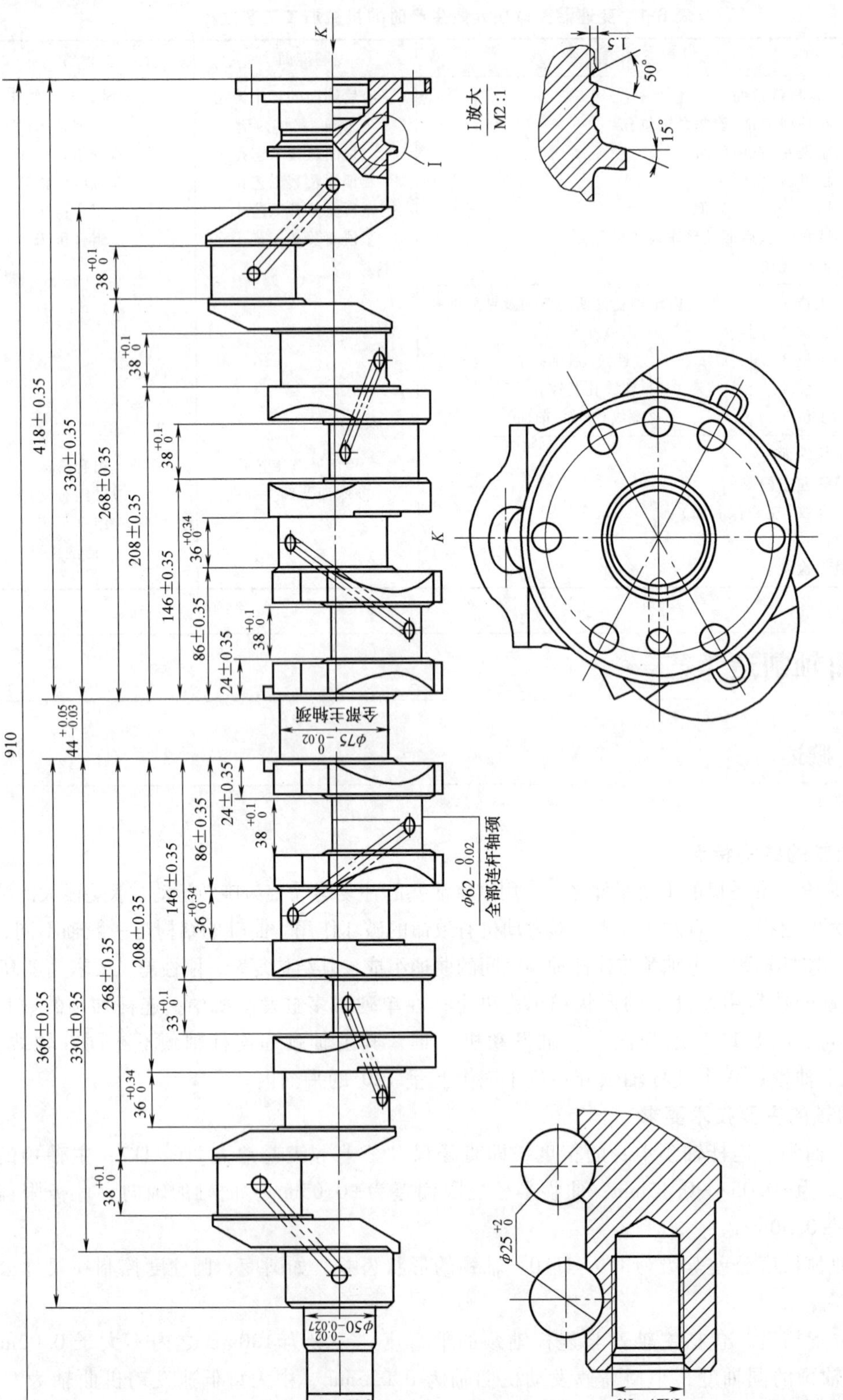

图 8-14　汽车六缸发动机曲轴

4）曲轴的连杆轴颈和主轴颈的表面粗糙度 Ra 值为 0.2～0.4μm；曲轴的连杆轴颈、主轴颈、曲柄连接处圆角的表面粗糙度 Ra 值为 0.4μm。

除上述技术要求外，还有热处理、动平衡、表面强化、油道孔的清洁度、曲轴裂纹、曲轴旋转方向等规定和要求。

3. 曲轴的材料与毛坯

曲轴工作时要承受很大的转矩及交变的弯曲应力，容易产生扭振、折断及轴颈磨损，因此要求用材应有较高的强度、冲击韧度、疲劳强度和耐磨性。一般曲轴的材料为 35、40、45 钢或球墨铸铁 QT600-2；对于高速、重载发动机用曲轴，可采用 40Cr、35CrMoAl、42Mn2V 等材料。

曲轴的毛坯根据批量大小、尺寸、结构及材料品种来决定。批量较大的小型曲轴，采用模锻；单件小批的中大型曲轴，采用自由锻造；球墨铸铁材料则采用铸造毛坯。

4. 曲轴的结构工艺性分析

（1）曲轴的形状复杂　曲轴中连杆轴颈和主轴颈不在同一条轴线上，在连杆轴颈加工中易出现质量分布不平衡的现象，需要配备能迅速找正连杆轴颈中心的偏心夹具，且需在夹具中加一平衡块。

（2）曲轴的结构刚性差　曲轴的长径比大，又具有多个偏心连杆轴颈，因此刚性较差。为防止其在加工过程中变形，需要选用较高刚度的机床、刀具及夹具，并用托轮来增强刚性；也可用两端传动和中间传动的方式联合驱动曲轴，增加辅助支承，改善曲轴的支承方式并缩短支承距离，以减小曲轴在加工中的弯曲、扭转变形和振动；同时还可以在加工中尽可能使切削力相互抵消或合理安排定位支承基准使其靠近被加工表面，以减小切削力所引起的变形。中间增设校直工序，能够减小前道工序的弯曲变形对后道工序的影响。

（3）曲轴加工的技术要求高　曲轴的机械加工工艺过程将随生产纲领和曲轴复杂程度的不同而有很大区别，但工艺内容一般均包括定位基准的加工，粗、精车和粗磨各主轴颈及其他外圆；车连杆轴颈；钻油孔；精磨各主轴颈及其他外圆；磨连杆轴颈；大、小头及键槽加工；轴颈表面处理；动平衡；超精加工各轴颈。

8.2.2　曲轴的机械加工工艺

1. 曲轴机械加工的定位基准

汽车制造业由于产量较大，一般在加工连杆轴颈时，可利用已加工过的主轴颈定位，安装专用的偏心卡盘分度夹具，使连杆轴颈的轴线与转动轴线 4 重合，如图 8-15 所示。连杆轴颈之间的角度位置精度靠夹具上的分度装置来保证，加工时（多拐曲轴）依次加工同一轴线上的连杆轴颈及曲柄端面，工件 2 通过在夹具体 3 上的分度板 1 与分度定位销 5 分度。由于曲轴偏心装夹，虽然卡盘上装有平衡块，但曲轴回转时仍免不了产生振动，因此必须适当降低主轴转速。对于大批量生产，为了提高其加工生产率，采用专用的半自动曲轴车床，工件能在一次装夹下（仍以主轴颈定位）车削连杆所有轴颈。专用自动曲轴磨床也能同时磨削连杆所有轴颈。

2. 加工阶段的划分

曲轴的主要加工部位是主轴颈和连杆轴颈，次要加工部位是油孔、法兰、曲柄、螺孔、

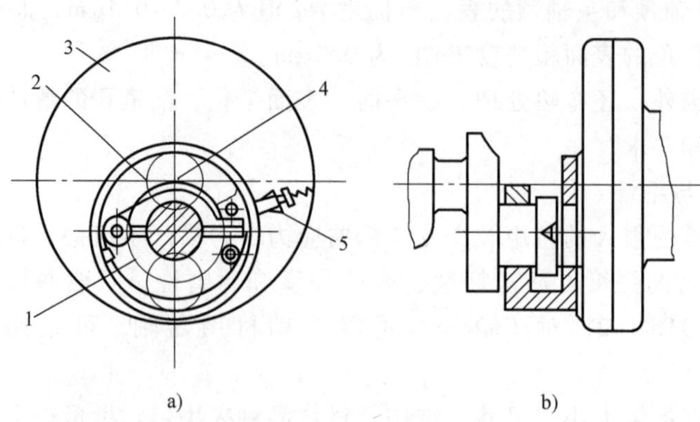

图 8-15　偏心卡盘分度夹具

1—分度板　2—工件　3—夹具体　4—转动轴线　5—分度定位销

键槽等；曲轴加工中除包括机械加工之外，还有轴颈表面中频淬火、检测、动平衡等，在加工过程中还要安排校直、检验、清洗等工序。

曲轴的机械加工工艺过程大致可分为，加工定位基准面；粗加工主轴颈和连杆轴颈；加二润滑油道等次要表面；主轴颈和连杆轴颈中频表面淬火；精加工主轴颈和连杆轴颈；加工键槽和轴承孔等；动平衡；光整加工主轴颈和连杆轴颈。

曲轴的主轴颈和连杆轴颈的技术要求都很严格。各轴颈表面加工一般安排为粗车→精车→粗磨→精磨→超精加工。

粗加工时，一般都以中间主轴颈为辅助定位基准，且都是先粗加工和半精加工中间主轴颈，然后再加工其他主轴颈。

连杆轴颈的粗、精加工一般统一以曲轴两端主轴颈定位。连杆轴颈的粗、精加工都安排在主轴颈加工之后进行。

3. 曲轴主要表面的加工方法

（1）曲轴中心孔的加工　铣端面、钻中心孔是曲轴加工的第一道工序。中心孔是后续加工工序的主要定位基准，它的精度对后续工序特别是动平衡产生很大的影响。此外，工序的变动和各加工表面余量分布对动平衡的影响更大。

曲轴有几何轴线和质量轴线两个轴线。如在普通的铣端面、钻中心孔机床上，以曲轴两端主轴颈外圆定位，则所钻出的中心孔是几何中心孔，所形成的轴线就是曲轴的几何轴线。

由于曲轴常用几何中心孔定位加工，而几何轴线又往往偏离质量轴线，所以在曲轴加工工艺过程中必须安排曲轴动平衡工序。

曲轴的质量轴线是自然存在的。如果在动平衡、钻中心孔机床上先找出曲轴的质量轴线，再按其轴线所处位置钻出中心孔，这时所得到的则是质量中心孔。用质量中心孔定位加工曲轴，可以大大减少机械加工后平衡和去重所需的工作量，也有利于减少机械加工中机床的磨损。目前质量中心孔使用得较少，原因是动平衡、钻中心孔机床的价格太高。

小批量生产中，曲轴的中心孔一般在卧式车床上加工。在大批量生产中，曲轴几何中心孔的加工一般在专用的铣端面、钻中心孔机床上进行。质量中心孔一般在质量中心钻床上加工。

（2）曲轴轴颈车削加工

1）主轴颈车削。大批量生产时，通常在多刀半自动车床上采用成形车刀车削曲轴主轴颈。为了提高主轴颈的相对位置精度，一般采用两次车削工艺。第二次精车主要是为了保证轴颈宽度和轴颈相对位置。为了减小曲轴加工时的扭曲，机床常采用两端传动或中间驱动的驱动方式，如图 8-16 所示。随着车刀的径向进给，在曲轴转速不变时，切削速度将下降，由于铸造毛坯的起模斜度或锻造毛坯模锻斜度的影响，端面的切削余量及切削力将逐渐增大。所以专用的曲轴车床在加工过程中，曲轴的转速需要自动增加；而车刀的每转进给量又能自动逐渐减小，以便维持恒速切削，从而能够更好地发挥设备的效率功能和提高加工质量。

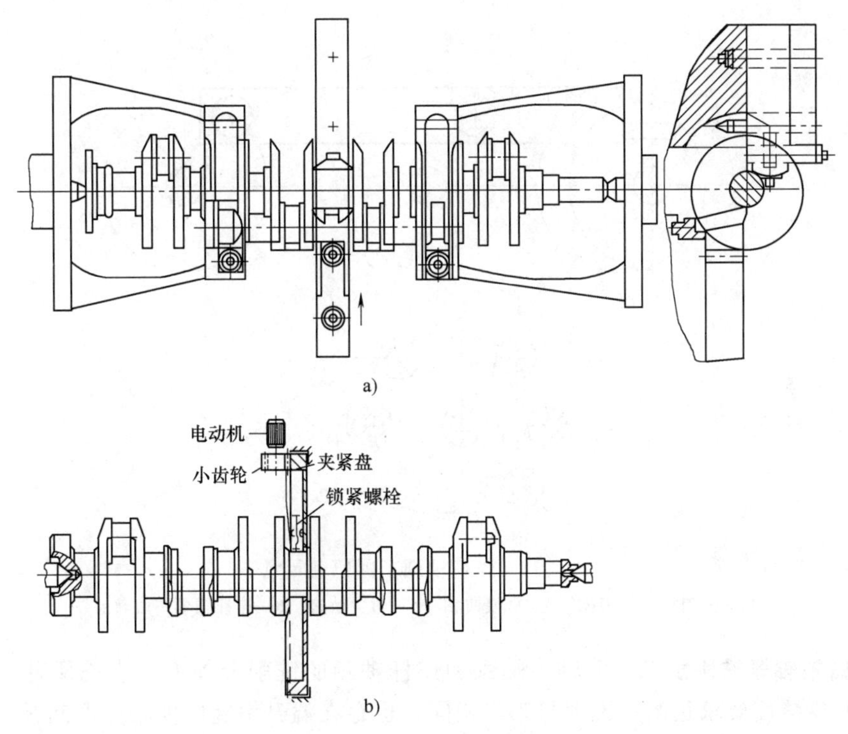

图 8-16　曲轴的两种驱动方式

a）两边驱动　b）中间驱动

为了减少切削时径向切削力引起的曲轴变形，车削主轴颈时，刀具按图 8-17 所示布置。图 8-17 中刀具宽度的关系为 $a=2b$。为保证各主轴颈的相对位置尺寸，机床顶尖对曲轴的顶紧力不能过大，并保持稳定。在车削过程中，曲轴受热会膨胀弯曲，应加强冷却。

2）连杆轴颈车削。小批量生产时，连杆轴颈的粗加工在卧式车床上进行，且以连杆轴颈的中心线为回转中心进行车削。加工时，需在夹具上安装平衡块，以平衡曲轴的重量。当无法加平衡块时，则常采用专用机床让曲轴不动，而由刀架旋转进行加工。

在大批量生产中，常采用两端传动的车床来顺次加工位于同一轴线上的连杆轴颈。安装曲轴时应使待加工的连杆轴颈和车床主轴的回转轴线重合。夹具可使曲轴主轴颈的轴线相对

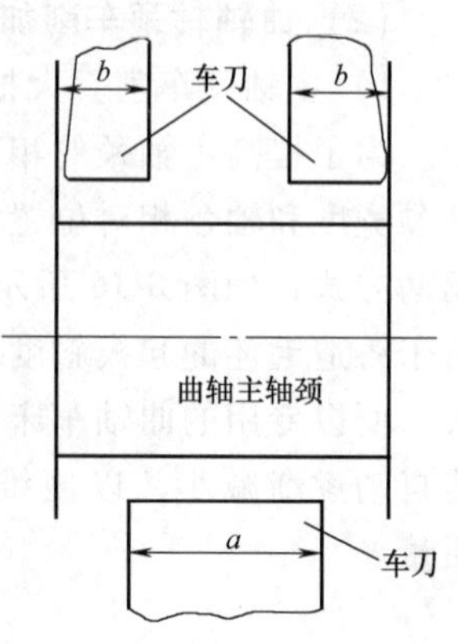

图 8-17 主轴颈车削刀具布置

于机床主轴的回转轴线偏移一个曲柄半径的距离。这种方法加工连杆轴颈的优点是可以在改装过的卧式车床上进行；缺点是无法同时加工多个连杆轴颈，生产率低。在成批生产的工厂里常采用这种加工方法。

由于同时车削所有连杆轴颈的切削力很大，在车削时应将曲轴的主轴颈支承在机床的中心架上。加工时，曲轴绕主轴颈转动，车床上有两根标准的曲轴靠模，它们与被加工的曲轴同步旋转，并带动刀架运动（因刀架安装在靠模曲轴的连杆轴颈上）而对连杆轴颈进行切削，如图 8-18 所示。为了减小曲轴的扭转变形，可采用两端驱动式机床。这种机床生产率很高，适用于单一品种大批量生产。

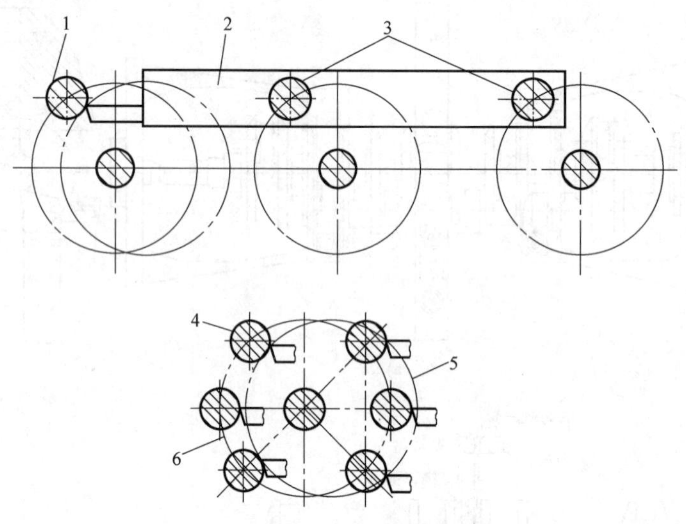

图 8-18 连杆轴颈车削原理示意

1、4—工件 2—刀架 3—靠模曲轴 5—刀尖轨迹 6—连杆轴颈中心轨迹

（3）曲轴轴颈铣削加工 曲轴主轴颈和连杆轴颈的铣削分外铣与内铣两种。铣削所用的刀盘和刀片精度要求很高；铣削与车削相同，也存在温升引起的曲轴变形问题，应尽量加强冷却。

铣削连杆轴颈的加工过程如下：

外铣：以曲轴两端主轴颈径向定位，用止推面周向定位。高速旋转的铣刀径向进给到连杆轴颈规定的直径尺寸后，曲轴低速绕主轴颈轴线旋转一周，铣刀跟踪曲轴连杆轴颈铣削，即可完成连杆轴颈的加工。其加工原理如图 8-19 所示。

内铣：连杆轴颈内铣有曲轴旋转和曲轴不旋转两种。曲轴旋转时，定位夹紧与外铣大致相同。高速旋转的内铣刀径向进给到连杆轴颈规定的尺寸后，曲轴低速绕主轴颈轴线旋转一周，铣刀跟踪连杆轴颈做切向进给运动，以完成一个连杆轴颈的加工。其加工原理如图 8-20 所示。工件不旋转时，内铣加工所用的铣刀不仅绕自己的轴线自转，还绕连杆轴颈公转一周。

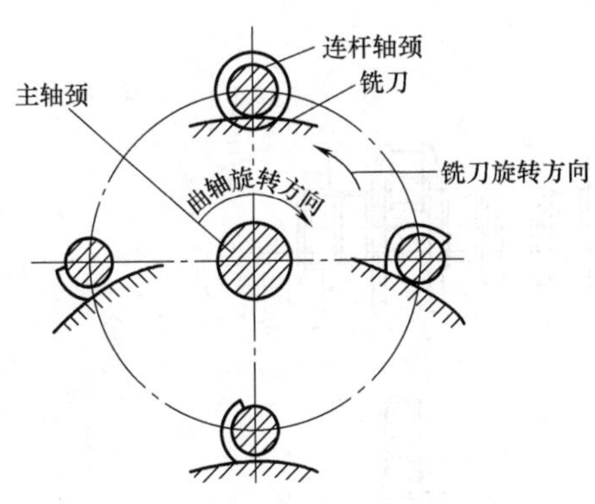

图 8-19 外铣连杆轴颈的加工原理

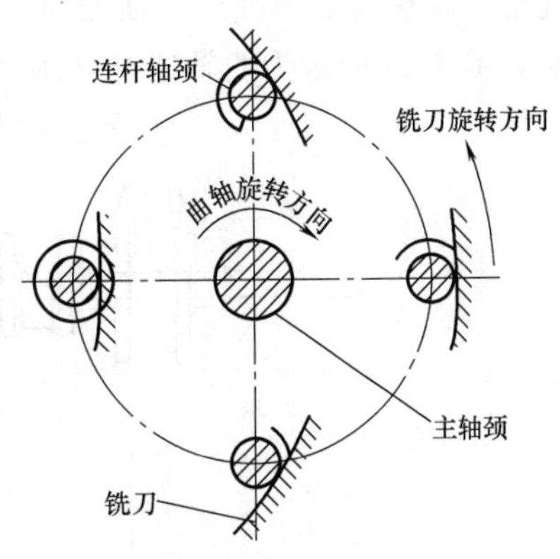

图 8-20 内铣连杆轴颈的加工原理

（4）曲轴车拉加工 车拉加工是近些年发展起来的新型加工工艺，目前已在发动机曲轴加工中得到应用。车拉加工实际上是车削和拉削加工的结合，可在一次装夹中完成轴颈、圆角、辐板侧面的加工，精度高，可直接省去精车、粗磨工序。在车拉加工中，除了工件做旋转运动以外，刀具也做进给运动，以实现车拉加工。

根据刀具的运动形式，车拉加工可分为直线式车拉和旋转式车拉两类。

1）直线式车拉。直线式车拉是在加工过程中，车拉刀具沿曲轴轴颈切线方向做直线运动，曲轴旋转，进给量由相邻两个车拉刀之间的高度差，即刀具升程来确定。车拉刀具与平面拉刀相似，其工作原理如图 8-21 所示。

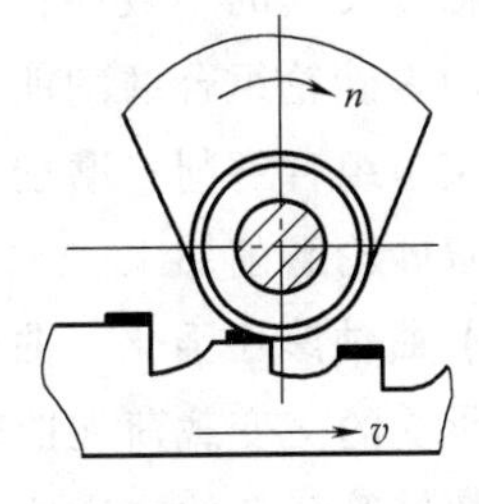

图 8-21 直线式车拉的工作原理

2）旋转式车拉。旋转式车拉中，工件旋转，刀具也同时旋转并有时兼做径向进给运动。

根据刀齿径向切入进给方式的不同，旋转式车拉又分为螺线形刀具车拉和圆柱形刀具车拉两种，其工作原理如图 8-22所示。

采用螺线形刀具时，工件与刀具轴线之间的距离保持不变，刀具的径向切入进给是靠刀具上刀齿的高度各不相同形成阶梯式齿升来实现的。采用圆柱形刀具时，刀具一边做旋转运动，一边通过径向运动实现进给与让刀。

根据有关工厂测定，车拉后的曲轴尺寸误差参数如下：

① 主轴颈直径误差≤±0. 04mm。

② 主轴颈宽度误差≤±0. 04mm。

③ 连杆轴颈回转半径误差≤0. 05mm。

④ 连杆轴颈分度位置误差≤±0. 07mm。

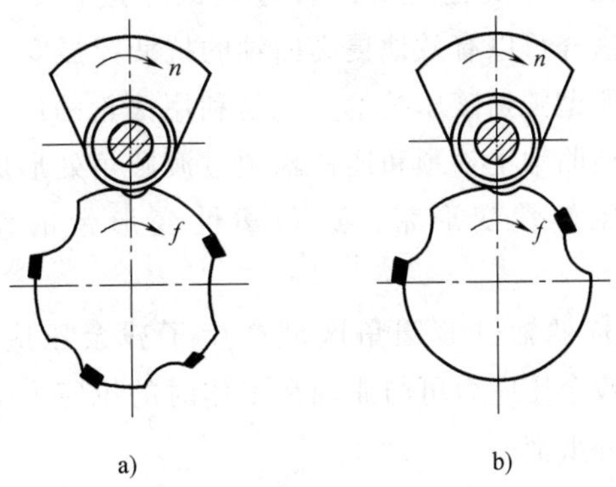

图 8-22 旋转式车拉的工作原理
a）螺线形刀具车拉 b）圆柱形刀具车拉

（5）曲轴磨削 对于传统的普通曲轴磨床，磨削线速度为 35m/s 左右，砂轮进给和修整为手动进给，轴径和台肩的磨削余量大，砂轮寿命低，对工人的技术水平要求较高。图 8-23 所示为曲轴连杆轴颈磨削示意图。

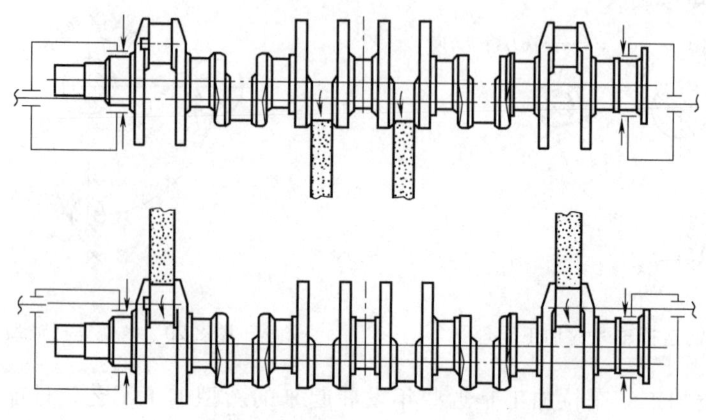

图 8-23　曲轴连杆轴颈磨削示意图

目前，曲轴采用多种磨削方式来加工，主要包括单序加工和组合加工。

采用单序加工，其磨削效率高，磨削后轴颈的跳动量容易控制，砂轮一次修整完毕后能保证各轴颈尺寸的一致性；缺点是柔性差，只能加工单系列产品。

采用多砂轮组合磨削能够适应曲轴加工的需求。例如，对于曲轴前端和后端，可以采用宽砂轮实施组合磨削；磨削四拐曲轴主轴颈可以采用五砂轮组合；磨削四拐曲轴连杆轴颈可以采用双砂轮磨削加工。

（6）曲轴滚压强化　曲轴圆角滚压是现代曲轴加工的一种新工艺，如图 8-24 所示。由于曲轴承受的交变载荷在曲轴的各个部位均产生弯曲、扭转等复杂的交变应力，极易造成疲劳断裂，尤其是在主轴颈与连杆轴颈和连杆臂的过渡处最为凸出。为了减少应力集中、提高疲劳强度，除了在结构上把过渡处设计为过渡圆角外，同时在工艺实施上对曲轴过渡圆角进行滚压强化，这样可以有效地提高曲轴的抗疲劳强度。

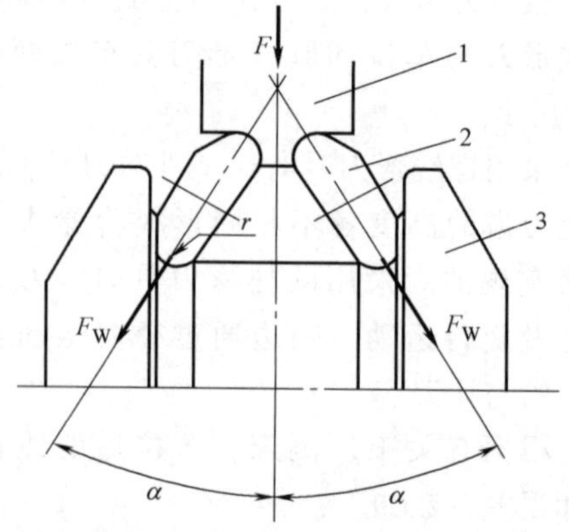

图 8-24　圆角滚压示意图

1—施力器　2—滚轮　3—工件　F—滚压力

所谓圆角滚压技术，就是利用滚轮的压力作用，在曲轴主轴颈和连杆轴颈过渡圆角处形成一条滚压塑性变形带，这条塑性变形带的作用如下：

① 曲轴过渡圆角区域产生了残余压应力，这种残余压应力可与曲轴在工作时的拉应力抵消或部分抵消。

② 硬度提高。滚压使圆角处形成高硬度的致密层，提高了该区域材质的机械强度。

③ 表面粗糙度值减小。圆角滚压可使圆角表面粗糙度 Ra 值达到 0.1μm 以下，从而大

大减小了圆角处的应力集中。

曲轴圆角滚压可一次性地对所有圆角区域进行滚压，且可以控制主轴颈与连杆轴颈圆角不同的滚压用压力，即使在同一连杆轴颈圆角的不同方向上，其滚压用压力也可不同，可经济而合理地得到最佳的滚压效果，从而能够最大限度地提高曲轴的抗疲劳强度。

8.2.3　大量生产时曲轴机械加工的工艺过程

汽车发动机的制造业中，曲轴的加工多属于大批量生产，按工序分散原则安排工艺过程。大量生产的六缸汽油机曲轴机械加工工艺过程见表 8-2。

表 8-2　大量生产的六缸汽油机曲轴机械加工工艺过程

工序号	工序内容	工序设备	工序号	工序内容	工序设备
1	铣端面，钻中心孔	铣钻组合机床	21	高频感应加热淬火另一部分轴颈表面	曲轴高频感应加热淬火机
2	粗车第四主轴颈	曲轴主轴颈车床	22	校直曲轴	油压机
3	校直第四主轴颈摆差	油压机	23	精磨第四主轴颈	双砂轮架外圆磨床
4	粗磨第四主轴颈	双砂轮架外圆磨床	24	精磨第七主轴颈	双砂轮架外圆磨床
5	车削第四主轴颈以外所有的主轴颈	曲轴主轴颈车床	25	车回油螺纹	曲轴回油螺纹车床
6	校直主轴颈摆差	油压机	26	精磨第一主轴颈与齿轮轴颈	双砂轮架外圆磨床
7	粗磨第一主轴颈与齿轮轴颈	双砂轮架外圆磨床	27	精磨带轮轴颈	双砂轮架外圆磨床
			28	磨油封轴颈与法兰外圈	双砂轮架外圆磨床
8	精车第二、三、五、六、七主轴颈、油封轴颈和法兰	曲轴车床	29	精磨第二、三、五、六主轴颈	双砂轮架外圆磨床
9	粗磨第七主轴颈	双砂轮架外圆磨床	30	粗磨六个连杆轴颈	曲轴磨床
10	粗磨第二、三、五、六主轴颈	双砂轮架外圆磨床	31	精磨六个连杆轴颈	曲轴磨床
11	在第一、第十二曲柄上铣定位面	曲轴定位面铣床	32	在带轮轴颈上铣键槽	键槽铣床
			33	加工两端孔	两端孔组合机床
12	车六个连杆轴颈	曲轴连杆轴颈车床	34	检查曲轴不平衡量	曲轴动平衡自动线
13	清洗	清洗机	35	在连杆轴颈上钻去重孔	特种去重钻床
14	在连杆轴颈上球窝	球形孔钻床	36	去毛刺	风动砂轮机
15	在第一、第六连杆颈上钻油孔	深孔组合钻床	37	校直曲轴	油压机
			38	加工轴承孔	蓝轴轴承专用车床
16	在第二、第五连杆颈上钻油孔	深孔组合钻床	39	精车法兰断面	端面车床
17	在第三、第四连杆颈上钻油孔	深孔组合钻床	40	去毛刺	风动砂轮机
18	在主轴颈上油孔口处倒角	交流两相电钻	41	粗抛光主轴颈与连杆轴颈	凸油磨石抛光机
19	去毛刺	风动砂轮机	42	精抛光主轴颈与连杆轴颈	曲轴砂带抛光机
20	高频感应加热淬火部分轴颈表面	曲轴高频感应加热淬火机	43	清洗	清洗机
			44	最后检查	

8.3 连杆制造工艺

8.3.1 概述

1. 连杆的结构特点

汽车发动机连杆的作用是将活塞销传来的力传给曲轴，并将活塞在气缸内的往复直线运动转变为曲轴的旋转运动。

图 8-25 所示为汽车发动机连杆总成，主要由大头、小头和杆身等部分组成。大头为分开式结构，连杆体与连杆盖用螺栓连接。大头孔和小头孔内分别安装轴瓦和衬套。为了减小

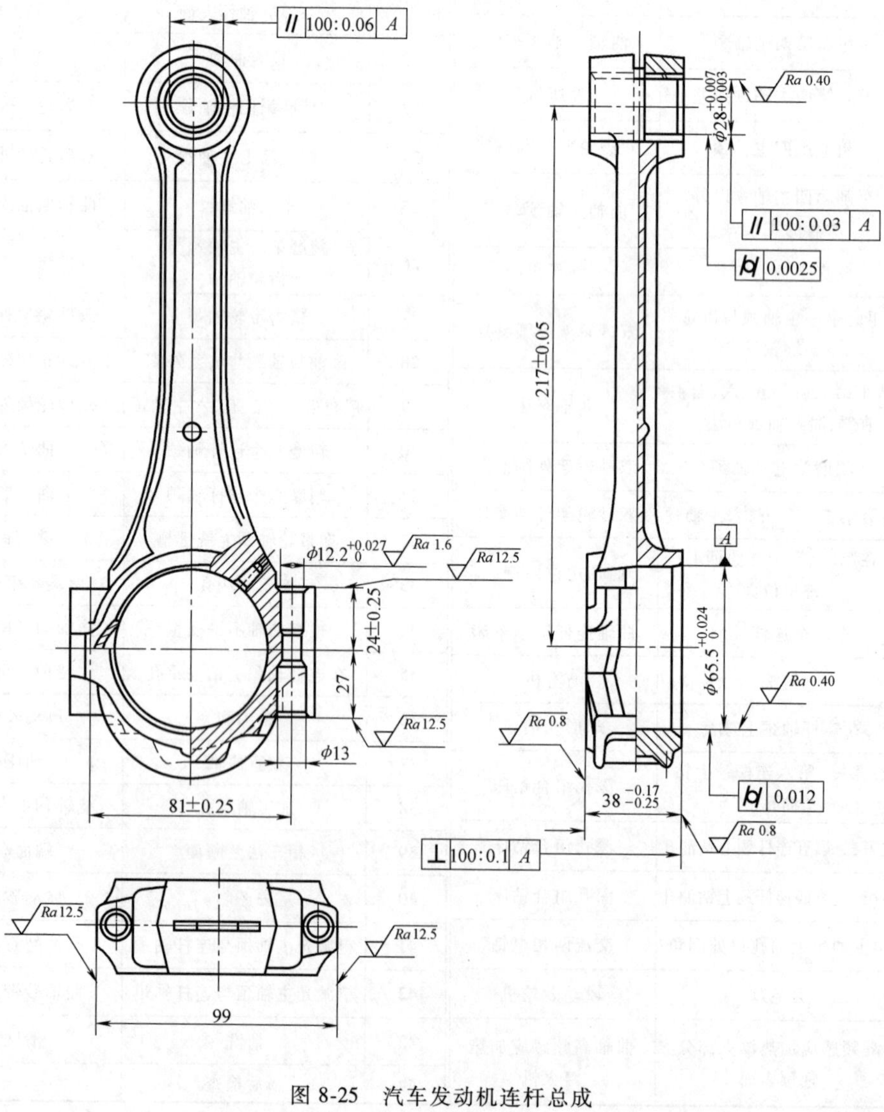

图 8-25 汽车发动机连杆总成

质量并保证连杆体具有足够的强度和刚度，连杆的杆身截面多为工字形，其外表面不需要机械加工。连杆的大头和小头端面，通常都与杆身对称。有些连杆在结构上设计有工艺凸台、中心孔等，作为机械加工时的辅助基准。

2. 连杆的主要技术要求

1）连杆小头孔的尺寸公差等级不高于 IT7，表面粗糙度 Ra 值不大于 0.80μm，圆柱度公差等级不低于 7 级。

2）连杆大头孔的尺寸公差与所用轴瓦的种类有关。当直接浇注巴氏合金时，大头底孔的尺寸公差等级为 IT9；当采用薄壁轴瓦时，大头底孔的尺寸公差等级为 IT6。其表面粗糙度 Ra 值不大于 0.80μm，圆柱度公差等级不低于 6 级。

3）连杆小头孔及小头衬套孔轴线对连杆大头孔轴线的平行度：在大、小头孔轴线所决定的平面的平行方向上，平行度公差值应不大于 100：0.03；垂直于上述平面的方向上，平行度公差值应不大于 100：0.06。

4）为了保证发动机运转平稳，对于连杆的重量及装在同一台发动机中的连杆重量差都有要求。

3. 连杆的材料和毛坯

汽车发动机连杆的材料，一般采用 45 钢（精选碳的质量分数为 0.42%～0.47%）或 40Cr、35CrMo，并经调质处理，以提高其强度及抗冲击能力。我国有些工厂也有用球墨铸铁制造连杆的。

钢制连杆一般采用锻造。连杆毛坯的锻造工艺方案有两种：整体锻造、连杆体和连杆盖分开锻造，但目前多采用分体锻造工艺。中、小型的连杆，其大、小头的端面常进行精压，以提高毛坯精度。

4. 连杆的结构工艺性分析

(1) 连杆盖和连杆体的连接方式　连杆盖和连杆体的定位方式主要有用连杆螺栓、套筒、齿形和凸肩定位连接四种，如图 8-26 所示。

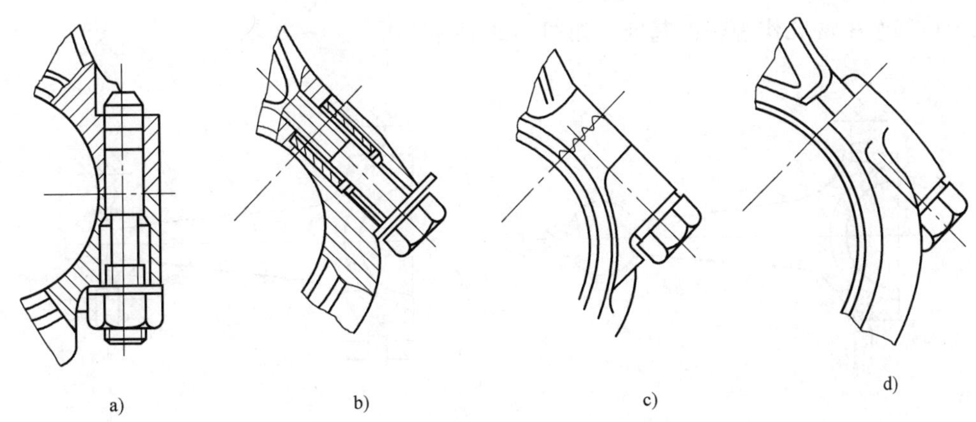

图 8-26　连杆盖和连杆体连接的定位方式

a）用连杆螺栓定位连接　b）用套筒定位连接　c）用齿形定位连接　d）用凸肩定位连接

(2) 连杆大、小头厚度　考虑加工时的定位、加工中的输送等要求，连杆大、小头一

般采用相等厚度。

（3）连杆杆身上油孔的大小和深度 活塞销与连杆小头衬套孔之间需进行润滑，部分发动机连杆采用压力润滑。

8.3.2 连杆机械加工工艺

1. 连杆机械加工的定位基准

连杆加工工艺过程的大部分工序都采用统一的定位精基准：一个端面、小头孔及工艺凸台。因端面的面积大，定位也较稳定，可保证加工精度。以端面、小头孔作为定位基准，也符合基准重合原则。

根据连杆加工工艺要求，可设置工艺凸台。图 8-27a 所示为大、小头侧面都有工艺凸台的连杆，图示是用端面、大头孔和小头工艺凸台为定位基准加工小头孔的工序图。图 8-27b 所示为大头侧面有工艺凸台的连杆，图示是用端面、小头孔和大头工艺凸台为基准加工接合面的工序图。图 8-27c 所示为大、小头侧面和小头顶面有工艺凸台的连杆，图示是用端面和工艺凸台为定位基准加工大头孔或小头孔，也可以同时加工大、小头孔的工序图。这三种结构形式不同的连杆的定位方式适用于产量较大的生产。

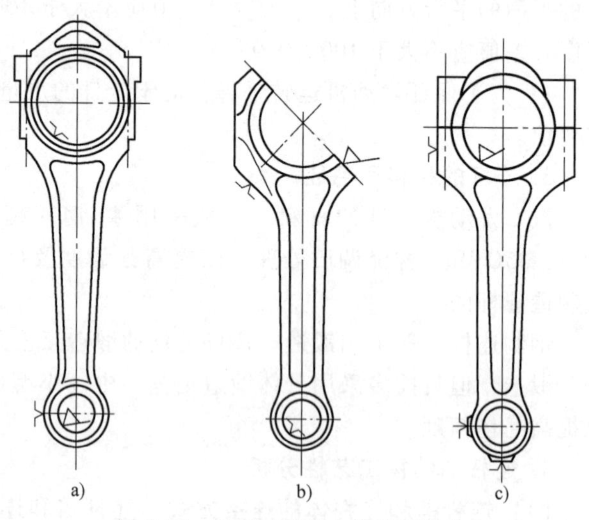

图 8-27 不同工艺凸台的连杆结构

此外，有的连杆在大、小头侧面有三个或四个中心孔作为辅助基准，如图 8-28 所示。

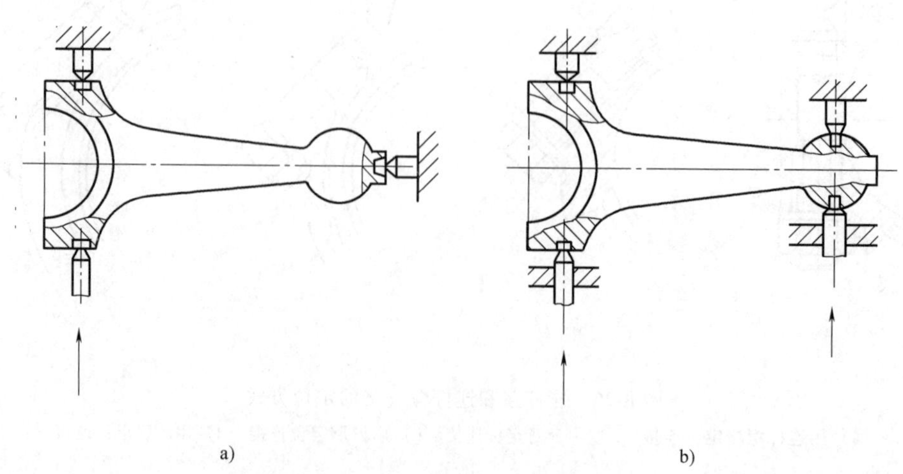

图 8-28 以中心孔作辅助基准的连杆

采用三个或四个中心孔的定位方法，不仅可以使加工过程中基准不变，而且还可以实现大、小头同时加工。

2. 连杆合理的夹紧方法

连杆是一个刚性较差的工件，应十分注意夹紧力的大小、方向及作用点位置的选择，以免因受夹紧力的作用而产生变形，降低加工精度。图 8-29 所示为不正确的夹紧方法。

实际生产中，设计粗铣两端面的夹具时（见图 8-30），应使夹紧力主方向与端面平行。在夹紧力作用的方向上，大头端部与小头端部的刚度大，即使有一点变形，也产生在平行于端面的方向上，对端面平行度影响较小。夹紧力通过工件直接作用在定位元件上，可避免工件产生弯曲或扭转变形。

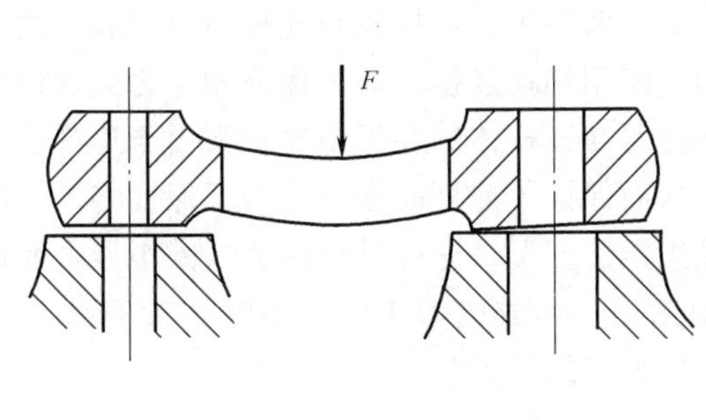

图 8-29 连杆的夹紧变形

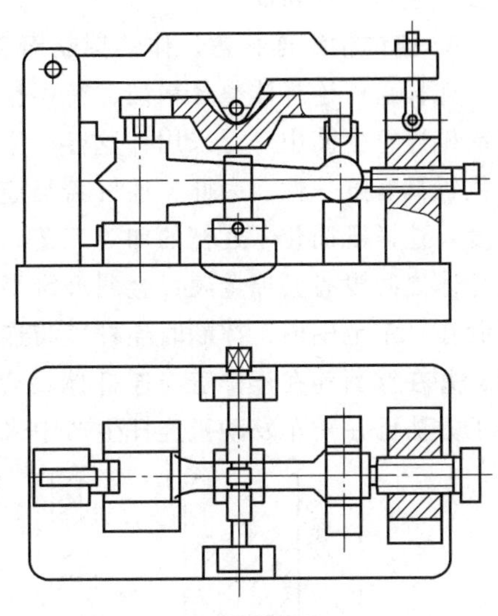

图 8-30 粗铣连杆两端面的夹具

3. 连杆主要表面的加工方法

（1）两端面的加工 连杆大、小头端面是连杆加工过程中的主要定位基准，所以应先加工，且随着工艺过程的进行要逐渐精化，以提高其定位精度。在大批量生产中，连杆两端面多采用拉削和磨削加工。若毛坯精度较高、加工余量较小，可直接进行磨削。磨削连杆端面，可在单轴平面磨床、卧式双端面磨床或立式多轴圆台平面磨床上进行。精磨大、小头端面，是在连杆盖与连杆体合件后，精镗大、小头孔之前进行的，为大、小头孔的精加工提供精确定位基准。

（2）大、小头孔的加工 连杆大、小头孔的加工是连杆加工中的关键工序，尤其是大头孔的加工是连杆各部位加工中要求最高的部位，直接影响连杆成品的质量。连杆大、小头孔的加工包括粗加工、半精加工和精整加工三个阶段。

1）大、小头孔的粗加工和半精加工。在连杆的端面加工后，接着进行小头孔的加工。在大量生产中多采用钻-拉方案进行小头孔的粗加工和半精加工：先钻（扩）小头孔，将小头孔两端倒角后，在立式拉床上拉孔。该方案生产率高，且加工精度易保证。对于大头孔的加工，通常是在切开连杆盖后与连杆体合装在一起进行加工。大量生产时，可在连杆盖切开（铣削或拉削）后，在连续式拉床上将大头的侧面、半圆孔和接合面一起进行拉削。

2）大、小头孔的精加工。连杆大头孔的半精加工、精加工和光整加工都是在连杆盖和连杆体合件后进行的。由于小头孔在合件前已经加工到一定尺寸公差，故合件后直接进行精加工。

连杆大、小头孔的金刚镗床镗孔是保证连杆大、小头孔中心距公差和位置公差的主要方法。因为镗孔能修正前道工序造成的孔的歪斜，保证孔与其他孔或平面的位置精度。大、小头孔的精镗一般是在双面、双轴金刚镗床上进行的。由于连杆刚度小，易变形，故应合理地确定其镗孔时的夹紧方式。为了减少装夹时的变形，除了要控制装夹力的大小之外，采用图8-31所示的连杆小头浮动夹紧装置，效果较好。使用时，先将定位插销10插入小孔，大头端面靠在支承上（图中未画出），在大头端面上夹紧；之后拧紧螺母3，浮动夹爪1、2便同时夹紧小头两端面；最后拧紧锁紧螺栓7，锁紧套5、6就将夹爪固定于支座4上。由于夹爪是浮动的，故不会改变连杆的正确位置，锁紧之后成为刚性支承，从而保证镗大孔时小头不会产生弯曲和扭曲。

4. 整体精锻连杆盖、体的撑断新工艺

连杆盖、连杆体整体精锻，待半精加工后，采用连杆盖与连杆体撑断的方法，已在汽车发动机连杆生产中广泛采用，这样产生的接合断面凸凹不平，连杆盖与连杆体再组装时的装配位置具有唯一性。因此，连杆盖与连杆体之间只需用螺栓连接，即可保证相互之间的位置精度。这样既简化了连杆的加工工艺，保证了连杆盖与连杆体的装配精度，又由于连杆盖与连杆体之间没有去掉金属，金属纤维是连续的，从而保证了连杆的强度。为了保证将撑断面控制在一定范围内，撑断时连杆盖与连杆体不发生塑性变形，连杆设计时适当减小接合面面积，并在撑断前在连杆盖与连杆体接合处拉出引断槽，形成应力集中，如图8-32所示。此加工方法已在轿车发动机连杆生产中采用，是连杆加工的新工艺。

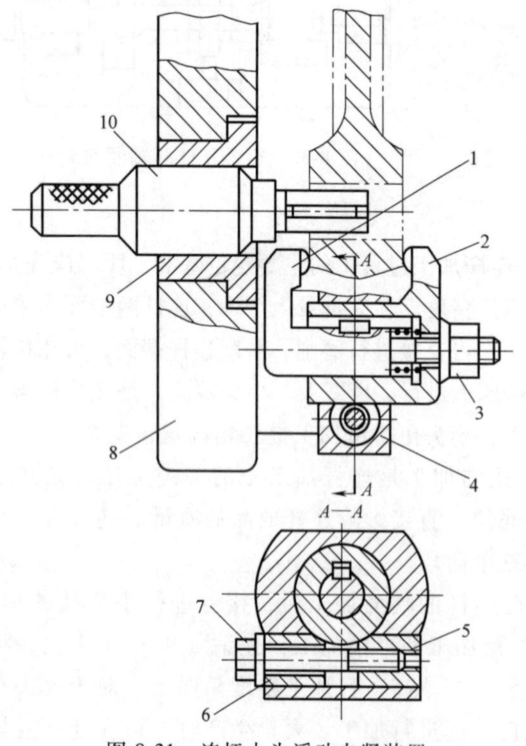

图 8-31 连杆小头浮动夹紧装置

1、2—浮动夹爪 3—螺母 4—支座 5、6—锁紧套 7—锁紧螺栓 8—夹具体 9—定位套 10—定位插销

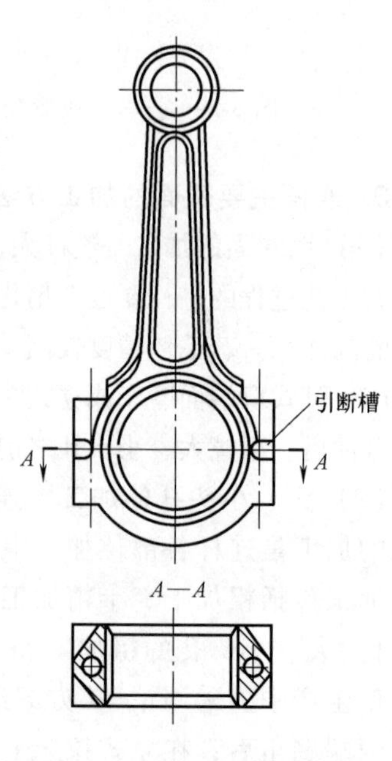

图 8-32 采用撑断工艺的连杆结构图

8.3.3　大量生产时连杆机械加工的工艺过程

在汽车发动机的制造中，连杆的加工多属于大批大量生产，广泛采用先进工艺和高生产率专用机床，实现机械加工、连杆盖和连杆体装配、称重、检验、清洗和包装等工序自动化。

大量生产整体锻造和分开锻造的连杆机械加工工艺过程分别见表8-3和表8-4。

表8-3　大量生产整体锻造的连杆机械加工工艺过程

工序号	工序内容	设备	工序号	工序内容	设备
1	粗、精铣大小头端面	立式铣床	15	磨连杆大头两端面	平面磨床
2	钻、扩小头孔	立式钻床	16	半精镗大头孔	专用镗床
3	半精镗小头孔	专用镗床	17	车连杆大头侧面	卧式车床
4	铣定位凸台	立式铣床	18	拆开和装配连杆盖	钳工台
5	自连杆上切下连杆盖	卧式铣床	19	精镗大头孔	专用镗床
6	锪连杆盖螺栓头贴合面	立式钻床	20	精镗小头孔	专用镗床
7	精铣接合面	立式铣床	21	小头孔压入衬套	油压机
8	粗镗大头孔	专用镗床	22	精镗小头衬套孔	专用镗床
9	磨接合面	平面磨床	23	拆开连杆盖	钳工台
10	钻、扩、铰螺栓孔	立式钻床	24	铣锁口槽	卧式铣床
11	锪连杆体螺栓头贴合面	立式钻床	25	清洗、去毛刺	钳工台
12	钻阶梯油孔	立式钻床	26	装配连杆盖和连杆体	钳工台
13	去毛刺，清洗	钳工台	27	称重、去重	钳工台
13J	中间检验		27J	最终检验	
14	装配连杆盖和连杆体、打字头	钳工台			

表8-4　大量生产分开锻造的连杆机械加工工艺过程

工序号	工序内容	设　备	工序号	工序内容	设　备
1	粗磨两端面	立式双轴平面磨床	12	装配连杆盖和连杆体	钳工台
2	钻小头孔	立式钻床	13	扩大头孔	八轴钻床
3	拉小头孔	立式拉床	14	精磨两端面	立式双轴平面磨床
4	拉接合面、侧面及半圆孔	连续式拉床	15	精镗大头孔	金刚镗床
5	拉螺栓头贴合面	立式拉床	16	称重、去重	特种秤、立式钻床
6	铣小头油槽	卧式铣床	17	珩磨大头孔	珩磨机
7	铣锁口槽	卧式铣床	18	清洗	清洗机
8	钻阶梯油孔	组合机床	18J	中间检验	
9	去毛刺	钳工台	19	小头孔两端压衬套	气动压床
10	精磨接合面	立式双轴平面磨床	20	挤压衬套	压床
10J	中间检验		21	精镗小头衬套孔	金刚镗床
11	钻铰连杆盖和连杆体螺栓孔	组合机床	22	去毛刺、清洗	
			22J	最终检验	

8.4　齿轮制造工艺

8.4.1　概述

1. 齿轮的结构特点

汽车的齿轮，按照结构的工艺特点可分为五类，如图8-33所示。

1）单联齿轮，孔的长径比 $L/D>1$。

2）多联齿轮，孔的长径比 $L/D>1$。

3）盘形齿轮，具有轮毂，孔的长径比 $L/D<1$。

4）齿圈，没有轮毂，孔的长径比 $L/D<1$。

5）轴齿轮。

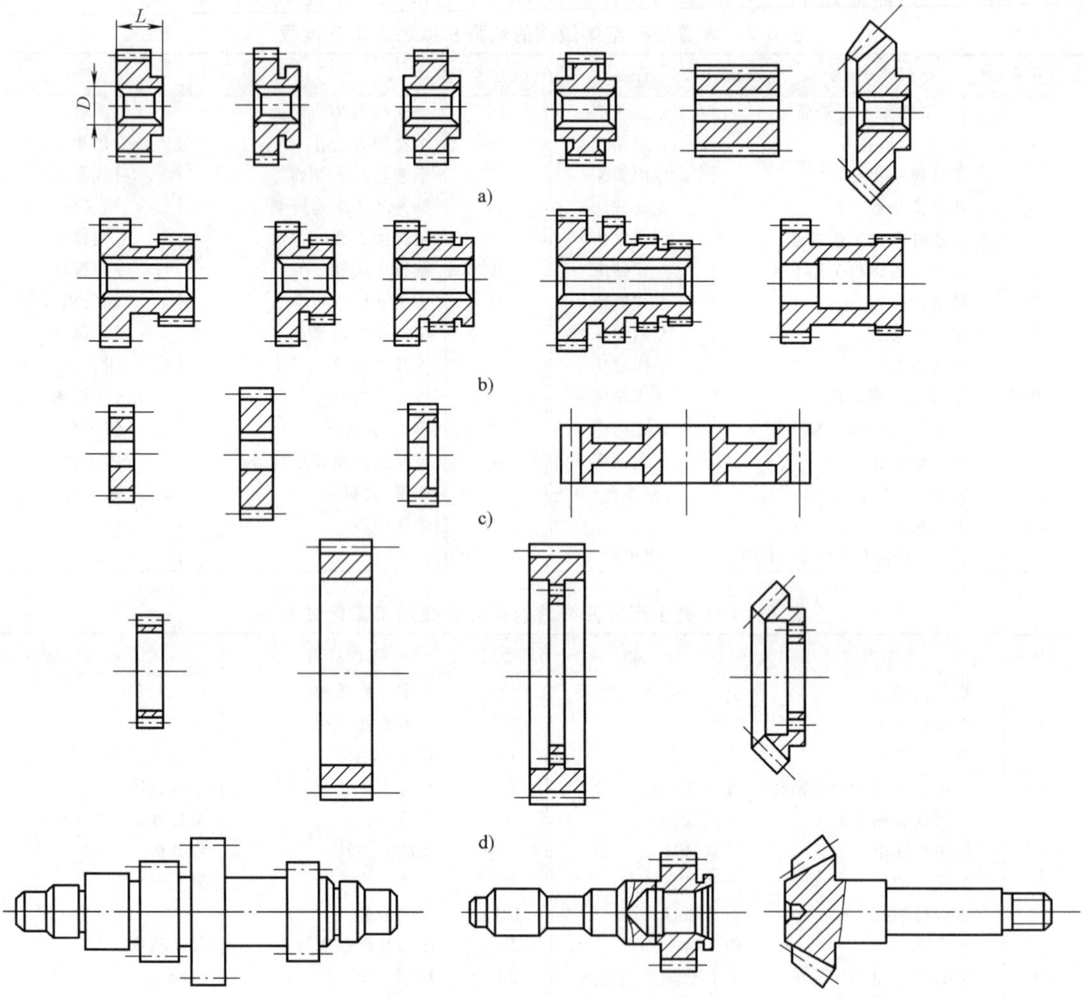

图 8-33　汽车齿轮的结构类型

a）单联齿轮　b）多联齿轮　c）盘形齿轮　d）齿圈　e）轴齿轮

由图 8-33 可知，齿轮一般分为齿圈和轮体两部分，在齿圈上可切出直齿、螺旋齿等齿形，而在轮体上有内孔（光孔、键槽孔、花键孔）或带有轴。

2. 齿轮的主要技术要求

齿轮传动精度的高低，直接影响整台汽车的工作性能、承载能力和服役寿命。对汽车上传动齿轮的主要技术要求如下：

（1）齿轮精度和表面粗糙度　载货汽车变速器的精度不低于 8 级，表面粗糙度 Ra 值不

大于 3.2μm；轿车齿轮的精度不低于 7 级，表面粗糙度 *Ra* 值不大于 1.6μm。汽车驱动桥主动圆柱（锥）齿轮的精度不低于 8 级，从动圆柱（锥）齿轮的精度不低于 9 级。

（2）齿轮孔或轴齿轮轴颈尺寸公差和表面粗糙度 齿轮孔或轴齿轮轴颈是加工、测量和装配时的基面，它们对齿轮的加工精度有很大影响，所以要有较高的加工精度和较小的表面粗糙度值。

对于 6 级精度的齿轮，其内孔公差等级为 IT6，轴颈公差等级为 IT5；对于 7 级精度的齿轮，其内孔公差等级为 IT7，轴颈公差等级为 IT6。对基准孔和轴颈的尺寸公差和形状公差应遵守包容原则，表面粗糙度 *Ra* 值为 0.40~0.8μm。

（3）轴向圆跳动 带孔齿轮齿坯端面是切齿时的定位标准，端面对内孔在分度圆上的跳动量对齿轮加工精度有很大影响，因此，轴向圆跳动量规定了较小的公差值。

轴向圆跳动量视齿轮精度和分度圆直径不同而异。对于 6~7 级精度齿轮，规定为 0.011~0.022mm。基准端面的表面粗糙度 *Ra* 值为 0.40~0.8μm，非定位和非工作端面表面粗糙度 *Ra* 值为 6.3~25μm。

（4）齿轮外圆尺寸公差 当齿轮外圆不作为加工、测量的基准时，其尺寸公差等级一般为 IT11，但不大于 0.1mm。当其作为加工、测量的基准时，其尺寸公差等级要求较严，一般为 IT8。

3. 齿轮的材料和毛坯

（1）齿轮材料的选择 齿轮的材料对齿轮的加工性能和使用寿命有直接影响。对于汽车中的传动、传力齿轮，因其传力齿轮的齿面受冲击交变载荷受压产生塑性变形或磨损，且轮齿易折断，应选用机械强度、硬度等综合力学性能较好的低合金渗碳钢，如 20CrMnTi、20CrNiMo、20CrMo、20MnB，也可选用低淬透性合金调质钢，如 40Cr、40MnB。

（2）齿轮的热处理 根据不同的目的，齿轮常安排两种热处理工序：

1）毛坯热处理。在齿轮坯切削加工前后安排预备热处理（通常为正火或调质）。其目的是消除锻造及粗加工引起的残余应力，改善材料的切削性能和提高综合力学性能。

2）齿面热处理。齿形加工后，为提高齿面的硬度和耐磨性，对于用低合金渗碳钢制造的齿轮进行渗碳淬火处理；对于用低淬透性合金钢制造的齿轮进行高频感应淬火处理。

（3）齿轮毛坯 汽车齿轮通常都采用锻造毛坯。中、小批量生产时采用胎模锻工艺成形；产量大时采用模锻工艺成形。当孔径大于 30mm，且深度较浅时，内孔可锻出。大批量生产中，盘形齿轮采用先进的高速镦锻工艺成形，而尺寸较大的从动圆柱（锥）齿轮坯可采用辗环工艺成形，既可节省材料、精化锻件，又可提高生产率。

图 8-34 所示为汽车第一速及倒车齿轮毛坯的锻件图。钢材经过模锻后，内部纤维对称于轴线，可以提高材料的强度，如图 8-35 所示。

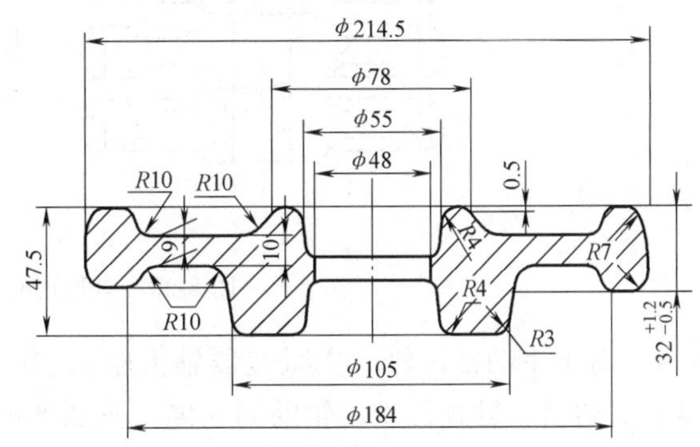

图 8-34 汽车第一速及倒车齿轮毛坯锻件图

4. 齿轮结构工艺性分析

齿轮的结构形状直接影响齿轮加工工艺的制订。对齿轮类零件机械加工工艺的分析，除了应进行通常的结构工艺

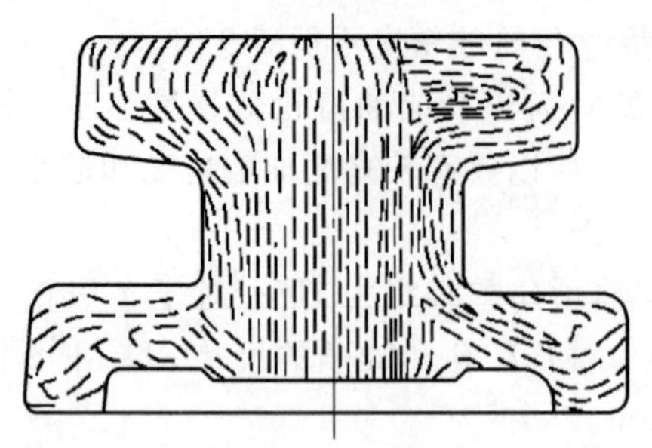

图 8-35　镦锻齿轮毛坯材料纤维的排列情况

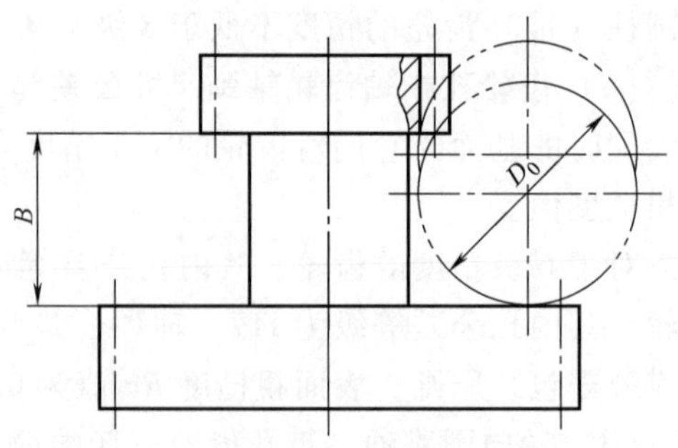

图 8-36　用滚刀加工双联齿轮中小齿轮时两齿轮之间应有足够距离

分析外，还应考虑以下几方面：

1）双联齿轮。用滚刀加工小齿轮时（见图 8-36），大、小齿轮之间的距离 B 要足够大，以免加工时滚刀碰到大齿轮的端面。B 的大小与滚刀直径 D_0、滚刀切削部分长度及滚刀安装角度等有关。

2）盘形齿轮。当齿轮较大时，为了减小质量和机械加工量，端面形状常做成有凹槽、带轮毂的形式，如图 8-37 所示。

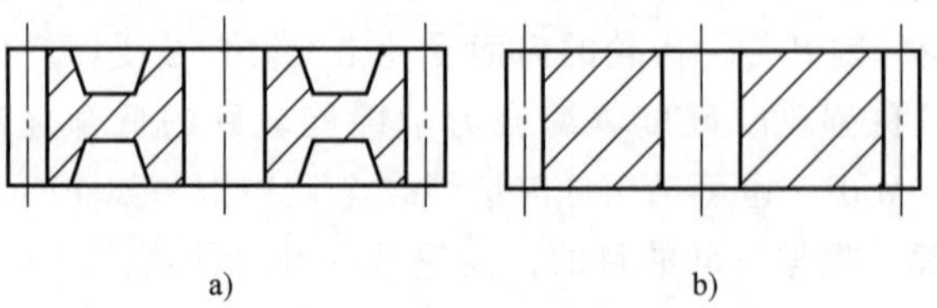

图 8-37　盘形齿轮的端面形式

3）改变盘形齿轮的结构形式，如图 8-38b 所示，这样可方便多件加工，既能提高生产率，又增强了工件在机床上的安装强度。若用图 8-38a 所示结构，则安装刚性差，且增加了滚刀行程长度，降低了生产率。

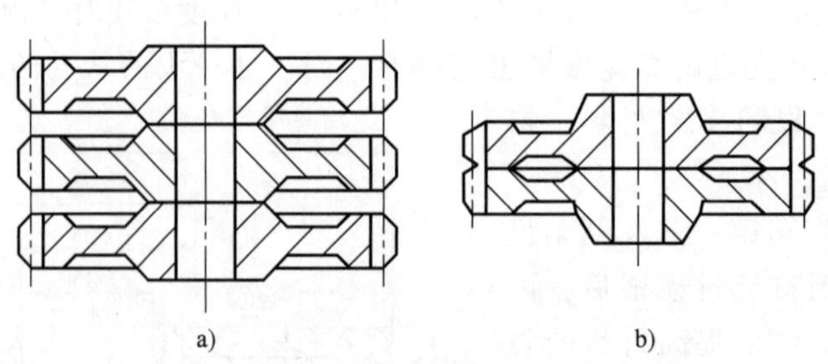

图 8-38　盘形齿轮多件加工

4）对于主动锥齿轮（主减速器轴齿轮），其结构形式可以有悬臂式和骑马式两种。其中悬臂式的两个轴颈位于齿轮的同一侧（见图 8-42）。因骑马式的两轴颈侧位于齿轮的两侧（见图 8-39），故在设计时应注意铣齿时铣刀盘不能与小头一侧的轴颈干涉，以免铣刀切到

轴颈。

8.4.2　齿轮机械加工工艺

1. 齿轮机械加工的定位基准

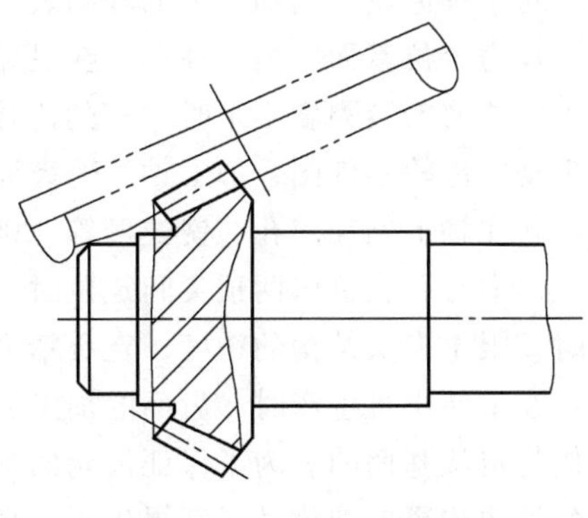
图 8-39　骑马式轴锥齿轮结构

带孔的齿轮，加工齿面时，用光孔（或花键孔）及端面作为定位基准。以这些表面作为定位基（准）面符合基准重合原则；许多工序，如齿坯和齿面加工等都可用内孔和端面定位，因此，也符合基准统一原则。但是，孔和端面两者应以哪一个作为主要的定位基准，要由定位的稳定性来决定。

当齿轮孔的长径比 $L/D>1$ 时，应以孔作为主要的定位基面，装在心轴上，限制四个自由度；端面只限制一个自由度，如图 8-40 所示。此时，孔和心轴间的间隙是引起加工误差的主要原因。因此，作为定位基准的孔应以较小的公差进行加工，一般按 H7 加工。为了消除孔和心轴间的间隙影响，精车齿坯时，常用过盈心轴或锥形心轴（锥度为 1/6000～1/4000）；预加工齿面时，可采用能自动定心的可胀心轴或分组的间隙心轴。

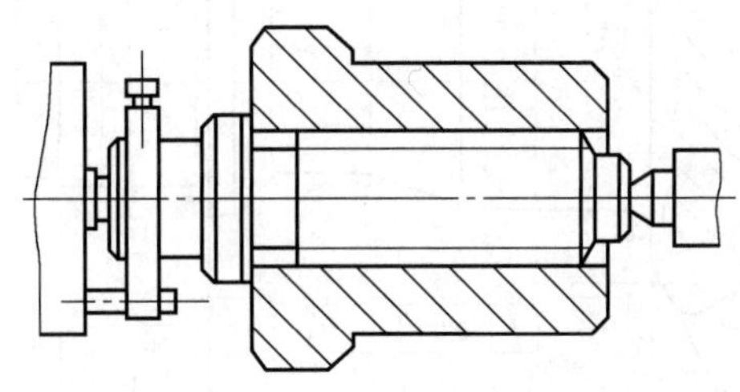
图 8-40　齿轮孔长径比 $L/D>1$ 的齿轮的定位

当齿轮孔的长径比 $L/D<1$ 时，如图 8-41a 所示，应以端面作为主要的定位基准，限制三个自由度，内孔限制两个自由度。为使作为定位基准的孔和端面具有较高的垂直度，在加工这两个表面时，可装在自定心卡盘内，在一次安装中车出，如图 8-41b 所示。

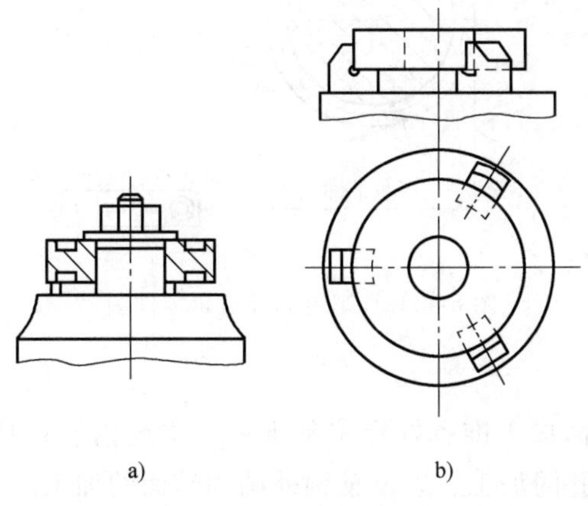

图 8-41　齿轮孔长径比 $L/D<1$ 的盘形齿轮的定位

对于轴齿轮，当加工轴的外圆表面、外螺纹、圆柱齿轮面和花键时，常选择轴两端的中心孔作为定位基面，把工件安装在机床的前、后顶尖之间进行加工。如以工件两端中心孔定位不方便或安装刚度不足时，有的工序可用磨过的两轴颈作为定位基准。图 8-42 所示为汽车主动锥齿轮零件图，加工轴端的齿面时，常用两轴颈定位，装在精密的弹性夹头中进行加工。若在轴上钻径向孔、铣键槽等，则常以两轴颈在两个 V 形块上定位夹紧进行加工。

用中心孔在机床两顶尖间定位时，定心精度高；用两轴颈在自定心卡盘或弹性夹头里定位时，限于夹头结构的精度，定心精度较低，但夹紧力较大，安装刚度较好。

在单件小批生产时，齿面的加工通常是按外圆用百分表找正的。也就是说，是以齿坯外圆作为定位基面的。为了保证齿轮的加工精度，对于齿坯外圆的尺寸公差，及其对孔轴线或轴颈轴线的径向圆跳动，都提出了较高的要求。

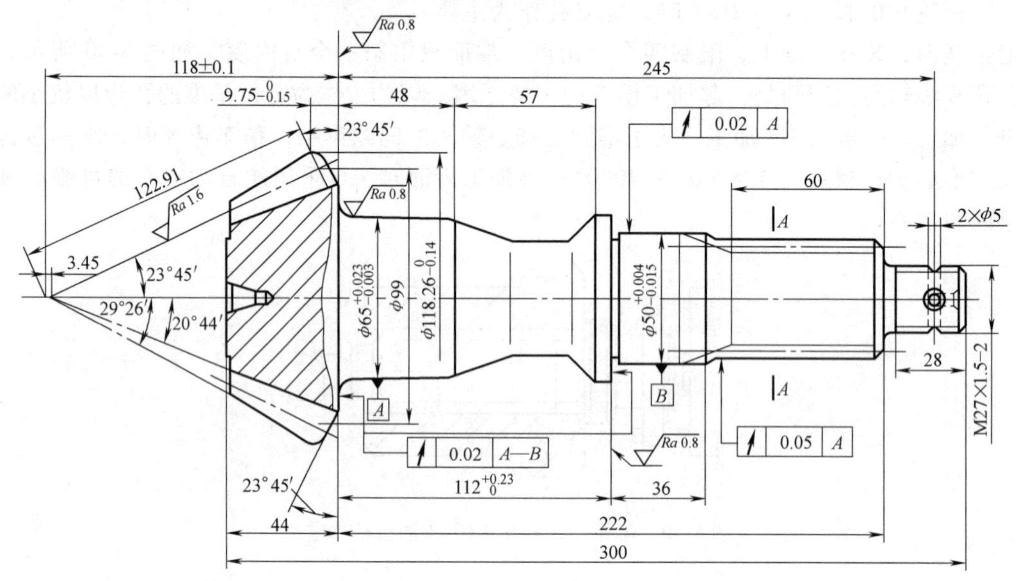

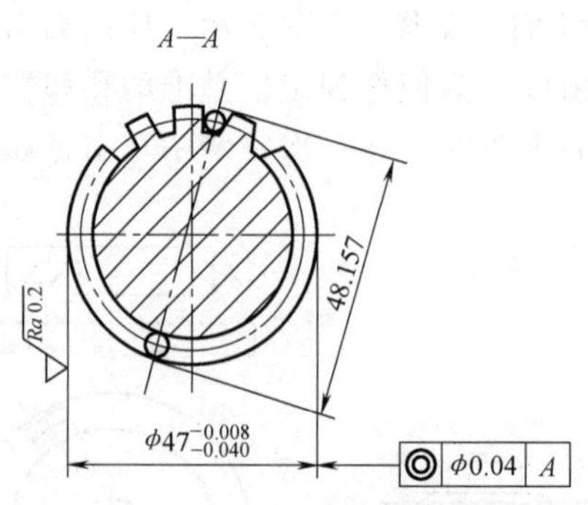

图 8-42　汽车主动锥齿轮零件图

2. 齿坯加工

齿坯加工主要是为齿面加工准备好定位基准面，主要内容包括齿坯的内孔与端面的加工、轴齿轮的端面和中心孔的加工，以及轴颈外圆和端面的加工。此外，还要加工外圆的一些次要表面，如凹槽、倒角、螺纹以及其他非定位用端面。

（1）**齿坯精度** 齿轮在加工、检验和装夹时的径向基准面和轴向基准面应尽量一致。在多数情况下，常以齿轮孔和端面为齿形加工的基准，所以齿坯精度中主要是对齿轮孔的尺寸精度和形状精度、孔和端面的位置精度有较高的要求；当外圆作为测量基准或定位、找正基准时，对齿坯外圆也有较高的要求。齿坯的具体要求见表 8-5 和表 8-6。

表 8-5 齿坯尺寸和形状公差

齿轮精度等级	5	6	7	8
孔的尺寸和形状公差	IT5	IT6	IT7	
轴的尺寸和形状公差	IT5		IT6	
外圆直径尺寸和形状公差	IT7	IT8		

注：1. 当齿轮的三个公差组的精度等级不同时，按最高等级确定公差值。
2. 当外圆不作为测齿厚的基准面时，尺寸公差等级按 IT11 给定，但不大于 0.1mm。
3. 当以外圆作为基准面时，本表就指外圆的径向圆跳动。

表 8-6 齿坯基准面径向圆跳动和轴向圆跳动公差

公差/μm　齿轮精度等级 分度圆直径/mm	5 和 6	7 和 8
~125	11	18
125~400	14	22
400~800	20	32

（2）**齿坯加工方案的选择** 齿坯加工的主要内容包括齿坯的孔加工、端面和中心孔的加工（轴类齿轮），以及齿圈外圆和端面的加工；对于轴类齿轮和套筒类齿轮的齿坯，其加工过程和一般轴、套类基本相同。下面主要讨论盘类齿轮齿坯的加工工艺方案。齿坯的加工工艺方案主要取决于齿轮的轮体结构和生产类型。

1）大批大量生产的齿坯加工。大批大量加工中等尺寸齿轮齿坯时，多采用钻→拉→多刀车的工艺方案，具体步骤如下：

① 以毛坯外圆及端面定位进行钻孔或扩孔。

② 拉孔。

③ 以孔定位在多刀半自动车床上粗、精车外圆、端面、车槽及倒角等。

由于这种工艺方案采用高效机床组成流水线或自动线，因此生产效率高。

2）成批生产的齿坯加工。成批生产齿坯时，常采用车→拉→车的工艺方案，具体步骤如下：

① 以齿坯外圆或轮毂定位，粗车外圆、端面和内孔。

② 以端面支承拉孔（或花键孔）。

③ 以孔定位精车外圆及端面等。

这种方案可由卧式车床或转塔车床及拉床实现。它的特点是加工质量稳定，生产效率较高。当齿坯孔有台阶或端面有槽时，可以充分利用转塔车床上的转塔刀架来进行多工位加工，在转塔车床上一次完成齿坯的全部加工。

3. 齿形加工

齿圈上的齿形加工是整个齿轮加工的核心内容。虽然齿轮的机械加工有许多工序，但都是为最终获得符合精度要求的齿形加工服务的。齿形加工方案的选择，主要取决于齿轮的精度等级、结构特点、生产类型及热处理方案等。常用的齿形加工方案如下：

对于8级精度以下的齿轮：调质齿轮用插齿或滚齿就能满足要求；而淬硬齿轮则可采用滚（插）齿→剃齿或冷挤→齿端加工→淬火→校正孔的加工方案。

对于6~7级精度齿轮，其齿面淬硬者可采用滚（插）齿→齿端加工→表面淬火→校正基准→磨齿（蜗杆砂轮磨齿）；也可采用滚（插）齿→剃齿或冷挤→表面淬火→校正基准→内啮合珩齿的加工方案，这种方案加工精度稳定，生产率高。

对于5级以上精度的齿轮，一般采用粗滚齿→精滚齿→表面淬火→校正基准→粗磨齿→精磨齿的加工方案；在大批量生产时也可采用滚齿→粗磨齿→精磨齿→表面淬火→校正基准→削外珩的加工方案。

4. 齿端倒角加工

齿面加工之后，有时还要进行齿端倒角。齿端倒角有两种，一种是去掉直齿轮或斜齿轮齿端的锐角，另一种是加工变速器滑动变速齿轮的齿端圆角。

（1）去掉齿端锐角 齿轮，特别是斜齿轮的齿端锐角部分 g 的强度很低（见图8-43），齿面经过淬火很脆，工作中锐角容易折断，断片会破坏齿轮箱内的零件，故必须预先把锐角去除。

（2）滑动变速齿轮齿端倒圆角 变速器齿轮换挡时，为了容易啮合，其齿端要有圆角，如图8-44所示。

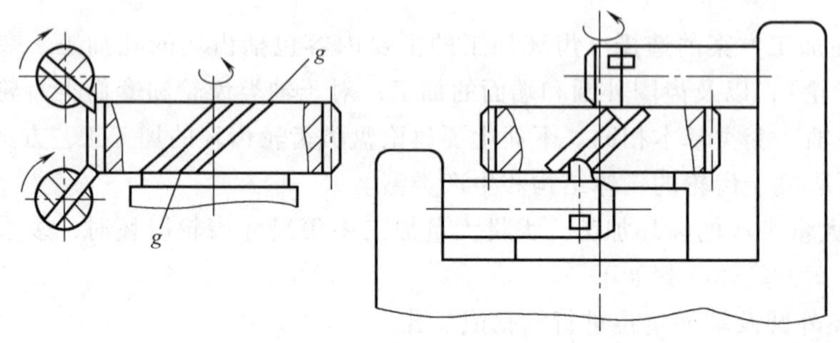

图8-43 斜齿轮倒锐角简图

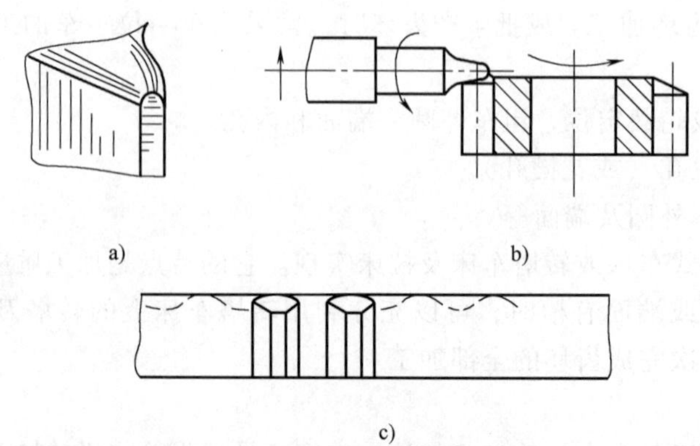

图8-44 换挡齿轮齿端铣圆角

5. 精基准的修整

热处理（渗碳、淬火）后，齿面精度一般下降一级左右，其孔常发生变形，直径可缩小0.01~0.05mm。为确保齿形精加工质量，必须对基准孔予以修整。一般采用磨孔和推孔的修整方法。对于成批或大批量生产未淬硬的外径定心的花键孔及圆柱孔齿轮，常采用推孔。推孔生产率高，并可用加长推刀前导引部分来保证推孔的精度。对于以小孔定心的花键孔或已淬硬的齿轮，以磨孔为好，可稳定地保证精度。磨孔应以齿面定位，符合互为基准原则。

8.4.3 批量生产齿轮机械加工的工艺过程

影响齿轮加工工艺过程的因素很多，其中主要有生产类型、对齿轮的精度要求、齿轮的结构形式、齿轮的尺寸大小、齿轮的材料和车间现有的设备情况。

齿轮的工艺过程要根据不同的要求和生产的具体情况而采用不同的方案。即使是同一种齿轮，其工艺过程也由于各厂生产的具体情况不同而有所差别。如图8-45所示的汽车变速器第一速及倒车齿轮，大量生产和成批生产的工艺过程分别见表8-7和表8-8。

齿轮机械加工工艺过程虽各不相同，但不论产量大小，归纳起来主要由以下几部分组成：基准面（齿轮内孔及端面或轴齿轮端面及中心孔）的加工；外表面及其他表面的加工；齿面的粗、精加工；热处理；修复定位基面及精加工装配基准（内孔及端面、轴颈、花键等）；齿面进行热处理后的精加工；主要工序后，对工件清洗、中间检验和最终检验。

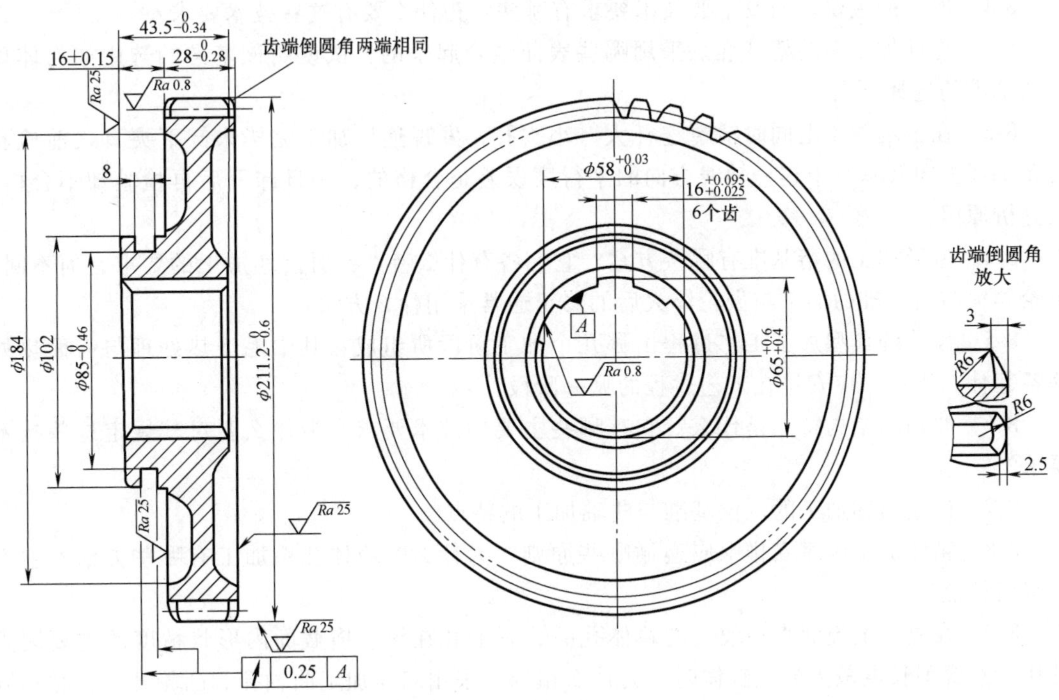

图8-45 汽车第一速及倒车齿轮零件简图

表 8-7　大量生产汽车第一速及倒车齿轮的工艺过程

工序号	工序内容	设　备	工序号	工序内容	设　备
1	扩孔	立式钻床	10	剃齿或冷挤齿	剃齿机或挤齿机
2	车轮毂端面	车床	11	修花键槽宽	压床
3	拉花键孔	拉床	12	清洗	清洗机
4	精车另一端面	车床	12J	中间检验	
5	车齿坯	八轴立式车床	13	热处理	
5J	中间检验		14	对滚	专用对滚机
6	去毛刺		15	磨内孔	内圆磨床
7	滚齿	双轴滚齿机	16	珩磨	蜗杆式珩齿机
8	倒齿端圆角	倒角机	17	清洗	清洗机
9	清洗	清洗机	18	修理齿面	
9J	中间检验		18J	最终检验	

表 8-8　成批生产汽车第一速及倒车齿轮的工艺过程

工序号	工序内容	设　备	工序号	工序内容	设　备
1	粗车小端外圆、端面	车床	7J	中间检验	
2	粗车大端外圆、孔、端面	车床	8	倒齿端圆角	倒角机
2J	中间检验		9	剃齿或冷挤齿	剃齿机或挤齿机
3	半精车大端面、孔	车床	10	清洗	清洗机
4	拉花键孔	拉床	10J	中间检验	内圆磨床
4J	中间检验		11	热处理	蜗杆式珩齿机
5	精车两端面及外圆	多刀半自动车床	12	磨内孔	清洗机
5J	中间检验		13	珩磨	
6	滚齿	滚齿机	14	清洗	
7	清洗	清洗机	14J	最终检验	

复习思考题

8-1　连杆的主要表面及主要技术要求有哪些？为什么要有这些技术要求？

8-2　连杆加工中的精基准是采用哪些表面组合起来的？试说明该基准的选用如何体现了精基准的选择原则。

8-3　在金刚镗床上同时精镗连杆大、小头孔，发现连杆加工完毕未卸下夹具之前检验两孔轴线方向及垂直于连杆轴线方向的平行度误差是合格的，一旦卸下后再检验却不合格，试分析原因。

8-4　齿形加工的精基准有哪些方案？它们各有什么特点？对齿坯加工的要求有何不同？齿轮淬火前精基准的加工与齿轮淬火后的修正通常采用什么方法？

8-5　齿轮的典型加工工艺过程由哪几个加工阶段所组成？其中毛坯热处理与齿面热处理各起什么作用？应安排在工艺过程的哪一阶段？

8-6　曲轴的结构特点是什么？它有哪些主要的技术要求？为什么要对其规定这些技术要求？

8-7　试述曲轴加工的定位基准与曲轴加工的特点。

8-8　箱体加工顺序安排中应遵循哪些原则？为什么？箱体孔系加工有哪些方法？它们各有何特点？

8-9　在镗床上镗削直径较大的箱体孔时，影响孔在纵、横截面内形状精度的主要因素是什么？镗削长度较大的气缸体时，为什么粗镗常采用双向加工曲轴孔和凸轮孔，而精镗则采用单向加工？

第9章

汽车车身制造工艺

冲压、焊装、涂装和总装通常称为汽车制造“四大工艺”。汽车车身制造技术包含冲压、焊装和涂装三大工艺，这些工艺过程较为复杂。车身是汽车三大总成之一，造型复杂。汽车的品种繁多，车身造型各异。汽车车身为了满足其使用性能的要求，其材料应具备足够的强度和刚度，此外还应满足冲压、焊装和涂装三大工艺的要求。其中首先应满足冲压工艺的要求，因为冲压工艺对材料的要求较高；而焊装工艺要求材料为低碳钢，焊接性较好；涂装工艺则要求材料的表面平整。

9.1 汽车车身冲压工艺

9.1.1 车身材料的要求

汽车车身的质量，材料的力学性能、化学成分和金相组织等对冲压工艺有较大的影响。要求冲压板材便于冲压加工，易于得到高质量的冲压件，且生产率高、一次冲压工序的极限变形程度和总极限变形程度大、模具磨损小。

汽车冲压件可分为两类。一类是形状复杂但受力较小的零件，如汽车驾驶室覆盖件及某些部件的外壳，要求板材具有良好的冲压性能和表面质量，多选用冷轧深冲低碳薄钢板。另一类是形状比较复杂且受力较大的零件，如汽车车架，既要求板材有较高的强度又要具有良好的冲压性能，因此大多选用冲压性能好的热轧低碳钢或碳素钢厚钢板。车身材料通常厚度为 0.6~2.0mm。

1. 板材的分类和名称

(1) 按品质分类 按钢的品质分，常用的冲压用钢板有普通碳素钢、优质碳素钢以及汽车专用的具有较高冲压性能的低合金高强度钢板。

汽车冲压中应用较多的优质碳素结构钢板的牌号有：08、10、15、20、30 等。

汽车专用钢板的牌号主要有 09Mn、16Mn、06Ti、l0Ti 等。这类钢板主要用来制造汽车的受力零件，如车架等。

(2) 按拉深等级分类 按钢板拉深等级分类，见表 9-1 和表 9-2。

表 9-1 热轧钢板的拉深级别代号

厚度/mm	最深拉深级	深拉深级	普通拉深级	冷弯拉深级
4~12	—	S	P	W
<2	Z	S	P	—

(3) 按表面质量分类 按钢板表面质量分类，见表 9-3。

表 9-2　冷轧钢板的拉深级别代号

厚度/mm	冲制拉深最复杂零件	冲制拉深很复杂零件	冲制拉深复杂零件
<2	ZF	HF	F

表 9-3　按钢板表面质量分类

代 号	表 面 质 量	代 号	表 面 质 量
Ⅰ	特别高级的精整表面	Ⅲ	较高级的精整表面
Ⅱ	高级的精整表面	Ⅳ	普通的精整表面

（4）按尺寸精度分类　钢板的尺寸精度或厚度公差：A—高级精度；B—较高级精度；C——般精度。

深冲压用冷轧钢板分 A、B 两级；优质钢板分 A、B、C 三级，普通钢板分 B、C 两级。

钢板标注示例：

$$\frac{\text{B-1.0-GB/T 708—2006}}{\text{08F-Ⅱ-Z-GB/T 711—2017}}$$

2. 板料对冷冲压的影响

（1）板材厚度尺寸公差　板材厚度公差超差是指板材的实际厚度超过标准允许的偏差，它不仅会导致零件冲压开裂、表面起皱、零件回弹，甚至可能造成重大的模具事故。这是影响冲压成败的三要素之一。

冲压工艺的三大要素是板材、模具和冲压设备。

（2）板材的表面质量　要求板材表面光洁、平整和无污物。特别是轿车外部覆盖件，热轧钢板的表面不得有裂纹、结疤、折叠、气泡、分层和夹层等对使用有害的缺陷；否则在冲压过程中缺陷部位可能因应力集中而开裂，影响涂装质量和车身外观质量。

（3）板材的化学成分

1）碳。碳是钢中的一种最基本的元素，它可提高钢板的强度，特别是抗拉强度。碳的质量分数为 0.05%～0.15% 的低碳钢钢板具有良好的塑性，故车身覆盖件大多选用这类钢板。

2）硅。硅能提高冷轧钢板的强度。硅的质量分数在 0.37% 以下的钢，硅对塑性影响不大，但超过这一值，即便含碳量低也会使钢板既硬又脆。

3）锰。锰有防止钢过氧化和冷轧钢板边部产生龟裂的作用。

4）磷。磷具有良好的冷轧退火功能。但磷有冷脆性，对焊接性也有不利影响。

5）硫。硫是对冲压有害无益的元素。

6）铝。铝能抑制低碳钢的时效，作为强脱氧剂有利于深冲性能。

9.1.2　冲压工艺的特点

冲压是在常温下，利用冲压设备上的模具对板材施加压力，使板材在模具内产生分离或变形，成为一定形状、尺寸和性能的零件（冲压件）的金属加工方法。

冲压加工与其他金属加工方法相比，具有下述优点：

1）工艺设备操作简单，生产效率高，便于实现机械化与自动化，适用于大批量生产。

2）可获得其他加工方法所不能或难以制造的形状复杂的零件。

3）冲压件的尺寸精度由模具保证，所以质量稳定、互换性好。

4）废料较少，用料经济，表面质量好，可以获得强度高、刚度大而质量小的零件，在大批大量生产中能显著降低成本。

5）冲压原材料多为冷轧钢板，在冲压过程中材料表面一般不会被破坏，所以表面质量较好，为后续处理提供方便。

综上所述，冲压加工的优点是优质、高产、低消耗、低成本；而缺点是模具多为单件生产，精度要求高，制造难度大、周期长，因此模具制造费用高，不适于单件和小批量的零件生产。

9.1.3　冲压工序的分类

冲压工序可以分为两大类，即分离工序和成形工序。

(1) 分离工序　使板料在冲压过程中按一定的轮廓线分离，同时冲压件的分离断面要满足一定的断面质量要求。分离工序包括落料、冲孔、剪切、剖切、切口、切边（修边）等。

(2) 成形工序　使板料在不分离的前提下使毛坯产生塑性变形而获得一定形状和尺寸的冲压工序。成形工序包括弯曲、拉深、内孔翻边、外缘翻边、胀形、整形等。

车身制造工艺常用的分离工序见表9-4。车身制造工艺常用的成形工序见表9-5。

表9-4　车身制造工艺常用的分离工序

工序	图　例	工序内容
落料	工件；废料	利用模具沿工件封闭轮廓曲线实施冲切，把工件从板材上分离下来，冲裁下来的部分是各种形状的平板零件，或用作拉深件的毛坯
冲孔	废料；工件	利用模具按封闭轮廓曲线冲裁，冲下的部分为废料
剪切		利用剪切模或冲裁模沿不封闭曲线切断，常用于加工形状较为简单的平板零件

（续）

工序	图　　例	工序内容
剖切	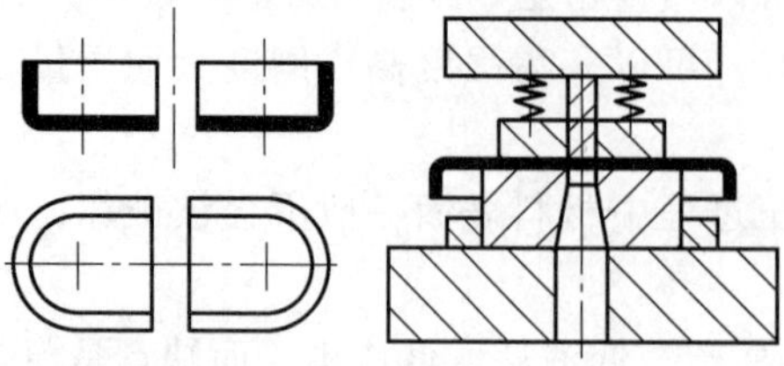	将半成品切开成两个或几个工件
切口	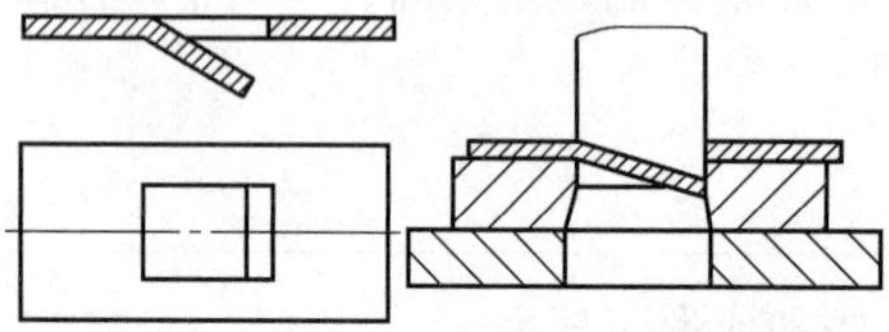	在坯料上将板材部分切开，切口部分发生弯曲或分离
修边	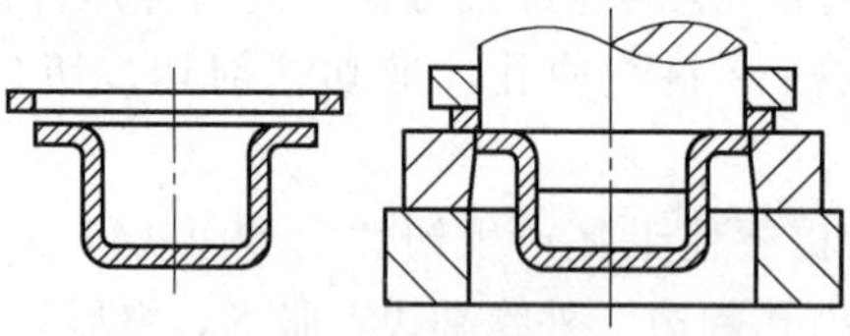	将拉深或成形后的半成品边缘部分的多余材料切掉

表 9-5　车身制造工艺常用的成形工序

工序	图　　例	工序内容
弯曲	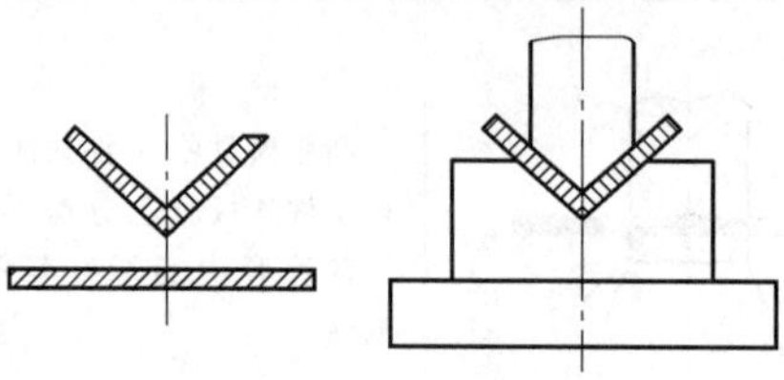	把板料按要求弯成各种形状
拉深	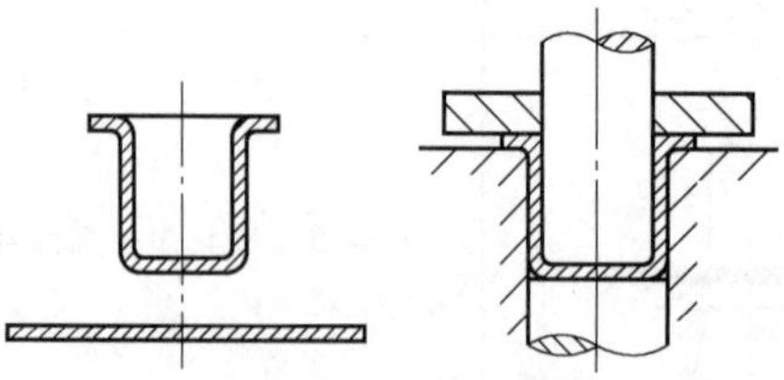	把板料压制成各种空心零件或将空心零件拉成更深的空心零件
内孔翻边	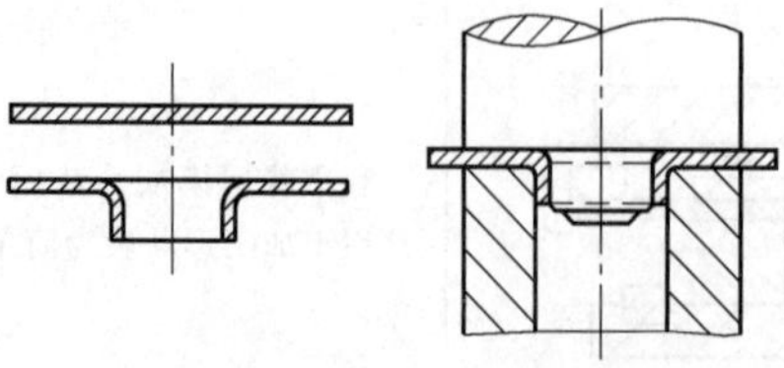	在预先冲孔的板料半成品或未冲孔的板料上冲制成竖立的边缘

（续）

工序	图 例	工序内容
外缘翻边		将半成品的外缘翻成圆弧或曲线的竖立边缘
胀形		在板料或工件上压出筋条、花纹或文字
整形		把形状不太准确的工件校正成形

9.1.4 车身覆盖件的特点

车身覆盖件是指汽车车身内、外表面的壳体板制件。车身覆盖件在结构和质量上有其独特的要求，故在冲压工艺、冲模设计制造上应与其特点相适应。

车身覆盖件有以下特点：

（1）形状复杂 大多数覆盖件都是由复杂的三维空间曲面组成，为了获得空气动力特性好的车身外形，覆盖件应当具有连续的空间曲面形状且冲压深度不均。为体现车身造型的风格，常在一些曲面上设有棱线和装饰性结构，在内覆盖件上设有凹凸不平的筋条并在其上布有孔，使覆盖件的形状变得更加复杂，是最为复杂的冲压件。

（2）外形尺寸大 为了简化装配工艺，减少零件数，增加外形的整体感和减小空气阻力，保证车身外表曲面的连续性和完整性，所以大多数的覆盖件外形尺寸都比较大。

（3）表面质量要求高 覆盖件的可见表面不允许有皱褶、波纹、凹坑、边缘拉痕、擦伤以及其他破坏表面完美的缺陷。覆盖件上的装饰棱线、筋条都应清晰、平滑，曲线应圆滑。相邻覆盖件上的装饰棱线在衔接处必须一致，不允许对不齐。特别是对于乘用车，覆盖件表面上一些微小的缺陷会在涂装后引起光线的杂乱不规则反射而影响外观。

（4）要求足够的刚度 覆盖件是薄壳零件，在汽车行驶时可能因刚度不足而产生振动，甚至引起覆盖件的激振。必须通过充分的塑性变形来提高覆盖件的刚度，从而避免共振，减小噪声和延长车身寿命。

9.1.5 车身覆盖件的冲压工序

与一般的冲压件相比较，覆盖件具有材料薄、形状复杂（多为空间曲面形状）、结构尺寸大、表面质量要求高等特点。因此，覆盖件的冲压工艺编制、冲模制造要求较高。汽车覆盖件冲压成形工艺相对一般零件的冲压工艺更复杂，一般需要多道冲压工序才能完成，所需要考虑的问题也更多。可以说，覆盖件是冲压加工难度最大的零件。因此，把车身覆盖件作为一类特殊的冲压件来研究。

车身覆盖件冲压的基本工序有落料、拉深、修边、翻边和冲孔等，实际生产可将一些工序合并。例如，轿车侧围冲压基本工序见表 9-6。

表 9-6 轿车侧围冲压基本工序

工序	图　　例	工序内容及举例
落料	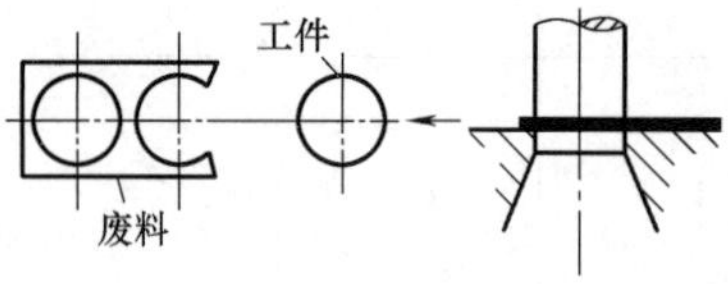 工件 废料	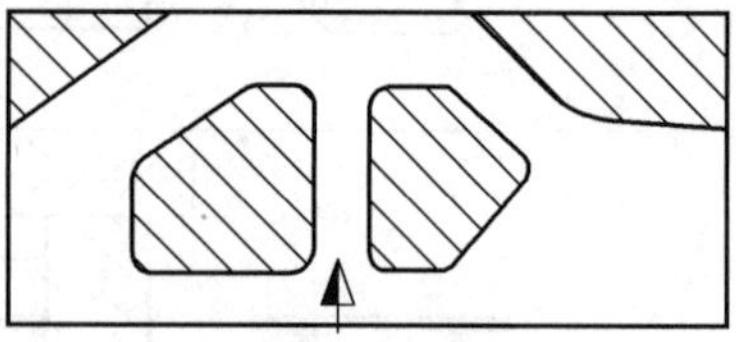 用落料沿封闭轮廓线冲切，冲下部分是零件
拉深	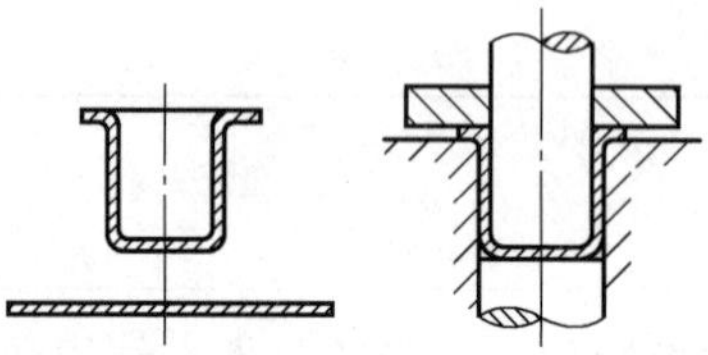	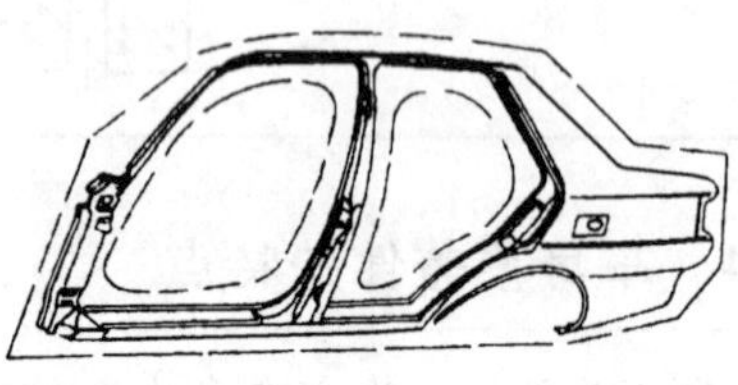 将板料压制成开口空心零件
修边	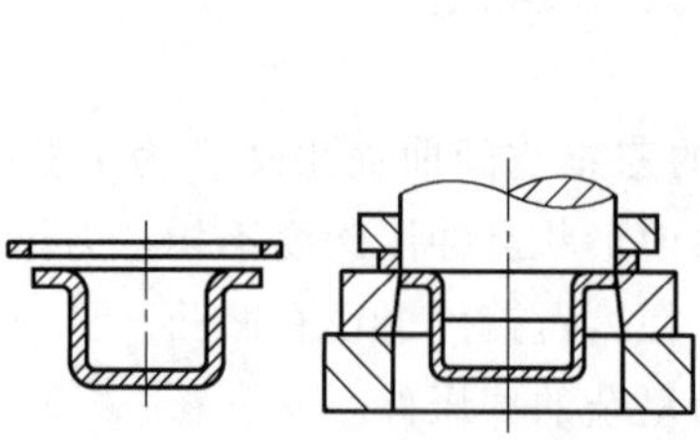	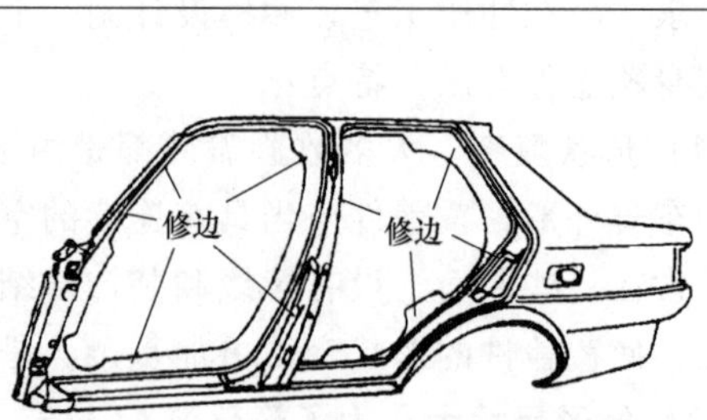 修边　修边 将拉深后或成形后的半成品边缘部分的多余材料切掉
内孔翻边	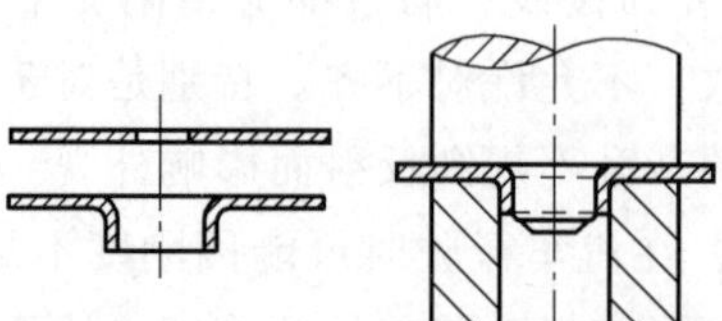	将板料上孔的边缘翻成竖立边缘

（续）

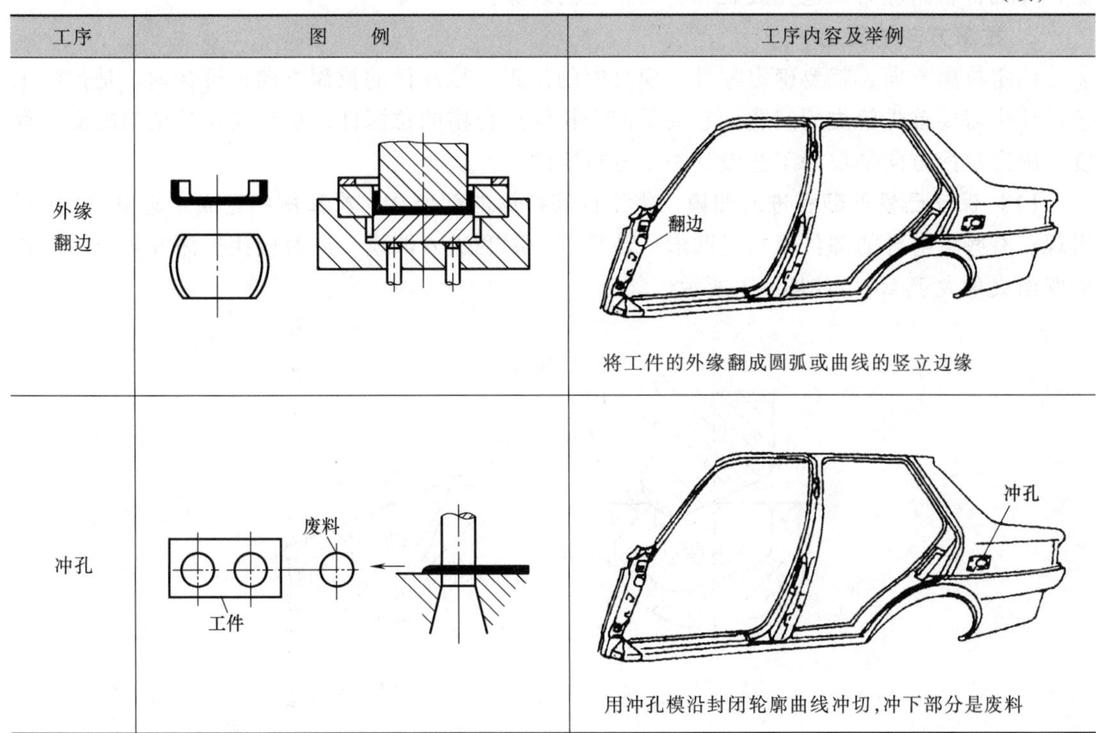

工序	图　　例	工序内容及举例
外缘翻边		翻边 将工件的外缘翻成圆弧或曲线的竖立边缘
冲孔	废料 工件	冲孔 用冲孔模沿封闭轮廓曲线冲切,冲下部分是废料

9.1.6　车身覆盖件拉深工艺设计

汽车覆盖件是由若干冲压件焊接而成的，冲压件设计时应考虑零件的成形工艺性、装配工艺性及外形的美观性。拉深工艺设计是否合理还直接影响其他各道工序的设置，甚至影响整个覆盖件设计和制造的成败。

1. 车身覆盖件的拉深特点

在进行覆盖件的拉深工艺设计时，应符合以下原则：

1）尽可能在一次拉深中全部成形。若是分几次成形则不能把握每一次变形的规律，很难保证覆盖件几何形状的一致性和表面的光滑。

2）由于覆盖件的形状复杂，难以通过理论分析进行工艺设计，往往需要根据经验和拉深试验来判断、验证产品设计和拉深工艺设计的可行性，将发现的问题反馈到产品设计和工艺设计中进行修改。

3）覆盖件的拉深不仅要求具有一定的拉深力，还要求在拉深过程中具有稳定的、足够的、可调节的压料力。

4）覆盖件的拉深，不仅仅是单纯的拉深，还常常伴有胀形、局部成形和弯曲成形等复杂的工艺过程。

5）覆盖件经拉深后（一般为翻边、修边等工序），在进行拉深工序的坯料形状尺寸和拉深工艺设计时，应充分考虑为后续翻边、修边等工序提供良好的工艺条件，如形状条件、模具结构、零件定位和送取料等。

6）覆盖件拉深时，需要在压料面上涂抹特制的润滑脂以减少板料与凹模和压料圈的摩擦，降低材料内应力以避免破裂和表面拉毛的现象。

2. 拉深方向的确定

确定拉深方向，就要确定零件在模具中的位置。拉深件的拉深方向是否合理，是拉深工艺设计中需要首先解决的问题，它关系能否拉深出合格的拉深件，也影响模具结构的复杂程度。确定拉深方向是拉深工艺设计中十分重要的工作。

(1) 保证凸模能顺利进入凹模 将工件需拉深的部位在一次拉深中完成，避免“倒钩”出现。有些覆盖件的部位形状呈凹形，凸模不易顺利进入凹模，此时应使拉深方向与零件各侧壁面夹角大于 15°，如图 9-1 所示。

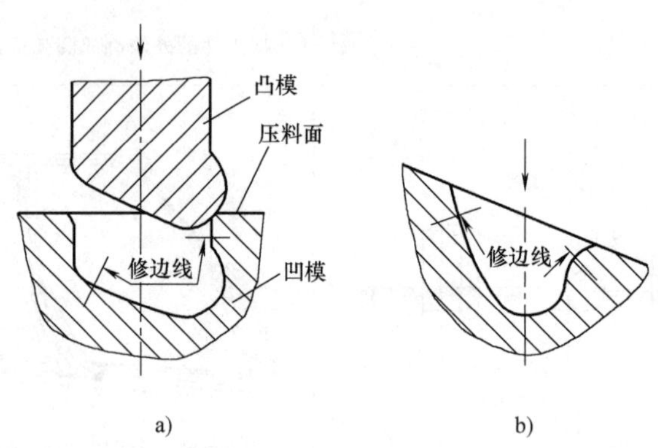

图 9-1 覆盖件的凹形

a）不能进入 b）能进入

另外，覆盖件的正拉深和反拉深都要顺利。如图 9-2 所示，当覆盖件有反拉深时，正拉深方向必须平行于窗口侧壁面，以保证正、反拉深均能顺利进行。

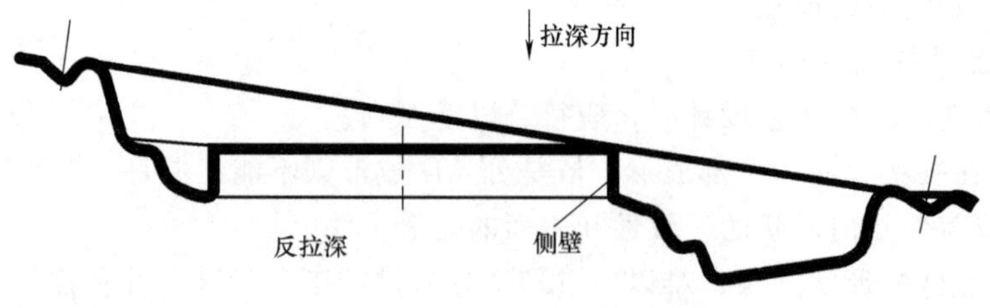

图 9-2 正、反拉深都要顺利进行

(2) 凸模与板料的接触状态 要保证凸模开始拉深时与板料的接触处于有利的位置，接触面积要大，其中心应与冲模中心重合。

1）凸模开始拉深时与板料的接触面积要大，如果接触面积小，且接触面与水平面夹角大，易引起应力集中而产生裂纹，如图 9-3a 所示。

2）凸模开始拉深时，与板料的接触点应尽量接近中间部位，这样凸模在拉深过程中能使板料均匀地拉入凹模；否则在拉深过程中，拉深毛坯经凸模顶部由于窜动而影响表面质量，如图 9-3b 所示。

3）凸模在开始拉深时，与板料的接触点要多且分散，并同时接触。如果不同时接触，

也会因为经凸模顶部产生窜动而影响工件的表面质量，如图 9-3c 所示。

4）如果因拉深件的形状决定了拉深方向没法改变，只有在工艺补充部分想办法，可以通过改变压料面的倾斜角度使两个地方同时接触，如图 9-3d 所示。

(3) 尽量减小拉深深度　尽量减小拉深深度，并保证压料面各部位拉深深度均匀、适当，使压料面各部位进料阻力均匀。进料阻力不均，在拉深过程中拉深毛坯就可能经凸模顶部窜动，严重时甚至产生裂纹破裂。图 9-4 所示为某汽车立柱的拉深情况，将拉深方向旋转 6°，使压料面一样高，则进料阻力均匀，同时凸模开始拉深时与拉深毛坯的接触点接近中间，拉深成形性好。

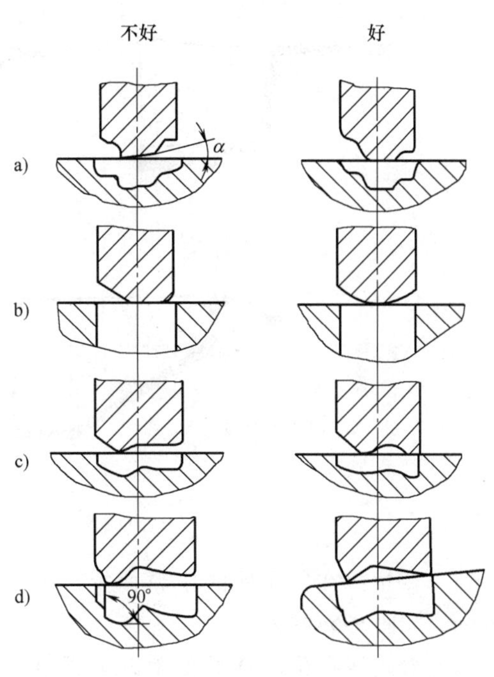

图 9-3　凸模与毛坯的接触状态

3. 覆盖件工艺补充部分

为了实现覆盖件的合格拉深，需要在覆盖件以外添加部分材料，以满足拉深、压料面和修边等工序的要求，拉深完成后要将其修边而切除掉的部分称为工艺补充部分。工艺补充部分对拉深成形起着重要作用，是拉深件设计的主要内容，而且对后面的修边、整形、翻边等工序也有重要影响。在满足拉深的条件下，应尽量减少工艺补充部分，以提高材料的利用率。

(1) 工艺补充部分应考虑的问题

1）拉深时的进料条件。当拉深深度较浅时，拉深容易；当拉深深度较深时，拉深困难，易造成拉深开裂。因此，工艺补充部分应尽量使拉深深度浅，以降低拉深难度。

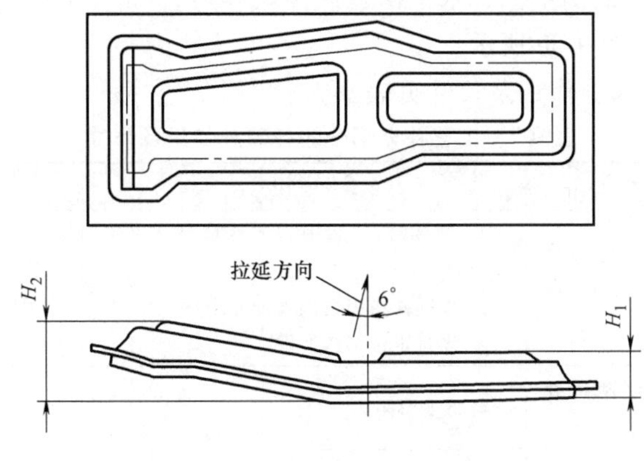

图 9-4　某汽车立柱的拉深情况

2）压料面的形状和位置。工艺补充部分尽量小，以减少材料消耗。

3）修边线的位置和修边方式。应尽量采用垂直修边。垂直修边比水平修边或倾斜修边

工艺补充部分少，模具结构简单，废料排除容易。

（2）工艺补充部分的种类 工艺补充部分的种类如图 9-5 所示。

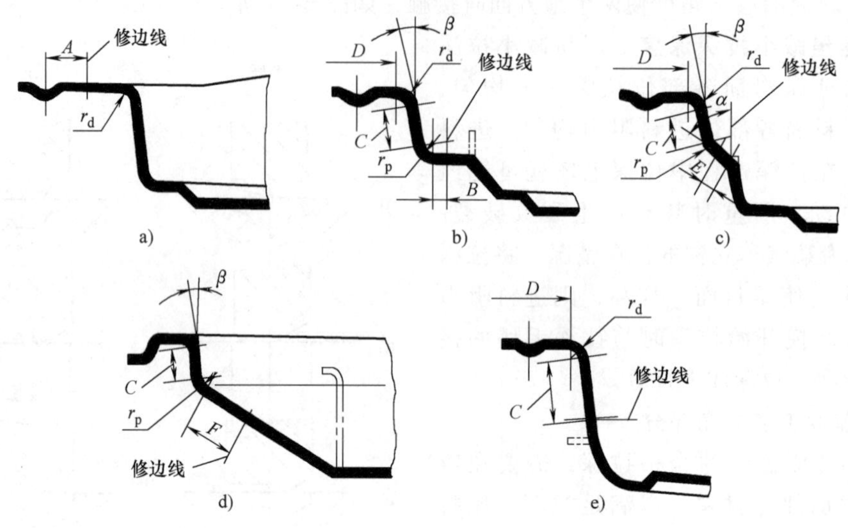

图 9-5 工艺补充部分的种类

1）修边线在拉深件的压料面上，垂直修边，压料面就是覆盖件本身的凸缘面，$A=25$mm，如图 9-5a 所示。

2）修边线在拉深件底面上，垂直修边，$B=3\sim5$mm，$C=10\sim20$mm，$D=40\sim50$mm，$r_p=3\sim10$mm，$r_d=3\sim10$mm，如图 9-5b 所示。

3）修边线在拉深件翻边展开的斜面上，垂直修边，$\alpha\geqslant40°$，$\beta=6°\sim10°$，$E=3\sim5$mm，$r_p=3\sim5$mm，$C=10\sim20$mm，$D=40\sim50$mm，如图 9-5c 所示。

4）修边线在拉深件的斜面上，垂直修边，$F\geqslant12$mm，$\beta=6°\sim12°$，$r_p=3\sim10$mm，$C=10\sim20$mm，如图 9-5d 所示。

5）修边线在拉深件的侧壁上，水平修边或倾斜修边，$C\geqslant12$mm，$r_d=(4\sim10)t$（t 为料厚），$D=40\sim50$mm，如图 9-5e 所示。

工艺补充部分的各部分作用及尺寸见表 9-7。

表 9-7 工艺补充部分的各部分作用及尺寸

代号	名称	性质	作　用	尺　寸
A	底面	从零件的修边线到凸模圆角	1. 调试时，不致因为 r_p 修磨变大而影响零件尺寸 2. 保证修边刃口的强度要求 3. 满足定位结构要求	用拉深筋（槛）定位时，$A\geqslant8$mm 用侧壁定位时，$A\geqslant5$mm
B	凸模圆角面	凸模圆角处的表面	降低变形阻力	一般拉深件，$r_p=(4\sim8)t$① 复杂覆盖件，$r_p\geqslant10t$
C	侧壁面	使拉深件沿凹模周边形成一定的深度	1. 控制零件表面有足够的拉应力，保证板料全部拉深，减少起皱的形成 2. 调节深度，配置较理想的压料面 3. 满足定位和取件的要求 4. 满足修边刃口强度要求	$C=10\sim20$mm $\beta=6°\sim10°$

（续）

代号	名称	性质	作用	尺寸
D	凹模圆角面	拉深材料流动面	r_d的大小直接影响板料流动的变形阻力，r_d越大，则阻力越小，容易拉深，r_d小则反之	$r_d=(4\sim10)t$，料厚或深度大时取大值，允许在调试中变化
E	凸缘面	压边面	1. 控制拉深时进料阻力大小 2. 布置拉深筋（槛）和定位	$E=40\sim50$mm
F	棱台面		使水平修边改为垂直修边，简化冲模结构	$F=3\sim5$mm $\alpha\leqslant40°$

① t 为料厚。

（3）压料面的设计 压料面是汽车覆盖件工艺补充部分的重要组成部分，即位于凹模圆角半径以外的那部分坯料，如图 9-6 所示的压料装置中，正拉深开始成形之前，压料圈将要成形的覆盖件坯料压紧在凹模表面上，被压住的坯料部分即为压料面。

在拉深过程中，压料面的材料被逐渐拉入凹模型腔中而成覆盖件的具体形状。因此，压料圈的形状不仅要保证其本身材料不起皱，同时还应尽可能使位于凸模底部的坯料向下凹，以减少零件的拉深成形深度，更重要的是，要保证被拉入凹模里的材料不起皱、不破裂。压料面有以下两种情况：

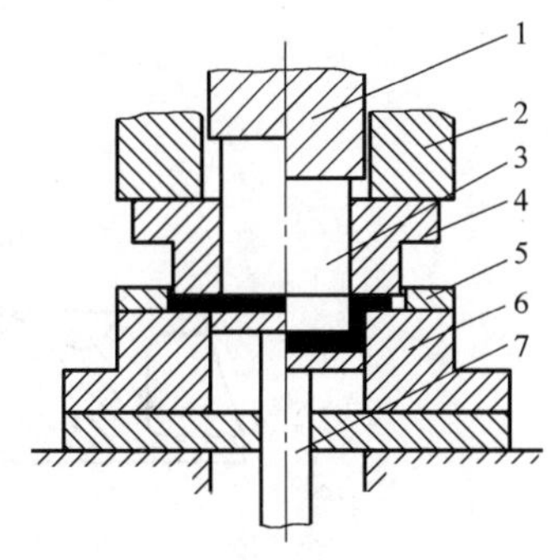

图 9-6 压料装置

1—内滑块 2—外滑块 3—拉深凸模 4—压料装置 5—定位装置 6—拉深凹模 7—顶出装置

1）压料面的一部分就是拉深件的法兰面，即覆盖件本体的一部分，其形状是确定的。为便于拉深，虽然也可以做局部变动，但必须在以后的工序中进行整形，以达到覆盖件的整体形状要求。

2）压料面全部是由工艺补充部分所组成的，在拉深工序后将在修边工序被切除，所以应尽量减少这种压料面的材料消耗。

（4）确定压料面的基本原则

1）压料面应尽量为平面、单曲面或曲率很小的双曲面，不允许有局部的起伏或折棱。

2）压料面本身形状不能起皱。压料面的任一断面曲线长度 l_0 小于拉深件内部断面曲线长度 l_1，即满足 $l_0<0.97l_1$，才能保证拉深过程中板料处于张紧状态，防止皱折的产生，如图 9-7 所示。在图 9-8 中，要保证压料面形状不起皱的条件是，压料面的仰角 α 大于凸模仰角 β。若不能满足这一条件，可在拉深件底部设置筋类或反成形形状以吸收余料，如图 9-9 所示。当覆盖件的底部有反成形形状时，压料面必须高于反成形形状的最高点，如图 9-10 所示。

3）合理选择压料面与拉深方向的相对位置，尽量以水平压料面为最好。图 9-11a 所示为水平压料面，是最有利于拉深成形的压料面位置。图 9-11b 所示为向内倾斜的压料面，一般控制压料面倾斜角 $40°\leqslant\alpha\leqslant50°$。图 9-11c 所示为向外倾斜的压料面，倾斜角 α 太大，其材料流动阻力最大，易产生破裂，而且凹模表面磨损严重，应尽量少选用。

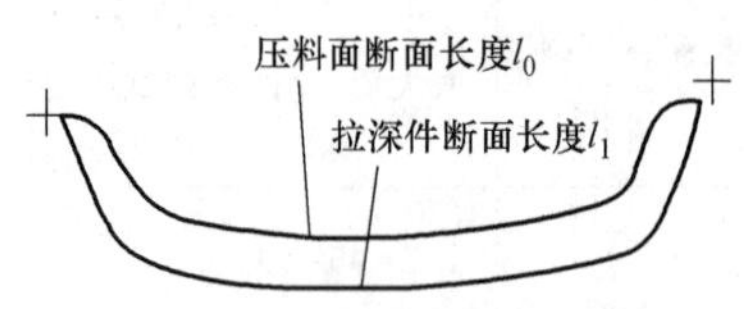

图 9-7　压料面与拉深件断面的关系

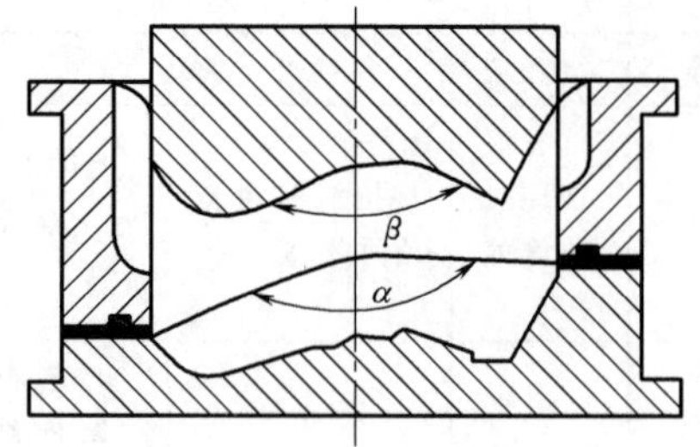

图 9-8　压料面的仰角 α 与凸模仰角 β 的关系

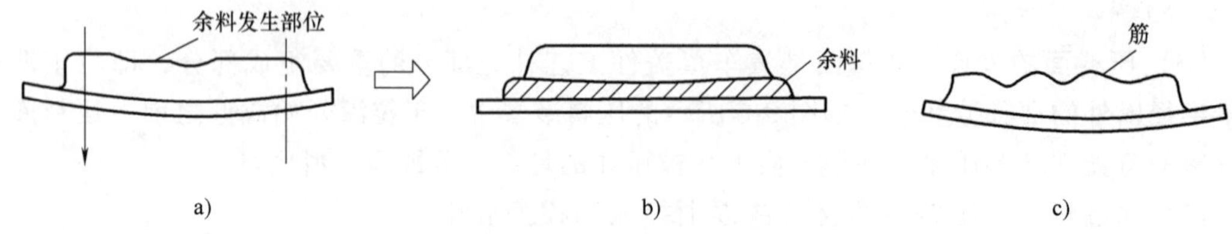

图 9-9　防止余料的措施

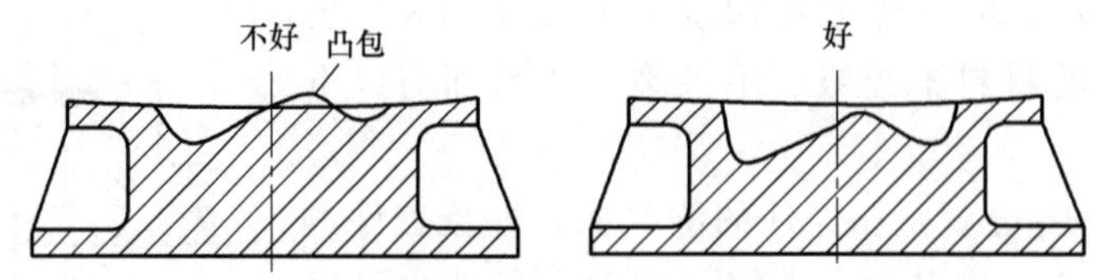

图 9-10　底部有反成形形状时的压料面

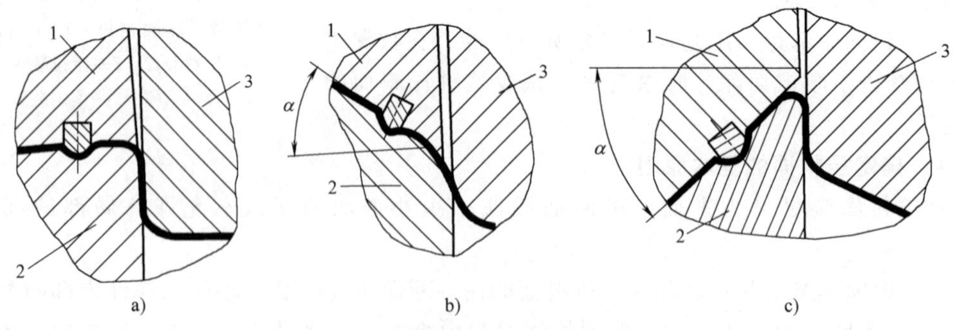

图 9-11　压料面与拉深方向的相对位置

a）水平压料面　b）向内倾斜的压料面（40°≤α≤50°）　c）向外倾斜的压料面

1—压料圈　2—凹模　3—凸模

4）压料面应使板料在拉深成形和修边工序中具有可靠的定位，并考虑送料和取件的方便性，不在某一方向产生很大的侧向力。

4. 工艺孔和工艺切口

(1) 工艺切口和工艺孔的作用　当需要在覆盖件上某中间部位冲出较大的局部凸起或鼓包时，在一次拉深中，不能从毛坯的外部得到材料的补充而导致零件局部的破裂，这时可

以在工艺补充部分的适当位置冲出工艺切口或工艺孔，使容易拉裂的部位从变形区内部得到材料补充，克服开裂现象，如图 9-12 所示。

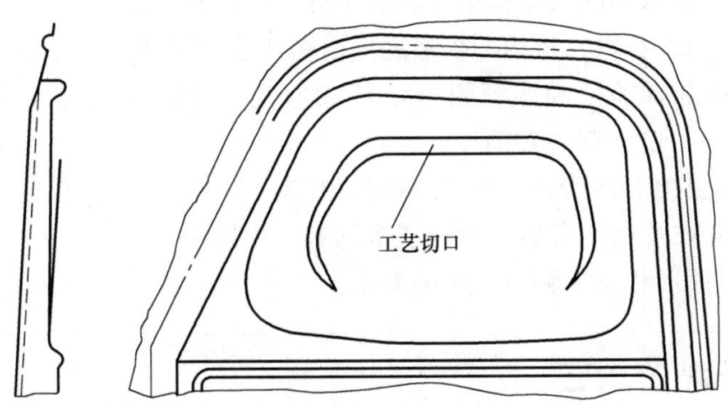

图 9-12　工艺切口的布置

（2）工艺切口和工艺孔的布置原则

1）工艺切口和工艺孔应布置在工艺补充部分上，设置在切边线外，在修边冲孔时将它们冲掉，如图 9-12 所示。

2）工艺孔一般在拉深前的落料冲孔工序中完成。工艺切口可在落料时冲出，但往往在拉深的过程中，在反成形即将到破裂产生时切出，不能提前也不能滞后。

3）切口或冲孔的数量、大小和形状，要根据所处位置和变形的要求，保证各处材料变形均匀，一般通过试料来决定。

4）当需要多个切口时，切口之间应留足够的搭边尺寸。

5）切口的形状应与局部成形的形状相适应，以使材料能合理地流动。

5. 拉深筋

汽车覆盖件的形状变化很大，由于覆盖件不规则的形状造成各处的进料阻力相差很大。汽车覆盖件拉深模具对于进料阻力的调节一般可通过调整压料面来进行，如调整冲压方向、压料面形状、翻边展开、工艺补充部分及压料力大小。对于局部进料阻力的调整，需要在压料面局部敷设拉深筋，以提高拉深件的刚度，防止起皱。拉深筋的形状尺寸应根据实际要求的进料阻力大小来决定，一般情况下其断面有圆形、半圆形和方形等，装配形式有嵌入式和整体式。嵌入式拉深筋耐磨但制造困难，如图 9-13 所示，整体式拉深筋与压边圈一起仿形加工。

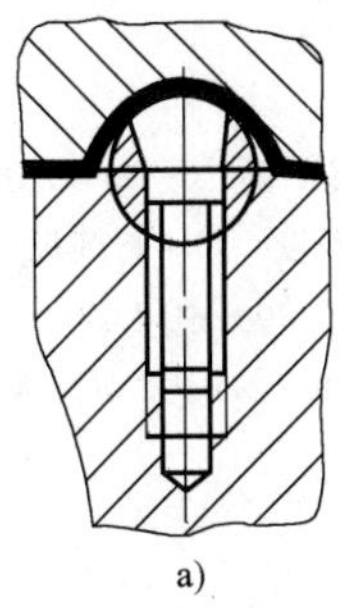

a)

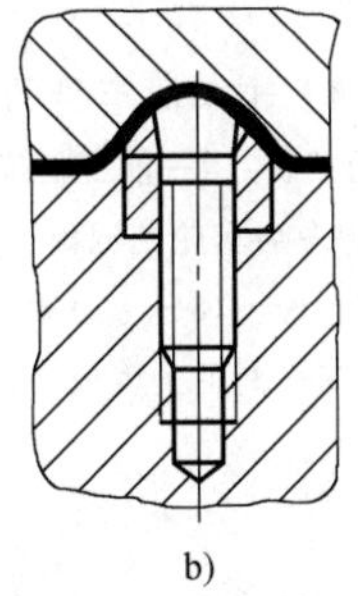

b)

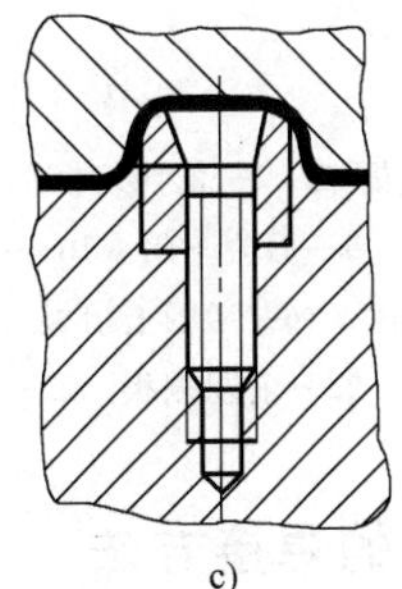

c)

图 9-13　拉深筋的结构

将门槛式的拉深筋称为拉深槛，其断面为梯形，如图 9-13c 所示，用于要求进料阻力相当大的拉深件。拉深槛比拉深筋的进料阻力更大，因此用于拉深深度浅而曲率小（形状平坦）的拉深件，敷设拉深筋的汽车覆盖件具有十分重要的作用。

1）增加进料阻力，板料在流入凹模型腔内时由于拉深筋的存在，使板料要经过四次弯曲和反弯曲（发生在拉深筋处和凹模圆角处），加大了拉深件内应力，提高覆盖件的刚性（便于工序间的转运）、防止起皱和畸变。

2）使局部进料阻力合理分布，控制和调节材料流动速度，使整个拉深件进料阻力均衡，按需要的变形方式及速度变形，防止“多则皱，少则裂”。

3）降低对压料面形状及压料力大小的要求。

9.2 汽车车身焊装工艺

板料经冲压加工后，成为外形各异的零件，这些零件必须经过装配焊接才能成为车身。所以焊装是车身成形的关键工序，焊装工艺是车身制造中的重要内容，是汽车制造的四大工艺之一。

焊装好但还没进行喷涂工艺的白皮车身称为白车身。白车身长时间暴露在空气中容易生锈，因此焊装好的白车身要尽快进入到涂装工艺流程，进行防锈处理。轿车白车身的结构如图 9-14 所示。

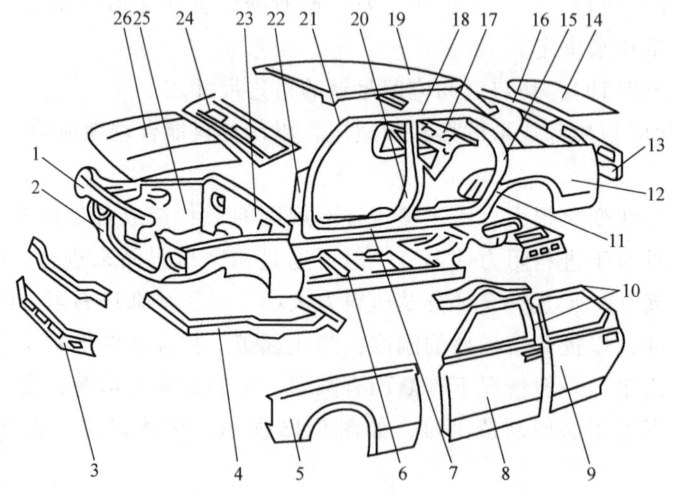

图 9-14 轿车白车身的结构

1—散热器固定框架 2—前照灯框总成 3—前裙板 4—前下框架 5—前翼子板 6—地板总成 7—门槛总成 8—前侧车门 9—后侧车门 10—门窗框 11—后车轮挡泥板 12—后翼子板 13—后围板 14—行李箱盖 15—后立柱 16—后围上盖板 17—后窗台板 18—上边梁 19—顶盖 20—中间立柱 21—前立柱 22—前围侧板 23—前围板 24—前围上盖板 25—前挡泥板 26—发动机罩

9.2.1 车身的焊接方法

实现金属连接的方法非常多，一般可以根据连接的特点将其分为两大类。

1）可拆卸的连接，如螺栓连接、键连接、楔连接。

2）不可拆卸的连接，这种连接的拆卸只能在破坏零件后才能实现，如焊接、铆接、黏接等。

焊接的方法种类很多，根据工艺特点的不同，焊接可以分为熔焊、压焊和钎焊三大类。根据热源产生的方式不同，在汽车制造中主要常用电弧焊、气焊和电阻焊等方法，它们都是金属零件经熔合而产生连接的。被连接零件沿着接合边界被熔化，熔化的金属在它们之间形成共同的熔池，经凝固即实现永久性的连接。车身焊接中常用的方法及典型应用见表 9-8。

表 9-8　车身焊接中常用的方法及典型应用

类型	焊接方法		典型应用实例	
电阻焊	点焊	单点焊	悬挂式电焊机	车身总成、车身侧围等分总成
			固定式电焊机	小型板类零件
		多点焊	压床式多点焊机	车身底板总成
			C 形多点焊机	车门、发动机罩等总成
	缝焊		悬挂式缝焊机	车身顶盖流水槽
			固定式缝焊机	燃油箱总成
	凸焊			螺母、小支架
电弧焊				车身总成
	氩弧焊			车身顶盖后两侧接缝
	焊条电弧焊			厚料零部件
气焊	氧乙炔焊			车身总成补焊
钎焊	锡钎焊			散热器
	铜钎焊			密封结构处
特种焊	微弧等离子焊			车身顶盖后角板
	激光焊			车身底板总成

焊接的优点：节省金属材料，减小结构质量，经济效益好；简化加工与装配工序，生产周期短，生产效率高；结构强度高，接头密封性好；为结构设计提供较大的灵活性；焊接工艺过程容易实现机械化和自动化。焊接的缺点：焊接过程容易引起较大的残余变形和焊接内应力；焊接接头中易存在一定数量的缺陷（如裂纹、气孔等）；焊接接头具有较大的性能不均匀；焊接过程中存在高温、强光及有毒气体，对人体有害。

1. 电阻焊原理

电阻焊又称为接触焊，在各种焊接方法中，其效率高，在汽车车身制造中应用最广。

电阻焊是工件组合后通过电极施加压力，利用电流流过焊接区所产生的电阻热加热工件，使要焊接的部位达到局部熔化或高温塑性状态，通过热和机械力的联合作用完成连接的焊接方法。

电阻焊的两个显著特点：一是焊接的热源是电阻热，故称电阻焊；二是焊接时需要加压力，故属于压焊。电阻焊的工作原理如图 9-15 所示。

电阻焊的特征如下：

1）利用电流通过工件焊接处的电阻而产生热量，生成熔核将工件焊接在一起。

2）整个焊接过程都是在电极压力作用下完成的。

3）在焊接处不需要任何填充材料，也不需任何保护剂。

2. 电阻焊的分类

电阻焊的种类很多，根据接头形式的不同可以分为搭接焊、对接焊两种。搭接焊可分为点焊、凸焊和缝焊三种；对接焊可分为电阻对焊和闪光对焊两种。

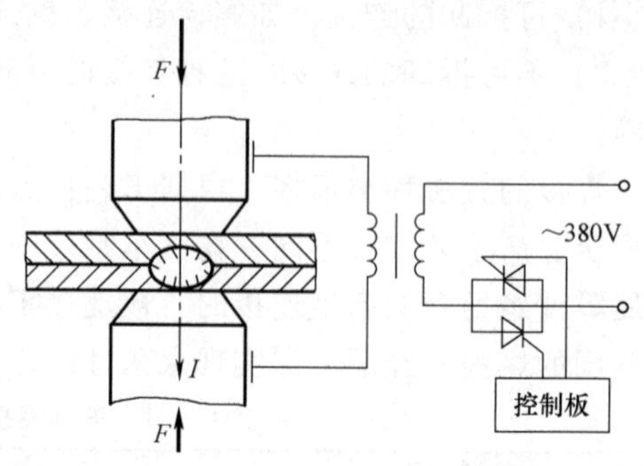

图 9-15　电阻焊的工作原理

（1）点焊　点焊是焊件之间依靠一个个焊点实现连接的，一般乘用车上有 4000 多个焊点，焊缝总长在 40m 以上。按供电方向可分为图 9-16 所示的单面点焊和图 9-17 所示的双面点焊。按同时完成的焊点数又可以分为单点焊、双点焊和多点焊。两焊件被压紧在两柱形电极之间，并通过强大的电流，利用产生的电阻热将两焊件焊接区加热到形成规定尺寸的熔核，然后切断电源，继续加压，熔核在压力的作用下冷却凝固形成焊点，这就是双面焊。

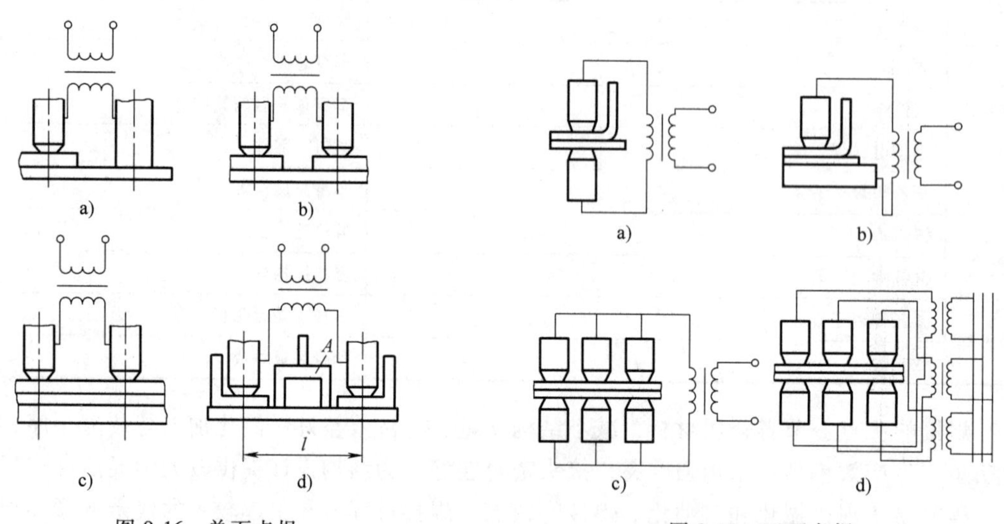

图 9-16　单面点焊

图 9-17　双面点焊

双面点焊时，电极在工件的两侧向焊接处馈电，或一侧是电极，而另一侧是接触面积较大的导电板，如图 9-17b 所示，这样可以消除或减轻下面工件的压痕，常用于汽车外表面或装饰性面板的点焊。图 9-17c 所示为使用一个变压器将各电极并联，同时焊件有两个或多个焊点的双面点焊。图 9-17d 所示为采用多个变压器的双面点焊。

（2）凸焊　凸焊是点焊的一种变型。在工件上有预制的凸点，利用零件原有的能使电流集中的预制凸点作为焊接部位进行焊接。凸焊的工作原理如图 9-18 所示。凸焊时，一次可在接头处形成一个或多个熔核。

凸焊主要用于车身制造中的螺母、螺钉等与薄钢板的焊接。

凸焊在一个焊接循环内可同时焊接多个焊点，生产率高，因此可在窄小的部位上布置焊点而不受点距的限制。

由于电流密集于凸点，电流密度大，故可用较小的电流进行焊接，并能可靠地在点焊处形成较小的熔核。凸点的位置准确、尺寸一致，各点的强度比较均匀。因此对于给定的强度、凸焊焊点的尺寸可以小于点焊。凸焊的缺点是需要预先冲制凸点的工序；电极比较复杂；由于一次要焊多个焊点，需要使用高电极压力、高机械精度的大功率焊机。由于凸焊的优点明显，因而获得了极广泛的应用。

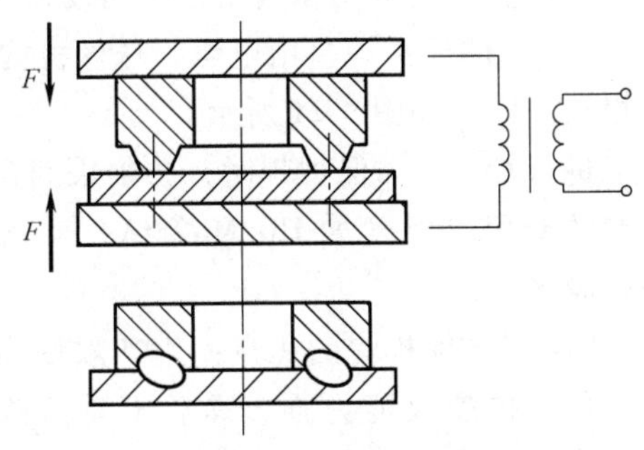

图 9-18　凸焊的工作原理

(3) 缝焊　缝焊时工件在两个旋转的盘状电极（滚盘）间通过后，形成一条焊点前后搭接的连续焊缝。缝焊的工作原理如图 9-19 所示。

缝焊主要用于有气密性要求的零件的焊接，如汽车燃油箱等。

(4) 对接焊　对接焊时，将两工件端面接触，经过电阻加热和加压后沿整个接触面焊接起来。对接焊分为电阻对焊和闪光对焊两种。

图 9-20 所示为电阻对焊的工作原理。用夹具将两焊件夹紧使两端面相互挤紧，通电加热，当焊件端面加热到塑性状态时，断电并加大压紧力进行顶锻，直至两焊件冷却结晶而形成牢固的对接接头。

闪光对焊也是用夹具将两焊件夹紧后通电，然后使两焊件缓缓靠拢并轻微接触，依靠两端面个别点的接触形成的喷射状的火花加热至一定温度时断电，进行迅速顶锻，最后在压力的作用下冷却结晶而形成牢固的接头。

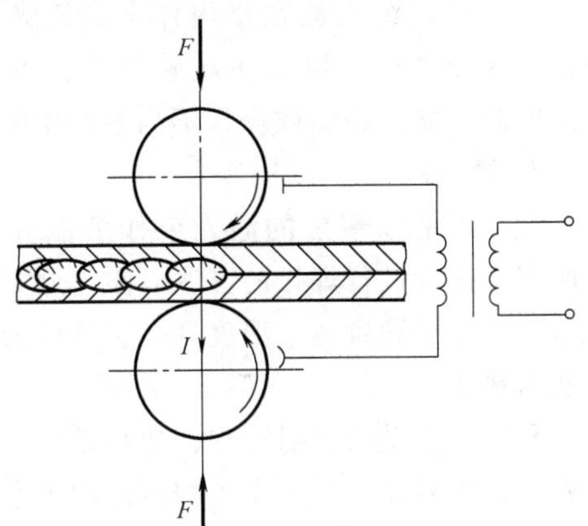

图 9-19　缝焊的工作原理

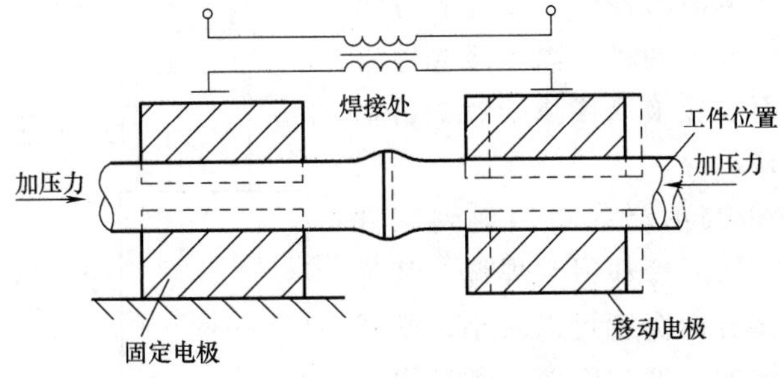

图 9-20　电阻对焊的工作原理

2. 二氧化碳（CO_2）气体保护焊

二氧化碳气体保护焊（简称 CO_2焊）是利用 CO_2气体作为保护气体的电弧焊。它利用焊丝与工件之间产生的电弧来熔化金属，由 CO_2气体作为保护气体，并利用焊丝作为填充金属。因 CO_2气体的密度比空气大，受电弧加热后体积膨胀，所以 CO_2气体保护电弧焊在隔绝空气、保护焊接熔池和电弧方面的效果相当好。

CO_2气体保护焊机由电源、送丝机构、供气系统、控制系统和自动化焊机机构或半自动化焊枪组成，如图 9-21 所示。

进行 CO_2气体保护焊时，必须采用含有强脱氧剂的专用焊丝（如 H08Mn2SiA）对熔池金属进行脱氧。

CO_2气体保护焊的优点：生产效率高；焊接成本低；抗裂纹能力强；焊后不需清渣；能进行全位置焊接，便于实现自动焊接。CO_2焊主要适用于焊接低碳钢和强度级别不高的低合金钢的中、薄板结构。

CO_2气体保护焊的缺点：因使用 CO_2作为保护气体，怕风，只能在室内作业；弧光和热辐射强；焊接过程中熔滴飞溅较严重；不能使用交流电源；如果控制或操作不当易产生气孔等。

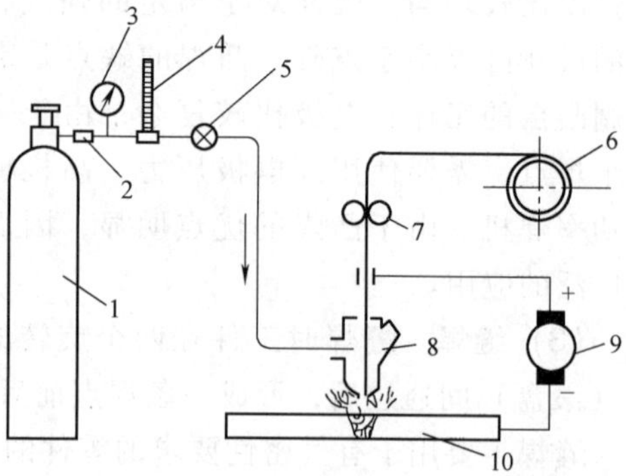

图 9-21　CO_2气体保护焊机示意图

1—CO_2气瓶　2—干燥瓶　3—减压器　4—流量计　5—阀　6—焊丝　7—送丝机构　8—焊枪　9—电源　10—焊件

3. 激光焊

激光焊是以聚焦的激光束作为能源轰击焊件所产生热量进行焊接的方法。激光照到金属表面后，与金属发生相互作用，金属中的自由电子吸收光子导致电子温度升高，然后通过振动将能量传递给金属离子，金属温度升高，光能变为热能。

利用原子受激辐射原理，使物质受激而产生波长均一、方向一致和强度很高的光束，这种光束称为激光。产生激光的器件即为激光器。激光与普通光（如太阳光、烛光、荧光灯）不同，它具有单色性好、方向性好及能量密度高等特点，被广泛用于金属和非金属材料的焊接、打孔和切割等。

图 9-22 所示为激光焊的示意图。激光焊设备主要由激光发生器、观察瞄准器及聚焦系统、激光束、工作台、电源与控制装置等装置组成。目前有固体及气体介质两种。固体激光器常用的激光材料是红宝石、钕玻璃或掺杂钕铝石榴石，气体的有二氧化碳。

激光焊是把能量很高的激光束照射到工件上，使工件受热熔化，然后冷却得到焊缝。其优点是工件连接之间的接合面宽度可以减小，既减轻了重量又提高了车体的强度和刚度。激光焊可以达到两块钢板之间的分子结合，焊接后的钢板硬度相当于一整块钢板，可将车身强度提高30%。其强度是传统电焊根本无法达到的，使整个车身坚固耐用。

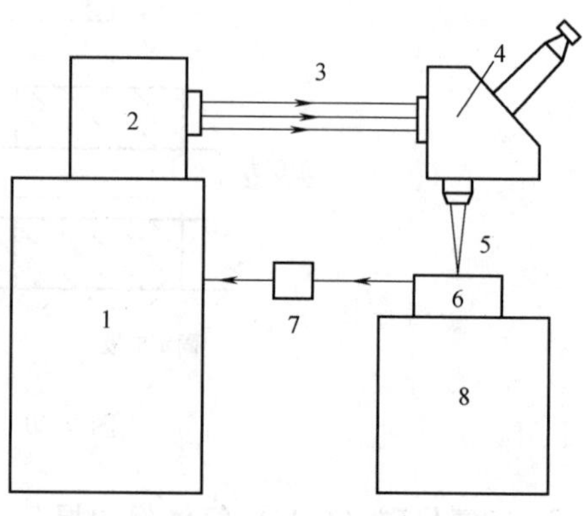

图 9-22　激光焊示意图

1—电源与控制设备　2—激光发生器　3—激光束　4—观察瞄准器及聚焦系统　5—聚焦光束　6—焊件　7—信号器　8—工作台

激光焊既可焊接连续的缝，也可焊接断续的缝，实际上可以在计算机的控制下沿任意轨迹

焊接。

如图 9-23 所示，激光焊是一种高速、非接触、变形极小的焊接方式，非常适合大量而连续的在线加工，汽车制造领域是当前工业生产中最大规模使用激光焊技术的行业，从汽车零部件生产到车身制造。现在，在全世界的汽车制造领域，激光焊广泛应用于底盘、车顶、侧围、车门及车身总成等部分和车身大型覆盖件的焊装中，成为车身焊装的主要工艺手段。随着激光焊技术在汽车车身制造中的广泛应用，激光焊逐渐成为标准的加工工艺。

随着汽车需求量的增加，安全性能要求的提高和轻量化的发展趋势，原来的点焊技术已经难以满足技术要求。激光焊具有单位热输入量少、热变形小、焊缝深宽比大、焊接速度高、焊缝强度普遍高于母材，且激光焊是单边加工、复杂结构适应性好、能焊接多层板、易于实现远程焊接和自动化等优点，因此，在工业发达国家汽车生产中，激光焊技术正在逐渐取代传统的焊接方式，开启新的焊接时代。

激光焊系统几乎可以达到完美加工的要求，在效率、经济、安全、强度、耐蚀性方面均有良好的效果。汽车的车身价值约占汽车总价值的 1/5，采用激光焊使车身的抗冲击性和抗疲劳性都可以得到显著改善，可提高汽车的品质。

激光拼焊是在车身设计制造中，根据车身不同的设计和性能要求，选择不同规格的钢板，通过激光截剪和拼接技术完成车身某一部位的制造。激光拼焊技术的优点：减少零件和模具数量；缩短设计和开发周期；减小材料浪费；合理使用不同级别、厚度和性能的钢板，减小车身重量；降低制造成本；提高尺寸精度；提高车身结构刚度和安全性。目前，激光拼焊已经被许多大汽车制造商和配件供应商所采用。近年来，该项技术在全球新型钢制车身设计和制造上获得了日益广泛的应用。

图 9-23　福特汽车白车身激光焊

9.2.2　车身焊装夹具

汽车车身是由很多冲压件焊接而成的复杂的空间壳体。由于车身零件多是刚性较差的薄钢板件，在焊装之前需要将工件固定到专用工艺装备中进行定位和夹紧，以保证各零件相互之间贴合以及相对位置准确，这种专用的工艺装备称为焊装夹具。

1. 焊装夹具的功用

1）保证和提高产品质量。

2）提高劳动生产率。

3）改变焊缝的施焊位置和扩大焊机的工作范围。

4）改善劳动条件，降低生产成本。

车身焊接的工艺过程一般为零件焊接成合件→合件焊接成分总成→分总成焊接成车身，在每个阶段都有与其对应的焊装夹具。

2. 焊装夹具的基本要求

1）保证被装配的钣金件获得正确的位置和可靠的夹紧，并在焊接时它能防止焊件产生变形。

2）有足够的强度和刚度且重量要轻。夹具的零件都应具有足够的强度和刚度，足以使焊接件避免变形。

3）夹具操作方便，结构应开敞，使焊接易接近工作处。

4）应尽量使焊缝在平焊位置进行焊接，使焊装工作在最有利的状态下进行。

5）工件应定位可靠、夹紧迅速，从夹具上取出工件应方便。

6）夹具应易于制造、便于维修、便于测量，应尽量使用标准化夹具元件，易磨损件便于更换。

3. 焊装夹具的定位与夹紧

在夹具上进行焊装时，一般按三个步骤进行，即定位、夹紧、定位焊。首先要实现准确的定位，以确定被焊装零件或部件的准确位置。其次是夹紧，即将完成定位的零部件夹紧，使其在工作过程中保持准确的位置不因各种力而改变。最后是定位焊，即对已定位夹紧的零部件按一定间隔焊一段焊缝，使这些零部件的位置固定。

（1）焊装夹具的定位 焊装夹具的定位同样也应符合六点定位规律，但因为车身覆盖件多为面积大、结构复杂的易变形件，车身焊装夹具上常常采用过定位，以提高零件的刚度、减小焊接变形。

定位基准的选择原则如下：

1）优先选择零件上的平面作为主要定位基准。尽量避免选择曲面，否则易造成夹具制造困难和工件变形。当然为了保证车身的曲面外形，车身骨架或者车身覆盖件有时也选用曲面作为定位基准。

2）如果零件有几个平面时，则应选择其中较大的平面作为主要定位基准。

3）对于形状复杂的车身冲压件，应注意选择曲面外形、曲面上经过整形的平台、工件经拉深形成的台阶、经修整的窗口或门口及外部边缘、装配用孔和工艺孔等部位作为主要定位基准。

（2）定位元件的类型 常用的定位元件有以下几种：

1）定位销。定位销是靠圆柱面与工件的定位基准孔接触进行定位的。在汽车车身焊装中，由于工件厚度不大，多用短定位销。定位销既可以固定在夹具上，也可以是可拆卸的，如图 9-24 所示。

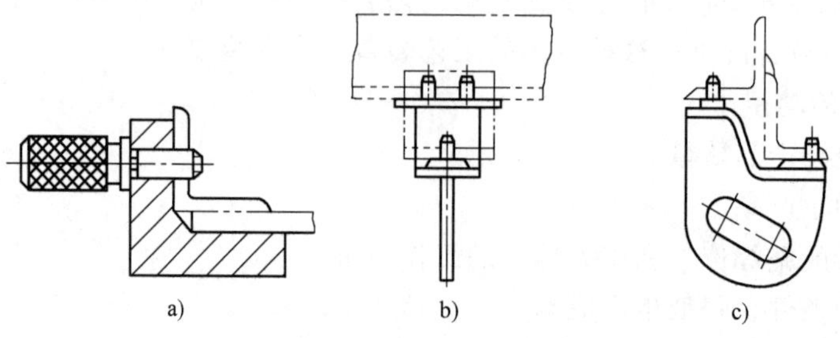

图 9-24 可拆卸定位销的应用

2）挡铁。挡铁是应用最普遍、结构最简单的一种定位元件，主要应用于车身骨架的焊装夹具中。按挡铁在支承件上的安装方式可以有多种类型。图 9-25a 所示为固定挡铁，是按定位原理直接把它们焊接到钢制的支承件的相应位置上。图 9-25b 所示为销连接的可拆式挡铁，它直接插入支承件的锥孔里，不用时可以拔除；图 9-25c 所示为螺栓连接的可拆式挡铁，通过螺栓将挡铁安装在支承件上，因为螺栓在 T 形槽中固定，所以挡铁的固定位置可以方便地调整。图 9-25d 所示为活动挡铁，只要将活动销拔出，挡铁即可退出，便于工件的装卸。

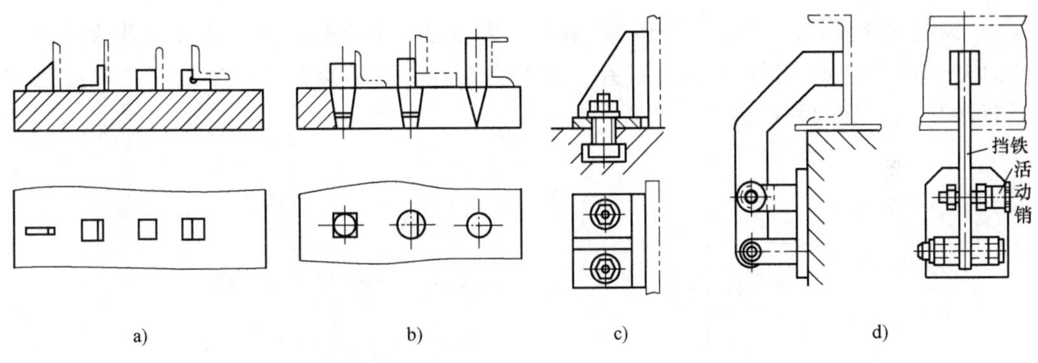

图 9-25　常用挡铁

3）样板。样板是预先按各零件的相互位置制作的。装配时，使它和工件紧靠来实现工件的定位。图 9-26 所示为采用样板定位的具体实例。生产批量较小的客车厂，常将客车的几根主要轮廓线制成样板，在焊装车身骨架或覆盖件时，就用这些样板来确定其位置，以保证所生产客车的外形基本相同。

4）支承板。支承板起辅助支承的作用，防止工件因重力而产生变形，它可分为平面支承板和曲面支承板两种。平面支承板主要用于工件定位表面是平面的场合，其形式可与一般夹具设计用的支承板相同或类似。

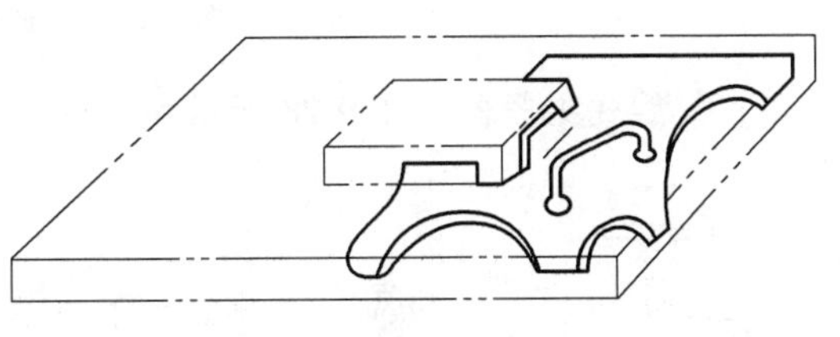

图 9-26　采用样板定位的具体实例

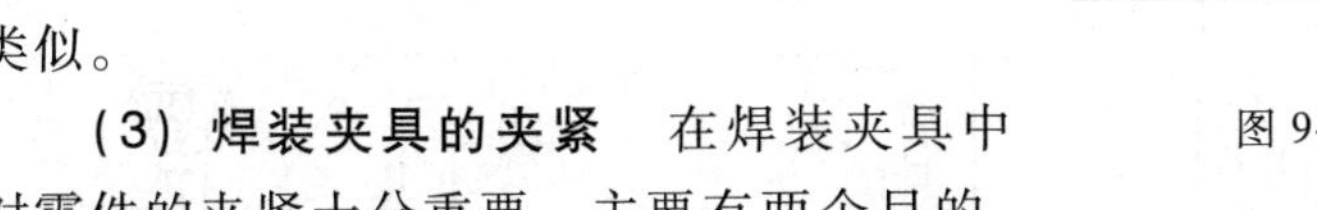

(3) 焊装夹具的夹紧　在焊装夹具中对零件的夹紧十分重要，主要有两个目的，一是使工件的定位基准与定位元件紧密接触，工件与工件搭接处紧密接触；二是保持工件位置在焊接过程中不变动。合理确定夹紧力，就是要确定夹紧力的大小、作用点和方向三要素。在设计夹紧装置时，应考虑夹紧力的选择、夹紧机构的合理设计及其传动方法的确定。夹紧装置选择合适，不仅可以显著地缩短辅助时间，保证产品质量，提高劳动生产率，而且还可以方便工人操作，减轻工人劳动强度。

确定夹紧力时还应注意以下几点：

1）夹紧力合力的作用点一般应靠近支承表面的几何中心，也即作用于支承三角形的中心。这样可使夹紧力较均匀地分布在接触表面上。

2）夹紧力的作用点应尽可能靠近加工面，使加工时产生的力对于夹紧力作用点的力矩变小，这样可减少工件的转动趋势或振动。

3）合理确定夹紧力作用点的数目，夹紧力作用点增多，能使工件夹紧均匀、提高夹紧的可靠性和减少夹紧变形。

(4) 夹紧器 焊装时对零件施加外力，使它始终保持既定位置的装置称为夹紧机构或夹紧器。

夹紧器的种类很多，按作用原理分有铰链式和螺旋式等；按力源分有气动式等。不论哪一类，都应满足动作灵活，操作方便，体积小，有足够的行程，夹紧时不损伤车身覆盖件的外表面，效率高等要求。

1）铰链式夹紧器。它是最常用的夹紧器，大多已经标准化。铰链式夹紧装置的优点是夹紧力大，夹紧和松开动作迅速，且有一定的自锁性。其缺点是被夹紧的工件厚度范围较小。图 9-27 所示为两种铰链式夹紧器。

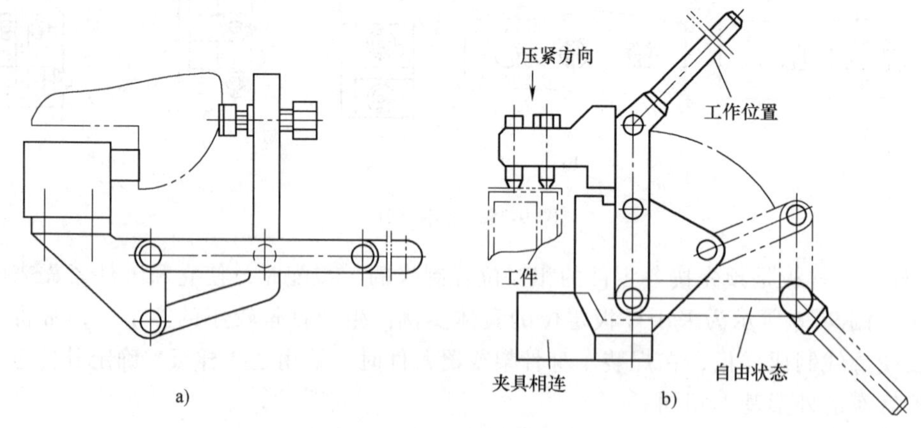

图 9-27　两种铰链式夹紧器

2）螺旋式夹紧器。图 9-28 所示为几种高效的螺旋式夹紧器。

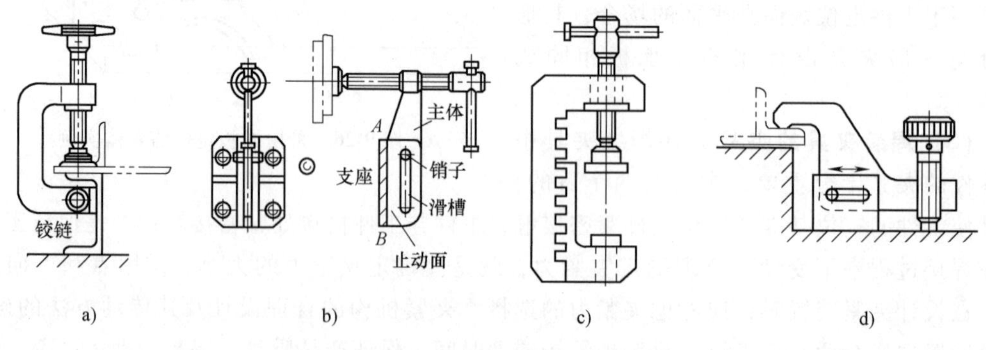

图 9-28　几种高效的螺旋式夹紧器

3）气动式夹紧器。空气由空压站压缩后，再经过冷却、过滤等向各用气部件供气，经过分流后到焊装车间作为气源。虽然空压站送出的空气已过滤，但由于又经过长距离的输送，有很多固态灰尘、液态水、油等杂质。所以当主气路送给夹具时，为了保护气动元件，又安装了过滤器，再经过调压阀选定工艺需要的压力，通过油雾器来润滑各气动元件。气动

系统一般由以下四部分组成。

① 气源部分，包括空气压缩机、冷却器、储气罐、过滤器，一般置于动力站内。

② 控制部分，如调压阀、节流阀、气动或电控换向阀等。用于控制和调节压缩空气的压力、流量和方向，以满足夹具的动作和性能要求。

③ 执行部分，能量输出装置，即气缸。与夹紧机构相连接。

④ 辅助部分，包括管部、接头、压力表、分水滤气器、油雾器、消声器等。起连接、测量、过滤、润滑、减小噪声等作用。

气动式夹紧器的优点是传力介质是空气，成本低，压缩空气在管道中流通的压力损失小；动作迅速，反应灵敏；结构简单，维护方便，元件易于标准化和规格化；夹紧牢固，使用安全。其缺点是结构比较复杂，需要压缩空气站，设备费用较高。

4. 辅助工具

辅助工具是焊装过程中不可缺少的工艺装备，主要有调整样架和检验夹具两类。

(1) 调整样架（简称样架）　对焊装工艺而言，样架主要是保证定位精度和统一的。焊装夹具有固定式和随行式两种，样架可以放到固定式焊装夹具各个工位及各个随行焊装夹具上，使各夹具和各工位的定位块具有相同的空间位置，以保证各夹具上焊装出的车身具有正确、一致的形状。另外，为了分析车身焊装质量，校正夹具上定位元件的磨损，以及重新复制夹具，均需使用调整样架。

样架根据主模型框架的尺寸装配有精确的基准块，与夹具定位元件相应的基准块对应，这些基准块的空间位置可由三维坐标测量仪来检验校准。

(2) 检验夹具（简称检具）　检具是对车身的轮廓形状、尺寸和孔位尺寸进行检查测量的综合性专用检测工具。检验夹具应具有精确、高效的功能，是车身焊装过程中必不可少的检测工具。车身在离开焊装生产线以前由检验夹具对车身的几何形状进行激光检测，输出检测数据，达到在线检测的要求，从而严格控制车身的制造质量。

9.2.3　轿车车身焊装线

现在汽车产量大幅提高，对汽车的生产效率也提出了更高的要求，焊装生产线具有专用、高效、操作工少（甚至无人）、多个车型共线生产、占地面积小、成本低的优点。通常汽车车身焊装工艺在多条分总成焊装生产线上完成。

1）底板分总成焊装线。它主要完成底板部分的焊装，包括前底板、中底板和后底板的焊装，是车身生产中最先完成的分总成，作为其他分总成焊装的基础。

2）侧围板生产线。它可实现两片侧围与底板焊接。

3）车身总成焊装线。它的工作内容是实现车身总成的定位、成形和增补焊接，并且配有一激光检测工位，由该工位在车身离开成形定位焊接生产线之前，进行车辆几何形状检查。

1. 贯通式焊装线

贯通式焊装线在车身制造中广泛使用。它由几个工位串联而成，由地面输送链或悬挂式电动葫芦完成工件的运输工作。每个工位有夹具、若干台悬挂点焊机或一体式焊机，图9-29所示为底板分总成贯通式焊装线。它适用于车身底板、车门、行李箱盖、发动机舱盖等轮廓形状较简单、刚性较好、结构较完整、组成零件数较少的分总成的焊装。它占地面积小，传递装置简单。

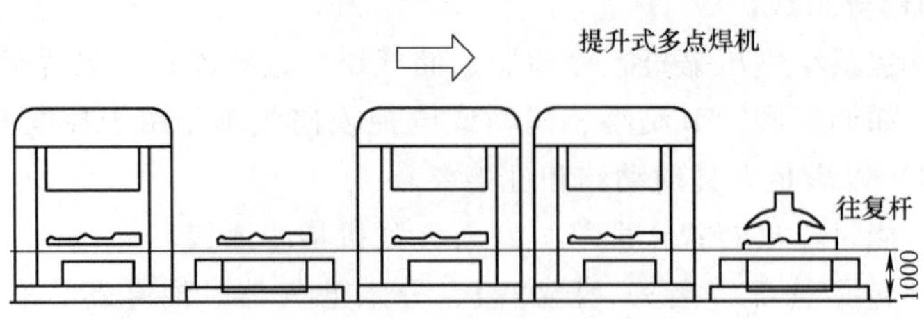

图 9-29　底板分总成贯通式焊装线

2. 环形式焊装线

环形式焊装线适用于工件刚性较差、组成零件数较多（如前围板等），特别是尺寸精度要求较高的部件、总成等的焊装。为了保证焊装质量，一般都将工件装夹于随行夹具上，所有的焊装工作全部在随行夹具上进行。当前工位焊装完毕后，工件连同随行夹具一起前移传送到下一工位，全部焊装工作结束后，工件已有一定的刚性，工件吊离随行夹具，空的随行夹具返回原处待用。如工位多，这种环形线所需的随行夹具数量就多，由于每个工位都要有一个夹具，并要满足循环使用的要求，故夹具数量多。这类焊装线投资较大，主要有以下两种形式。

（1）上下循环焊装线　图 9-30 所示为上下循环式车身焊装线。在地下循环焊装线采用随行夹具，当夹具到最后一个工位时，由升降机构下降到地下再返回到第一个工位，进行下一个零件的装配。该线的占地面积小，方便采用随行夹具。虽然它占地面积较少，但整线的传动装置比较复杂，而且地坑的土建工程量很大。

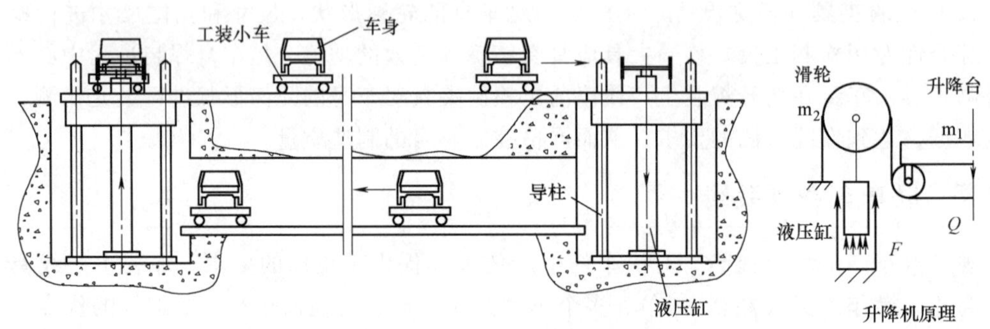

图 9-30　上下循环式车身焊装线

（2）环形循环焊装线　环形循环焊装线有椭圆形地面环形线、矩形地面环形线、地下环形线和“门框”式地下环形线四种形式。

图 9-31 所示为 EQ-1090 前围环形循环焊装线。它共有 10 个工位，线上配有 10 套随行夹具，3 台专用多点焊机和 8 台悬挂点焊机，人员 4 人，生产节拍为 8min/辆，全线长 8m。

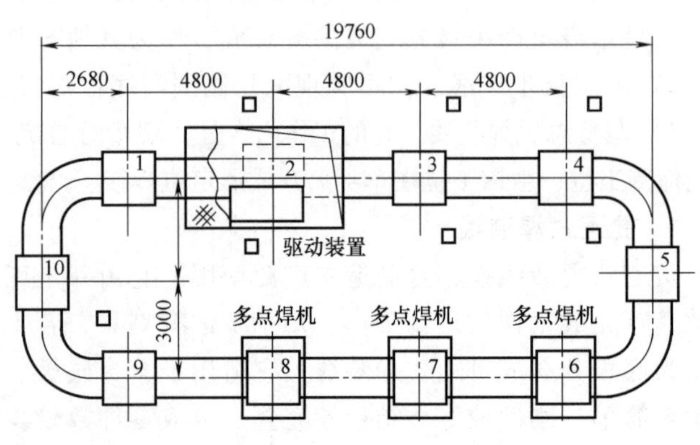

图 9-31　EQ-1090 前围环形循环焊装线

9.3　汽车车身涂装工艺

涂装是指将涂料均匀涂覆在车身覆盖件表面上并干燥成涂膜的工艺。该涂膜具有一定的耐水性、耐候性和耐化学性，使覆盖件避免被腐蚀，延长其使用寿命。涂装后可以使汽车具有色彩、光泽、立体感等，给人以美的视觉感受，同时某些特殊涂料还可获得防振、消声和隔热的效果。

9.3.1　车身用涂料

涂料是利用植物油和天然漆制成的涂装材料，既包括植物油和天然漆制成的涂装材料，也包括合成树脂及溶剂制成的涂装材料。涂装的作用是由涂层最终体现的，涂装的三个关键要素是涂装材料、涂装技术和涂装管理。

在选择涂装材料时，要从涂料的施工性、漆膜的性能、涂装的最终效果和经济性等方面综合考虑。要根据产品的使用要求和汽车产品的档次正确选用配套的底漆、中间涂料、面漆，同时做到涂层质量与汽车同寿命。

合理的涂装技术能充分发挥涂料的性能，涂层的质量和效果不仅取决于涂料本身的质量，更与涂装工艺过程控制和涂装条件有关。涂装技术包括涂装工艺、涂装装备、涂装环境。

涂装管理是保证涂装工艺得以执行的重要手段。涂装管理包括工艺管理、装备管理、质量管理、生产管理等。

这三要素之间相互依存、相互制约。

1. 车身涂料的组成

涂料的品种很多，成分各异，基本上由以下三部分组成。

（1）主要成膜物质　它使涂料黏附在制件表面成为涂膜的主要物质，是构成涂料的基础，通常称为基料和基漆。根据涂料中成膜物质的类型，涂料可分为油性涂料和树脂涂料，目前主要是合成树脂。

（2）次要成膜物质　次要成膜物质也是构成涂膜的组成部分，主要是一些添加剂（如颜料），它不能离开主要成膜物质单独构成涂膜，而主要成膜物质则可以单独成膜，也可以和次要成膜物质共同成膜。次要成膜物质使涂膜具有一定的遮盖力和着色力，增加涂膜厚度。

（3）辅助成膜物质　它对涂料变成涂膜的过程或对涂膜性能起一些辅助作用，不能单独构成涂膜。辅助成膜物质包括稀料（挥发剂）和辅助材料（催干剂、增韧剂、乳化剂和稳定剂等）两大类。

2. 汽车涂膜的结构

根据汽车使用的工况不同，对涂料要求的功能也不同，所以汽车涂膜一般由底漆涂层、中间涂层、面漆涂层三层组成，每层分别承担不同的功能，涂层总厚度达 80μm 以上。

1）底漆涂层。底漆涂层是直接涂在经过表面处理的白车身上的第一道涂层，是整个涂膜的基础。它对车身的防锈蚀和为中间涂层提供良好基底具有重要作用。对底漆涂层的要求如下：

① 附着力强。除在车身表面上附着牢固外，还应与腻子、中间涂层或面漆涂层附着性好。

② 防锈、耐蚀、耐水、抗化学试剂性能好。

③ 涂膜具有较高的机械强度和适当的弹性。

④ 良好的施工性。

车身用底漆大多是含环氧树脂等成分的铁红、锌黄环氧底漆、铁红环氧脂电泳底漆等。腻子是一种黏稠状的半固态物质，由合成树脂、体质颜料、催干剂等各种添加剂和溶剂组成。腻子主要用于填平物体表面，以保证其平整、光滑，借以显示面漆涂层的外观性能。

2）中间涂层。中间涂层是指介于底漆涂层与面漆涂层之间的涂层。它的主要功能是改善被涂工件表面和底层的平整度，为面漆涂层创造良好的基底，以提高整个涂膜的装饰性，对于表面平整度较好、装饰性要求不太高的载货汽车和中级客车、轿车，在大量流水生产中，常采用中间涂层，以简化工艺。对于装饰性要求高的客车、轿车，有时采用几种中间涂层涂料。对中间涂层的要求如下：

① 能与底漆涂层、面漆涂层配套良好。涂层间接合力强，硬度配套适中，不易被面漆涂层的溶剂所咬起。

② 应具有填平性。能消除被涂漆面的划纹等微小缺陷。

③ 打磨性好。打磨时不粘砂纸，在湿打磨后，能得到平整光滑的表面，并能高温烘干。

④ 耐潮湿性好。不应引起涂层起泡。

⑤ 具有良好的抗石击性能。

中间层涂料的种类也比较多，主要有环氧树脂、氨基醇酸树脂和醇酸树脂漆等。

3）面漆涂层。汽车面漆涂层是汽车多层涂层中的最后涂层，它直接影响汽车的外观装饰性、硬度和抗崩裂性、耐候性、耐潮湿性和耐蚀性、耐药剂性以及施工性。

随着人们生活水平的不断提高，对汽车用面漆涂层的质量要求也越来越高，尤其是轿车和高级客车。在选择汽车用面漆涂层或指定面漆涂层技术条件时，应根据汽车的使用条件、设计要求综合考虑。对面漆涂层的要求如下：

① 外观装饰性。保证汽车车身具有高质量、优美的外观。面漆涂层外观应光滑平整、花纹清晰，光泽度、橘皮程度、影像清晰度等都随车型的不同有不同的要求，有些高级轿车能获得如镜面般漂亮的外观。

② 硬度和抗崩裂性。面漆涂层坚硬耐磨，具有足够的硬度，可保证涂层在汽车行驶中经路面沙石的冲击和擦洗而不产生划痕。

③ 耐候性。汽车使用环境严苛而复杂，在急冷急热的温度变化时，面漆涂层易开裂，尤其是当面漆涂层较厚、未用热塑性面漆涂层及刚刚涂装完时更易开裂。要求汽车用面漆涂层在热带地区长期暴晒不少于 12 个月后，只允许轻微的失光和变色，不得起泡、开裂和出现锈点。

④ 耐潮湿性和耐蚀性。涂过面漆涂层的工件浸泡在 40～50℃ 的温水中，暴露在相对湿度较高的空气中，面漆涂层应不起泡、不变色或不失光。整个涂装体系具有较好的耐蚀性。

⑤ 耐药剂性。面漆涂层在使用过程中，若与蓄电池酸液、机油、制动液、汽油、肥皂液等各种清洗剂、路面沥青等直接接触，擦净后接触面不应变色或失光，不产生斑印。

⑥ 施工性。在大量流水生产中，面漆涂层的涂布方法多采用自动喷涂或静电喷涂，所

选面漆对上述施工工艺具有良好的适应性。当装饰性要求高时，面漆涂层应具有优良的抛光性能。面漆还应具有较好的重涂性和修补性。

高档汽车主要采用氨基树脂、醇酸树脂、丙烯酸树脂、聚氨酯树脂、中固聚酯等树脂为基料，选用色彩鲜艳、耐候性好的有机颜料和无机颜料，如钛白、酞菁颜料系列、有机大红等。

9.3.2 涂装前表面处理

1. 涂装前表面处理的目的

去除白车身表面所附着的油脂、锈蚀、氧化皮、灰尘等异物，在金属表面生成一层不溶于水的磷酸盐薄膜；增强涂料的附着力，提高涂层的质量，延长涂层的使用寿命；为涂层的平整、美观、光亮创造条件；为涂层提供一个良好的基底；增强涂层和被涂物的耐蚀性。

2. 涂装前表面处理的要求

1）被处理的表面无油污、无锈、无氧化皮、无水分（唯独电泳可湿水膜入槽）。

2）无酸、碱等附着物质的残留物。

3）表面有适宜的表面粗糙度。

4）表面清洁度力争达到100%，并不允许裸手接触处理过的表面。

5）在工艺规定的时间内涂上底漆。

3. 涂装前表面处理的内容

车身表面的主要污物有油污和氧化物，还有焊渣、黏附性灰尘和其他酸碱等。处理方法有金属表面脱脂、除锈和去氧化皮、金属表面磷化处理、钝化处理四种。

(1) 金属表面脱脂 将车身制件金属表面的油脂除掉的过程称为脱脂。常用的脱脂可分为物理机械方法和物理化学方法两大类。借助于机械作用的脱脂，如擦抹法、喷砂法和超声振荡法等都属于物理机械方法，这在汽车车身表面处理中用得较少。

车身制造中常用碱液清洗脱脂，该方法简单，成本低廉，故在金属表面清洗脱脂中较为常用。碱液脱脂的机理主要是通过皂化作用、乳化作用和分散作用来完成脱脂过程。

1）皂化作用。在清洗动植物油脂时，强碱型清洗剂中的氢氧化钠易与动植物油进行皂化反应，溶解分散在清洗液中。

2）乳化作用。车身零部件表面上的油污大多数是以矿物油为基料的化合物，它们遇到碱类清洗剂时不能像脂肪酸一样起皂化作用，此时要借助于碱类清洗剂中的乳化剂，如碳酸钠、硅酸钠等，它们能促进工件表面上这些油液以微小颗粒分散在水中而形成稳定的乳浊液，从而达到从金属表面上除去油污的目的。

3）分散作用。碱液清洗剂中的磷酸钠等还有分散作用，它能把工件表面上油污中的微小颗粒状固体污垢悬浮在清洗液中，阻止其凝结或重新沉积在工件表面上，从而达到脱脂的目的。

常用的碱液清洗剂主要有氢氧化钠、碳酸钠、磷酸钠、硅酸钠等。它们的脱脂原理都是在水中溶解后电离出 OH^- 离子，提供碱性，与动植物油发生皂化反应，生成能溶于水的甘油和脂肪酸钠，溶解分散在清洗液中。由于普通碱液在常温下的脱脂能力较差，需要较高的脱脂温度，因此，在实际生产中还广泛添加表面活性剂来改善脱脂效果。

在生产中，脱脂工艺常常按预脱脂和脱脂进行。预脱脂是车身进入预脱脂区，喷淋系统向车身喷碱性脱脂液，温度为70~90℃，且具有一定的喷洗压力。脱脂是车身进入脱脂槽，一般均为全浸式的槽，大小是由产量、生产节拍决定的。工件在热水槽、预脱脂和脱脂槽均装有循环、过滤、除油装置，以净化槽液，增强除油效果。

(2) 除锈和去氧化皮 去除钢板上的锈蚀的过程叫除锈。钢板在热加工时受氧化会产生硬而脆的氧化皮，在储运过程中接触水或其他介质会出现一层黄锈。车身表面的氧化皮及锈蚀在涂装前必须去除，以防止在磷化膜和漆膜下发生腐蚀而影响漆膜的附着力。目前主要有机械法和化学法。

机械除锈和去氧化皮有手工除锈、喷砂/抛丸除锈、风动（电动）工具除锈等。手工除锈（除氧化皮）是一种最简单的除锈方法，采用的工具有砂布、钢丝刷、铲刀、刮刀和锤子等。其特点是使用工具简单、操作简便，但劳动强度大，生产效率低，质量较差且易残留锈迹。

风动（电动）工具除锈是以压缩空气或电能驱动除锈装置，使锈层或氧化皮脱落的除锈方法。它虽比手工除锈效率高一些，但也不适宜于大面积的除锈。

喷砂除锈是指用压缩空气将细小干净石英砂，喷在需要除锈的金属表面，借助砂子有力地冲刷物面而将锈层除去的方法。与此相似，喷丸除锈则是用抛丸机将直径为0.2~1.0mm的钢丸（或其他材料球丸）抛在需要除锈的金属表面，依靠高速运动的钢丸对处理表面进行冲击而将锈层除去的方法。尽管该方法效率较高，但由于钢丸和石英砂粒直径较大，因此无论是喷砂除锈还是喷丸除锈，均不适合于薄板类汽车零件而只适合于中、厚板汽车零件。

在当今汽车涂装生产中，机械法除锈只是补充，广泛采用的是化学法除锈。金属的锈蚀产物主要是金属氧化物。化学法除锈就是用酸溶液与金属氧化物发生化学反应达到除锈的效果。

(3) 金属表面磷化处理 表面调整是钢、铁经过脱脂后，要再进行表面调整处理。把车身浸入含有钛盐的溶液中，钛盐能改变金属表面的结构，使磷化膜结晶细腻、致密、均匀，以便在磷化时能促进磷化膜晶核产生，从而缩短磷化膜的形成时间，达到降低原材料消耗量、提高防锈性能的目的。

用磷酸或锰、铁、锌、镉的磷酸盐溶液处理金属制品表面，使金属表面生成一层不溶于水的磷酸盐薄膜的过程叫磷化处理。

磷化是大幅度提高金属表面涂层耐蚀性的一个简单、可靠、费用低廉、操作方便的工艺方法，在当今汽车涂装行业有着极为广泛的应用。磷化膜作为油漆涂层的基底，能显著提高涂层的耐蚀性，阻止腐蚀扩展，增强涂层与金属之间的附着力，延长涂层使用寿命。

磷化的分类方法很多，但最常见的是以磷化温度来分，即高温磷化、中温磷化和常温磷化。

(4) 钝化处理 这是与磷化配套的工序，磷化膜在显微镜下看有针状、片状、棒状等，分子间有间缝，比较疏松，而钝化就是利用铬酸溶液对磷化膜进行处理，生成三价或六价铬化物，以提高磷化膜的致密性，以提高耐蚀性。图9-32所示为全喷淋式涂装前处理工艺流程。

9.3.3 常用涂装工艺方法

根据汽车使用要求，车身涂装工艺过程主要有以下三种基本体系。

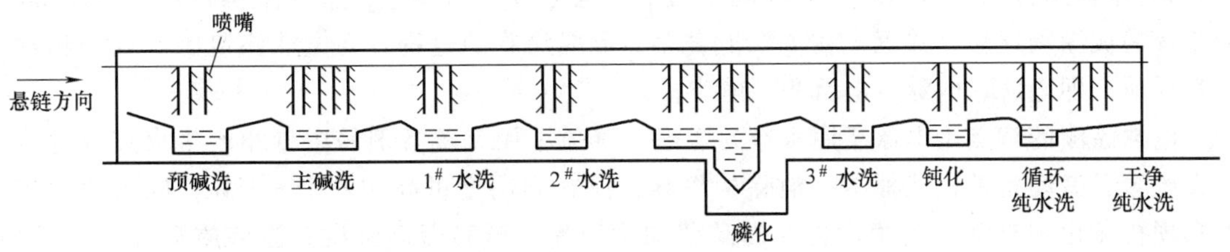

图 9-32 全喷淋式涂装前处理工艺流程

(1) 涂三层烘三次体系 该体系的涂层是底漆涂层+中间涂层+面漆涂层，三层分别烘干。它适用于对外观装饰要求高的轿车、旅行车等的涂饰。

(2) 涂三层烘两次体系 该体系的涂层与上述体系相同，但第一层不烘干，涂中间涂层后一起烘干，即所谓的“湿碰湿”工艺，烘干次数由三次减为两次。它适用于对于外观装饰性要求不太高的旅行车和大客车车身及载货汽车的驾驶室涂饰。

(3) 涂两层体系 该体系的涂层是底漆涂层+面漆涂层，无中间涂层，两层分别烘干。它适用于中型、重型载货汽车的驾驶室涂饰。

汽车车身制造中常用的涂漆方法有刷涂、浸涂、喷涂、静电喷涂和电泳喷涂等。刷涂因生产效率低、涂饰效果差，在大批大量的汽车产生中不被采用。

1）浸涂。浸涂是将被涂零件浸入盛有涂料的槽中，经过一定的时间后取出，经流平、干燥即可。该方法的涂层厚度主要取决于油漆的黏度。浸涂的特点是操作简单、生产效率较高、涂装率较高，它既不要很高的技术，又不需复杂的设备，易实现机械化和自动化生产；但挥发性涂料、含有重质颜料的涂料及双组分涂料等不适用。浸涂形成的漆膜易产生上薄下厚、流挂现象。该方法仅适用于外观装饰性要求不太高的耐蚀性涂层。

2）喷涂。

① 压缩空气喷涂。这是利用压缩空气在喷枪喷嘴处产生的负压力将漆流带出并分散为雾滴状，涂覆在物面上，这是目前使用最普遍的涂饰施工方法。喷涂所用装置及设备主要有喷枪、空气压缩机、油水分离器、漆罐、喷漆（涂）室等。

喷涂的优点是工作效率高，施工方便，可手工喷涂，也可机械喷涂，能适应不同形状尺寸的工件以及多种油漆材料。其涂膜光滑平整，厚薄均匀。喷涂适合于快干和挥发性油漆。喷涂的缺点是油漆有效利用率低，特别是在喷涂小型零件时，漆雾损失较大，并易引起火灾和苯中毒，影响工人健康，需要良好的通风除尘设备。

② 高压无空气喷涂。这是通过高压泵使涂料受压达到 10~17.5MPa，然后从喷枪最精细的喷孔中喷出，当受高压的涂料离开喷嘴到达大气中时，便立即剧烈膨胀，雾化成极细小的漆粒喷到零件上，形成涂膜。该方法的优点是涂层厚，生产效率高，漆雾少，涂料损失少、利用率高，节约溶剂，操作条件较好，漆膜的质量和附着力较好；但是漆膜的均匀性及外观装饰性较差，不适合黏度较大颜料涂料的施工。

3）静电喷涂。这是借助高压电场的作用，使喷枪喷出的漆雾带电，通过静电引力沉积在带异电的工件表面上而完成喷漆过程。静电喷涂的特点是生产效率高，可实现自动化生产，生产效率高，漆雾飞散损失小，比空气喷涂可节约一半以上的涂料，涂膜均匀，附着力好，涂膜质量好，工人劳动强度低，劳动条件好。

4）电泳涂漆。这是涂料在电场的作用下，电泳液中的离子状态的涂料向着本身所带电荷相反的被涂物迁移，并沉积在被涂物表面，形成涂膜的过程。在电泳涂装中有四个物理、化学反应，即电解、电泳、电沉积、电渗。

电泳涂漆的特点是电泳漆用水作为溶剂，避免了用有机溶剂易中毒和产生火灾等危险，大大改善了劳动条件；从根本上消除了漆雾，涂料利用率可高达 90%~95%；施工速度快，可实现机械化和自动化连续操作，提高劳动生产率，减轻劳动强度；涂层质量好，涂膜均匀，附着力强；一般涂装方法不易涂到、涂不好的地方（如工件内腔、凹缘、锐边、焊缝等处），用此法都能获得均匀、平整、光滑的涂膜。但电泳涂漆也存在着设备较复杂、设备投资大，只限于在导电的被涂物表面上涂漆、烘烤温度较高、耗电量稍大、不易变换涂料颜色、废水必须经处理等问题。

复习思考题

9-1　汽车覆盖件的冲压工艺有什么特点？

9-2　车身常用覆盖件的材料有哪些？

9-3　冲压车身覆盖件时对材料有什么要求？

9-4　如何确定拉深方向？

9-5　车身常用的焊接方法有哪些？

9-6　点焊、凸焊和激光焊各有哪些优点？

9-7　如何理解车身焊装夹具使用时的过定位现象？

9-8　涂装前表面处理的目的及内容是什么？

9-9　金属表面脱脂有哪些方法？

9-10　什么是磷化处理？

第10章

汽车总装工艺简介

汽车总装是汽车生产的最后一个关键工艺过程，也是汽车生产质量的关键步骤。它是将合格的汽车零、部件及总成，按照规定的技术文件规范和质量控制要求装配成整车的工艺过程。

汽车总装是以车架为基准件，在其上安装发动机、前后桥、前后轮、燃油箱、蓄电池、制动器等部件及其他组件和零件，完成一辆汽车的装配过程。总装工艺是汽车整车制造四大工艺过程中最后一个环节。“采用质量上乘的零部件不一定能装配出一辆品质优良的汽车整车”，说明汽车总装工艺的重要性。

尽管汽车的种类很多，不同类型汽车的结构与总装工艺存在较大的差异，但各种类型的汽车总装线的基本构成与工艺原理却大同小异。

汽车总装车间规划，首先是由生产纲领、生产体制、工艺流程和装配工时确定车间工艺布局及走向。在车间规划时使用的工艺流程是标准工艺流程，该流程是与生产的具体汽车品种不直接相关的，是具有指导性质的流程，它可以指导某一大类汽车的生产。

装配好的汽车，必须经过装配完整性、可靠性、电器是否工作正常、性能是否达到技术标准等检验和测试、路试、重修等，所有项目全部合格后才能出厂。

1. 汽车总装的技术要求

（1）装配的完整性 装配时，必须按照装配工艺规程的要求，将所有零、部件和总成全部装配，不得有少件等漏装的现象。

（2）装配的完好性 所装配的零、部件和总成不得有凹痕、弯曲、变形等机械损伤及锈蚀现象。

（3）装配的紧固性 按照装配工艺规程的规定，螺栓、螺母等连接件必须达到规定的装配力矩要求，不得有松动及过紧的现象。

（4）装配的润滑性 按照装配工艺规程的要求，各润滑部位必须加注定量的润滑油或润滑脂。

（5）装配的密封性 需要密封的部件密封性必须良好。

1）冷却系统的密封性。各接头不得泄漏冷却液。

2）燃油系统的密封性。各油管连接和燃油滤清器处不得有泄漏现象存在。

3）油封装配的密封性。擦净、涂抹油脂后要轻轻地装入。

4）气管装配的密封性。各气管的连接处必须均匀地涂上一层密封胶，锥管接头要涂在螺纹上，管路连接胶管要涂在管箍接触面上，并且管路不得有变形或凹陷现象。

5）装配的统一性。各种变型车应该按照生产计划配套生产，不得有误装和错装现象。

2. 汽车总装基础数据的确定

1）确定生产纲领：依据产品的市场定位、市场份额和发展潜力等制订工厂的最大生产能力，如某款汽车的生产纲领为 20 万辆/年。

2）每小时车辆产量（JPH）：是衡量一条生产线的产能高低的重要指标。

3）工位节距：每个工位在生产线所占的长度。工位节距=生产车辆最大长度+两车间距，两车间距主要考虑装配操作的安全性和便利性，一般设定在 1.2~1.5 m。

4）生产线节拍（T）：从生产线下线一台整车的时间。其计算公式为

$$T=\frac{60\mu}{\mathrm{JPH}}$$

式中 T——生产节拍（min/辆）；

μ——生产线设备开动率，也是作为衡量生产线工作效率的指标，一般生产线设备开动率取值为 90%~95%；

JPH——每小时车辆产量（辆/h）。

5）工位密度（P）：每个工位上的平均人数。

6）工时总额（H）：车辆从上线到下线的装配时间。其计算公式为

$$H=TPN$$

式中 T——生产节拍；

P——工位密度；

N——生产线工位数。

10.1 汽车装配线输送系统

汽车装配线是指通过输送装置把汽车零、部件及总成在多个工位生产线上按装配顺序逐个工位移动，以便使每个工位按照装配工艺规程完成规定的装配工序，最后形成整车的流水式装配线。

1. 汽车装配线的组织形式

汽车装配生产的组织形式可以分为固定式装配和流水线装配两大类。

（1）固定式装配 装配对象的基础件安放在固定工位上，装配工人将零部件和总成按装配工艺依次逐一安装，最后完成汽车总装的装配方式称为固定式装配。这是原始的、最简单的装配方式，在装配过程中允许对零件进行加工、修配和选配，零件基本不具有互换性，装配时以手工操作为主，一般不采用复杂的工艺设备，对工人的技术水平要求较高，劳动生产率很低。该生产方式只适用于产量很低的如特种车等汽车的装配，在批量生产中较少采用。

（2）流水线装配 流水线装配是指产品随输送装置在多个工位的生产线上按装配顺序由一个工位向另一个工位移动，在每个工位上按装配工艺规程完成指定的装配工序，最后完成汽车装配的生产形式。这种生产组织形式将整车各个零部件上线，并进行装配工序划分，每个工位完成装配工艺指定的工序内容，每个装配工人只要熟悉某个或某几个装配工序要求即可，这样可以极大地提高装配劳动生产率，产品质量稳定、可靠，是目前大批量汽车装配中常用的生产组织形式。根据产品及生产批量的不同，产品在生产线上移动有自由和强制两种形式。

2. 汽车装配线设备

先进的装配工艺需要先进的工艺装备，工艺装备的设计制造水平，对保证高效率的生产

和产品的高质量至关重要，也是汽车装配技术水平的标志。随着我国汽车工业的发展，从国外引进了大量先进的设备，使汽车工业装备水平有了很大的提高。生产量最大的轿车装配使用的设备主要有汽车装配线所用输送设备、起重设备、专用汽车装配线设备、各种油液加注设备、出厂检测设备五类。

(1) 输送设备 输送设备主要用于总装配线、各总成分装配线以及总成的输送，根据轿车装配工艺特点，既有车身内外装饰，也有车下底盘部件装配，所以，轿车总装配线通常由高架空中悬挂式输送机和地面输送机两种设备组成。

1) 高架空中悬挂式输送机。在汽车装配中，高架空中悬挂式输送机主要有普通悬挂输送机、积放式悬挂输送机、EMS 电动小车（自动自行小车系统）和摩擦式积放输送机等形式。

① 普通悬挂输送机。普通悬挂输送机是刚性输送设备，如图 10-1 所示，它主要由牵引链条、滑架、工装吊具、架空轨道、驱动装置、拉紧装置和安全捕捉装置等组成。它的运行速度一般是 0.5~15m/min。该输送机结构简单、造价低、动力消耗小，但无积放功能，工件上下要配备升降设备，用于内饰装配线时操作稳定性较差，适用于单品种、大批量的生产中。

图 10-1 普通悬挂输送机

② 积放式悬挂输送机。积放式悬挂输送机如图 10-2 所示，它主要由驱动装置、张紧装置、轨道系统（牵引轨、承载轨）、输送链条（推杆、滑架）、道岔装置、停止器和止退器、承载小车及承载吊具等组成。积放式悬挂输送机的运行速度一般是 0.5~15m/min。积放式悬挂输送机是一种适应于高生产率、柔性生产系统的运输设备，不仅起着运输作用，而且贯穿整个生产线，集精良的工艺操作、储存和运输功能于一体。随着现代化物流输送技术的飞速发展，积放式输送机在各行各业得到广泛应用，特别是在汽车制造业中，用于四门装配线、发动机装配线和整车装配线等，但其缺点是造价较高。

③ EMS 电动小车。EMS 电动小车如图 10-3 所示，它主要由铝合金轨道及连接件、岔道装置、供电系统、行走系统、升降系统、吊具和控制系统组成。EMS 电动小车结构紧凑，自带驱动装置，可实现工件的高速输送和低速作业，设计有升降装置，可实现工件在垂直空间的交叉作业；岔道装置能实现不同轨道间的水平搬运，输送线路中可以设置存储线路，能实现小车的存储和缓冲。

每一辆动力小车组从供电轨道取动力，在同步和非同步的制造和装配线上，电动自行葫芦的小车速度为 18~60m/min，在特殊应用场合，速度还可提高，速度分区控制时小车生产区更慢，以适合生产节奏。

EMS 电动小车灵活性大，运行快且平稳，车组定位准确，能实现柔性积放。系统噪声低，无污染，工作环境好，综合性能可靠，维护方便，可实现车组离线检修，成本较低。

EMS 电动小车常用于轿车总装车间底盘线、仪表台、车门分装运输与存储。

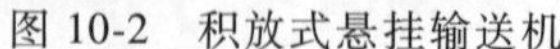
图 10-2　积放式悬挂输送机

图 10-3　EMS 电动小车

④ 摩擦式积放输送机。摩擦式积放输送机可分为悬挂式和地面式两种形式，如图 10-4 所示，它主要由轨道、直道驱动装置、弯道驱动装置、道岔、载货小车、停止器、定位器、钢结构系统、气路系统及电控系统等组成，若配以非标准转挂设备可完成不同输送系统间的转运。摩擦式输送机是应用摩擦力作为动力实现输送的，是较先进的输送方式，它具有自动化程度高、运行速度快（输送速度可达 50m/min，常用速度为 20m/min）、节能环保（由于采用接力式运行方式，无须所有电动机同时运行，可以节省 40%以上的能耗）的物流输送技术，还具有节省空间（在同等条件下，纵向截面高度方向尺寸小，所需厂房高度低）、环保（无须润滑，有利于保证产品品质）、噪声低和运行平稳的优点，输送系统可以通过可编程序控制器或计算机控制，成为高度机电一体化的物料储运和输送系统。

摩擦式积放输送机常应用于轿车总装车间内饰线、底盘线、车门线、车身 PBS 的输送机存储及地面动力总成的装配工艺。

2）地面输送机。在汽车装配中，地面输送机主要有滑橇式输送机、板链输送机和 AGV（自动引导车）等。

① 滑橇式输送机。滑橇式输送机如图 10-5 所示。它主要由滚床（由机架、滚子组、驱动装置组成，链或带传动）、回转滚床（由回转台及滚床组成，回转轨道为型钢和铝钢材）、举升滚床（由举升装置及滚床组成）、电动移行机（由移行装置及滚床组成）、双链移行机（由机架、头尾轮、链条及驱动装置组成）、积放链（双链或单链结构，采用链条或传动带输送）、工艺链、升降机和电控系统等组成。

图 10-4　摩擦式积放输送机

图 10-5　滑橇式输送机

滑橇式输送机具有自动存储、运输等功能，是机械化程度较高的综合性地面输送系统，其运行速度一般为1.5~60m/min。滑橇式输送机灵活性大、工艺性好、噪声低、运行平稳、安全可靠、便于操作及维护、柔性好、容易与其他运送装置连接，适用于大批量生产轿车总装车间内饰线和车身PBS线的存储和输送。

②板链输送机。板链输送机是刚性输送机，有单板输送机和双板输送机两种。板链输送机主要由驱动装置、传动装置、张紧装置、传动链条、台板、轨道、随行支架、钢结构支架等构成，如图10-6所示。它的运行速度一般为0.6~18m/min，该输送机的特点是传动平稳、承载能力大、操作接近性好、结构简单、故障率低和便于维修。单板输送机一般用于前段车身内饰线，双板输送机适用于后段车身内饰线，缺点是施工周期长，造价较高。

图10-6　板链输送机

③AGV（自动引导车）。AGV（Automated Guided Vehicle）指装备有电磁或光学等自动导引装置，能够沿规定的路径行驶，具有安全保护以及各种移载功能的运输小车。AGV主要由引导系统、行走系统、驱动单元、电磁耦合传感单元和控制单元等组成，如图10-7所示。AGV的主要功能是在计算机系统的控制下，按规划路径和作业要求，使小车精确地行走并停靠到指定地点，完成作业过程。其系统由主计算机和车载计算机系统及辅助装置组成，采用计算机、无线数据通信、自动控制伺服技术及车辆等综合技术集成，计算机控制系统控制多辆AGV，并由控制系统对AGV实施交通管制、软件调度与监控。

图10-7　AGV

AGV的显著特点是无人驾驶，车上装备有自动导航系统，可以保障系统能够沿预定的路线行驶，将物料自动运送到目的地。AGV的柔性好，自动化程度和智能化水平高，行驶路径可以根据仓储要求、工艺流程等灵活设定。AGV配备有装卸机构，可以与其他物流设备自动接口，实现物料装卸与搬运过程自动化。AGV依靠自带的蓄电池或者感应装置提供

动力，运行过程中无噪声、无污染，多应用于要求工作环境清洁的场所。

AGV 以地面上铺设的条带路标作为路径标识符，可实现路径自动跟踪、转向、行驶，并且具有障碍物自动识别、自动停车、自动调速和无线通信等功能。其缺点是 AGV 输送系统的造价较高。

AGV 主要用于动力总成的装配输送和大部件的输送。

（2）起重设备 轿车装配中所用的起重设备主要用于发动机、车桥等大型总成的上线，主要有电动单梁悬挂起重机（见图 10-8a）、单轨电动葫芦（见图 10-8b）、气动葫芦（见图 10-8c）和立柱式悬臂吊（见图 10-8d）等。

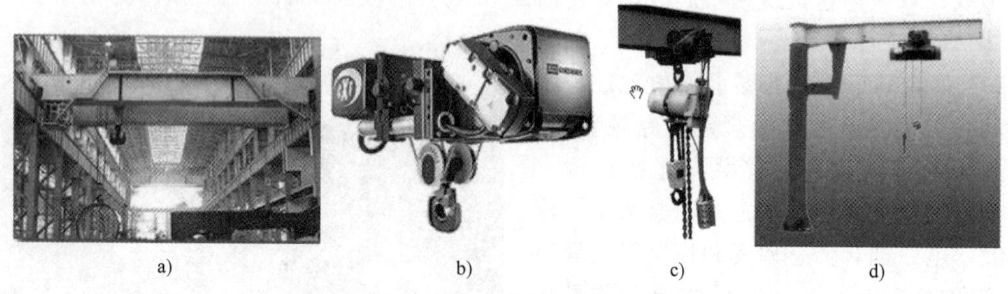

a) b) c) d)

图 10-8 轿车装配常用起重设备

a）电动单梁悬挂起重机 b）单轨电动葫芦 c）气动葫芦 d）立柱式悬臂吊

（3）专用汽车装配线设备 专用汽车装配线设备主要有车号打号机、螺纹紧固设备、车轮装配专用设备、自动涂胶机（见图 10-9）和液压桥装小车等。

（4）各种油液加注设备 汽车装配线油液加注设备包括电动计量加注机、冷却液真空加注机、制动液真空加注机和制冷剂真空加注机等，如图 10-10 所示。

图 10-9 自动涂胶机

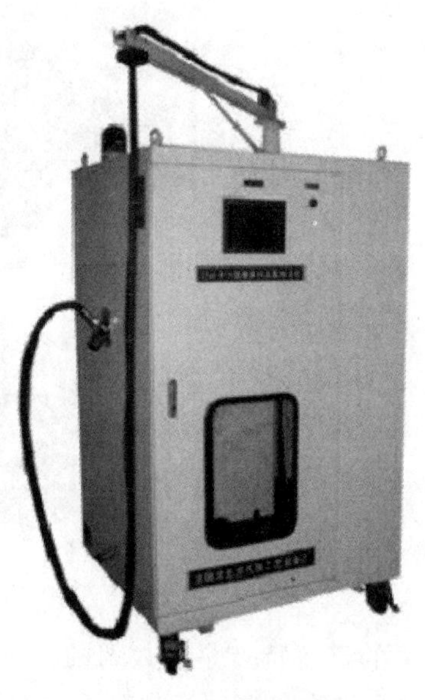

图 10-10 油液加注机

各种油液加注设备和加注方法见表 10-1。

表 10-1 各种油液加注设备和加注方法

序号	油液名称	加注设备	加注方法
1	冷却液	冷却液真空加注机	抽真空后定量加注
2	制动液	制动液真空加注机	
3	空调制冷剂	制冷剂真空加注机	
4	动力转向液压油	动力转向真空加注机	
5	发动机机油	发动机机油定量加注机	定量加注
6	变速器齿轮油	变速器齿轮油定量加注机	
7	风窗玻璃洗涤液	洗涤液定量加注机	
8	后桥齿轮油	后桥齿轮油定量加注机	
9	燃油	电动计量加油机	

(5) 出厂检测设备 出厂检测设备包括前束试验台（见图 10-11）、侧滑试验台、转向试验台、前照灯检测仪、制动试验台（见图 10-12）、车速表试验台和排气分析仪等。

图 10-11 前束试验台

图 10-12 制动试验台

整车出厂检测设备及检测内容见表 10-2。

表 10-2 整车出厂检测设备及检测内容

序号	检测项目	检测设备	主要检测内容
1	前轮定位	前束试验台	检测前轮前束和前轮外倾角
2	转向角	转向试验台	检测汽车转向轮的左右最大转角
3	制动	制动试验台	检测各轮的制动力和同轴左右轮制动力差值
4	灯光	前照灯检测仪	检测前照灯的发光强度和光轴位置
5	侧滑	侧滑试验台	在动态下检查前轮前束与前轮外倾角是否正确匹配
6	车速表	车速表试验台	检测车速表的精度、汽车动力装置的工作情况，如变速器有无跳档、脱档现象及传动装置有无异响等
7	排气分析	排气分析仪	检测发动机怠速时废气中的 CO 和 HC 的浓度
8	淋雨	淋雨实验室	检测整车的密封性
9	电器综合检测	整车电器综合检测台	对整车电气系统进行整合检测

10.2 汽车装配线工艺流程

汽车装配线工艺流程根据车型及其制造厂家的不同而有所区别，以轿车生产为例，总装车间生产线一般包括总装配线、分装配线、整车检测线和整车返修区。

1. 汽车工艺流程的设计原则

（1）工序集中原则 将多车型的相同操作集中在相同工位，尽量使用相同工具。这样不仅能减少设备投资，也能减少装配工时，提高生产效率。

（2）工序分散原则 汽车生产是处于一个价值流下的流水线，为了生产线工时平衡，需将许多小件、独立的装配内容分散到多个工位上，平衡工位间的工时差，以及进行防错和复检功能，提高产品质量。

（3）多车型混线的基本原则 RPS 定位系统共用。车身定位基准是汽车生产的总定位点，作为车身各子总成在整车的工艺基准，保持车身坐标系一致性是生产输送线的基本原则，是焊装、涂装、总装车间输送的定位基准和装配工艺基准。

2. 汽车装配线的工艺特点

（1）总装生产线及其工艺特点 轿车大多数为承载式车身，其装配特点是以车身为装配基础件，所有总成、零部件都安装在车身上。所以，轿车装配是将车身内、外饰件和整车装配工作放在一条线上来完成的。

轿车总装配线一般分为三个部分：前段车身装饰线、底盘装配线和后段车身装饰线。

1）前段车身装饰线主要进行车身上线及对顶棚装饰板、风窗玻璃、仪表板、侧围内饰板、后行李箱内饰、线束、刮水器及其电动机等部件的安装及装饰工作。

为了保证总装线实行混线生产，车身上线是由计算机进行控制的，每个车身上线前都贴有条码，条码内包含该车的车身号、流水号、车型、备件组织号以及与之配套的发动机型号等信息，以保证整个总装线生产有条不紊地进行。

2）底盘装配线主要进行燃油管、制动油管、燃油箱、动力总成、前悬架、后悬架、传动轴、排气管、消声器和车轮等部件的装配。

根据各种不同车型结构，底盘部件装配可以采取模块化的方式组织装配，即将分装好的发动机与变速器总成、前悬架总成、发动机前托架、传动轴、排气管、燃油箱、后悬架等底盘部件安装并定位到合装小车上。合装小车在合装区可与底盘装配线同步运行，小车上设有液压举升装置，将分装好的底盘合件直接举升上线与车身合装。例如，图 10-13 所示为底盘与车身合装。

图 10-13　底盘与车身合装

3）后段车身装饰线主要进行前保险杠装配、座椅装配、前面罩及前照灯装配、发动机各种管路连接和燃油、制动液、冷却液和制冷剂等各种油液的加注工作与整车下线前的调整工作。

为了保证质量，制动液、冷却液及制冷剂在加注前应当进行检测和抽真空。

(2) 分装线及其工艺特点　分装线主要包括仪表板总成分装线、车门分装线、车轮总成分装线、前后悬架总成分装线、发动机与变速器动力总成分装线等。

1）仪表板总成分装线。在仪表板总成分装线上分装部件包括转向柱、仪表板框架、组合仪表、仪表板线束、组合开关、收放机、空调鼓风机、暖风热交换器、蒸发器及壳体总成等。仪表板分装完成后，采用线束检测仪进行仪表板功能检测，主要检测仪表板功能是否正常，检测时，将仪表板总成的相关线束插头与仪表板线束检测仪的对应接口接上，启动检测按钮，就可以逐项检测转向、灯光、报警等功能。检测完成后，根据仪表板总成上所贴的条码由计算机控制上线，从而保证不同车型安装相应型号的仪表板总成，如图 10-14 所示。

图 10-14　仪表板分装线

2）车门分装线。车门分装线包括空中悬挂式和地面式两种。在车门分装线上主要进行门锁、玻璃升降器、防水帘、玻璃、内饰件、内手柄、外手柄和密封条等部件的装配，如图 10-15 所示。

图 10-15　车门分装线

3）车轮总成分装线。车轮总成分装线的主要设备是车轮装配机、充气机及车轮动平衡机和各设备之间的连接采用的机动辊道。在车轮总成分装线上，首先将轮胎安装到轮辋上，充气到规定的压力，然后进行动平衡检查和调整，再送到总装配线上。图 10-16 所示为吊装车轮；图 10-17 所示为拧紧车轮螺栓。

图 10-16　吊装车轮

图 10-17　拧紧车轮螺栓

4）前后悬架总成分装线和发动机与变速器动力总成分装线。前后悬架总成分装线和发动机与变速器动力总成分装线根据不同的车型结构，如果不带副车架，则一般采用环形地面链牵引小车式，小车上设有液压举升装置，可与底盘装配线同步运行，直接上线。例如，图10-18 所示为将动力总成安装到副车架上。

图 10-18　将动力总成安装到副车架上

（3）整车检测线

1）车轮定位参数检测：主要检测车轮前束和外倾角。

2）车轮侧滑量检测：动态检测前轮前束与前轮外倾角的配合是否合适，并检查悬架的几何特性。

3）转向角检测：检测汽车转向轮的左、右最大转角。

4）前照灯检测：检查前照灯发光强度及调整前照灯远光光束照射位置。

5）制动性能检查：通过检测前、后制动器制动力，确定行车制动系及驻车制动系的工作是否正常。

6）动力传动系统检查及车速表校验：主要是通过换档加速检查发动机和变速器的工作是否正常。

7）怠速排放污染物检查：分析 CO、HC 含量。

8）密封性检查：防雨密封性检查，时间 3min。

9）整车电器综合检查：检查是否存在接触不良、短路等隐患。

10）路试检查：按一定百分比抽查整车，在专用试车道路上进行路试。

3. 汽车装配线的工艺流程

轿车的车身为承载式车体，因此，以车身为装配基础件，所有零部件及总成都安装在车身上。以一汽马自达6轿车为例，其装配线工艺流程简述如下：

生产能力：12万辆/年；生产节拍：1.6min/辆；车位数：94个装配车位，36个检测、检查车位。

总装车间与冲压、焊装、涂装车间组成全封闭式的厂房，车间由装配区和配货中心两部分组成。总装车间整体设计采用“T”字形布置方式，便于配货。马自达6装配生产线如图10-19所示。

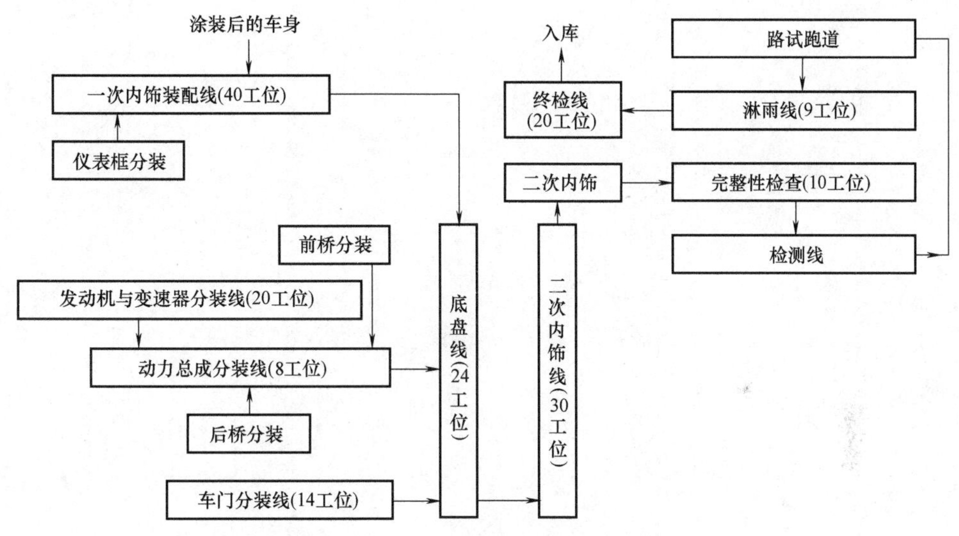

图10-19　马自达6装配生产线示意图

(1) 一次内饰装配线　车身打号，安装天窗、线束、ABS、顶棚、地毯、气囊帘、车门支承板、车门玻璃、密封条、仪表板和散热器等。

(2) 底盘线　安装油管、燃油箱、隔热板、动力总成、后悬、排气管、挡泥板、轮胎等。

(3) 二次内饰线　安装风窗玻璃、座椅、仪表板后段、蓄电池、空气滤清器、备胎、行李箱附件、刮水器，油液加注，车门调整，线路、管路插接和理顺等。

(4) 整车完整性检查　在两条检测线上主要完成转向盘校正、车轮前束调整、外倾角调整、前照灯灯光调整、驾驶人气囊装配、整车侧滑量测量、喇叭声级测试、整车加速与减速测试、驻车制动、倒车功能测试、尾气排放值测量等模块及故障检测、变速器油液加注等工作。

(5) 路试跑道　检查空调功能、手动档加减速性能、自动档加减速性能、定速巡航功能、ABS/DSG功能、转向性能、倒车性能、整车异响、制动侧滑、跑偏、驻车制动功能、音响功能等。

(6) 调整、淋雨线、终检线、交车　路试后故障返修、整车淋雨检查、漏点返修、车

门饰条装配、终检漆面检查、喷蜡、补漆、交车。

复习思考题

10-1　汽车总装的技术要求有哪些？

10-2　汽车总装有哪些工艺装备？

第11章

汽车发动机再制造工艺简介

随着我国汽车保有量的与日俱增，国内汽车维修服务行业的发展严重滞后，无法满足汽车市场越来越高的需求。因此，改变国内传统汽车维修观念、建立专业化、规模化的汽车维修厂和符合国际标准的中国汽车维修服务业，实乃当务之急。汽车发动机再制造这一全新的维修概念是振兴中国汽车工业，并与国际水平接轨的必经之路。

11.1 发动机再制造概述

11.1.1 再制造的内涵

1. 再制造的概念

再制造是以产品的整个寿命周期为研究对象，以优质、高效、节能、节材、环保为目标，以先进制造加工技术和产业化生产为手段来修复和改造废旧产品的一系列技术措施或工程活动的总称，如图 11-1 所示。

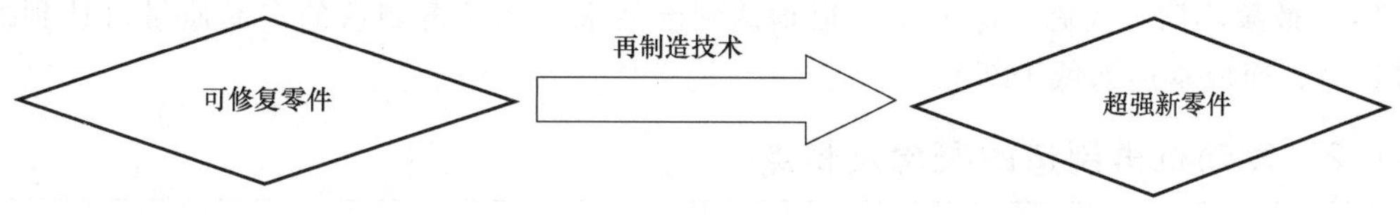

图 11-1 再制造技术

2. 再制造的类型

(1) 再制造加工 对于达到技术寿命和经济寿命而报废的产品，在失效分析和寿命评估的基础上，把有剩余寿命的废旧零部件作为再制造毛坯，采用先进技术进行加工，使其性能恢复，甚至超过新品的生产活动。

(2) 产品性能升级 对技术性能相对落后的产品，往往是几项关键指标存在着差别。但是，采用新技术对其进行局部改造，可使原产品的性能改进或提高。

3. 再制造的特点

(1) 再制造的产品可拆解 拆解是再制造生产过程的开始，是零部件进行再制造的基本条件。产品被拆解并经性能检测与可再制造性评估后，才能确定是否能进行再制造。产品的初始设计对拆解性有决定性的影响，因为装配设计与拆卸设计并非是一个完全可逆的对称问题。

(2) 再制造不同于维修 维修是在产品的使用阶段为了保持其良好技术状况及正常运行而采取的技术措施。维修多以换件为主，辅以单个或小批量的零（部）件修复。而再制造是将大量相似的废旧产品回收拆卸后，按零部件的类型进行收集和检测，将有再制造价值的废旧产品作为再制造毛坯，对其进行批量化修复和性能升级。因此，再制造是一个将旧产品恢复到“新”状态的过程。

可进行再制造的产品一般具有以下特征：

1）耐用型产品，某些功能受到损坏。

2）通用件组成，各部件均可更换。

3）剩余价值较高，且再制造的成本低于剩余价值。

4）产品的各项技术指标稳定。

5）市场认同并且能够接受再制造产品。

（3）再制造不同于再循环 再循环是指通过回炉冶炼等加工方式，将废旧产品材料再生利用的过程。材料循环再生要消耗较多的能源，而且对环境还会有较大的影响。再制造是指以废旧零部件为毛坯，通过采用先进的加工技术，获得高品质、高附加值的再制造产品，同时要求消耗能源少，最大限度地回收废旧零部件中蕴含的附加值，且成本低于新品制造。

此外，再制造的对象是广义的，它既可以是设备、系统或设施，也可以是零部件。实践证明，再制造是废旧机电产品资源化的最佳形式和首选途径。

4. 汽车零部件再制造与大修的区别

（1）加工对象不同 大修的加工对象是故障产品；而再制造的对象是大批量的报废产品。

（2）生产方式不同 大修多采用手工单件生产；而再制造采用先进工艺进行批量生产。

（3）加工深度不同 大修仅限于部分超过使用极限的损伤件；而再制造要对总成零部件进行全面检验，对不合格零部件统统修理或更换。

（4）效果不同 大修产品的质量很难达到新品水平，而再制造的产品质量可达到甚至超过新品，而成本远远低于新品。

11.1.2 发动机再制造的概念及特点

1. 发动机再制造的概念

发动机再制造是将旧发动机按照再制造标准，经严格的再制造工艺后，恢复成各项性能指标达到或超过新机标准的再制造发动机的过程。汽车发动机再制造既不是一般意义上的新发动机制造，也非传统意义上的发动机大修，而是一个全新的概念。

2. 发动机再制造的特点

新发动机制造是从新的原材料开始，而发动机再制造则以旧发动机为“毛坯”，用可以修复的基础件为加工对象，所以可以说是充分挖掘了旧发动机的潜在价值。发动机再制造省去了毛坯的制造及加工过程，节约了能源、材料、费用，并减少了污染。有统计资料表明，新制造发动机时，制造零件的材料和加工费用占 70%~75%，而再制造中其材料和加工费用仅占 6%~10%。

发动机大修多是以单机为作业对象，采用手工作业方式，修理周期过长，生产效率及修复质量受到了很大局限。再制造汽车发动机则采用了专业化、大批量的流水作业线生产，保证了产品质量和性能。

3. 发动机再制造的意义

发动机再制造赋予了报废的旧发动机的第二次生命，这不同于发动机的大修，是旧发动

机的一种质的转变。发动机再制造产业具有高质量、高效率、低费用、低污染的优点，能给用户带来极大实惠，给企业带来极大利润，给环境带来极大效益。发动机再制造的理论和实践都说明，发动机再制造产业是汽车维修行业的发展方向，是利国利民的绿色行业和朝阳产业。

4. 国内外发动机再制造发展概况

（1）国外发动机再制造发展概况　发动机再制造技术起源于欧美地区，已有50多年的发展历史。到今天，从技术标准、生产工艺、加工设备、供应、销售和售后服务已形成一套完整的体系，积累了成熟的技术和丰富的经验，而且已形成足够的规模。在欧美各国，再制造发动机已经成为汽车发动机制造公司售后服务体系领域不可缺少的重要组成部分，对维护各汽车发动机制造公司产品在市场上良好的形象和声誉具有强有力的保证。在北美从事发动机再制造的公司有6000多家，年再制造发动机220万台，产值25亿美元。德国大众汽车公司已再制造发动机720万台，近年来销售的再制造发动机及其配件和新机的比例达9∶1。欧美国家在再制造设计方面，主要结合具体产品，针对再制造过程中的重要设计要素如拆卸性能、零件的材料种类、设计结构与紧固方式等进行研究。

（2）国内发动机再制造发展概况　徐滨士院士率先提出再制造工程的问题，我国再制造产业发展虽晚，但势头非常好，目前已成为世界上最重要的再制造中心之一，而且在基础理论研究与技术应用开发方面走在了世界前列。仅在我国率先提出“再制造”概念的2008年，在机械产品领域，就有近30家再制造企业挂牌，如二汽康明斯发动机再制造公司、广西玉柴发动机再制造公司等。目前，发动机再制造企业济南复强动力有限公司是我国最大的再制造企业，专门从事斯太尔、康明斯、三菱等种类型号，尤其是重型汽车发动机的再制造。

11.2　发动机再制造的工艺过程

通常情况下，报废发动机进入再制造工序后，可采用图11-2所示的发动机再制造工艺方案。

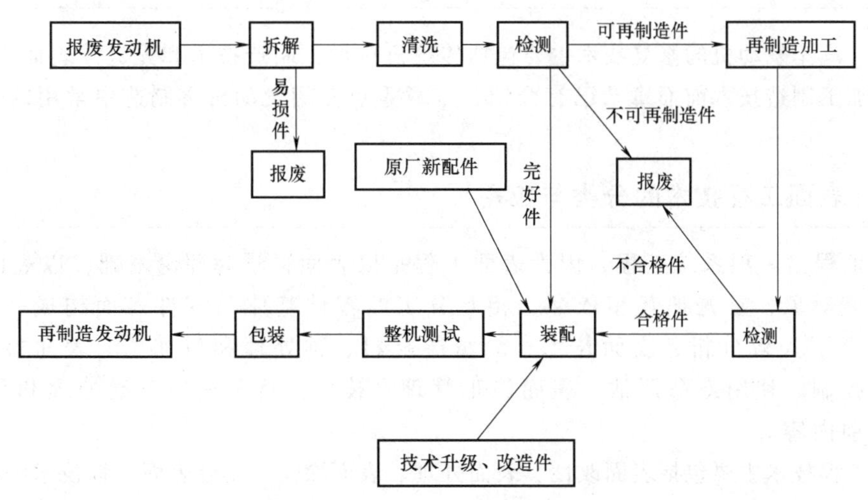

图11-2　发动机再制造工艺方案

1）全面拆解旧机。拆解中直接淘汰旧发动机中活塞总成、主轴瓦、油封、橡胶管、气缸垫等易损零件，一般这些零件因磨损、老化等原因不可再制造或者没有再制造价值，装配时直接用新品替换。同时要剔除明显损坏且不可修复的零件。

2）清洗拆解后保留的零件。根据零件的用途和材料，选择不同的清洗方法，如高温分解、化学清洗、超声波清洗、振动研磨、液体喷砂、干式喷砂等。

3）对清洗后的零件进行严格的检测判断。检测后的零件可分为三类：可直接用于再制造发动机装配的零件，主要包括进气管总成、前后排气歧管、燃油箱底壳、正时齿轮室等，这类零件80%以上可直接应用；可再制造修复的失效零部件，主要包括缸体总成、连杆总成、曲轴总成、喷油泵总成、缸盖总成等，这类零件可再制造率一般达80%以上；需用新品替代的淘汰零件。据统计，旧斯太尔发动机中前两类零件的比例占重量的94.5%，价值占90.1%，数量占85.7%。

4）失效零件的再制造加工。对失效零件的再制造加工可以采用多种方法和技术，如利用先进表面技术进行表面尺寸恢复，使表面性能优于原来的零件，或者采用机加工技术重新加工，使其达到装配要求的尺寸，以使再制造的发动机达到标准要求的配合公差。

5）将全部检验合格的零部件与加入的新零件，严格按照新品生产要求装配成再制造发动机。

6）对再制造发动机按照新发动机的标准进行整机性能指标测试，应满足新发动机设计要求。

7）对发动机外表进行涂装和包装入库，并根据客户订单发送至用户。

上述7条是一般情况下的发动机再制造过程，若对发动机有改装或者升级要求的，还可以在再制造步骤中采用模块或零件更换、新模块加装或者其他方法，以实现发动机的功能或性能的升级，满足新环境的要求。例如，旧斯太尔发动机的尾气排放只符合欧Ⅳ标准，但经过再制造，可以生产出符合欧Ⅴ或欧Ⅵ排放标准的再制造发动机。或者将汽油机改为柴油机，将车用发动机改为工程机械用发动机，将燃油发动机改为燃气发动机等。

11.3 发动机的修复技术

目前，汽车发动机的修复技术主要包括传统机械加工制造技术和先进的表面工程技术。传统机械加工制造技术前面章节已有介绍，本章重点介绍发动机再制造中常用的表面工程技术。

11.3.1 表面工程技术的分类与应用

表面工程是一项系统工程，因为表面工程是以表面科学为理论基础，以表面和界面行为为研究对象，首先把互相依存、相互分工的零件基体与零件表面构成一个系统，同时又综合了失效分析、表面技术、涂覆层材料、预处理和后加工、表面检测技术、表面质量控制、使用寿命评估、表面施工管理、技术经济分析、三废处理和重大工程实践等多项内容。

表面工程技术主要包括表面改性、表面处理、表面涂覆、复合表面工程技术和纳米表面工程技术等方面的内容。

1. 表面改性

表面改性是指通过改变基质表面的化学成分以达到改善表面结构和性能的目的，如化学热处理、离子注入、渗氮、渗碳处理等。表面改性技术的分类如图 11-3 所示。

2. 表面处理

表面处理是指不改变材质成分，只改变基质材料的组织结构及应力，以改善性能，如表面淬火、喷丸辊压等。表面处理技术的分类如图 11-4 所示。

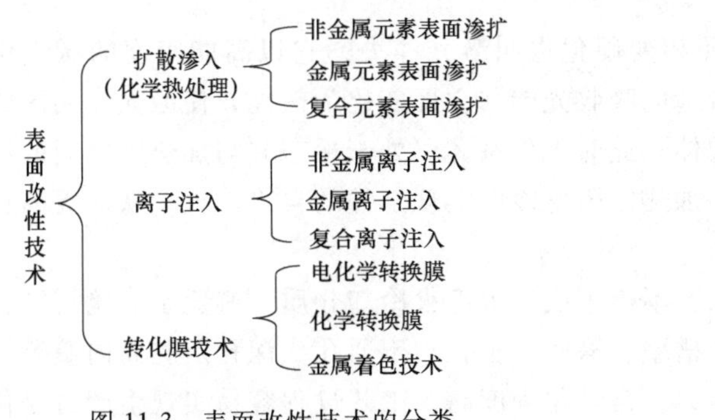

图 11-3　表面改性技术的分类

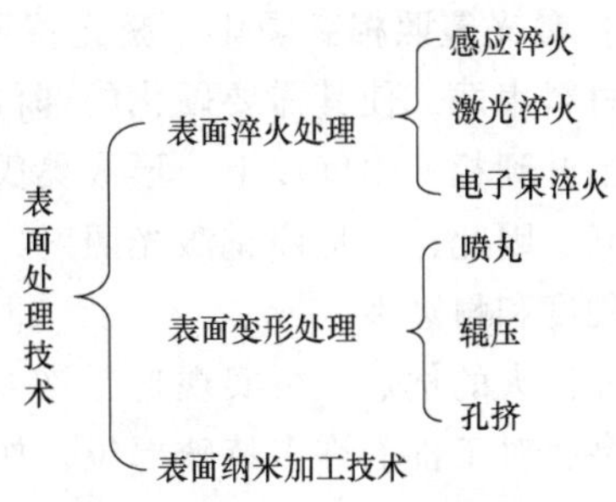

图 11-4　表面处理技术的分类

3. 表面涂覆

在基质材料表面制备涂覆层，即表面涂覆是在基质表面上形成一种膜层。涂覆层的化学成分、组织结构可以和基质材料完全不同，它以满足表面性能、涂覆层与基质材料的接合强度能满足工况、经济、环境好为准则。

采用方法有化学气相沉积（CVD）、物理气相沉积（PVD）、热喷涂、堆焊、电镀、化学镀等。

4. 复合表面工程技术

复合表面工程技术是对上述三类表面工程技术的综合运用。复合表面工程技术是在一种基质材料表面上采用了两种或多种表面工程技术，用以克服单一表面工程技术的局限性，发挥多种表面工程技术间的协同效应，从而使基质材料的表面性能、质量、经济性达到优化。

5. 纳米表面工程技术

纳米表面工程技术是充分利用纳米材料、纳米结构的优异性能，将纳米材料、纳米技术与表面工程技术交叉、复合、综合，在基质材料表面制备出含纳米颗粒的复合涂层或具有纳米结构的表层。纳米表面工程技术能赋予表面新的服役性能，使零件设计时的选材发生重要变化，并为复合表面工程技术开辟了新的途径。

11.3.2　表面工程技术在发动机再制造中的应用

利用以上表面工程技术，在发动机再制造修复技术常用的有激光表面处理技术、电刷镀修复技术和喷涂修复技术。

1. 激光表面处理技术

采用激光表面处理技术可以解决某些其他表面处理方法难以实现的技术目标，如缸体和缸套内壁表面硬化等。采用激光热处理的经济效益显著优于传统热处理，如汽车转向器壳体激光淬火（相变硬化）和锯齿激光淬火等。

激光表面处理技术在汽车行业应用极为广泛，在许多汽车关键件上，如缸体、缸套、曲轴、凸轮轴、排气阀、阀座、摇臂、铝活塞环槽等几乎都可以采用激光热处理。例如，美国通用汽车公司用十几台千瓦级 CO_2激光器，对换向器壳内壁局部硬化，日产量可达 3 万套，提高工效 4 倍。我国采用大功率 CO_2激光器对汽车发动机进行缸孔强化处理，可延长发动机大修里程到 15 万 km 以上，一台气缸等于三台不经处理的气缸。

目前，激光表面处理技术的分类主要包括激光覆照相变硬化、激光表面合金化、激光熔覆、激光冲击强化和激光熔凝等。

(1) 激光覆照相变硬化 激光覆照相变硬化也叫激光淬火，它以高能密度的激光束快速照射材料表面，使其需要硬化的部位瞬间吸收光能并立即转化为热能，使激光作用区的温度急剧上升到相变温度以上，形成奥氏体。此时工件基体仍处于冷态并与加热区之间的温度梯度极高。因此，一旦停止激光照射，加热区因急冷而实现工件的自冷淬火，从而提高材料表面的硬度和耐磨性。

激光淬火的优点：可实现自冷淬火，不需水或油等淬火冷却介质，避免了环境污染；加工柔性高，对工件的许多特殊部位，如槽壁、槽底、小孔、不通孔、深孔及腔筒内壁等，只要能将激光照射到位，均可实现激光淬火；自动化程度高，工艺过程容易实现生产自动化。

激光覆照相变硬化一般采用大功率的二氧化碳连续激光器，目前已广泛应用到汽车发动机气缸、机床导轨及齿轮齿面的热处理中。

(2) 激光表面合金化 激光表面合金化是在高能束激光的作用下，将一种或多种合金元素快速熔入基体表面，使母材与合金材料同时熔化，形成表面合金层，从而使基体表层具有特定的合金成分的技术。换句话讲，它是一种利用激光改变金属或合金表面化学成分的技术，其原理如图 11-5 所示。

激光表面合金化的优点：可以节约大量具有战略价值的贵重元素，形成具有特殊性能的非平衡相或非晶态，可使晶粒细化，提高合金元素的固溶度和改善铸件的成分偏析。

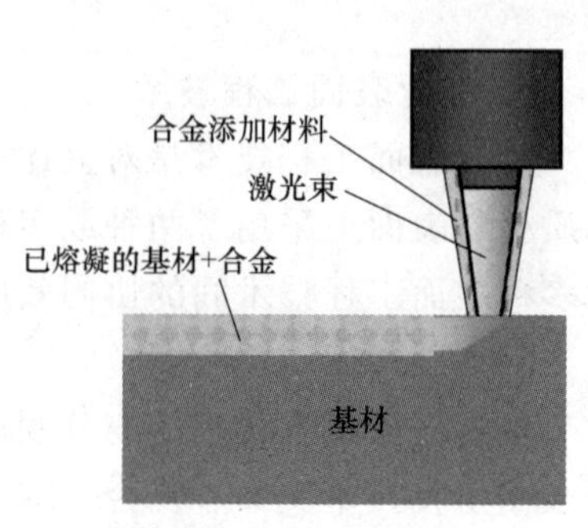

图 11-5　激光表面合金化的原理

(3) 激光熔覆 激光熔覆与激光表面合金化的原理一致，它是利用激光在基体表面覆盖一层具有特定性能的涂覆材料。这类涂覆材料可以是金属和合金，也可以是非金属，还可以是化合物及其混合物。在涂覆过程中，涂覆层与基体表面通过熔合结合在一起，激光熔覆的方式与激光表面合金化相似，获得的涂层可以提高材料表面的耐蚀、耐磨、耐热、减摩以及其他特性。

(4) 激光冲击强化 工件表面涂上一层不透光材料（涂层），再覆盖一层透光材料（约束层），高功率密度短脉冲（纳秒级）强激光透过约束层照射金属材料表面，其原理如图 11-6 所示。涂层在极短时间内汽化电离成高温高压的等离子体；由于约束层存在，等离子体的膨胀受限，产生向金属内部传播的强冲击波，使金属材料表层发生塑性变形，形成激光冲击强化区，从而改善金属材料的力学性能。

激光冲击强化与其他激光表面处理相比，激光冲击处理的突出优点是没有向材料内部的热传递，因此没有热影响区。

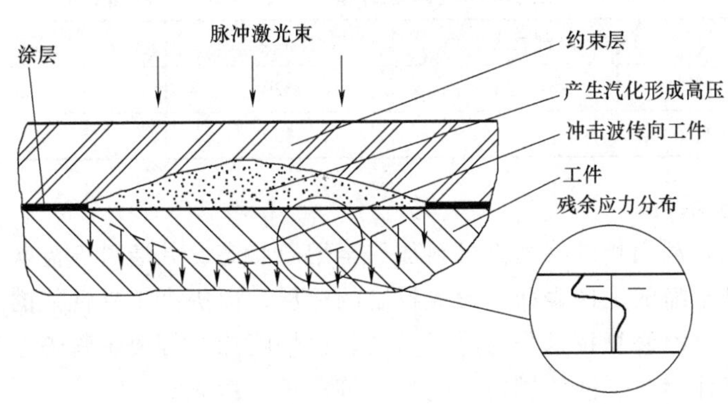

图 11-6 激光冲击强化的原理

(5) **激光熔凝** 激光熔凝是将激光束加热工件表面熔化到一定深度，然后自冷使熔层凝固，获得较为细化的均质组织和所需性质的表面改性技术，其原理如图 11-7 所示。

表面熔化时一般不添加任何合金元素，熔凝层与材料基体是天然的冶金结合。在激光熔凝过程中，可以排除杂质和气体，同时急冷重结晶获得的组织有较高的硬度、耐磨性和耐蚀性。其熔层薄，热影响区小，对表面粗糙度和工件尺寸影响不大。有时可以不再进行后续磨光而直接使用。

2. 电刷镀修复技术

电刷镀修复技术是利用电解方法使电解液中的金属离子在零件表面上还原成金属原子并沉积在零件表面上形成具有一定结合力和厚度镀层的一种方法。

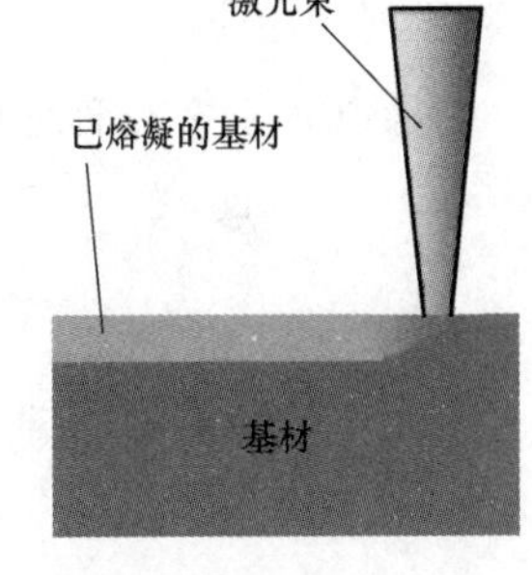

图 11-7 激光熔凝的原理

电刷镀采用专用的直流电源设备，电源的正极接镀笔，负极接工件，镀笔通常采用高纯石墨块作为阳极材料，外包棉花或涤棉套，其原理如图 11-8 所示。

电刷镀层基本变化过程如下：

1）金属离子在液相中传质，到达阴极表面边界层。

2）金属离子穿过阴极表面边界层完成表面转化。

3）与阴极的电子交换，金属原子被还原成吸附态金属原子。

4）后续表面转化，金属原子结晶。

电刷镀修复技术主要用于修复加工超差件及零件的表面磨损，恢复其尺寸精度和几何形状精度；修复零件表面的划伤、沟槽、凹坑、斑蚀；强化新品表面，使其有较高的力学性能和较好的物化性能；制备零件表面的防护层，如要求表面耐蚀、耐高温、耐氧化，对铝及铝合金表面进行氧化处理；完成槽镀难以完成的作业。

目前，济南复强动力有限公司已经成功应用电刷镀工艺修复凸轮轴、中间轴、连杆大头孔等零件，与采购新件相比，具有明显的成本优势，见表 11-1。

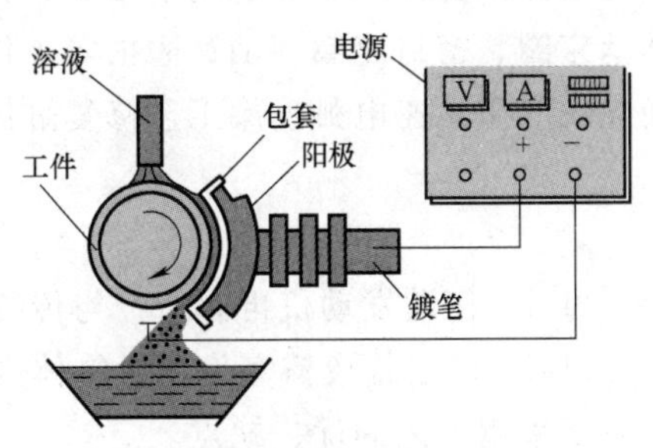

图 11-8 电刷镀修复技术的原理

表 11-1　采用电刷镀修复的零件与采购新件的成本比较

零件名称	电刷镀成本/元	新件成本/元	占新件成本的比例/%
斯太尔汽车发动机凸轮轴	40	529	7.6
斯太尔汽车发动机连杆	43	480	9.0

3. 喷涂修复技术

喷涂修复技术是利用热源将喷涂材料加热至熔融状态，并通过气流吹动使其雾化后高速喷射到经过预处理干净的工件表面，形成特定的涂层，以提高工件性能的表面技术。

以热源为主，喷涂修复技术分为电弧喷涂、火焰喷涂、等离子弧喷涂和特种喷涂。

喷涂热源有气体燃料、液体燃料、电弧、等离子、激光等。

喷涂材料有金属、合金、金属陶瓷、氧化物、碳化物、塑料等。

涂层性能具备耐磨、耐热、耐蚀、抗氧化、隔热、导电、绝缘、密封等。

涂层厚度为 0.01~5 mm。

喷涂过程中，喷涂材料成形大致经过图 11-9 所示的过程。

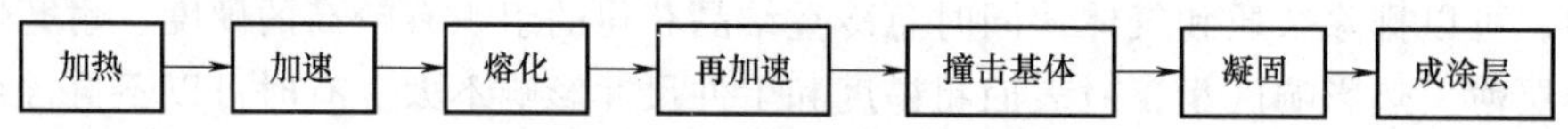

图 11-9　喷涂材料成形过程

喷涂基本工艺流程如图 11-10 所示。

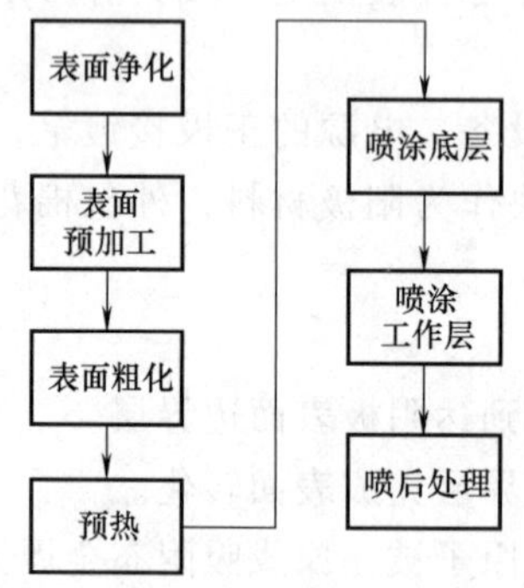

图 11-10　喷涂基本工艺流程

喷涂修复技术主要适用于轴类、孔类、平面类、异形类表面的磨损，以及配合位失效、轴承座圈、密封座圈、轴瓦磨损等工件的修复或现场修复。目前，济南复强动力有限公司已经成功应用高速电弧喷涂工艺修复缸体主轴承孔及平面。

复习思考题

11-1　何谓发动机再制造？与传统发动机大修工艺相比有何区别？

11-2　对于报废汽车发动机缸体内孔，常见的再制造工艺有哪些？请举例说明，并分析修复所采用工艺的优、缺点。

参考文献

[1] 钟诗清. 汽车制造工艺学 [M]. 广州：华南理工大学出版社，2011.
[2] 韩英淳. 汽车制造工艺学 [M]. 3 版. 北京：人民交通出版社，2013.
[3] 宋新萍. 汽车制造工艺学 [M]. 北京：机械工业出版社，2013.
[4] 傅水根. 机械制造工艺基础 [M]. 3 版. 北京：清华大学出版社，2010.
[5] 周述积，叶仲新. 汽车制造工艺学 [M]. 北京：北京理工大学出版社，2013.
[6] 王珺. 汽车制造工艺学 [M]. 北京：国防工业出版社，2011.
[7] 徐嘉元，曾家驹. 机械制造工艺学：含机床夹具设计 [M]. 北京：机械工业出版社，1998.
[8] 王先逵. 机械制造工艺学 [M]. 3 版. 北京：机械工业出版社，2013.
[9] 王宝玺，贾庆祥. 汽车制造工艺学 [M]. 3 版. 北京：机械工业出版社，2007.
[10] 曾东建. 汽车制造工艺学 [M]. 北京：机械工业出版社，2006.
[11] 王启平. 机械制造工艺学 [M]. 5 版. 哈尔滨：哈尔滨工业大学出版社，2005.
[12] 郭宗连，秦宝荣. 机械制造工艺学 [M]. 北京：中国建材工业出版社，1997.
[13] 李旦. 机械制造工艺学试题精选与答题技巧 [M]. 2 版. 哈尔滨：哈尔滨工业大学出版社，2014.
[14] 王贵成. 机械制造学 [M]. 北京：机械工业出版社，2001.
[15] 黄鹤汀，吴善元. 机械制造技术 [M]. 北京：机械工业出版社，1997.
[16] 贺曙新，张思弟，文少波. 数控加工工艺 [M]. 2 版. 北京：化学工业出版社，2011.
[17] 贺曙新，张四弟. 金属切削工 [M]. 北京：化学工业出版社，2004.
[18] 王宝玺. 汽车拖拉机制造工艺学 [M]. 2 版. 北京：机械工业出版社，2000.
[19] 张普礼. 机械加工设备 [M]. 北京：机械工业出版社，1999.
[20] 曲宝章，黄光烨. 机械加工工艺基础 [M]. 哈尔滨：哈尔滨工业大学出版社，2002.
[21] 张亮峰. 机械加工工艺基础与实习 [M]. 北京：高等教育出版社，1999.
[22] 戈晓岚. 机械制造基础 [M]. 北京：北京理工大学出版社，1999.
[23] 何七荣. 机械制造方法与设备 [M]. 北京：中国人民大学出版社，2000.
[24] 倪楚英. 机械制造基础实训教程 [M]. 上海：上海交通大学出版社，2000.
[25] 孙学强. 机械加工技术 [M]. 2 版. 北京：机械工业出版社，2016.
[26] 郭爱莲. 磨工基本技术 [M]. 北京：金盾出版社，2000.
[27] 袁国定. 机械制造技术基础 [M]. 修订版. 南京：东南大学出版社，2005.
[28] 顾崇衔，等. 机械制造工艺学 [M]. 3 版. 西安：陕西科学技术出版社，1999.
[29] 秦宝荣. 机械制造工艺学与机床夹具设计学习指导及习题 [M]. 北京：中国建材工业出版社，1998.
[30] 方子良. 机械制造技术基础 [M]. 上海：上海交通大学出版社，2004.
[31] 孙学强，王新荣. 现代制造工艺学 [M]. 北京：电子工业出版社，2012.
[32] 叶文华，陈蔚芳，马万太. 机械制造工艺与装备 [M]. 哈尔滨：哈尔滨工业大学出版社，2011.
[33] 张世昌，李旦，高航. 机械制造技术基础 [M]. 北京：高等教育出版社，2001.
[34] 李菊丽，何韶华. 机械制造技术基础 [M]. 北京：北京大学出版社，2013.
[35] 宋绪丁. 机械制造技术基础 [M]. 3 版. 西安：西北工业大学出版社，2011.
[36] 黄健求，王立涛，迟京瑞. 机械制造技术基础 [M]. 武汉：华中科技大学出版社，2013.
[37] 周兆元，李翔英. 互换性与测量技术基础 [M]. 3 版. 北京：机械工业出版社，2011.
[38] 胡忠举，陆名彰. 机械制造技术基础 [M]. 2 版. 长沙：中南大学出版社，2011.

[39] 戴起勋. 机械零件结构工艺性300例 [M]. 北京：机械工业出版社，2003.
[40] 司乃钧. 机械加工工艺基础：金属工艺学Ⅲ [M]. 北京：高等教育出版社，1992.
[41] 成大先. 机械设计手册：单行本 [M]. 5版. 北京：化学工业出版社，2010.
[42] 徐嘉元. 机械加工工艺基础 [M]. 北京：机械工业出版社，1990.
[43] 周增文. 机械加工工艺基础 [M]. 长沙：中南大学出版社，2003.
[44] 小栗富士雄，小栗达男. 机械设计禁忌手册 [M]. 陈祝同，刘惠臣，译. 北京：机械工业出版社，2002.
[45] 郑修本. 机械制造工艺学 [M]. 3版. 北京：机械工业出版社，2012.
[46] 马朝兴. 冲压工艺与模具设计 [M]. 北京：化学工业出版社，2007.
[47] 唐远志. 汽车车身制造技术基础 [M]. 合肥：合肥工业大学出版社，2013.
[48] 石美玉. 汽车制造工艺学 [M]. 北京：人民交通出版社，2014.
[49] 陈根余，顾春影，梅丽芳，等. 激光焊接技术在汽车制造中的应用与激光组焊单元设计 [J]. 电焊机，2010，40（5）：32-38.
[50] 汤雪平. 脱脂、除锈、磷化在汽车涂装中的应用 [J]. 人民公交，2000（4）：30-34.
[51] 栗移新，殷红幸. 汽车总装车间规划中的同步工艺开发 [J]. 装备制造技术，2012（3）：56-57.
[52] 左京京. 汽车总装线的设计步骤和方法 [J]. 黑龙江科学，2014，5（4）：110.
[53] 孙冠华. 汽车厂总装车间工艺布局改造 [J]. 汽车工程师，2013（3）：60-62.
[54] 莫会霞. 汽车总装工艺布局调整及改造的研究与实现 [D]. 长春：吉林大学汽车工程学院，2012.
[55] 储江伟，等. 汽车再生工程 [M]. 2版. 北京：人民交通出版社，2013.
[56] 梁志杰，姚巨坤. 发动机再制造综述 [J]. 新技术新工艺，2004（10）：35-37.
[57] 卢圣春，李元福. 汽车装配技术 [M]. 北京：北京理工大学出版社，2013.
[58] 朱阳兵. 汽车装配车间机械化输送技术的应用 [J]. 现代制造技术与装备，2014（1）：28-30.
[59] 陈平，谭志强，刘晓锋，等. 汽车总装工艺流程的设计 [J]. 北京汽车，2016（5）：35-38.